suhrkamp taschenbuch 2041

W0049358

Die vorliegenden Aufsätze zur lateinamerikanischen Literatur wollen dem deutschen Leser das breite Panorama der neuen Literatur des Kontinents vorstellen. Sie ist in der Bundesrepublik noch immer nicht genügend bekannt, obwohl sie nachdrücklich als interessanteste Alternative zur problematischen europäischen erzählenden Prosa bezeichnet wird. Während die Rezeption und kritische Auseinandersetzung mit diesen bedeutenden Werken bereits in den sechziger Jahren – auch als »Dekade des Booms der lateinamerikanischen Literatur« apostrophiert – sowohl in den USA als auch in den anderen europäischen Ländern begann, gibt es erst seit Beginn der 8oer Jahre ein vergleichbares Echo in der Bundesrepublik. Dies gilt für die Kritik wie für die Universität.

Die ausgewählten Arbeiten behandeln entweder einzelne Romane oder das Gesamtwerk eines Autors. Sie beginnen mit einem Essay über Borges, den Begründer der modernen lateinamerikanischen Prosa. Es folgen Aufsätze über Adolfo Bioy Casares (Argentinien), Alejo Carpentier (Cuba), José Lezama Lima (Cuba), Juan Rulfo (Mexico), Augusto Roa Bastos (Paraguay), José Maria Arguedas (Peru), Juan Carlos Onetti (Uruguay), Julio Cortázar (Argentinien), Guillermo Cabrera Infante (Cuba), Carlos Fuentes (Mexico), Mario Vargas Llosa (Peru) und Manuel Puig (Argentinien). Dieser Materialienband soll u. a. dazu beitragen, ein größeres Verständnis für die neue lateinamerikanische Literatur zu ermöglichen, die nur allzuoft als »Produkt überschäumender Phantasie« bezeichnet wird. Biobibliographische Angaben zu den Autoren sowie eine Liste der wichtigsten Sekundärliteratur und Porträtfotos vervollständigen den Band. Der vorliegende Band ist eine erweiterte und revidierte Neuauflage des suhrkamp taschenbuchs 2041.

# Lateinamerikanische Literatur

*Herausgegeben von*
*Michi Strausfeld*

suhrkamp taschenbuch
materialien

Suhrkamp

*Umschlagabbildung:* Rivera Diego, El Lider campesino Zapata,
© VG Bild-Kunst, Bonn, 1989

suhrkamp taschenbuch 2041
Zweite Auflage 1989
© Suhrkamp Verlag Frankfurt am Main 1976
Quellenhinweise für die einzelnen Beiträge
am Schluß des Bandes.
Suhrkamp Taschenbuch Verlag
Alle Rechte vorbehalten, insbesondere das der Übersetzung,
des öffentlichen Vortrags
sowie der Übertragung durch Rundfunk und Fernsehen,
auch einzelner Teile.
Satz: Otto Gutfreund, Darmstadt
Druck: Nomos Verlagsgesellschaft, Baden-Baden
Printed in Germany
Umschlag nach Entwürfen von
Willy Fleckhaus und Rolf Staudt

4 5 6 - 94 93

# Inhalt

Vorwort zur erweiterten Neuauflage . . . . . . . . . . . . . 7

Michi Strausfeld
Die neue Literatur Lateinamerikas
Versuch einer Bestandsaufnahme . . . . . . . . . . . . . . . 9

## I

George Steiner
Tiger im Spiegel (Über *Jorge Luis Borges*) . . . . . . . . . . . 31

David P. Gallagher
Die Romane und Kurzgeschichten von *Adolfo Bioy Casares* . . 47

Klaus Müller-Bergh
*Alejo Carpentier* – Autor und Werk in ihrer Epoche . . . . . 73

Julio Cortázar
Um zu *Lezama Lima* Zugang zu finden . . . . . . . . . . . 115

Carlos Blanco Aguinaga
Realität und Erzählstil bei *Juan Rulfo* . . . . . . . . . . . . 143

Rubén Bareiro Saguier
*Augusto Roa Bastos* und die zeitgenössische Erzählkunst
Paraguays . . . . . . . . . . . . . . . . . . . . . . . . . . . 167

Mario Vargas Llosa
Drei Anmerkungen zu *José María Arguedas* . . . . . . . . 185

Emir Rodríguez-Monegal
*Juan Carlos Onetti* oder die Entdeckung der Stadt . . . . . 211

Angela B. Dellepiane
*Julio Cortázar* – der »revolutionäre« Erzähler . . . . . . . 241

Luis Gregorich
»Drei traurige Tiger« von *Guillermo Cabrera Infante* –
ein offenes Werk . . . . . . . . . . . . . . . . . . . . . . . 277

Octavio Paz
Die Maske und die Transparenz (Über *Carlos Fuentes*) . . . 295

Michi Strausfeld
»Hundert Jahre Einsamkeit« von *Gabriel García Márquez* –
ein Modell des neuen lateinamerikanischen Romans . . . . . 305

José Miguel Oviedo
»Das grüne Haus« von *Mario Vargas Llosa* –
prunkvolles Universum der Phantasie . . . . . . . . . . . . 333

Pere Gimferrer
Annäherungen an *Manuel Puig* . . . . . . . . . . . . . . 365

## II

Alejo Carpentier
Über die wunderbare Wirklichkeit Amerikas
Vorwort zu »Das Reich von dieser Welt« (1949) . . . . . . 385

### Bio-Bibliographien

Jorge Luis Borges . . . . . . . . . . . . . . . . . 393
Adolfo Bioy Casares . . . . . . . . . . . . . . . . 400
Alejo Carpentier . . . . . . . . . . . . . . . . . . 411
Juan Rulfo . . . . . . . . . . . . . . . . . . . . . 414
José Lezama Lima . . . . . . . . . . . . . . . . . 417
Augusto Roa Bastos . . . . . . . . . . . . . . . . 426
José María Arguedas . . . . . . . . . . . . . . . . 428
Juan Carlos Onetti . . . . . . . . . . . . . . . . . 431
Julio Cortázar . . . . . . . . . . . . . . . . . . . 436
Guillermo Cabrera Infante . . . . . . . . . . . . . 441
Carlos Fuentes . . . . . . . . . . . . . . . . . . . 453
Gabriel García Márquez . . . . . . . . . . . . . . 456
Mario Vargas Llosa . . . . . . . . . . . . . . . . 462
Manuel Puig . . . . . . . . . . . . . . . . . . . . 466

*Sekundärliteratur allgemein* . . . . . . . . . . . . . . . 469

*Quellenhinweise/Über die Verfasser* . . . . . . . . . . . 474

# Vorwort zur erweiterten Neuauflage

Zwölf Jahre nach Erscheinen dieses Bandes mit Aufsätzen zur zeitgenössischen lateinamerikanischen Literatur möchte ich die Neuauflage in veränderter und erweiterter Form vorlegen. Die Rezeption der hispanoamerikanischen und brasilianischen Romane in Deutschland hat sich seit 1976 deutlich verbessert; die Namen der hier vorgestellten vierzehn Autoren sind inzwischen vielen Lesern vertraut, und neue kamen hinzu, wie z. B. Isabel Allende, deren erstes Buch *Das Geisterhaus* 1982 in Spanien und 1984 in der Bundesrepublik (sowie in vielen anderen Ländern) erschien und seitdem Best- und Longseller ist. Dieses zunehmende Interesse an den Romanen aus der *Neuen Welt* stimmt optimistisch, doch sollte darüber nicht vergessen werden, daß unser Bild der lateinamerikanischen Literatur nach wie vor große Lücken aufweist (die allem Anschein nach allerdings von Jahr zu Jahr kleiner werden), und daß manche der als »schwierig« bezeichneten Schriftsteller oder Werke sich nur mühsam Platz im Bewußtsein deutscher Leser erobern werden können.

Unsere Rezeption dieser »jüngsten der zeitgenössischen Weltliteraturen« (Octavio Paz) verlief stockend, unregelmäßig, nie chronologisch. Übersetzungsprobleme haben die Veröffentlichung von *Rayuela. Himmel-und-Hölle* von Julio Cortázar um Jahre verzögert, und ähnliches gilt für weitere zwei Meisterwerke lateinamerikanischer Erzählkunst – für *Paradiso* von José Lezama Lima und *Drei traurige Tiger* von Guillermo Cabrera Infante, das erst 1987 – zwanzig Jahre nach seiner Erstveröffentlichung – in Deutschland erscheinen konnte. Julio Cortázar hat einen einfühlsamen Aufsatz zu *Paradiso* geschrieben, der in diese Neuauflage aufgenommen wird. Luis Gregorich betont in seiner Untersuchung die Modernität der *Drei traurigen Tiger,* die unverändert und überraschend aktuell bleibt. Diese beiden neu aufgenommenen Texte gelten also zwei Romanen, die fundamental sind für das Verständnis der zeitgenössischen lateinamerikanischen Literatur.

Der dritte neu hinzugekommene Aufsatz gilt José María Arguedas, der die Welt der ketschua-sprachigen Indios seines Heimatlandes Peru wie kein anderer Schriftsteller darzustellen vermochte. Wie Roa Bastos in Paraguay kannte er Sprache und Kultur der

Indios aus eigener Anschauung seit seiner Kindheit. Er spürte und litt unter der Spaltung Perus in nebeneinander existierende, unversöhnliche Welten: die der Weißen, die der Indios, die er letztlich nicht aushalten konnte. 1967 setzte er seinem Leben – vielleicht auch deshalb? – ein Ende. Mario Vargas Llosa erläutert Autor und Werk seines Landsmanns, dessen Wertschätzung stetig zunimmt.

Vieles müßte gesagt werden über die neuesten Tendenzen der hispanoamerikanischen Literatur, über die schlimmen Jahre der Diktaturen in den Ländern des *Cono Sur* (Argentinien, Uruguay, Chile), die so viele Autoren ins Exil trieb, über die Schriftsteller, die erst in den achtziger Jahren zu publizieren begannen und inzwischen schon mehrere gute Bücher vorgelegt haben, über den steigenden Anteil schreibender Frauen, die oft schon mit dem ersten Roman Erfolg erzielen, über die vielen zu Unrecht vergessenen Namen oder jene, denen es so schwer gemacht wird, außerhalb ihrer Sprach- und/oder Landesgrenzen bekannt zu werden: Hierzu zählen vor allem die Dichter und Kurzgeschichtenschreiber, zwei wichtige Gruppen innerhalb des Panoramas der lateinamerikanischen Literatur.

Abschließend bleibt der Wunsch, daß dieser Materialienband weiter dazu beitragen möge, das Verständnis für und die Freude an der Literatur Lateinamerikas zu wecken. 1992, fünfhundert Jahre nach der Entdeckung, ist vielen Lesern in der Alten Welt die so wunderbare Wirklichkeit der Neuen Welt, aber auch die vielfältige und überaus komplexe Problematik des Kontinents, dank der Werke seiner Literaten um vieles vertrauter geworden.

März 1988                                     *Michi Strausfeld*

## Michi Strausfeld
# Die neue Literatur Lateinamerikas
### Versuch einer Bestandsaufnahme

Der plötzliche Durchbruch der lateinamerikanischen Literatur von lokaler zu internationaler Bedeutung stellt ein erstaunliches Phänomen der 6oer Jahre dar. Die Autoren behaupten, sie schüfen eine der reichhaltigsten zeitgenössischen Literaturen. Die europäischen und nordamerikanischen Kritiker bestätigen ihnen, daß die zweite Hälfte unseres Jahrhunderts durch die lateinamerikanische Literatur beeinflußt werde, so wie die erste Hälfte durch die angloamerikanische und das Ende des 19. Jahrhunderts durch die russische Literatur geprägt wurden.

Diese Behauptung mag überraschen. Aber sie stützt sich auf die Tatsache, daß die neue Literatur Südamerikas immer stärker in den Vordergrund der allgemeinen Aufmerksamkeit rückt. Wichtige Werke werden gleichzeitig in fünf oder zehn oder mehr Sprachen übersetzt und von der Kritik mit erstaunlicher Einmütigkeit gelobt. Gleichzeitig häufen sich Analysen und Kommentare, die Sekundärliteratur wächst und ist kaum noch überschaubar. Ein in der Tat verblüffendes Phänomen, von dem wir in Deutschland lange Zeit wenig wußten. Die vielleicht interessantesten Romane der letzten fünfundzwanzig Jahre erhielten nur geringe Aufmerksamkeit: ein Getto für Liebhaber. »Neue lateinamerikanische Literatur« war weder ein klar definierter Begriff noch mit einzelnen Namen oder Werken präzis verbunden. Statt dessen herrschen (noch immer) verschwommene Vorstellungen, leidige Gemeinplätze, ein tastendes Interesse. Die absolute Indifferenz ist aufgebrochen, aber leider ist es weiterhin verfrüht, bereits von einer breiten Rezeption zu sprechen. Darf man daraus polemisch folgern, der deutsche Leser sei »unterentwickelt«, weil er eine neue Weltliteratur – aus einem »unterentwickelten« Kontinent – immer noch nicht adäquat zur Kenntnis genommen hat? Erschweren »überschäumende Phantasie, tropische Bildfülle, barocke Sprache« das Verständnis, weil sie so ungewohnt für uns sind? Bleibt diese »zwar reizvolle, aber letztlich exotische« Literatur uns deshalb fremd, weil die Informationen über den historischen, politischen, sozialen, sogar geographischen Hintergrund fehlen und daher eine angemessene Rezeption verhindern? Wenn die zugrundeliegende Wirklichkeit unverständlich bleibt, darf man dann vom Leser besondere Anstrengung erwarten? Wie läßt sich der Mangel an Interesse für eine qualitativ und quantitativ bestechende Literatur erklären, die zehn Jahre lang unter dem Schlagwort »Boom« die Pressespalten füllte?

Ein kurzer, schematisierender Abriß einiger wesentlicher Aspekte soll hier den Versuch machen, diese Fragen zu beantworten und die Bedeutung der neuen lateinamerikanischen Literatur zu unterstreichen.

Zwischen 1960 und 1970 erschienen viele der wichtigsten neuen Romane (der »Boom« bezieht sich vorwiegend auf die Prosaproduktion): Alejo Carpentier, *Explosion in der Kathedrale*, Julio Cortázar, *Rayuela. Himmel-und-Hölle*, José Lezama Lima, *Paradiso* und Gabriel García Márquez, *Hundert Jahre Einsamkeit*.[1] Die Fülle der neuen Romane war spektakulär; in knapp zehn Jahren verwandelte sich eine Provinz- zur Weltliteratur. Der »Boom« widerlegte die »Krise« des modernen Romans der westlichen Welt, wie man emphatisch betonte.

Aber das Jahrzehnt verlief auch noch in anderer Hinsicht überraschend: 1961 fiel der internationale Verlegerpreis *Formentor* an Samuel Beckett und Jorge Luis Borges gemeinsam. Dies bedeutete die gleichzeitige Veröffentlichung in mehreren Ländern. Erste Erzählungen von Borges waren zwar schon 1951 in Frankreich erschienen, 1959 auch in Deutschland, aber in den USA bis zu diesem Zeitpunkt noch nicht. Jetzt begann eine systematische Verbreitung seines Werkes und führte – ein Höhepunkt – auf dem Internationalen Borges-Symposium in Oklahoma zu der Behauptung, daß zwei zeitgenössische Autoren fast alle jüngeren Romanciers Nordamerikas beeinflußten: Nabokov und Borges.

In den folgenden Jahren erhielten lateinamerikanische Autoren fast regelmäßig den begehrtesten spanischen Literaturpreis *Biblioteca Breve* des Verlags Seix-Barral.[2] Fügt man noch die internationalen Auszeichnungen *Books Abroad* oder *Prix Médicis* hinzu, die Auswahllisten der »besten Bücher« von *Le Monde* oder *Corriere della Sera*, die stets von lateinamerikanischen Autoren okkupiert waren, die Sondernummern von *Times Literary Supplement*, *Quinzaine Littéraire*, *The New York Review of Books*, die Stiftung des Rómulo-Gallego-Preises in Caracas, der alle fünf Jahre an das beste publizierte Buch verliehen wird und mit fast 22 000 US-Dollar dotiert ist (er fiel 1967 an *Das grüne Haus* von Vargas Llosa, 1972 an *Hundert Jahre Einsamkeit* von García Márquez, 1977 an Carlos Fuentes für *Terra Nostra*, 1982 an Fernando del Paso für *Palinuro de México* und 1987 an Abel Posse für *Los perros del paraíso*), schließlich die Nobelpreise für Miguel Angel Asturias (1967), Pablo Neruda (1971) und Gabriel García Márquez (1982), die Titellisten der publizierten Werke, die zahllosen Übersetzungen, die überschwengliche internationale Kritik, die sechs- oder siebenstelligen Auflageziffern: Dies alles ergibt ein wirklich erstaunliches Bild.

Dem aufmerksamen Beobachter dagegen wäre es möglich gewesen, schon zwischen 1950 und 1960 Anzeichen für eine radikale Veränderung in der lateinamerikanischen Literatur wahrzunehmen. Juan Rulfo hatte bereits *Pedro Páramo* publiziert, Augusto Roa Bastos *Menschensohn,* José María Arguedas *Die tiefen Flüsse,* Julio Cortázar drei Erzählbände *(Bestiarium, Ende des Spiels, Die geheimen Waffen),* Juan Carlos Onetti *Das kurze Leben* und Alejo Carpentier *Das Reich von dieser Welt* (1949) und *Die verlorenen Spuren.*[3] Wiederum habe ich nur die wichtigsten Titel angeführt, die heute in ihrer Mehrzahl bereits als »klassisch« gelten.

Man könnte noch weiter zurückverweisen auf die Zeit von 1930 bis 1950. Roberto Arlt publizierte *Die sieben Irren,* Adolfo Bioy Casares *Morels Erfindung,* Miguel Angel Asturias *Der Herr Präsident* und Borges mehrere Erzählbände, u. a. *Fiktionen* und *Das Aleph.*

Aus dem bisher Gesagten muß eine erste Schlußfolgerung gezogen werden: Der *Boom* ist mit der *Neuen Literatur* nicht gleichzusetzen, sondern nur ein konkreter, zeitlicher Abschnitt, der allerdings durch Publizität und Presse in den Vordergrund gestellt wurde. »Neue« Werke dagegen entstanden schon vorher und entstehen weiterhin. Vier Etappen, die ich hier kurz skizzieren möchte, waren dabei besonders wichtig:

1. 1898 wurde Cuba, die letzte spanische Kolonie, unabhängig. Eine Gruppe spanischer Autoren, wie Miguel de Unamuno, Azorín und Antonio Machado, nahmen dieses politische Ereignis zum Anlaß für eine Rückbesinnung auf die eigenen kulturellen Werte. Etwa gleichzeitig publizierte Rubén Darío aus Nicaragua die ersten »modernistischen« Gedichte und Erzählungen, die die spani-

sche Poesie nachhaltig beeinflußten. Unwichtig ist in diesem Zusammenhang der Streit darüber, ob die Autoren der 98er Generation von den Modernisten abhängen oder die Modernisten von ihnen; wichtig ist die Feststellung, daß zum erstenmal eine eigenständige literarische Bewegung in Lateinamerika entstand, die die geistige Emanzipation vom »Mutterland« veranschaulichte. Heute scheint der Streit um die Bedeutung beider Stilrichtungen ohnehin geschlichtet zu sein: Der Versuch der 98er Generation, das Universelle im eigenen Land zu entdecken, schlug fehl; nicht jedoch das Bemühen der Modernisten, durch das eigene Land hindurch zum Universellen vorzustoßen.[4]

Der Cubaner José Martí, auch ein Modernist, forderte zur gleichen Zeit die kulturelle Unabhängigkeit des Kontinents, die seiner Meinung nach unauflöslich mit dem Ziel einer »hispanoamerikanischen Nation«, der Utopie Bolívars, verbunden ist. Er, geistiger Vorkämpfer der politischen Unabhängigkeit Cubas, verband seine literarische Tätigkeit bereits mit starkem politischen Engagement. Dringendste Aufgabe Amerikas sei, zu sich selbst zu finden, sich zu erkennen, nicht einem von außen herangetragenen Bild zu entsprechen, sondern zu einer eigenständigen Realität zu werden.[5]

Literatur als Möglichkeit, sich zu definieren, sich zu benennen und sich zu begründen, wird Charakteristikum der neuen Poesie, der neuen Romane und Essays. Octavio Paz prägte dafür den Ausdruck *Gründungsliteratur*, den er so präzisiert:

Unsere Literatur ist die Antwort der realen Realität der Amerikaner auf die utopische Realität Amerika. Bevor wir eine eigene historische Existenz besaßen, begannen wir damit, eine europäische Idee zu sein. Man kann uns nicht verstehen, wenn man vergißt, daß wir ein Kapitel in der Geschichte der europäischen Utopien sind. Die hispanoamerikanische Literatur ist ein Unternehmen der Phantasie. Wir nehmen uns vor, unsere eigene Realität zu erfinden [...] Entwurzelt und kosmopolitisch, ist die hispanoamerikanische Literatur Rückkehr und Suche nach einer Tradition [...] Wille zur Verkörperung, Gründungsliteratur.[6]

2. Die nächste wichtige Etappe fällt in die 20er Jahre. Die europäischen avantgardistischen Bewegungen dehnten sich durch persönliche Kontakte auch auf Lateinamerika aus und führten zu den verschiedenen »Vanguardismen«.[7] Bedeutende Vertreter waren Jorge Luis Borges und Vicente Huidobro, deren Bemühen um die Auflösung tradierter und fixierter Syntax und Metrik sowie Neubewertung des Wortschatzes unter Berücksichtigung der Umgangs-

sprache und Lokalismen einen entscheidenden Bruch mit der Vergangenheit darstellte. Die Dichter Borges, Huidobro, César Vallejo, Pablo Neruda (und später Octavio Paz) begründen die neue Poesie.[8] Interessant ist ein Hinweis auf die Chronologie: Die Poesie weist bereits »neue« Charakteristika auf, während die Prosa dieser Zeit noch traditionell ist. Selbst die drei wichtigsten Romane der 20er Jahre thematisieren erneut die »unbezwingbare Natur« und ihre Auswirkungen auf die Menschen.[9]

Die Reise nach Europa, »fester Bestandteil« im Leben der lateinamerikanischen Intellektuellen – Paris als Zentrum des »beweglichen Festes« – als einzige Möglichkeit, die Enge der Provinz abzuschütteln, sowie die unmittelbaren Kontakte zu den europäischen Künstlern werden oft Anlaß zur eigenen kreativen Tätigkeit. Dies gilt besonders für Miguel Angel Asturias und Alejo Carpentier, die nachhaltig durch den Surrealismus beeinflußt wurden, bevor sie ihren eigenen Stil fanden. Asturias beschäftigte sich auf Anregung von Georges Raynaud, Professor an der Sorbonne, mit dem Studium der Mythen Guatemalas, sammelte die alten Legenden und übersetzte den *Popol-Vuh*, das klassische Werk der Maya-Literatur. Er überzeugte sich von der engen Beziehung zwischen der lateinamerikanischen Wirklichkeit und »gewissen magischen Vorstellungen«, die im Indio lebendig geblieben sind, der in Bildern und nicht in Begriffen denkt.[10] Alejo Carpentier erlebte den Unterschied zwischen dem Surrealismus als »gesuchter, artifizieller Wirklichkeit« und der »magischen lateinamerikanischen Realität«, als er eine Reise nach Haiti unternahm. Er faßte seine Erfahrungen in dem Vorwort zu seinem Roman *Das Reich von dieser Welt* zusammen und begründete damit die Theorie der »wunderbaren Wirklichkeit«.

3. In diesen beiden Etappen der Überwindung formaler, »innerer« Schwierigkeiten und der Erneuerungsbestrebungen sieht sich der lateinamerikanische Schriftsteller auch noch »äußeren«, nicht minder erheblichen Schwierigkeiten gegenüber. In den 30er Jahren gibt es kaum Möglichkeiten zur Veröffentlichung: Es fehlen Verlage, Zeitschrifen und Kontaktmöglichkeiten über die Landesgrenzen hinaus. Erst der Exodus der spanischen Intellektuellen nach dem Ende des Bürgerkrieges veränderte dieses Bild. In Buenos Aires und Mexico entstanden zwei wichtige Kulturzentren: Neue Verlage, Zeitschriften und literarische Zirkel wurden gegründet.

Die strenge Zensur in Spanien förderte ihrerseits die Übersetzungen in Lateinamerika: Zum ersten Mal erhielt ein breiteres Publikum Gelegenheit, wichtige europäische und nordamerikanische Autoren kennenzulernen. Südamerika nahm in etwa einem Jahrzehnt dreißig Jahre westlicher Literatur auf.

Die wachsenden Leserzahlen dürfen natürlich nicht isoliert betrachtet werden, sondern müssen in den Gesamtzusammenhang der sich verändernden gesellschaftlichen Klassen gestellt werden. Seit Ende des Ersten Weltkrieges kann man von einem kontinuierlichen Anwachsen der Mittelschicht sprechen. In einigen Ländern wurde diese Entwicklung durch eine starke Einwanderung beschleunigt. Auch die beginnende Industrialisierung trug zur Bildung eines Kleinbürgertums bei. Die Abwanderung der Landbevölkerung in die Metropolen nahm stetig zu. Allerdings muß man hier die großen Unterschiede zwischen den einzelnen Ländern berücksichtigen: Die Entwicklungen von Buenos Aires, Lima oder Mexico-Stadt verlaufen völlig unterschiedlich und erlauben keine Verallgemeinerungen.[11]

Die massiven europäischen Einwanderungen veränderten auch die ethnische Zusammensetzung und bewirkten radikale Veränderungen im kulturellen Leben. Die Eliten der europäischen Oberschicht (seien sie spanischer, später französischer, englischer oder nordamerikanischer Prägung) hatten immer dominiert. Die einheimischen Kulturen blieben dagegen unbeachtet, mißachtet oder geächtet. Der Indio, Neger oder Mestize war von der »Kultur« ausgeschlossen. Auch die Entdeckung der großen Inka-Festung Macchu Pichu (1911), die Erforschung von Tikal oder Monte Albán, die archäologischen Studien der Maya-, Azteken- oder Inkakultur vertieften nur allmählich das Interesse für das Autochthone. Aber die zunehmende Rassenvermischung, *mestizaje* genannt, schuf neue und eigenständige Kulturformen. Ein typisches Beispiel ist der Tango in Argentinien, den Ernesto Sábato als originellstes Phänomen des La Plata bezeichnet. Er wird in rascher Folge abgelehnt, bewundert, karikiert und analysiert. Sábato sieht den Tango in enger Verbindung mit den beiden Nationalattributen des »neuen« Argentiniers (Produkt des *mestizaje*): dem Groll und der Traurigkeit.[12] Und einer der größten Tango-Schöpfer definiert ihn als »einen traurigen Gedanken, der getanzt wird«. Argentinische Literatur bleibt ohne den Hintergrund des Tangos kaum vorstellbar: Borges verfaßte Tango- und Milongatexte, bei Sábato, Cortázar, Bioy Casares oder Manuel Puig prägt er die Protagonisten oder wird Bezugspunkt. Überall finden sich seine Spuren.

Die unterschiedliche ethnische Zusammensetzung der Bevölkerung Südamerikas wird bei der Interpretation einzelner Werke wichtig: »barocke« Literatur in der Karibik, »phantastische« in den La Plata-Ländern usw. Der Vermischungsvorgang, die allmähliche kulturelle Durchdringung charakterisiert den Kontinent und muß für ein angemessenes Verständnis berücksichtigt werden. Lateinamerika definiert sich als »mestizisch«, der Begriff wird ständig neu diskutiert.[13]

4. Der Zweite Weltkrieg erschütterte das Vertrauen Lateinamerikas in die »Überlegenheit« der europäischen Kultur endgültig. Die zunehmende Neokolonialisierung und Ausbeutung durch die USA prägen die sozioökonomische Entwicklung. Die kurze wirtschaftliche Blüte durch die Verteuerung der Rohstoffpreise während des Welt- und Koreakrieges betonte die gesellschaftlichen Ungerechtigkeiten. Die Spannungen zwischen den herrschenden und den ärmsten Schichten verschärften sich. Unruhen brachen immer wieder aus: Putsche, Staatsstreiche, Streiks lösten einander ab. Südamerika wurde (wird) von der *Violencia* beherrscht.[14]

So erklärt sich die Bedeutung der cubanischen Revolution 1959 als wichtigstes, einschneidendes Ereignis für ganz Lateinamerika. Auch das Interesse der Weltöffentlichkeit richtete sich zum ersten Mal intensiv auf ein lateinamerikanisches Land: Cuba wurde internationales Thema.

Die neue revolutionäre Kulturpolitik faszinierte. Fidel Castro verwies auf den geistigen Vater der Revolution, José Martí, und proklamierte einen politischen Humanismus. Er betonte die individuelle Freiheit und Verantwortung der Intellektuellen, deren Arbeit für die Entwicklung des Landes und der Unabhängigkeit des Kontinents als notwendig bezeichnet wurde. Die Gründung von *Casa de las Américas* sollte die Arbeit der Künstler besonders fördern, z. B. durch die jährlichen Preisverleihungen (mit internationaler Jury) für Poesie, Roman, Erzählung, Essay, Theater, Kunst und Musik. Neue Zeitschriften entstanden, die verlegerischen Aktivitäten nahmen zu, und die große Alphabetisierungskampagne hatte in nur wenigen Jahren durchschlagenden Erfolg. Die Intellektuellen des Kontinents (und der westlichen Welt) waren begeistert. Havanna wurde zum internationalen Treffpunkt: Hier lernte man sich kennen, analysierte lokale Probleme im kontinentalen Kontext, diskutierte die Stellung und Verantwortung des Schriftstellers in seiner Gesellschaft und beobachtete die totale Umstrukturierung eines Landes aus unmittelbarer Nähe.

Die Idealisierung Cubas als des einzigen sozialistischen Landes mit freien geistigen Entfaltungsmöglichkeiten dauerte bis zum Kulturkongreß 1968 ungebrochen an, zu dem die Gäste aus allen Kontinenten euphorisch eintrafen.

1959 könnte also auch als Auftakt zum »Boom« angesehen werden: Die cubanischen Ereignisse und die darauffolgenden Bemühungen um die neue lateinamerikanische Literatur verliefen parallel zu den verlegerischen Anstrengungen in Spanien, wo man sich um die Rückeroberung eines seit 1939 verlorenen Marktes bemühte. Die Voraussetzungen für den internationalen Durchbruch waren optimal, da die politischen Veränderungen mit großer Aufmerksamkeit verfolgt wurden und das Auftreten charismatischer Persönlichkeiten wie Ché Guevara oder Camilo Torres die Begeisterung für eine gerechtere Gesellschaftsordnung weltweit verbreitete. Die europäischen Mai-Unruhen 1968 und die »neue Linke« förderten indirekt das gesteigerte Interesse an Lateinamerika: Man war aufgeschlossen und solidarisch.

Dieser kurze Rückblick, auf vier Etappen beschränkt, ist als Versuch gedacht, das »plötzliche« Entstehen der neuen lateinamerikanischen Literatur als Ergebnis einer langjährigen Entwicklung zu erklären. Es kam mir darauf an, einige wesentliche Punkte in chronologischer Reihenfolge aufzuführen, ohne sie ausführlich oder gar erschöpfend behandeln zu können. Der *Boom* ist nur der sichtbarste Teil des Phänomens: Die Ursachen dagegen sind vielschichtig und sowohl inner- wie außerliterarisch.

Der Boom zeigte sich zunächst als durchweg positives Ereignis, da er der neuen Literatur zur internationalen Anerkennung verhalf. Es lohnt sich jedoch, ihn etwas näher zu betrachten, zumal sein Ende in den 70er und 80er Jahren regelmäßig verkündet wird. Tatsächlich erscheint die Dekade 1960–1970 heute bereits als eine »goldene Zeit«: Politisch schienen Veränderungen möglich, literarisch erzielte man große Erfolge. Aber schon 1968 kündigten sich erste Diskrepanzen über die Beurteilung der Entwicklung in Cuba an, die sich dann zur Padilla-Affäre 1971 zuspitzten und zum radikalen Bruch mit vielen Intellektuellen Europas und Lateinamerikas führten. Die wichtigsten Zeitschriften, die durch Vorab-drucke, Interviews, Kritiken und Rezensionen das Interesse für die neuen Werke wachgehalten hatten, wie *Mundo Nuevo* (Paris) und *Primera Plana* (Buenos Aires) verloren an Bedeutung und wurden eingestellt. Der Versuch, eine neue gesamtlateinamerika-nische Zeitschrift zu gründen (*Libre*, Paris), schlug nach vier Nummern fehl. Die Spaltung des Verlags Seix-Barral in zwei kon-kurrierende Unternehmen mit zwei konkurrierenden Literatur-preisen schuf Verwirrung. Und politisch zerbrachen die Hoffnun-gen: Keine Veränderungen schienen in Brasilien, Paraguay, Uru-guay, Bolivien, Chile und Argentinien möglich. Fast zehn Jahre lang waren die Aussichten für eine gerechtere Gesellschaft gänz-lich verflogen, und Militärdiktaturen beherrschten den größten Teil des Kontinents, Tortur und Gewalt wurden zu erlaubten Mit-teln, um den Gegner zu vernichten, und zwangen immer mehr Menschen ins Exil. Chile ist weiterhin das traurige, exemplarische Beispiel. Gegen das Ende des »literarischen« Booms spricht dage-gen die Veröffentlichung vieler wichtiger Romane seit 1970: Alejo Carpentier, *Staatsraison* und *Barockkonzert*, Gabriel García Már-quez, *Der Herbst des Patriarchen*, Carlos Fuentes, *Terra Nostra*.[15] Dazu die Romanciers, die jetzt erst zu publizieren begannen, wie die Generation der heute etwa fünfundvierzigjährigen Autoren.[16] In den achtziger Jahren drängten neue (und vor allem weibliche) Autoren vor: Isabel Allende, Angeles Mastretta. Sie mögen als Zeichen für die Kontinuität der neuen Literatur gelten.

Vor diesem Hintergrund kann man heute eine bescheidene Be-standsaufnahme versuchen: Was also war positiv, was negativ am Boom?

Zwischen 1960 und 1970 bot sich dem lateinamerikanischen Au-tor zum erstenmal die Möglichkeit, sein Werk schnell zu publizie-ren, auf Interesse bei Verlegern und Publikum zu stoßen, d. h. konkret: von seiner Arbeit als Schriftsteller zu leben. Dies war bislang unbekannt. Natürlich trugen die Vorabdrucke, die Über-setzungen, die Preise zur finanziellen Absicherung der Roman-ciers bei, aber entscheidend wurden die Auflagezahlen in der eige-nen Sprache: mehr als eine Million Exemplare von *Hundert Jahre Einsamkeit* von García Márquez. Aber auch Fuentes, Vargas Llosa und Cortázar erzielen sechs- oder siebenstellige Verkaufszahlen. Somit erklärt es sich, daß die Aufmerksamkeit der Kritik und des

Publikums während der Dekade des Booms hauptsächlich auf diese vier Starautoren gerichtet war, die zu Idolen aufgebaut und deren Privatleben in den Spalten der Boulevardpresse (und auch der seriösen) minutiös ausgebreitet wurde. Als »vedettes« oder »maffia« bezeichnet, galt der Kontakt zu ihnen als Eintrittskarte in den Club der Mächtigen, den geheiligten Zirkel.[17] Das Wohlwollen oder die Förderung durch einen Boomautor wirkte sich für den jungen Romancier sofort als größeres Interesse an seiner Person und seinem Werk aus. Barcelona wurde zum Mekka des lateinamerikanischen Literaturbetriebs; die Fahrt dorthin wurde obligatorisch.

Auch die Verbindung vieler Autoren zum Film förderte das Interesse an der neuen Literatur. Antonioni drehte *Blow-up* nach einer Erzählung von Cortázar *(Teufelsspucke)*, auch Godard wurde von einer Cortázar-Geschichte zu *Weekend (Südliche Autobahn)* und von einer Borges-Erzählung zu *Alphaville* inspiriert. Robbe-Grillet benutzte *Morels Erfindung* (Bioy Casares) als Vorlage zu *Letztes Jahr in Marienbad,* Bertolucci verfilmte ebenfalls eine Borges-Erzählung (in *La strategia del ragno*), und viele lateinamerikanische Autoren schreiben Drehbücher und Filmscripts, wie z. B. Cabrera Infante, M. Puig, C. Fuentes, García Márquez, Bioy Casares usw.

Negativ ist zunächst die fehlende Distanz und der Mangel an Objektivität gegenüber dem, was da passierte. Die Kritik erschöpfte sich in der bloßen Deskription und wiederholte in zahlreichen Varianten das aus dem spanischen Universitätssystem vertraute Schema Leben–Werk. Die Starautoren waren ohnehin unantastbar, und wer nicht in ihren Zirkel hineingeriet (zufällig oder absichtlich), wurde zum Außenseiter. Eine Fülle von nichtssagenden Artikeln und Rezensionen – aus jeder Aufstellung der Sekundärliteratur ersichtlich – zeugt von der Hektik, der Unsicherheit und dem Fehlen von Maßstäben zur Beurteilung der Überfülle des Materials. Letztlich ist dies jedoch nicht erstaunlich, denn »es ist nur natürlich, daß in den jungen Literaturen das spontane Schaffen der kritischen Prüfung fast immer vorauseilt«.[18] Einzelne Autoren übernahmen selber die Funktion des Kritikers, u. a. Fuentes, Cortázar, Vargas Llosa. Und mittlerweile hat sich eine Gruppe seriöser Kritiker herauskristallisiert, besonders in Buenos Aires und Mexico, aber auch in den anderen Ländern. Für das gegenwärtige Klima Lateinamerikas ist es aufschlußreich zu wissen, daß diese Kritiker heute in der Mehrzahl an ausländischen Universitäten (vor allem in den USA sowie in Paris oder London) lehren.

Die Aufgaben für den Kritiker lateinamerikanischer Werke sind heute groß und faszinierend, da die Analyse der neuen Literatur noch in den Anfängen steckt. Es gilt, Irrtümer zu korrigieren, auf vergessene Autoren hinzuweisen, objektive Maßstäbe zu setzen und eventuell eine Theorie zu entwickeln. Die Hauptfehler des Booms erfordern eine Richtigstellung, denn

a) die Gattung Poesie blieb ausgeschlossen,
b) die Werke der 30er, 40er und 50er Jahre müssen noch ihrer Bedeutung entsprechend analysiert werden,
c) wichtige Autoren sollten endlilch »entdeckt« und kritisch ediert werden,
d) eine Bestandsaufnahme der lateinamerikanischen Literatur seit ihren Anfängen fehlt,
e) der Essay blieb unbeachtet,
f) die Entwicklung der neuesten Literatur, oft »Postboom« genannt, sowie der Literatur, die im Exil entstanden ist, muß beobachtet und analysiert werden.

Einzelergebnisse sind bereits festzustellen, wie die Aufwertung von Juan Carlos Onetti und Adolfo Bioy Casares, das verstärkte Interesse an Augusto Roa Bastos und José Maria Arguedas, die Wiederentdeckung von Roberto Arlt und Macedonio Fernández usw. Die »deskriptive« Analyse tritt in den Hintergrund, und Ansätze zu einer Theorie der neuen lateinamerikanischen Literatur nehmen ihre Stelle ein.

Angesichts der Fülle der neuen Romane läßt man sich leicht davon überzeugen, daß die so unterschiedlichen Stile und Strömungen kaum zu systematisieren sind, und es überrascht daher nicht, daß keine verbindliche Theorie vorliegt. Neben die »fantastische« muß die »barocke«, neben die »epische« die »realistische«, neben die »magische« die »sozialkritische« Literatur gestellt werden. Dennoch gibt es drei Begriffe, die sich stets wiederholen und die ich daher kurz erwähnen möchte.

Borges behauptet: »Am Anfang der Literatur ist der Mythos« *(El Hacedor),* und Fuentes definiert den neuen lateinamerikanischen Roman als Mythos, Struktur und Sprache.[19] Diese Termini sind so vieldeutig, daß sie am ehesten für eine allgemeine Theorie brauchbar scheinen. Klare Begriffe fehlen aber und müssen noch erarbeitet werden.

1. Alejo Carpentier entwickelte 1949 in dem bereits erwähnten Vorwort zu *Das Reich von dieser Welt* das erste theoretische Konzept, das immer noch Ausgangs- oder Bezugspunkt jeder Diskussion um den neuen lateinamerikanischen Roman ist. Seiner Meinung nach ermöglicht die konkrete Realität des Kontinents einen unmittelbaren, authentischen Zugang zu einer »wunderbaren Wirklichkeit«, die in Europa nicht mehr existiert, sondern durch eine Konventionalisierung des Fantastischen ersetzt wurde. Daher ergibt sich eine Gegenüberstellung von intellektueller Anstrengung, »Begegnung des Regenschirms mit der Nähmaschine auf dem Seziertisch« und »einer privilegierten Enthüllung der Wirklichkeit [...] die so intensiv wahrgenommen« wird, »daß der Geist dadurch erregt in eine Art ›Grenzzustand‹ versetzt wird«. Carpentier glaubt, daß dies für ganz Südamerika gültig ist, da »die Aufzeichnung der Kosmogonien immer noch nicht abgeschlossen ist«.

Versucht man eine zusammenfassende Definition des »magischen Realismus«, wie ihn Carpentier und Asturias proklamierten, könnte man vielleicht sagen, daß die Theorie beider Autoren in Zusammenhang mit dem europäischen Surrealismus betrachtet werden muß. Während dieser im wesentlichen intellektuell ist (mit theoretischen und programmatischen Manifesten, formalen Experimenten) und die Erkenntnisse der Psychoanalyse zugrunde legte, umfaßt der magische Realismus Rationalität und Irrationalität zugleich und stellt eine der für Lateinamerika charakteristischen Vermischungen dar. Der Schriftsteller muß eine nur »irrational« erfaßbare Wirklichkeit, in der der Mythos weiterhin eine »wahre, heilige und exemplarische Geschichte«[20] ist und die Kunst rituellen Charakter bewahrt, mit seinem »rationalen« Verständnis der ihn umgebenden Wirklichkeit verbinden. Zugespitzt formuliert stünden »Mittelalter« und »Aufklärung« in einer Gleichzeitigkeit, die nur auf einer anderen Ebene, auf der beide Aspekte verschmelzen, überzeugend dargestellt werden kann. Magischer Realismus bemüht sich um eine Harmonie zwischen den formalen Elementen und der zugrunde liegenden Realität. Thema (Mythos, Magie, Metamorphose) und sprachliche Gestaltung (Synästhesien, Symbole, Metaphern) verbinden sich unauflöslich: Die Grenze zwischen Mythos und Wirklichkeit verwischt.

Der Mythos nimmt heute eine andere Stellung in Lateinamerika als in Europa ein. Der Reduktionsprozeß, der eine »lebendige Realität« zum veränderlichen, manipulierbaren Mythos erstarren ließ, fand in abgeschwächter Form statt. Die Abgrenzung von Mythos und Geschichte blieb seit den ersten Chroniken von Inka Garcilaso oder Bernal Díaz del Castillo verschwommen, man konnte nie sicher sein, was erfunden, was wirklich war. Die ungleichmäßige Entwicklung der Gesellschaft, die Antinomie zwischen Stadt und Land (Zivilisation und Barbarei), die krassen Gegensätze in allen Lebensbereichen spiegeln sich in der Bedeutung des Mythos wider. In kleinen Dörfern besteht die Tendenz, wichtige Begebenheiten zu mythisieren: Sie werden umgedeutet, verändert, perspektivisch verzerrt und mündlich überliefert. Zwei Faktoren verstärken diese Neigung, nämlich das noch immer weit verbreitete Analphabetentum und die Manipulation der Öffentlichkeit in den oft diktatorisch regierten (oder von der Oligarchie bzw. den ausländischen Interessen beherrschten) Ländern, wo unangenehme Fakten verschwiegen oder verfälscht und die Geschichte nach Bedarf zurechtgeschnitten wird. Die mündlich überlieferte Version bildet oft das einzige Korrektiv zur offiziellen. Dies gilt noch heute, wie ein Blick in die Tageszeitungen verdeutlicht.

Viele Autoren greifen die letztgenannte Funktion auf und geben in ihren Werken eine historisch korrekte Schilderung konfliktgeladener Ereignisse. Es entsteht eine partielle Fusion von Zeitdokument und Fiktion oder eine veränderte Form der Chronik. Einige Beispiele: García Márquez schildert in *Hundert Jahre Einsamkeit* den Aufstand der Arbeiter in den Bananenplantagen 1928 (der in den Geschichtsbüchern der Schulen nicht existiert!), Roa Bastos beschäftigt sich mit den Hintergründen des Chacokrieges, nämlich den rivalisierenden Interessen zweier ausländischer Ölkonzerne (in *Menschensohn*), Vargas Llosa zeigt die Korruptheit der achtjährigen Diktatur des Generals Odría auf (in *Gespräch in der Kathedrale*). Diese Liste könnte beliebig verlängert werden, denn die neue lateinamerikanische Literatur erlaubt und erfordert stets auch eine literatursoziologische Interpretation. Man könnte dies als charakteristisch für Lateinamerika überhaupt bezeichnen, denn seit den zwanziger Jahren dominierte der sozialkritische Roman (mit seinen Themen der unbezwingbaren Natur, des gequälten Indios und der mexicanischen Revolution) und wies die Verfasser als engagiert aus. Aber die Romanciers dieser Zeit konnten ihr Material literarisch nicht bewältigen, erschöpften sich in Didaktik und Anklage. Erst die neuen Romane sind ästhetisch-künstlerisch ge lungen und informativ: Quellen für sozialgeschichtliche Untersuchungen. Heute ist die Re-Kreation an die Stelle der Re-Produktion getreten. Und die absolute Freiheit der Fantasie wird von allen Autoren vehement gefordert: Sie sprechen vom »falschen Realismus«, von der »fantastischen Realität«, der »anderen Seite der Realität«, der »totalen Realität«, der »undurchdringbaren Realität« usw. Sie bemühen sich um einen Realismus, der alles umfaßt und den man vielleicht als »integralen« Realismus bezeichnen könnte. Seine Definition müßte aber erst noch aus den einzelnen Romanen und den Äußerungen der Verfasser entwickelt werden. Das Bewußtsein dominiert, daß alle Autoren gemeinsam den Roman des Kontinents, den »hispanoamerikanischen Roman« schreiben. Wieder stehen wir vor der Idee Bolívars, der Forderung nach der historischen und politischen Einheit aller südamerikanischen Länder. Im kulturellen Bereich hat sich bereits eine Solidarität entwickelt, ein Gefühl der Zusammengehörigkeit, der geistigen Unabhängigkeit, der die wirtschaftlich-politische folgen muß.

»Gründungsliteratur«, d. h. Suche nach den Ursprüngen, Betonung des Autochthonen, den eigenen Kontinent schreibend verstehen und erschaffen. Dies ist das gemeinsame Anliegen der Essayisten, Dichter und Romanciers. García Márquez gibt in *Hundert Jahre Einsamkeit* nicht nur ein Bild von Macondo, dem kleinen Dorf in Columbien, sondern versteht es zugleich als Mittelpunkt des Universums. Pablo Neruda singt eine Hymne auf die Geschichte Amerikas von der Eroberung bis in die Gegenwart *(Der große Gesang)*. Und Octavio Paz interpretiert sein Land in *Das Labyrinth der Einsamkeit* mit Folgerungen, die für Lateinamerika Allgemeingültigkeit erlangten:

»Wir sind – wie alle Menschen – einsam. [...] Aber dort – in der offenen Einsamkeit – wartet die Transzendenz, die Hände anderer Einsamer: Zum erstenmal in unserer Geschichte sind wir Zeitgenossen aller Menschen.«[21]

Die zwei anderen Neuerungen des modernen lateinamerikanischen Romans beziehen sich auf formale Aspekte: Struktur und Sprache.

2. Das Bemühen um die Darstellung einer integralen Realität führt die Autoren dazu, die festen, geschlossenen Romanformen mit logischem Geschehnisverlauf, Chronologie und allwissendem Erzähler abzulehnen. Die Struktur wird aufgebrochen, der Erzähler bescheidet sich und ist kaum noch allwissend, sondern spaltet sich

in mehrere Personen oder Perspektiven oder verschwindet ganz. Man experimentiert, läßt den Leser aktiv am Schaffensprozeß teilnehmen und stellt so ein neues Verhältnis zwischen Autor und Leser und Kunstwerk her. Das Kunstwerk entsteht erst durch die Mitarbeit des Lesers, der die einzelnen Informationen und Fragmente zu einem Ganzen zusammenfügt.

Umberto Eco prägte 1962 den Begriff des »offenen Kunstwerks«[22], der in den Interviews oder kritischen Untersuchungen der neuen Romane Lateinamerikas immer wieder verwendet wird. Interessant ist die Gleichzeitigkeit: Während Umberto Eco sein theoretisches Konzept entwickelte, schrieb Cortázar den exemplarischen »offenen« Roman: *Rayuela. Himmel-und-Hölle*. Sein *alter ego* Morelli diskutiert das Problem der verschiedenen Lesertypen und wünscht sich einen »Leser als Komplizen«. *Rayuela* enthält eine Theorie des modernen Romans, die über Cortázars eigene Ziele hinaus Geltung beanspruchen darf.

Die Analyse der vielen Romane beweist die Vielfalt der Strukturen, die allgemeine Experimentierfreudigkeit. Neben den beispielhaften »offenen« Romanen, wie *Rayuela* und *Drei traurige Tiger* von Cabrera Infante, können als formal besonders interessante Werke *Das grüne Haus* (mit einer kunstvollen Verflechtung von fünf Handlungen) oder *Der schönste Tango der Welt* (der Erzähler verschwindet, wir erhalten Tagebuchfragmente, Briefe usw.) genannt werden. Die Beispiele ließen sich wiederum häufen, denn selbst zunächst »traditionelle« Romane, wie von Carpentier oder García Márquez, zeigen bei genauer Analyse, daß sie präzis konstruiert sind: *Die Verfolgung* (Carpentier) wird wie eine Sonate in drei Sätzen mit Variationen komponiert, *Hundert Jahre Einsamkeit* legt eine doppelte Struktur zugrunde: den Kreis und den Spiegel. Die Verallgemeinerungen sollen nicht das unüberblickbare Panorama der einzelnen Werke überdecken. Vielleicht darf als einzige Gemeinsamkeit, als Charakteristikum des neuen lateinamerikanischen Romans, das Spiel mit der Form bezeichnet werden.

3. Literatur besteht aus Sprache. Die Romanciers betonen ihr Bemühen um eine neue sprachliche Gestaltung in allen Interviews. Das wird ihr Leitmotiv. Sie sprechen von der »Schwierigkeit des Benennens«, der »Suche nach dem passenden Wort«, der Notwendigkeit, sich von jeglicher Vorschrift zu befreien. Umgangssprache, typische oder lokale Redewendungen, Neologismen, alles

soll in die Literatur aufgenommen werden, alles soll Literatur werden. Die Bekenntnisse zur handwerklichen Arbeit an der Sprache, die jahrhundertelang verzerrt und verfälscht wurde, bis sie ein gänzlich artifizielles und somit unbrauchbares Gebilde, der Gegenpol zur authentischen, gesprochenen Sprache war, häufen sich. Die Ablehnung des kastizischen Spanisch, das durch die »Königliche Akademie der spanischen Sprache« kodifiziert wurde, eint die Autoren, die ihre absolute Freiheit proklamieren; die berühmte Akademie wird zum »Friedhof« (Rayuela).

Die Hauptschwierigkeiten der lateinamerikanischen Schriftsteller bestehen in der korrekten Bezeichnung der sie umgebenden Realität und in der semantischen Präzision der Wörter, denen der ursprüngliche, unverfälschte Sinn zurückerstattet werden soll. Nur ein Beispiel für die zahlreichen Äußerungen zu diesem Punkt, von Alejo Carpentier:

»Bestimmte amerikanische Wirklichkeiten, die noch nicht literarisch erforscht, noch nicht benannt wurden, müssen lange und geduldig beobachtet werden. Wir lateinamerikanischen Autoren müssen alles benennen – alles, was uns definiert, umgibt und einkreist, alles, was als Kontext wirksam ist, um es in einen universellen Zusammenhang zu bringen. Die Zeiten der Romane mit Glossar sind vorbei.«[23]

Auch hier fehlt eine verbindliche Theorie. Sie müßte mit den Neuerungen des Modernismus beginnen, die Vanguardismen berücksichtigen und schließlich die beispielhaften sprachschöpferischen Romane (Rayuela, Drei traurige Tiger) wie auch die Werke, die die Indio-Sprachen kunstvoll integrieren (Menschensohn, Die tiefen Flüsse) genau untersuchen – dazu die sprachliche Gestaltung in den anderen bedeutenden Romanen –, um so zu haltbaren Ergebnissen vorzustoßen.

Die Schlußfolgerungen aus den drei skizzierten Aspekten des modernen lateinamerikanischen Romans stimmen in einem Punkt überein: Im Augenblick ist nur eine Bestandsaufnahme möglich, die Auswertung steht noch aus. Alle Versuche einer möglichen Formulierung des »Neuen«, des »Typischen« fallen durch ihren provisorischen Charakter auf. Für den Kritiker bedeutet es eine Gelegenheit, individuelle Lösungen vorzuschlagen, die aber für beständige Korrektur und Revision offen sein sollten. Eine faszinierende und risikoreiche Aufgabe.

Abschließend möchte ich noch einige Bemerkungen zur Stellung des lateinamerikanischen Schriftstellers in seiner Gesellschaft machen. Traditionsgemäß gehört er zur Kulturelite, einer Minderheit, die Erzeuger und Verbraucher des literarischen Produkts war.[24] Im allgemeinen verband sich seine schriftstellerische Tätigkeit mit einer offiziellen: Man denke an die schreibenden Diplomaten, Staatsmänner, Mönche, Eroberer und Entdecker. Erst seit etwa 1920 beginnt eine Kommunikation zwischen Autor und Gesellschaft: aus dem Elfenbeinturm ins Engagement. Die aufkommende Mittelschicht sprengte die Enge der Kultureliten.

Der Autor wirkt in Lateinamerika doppelt auf seine Gesellschaft: durch sein persönliches Verhalten und sein Werk. Das Publikum erwartet von ihm Stellungnahmen zu aktuellen Themen. Der Schriftsteller ist sich dieser zweifachen Verantwortung bewußt, denn in einem Kontinent, in dem die Berufspolitiker jegliches Vertrauen bei der Bevölkerung eingebüßt haben[25], erhält der Intellektuelle eine Sonderstellung. Sein moralisches Verhalten wird genau beobachtet. Wenn die Mehrzahl der Autoren Lateinamerikas sich für die Verwirklichung des Sozialismus ausspricht, heißt das jedoch nicht, daß sie Literatur und Revolution gleichsetzt. Die politische Militanz erschöpft sich nicht in der Literatur, wie auch die Literatur nicht zum politischen Pamphlet degradiert wird. Das Engagement der lateinamerikanischen Schriftsteller für politische Ziele mag überraschen. Sie sind durch die Auseinandersetzung mit den USA und deren Politik geeint. Allerdings haben sich die Fronten in den 80er Jahren verhärtet: Heute sind Cuba und Nicaragua Zankapfel der Diskussionen, Anlaß für heftige Wortgefechte. Die konfliktgeladene Realität Südamerikas, wo gegen Ende dieses Jahrhunderts etwa 650 Millionen Menschen leben werden, d. h. etwa doppelt soviel wie heute, erfordert rasche Veränderungen. Die Schriftsteller zeigen in ihren Werken, wie sie sich die Zukunft ihres Kontinents vorstellen bzw. wünschen: Die Phantasie übernimmt die Macht.

Ein kurzer Hinweis auf die Auswahl der Aufsätze für diesen Materialienband: Sie ist subjektiv, wie jede Auswahl. Wichtige Namen fehlen, weil die Zahl begrenzt bleiben mußte (aber Sábato und Donoso mögen vielen unentbehrlich scheinen). Die Lyrik, der Essay und der gesamte brasilianische Bereich blieben ausgeklammert: Sie erfordern eigene Materialienbände.

»Ohne Borges gibt es keine neue lateinamerikanische Literatur« –
daher beginnt der Band mit einem Essay über Borges, der dessen
Universalität akzentuiert. Dieser Aspekt scheint mir im Zusammenhang mit dem Anspruch der lateinamerikanischen Autoren,
eine neue »Weltliteratur« zu schaffen, interessant. Borges' Gesamtwerk in einem Artikel zu untersuchen, wäre ohnehin vermessen.

David Gallagher betont die Eigenständigkeit von Bioy Casares
und unterstützt damit die erwähnte Tendenz zur Aufwertung dieses Autors. Roa Bastos vertritt eine Strömung in der neuen lateinamerikanischen Literatur, die das Thema des Indios und seine
Zweisprachigkeit vorbildlich behandelt hat: Rubén Bareiro zeigt
den Hintergrund des Autors und seines Werkes auf. Rulfo und
Carpentier, die beiden Klassiker par excellence, dürfen in keiner
Untersuchung der neuen Literatur fehlen: Ihr Einfluß dauert stark
und kontinuierlich an. Onetti blieb während des »Booms« dem
Literaturbetrieb fern, gehört jedoch selbstverständlich zum Kreis
der »Großen«: García Márquez, Cortázar, Fuentes und Vargas
Llosa. Manuel Puig gilt als einer der brillantesten jüngeren Autoren, dessen Werk bereits auf andere Schriftsteller zurückwirkte (so
auf Vargas Llosa in seinem Roman *Der Hauptmann und sein Frauenbataillon*).

Die Essays wurden aus der vorhandenen Sekundärliteratur ausgewählt, sie folgen also keinem einheitlichen Schema. Im allgemeinen geben sie einen Überblick über das Gesamtwerk eines Autors.
Sie wollen nicht erschöpfende Analysen, sondern erste Informationen über eine bei uns unbekannte Literatur sein. Einige Male
wird ein Einzelwerk – als Beispiel für die Bedeutung der gesell-
schaftlich-historischen Hintergründe und die Konsistenz der neu-
en Romane – untersucht. Die Verfasser sind in der Mehrzahl Professoren für lateinamerikanische Literatur an verschiedenen Universitäten, meist in den USA. Daher erklärt sich der Wechsel zwischen akademischer Studie und Essay. Oft haben Autor und Kritiker die gleiche Nationalität: so bei Cortázar, Roa Bastos, Arguedas, Onetti, Vargas Llosa und Fuentes.

Das bescheidene Ziel des vorliegenden Bandes besteht darin, Interesse für die neue lateinamerikanische Literatur zu wecken. Dem
interessierten Leser (insbesondere Studenten) gibt die angeführte
Sekundärliteratur Möglichkeit, seine Kenntnisse zu vertiefen.

Ein herzlicher Dank an die Autoren, die bei der Auswahl und

Beschaffung der Artikel behilflich waren – desgleichen an die Kritiker, die ihre Artikel zur Verfügung stellten und den Kürzungen zustimmten bzw. frühere Essays für diesen Band überarbeiteten. Ohne ihre Mitarbeit hätte der Materialienband nicht publiziert werden können.

## Anmerkungen

1 Außerdem: Ernesto Sábato, *Über Helden und Gräber;* Carlos Fuentes, *Nichts als das Leben; Hautwechsel;* Juan Carlos Onetti, *Die Werft;* Mario Vargas Llosa, *Die Stadt und die Hunde; Das grüne Haus;* Guillermo Cabrera Infante, *Drei traurige Tiger;* José Donoso, *Der obszöne Vogel der Nacht;* Manuel Puig, *Verraten von Rita Hayworth; Der schönste Tango der Welt;* Adolfo Bioy Casares, *Der Schweinekrieg* usw.

2 1962 M. Vargas Llosa für *Die Stadt und die Hunde* (Peru)
  1963 Vicente Leñero für *Los Albañiles* (Die Maurer) (Mexico)
  1964 G. Cabrera Infante für *Drei traurige Tiger* (Cuba)
  1967 C. Fuentes für *Hautwechsel* (Mexico)
  1968 Adriano González León für *Pais portátil* (Tragbares Land) (Venezuela)
  1969 sollte José Donoso ihn für *Der obszöne Vogel der Nacht* (Chile) erhalten. Der Preis wurde aufgrund der Verlagsteilung nicht mehr verliehen.

3 Veröffentlicht wurden ferner: Rulfo, *Der Llano in Flammen*, Fuentes, *Landschaft in klarem Licht*, Bioy Casares, *Der Traum der Helden*, Asturias, *Die Maismenschen*, usw.

4 Vergleiche: Pedro Salinas, *El problema del modernismo en España, o un conflicto entre dos espíritus*, in *Literatura Española Siglo XX*, Ed. Alianza, Madrid, 1972, 13–35; Roberto Fernández Retamar, *Modernismo, Noventiocho, Subdesarrallo*, in *Ensayo de otro mundo*, Ed. Universitaria, Santiago de Chile, 1969, 52–63; Octavio Paz, *El caracol y la sirena*, in *Los signos en rotación y otros ensayos*, Ed. Alianza, Madrid, 1971, 88–103; Juan Ramón Jiménez, *El Modernismo*, Ed. Aguilar, Madrid, 1962.

5 José Martí, *Nuestra América*, in *Nuestra América*, Ed. Ariel, Barcelona, 1970, 13–25.

6 Octavio Paz, *Literatura de fundación*, in *Puertas al campo*, Ed. Seix-Barral, Barcelona, 1972, 15–21.

7 Oscar Collazos, *Recopilación de textos sobre los vanguardismos en la América Latina*, La Habana, 1970 und Barcelona, 1978.

8 Saúl Yurkiévich, *Fundadores de la nueva poesía latino-americana*, Ed. Barral, Barcelona, ²1973.

9 Cf. drei exemplarische Romane: *Doña Bárbara* (R. Gallegos), *Don Segundo Sombra* (R. Güiraldes), *La Vorágine* (J. E. Rivera).

10 Günter Lorenz, *Entrevista con Asturias*, in *Mundo Nuevo*, Nr. 43, 1970, 35–51; auch in G. L., *Dialog mit Lateinamerika*, Tübingen, 1970, 351–401.

11 N. Sánchez-Albornoz/J. L. Moreno, *La población en América Latina*, Madrid, 1973; John J. Johnson, *Political Change in Latin America: The Emergence of the Middle Sectors*, Stanford UP, 1958.

12 Ernesto Sábato, *Tango – discusión y clave,* Ed. Losada, Buenos Aires, 1963; F. García Jiménez, *El Tango – Historia de medio siglo 1880–1930,* Buenos Aires, 1963.

13 Cf. A. Uslar-Pietri, *El mestizaje y el nuevo mundo*, in *Veinticinco ensayos*, Carácas, 1969, 13–24; P. Henriquez Ureña, *Historia de la cultura de la América Latina*, fce, México, $^8$1970.

14 Carlos M. Rama, *Historia del movimiento obrero y social latinoamericano contemporáneo*, Ed. Laia, Barcelona, 1976 (3. rev. Ausgabe).

15 M. Vargas Llosa, *Der Hauptmann und sein Frauenbataillon;* Adolfo Bioy Casares, *Schlaf in der Sonne;* Manuel Puig, *The Buenos-Aires Affair; Der Kuß der Spinnenfrau;* Augusto Roa Bastos, *Ich, der Allmächtige*.

16 José Augustín (Mexico), Reinaldo Arenas (Cuba), Alfredo Bryce Echenique (Peru), Oscar Collazos (Columbien), Cristina Peri-Rossi (Uruguay), Severo Sarduy (Cuba), Antonio Skármeta (Chile), Miguel Barnet (Cuba), Osvaldo Soriano (Argentinien) und Fernando del Paso (Mexico) usw.

17 José Donoso, *Historia personal del »boom«*, Ed. Anagrama, Barcelona, 1972.

18 Julio Cortázar, *Algunos aspectos del cuento*, in *Literatura y arte nuevo en Cuba*, Barcelona, 1971, 261–277.

19 Carlos Fuentes, *La nueva novela latinoamericana*, Ed. J. Mortíz, México, 1969.

20 Mircea Eliade, *Aspects du Mythe*, Ed. Gallimard, Paris, 1963.

21 Octavio Paz, *Das Labyrinth der Einsamkeit*, Frankfurt, 1974, 188.

22 Umberto Eco, *Das offene Kunstwerk*, Frankfurt, 1974.

23 Alejo Carpentier, *Problemática de la actual novela latinoamericana*, in *Tientos y Diferencias*, Ed. Arca, Montevideo, 1967, 7–42.

24 Angel Rama, *Diez problemas para el novelista latinoamericano*, in (versch. Autoren), *Literatura y arte nuevo en Cuba*, Barcelona, 1971, 195–261.

25 Mario Benedetti, *Situación del escritor en América Latina*, in *Letras del continente mestizo*, Ed. Arca, Montevideo, 1969, 49–61; Alejo Carpentier, *Papel social del novelista*, in *Tientos y diferencias*, Ed. Arca, Montevideo, 113–132; Julio Cortázar, *Acerca de la situación del intelectual latinoamericano*, in *Ultimo Round*, México, 1971, 199–217.

I

*George Steiner*

# Tiger im Spiegel

*[Über Jorge Luis Borges]*

Unvermeidlich ist der heutige Weltruhm von Jorge Luis Borges
von einem Gefühl privaten Verlustes begleitet. Als ob aus einer
lange wie ein Schatz gehüteten Stadtansicht – etwa der Schatten-
masse von King Arthur's Seat in Edinburgh, wie man sie so nur
von der Rückseite von The Pleasance Nr. 60 erblickt, oder der Ein-
undfünfzigsten Straße in Manhattan, wenn sie sich im Fenster meines Zahnarztes durch einen optischen Trick in einen dahinschie-
ßenden bronzenen Canyon verwandelt –, einem Kleinod für das
innere Auge des Sammlers, ein von Touristenhorden begafftes
Schaustück werde. Lange Zeit war die Großartigkeit von Borges
ein Geheimtip, der nur unter einer glücklichen Minderheit umg-
ing, im Flüsterton und gegen wechselseitige Gefälligkeiten ausge-
tauscht. Wer kannte schon sein erstes Werk, eine Sammlung grie-
chischer Sagen, in Buenos Aires auf englisch geschrieben, als der
Verfasser sieben Jahre zählte? Oder Opus II, datiert 1907 und eine
deutlich das Kommende ahnen lassende Übersetzung von Oscar
Wildes *The Happy Prince (Der glückliche Prinz)* ins Spanische?
Wenn man heute versichert, daß *Pierre Menard, autor del Quijote
(Pierre Menard, Autor des Quijote)* eines der reinsten Wunderwer-
ke menschlicher Erfindungsgabe sei und daß die vielerlei Facetten
von Borges' scheuer Begabung fast alle in dieser knappen Fabel zu
finden sind, so ist das eine Platitüde. Doch wie viele besitzen die
*editio princeps* von *El jardin de senderos que se bifurcan* (Sur, Buenos Aires, 1941), *(Der Garten der Pfade, die sich verzweigen)*, in
der diese Geschichte zum erstenmal abgedruckt wurde? Noch vor
zehn Jahren war es das Kennzeichen einer als Geheimnis gehüteten
Belesenheit und ein zarter Wink für den Eingeweihten zu wissen, daß
H. Bustos Domecq das gemeinsame Pseudonym von Borges und
seinem engen Mitarbeiter Adolfo Bioy Casares war oder daß jener
Borges, der zusammen mit Delia Ingenieros eine gelehrte Monogra-
phie über alt-germanische und angelsächsische Literatur (Mexico,
1951) veröffentlichte, der Meister selber war. Solche Informationen
wurden streng gehütet und sparsam weitergegeben; oft war es nahe-

*Jorge Luis Borges*

zu unmöglich, ihrer habhaft zu werden, so wenig wie der Gedichte, der Erzählungen, selbst der Essays von Borges – sie waren verstreut, vergriffen, pseudonym. Ich erinnere mich, wie mir ein frühzeitiger Kenner in der höhlenartigen Hinterstube einer Buchhandlung in Lissabon – es war, man bedenke, zu Anfang der fünfziger Jahre – Borges' Übersetzung von Virginia Woolfs *Orlando* zeigte; ferner sein Vorwort zu der in Buenos Aires erschienenen Ausgabe von Kafkas *Die Verwandlung;* seinen richtungsweisenden Essay über die von Bischof John Wilkins ersonnene künstliche Sprache, veröffentlicht in *La Nación* vom 8. Februar 1942, und, als rarste aller Raritäten, *Dimensions of my Hope* (Dimensionen meiner Hoffnung), eine Sammlung kurzer, 1926 erschienener Essays, die aber auf Borges' Wunsch nicht neu gedruckt wurden. Diese unscheinbaren Objekte wurden mir mit dem Ausdruck blasierter Herablassung vorgeführt. Mit Recht. Ich war erst spät an den Ort der Geheimnisse gelangt.

Der Wendepunkt kam 1961. Zusammen mit Beckett wurde Borges der Formentor-Preis zugesprochen. Ein Jahr danach erschienen *Laberintos (Labyrinthe)* und *Ficciones (Fiktionen)* auf englisch. Ehrungen regneten herab. Die italienische Regierung machte Borges zum *Commendatore.* Auf Vorschlag von Monsieur Malraux verlieh Präsident de Gaulle seinem ruhmreichen Schriftstellerkollegen, dem Meister der Mythen, den Titel eines *Commandeur* und den *Ordre des Lettres et des Arts.* Der plötzlich berühmt Gewordene sah sich hinter Vortragspulten in Madrid, Paris, Genf, London, Oxford, Edinburgh, Harvard, Texas.

»Im reifen Alter«, sinniert Borges, »begann ich zu bemerken, daß viele Menschen in aller Welt sich für mein Werk interessierten. Es ist schon seltsam: Viele meiner Schriften sind ins Englische, Schwedische, Französische, Italienische, Deutsche, Portugiesische, ins Dänische und in einige slawische Sprachen übersetzt worden. Das ist mir jedesmal eine große Überraschung, denn ich erinnere mich noch, daß ich ein Buch veröffentlicht habe – es muß, glaube ich, um 1932 gewesen sein –, und am Ende des Jahres stellte sich heraus, daß nicht weniger als siebenunddreißig Exemplare verkauft waren!«

Solch ein mageres Ergebnis hat seine Kompensationen:

Diese Menschen sind wirklich, ich meine, jeder von ihnen hat ein eigenes Gesicht, eine Familie, er wohnt in seiner besonderen Straße. Und nun? Wenn man, sagen wir, zweitausend Exemplare verkauft, so ist es genauso, als habe man überhaupt nichts verkauft, denn zweitausend, das ist, meine ich, eine zu riesige Zahl, als daß die Phantasie sie noch fassen könnte ... vielleicht wären siebzehn besser gewesen oder gar sieben.[1]

Der Eingeweihte wird die symbolische Rolle jeder dieser Zahlen erkennen, wie auch die der kabbalistischen absteigenden Reihe in den Fabeln von Borges.

Heute ist aus jenen verborgenen siebenunddreißig eine Industrie geworden. Kritische Kommentare über, Interviews mit, Ausgaben von Borges schießen wie Pilze aus dem Boden. Das 520 Seiten umfassende exegetische, biographische, bibliographische, 1964 bei *L'Herne* in Paris herausgekommene Borges-Kompendium ist bereits überholt. Der Himmel ist verdunkelt von Dissertationen: *Borges und Beowulf. Der Einfluß des Western auf das Erzähltempo des späten Borges, Die rätselhafte Bedeutung der ›West Side Story‹ für Borges* (»ich habe sie viele Male gesehen«), *Der Ursprung der Worte ›Tlön‹ und ›Uqbar‹ in den Erzählungen von Borges, Borges und der Sohar.*[2] Man hat Borges-Wochenenden in Austin, Seminare in Harvard, ein Symposion großen Stils an der Universität von Oklahoma veranstaltet – eine vielleicht in Kafkas *Amerika* schon vorausgeahnte Festivität. Borges war selber dabei und wurde Zeuge der gelehrten Heiligsprechung seines anderen Ich oder, wie er es nennt, *Borges y yo (Borges und Ich)*. Eine Zeitschrift für Borges-Forschung wird vorbereitet. Ihre erste Nummer soll sich mit der Funktion des Spiegels und des Labyrinths in der Kunst von Borges befassen und mit den hinter dem Spiegel, oder besser, in seinem schweigenden kristallenen Irrgarten, lauernden Traumtigern.

Mit dem akademischen Rummel kamen die Imitatoren. Borges' Schreibweise wird überall nachgeäfft. Es gibt magische Wendungen, die viele Schriftsteller und sogar Studenten mit einem wissenden Ohr simulieren können: die Wendungen einer Selbstablehnung in Borges' Ton, die okkulte Phantasterei seiner literarischen und historischen Hinweise, mit denen er seine Erzählungen würzt, den Wechsel zwischen direkten klapperdürren Aussagen und preziösen Ausflüchten. Aus den Schlüsselvorstellungen und heraldischen Bezifferungen der Welt von Borges ist literarisches Kleingeld geworden.

Ich bin der Labyrinthe und Spiegel und der Tiger und all dessen müde geworden. Besonders, wenn andere sie verwenden ... Das ist der Nutzen von Nachahmern. Sie kurieren uns von unseren literarischen Gebrechen. Weil man sich sagt: Es gibt heute so viele Leute, die so etwas machen, man braucht es nicht mehr selber zu tun. Sollen es jetzt die anderen machen, ich bin es Gott sei Dank los.[3]

Aber auf die Pseudo-Borges kommt es nicht an.

Das Rätsel ist dies: daß die Taktik eines so spezialisierten, so eng mit einer streng geheimgehaltenen Sensibilität verwobenen Fühlens ein derart weites, ein so natürliches Echo gefunden hat. Wie Lewis Carroll hat Borges aus seinen autistischen Träumen eine zurückhaltende, aber anspruchsvolle Aufforderung gemacht, auf die die Leser in aller Welt mit einem Gefühl des Wiedererkennens reagieren. Unsere Straßen und Gärten, das schnelle Huschen einer Eidechse durch das warme Licht, unsere Bibliotheken und Wendeltreppen sehen immer mehr wie von Borges geträumte aus, obwohl die Quellen seiner Sicht einmalig und unzugänglich sind, die Vision zuweilen im Aberwitz ihren Ursprung hat. Der Prozeß, durch den ein phantastisches privates Weltbild die Spiegelwand überspringt, hinter der es geschaffen wurde, und daran geht, die allgemeine Landschaft des Gewahrwerdens zu verändern, ist augenfällig; doch darüber zu sprechen ist äußerst schwierig. (Wieviel von der immensen kritischen Literatur über Kafka ist betretenes Geschwafel!) Daß dem Auftritt von Borges auf der größeren Bühne der Imagination ein regionales Talent von extremer Strenge und sprachlichem *métier* vorangegangen ist, steht fest. Aber damit kommen wir nicht sehr weit. Tatsache ist, daß selbst flache Übersetzungen viel von seinem Zauber mitteilen. Die Botschaft ist in einem kabbalistischen Kode abgefaßt, gleichsam mit unsichtbarer Tinte geschrieben, mit der stolzen Sorglosigkeit tiefer Bescheidenheit; abgefüllt auf die zerbrechlichsten Flaschen, ist sie über die sieben Meere verschifft worden (natürlich sind es in Borges' *Atlas* noch weit mehr, aber immer sind sie ein Vielfaches von Sieben), und an jeder Küste ist sie gelandet. Auch wer nichts von seinen Vorbildern und frühen Gefährten weiß – Lugones, Macedonio Fernández, Evaristo Carriego – oder wem das Palermoviertel von Buenos Aires und die Tradition der Gaucho-Balladen wenig mehr als Namen sind, hat Zugang zu den *Fiktionen* von Borges gefunden. In gewissem Sinne ist der Direktor der Biblioteca Nacional von Argentinien heute der originellste anglo-amerikanische Schriftsteller. Diese Exterritorialität könnte zur Lösung des Rätsels beitragen.

Borges ist ein Universalist. Das beruht zum Teil auf seiner Erziehung in den Jahren 1914 bis 1921, die er in der Schweiz, Italien, Spanien verbrachte. Zum andern rührt es von seiner enormen

Sprachbegabung her. Er ist gleicherweise im Englischen, Französischen, Deutschen, Italienischen, Portugiesischen, Angelsächsischen und Altnordischen zu Hause wie in einem ständig von argentinischen Elementen durchschossenen Spanisch. Wie andere Schriftsteller, die das Augenlicht verloren haben, bewegt sich Borges mit katzenhafter Sicherheit durch die Klangwelt so vieler Sprachen. Denkwürdig ist sein Bericht über den *Beginn des Studiums der angelsächsischen Grammatik:*

Als letztes Glied nach fünfzig Generationen
(uns alle stellt vor solche Abgründe die Zeit)
kehr wieder ich zum fernen Ufer eines Großen Stroms,
der von des Wikings Drachenschiffen unerreicht blieb,
zu den noch rauhen ungelenken Worten,
die ich mit einem Mund, der Staub geworden ist,
gebrauchte in Northumbriens und Mercias Tagen,
noch eh ich Haslam oder Borges war.
[...]
Gelobt sei das unendlich
verschlungene Labyrinth von Wirkungen und Ursachen,
das, noch bevor es mir den Spiegel reicht,
in dem ich keinen sehen werde oder einen anderen,
mir diese reine Anschauung gewährt
einer Sprache vor Tagesanbruch.[4]

»Ehe ich ein Borges wurde.« In Borges' Ergründung verschiedener Kulturen verbirgt sich das Geheimnis einer literarischen Metamorphose. In *Deutsches Requiem* wird, nein *ist* der Erzähler Otto Dietrich zur Linde ein verurteilter nazistischer Kriegsverbrecher. Vincent Moons Bekenntnis *La Forma de la Espada (Die Narbe)* ist ein Klassiker in der überreichen Literatur über die irischen Wirren. An anderer Stelle legt Borges die Maske des Dr. Yu Tsun an, vormals Professor an der Hochschule von Tsingtao, oder die des Averroes, des großen islamischen Kommentators des Aristoteles. Jede dieser raschen Umkostümierungen bringt ihre eigene überzeugende Aura mit, und doch sind sie alle Borges. Es macht ihm Freude, dieses Gefühl der Unbehaustheit, des mysteriösen Konglomerats auf seine eigene Vergangenheit auszudehnen: »Ich mag jüdische Vorfahren haben, aber ich kann es nicht sagen. Der Name meiner Mutter ist Acevedo: Acevedo könnte der Name eines portugiesischen Juden sein, oder aber auch wieder nicht... Das Wort *acevedo* bezeichnet eigentlich eine Baumart; es ist nicht spezifisch jüdisch, wenngleich viele Juden Acevedo heißen. Ich kann es nicht sagen.«[5] Wie Borges es sieht, könnten auch andere Meister ihre Kraft aus einer ähnlichen Situation des Fremdseins ziehen: »Ich weiß nicht warum, aber ich spüre in Shakespeare etwas Italienisches, etwas Jüdisches, und vielleicht bewundern ihn die Engländer eben deshalb, weil er ihnen so unähnlich ist.«[6] Nicht auf den besonderen Zweifel oder die besondere Erfindungsgabe kommt es an, sondern auf den Begriff vom Schriftsteller als einem Gast, als einem Menschen, der die Aufgabe hat, für die verschiedensten fremden Präsenzen anfällig zu bleiben, der die Pforten seiner vorübergehenden Behausung allen Winden offenhalten muß:

Aus: *Die Borges*

Nichts oder nur sehr wenig weiß ich
von meinen Vorfahren aus Portugal: den Borges.
Als vager Stamm leben in meinem Fleisch
sie dunkel ihre Bräuche,
ihre Satzungen und Ängste fort.
So ungreifbar, als sei'n sie nie gewesen,
und künstlerischen Machenschaften fremd,
bilden sie, nicht zu enträtseln, ein Teil
der Zeit, der Erde, der Vergessenheit.
[...][7]

Diese Universalität, und daß er es verschmäht, irgendwo vor Anker zu gehen, spiegeln sich direkt wider in Borges' fabelhafter Belesenheit. Ob es, oder ob es nicht »nur als eine Art persönlichen Scherzes dasteht« – das Gewebe bibliographischer Anspielungen, philosophischer Etiketten, literarischer Zitate, kabbalistischer Bezugnahmen, mathematischer und philologischer Akrosticha, von denen Borges' Erzählungen und Gedichte überströmen, ist offensichtlich ausschlaggebend für die Art seiner Wirklichkeitserfahrung. Ein tiefblickender französischer Kritiker hat gemeint, daß in einem Zeitalter zunehmender Unbelesenheit, wo selbst der Gebildete nur ein oberflächliches klassisches oder theologisches Wissen habe, Belesenheit an sich schon eine Art Phantasie, eine surrealistische Konstruktion sei. Borges bewegt sich mit verhaltener Allwissenheit zwischen häretischen Fragmenten des XI. Jahrhunderts, barocker Algebra und vielbändigen viktorianischen Werken über die Fauna des Aralsees und baut damit eine Antiwelt, einen vollkommen kohärenten Raum, in dem sein Geist nach Lust und Laune zaubern kann. Die Tatsache, daß ein großer Teil seines angeblichen Quellenmaterials und des Mosaiks der Bezugnahme reine Erfindung ist – ein Kunstgriff, den Borges mit Nabokov teilt und für den sie beide Flauberts *Bouvard et Pécuchet* Dank schulden mögen –, verstärkt paradoxerweise den Eindruck der Solidität. Pierre Menard steht vor uns, greifbar und ungreifbar zugleich durch den erfundenen Katalog seiner »sichtbaren Werke«; umgekehrt deutet jede geheimnisvolle Eintragung in dem Katalog auf den Sinn der Parabel. Und wer würde die Glaubwürdigkeit der *Tres versiones de Judas (Drei Fassungen von Judas)* bezweifeln, nachdem Borges uns versichert hat, daß Nils Runeberg – man beachte die Runen in dem Namen – 1909 *Den hemlige Frälsaren* (Der himmlische Heiland) publiziert, dabei aber ein Buch von Euclides da Cunha (*Os Sertões, Revolte im Hinterland*) nicht gekannt habe, in dem behauptet wird, daß für den »Erzketzer von Canudos«, Antonio Conselheiro, Tugend »schon fast ein Verstoß wider die Frömmigkeit war«.

Fraglos liegt Humor in dieser vielseitig gelehrten Montage. Und wir haben schon hier, wie bei Pound, das bewußte Wagnis einer Wiederbelebung, ein anschauliches Inventar klassischer und westlicher Zivilisation in einer Zeit, in der soviel davon vergessen oder vulgarisiert ist. Borges ist im inneren Herzen ein Museumsverwalter, Hüter vernachlässigter Bagatellen, Verfasser eines Index veralteter Wahrheiten und abgetaner Hypothesen, mit denen die Dachkammern der Geschichte vollgestopft sind. Diese ganze Erzgelehrsamkeit hat ihre komischen und leicht komödiantischen Seiten. Doch daneben auch eine weit tiefere Bedeutung.

Borges besitzt ein kabbalistisches Weltbild – oder besser, er macht einen präzisen imaginativen Gebrauch davon –, eine meisterliche Metapher der Existenz, mit der er schon 1914 in Genf vertraut geworden sein mag, als er Gustav Meyrinks Roman *Der Golem* las und engen Umgang mit dem Gelehrten Maurice Abramowicz pflog. Diese Metapher sieht etwa so aus: Das Universum ist ein großes Buch, in dem jedes materielle und geistige Phänomen seine Bedeutung hat. Die Welt ist ein immenses Alphabet. Die physische Realität, die Fakten der Geschichte, alles, was der Mensch geschaffen hat – es sind gleichsam Silben einer niemals endenden Botschaft. Wir sind umgeben von einem grenzenlosen Netzwerk von Bedeutungen; jeder Faden darin befördert einen Impuls des Seins und schafft am Ende die Verbindung mit dem, was Borges in einer rätselhaften, höchst eindrucksvollen Geschichte *Das Aleph* nennt. Der Erzähler erblickt diesen nicht in Worte zu fassenden Angelpunkt des Kosmos an einem Oktobernachmittag in einer staubigen Ecke des Kellers des Hauses von Carlos Argentinos in der Calle Garay. Es ist der Raum aller Räume, die kabbalistische Sphäre, deren Mittelpunkt überall und deren Peripherie nirgendwo ist. Es ist das Rad aus Ezechiels Vision, doch auch der stille, kleine Vogel der Sufi-Mystik, der auf irgendeine Weise alle Vögel in sich birgt: »Ich fühlte Schwindel und weinte, weil meine Augen diesen geheimen und gemutmaßten Gegenstand erschaut hatten, dessen Namen die Menschen in Beschlag nehmen, den aber kein Mensch je geschaut hat: das unfaßliche Universum.«

Vom Gesichtspunkt des Schreibers aus hat »das Weltall, von anderen Bibliothek genannt«, mehrere bemerkenswerte Züge. Es umfaßt *alle* Bücher, nicht nur die schon geschriebenen, sondern auch jede Seite eines jeden Bandes, der in Zukunft geschrieben werden wird, und, noch wichtiger, von dem man sich vorstellen kann, daß er geschrieben werden könnte. Neu gruppiert, können die Buchstaben aller bekannten oder verlorengegangenen Schriften und Alphabete, wie sie in den vorhandenen Bänden stehen, jeden vorstellbaren menschlichen Gedanken hervorbringen, jede Verszeile und jeden Prosasatz bis ans Ende der Zeiten. Die Bibliothek enthält alle existierenden Sprachen, und auch alle entweder untergegangenen oder noch kommenden Sprachen. Man sieht, Borges ist fasziniert von der Vorstellung, die in den sprachlichen Spekulationen der Kabbala und Jacob Boehmes eine solche Rolle spielt, daß eine geheime erste Sprache, eine *Ur-Sprache* aus der Zeit vor Babel der Unzahl menschlicher Sprachen zugrunde liegt. Wenn wir, wie blinde Dichter es vermögen, unsere Finger an den lebenden Rändern der Wörter entlanggleiten lassen – spanische Wörter, russische Wörter, aramäische Wörter, die Silben eines Sängers in Cathay –, so werden wir in ihnen das feine, flüchtige Pochen eines großen, von einer gemeinsamen Mitte her pulsierenden Stromes verspüren, das letzte Wort, das aus allen Buchstaben und Buchstabenkombinationen aller Sprachen besteht und das der Name Gottes ist.

So ist der Universalismus von Borges eine sondierende imaginative Strategie, ein Manöver, um die großen Winde aufzufangen, die aus dem Herzen der Dinge wehen. Wenn er fiktive Titel erfindet, imaginäre Querverweise, Folianten und Schriftsteller, die es nie gegeben hat, so ordnet Borges lediglich Spielmarken der Wirklichkeit in der Form anderer möglicher Welten neu. Wenn er sich, durch Wortspiel und Echo, aus einer Sprache in die andere bewegt, so dreht er das Kaleidoskop, wirft er das Licht auf eine andere Stelle der Wand. Wie Emerson, den er unermüdlich zitiert, ist Borges davon durchdrungen, daß diese Vision eines ganz in sich verwobenen, symbolischen Universums ein Freudenfest ist: »Aus dem unersättlichen Labyrinth der Träume kehrte ich in mein hartes Gefängnis zurück wie in eine Heimat. Ich segnete seine Nässe, ich segnete seinen Tiger, ich segnete das Lichtloch, ich segnete meinen alten, schmerzenden Leib, ich segnete die Finsternis und den Stein.«[8] Für Borges, wie für die Transzendentalisten, gibt es kein lebendiges Ding, keinen Ton, der nicht eine Chiffre von allem enthielte.

Diese Traumlogik – Borges fragt immer wieder, ob nicht wir selber mitsamt unseren Träumen von außerhalb geträumt werden – hat einige der witzigsten, originellsten Kurzgeschichten der westlichen Welt hervorgebracht. *Pierre Menard; La biblioteca de Babel (Die Bibliothek von Babel); Las ruinas circulares (Die kreisförmigen Ruinen); El Aleph (Das Aleph); Tlön, Uqbar, Orbis Tertius; La busca de Averroes (Averroes auf der Suche)* sind lakonische Meisterwerke. Ihre bündige Prägnanz schafft, wie die eines großen Gedichts, eine geschlossene Welt, die den Leser unentrinnbar mit einschließt und die doch dem weitesten Widerhall geöffnet ist. Einige der kaum eine Seite langen Parabeln, wie *Ragnarök, Everything and Nothing* oder *Borges und Ich* stehen neben denen von Kafka als die einzigen gelungenen Beispiele dieser berüchtigt labilen Form. Hätte er nicht mehr geschaffen als die *Fiktionen* (1956), so wäre Borges unter die ganz wenigen Träumer neuer Träume nach Poe und Baudelaire einzureihen. Er hat, und das ist das Kennzeichen eines wahrhaft großen Künstlers, der Landschaft unserer Erinnerungen größere Tiefe gegeben.

Trotz ihrer formalen Universalität und der schwindelerregenden Ausdehnung des Bereiches ihrer Anspielungen weist die Textur von Borges' Kunst ernsthafte Lücken auf. Nur einmal, in einer Erzählung mit dem Titel *Emma Zunz*, hat Borges eine glaubwürdige Frauengestalt geschaffen. In seinem gesamten übrigen Werk sind die Frauen die Objekte der Phantasien oder Erinnerungen der Männer. Selbst bei den Männern sind die Linien der Vorstellungskraft in der Dichtung von Borges auf das knappste vereinfacht. Die grundlegende Gleichung ist die des Duells. Friedliche Begegnungen werden in die Form eines Zusammenstoßes zwischen dem

»Ich« des Erzählers und dem sich mehr oder minder aufdrängenden Schatten »des anderen« gegossen. Taucht eine dritte Person auf, so wird fast jedesmal auf ihre Präsenz nur angespielt, oder sie wird erinnert oder, halb verwischt, mit dem äußersten Rande der Netzhaut wahrgenommen. Der Handlungsspielraum, in dem sich die Figuren Borges bewegen, ist mythisch, aber niemals gesellschaftlich. Wo sich eine Szenerie örtlicher oder historischer Umstände vordrängt, geschieht das durch frei schwebende Einzelheiten, ganz wie in einem Traum. Daher die geisterhafte kühle Leere, die uns in so vielen Texten von Borges anweht wie von einem plötzlich in der Nacht sich öffnenden Fenster. Es sind diese Lükken, diese intensiven spezialisierten Wahrnehmungen, die, wie mir scheint, Borges' Mißtrauen gegen den Roman erklären. Er kommt öfters auf diese Frage zurück. Er sagt, daß ein Schriftsteller, den sein geschwächtes Augenlicht zwingt, in der Vorstellung und gleichsam auf einen Streich zu komponieren, sich an ganz kurze Erzählungen halten müsse. Und es ist aufschlußreich, daß die ersten wichtigen Erzählungen unmittelbar auf den schweren Unfall folgten, den Borges im Dezember 1938 erlitt. Auch meint er, daß dem Roman, wie vor ihm dem Versepos, keine Dauer beschieden sei: »Der Roman ist eine Form, die überholt werden könnte, zweifellos überholt werden wird; aber mit der Erzählung wird es, glaube ich, nicht so sein ... sie ist soviel älter.«[9] Der Geschichtenerzähler am Straßenrande, der *Skalde*, der Raconteur der Pampas, Menschen, deren Blindheit oftmals ein Ausweis der Helle und Fülle ihres erlebten Lebens ist, verkörpern Borges' Vorstellung vom Schriftsteller. Homer wird häufig wie ein Talisman angeführt. Zugestanden. Doch ist ebenso wahrscheinlich, daß gerade der Roman jene Dimension darstellt, die bei Borges fehlt. Die pralle Präsenz von Frauen, ihre Beziehungen zu Männern gehören, wie ein Matrix der Gesellschaft, zum Wesen der Erzählung »in natürlicher Größe«. Borges ist bezaubert von Zahlentheorien und mathematischer Logik (siehe seine *Avatares*[(1)] *de la tortuga* [Sinnfiguren der Schildkröte]. Es gibt keinen Roman ohne ein Gutteil technischer Konstruktion und angewandter Mathematik.

Die konzentrierte Fremdartigkeit des Repertoires von Borges führt zu einer gewissen Affektation, einer rokokohaften Geziertheit, die faszinierend, aber auch luftleer sein kann. Borges hat erklärt, daß er die englische Literatur, einschließlich der amerikanischen, für »die bei weitem reichste der Welt hält«. Er ist bewundernswert vertraut mit ihr. Doch ist seine persönliche Anthologie englischer Schriftsteller einigermaßen seltsam. Die Gestalten, die ihm das meiste bedeuten, die ihm fast schon als wechselnde Masken seiner eigenen Person dienen, sind De Quincey, Robert Louis Stevenson, G. K. Chesterton und Rudyard Kipling. Meister zweifellos, aber doch eher Randerscheinungen. Borges tut recht daran, uns an die wie eine Orgel tönende Prosa von De Quincey und an die klare Beherrschtheit und Sparsamkeit der Aussage bei Stevenson und Kipling zu erinnern. Chesterton ist eine absonderliche Wahl; immerhin läßt sich ergründen, was *The Man Who Was Thursday (Der Mann, der Donnerstag war)* beigetragen hat zu Borges' Liebe zur Scharade und zum hochintellektuellen Slapstick. Doch in der Sprache und der Entwicklung des Empfindens gehört nicht einer dieser Schriftsteller zu den echten Energiespendern. Und wenn Borges behauptet, vielleicht im Scherz, daß Samuel Johnson »ein weit englischerer Schriftsteller gewesen sei als Shakespeare«, dann schärft sich unser Gefühl für seine bizarre Eigenwilligkeit. Indem Borges sich bewundernswert fernhält von dem Bombast, der Angeberei, der schrillen ideologischen Anmaßung, die so vieles in der gegenwärtigen Literatur kennzeichnen, hat er sich ein Zentrum geschaffen, das, wie in der mystischen Sphäre des Sohar, auch ein weit entlegener Ort ist.

Er scheint sich seiner Schwächen bewußt zu sein. In mehr als einem Interview hat er neuerdings gesagt, daß er jetzt eine äußerste Einfachheit, die Komposition kurzer Geschichten von entschiedener, kraftvoller Direktheit anstrebe. Das Aufeinandertreffen von Messerklingen hat Borges stets fasziniert. Einige seiner frühesten und besten Arbeiten beruhen auf Legenden von Messerstechereien im Palermo-Viertel von Buenos Aires und von den heldenhaften Razzien von Gauchos und Grenzsoldaten. Er äußert sich stolz über seine kriegerischen Vorfahren: seinen Urgroßvater, Oberst Borges, der gegen die Indianer kämpfte und in einer Revolution umkam; Oberst Suarez, seinen Großvater, der in einer der letzten großen Schlachten gegen die Spanier eine peruanische Kavallerieattacke anführte; einen Großonkel, der die Vorhut der Armee von San Martín kommandierte.

*La intrusa (Der Fremdkörper)*, eine ganz kurze Geschichte, illustriert das derzeitige Ideal von Borges. Zwei Brüder teilen sich eine junge Frau. Einer von ihnen tötet sie, damit ihre Bruderschaft wieder heil werden kann. Jetzt erfreuen sie sich eines neuen Bündnisses: »der Verpflichtung sie zu vergessen«. Borges selbst vergleicht diese kleine Skizze mit Kiplings ersten Erzählungen. *Der Fremdkörper* ist eine Nebenarbeit, doch makellos und seltsam bewegend. Es ist, als sei Borges, nach seiner abenteuerlichen Reise durch Sprachen, Kulturen, Mythologien, heimgekehrt und habe das Aleph im nächsten Patio gefunden.

In einem wunderschönen Gedicht, *Elogio de la sombra (Lob des Schattens)*, das mit amüsierter Ironie und doppelsinnig von der Fähigkeit eines nahezu blinden Mannes spricht, alle Bücher zu kennen, doch ganz nach Wahl ein jedes zu vergessen, zählt Borges die Wege auf, die ihn zu seiner geheimen Mitte geführt haben:

Diese Wege waren Echolaute und Schritte,
Frauen, Männer, Todeskämpfe, Auferstehungen,
Tage und Nächte,
Halbträume und Träume,
jeder winzige Augenblick vom Gestern
und aller Gestern der Welt,
der feste Degen des Dänen und der Mond des Persers,
die Taten der Toten,
die geteilte Liebe, die Wörter,
Emerson und der Schnee und so viele Dinge.
Nun kann ich sie vergessen. Ich gelange zu meiner Mitte,
zu meiner Algebra und meinem Schlüssel,
zu meinem Spiegel.
Bald werde ich wissen, wer ich bin.[10]

Es wäre töricht, eine simple Paraphrase als jenen letzten Bedeutungskern hinzustellen, die Begegnung mit der vollkommenen Identität, die im Herzen des Spiegels vor sich geht. Doch sie ist lebensnotwendig verwandt mit der Freiheit. In einer pfiffigen Bemerkung hat Borges sich zum Verteidiger der Zensur aufgeworfen. Der wahre Schriftsteller verwende Anspielungen und Metaphern. Die Zensur zwinge ihn, die Hauptwerkzeuge seines Berufes scharf zu halten und mit größerem Können zu handhaben. Es gebe, so deutet Borges an, keine echte Freiheit in den aufdringlichen Sgraffitti der erotischen und politischen Emanzipation, die heutzutage als Romanliteratur und Dichtung gelte. Die befreiende Wirkung der Kunst liege in ihrer einzigartigen Fähigkeit, »gegen die Welt zu träumen«, Welten zu schaffen, die *anders* seien. Der große Schriftsteller sei Anarchist und Architekt zugleich, seine Träume unterminierten die verpfuschte und provisorische Landschaft der Wirklichkeit und bauten sie neu auf. Im Jahre 1940 rief Borges den »gewissen Schatten« von De Quincey auf: »Träume wieder, de Quincey. Webe als Bollwerk deiner Insel Nachtmahrnetze.« Sein eigenes Werk hat Alpträume in vielen Sprachen gewoben, doch weit häufiger Träume des Witzes und der Eleganz. All diese Träume sind das unübertragbare Eigentum von Borges. Doch wer aus ihnen bereichert erwacht, sind wir.

## Anmerkungen

(1) A. d. Ü. Avatar = Inkarnation göttlicher Wesen im Hinduismus.
1 Aus: Interview in englischer Sprache in der Zeitschrift *Encounter*, XXXII, Nr. 4, 1969.
2 Kabbalistisches Lehrbuch.
3 Aus: Interview in *Ecounter*, s. Anm. 1.
4 Aus: *Al iniciar el estudio de la gramática anglo-sajona:* Al cabo de cincuenta generaciones/(Tales abismos nos depara a todos el tiempo)/Vuelvo en la margen ulterior de un gran río/Que no alcanzaron los dragones del viking,/A las ásperas y laboriosas palabras/Que, con una boca hecha polvo,/Usé en los días de Nortumbria y de Mercia/Anes de ser Haslam o Borges./[...] Alabado sea el infinito/Laberinto de los efectos y de las causas/Que antes de mostrarme el espejo/En que no veré a nadie o veré a otro/Me concede esta pura contemplación/De un lenguaje del alba./
Deutsche Übertragung von Karl August Horst aus: *Borges und Ich*, Hanser, München.
5 Aus: Interview in *Encounter*, s. Anm. 1.
6 Aus: ibd.
7 Aus: *Los Borges:* »Nada o muy poco sé de mis mayores/Portugueses, los Borges: vaga gente/Que prosigue en mi carne, oscuramente,/Sus hábitos, rigores y temores./Tenues como si nunca hubieran sido/Y ajenos a los trámites del arte,/Indescifrablemente forman parte/Del tiempo, de la tierra y del olvido./[...]«
Deutsch von Karl August Horst aus: *Borges und Ich*.
8 Aus: *Die Inschrift des Gottes (La escritura del Dios).*
9 Aus: Interview in englischer Sprache in der *Paris Review*, Nr. 40, 1967.
10 Aus: *Elogio de la Sombra:* [...]/Esos fueron ecos y pasos,/mujeres, hombres, agonías, resurrecciones,/días y noches,/entresueños y sueños,/cada ínfimo instante del ayer/y de los ayeres del mundo,/la firme espada del danes y la luna del persa,/los actos de los muertos,/el compartido amor, las palabras,/Emerson y la nieve y tantas cosas./Ahora puedo

olvidarlas. Llego a mi centro,/a mi álgebra y mi clave,/a mi espejo./Pronto sabré quién soy./

Deutsch von Curt Meyer-Clason, *Lob des Schattens*, Hanser, München.

*Adolfo Bioy Casares*

*David P. Gallagher*

# Die Romane und Kurzgeschichten
# von Adolfo Bioy Casares

»My own mistake arose, naturally enough,
through too careless, too inquisitive,
and too impulsive a temperament.«

(Poe, *The Oblong Box*)

»Tatsache ist, daß jeder Schriftsteller sich seine Vorgänger schafft.«

(Borges, *Kafka y sus precursores*
[Kafka und seine Vorgänger])

»Wieviel größer ist der Raum als der bewegliche Vogel.«
(Bioy Casares, *Morels Erfindung*)

Auf der einen Seite ist da das riesige und unerforschliche Universum, das von bewußt mystifizierenden Geheimlehren beeinflußt wird; auf der anderen ein kleiner Mann – venezolanischer Patriot[1], Automechaniker[2], zittriger Witwer aus Buenos Aires[3] –, der sich schmerzhaft gezwungen sieht, dies zu beobachten und zu erleiden. »Sie« stellen die Regeln auf, »sie« kennen die Antworten. Alles, was unserem kleinen Mann übrigbleibt, ist nur, wie besessen herumzuraten und einen hoffnungslosen, aber hartnäckigen »furor conjecturalis« gegenüber dem Rätsel zu entfalten. Das Rätsel ist immer weitaus größer als die begrenzte Klarheit, die ihm jemals für dessen Aufhellung zur Verfügung stehen wird. Er kann nur aufgrund der wenigen Aspekte urteilen, die er in Erfahrung bringen kann, und selbst diese werden von ihm nur unvollkommen wahrgenommen. Wenn die seltsamsten und kaum erklärlichen Dinge geschehen, ist er sicher betrunken, hungrig, müde, fiebrig oder verliebt. Daher ist seine Wahrnehmung der Tatsachen ständig von der Verfassung seiner Gefühle oder seines Körpers gefärbt, befindet sich also fortwährend in einem Zustand unzuverlässiger Veränderung. Und sowieso, immer fehlt es an den entscheidenden Hinweisen.

Die Romane und Kurzgeschichten von Bioy Casares sind komische Meisterwerke, deren fundamentaler Witz durch den Bruch zustande kommt zwischen dem, was die Figuren wissen, und dem, was sich ereignet. Am deutlichsten ist der Erzähler aus *Morels Erfindung* Opfer dieses Bruchs, der mehrmals versucht, einer Faustine seine Liebe zu gestehen, ohne zu merken, daß sie eine Art holographisches Bild ist, das seine Gegenwart nicht wahrnehmen kann. Aber selbst die verschiedensten Situationen, die im Werk Bioys vorkommen, enthalten noch das gleiche fundamentale Dilemma. So zeigen seine Sex-Komödien aus *Guirnalda con amores* (Girlande mit Liebe; 1959) oder *El gran serafín* (Der große Seraph; 1967) Situationen, in denen ein Mann davon überzeugt ist, einen spektakulären Erfolg errungen zu haben, um dann zu entdecken, daß die Motive des Mädchens eindeutig weniger schmeichelhaft waren, als er sich vorgestellt hatte.[4] Denn nicht nur das Universum, sondern jede einzelne Person ist ein Rätsel, und wenn ein Mensch einem anderen gegenübersteht, kann er nur nach der Erscheinung gehen, in der der andere aufzutreten beliebt; und wenn der andere eine Frau ist, wird seine Wahrnehmung dieser Erscheinung wahrscheinlich sowieso durch sein Verlangen gefärbt sein. Bioys kleinen Menschen geht es gut, solange sie in ihren schmutzigen Zimmern oder in ihrem Club und Lokalcafé bei Dominospiel oder Gesprächen über Pferderennen bleiben. Sie geraten in Gefahr, wenn sie sich auf die Straße wagen (»Weil die Menschen nicht zu Hause bleiben, stolpern sie ins Unglück.«[5] Wie viele Helden seit Raskolnikoff sind nicht schon in die Klemme geraten, als sie ihre Schlafstelle verließen?) oder schlimmer noch, wenn sie reisen. Anders ausgedrückt, das Unglück schlägt zu, wenn sie sich »aus ihrem Element« herausbewegen in ein Gebiet, in dem ihre gesammelten Antworten nicht länger anwendbar sind[6], und da genau beginnt sich der Bruch zwischen dem, was sie wissen, und dem, was sich ereignet, zu zeigen. Manchmal ist das Abenteuer freiwillig. Manchmal wird es den Charakteren durch unvorhergesehene Umstände aufgezwungen: Die Gegenwart »holographierter Bilder«, die von wirklichen Gestalten[7] nicht zu unterscheiden sind, das Ende der Welt[8], eine nicht angekündigte, jedoch schnell ausgeführte Entscheidung, alte Menschen zu beseitigen[9]. In den letztgenannten Fällen wird die Phantasie zu Hilfe genommen, um die Perplexität der Menschen angesichts des Unerwarteten zu betonen. Sie sind für jede Situation, die nicht völlig geläufig ist, unvorbereitet. Im allgemeinen stürzt Bioy Casares seine Charaktere in ein einleuchtendes oder phantastisches *Abenteuer,* um ihre komische Winzigkeit zu enthüllen.

Traditionelle Abenteuergeschichten (wie die von Stevenson, Defoe, Wells oder Verne) mochten Bioy wie auch Borges seit langem. Aber was sind *Die Schatzinsel, Robinson Crusoe* oder *Dr. Moreaus Insel,* wenn nicht Bücher, in denen eine Person, freiwillig oder gezwungen, das unerforschliche Universum einfach beim Schopfe ergriffen, die Schlafstelle verlassen und gewagt hat, nach dem Ausschau zu halten, was *drüben* geschah. Die Romane von Bioy Casares – besonders *Morels Erfindung* und *Fluchtplan* (1945) – stellen weitgehend eine Interpretation früherer, weniger raffinierter Abenteuergeschichten dar. Es sind Romane, die zeigen, inwiefern die Abenteuergeschichte eine dynamisch-dramatische Form liefert, um den Bruch zwischen dem, was ein Mensch weiß, und dem, was da ist, auszudrücken. Natürlich entdeckt Hawkins, was Long John Silver im Schilde führt und verprügelt die Piraten; Edward Prendick kann alles ausfindig machen, was man über die drohenden Monster Dr. Moreaus wissen muß und entflieht ihnen; und natürlich kehrt Robinson Crusoe nach England zurück. Aber wenn nun diese happy-ends wegfallen würden? Wenn das Rätsel ein Rätsel bliebe?

Den Eckstein vieler Abenteuergeschichten bildet der Entschluß des Helden, in ein geheimnisvolles Haus einzudringen, besonders wenn es auf einem windigen Hügel oder in einem dunklen Wald liegt. Das rostige, schmiedeeiserne Gittertor quietscht, ein raschelndes Geräusch (der Wind? ein Geist? ein versteckter, auf der Lauer liegender Mörder?), er stolpert, ein entferntes Lachen: Kurzum, eine schreckliche Spannung wird geschaffen, die die Unwissenheit und Gebrechlichkeit des Helden aufzeigt, auch wenn er am Ende alles löst. Aber wenn er dies nicht täte? Wenn er getötet würde, wie Borges' Lönnrot in dem Haus, durch dessen quietschendes Tor er in Triste-le-Roi *(Der Tod und der Kompaß)* eintritt? Wenn er entdeckte, daß das Haus von allmächtigen Siegeln kontrolliert wird, die ihm nie mehr erlauben werden, es zu verlassen, wie in *De los reyes futuros* (Von zukünftigen Königen)[10] von Bioy Casares? Wenn er, wie Joseph K., entdeckte, daß er das Haus oder das Schloß nie, auf gar keinen Fall, erreichen wird? Dann erhalten wir eine Erzählung, die die Winzigkeit des Menschen großartig dramatisiert. Oder ist das *Ende* der konventionellen Abenteuergeschichten etwa nicht bloß eine Übung im Wunschdenken, eine fiktive Behauptung (da es fiktiv, in der Erzählung, kein vorstellbares Ding gibt, das nicht behauptet werden könnte), daß der Mensch nämlich über unmögliche Merkwürdigkeiten triumphieren und Rätsel entziffern kann? Die Abenteuergeschichten von Bioy betonen die Spannung und das Geheimnis des Abenteuers, ohne am Ende eine Lösung dafür zu geben. Manchmal scheint es so; die abschließende »Erklärung« paßt offensichtlich ganz genau. Aber gewöhnlich findet der aufmerksame Leser, daß eine andere Erklärung genauso gut paßt.

Manche Abenteuer, zum Beispiel *Morels Erfindung,* sind in Tagebuchform geschrieben: Der Schreibende weiß im Augenblick des Schreibens nicht, was die nächste Etappe des Abenteuers für ihn bereit hält, so daß wir ungleich stärker in die unvorhersehbaren Möglichkeiten und Zufälle des Moments hineingerissen sind. Er weiß nicht nur nicht, was auf der letzten Seite steht: Er wird nie bis zur letzten Seite kommen, wenn aber doch, wird es nur sein, um eine letzte eilige Anmerkung vor dem endgültigen Verderben zu schreiben. Andere Abenteuer wie *Fluchtplan* sind in Briefform geschrieben: Wieder spielt die Geschichte unmittelbar in der Gegenwart, wieder ist die Zukunft unbekannt, das Ende ein Rätsel, das der Leser raten kann, nachdem die Korrespondenz des Erzählers abrupt aufgehört hat. Die Wirkung dieser Methode gibt der konventionellen Abenteuergeschichte jedesmal eine neue Perspektive, eine neue Lesart, aus der wir ersehen können, was implizit in Geschichten enthalten ist und auf dem Spiel steht, die wir gewohnheitsmäßig als »gute Lektüre« durchfliegen, ohne zu wissen, wieviel unser atemloses Verlangen nach dem erklärenden Ende über unser fundamentales Nichtwissen verrät. In zwei Romanen von Bioy findet das Abenteuer auf einer Insel statt *(Morels Erfindung, Fluchtplan).* Ich glaube, daß die Insel für Bioy so wichtig ist wie das Labyrinth für Borges. Bioy sieht das Universum zweifellos wie Borges als Labyrinth an, aber die Insel ist ihm bedeutsam, weil sie ein *abgeschlossener* und *isolierter* Bestandteil des universalen Labyrinths ist. Jedes menschliche Wesen würde Bioy wie eine Insel vorkommen, der Abgrund zwischen dem einen und dem anderen Wesen so beständig wie die See, die zwei Inseln trennt. Lokale Gruppen – Clubmitglieder aus Buenos Aires, begeisterte Anhänger des Pferderennens, Domino-Spieler, Fußballfanatiker, Patrioten – auch sie sind Inseln, sind Versuche, sich vom Labyrinth abzusetzen oder zumindest sich in einer angenehmen Nische des

Labyrinths niederzulassen. Und es ist ebenso gefährlich, die Insel zu verlassen, wie sich für eine stürmische Seereise einzuschiffen. Von einer Insel zur anderen zu wechseln (umzuziehen, zu reisen, eine Frau zu besuchen) heißt, in ein Gebiet einzutreten, für das die sorgfältig entwickelten und gesammelten Antworten nicht vorgesehen waren. Wie Hawkins auf einer unbekannten und fremden Insel zu landen, ist der Höhepunkt des Abenteuers, das letzte Risiko angesichts des Unerforschlichen.

*Fluchtplan* ist der Roman, in dem die Inseln herausragende Bedeutung erhalten. Enrique Nevers wird nach einem familiären Unglücksfall mit einem Auftrag von Frankreich nach Französisch-Guayana geschickt. Er entdeckt, daß Gouverneur Castel, mit dem er Kontakt aufnehmen muß, auf der Teufelsinsel lebt und aus irgendeinem Grund das Betreten der Teufelsinsel verboten hat. So beschließt er, sich auf einer anderen Insel niederzulassen, genau gegenüber der Teufelsinsel, um herauszufinden, was Castel – über den die sonderbarsten Gerüchte im Umlauf sind – treibt. Einerseits scheint die Teufelsinsel »getarnt«, ihre Gebäude sind kaum von der Vegetation zu unterscheiden. Ist Castel verrückt? Ist der Krieg erklärt worden, dient die Tarnung dem Schutz vor Bomben? Wieviel weiß Dreyfus *(sic)*, der Mann, der dazu bestimmt wurde, Nevers zu bedienen? Vielleicht ist das ganze Verhalten Castels bloß ein »unerforschlicher Scherz, um ihn zu verwirren oder zu zerstreuen, mit perversen Absichten?«[11] Sofort wird der Bruch zwischen dem, was Nevers weiß, und dem, was geschieht, hergestellt, und fast der ganze Roman besteht im »furor conjecturalis«, den Nevers auf das ihm zur Verfügung stehende täuschende und fragmentarische Material richten muß. Auf der Teufelsinsel kann er Zeichen und Vorgänge ausmachen, aber die ganze Zeit über erhält er neues Material, das ihn zwingt, die letzte Interpretation aufzugeben. Sein zentrales Problem ist, daß er den Plan hinter dem, was sich als grundlose Erscheinung zeigt, nicht entdecken kann. Schließlich muß er die Meerenge überqueren und das Rätsel lösen, d. h. die *Landung* auf der verbotenen Insel riskieren. Als er es tut, entdeckt er eine ganze Menge, aber er stirbt.

Die Insel-Struktur dient dazu, das meiner Meinung nach zentrale Anliegen des Romans zu dramatisieren, die Aufdeckung der Kluft zwischen dem, was ein Mensch weiß, und dem, was geschieht, und die Enthüllung der Tatsache, daß die Wahrnehmung dessen, was da ist, durch die *insuläre* Perspektive des Menschen begrenzt ist. Das heißt, wenn er eine andere Insel untersucht, geschieht dies, durch einen Beschluß des Schicksals, aus der Perspektive der eigenen Insel. Was er bemerkt, hängt nicht nur von dem ab, was da ist, sondern auch davon, was er von seiner insulären Perspektive aus zu finden *erwartet* oder zu sehen fähig ist. Er ist nämlich vom Schicksal dazu bestimmt, *a priori* zu sehen, da er seinen Gegenstand nicht für sich selbst, sondern daraufhin prüft, ob er eine bereits angenommene Hypothese bestätigt oder nicht. Schließlich gibt es eine *dritte* Insel, die der Leser bewohnt, denn auch der Leser, der versucht, das Buch zu enträtseln, befindet sich im Dunkeln. Er muß seinerseits eine ganze Reihe von Vermutungen anstellen: Zum Beispiel könnte Nevers – wegen seines irgendwie irren und zusammenhanglosen Prosastils – sehr wohl verrückt sein. Er ist sicher ein höchst unzuverlässiger Zeuge. Hat *er* nicht vielleicht ein letztes, verdecktes Motiv – »eine perverse Absicht« –, das er nicht aufgedeckt hat? Ist der Leser nicht selbst auch Opfer eines »unerforschlichen Scherzes«? Wie wissen wir, ob Castels absonderliches Verhalten nicht Produkt von Nevers' Einbildung ist oder eine Lüge Nevers' aus irgendeinem geheimnisvollen Grund? Und sind wir nicht als Leser, wie Nevers, zu einer insulären Perspektive verurteilt? Wieviel Material fehlt uns, wie subjektiv und partiell ist unsere Interpretation dieses Materials? Und schließlich, wieviel Material wird zurückgehalten, wieviel liegt außerhalb des Gesichtsfeldes, das wir von unserer Insel aus überblicken? Bioy Casares macht sich in seinen Romanen ein Vergnügen daraus, mit dem Eindruck zu spielen, daß wichtiges Material fehlt (häufig schneidet er Gespräche mitten im Satz ab oder bietet uns *Fragmente* aufklärender Briefe), daß es noch viel gibt, was *er* weiß, was aber im Text nicht enthalten ist: Wir wissen nur, daß noch ein ganzer Kontinent hinter der Insel liegt, die *wir* wahrnehmen. Wenn also Inseln Fallen, Gefängnisse sind (die Teufelsinsel natürlich erst recht) – der Roman enthält, wie der Titel andeutet, einen »Fluchtplan«. Dieser Plan ist Castels geheimnisvolles Projekt. Wie Morel ist auch Castel ein erstaunlicher Erfinder; und er hat sich eine Methode ausgedacht, die sensorischen Nerven operativ so zu ändern, daß es zu einer Änderung in der Interpretation der Reize kommt. »Eine Änderung in der Anordnung meiner Sinne würde vielleicht aus den vier Mauern dieser Zelle den Schatten eines Apfels aus dem nächsten Garten machen.«[12] Castel weist darauf hin, daß die Kenntnis der Welt von unseren sensorischen Fähigkeiten abhängt. Wir können nur das erkennen, was sie uns zu erkennen erlauben. Wer weiß, was wir erkennen könnten, würden diese Fähigkeiten geändert.

Wir nehmen die Welt so, wie unsere Sinne sie zeigen [...] Wenn wir blind geboren würden, würden wir die Farben nicht kennen. Es gibt ultraviolette Farben, die wir nicht wahrnehmen. Es gibt Pfiffe, die Hunde hören und die für die Menschen unhörbar sind. Wenn die Hunde sprächen, wäre ihr Vokabular vielleicht zwar arm an visuellen Hinweisen, hätte jedoch Termini für die Geruchsnuancen, die wir nicht wahrnehmen. Ein besonderer Raumsinn weist die Fische auf den Wechsel des Wasserdrucks und die Gegenwart von Felsen oder anderen Hindernissen hin, wenn sie nachts schwimmen [...] Alle tierischen Arten, die die Welt beherbergt, leben in verschiedenen Welten. Unsere Welt ist eine Synthese der Sinne, das Mikroskop gibt eine andere. Wenn die Sinne wechseln würden, würde das Bild wechseln. Wir können die Welt als eine Verbindung von Symbolen beschreiben, die alles Mögliche ausdrücken können; wenn wir auch nur die Hierarchie unserer Sinne änderten, läsen wir aus dem natürlichen Alphabet etwas anderes heraus.[12]

Man muß nicht betonen, wie wichtig diese Bemerkungen für unsere insuläre Perspektive sind. Ein Mensch zu sein heißt, eine Insel zu sein, wie auch Nevers oder ein Fußballfanatiker Inseln sind, denn von einer ganzen Reihe unvermuteter Phänomene sind wir durch unsere begrenzten Sinne abgeschlossen. Und wenn Nevers beim »Lesen« von Castels Verhalten oder der Leser beim Lesen von *Fluchtplan* nur einige Aspekte des Materials wahrnehmen können, andere nicht, so trifft eben dies auch ganz allgemein für den Versuch des Menschen zu, das Universum zu »lesen«. Es ist kein Zufall, daß die Teufelsinsel in der Tat ein Gefängnis ist und daß Castels »Fluchtplan« in dem Versuch besteht, die sensorischen Nerven dreier ausgewählter Gefangener so zu verändern, daß sie in ihren Zellen Farbreize, die er auf die Wände gemalt hat, als Bestandteile einer freien Landschaft interpretieren. Aber was wird diese Landschaft sein? Eine Insel!

Ich dachte: Für die Patienten müssen die Zellen als schöne und wünschenswerte Orte erscheinen. Sie können nicht die heimatlichen Häuser sein, denn meine Männer werden die unendlich vielen Dinge, die es in ihnen gab, nicht sehen; aus dem gleichen Grund können sie keine große Stadt sein. Sie können eine Insel sein. Die Fabel von Robinson ist eine der ersten Gewohnheiten, die die menschliche Verblendung annimmt [...] Dann waren meine Probleme folgende: die Zellen so zu gestalten, daß die Patienten sie als Inseln wahrnehmen und leben könnten; die Patienten so zu gestalten, daß sie eine Insel aus der stürmischen Verbindung der Farben, Formen und Perspektiven bilden würden, die für sie die Zellen wären.[13]

Mit anderen Worten, indem er ihre sensorischen Fähigkeiten verändert, kann er sie von einer Insel mit lauter Begrenzungen – ihrer Zelle – befreien, um sie dadurch auf eine andere *Insel* zu transportieren, die weniger begrenzt ist, idyllischer, aber dennoch eine Insel, ihrer Definition nach begrenzt. Welche Kombination ihrer sensorischen Nerven er auch immer für sie erfinden mag, es wird stets *eine* Kombination sein, eine aus einer großen Anzahl von Möglichkeiten.

Im *Fluchtplan* ist das Symbol der Insel expliziter als in den anderen Büchern von Bioy Casares, da der Roman uns deutlich zwei Hauptcharaktere zeigt, die einander auf ihren jeweiligen Inseln gegenüberstehen. In *Morels Erfindung* sind alle Charaktere (sofern es mehr als einen gibt, denn Morel und seine Freunde sind ja letztlich nur dreidimensionale Bilder ihres verstorbenen Selbst) auf einer einzigen Insel versammelt. Dennoch zeigt *Morels Erfindung* ein Modell, das sich von dem des *Fluchtplans* überhaupt nicht unterscheidet.

Wie Stephen Prendick in *Dr. Moreaus Insel* (der Wechsel von »au« zu »l« erkennt eine Tradition an und macht zugleich auf die Modifikation aufmerksam), ist der Erzähler auf einer in der Tat sehr sonderbaren Insel gestrandet. Auf den ersten Blick verlassen, erweist sie sich als gelegentlich von einer Gruppe unbekümmerter Ferienbesucher bewohnt, die aus dem Nirgendwo zu kommen, gelegentlich in dünne Luft zu verschwinden und ihn zudem überhaupt nicht zu bemerken scheinen, obwohl er sich häufig in ihrer Gegenwart befindet. Das ist das Rätsel. Wie Nevers und wie Prendick stellt er wilde Vermutungen an. Sind sie in eine umfangreiche Verschwörung verwickelt, die die Polizei von Caracas, der er entflohen ist, gegen ihn angezettelt hat?[14] Haben die Einsamkeit oder die verdächtigen Wurzeln, die er gegessen hat, Halluzinationen verursacht? Ist er aus irgendeinem Grund unsichtbar geworden, oder ist er gestorben, ohne es zu merken? Sind es »Marsbewohner«, die in einer anderen Realitätssphäre leben? Sie sprechen Französisch, stellt er fest. Vielleicht haben die französischen Worte, die sie sprechen, eine andere Bedeutung für sie als für ihn. Die Vermutungen gehen endlos weiter – und sind allesamt falsch. Denn die »Menschen«, die er beobachtet hat, erweisen sich – wie die sonderbaren Geschöpfe auf der Insel von Dr. Moreau – als Opfer eines wissenschaftlichen Versuchs, der ebenso erstaunlich ist wie Castels Versuch im *Fluchtplan*. Der Erfinder Morel hat sich nämlich – ein Jahrzehnt vor Gabor – eine spektakuläre Methode dreidimensionalen Filmens ausgedacht. Die »holographischen Bilder« Morels sind so perfekt, daß sie das Bewußtsein ihrer Subjekte einbeziehen, auch kann Morel ihre sämtlichen fünf Sinne filmen. Es gibt am Ende wirklich keinen deutlichen Unterschied zwischen den projizierten Bildern und den gefilmten Personen, nur daß diese sich nach den Dreharbeiten auflösen. Nur die (identische) Filmversion von ihnen bleibt übrig.

Die absonderlichen Phänomene der Insel sind somit »erklärt«. Aber die Erklärung läßt viel zu wünschen übrig: Wie der Erzähler sagt, enthält sie »Elemente, um nahezu alles zu verstehen«[15]. Sie enthält Unstimmigkeiten, auch läßt Bioy Casares sehr behutsam ein paar von den sinnvolleren Ausgangshypothesen völlig unwidersprochen. Ist der Erzähler wirklich nicht verrückt (seine Lewis-Caroll-Logik ist doch wohl sehr seltsam)? Hat *er* Morel erfunden, der eigentlich so wie er denkt und spricht und genauso besessen von der Idee der Unsterblichkeit ist? Der Titel ist absichtlich enigmatisch – er könnte sich auf die Erfindung Morels durch den Erzähler beziehen oder auf seine Erzählung von Morels Erfindung. Hat er wirklich Halluzinationen (seine Visionen erinnern ihn ziemlich auffällig an Leute, die er kennt)? Der Leser von *Morels Erfindung* wird also zu den gleichen widersprüchlichen Vermutungen gezwungen wie der Erzähler des Romans, der Morels Film »liest«: So entsteht die gleiche dreifache Anordnung insulärer Verwicklung, die wir bereits im *Fluchtplan* fanden. Sie umfaßt den Erfinder (Gott? der Schriftsteller?), den Betrachter, der die Produktion des Erfinders (der Mensch? der Kritiker?), und den Leser, der das Buch zu interpretieren versucht.[16] Praktisch jede Zeile des Romans enthält eine leise, trügerische Andeutung, einen widersprüchlichen Hinweis. Am Ende wird die Lektüre des Buches zu einer Übung in subjektiven Mutmaßungen, die genauso verwirrend sind wie die, die sich dem Erzähler aufdrängten. Vielleicht geschieht das in jedem Buch, denn kein Buch kann etwas anderes sein als ein Spiel von Zeichen, für die es keine letztgültig feststehenden Erklärungen gibt. Am Ende ist auch der Leser ein Abenteurer, mit einer geheimnisvollen Insel – dem Buch – konfrontiert. Er löst bezeichnende Fragmente aus dem Puzzle heraus, sieht sie sich im Spektrum der eigenen begrenzten Vermutungen an und bekommt nie das vollständige Bild.

Nach der Art von Wells hat Bioy Casares in *Morels Erfindung* einen glänzenden *plot* (Fabel) ersonnen, im Unterschied zu Wells aber hat er ihn mit fast unerschöpflichen Implikationen versehen. Wir wollen einige näher betrachten.

An erster Stelle funktioniert der *plot* als Symbol der Konfrontation des Menschen mit einem rätselhaften Universum oder mit irgendeinem speziellen Rätsel. Überflüssig, darauf hinzuweisen, daß Faustine, eine Teilnehmerin der Party Morels, für den Erzähler, der sich in sie verliebt, ein Rätsel ist. Denn die Tatsache, daß Faustine eine Art perfektes holographisches Bild ist, bedeutet doch, daß sie zwar allem Anschein nach ein wirkliches lebendiges Wesen ist, den Erzähler aber natürlich dennoch weder sehen noch hören kann.

Sie kann nur wahrnehmen, was sie tatsächlich wahrgenommen hat, als sie gefilmt wurde. Aber hört denn irgendeine Person wirklich das, was eine andere sagt? Leben wir nicht alle auf verschiedenen Ebenen? Sind wir nicht alle unerforschbare *Inseln*, wie der Erzähler und Faustine? Die Komödie beruht natürlich auf der Differenz zwischen dem, was der Erzähler über Faustine weiß, und dem, was sie tatsächlich ist. Die Differenz ist ziemlich spektakulär, denn Faustine ist nur ein Bild; aber es ist bloß eine Hyperbel der Kluft, die die Charaktere von Bioy Casares trennt, wenn immer sie einander gegenüberstehen. Die Rätsel, die der Erzähler zu lösen sich bemüht, sind extreme Versionen der Rätsel, denen sich alle Liebenden bei Bioy Casares gegenübersehen: Wie die Liebenden aus *Encrucijada, Confesiones de un lobo* oder *Ad porcos* muß er sich damit abfinden, das *Verhalten* des Mädchens zu interpretieren, ohne jemals über ihre Motive oder Gründe Gewißheit zu bekommen. In persönlicher Beziehung muß man leider immer so etwas wie ein improvisierender Behaviorist sein.

Alle Menschen sind Inseln. Für Bioy ist der Entschluß eines Mannes, sich einer Frau zu nähern, mit dem Entschluß eines Abenteurers vergleichbar, auf einer geheimnisvollen Insel zu landen oder den unüberbrückbaren Abstand zwischen zwei Inseln zu überbrücken. Der Annäherungsversuch wird stets – bis auf beinahe epische Proportionen – komisch vergrößert. Man nehme diese Beschreibung des Erzählerversuchs, sich Faustine zu nähern:

[...] ihr Anblick: als säße sie einem unsichtbaren Photographen[17] Modell, war sie eingetaucht in die Abendstille, aber noch inniger und unendlicher war der Ausdruck, den sie ihr verlieh. Und ich sollte diese Stille durchbrechen. Etwas zu sagen war ein alarmierendes *Unternehmen*. Ich wußte nicht, ob die Stimme mir gehorchen würde. Ich sah sie an, während ich mich noch *verborgen* hielt. Ich fürchtete, sie könnte mich bei meinem heimlichen *Spähen* ertappen, und trat ihr, vielleicht zu plötzlich, vor die Augen. Trotzdem wurde ihr Seelenfrieden nicht gestört; ihr Blick nahm mich nicht wahr, als sei ich unsichtbar. Ich konnte nicht länger an mich halten: »Señorita, hören Sie mich bitte an...«, sagte ich, in der Hoffnung, sie würde meiner Bitte stattgeben. Denn ich war so bewegt, daß ich vergessen hatte, was ich zu ihr hatte sagen wollen. Die Anrede *»Señorita«* hatte, wie mir schien, auf der Insel einen lächerlichen Klang. Außerdem war der Satz viel zu herrisch (im Zusammenhang mit dem plötzlichen Auftritt, der Tagesstunde, der Einsamkeit). Nachdrücklich fuhr ich fort: »Mir ist klar, daß Sie es für unter Ihrer Würde erachten...« Ich kann mich nicht mehr erinnern, was ich im einzelnen sagte. Ich war *fast ohne Besinnung*. Ich sprach zu ihr mit leiser verhaltener Stimme, so als ob ich unanständige Anträge vorbrächte. Wieder verfiel ich auf die Anrede »Señorita«.[18]

Und so geht es weiter. Die höchst normale Tätigkeit – zu einer Frau zu sprechen – wird in eine epische *Expedition* transformiert, voll von Fallen aus der Abenteuergeschichte: im Versteck warten, erst ausspähen, dann handeln; ein falscher Schritt (*Señorita:* die Umgebung zeigt einen Mann, der in den Bergen herumklettert); Bewußtsein verlieren usw. Die gleiche Umgebung wird in einer konventionelleren Geschichte wie *Ad porcos* gezeigt, in der ein Argentinier sich zu entscheiden versucht, ob er eine Dame, die in einem Theater in Montevideo neben ihm sitzt, ansprechen soll oder nicht. Seine Unentschlossenheit wird über mehrere Seiten hinweg beschrieben.[19] Gehören die Leute neben ihr zu ihr? Könnte da nicht vielleicht ein Ehemann oder Verlobter irgendwo anders im Theater sitzen? Sie lächelt ihn an; aber gesetzt den Fall, sie ist eine Prostituierte? Kurzum, in welche *Gefahr* begibt er sich? Dies ist das Dilemma des Menschen, der Hypothesen angesichts des Unbekannten aufstellt; dies ist das Dilemma des Menschen, der die eigene Insel verläßt, um auf einer anderen, bisher unerforschten, zu landen – was er natürlich am Ende furchtlos tut, wobei er sich in Gefahr begibt und riskiert, auf die Nase zu fallen. Am Ende sind Philosoph, Abenteurer und Liebhaber in der gleichen komischen Struktur gefangen: der des Menschen, dessen Kenntnis einer Situation erschreckend hinter der Wirklichkeit zurückbleibt und der etwas Entscheidendes nicht bemerkt hat: die Bananenschale, über die er zwangsläufig stolpern wird. Am Ende von *Morels Erfindung* beschließt der Erzähler, sich selbst in den dreidimensionalen Film, von dem Faustine ein Teil ist, zu überführen. Nachdem er die Gesten Faustines eine Woche, d. h. über die ganze Länge des Films, studiert hat, verwendet er die Kamera Morels und filmt sich selbst neben Faustine, läßt ihre Worte (die meist an Morel gerichtet sind) so klingen, als seien sie Antworten auf *seine* Fragen, und schafft solcherart Szenen, die für einen potentiellen außenstehenden Beobachter die Vorstellung erwecken, daß Faustine in ihn verliebt sei. Es heißt, *Morels Erfindung* habe den Film *Letztes Jahr in Marienbad* beeinflußt, und gewiß, Robbe-Grillet hat Ähnlichkeiten zwischen beiden Werken anerkannt.[20] Wirklich scheint beiden etwas gemeinsam: die Vermutung, daß Menschen (selbst Liebende) zueinander sprechen, ohne wirklich eine Kommunikation herzustellen. Die Worte des einen mögen als Antwort auf die Frage des anderen erscheinen, aber sind sie es wirklich? Leben wir nicht alle (wenn man hier einen treffenden Ausdruck benutzen darf, der Castel entzückt hätte) »Welten (oder Inseln) entfernt« voneinander? Es gibt noch weitere implizite Folgerungen aus Morels Erfindung. Man könnte zum Beispiel das Dilemma des Erzählers als Dilemma des unwissenden Laien gegenüber dem rätselhaft allmächtigen planenden Wissenschaftler lesen. Der Laie kann nur das *Verhalten* des Wissenschaftlers bei dessen Erfindungen beobachten; die Ursachen dieses Verhaltens sind ein Rätsel für ihn. Überdies ist der Wissenschaftler dem Laien stets ein paar Schritte voraus. Wir haben festgestellt, daß die Charaktere von Bioy oft eingeschüchtert das Gefühl haben, daß »andere« alles steuern; hinsichtlich der Wissenschaftler haben wir vielleicht alle das Gefühl. Das Dilemma des Erzählers könnte auch das eines Menschen aus einem unterentwickelten Land angesichts der entwickelten Welt sein, die über die ganze Technologie verfügt und die Entscheidungen trifft. Der Erzähler ist bewußt als etwas absurder venezolanischer Weiser entworfen, der bescheiden zugibt, daß Morel sehr wohl berühmt sein könnte und nur er in Caracas wahrscheinlich nichts darüber gehört hätte. Schließlich kann der Erzähler (und der Leser) als Mensch gesehen werden, der bestürzt Zeuge der unerforschlichen Machinationen Gottes wird, oder als bestürzter Kritiker, der ein Buch zu entziffern versucht. Aber was auch immer die konkreten Einzelheiten sein mögen, das Muster der Gegenüberstellung bleibt gleich: der enge Blickwinkel, der mit einer allzu weitläufigen Situation nicht fertig wird. Natürlich postulieren realistische Romane dreidimensionale Wesen, und man kann aus diesem Roman auch einen herben Scherz über realistische Literatur ableiten. Wie Morels »holographische Bilder« werden die Figuren des realistischen Romans als reale menschliche Wesen mit fünf Sinnen, Bewußtsein und, falls notwendig, einer Seele vorgestellt. Und wie Morel schaffen realistische Schriftsteller »unsterbliche« Menschen. Lange nachdem deren Schöpfer oder auch die lebend-realen Modelle verstorben sind, leben die Figuren eines Romans immer wieder auf, wenn jemand das Buch liest, das sie bewohnen; genau wie Morels Bilder, wenn sie projiziert werden.[21] Morels Bilder könnten daher vielleicht als Postulate realistischen Erzählens verstanden werden, die hier ganz logisch zu einer äußeren Konsequenz gezwungen worden sind. Als solche zeigen sie, in welchem Ausmaß realistische Leistungen hinter den realistischen Zielen zurückbleiben, denn was auch immer von ihnen behauptet wird, die Figuren erzählender Prosa sind selbstverständlich niemals so lebendig wie die Bilder Morels. Aber sie zeigen – subversiv – auch, daß die Figuren eines Buches, wenn solche Ziele *voll* erreicht würden, genauso verwirrend real wie ihre Schöpfer wären und darüber hinaus weniger vergänglich, denn sie würden nicht nur alle Attribute des Autors besitzen, sondern auch unsterblich sein. In gewisser Hinsicht stimmt es, daß die Figur eines Buches weniger kurzlebig ist als dessen Autor. Wir wissen mehr über Rastignac als über Balzac, weil wir über Balzac nur das wissen, was über ihn geschrieben wurde, Worte, die nur ein Bruchstück seines Lebens betreffen, während Rastignac bloß das *ist,* was Balzac über ihn in *Le père Goriot* schrieb. Im besten Fall gleicht die Figur einer Erzählung einem Toten: Beide sind auf die Worte angewiesen, durch die man sich auf sie bezieht und aus denen wir sie erschließen müssen. Wenn wir also festlegen, daß Morels Bilder und Balzacs Figuren fiktiv sind, müssen wir den Status von Realität überdenken. Wer ist letztlich fiktiver: Morel oder sein ihn überlebendes Bild, Tolstois Napoleon oder Napoleon selbst, Marilyn Monroe oder die Bilder von ihr, die auf dem Zelluloid überleben? Was ist die Vergangenheit, wenn nicht die Worte oder Bilder, die davon übrigbleiben. Warum sollten die Gegenstände dieser Worte oder Bilder weniger fiktiv sein als die Gegenstände von Romanen oder Spielfilmen? Am Ende können wir in beiden Fällen nur eine Annahme wagen.

Die folgenden Romane und Kurzgeschichten von Bioy Casares erforschen weiterhin den Bruch zwischen dem, was ein Mensch weiß, und dem, was da ist. So bemüht sich Gauna aus *Der Traum der Helden* verzweifelt darum, herauszufinden, was in einer Karnevalsnacht geschah, als er mit seinen Freunden betrunken umherstreifte. Er hat den alarmierenden Eindruck, daß er bei einer Messerstecherei starb, kann jedoch nicht abstreiten, daß er noch lebt. Immer wenn er seine Freunde um eine Erklärung bittet, was damals geschah, wechseln sie geheimnisvoll das Thema. Wie Morel scheint er allein im Dunkeln zu tappen in einer Angelegenheit, über die *jedermann* Bescheid zu wissen scheint. Der ehrwürdige Isidoro Vidal in *Tagebuch des Schweinekrieges* befindet sich in einem ähnlichen Dilemma, denn er ist der wahrscheinlich einzige Alte in Buenos Aires, der nicht weiß, daß es in dieser Stadt eine wohlorganisierte Kampagne zur Ausrottung der alten Menschen gibt. Aller *Verhalten* hat sich verändert (die Bäckersfrau und der Zeitungsverkäufer sind ihm gegenüber merkwürdig kurz angebunden), aber aufgrund seiner Unwissenheit kann er die Motive oder den Plan hinter dieser Änderung nicht erkennen. Selbst als er von der Kampagne erfährt, sind er und seine alten Bekannten sich sehr im unklaren darüber, wer sie angeordnet hat und warum.

Aber in diesem Roman steckt mehr als eine Konfrontation begrenzter Menschen mit einem Rätsel, das von »anderen« aufgegeben wird. Ich glaube zum Beispiel, daß man *Der Traum der Helden* als Beitrag von Bioy Casares zu dem altehrwürdigen Thema lateinamerikanischer Literatur, dem Kampf zwischen »Zivilisation« und »Barbarei«, ansehen kann. Wir wollen den Roman näher untersuchen. Gauna, der Mechaniker, wacht nach einem dreitägigen trunkenen Karnevalstrip mit der vagen Erinnerung auf, in der Nacht zuvor von seinen Freunden in einem traditionellen argentinischen Messer-Duell getötet worden zu sein. Dann heiratet er ein Mädchen, Clara, dessen Vater ihn von seinen guapo-Kumpanen wegzuziehen versucht. Die Kultur, die er jetzt allmählich erwirbt, läßt ihn tatsächlich seinen prahlsüchtigen Gefährtenkreis verachten. Aber drei Jahre nach dem Karnevalstrip, zu dem er seine Freunde nach einem Renngewinn eingeladen hatte, gewinnt er wieder bei einem Wettrennen. Fast zwangsläufig lädt er seine alten Freunde zu einer Wiederholung ein. Sie gehen in die gleichen Bars, die sie zuvor besucht hatten, und am dritten Tag wird er von seinen Freunden bei einer Messerstecherei umgebracht. Kurz, der Druck

machistischer Barbarei ist zu stark für die schwache, künstlich auf-
gepfropfte Zivilisation: Zivilisation ist nichts anderes als eine Unterbrechung zwischen zwei Augenblicken des wirklichen Geschehens, der Barbarei.[22]

Die Struktur des Romans selbst zeigt symbolisch, wie substanzlos diese Kultur ist[23], denn wenn das Ende eines Buches Spiegelbild
seines Anfangs ist, folgt daraus, daß die Seiten dazwischen (die die
Erziehung von Gauna beschreiben) transparent sind. Man braucht
sich das Buch nur physisch vorzustellen, um diese in der Struktur
begründete Pointe zu verstehen.

Auch Borges hat über Menschen geschrieben, deren Leben sich
schließlich in dem Moment als substanzlos erweist, in dem sie einem Messerkampf nicht aus dem Weg gehen können und ihrem
gewalttätigen »lateinamerikanischen Schicksal« begegnen.[24] Denn
im Augenblick der Erfüllung macht dieses Schicksal alles vorhergehende zunichte. Das Schicksal oder eine höhere Macht über seinem bewußten Willen scheint Gauna zielsicher voranzutreiben.
Bemerkenswert ist, daß er seine fatale Entscheidung, sich auf einen
weiteren Karnevalstrip einzulassen, nach einem Wettrennen fällt,
bei dem er wieder Geld gewonnen hat. Ob vorteilhaft oder nicht,
die Früchte des Spiels schränken per definitionem die Freiheit der
Wahl ein. Eine große Geldsumme zu gewinnen heißt, eine Änderung aufgezwungen bekommen, die von etwas *Äußerem* ausgeht
(von einem Pferd, den Karten, der Zahl – die Zahl Drei scheint
Gaunas Dämon zu sein –, vom Schicksal oder wovon auch immer).

Zu spielen heißt, die eigene Freiheit anderen Mächten außerhalb
der eigenen Kontrolle auszuliefern; beim Wettrennen gewinnen
heißt wie beim Wettrennen verlieren: zur bloßen Figur des Schicksals zu werden. Am Ende kann keine noch so strenge Disziplin
Gauna davor bewahren, dem Ethos, in dem er erzogen wurde und
für das er bestimmt ist, zu verfallen: dem Ethos grundloser Gewalttätigkeit. Für ihn wie für Laprido (von Borges) überwindet
und entkräftet (oder entlarvt) eine einzige gewalttätige Handlung
alles Vorangegangene.

Der letzte Roman von Bioy Casares *Tagebuch des Schweinekrie-*
*ges*[(1)] ist, wie *Der Traum der Helden,* tief in Argentinien verwurzelt, und auch er enthält große Reichtümer zusätzlich zur bereits
besprochenen Grundstruktur – der Konfrontation eines verwirr-

ten Menschen mit rätselhaften Entscheidungen und Aktivitäten anderer. Er erzählt uns, wie ganz plötzlich, ohne sichtbaren Grund, junge Menschen damit beginnen, die Alten in Buenos Aires zu töten. Die Behörden rühren sich nicht. Bioy Casares ist nicht tendenziös, und es wäre falsch, den *plot* als Spiegelung des aktuellen Generationsproblems zu sehen. Die Bezeichung »Schweinekrieg« ist, glaube ich, thematisch eher ein Zufall. Wichtig ist eher, daß Bioy bewußt einen recht abstrakten *plot* erdacht hat, um gewisse archetypische Mechanismen zu zeigen, die allgemein zur Verfolgung gehören und die wahrscheinlich untergingen, wäre der *plot* vertrauter: wenn der Roman zum Beispiel die Judenverfolgung schildern würde. Ist der Gegenstand einer Verfolgung im Roman phantastisch, kann man besser die Natur der Verfolgung allgemein erforschen. Und tatsächlich führt der Roman die strukturellen Mechanismen vor, die vielleicht alle Verfolgungen gemeinsam haben. Wir werden Zeuge der Wankelmütigkeit der Massen, der demagogischen Kraft der Überredung, des Problems der Kollaboration mit dem Feind (horizontal oder anders), des Problems der geteilten Familie, des Dilemmas derjenigen, die glauben, nicht zu den Opfern zu gehören (der alte Mann, der glaubt, nicht alt zu sein; der Jude, der glaubt, kein Jude zu sein), oder derjenigen, die ihre äußere Erscheinung verändern, um nicht verdächtig zu erscheinen (der alte Mann, der sein Haar färbt; der Jude, der seine Nase verändert).[25] Allgemein zeigt der Roman, wie leicht es ist, eine beliebige Trennungslinie zwischen Menschen zu ziehen, wie leicht es ist, einen Feind zu schaffen. In *The Go-Between* führen Harold Pinter und Joseph Losey eine Art Cricketspiel in ihr Porträt einer aristokratischen Familie aus der Zeit Edwards ein, um zu zeigen, daß das Spiel der Kräfte in dieser Familie unvermindert auch im abstraktesten Spiel, wie in einem Mikrokosmos in Gang sein kann. Im Cricketspiel sind diese Kräfte in ihrer Struktur gegenwärtig, während in der Familie diese Struktur durch die spezifischen Gewohnheiten und die spezifischen Charaktere spezifischer Menschen verdeckt sind. Der Spieler, der nicht »stilgerecht« schlug (der plebejische Farmer), hatte größten Erfolg, weil er durch den Stil nicht zu sehr gehemmt war. Ähnlich war der stillose Farmer außerhalb des Spiels viel erfolgreicher mit dem erwünschten Mädchen als ihr stilvoller, aristokratischer Verlobter; wiederum deshalb, weil er nicht durch repressive Sitten gehemmt war. Aber schließlich wird er im Spiel von dem jungen go-between bei einem Fehler auf der *Grenzlinie erwischt*. Ähnlich »erwischt« ihn der junge go-between auch, wie er mit der jungen Dame des Hauses in einem Heuhaufen schläft, auch auf einer Art Grenze, der *Grenze* des Anstands. In der Folge begeht er Selbstmord, wie er im Spiel gezwungen wird aufzuhören, weil er *out* ist. Ich glaube, daß der *plot* von *Tagebuch des Schweinekrieges* ein abstraktes Spiel ist, das dazu dient, die Struktur der Verfolgung zu zeigen, so wie der *plot* von *Morels Erfindung* dazu dient, die Struktur der Erforschung und der Kommunikation zu zeigen. Je abstrakter das Spiel, desto radikaler wird die Verpackung, in der die Grundstruktur versteckt ist, abgestreift.

Von dem bisher über die Romane von Bioy Casares Gesagten könnte vieles auch auf das Werk von Borges angewandt werden. Auch Borges konfrontiert beschränkte Hypothesenaufsteller mit der Wirklichkeit, so wie sie ist, und auch Borges zwingt seinen Leser zu einem einschüchternden Unternehmen der Hypothesenbildung angesichts dessen, was er da erzählt bekommt. Dennoch sind Borges und Bioy Casares sehr unterschiedliche Schriftsteller. Zum Beispiel zeigen beide Charaktere, daß ihre auffallendste Eigenschaft die Begrenztheit ist, aber während Borges hauptsächlich an der Tatsache interessiert scheint, *daß* sie begrenzt sind, geht es Bioy Casares darum, die spezifischen Formen ihrer Begrenztheit aufzuzeigen. Borges kann natürlich ein vollständiges, suggestives Bild der spezifischen Begrenzung eines Menschen in nur einem Satz geben. Er kann vom Verleger der *Yiddischen Zeetung* sagen, daß er »kurzsichtig, Atheist und sehr schüchtern« ist, und uns das Gefühl vermitteln, daß dem nichts hinzuzufügen bleibt.[26] Aber Bioy Casares fügt noch sehr viel hinzu; er kann den besten Teil eines Romans der Erforschung dessen widmen, präzis welche Form die Schüchternheit eines Menschen annehmen kann, präzis welche Wirkung sein Atheismus und seine Kurzsichtigkeit auf ihn haben könnten. Der Unterschied zwischen den beiden Schriftstellern könnte der Unterschied zwischen einem Romancier und einem Autor lapidarer Kurzgeschichten sein. Bioy Casares erforscht auf alle Fälle die Begrenztheiten seiner Charaktere bis in die Tiefe und ist ebenso darauf bedacht, die spezifische Form ihrer Begrenztheit zu zeigen wie festzustellen, daß es Begrenztheiten sind.

Für die Struktur des *plot* kann die Tatsache, daß Menschen ihr Leben dem Domino- oder *truco*-Spiel, den Gesprächen über Fußball oder Wettrennen widmen, bloß deshalb so wichtig sein, weil diese Tätigkeiten in gleicher Weise beschränkt sind, ungefährlich und unbewußt *insulär*. Aber Bioy Casares zeigt sich auffällig daran interessiert, die Inseln um ihrer selbst willen zu zeigen. Seine Beschreibung der Kumpanen Gaunas oder des gemütlichen Clubs alter trucobesessener Männer um Vidal, der lokalen *confiteria*, der lokalen Bäckerei, der Werkstätte, wo Gauna arbeitet, oder der düsteren Wohnung, wo Vidal lebt, sind wegen ihrer peinlichen Genauigkeit im Detail beachtenswert. Die Bezüge sind strikt lokal; die lokale Welt übernimmt für einen Augenblick, Universum zu *sein*. Aber dann enthüllt die gewinnende Ironie des Autors, daß dem nicht so ist, und legt die Begrenztheiten dar, indem er eine andere Perspektive vorschlägt, aus der das Verhalten gesehen werden kann: »Dante ärgerte sich, wenn er verlor (seine Begeisterung für die Fußballmannschaft der Ausflügler hat ihm unerklärlicherweise nicht beigebracht, Niederlagen gelassen hinzunehmen) [...]«[27]

Die Freunde versammelten sich jeden Abend im Café Platense, zwischen Iberá und Avenida Del Tejar, und wenn Doktor Valerga sie nicht begleitete, ihr aller Meister und Vorbild, sprachen sie über Fußball [...] Gauna hätte gern von Zeit zu Zeit die Hudson und Studebaker, die fünfhundert Meilen von Rafaela oder Audaz von Córdoba kommentiert, aber da das Thema die anderen nicht interessierte, mußte er schweigen. Das gab ihm eine Art inneres Leben.[28]

Bioy Casares hat wie Tschechow ein Geschick, pathetische Einzelheiten im Verhalten seiner Figuren zu sezieren – kleine Angewohnheiten, Manien, Mißgeschick mit der Kleidung zum Beispiel –, die wiederum dazu dienen, die Begrenztheiten anzudeuten. Komik und Pathos werden natürlich verstärkt, wenn die unbarmherzig sezierten Charaktere glauben, ihr absurdes Verhalten sei höchst bedeutend. Der Scherz beruht auf der Diskrepanz zwischen dem, was ein Charakter für wichtig hält, und dem, was wichtig ist; auf dem sublimen Vertrauen des Charakters in seine insuläre Perspektive. Doktor Valerga (Doktor »worin«, wie El Brujo fragt), Held der Bande Gaunas, ist ein Idiot, jedoch unfähig, sich ohne übermäßige Affektiertheit zu äußern. In *El perjurio de la nieve* (Der Meineid des Schnees) hält ein Landarzt eine überzeugte Predigt über die Wunder des Radios, als habe er es erfunden (»das erlaubte ihm, Kolumbus und die Reden vieler Leute in öffentlichen Ämtern zu hören«).[29] Der Erzähler von *Morels Erfindung* glaubt, in eine bedeutende Studie über Malthus vertieft zu sein. Wie Tschechows Schulmeister zeigen viele von Bioys lokalen Helden eine vulgäre, überhebliche Banalität, die gleichzeitig rührend pathetisch ist. Der Zustand, in dem sie leben, ist in dem Motto der Geschichte *Historia prodigiosa* (Eine wunderliche Geschichte) zusammengefaßt: »Ich sage immer: Niemand ist so wie Gott. Eine argentinische Señora.« Wie überheblich und vertrauensselig sie auch sein mögen, am Ende sind sie grotesk verletzlich: »Aus den großen blauen Augen strömten die Tränen, und ein erfahrener Finger beseitigte die bedauerlichen Wirkungen der verlaufenen Wimperntusche.«[30]

Ihre genau beschriebenen Gefühle, ihre Erscheinung und soziale Herkunft bestimmen ihre Begrenztheit. Aber nirgendwo sind die Begrenztheiten auffälliger als in der Verwendung der Sprache. Sprache ist die Unterschrift zu den Figuren Bioy Casares'. Ihre Sprache sagt uns, wer sie sind, woher sie kommen – ob sie verrückt oder verliebt oder von sich selbst eingenommen oder schüchtern sind, und besonders, was ihre Werte sind. Denn die Figuren von Bioy Casares versuchen durchweg, einander zu beeindrucken; seine Erzähler wiederum versuchen, uns zu beeindrucken, indem sie das nachahmen, was sie für ein wirkungsvolles Stilmodell halten. Die Sprache eines jeden ist unbewußte Parodie dessen, was sie oder ihre Klasse oder ihr Berufsstand für eine eindrucksvolle Art des Sprechens oder Schreibens halten. Wir wollen einige Stilarten näher betrachten, derer die Figuren von Bioy Casares sich bedienen, um uns zu überwältigen. Wiederum beruht die Komik auf der Diskrepanz zwischen der Überheblichkeit ihres Wollens und ihren Begrenztheiten, wenn man sie aus einem weiteren Blickwinkel betrachtet. Nehmen wir zunächst den unvergeßlichen Provinzschreiber aus *Las caras de la verdad* (Die Gesichter der Wahrheit), einen Amateurhistoriker, dessen Karriere uns von einem ihn bewundernden Assistenten beschrieben wird:

Der Schreiber stellt unsere zutiefst ausgewogene Persönlichkeit dar, das ist das Amen unseres obersten und, um die Wahrheit zu sagen, einzigen Geschichtsschreibers. Von frühester Kindheit an, seit diesem fernen Morgen, als das Handbuch der *Geschichte Argentiniens* von Aubin ihm in den Schoß fiel, widmet Don Bernardo die seltenen Momente seiner Muße der Erforschung der lokalen Archive und den Empfangsbestätigungen der Briefe von Sekretären und Winkeladvokaten der zahlreichen Verbände, denen er als korrespondierendes Mitglied angehört. Auf diesem Gebiet seiner Aktivität erntete er jüngst öffentliches Lob, denn er wechselte – wie ein völlig glaubwürdiger Auktionator erklärte – zur Bande der Revisionisten. Der gleiche Hammerschwinger versicherte mir, daß Don Bernardo, aber ja, keinen der alten Vorkämpfer unserer Befreiung vom Piedestal des Ruhmes und der Glorie vertreiben würde, auch wenn er wenig empfehlenswerte Einfaltspinsel übermäßig lobte.[31]

Man bemerkt einen hochheilig patriotischen Stil, wahrscheinlich aus den Schulbüchern und der Nationalhymne, der dann unvermittelt von umgangssprachlichen Ausrutschern in Frage gestellt wird: »aber ja«, »Einfaltspinsel«. Der feierliche Ton wird des weiteren dadurch zweifelhaft, daß er ihn benutzen muß, um uns zu beschreiben, wie der Schreiber eines Tages alle Tiere seiner Nachbarn tötete, weil er glaubte, daß die Seelen dieser Einfaltspinsel in ihnen wiederauferstünden. Seine wunderlichen Ideen und die Halluzinationen, die sie verursachen, erweisen sich schließlich als Folge einiger Pillen, die der Arzt ihm wegen seiner Beschwerden mit dem Wasserlassen verschrieben hatte.

 Ein sprachlicher Hanswurst ist der Lokaldramatiker – frustriert, weil seine ungedruckten Meisterwerke nicht aufgeführt werden:

Ich möchte das Problem unseres Theaters in greifbaren Termini darlegen. Unser Autor, jung, Argentinier, ertrinkt, erstickt, ohne mit der Möglichkeit zu rechnen, seine Phantasie verkörpert zu sehen. Auf der rein künstlerischen Ebene teile ich ihnen mit, daß die Lage fürchterlich ist. Ich selbst habe ein *auto sacramental* geschrieben, etwas höchst Modernes: eine kulinarische Sauce aus Marinetti, Strindberg, Calderón de la Barca, vermischt mit den Sekretionssäften meines unreifen (sic) Glandularsystems, das alles in einem fantastischen Hexensabbat. Aber welche Garantie liefern sie mir? Wer wird es aufführen? Man müßte die Gesellschaften am Kragen packen, und wenn man nur mit der berittenen Polizei drohte.[32]

Wieder wird das möchtegern Erhabene (»in greifbaren Termini«, »die Möglichkeit, meine Phantasie verkörpert zu sehen«) vom Lächerlichen unterwandert, obwohl in diesem Fall die Unterwanderung etwas spektakulärer ist. Der aggressive, ortsübliche Ausdruck und die eleganzlose, vulgäre Banalität sind in der Tat immer zur Stelle, um die pompösen Absichten von Bioy Casares' Pedanten zunichte zu machen. Am Ende sind sie durch ihre Sprache in der gleichen komischen Struktur gefangen, wie auch sonst: Wenn sie sich ganz verlassen auf das, was sie wissen, fallen sie auf die Nase, indem sie einen unangemessenen Ausdruck verwenden und sich damit bloßstellen. Hier, wie bei jeder anderen Aktivität, trennt ein Abgrund ihre Pläne von deren Durchführung. Die Situationskomik beruht natürlich auf der Tatsache, daß wir aus einer anderen Perspektive den Abgrund, den sie nicht sehen können, deutlich erkennen.

Obwohl *Morels Erfindung* nicht in Argentinien spielt und Bioy Casares am besten argentinische Sprecher beschreibt, kann man diesen Roman unmöglich richtig beurteilen, ohne dessen Sprache zu berücksichtigen. Denn nirgendwo enthüllt sich der Erzähler so deutlich wie in der Wahl seiner Worte. Betrachten wir den ersten Abschnitt des Romans:

Heute ist auf der Insel hier ein Wunder geschehen. Der Sommer ist vorzeitig hereingebrochen. Ich habe mein Bett nahe an das Schwimmbecken herangeschoben und bis sehr spät gebadet. An Schlafen war nicht zu denken. Zwei oder drei Minuten an der Außenluft genügten, um das Wasser, das mich vor der entsetzlichen Glut schützen sollte, in Schweiß zu verwandeln. Früh am Morgen hat mich ein Grammophon geweckt. Ich konnte nicht wie sonst ins Museum gehen, um Sachen zu holen. Ich floh die Schluchten hinab. Jetzt befinde ich mich in der Sumpfniederung im Süden, inmitten von Wasserpflanzen, belästigt von Moskitos, bis zum Gürtel bespült vom Meer oder von schmutzigen Bächen, und muß einsehen, daß ich meine Flucht kopflos überstürzt habe. Ich glaube nicht, daß die Leute dort oben nach mir gesucht haben; womöglich haben sie mich überhaupt nicht gesehen.[33]

Der dritte Satz ist so gebaut, daß er zu implizieren scheint, daß das Herausschieben des Betts an das Schwimmbecken Vorbedingung für das Baden war. Nach dem Hinweis auf das Grammophon und »die Leute dort« wirkt die Versicherung auf der folgenden Seite, die Insel sei verlassen, etwas überraschend. Man bemerkt seine irgendwie irre (»entsetzliche Glut«) oder komisch gereizte (»belästigt von Moskitos«) Verwendung der Adjektive. Sie unterstreicht im allgemeinen, in welchem Maß er einen gewinnenden, aber höchst absurden Charakter zeigt: »eine schaudervolle Betätigung«[34] – »Morel erschien mit Alec (dem orientalischen grünlichschwarzen Jüngling)«[35] – »Bis zu diesem Augenblick war es nur ein abstoßender und ungegliederter Vortrag gewesen«.[36] So auch seine Vergleiche – »Schon ist das Wasser da: lautlos, wie bronzefarbene Vaseline, und verstopft mir die Atemwege«[37] – oder seine plötzlichen poetischen Ausbrüche: »das Getrappel verstummte wie in einem schneewattierten Gelände, wie auf den eisigen Höhen Venezuelas«.[38] Und diesem Verrückten müssen wir als einzigem Zeugen der Erfindung Morels vertrauen!

Das Werk von Bioy Casares hat meiner Meinung nach nicht die hervorragende Stelle erhalten, die es in der lateinamerikanischen Literatur verdient. Vielleicht hat es unter der Assoziierung mit Borges gelitten. Es wurde vermutet, daß Bioy bloß ein glorifizierter Handlanger sei oder sein Werk eine unbedeutende Nachahmung von Borges. Vielleicht lohnte nicht, es zu lesen, da man doch bereits im Besitz des prächtigen Originals war. Und doch läßt sich mit relevanten Daten leicht beweisen, daß noch offen ist, ob Borges Bioy Casares beeinflußt hat oder Bioy Casares Borges. Borges war schließlich Dichter und Essayist, als sie sich 1932 zuerst begegneten, während Bioy schon ein Erfinder von Erzählgebilden war. Es ist darüber hinaus ein vielleicht gewolltes Charakteristikum der Prosa von Borges, daß sie in einem Stil geschrieben ist, der zwar subversiv paradox ist, jedoch von Geschichte zu Geschichte kaum variiert. Der Minotaurus aus Kreta, der Mann, der uns von der Lotterie in Babylon berichtet, der schottische Missionar Brodie reden alle mit der gleichen, selbstwidersprüchlichen, oxymoronreichen Stimme von Borges. In den Büchern von Bioy Casares dagegen haben wir eine Sprachverwendung festgestellt, die nicht nur polysemantisch im Sinne von Borges ist, sondern auch gesellschaftlich und psychologisch polyphon. Und wer könnte – den Beweis der Werke von Bioy Casares vor Augen – guten Gewissens leugnen, daß die von ihnen gemeinsam verfaßten Bücher, wie *Sechs Aufgaben für Don Isidro Parodi* (*Seis problemas para Don Isidro Parodi;* 1942) womöglich mehr von Bioy als von Borges enthalten? Denn nur im Werk von Bioy findet sich etwas dieser glänzenden Galerie parodierter Stimmen, die Bioy und Borges unter dem Pseudonym H. Bustos Domecq konstruiert haben, Vergleichbares. An die sprachlichen Possenreißer von Bioy können folgende Beispiele erinnern. Zuerst der pompöse und absurde Schauspieler Gervasio Montenegro: »Am nächsten Tag konnte ich, im Angesicht des gefährlichen *capo lavoro* eines indianischen Küchenchefs, mit Bonhommie die menschliche Fauna examinieren, die das enge Universum bevölkerte, das ein fahrender D-Zug darstellt.«[39] Dann der Dichter Carlos Aglada: »Sie werden mich entschuldigen: ich spreche mit der Offenheit eines Motorrads [...] In meinem Arbeitszimmer, in meiner Werkstatt für Metaphern, um es klarer auszudrücken [...]«[40] Und schließlich Sarasteno, der *compadrito:* Ich gebe Ihnen zu, daß die Juana Masante einen Körper hat, der einen umschmeißen kann – aber ein Kerl wie ich, der was gehabt hat mit einem

Fräulein, das schon Maniküre ist, und dann mit einer Minderjährigen, die drauf und dran war, Star beim Radio zu werden, läßt sich nicht von einem so attraktiven Stück Weiberfleisch beirren, das vielleicht in Banderalá Aufsehen erregen kann, aber die Jungens hier in der Hauptstadt völlig kalt läßt.[41]

Und Parodis Geschichten stellen sämtlich Modelle dar, die wir die ganze Zeit diskutiert haben: Der Mensch, der gegenüber dem, was ihn anschaut, blind ist, weil er es aus einer übertrieben insulären Perspektive wahrnimmt, weil er vielleicht, wie Gervasio Montenegro, zu eitel ist, sich vorzustellen, daß er getäuscht wird.[42] Wir haben bemerkt, daß ein solches Modell viele von den Erzählungen Borges' charakterisiert hat. Der Unterschied liegt darin, daß Bioy Casares und die Autoren von *Sechs Aufgaben für Don Isidro Parodi* die Inselhaftigkeit so viel deutlicher um ihrer selbst willen charakterisieren, und daß diese Charakterisierung nicht nur die Einzelheiten des Verhaltens, sondern auch die spezifisch aufschlußreiche Sprache einbezieht, in der die Inselhaftigkeit sich ausdrückt.

Die Behauptung, Bioy Casares sei »besser« als Borges, weil er in gewisser Weise »vollständiger« sei und deutlicher in einer gegebenen geschichtlichen Realität verwurzelt, wäre absurd. Wie Borges sagt: »In der Literatur gibt es keinen Wettkampf.« Es ist ohnehin kleinlich, zwei große Freunde zu trennen, indem man ihren Wert vergleicht. Jedoch scheint es tatsächlich deutliche Anzeichen dafür zu geben, daß Bioy jetzt langsam unabhängig von Borges anerkannt wird – das ist etwas ganz anderes.

Als wichtiger selbständiger Romancier wurde er zuerst in Frankreich in den frühen 50ern ernsthaft zur Kenntnis genommen. Robbe-Grillet besprach *Morels Erfindung* einigermaßen begeistert in *Critique* (Nr. 69, 1953), und Blanchot widmete ihm einige Seiten in *Le livre à venir*. Aber beide gaben nicht viel mehr als eine Zusammenfassung der Fabel seines bekanntesten Romans. Ofelia Kovaccis Buch aus dem Jahr 1963 ist eine brauchbare kurze Einführung mit Bibliographie, es wagt sich allerdings über Nacherzählungen kaum hinaus. Aus irgendeinem Grund verschaffte Bioy gerade die Veröffentlichung des *Schweinekriegs* eine gewisse Popularität in Buenos Aires. Plötzlich wurde er in modischen Zeitschriften interviewt, plötzlich hatte er teil am sogenannten »Boom« der lateinamerikanischen Erzählprosa, deren anhaltende Kreativität durch seinen Einfluß sicherlich wesentlich mitgeprägt ist. Es könnte also sein, daß dieser Mann, der aus Bescheidenheit immer abgelehnt hat, Reklame für sich selber zu machen, zu guter Letzt dennoch angemessen gewürdigt wird.[43]

## Anmerkungen

(1) A. d. Ü. Der Artikel wurde 1972 geschrieben, d. h. vor der Publikation von *Schlaf in der Sonne*, 1973, und *La aventura de un fotógrafo en La Plata*, 1985.

1 *La invención de Morel* (*Morels Erfindung*, 1940).
2 *El sueño de los heroes* (*Der Traum der Helden*, 1954).
3 *Diario de la guerra del cerdo* (*Tagebuch des Schweinekriegs*, 1969).
4 Cf. z. B. *Encrucijada* (Kreuzweg; aus *Guirnalda con amores*) oder *El don supremo* (Das höchste Gut) und *Confidencias de un lobo* (Vertrauliche Mitteilungen eines Wolfes; aus *El gran serafín*).
5 *Tagebuch des Schweinekriegs*.
6 Bioy hat uns viele komische Komödien geliefert, die auf dem alten Betrachterstandpunkt beruhen, dem Argentinier in Europa (cf. wieder *Encrucijada* und *Confidencias de un lobo*). Reisen nimmt einen bedeutenden Platz ein in seinem Werk, und oft spielen seine Erzählungen in Hotels, einsamen Gutshöfen, ganz zu schweigen von den geheimnisvollen Inseln: Es sind Orte, an denen seine Figuren gezwungen sind, sich außerhalb ihrer normalen Umgebung zu verhalten.
7 *Morels Erfindung*.
8 *El gran serafín*.
9 *Tagebuch des Schweinekriegs*.
10 *La trama celeste* (1948; Das blaue Band).
11 *Fluchtplan*.
12 Id., 153–154.
13 Id., 156.
14 Ihre Unwissenheit angesichts des Rätsels bringt Bioys Charaktere oft zum Wahnsinn. Schließlich glauben sie, daß die eigentümlichen Erscheinungen, die sie nicht interpretieren können, auf eine ausgedehnte Verschwörung zurückgehen, deren Absicht darin besteht, ihnen eine Falle zu stellen oder sich über sie lustig zu machen.
15 *Morels Erfindung*, 161.
16 Der Erzähler ist natürlich ein Voyeur, der die Absicht hinter dem Verhalten, daß er beobachtet, nicht versteht. Es ist bemerkenswert, daß die Kapelle auf der Insel bezeichnend als »längliche Schachtel« beschrieben wird. Das führt zwangsläufig zu Poes Erzählung *The Oblong Box*, in

der ein Passagier eines Ozeandampfers beträchtlichen »furor conjecturalis« darauf verwendet, das sonderbare Benehmen einiger Mitreisender zu deuten, die die Kabine ihm gegenüber bewohnen. Auch er ist zu einer insulären Perspektive gezwungen, weil er keinen Vorwand findet, um in die Kabine einzudringen und herauszufinden, was dort geschieht. *Morels Erfindung* wird somit zu einer Interpretation der Erzählung Poes, weil wir erkennen, daß vieles von dem, was wir darüber gesagt haben, auch für *The Oblong Box* zutrifft, obwohl wir deren Implikationen ohne Bioys Roman vielleicht nicht wahrgenommen hätten.

17 Unser Erzähler hat konstant unbewußte Eingebungen, was den Status von Faustine, Morel und deren Freunden betrifft, dem er dann schließlich wirklich auf die Spur kommt.

18 *Morels Erfindung,* 38–39.

19 *El gran serafín,* 74–79.

20 *Cahiers du Cinéma.*

21 Die Projektoren werden von den Gezeiten der Insel gespeist, so daß Morel und seine Freunde eine beinahe ununterbrochene Unsterblichkeit erreichen.

22 Oder *Bar-barei,* angesichts der Tatsache, daß der Rausch sie ans Licht bringt: *in vino veritas.* In einer netten Erzählung *Clave para un amor* (Schlüssel für eine Liebe; aus *Historia prodigiosa,* Eine wunderliche Geschichte, 1961) erfahren wir von einem Hotel in den Chilenischen Anden, in dem ein Bacchusschrein steht. Am 17. September (auf der südlichen Hemisphäre die Entsprechung zum 17. März, dem Tag der *liberalia* des Bacchus) passiert den ehrenwerten Gästen des Hotels, die sich aufmerksam einen Film mit dem Titel *Der Maskenball* angesehen hatten, etwas Sonderbares: Sie alle beginnen plötzlich zu sagen, was sie denken, und sich überhaupt ganz gefährlich zu *demaskieren.* Ein Mann, der im Innersten ein Dieb ist, stiehlt, ein anderer gesteht seine Liebe usw. Nebenbei bemerkt, in *Der Traum der Helden* ist der Eckstein des Karnevals eine Szene, in der Clara (Kultur) mit einer *Maske* erscheint. Ein Teil des Rätsels, das Gauna verzweifelt zu lösen versucht, war eben diese Erscheinung. Wer war das maskierte Mädchen, in das er sich in jener Nacht verliebt hatte? Was ist aus ihr geworden? Er weiß es nicht, und Clara hat ihm aus irgendwelchen Gründen nicht gesagt, daß das maskierte Mädchen und sie die gleiche Person sind. Vielleicht verfällt Clara genau deshalb nicht der Barbarei, weil sie sich nicht demaskiert. Die Schlußfolgerung ist, daß Kultur in Argentinien eine überflüssige Maske ist, die etwas anderes verbirgt. Kultur ist eine Art sorgfältig in Gang gehaltener illusionistischer Trick.

23 Bei der gewissermaßen Borges'schen Haltung gegenüber Perón mag wichtig sein, daran zu erinnern, daß das Buch während des Peronismus geschrieben wurde.

24 Cf. besonders *Poema conjuntural* und *Süden (Sur).*

25 Carpentier hätte wahrscheinlich recht, die meisten dieser Worte mit Großbuchstaben zu schreiben.

26 *Der Tod und der Magnet (La muerte y la brújula).*

27 *Tagebuch des Schweinekriegs.*

28 *Der Traum der Helden.*

29 *La trama celeste.*

30 *El don supremo,* aus *El gran serafín.*

31 *El gran serafín.*

32 *Der Traum der Helden.*

33 *Morels Erfindung,* 7.

34 Id., 18.

35 Id., 93.

36 Id., 107.

37 Id., 124.

38 Id., 23.

39 *Sechs Aufgaben für Don Isidro Parodi,* Fischer Taschenbuch, 25.

40 Id., 40.

41 Id., 81.

42 *Die Nächte Goliadkins,* aus *Sechs Aufgaben ...*

43 Zu den ernstzunehmenden Würdigungen der letzten Zeit gehören Enrique Pezzonis Besprechung von *Tagebuch des Schweinekriegs* in *Los Libros* (Nr. 7, Buenos Aires, 1970), Jaime Rests Essay *Las invenciones de Bioy Casares (Los Libros,* Nr. 2, 1969) und Jaques Gounards Untersuchung *Bioy Casares: entre Stevenson et Robbe-Grillet* in *Le Monde* (9. 8. 1973): hoffentlich Vorboten größerer Dinge.

*Klaus Müller-Bergh*

# Alejo Carpentier – Autor und Werk
# in ihrer Epoche

Der Romancier, Musikwissenschaftler und Poet Alejo Carpentier zeichnet sich in der Generation des Vanguardismus durch einen besonders sensiblen und scharfen Blick aus, wie José Juan Arrom in seiner klaren und überzeugenden Studie »Generationsübersicht der spanisch-amerikanischen Geisteswissenschaft«[1] aufgezeigt hat. Von Geburt Cubaner, seiner Erziehung nach vor allem Europäer und seiner Neigung nach zutiefst hispanoamerikanisch, zählt er zu den kultiviertesten Schriftstellern spanischer Sprache in unserer Zeit. Jedoch aufgrund seiner Überzeugung »Das Leben ist unwichtig, was zählt ist das Werk« erweist sich sein Rang in der spanisch-amerikanischen Literatur als nicht deutlich bestimmt. Obwohl seine Romane große Erfolge im Spanischen und in der Übersetzung in andere Sprachen erzielten, zahllose Preise erhielten und von der Kritik gelobt wurden, fanden sein Leben, seine Persönlichkeit und sein künstlerischer Weg doch nicht die verdiente Resonanz. Deswegen versuchen wir, Autor und Werk in seine Zeit hineinzustellen, denn die Literatur erscheint als Ernte eines Mannes, der die Wirklichkeit zu einem bestimmten Zeitpunkt und unter bestimmten Bedingungen interpretiert.[1] Aus den Aufzeichnungen von Salvador Bueno in »Alejo Carpentier, Romancier der Antillen und der Welt« und denen von César Leante in »Einfache Geständnisse eines barocken Schriftstellers« übernehmen wir die folgenden Angaben.[2]

Carpentier verbringt seine frühe Kindheit auf einem Gut von Loma de Tierra (bei El Cotorro), in der Nähe seines Geburtsortes Havanna, wo er in der Straße Maloja am 26. Dezember 1904 geboren wurde. In seiner Kindheit reist er nach Frankreich, Österreich, Belgien und Rußland. Er wächst im Schoß einer Emigrantenfamilie auf, die 1902, zwei Jahre nach der Unabhängigkeit Cubas, aus Europa dorthin emigriert war. Schon als Kind lernt er Französisch im Kreise der Familie und Spanisch in der tropischen Umwelt. Die Familie väterlicherseits stammt aus der Bretagne, der Urgroßvater, Alfredo Clerec-Carpentier, war um 1840 einer der ersten Erfor-

73

*Alejo Carpentier*

scher Guayanas.³ Der Vater, ein französischer Architekt, schuf
verschiedene Bauten in Havanna, z. B. das Elektrizitätswerk Talla-
piedra, die Trust Company und den alten Country Club. Er war
sehr stark an der spanischen Welt interessiert.⁴ Wie Carpentier
selbst in seinen Jugenderinnerungen berichtet, sprach sein Vater
perfekt spanisch, war als Amateurcellist Schüler von Pablo Casals
und besaß eine umfangreiche Bibliothek, in der sich Werke von Pio
Baroja, Blasco Ibáñez, Pérez Galdós neben denen von Anatole
France, Victor Hugo und Emile Zola fanden. Die Mutter, Russin,
hatte in der Schweiz Medizin studiert, war Sprachlehrerin und sehr
den Geisteswissenschaften zugetan. Carpentiers Liebe zur Musik
und Architektur werden, ebenso wie seine Kenntnis der französischen und spanischen Literatur, besonders der Romane Pio Baro-
jas (eine vererbte Vorliebe), ausschlaggebend für sein späteres
Werk. Die erste Lektüre, die eine literarische Sensibilität in ihm
wachruft, gilt Werken von Emilio Salgari, Jules Verne und Alex-
andre Dumas. Darum wundert uns nicht, wenn er sagt, er habe mit
zwölf Jahren angefangen, Romane und Erzählungen zu schreiben,
die von Salgari und Anatole France beeinflußt waren.

   Nach dem Besuch der Grundschule in Cuba verbringt er einen
Teil seiner Gymnasialzeit auf der Jason Sailly-Schule in Paris, –
oder in den Worten seines Zeitgenossen Juan Marinello: »[...] in
seinen ersten Jugendjahren ging er nach Paris und zeigte schon
jetzt, in harmonischer Frühreife, eine klare künstlerische Persönlichkeit.«⁵ Wie Salvador Bueno treffend bemerkt, sieht sich Carpentier in seiner Jugend entwurzelt und erwirbt sich daher eine
französische Bildung zusätzlich zu seinem cubanischen Hintergrund, dieser Summe aus verschiedenen Kulturen, der westeuro-
päischen, spanischen und afrikanischen, in der großartigen Vermischung durch die andere Umwelt. Im familiären Bereich befanden
sich das Bretonische und Slawische in fruchtbarer Verbindung.
Auf der Straße, in der Stadt, durch die beginnenden Freundschaf-
ten und die vorbeigehend sich unterhaltenden Menschen nimmt er
das Spanische der Kolonialzeit und das verpflanzte Afrikanische in
sich auf, die letztlich gemeinsam das eigentlich Cubanische ausmachen. Der künftige Erzähler nimmt alles auf und verwandelt es in
geistige Nahrung.⁶ In Paris studiert er Musiktheorie und bringt es,
in seinen eigenen Worten, »zu einem akzeptablen Pianisten«, obwohl er bekennt, daß seine »musikalische Bildung eher autodidak-
tisch [ist]: durch Zuhören bei Proben, Zusammenleben mit Musi-

kern [...]« Seiner Meinung nach »[muß] jeder Schriftsteller eine parallele Kunstrichtung kennen, da dies seine geistige Welt bereichert«.[7] Zu Beginn der zwanziger Jahre kehrt er nach Cuba zurück und beginnt sein Studium an der Universität von Havanna mit dem Ziel, Architekt zu werden. 1921 wendet er sich auch dem Journalismus zu. Er veröffentlicht seine ersten literarischen Arbeiten als Kolumnist. Es sind Zusammenfassungen bekannter Werke, die er in einer Sektion der havannischen Tageszeitung *La Discusión* unter dem Titel »Berühmte Werke« publiziert.[8] Im gleichen Jahr verläßt er definitiv, »aus lediglich persönlichen Gründen«, die Universität und begibt sich erneut nach Frankreich.[9] Nach seiner Rückkehr wendet er sich dem Journalismus ganz zu und schreibt in den Jahren 1923 und 1924 Musik- und Theaterkritiken für die cubanischen Zeitschriften *La Discusión* und *Heraldo.* Um seine Finanzen aufzubessern, nimmt er die verschiedensten journalistischen Arbeiten an: Er betätigt sich als Redakteur eines Handelsjournals, *Hispania;* er schreibt eine Geschichte des Schuhwerks für die offizielle Vereinigung der Schuhfabrikanten; mit dem Pseudonym »Jacqueline« unterzeichnet er die Modespalten der Zeitschrift *Social.*[10] 1924 übernimmt er die Stellung des Redaktionschefs der Zeitschrift *Carteles,* 1926 folgt er einer Einladung der mexicanischen Regierung zu einem Journalistenkongreß nach Mexico, wo er Carlos Pellicer und José Clemente Orozco kennenlernt und enge Freundschaft mit Diego Rivera schließt.[11] Dies sind Bildungsjahre, in denen sich die entscheidenden Konturen seiner künstlerischen Persönlichkeit allmählich abzeichnen. Er erforscht die malerischen Viertel seiner Heimatstadt aufs genaueste, er entdeckt den einzigartigen Zauber der Kolonialarchitektur und das Milieu des alten Havanna; unvergeßliche Eindrücke, aus denen später Situationen und Figuren für viele seiner Erzählungen, Essays und Romane entstehen, die ihren Schauplatz oder ihr Sujet zum Teil in der cubanischen Hauptstadt haben: *Reise zum Ursprung (Viaje a la semilla), Die Stadt der Säulen (La ciudad de las columnas), Die Verfolgung (El acoso)* und *Explosion in der Kathedrale (El siglo de las luces).* Von weiterreichender Bedeutung ist jedoch die Tatsache, daß er sich für die intellektuellen Bewegungen und Unruhen der Jugend begeistert und sich vorbehaltlos mit der cubanischen Gruppe in seiner Generation identifiziert. In der biographischen Skizze *La pupila insomne* (Das schlaflose Auge) von Rubén Martínez Villena beschreibt Raúl Roa, wie sich seit 1920 eine Gruppe von Dichtern, Kritikern und jungen Intellektuellen in Havanna im Café »Martí« trifft. Zu diesen Treffen finden sich aber nicht nur die Mitglieder ein, sondern auch »berühmte Gäste« und »einige ausländische Schriftsteller«.[12] Dieser Kreis besteht ungefähr ein Jahr. Nach kurzer Zeit findet sich fast die gleiche Gruppe neu im Café »El Figaro« zusammen.[13] In diesen Jahren, vor oder nach seiner Rückkehr aus Frankreich, muß Carpentier häufig beim literarischen »Stammtisch« dabeigewesen sein, denn er schließt sich 1923 der Gruppe an, die von Roa so definiert wird: »[...] früher pflegten sie sich im *Martí* zu treffen und dann im *El Figaro* und später bildeten sie die *Gruppe Minorista*«[14], die sich als eine rein intellektuelle Bewegung versteht. Dennoch protestieren ihre Mitglieder und beteiligen sich lebhaft an der Opposition gegen die Unmoral und politischen Exzesse Präsident Alfredo Zayas. Angeführt von dem Dichter und Revolutionär Martínez Villena, wenden sich in der Akademie der Wissenschaften die Mitglieder in einem Aufruf »Protest der 13« energisch gegen den Verkauf des Klosters Santa Clara zu einem Schleuderpreis, eines der unzähligen finsteren Geschäfte in jener Epoche Zayas. Später gehören sie zur »Phalanx der cubanischen Aktion« (von Martínez Villena gegründet), deren Funktion in Staatskritik und Unterstützung der gescheiterten aufrührerischen Bewegung des »Veteranen- und Patriotenverbandes« besteht. Trotzdem betont Carpentier in *La música en Cuba* (Die Musik in Cuba), daß die Gruppe »Minorista«, der er von Anfang an angehört, keine grundsätzlich politische Bewegung ist:

Noch im Eifer der fehlgeschlagenen Revolution der *Veteranen und Patrioten* (1923), [...] eines Putsches [...] ohne Zusammenhang und Richtung, überhaupt ohne irgendeine bestimmte Ideologie, begannen einige junge Schriftsteller und Künstler, die sich in die Bewegung verwickelt sahen, sich regelmäßig zu treffen, um eine in bewegten Zeiten entstandene Kameradschaft zu bewahren. So entstand die Gruppe *Minorista,* ohne Manifeste, ohne Feierlichkeiten, lediglich als eine Versammlung von Menschen, die an den gleichen Dingen interessiert waren. Ohne daß die Gründung einer Bewegung beabsichtigt gewesen wäre, wurde der *Minorismus* sehr bald zu einer »Richtung«. Seinetwegen wurden Ausstellungen, Konzerte und Vorlesungszyklen organisiert, Zeitschriften veröffentlicht und persönliche Kontakte zu europäischen und amerikanischen Intellektuellen geschlossen, die eine neue Art zu denken und zu sehen vertraten. Es erübrigt sich hierbei zu erwähnen, daß man zu jener Zeit Picasso, Joyce, Strawinsky, den *Esprit Nouveau* und alle *Ismen* entdeckte. Die typographisch regellos gedruckten Bücher wanderten von Hand zu Hand. Es war die Zeit der

*Vanguardia,* der an den Haaren herbeigezogenen Metaphern, der Zeitschriften mit solchen obligatorischen Titeln wie: Spirale, Bug, Höhepunkt, Propeller usw. Überhaupt war damals die ganze Jugend dieses Erdteils vom selben Fieber gepackt.[15]

Der Vanguardismus in Cuba, an dem die Gruppe »Minorista« teil hat, ist zunächst eine Bewegung ohne feste Tendenzen. Bald jedoch beginnt sie, Ballast abzuwerfen. Die »Minoristen« hegen eine ebenso starke Abneigung gegen den jüngsten Ruhm des preziösen Modernismus wie gegen alle künstlerischen Bekundungen des 19. Jahrhunderts überhaupt. Die Maler entdecken die Neuerungen der europäischen Kunst, den Expressionismus, den Kubismus, den Dadaismus. Carpentier teilt uns in *Variaciones sobre un tema cubano* (Variationen über ein cubanisches Thema) mit, daß in der Musik etwas ähnliches geschah: »Die Abneigung gegenüber dem lyrischen Theater ganz allgemein, besonders aber gegenüber der italienischen Oper, die Anti-Wagner- und fast aggressive Anti-Romantik-Strömung, das Mißtrauen gegen alles, was nach 19. Jahrhundert roch, gehörten zur Ästhetik dieser Gruppe.«[16] In der Literatur bricht die Gruppe entschieden und bewußt mit dem Rhythmus und den Vorstellungen der Tradition. Obwohl die jungen Schriftsteller noch starkes Verlangen verspüren, das Cubanische zu gestalten, und als Held ihrer Generation José Martí verehren, spüren sie doch den starken vanguardistischen Pulsschlag in Madrid und in den hispanoamerikanischen Hauptstädten. Deshalb identifizieren sie sich neu mit »einem seit der Zeit der Unabhängigkeit sehr in Vergessenheit geratenen Spanien«. Carpentier erklärt: »Damals begann eine Art Rückkehr zum Spanischen bei gleichzeitiger Verstärkung des Nationalbewußtseins, das durch den fünfundzwanzig Jahre andauernden, nachgeahmten Kosmopolitismus sehr geschwächt war.«[17] Das heißt, der anfangs chaotische Wirbel von Konflikten und auseinandergehenden Tendenzen unter dem Einfluß des Futurismus und des Ultraismus kristallisiert sich hauptsächlich in zwei Strömungen, nämlich dem Neobarock und dem Populismus. Die neue cubanische Generation weiß, daß die spanischen Vanguardisten aus Anlaß des 300jährigen Todestages Góngoras im Jahre 1927 diesen Dichter begeistert feiern.[18] Gleichzeitig jedoch bricht sich auch eine neue Wertschätzung der klassischen Dichter Bahn, wie z. B. Quevedos und Lope de Vegas, die zu ihrer Zeit schlichte, traditionelle Verse schrieben. Die stürmische Wiederbelebung des Barocken und Populären nimmt in

78

Spanien und Cuba unterschiedliche Formen an. Nach José Arrom: »Was für den Andalusier Granadas zu etwas Zigeunerhaftem ausartet, führt in der Karibik ohne Zigeuner, die man verherrlichen, und ohne Gauchos, an die man erinnern kann, zur Begegnung mit dem Schwarzen.«[19] Das bestätigt auch Carpentier:

Es vollzog sich ein regelrechter Prozeß der Annäherung an das *Schwarze*, betont noch dadurch, daß die Schriftsteller und Künstler der kosmopolitischen Epoche hartnäckig die Augen vor der Gegenwart des Schwarzen auf der Insel verschlossen hatten, weil sie sich seiner schämten... Jetzt, als Reaktion auf diese Diskriminierung, suchte man das Schwarze mit nahezu übertriebenem Enthusiasmus und fand in diesem Bereich gewisse Werte, die man anderen, die vielleicht lyrischer, jedoch viel kraftloser waren, vorzog.[20]

In »Die Musik in Cuba« fügt er hinzu:

Aus dem gleichen Grunde, aus dem man die Intellektuellen alter Prägung verärgerte, widmete man sich hingebungsvoll den Schwüren der *ñáñigos* und lobte den Tanz des *Teufelchens*. So wurde die afrocubanische Tendenz geboren, die mehr als zehn Jahre lang den Stoff für Gedichte, Romane, ethnologische und soziologische Studien lieferte. Eine Tendenz, die in den meisten Fällen an der Oberfläche und Peripherie haften blieb, bei dem Schwarzen unter sonnendurchfluteten Palmen. Sie war jedoch notwendig, um gewisse dichterische, musikalische, ethnische und soziale Faktoren besser zu verstehen, die dem Kreolentum eine eigene Physiognomie verliehen hatten.[21]

Diese Behauptungen Carpentiers erlauben uns festzuhalten, daß in den Jahren 1920–1928 die vorbehaltlose Beteiligung an der cubanischen Vanguardia für den Autor ausschlaggebend ist. Er teilt die Sehnsüchte seiner Landsleute und findet Freunde und Mitarbeiter unter den größten Persönlichkeiten der Bewegung. In dieser Epoche hört er sich mit einer Gruppe von Bekannten häufig die Aufführungen des Komponisten Amadeo Roldán an. Dieser war erst kürzlich aus Europa zurückgekehrt und darauf angewiesen, seinen Lebensunterhalt damit zu verdienen, daß er ein Musikensemble im Kino »Fausto«, in Cabarets und anderen eleganten Etablissements wie im »Hotel England« in Havanna dirigiert. Dort hört er Musikfragmente von Ravel, Debussy, Strawinsky und zeitgenössischen Meistern, gespielt vom kleinen Orchester Roldán. 1925 lobt der junge Schriftsteller die »Ouvertüre zu cubanischen Themen«, deren Schlußpartie ein Schlagzeugsolo für ausschließlich afrocubanische Instrumente und mit spezifisch kreolischen Rhythmen ist. Die Uraufführung im Nationaltheater bedeutet den Sieg gewisser

Prinzipien der neuen Ästhetik. Bald darauf arbeitet Carpentier mit Roldán zusammen an vier Libretti zu Partituren für zwei Ballette mit cubanischem Thema und zwei choreographischen Dichtungen, angeregt durch den europäischen Erfolg von *Le sacre du printemps* von Strawinsky und *Dreispitz* von Manuel de Falla. Wenn Roldán abends das Kino »Fausto« verläßt und sich mit Carpentier im Café »Las Columnas« trifft, entwickeln sie die Idee für *La rebambaramba* (1928) und ein »Kolonialballett in zwei Szenen« nach romantischen Kupferstichen zum Thema des Dreikönigstages 1830 in Havanna.[22] »Das Wunder von Anaquillé« (1929), choreographisches Stück in nur einem Bild, schildert Szenen auf dem cubanischen Land. Es spielt in einer Zuckersiederei.[23] Außerdem werden die beiden choreographischen Dichtungen *Matacancrejo* und *Azúcar* ausgearbeitet.[24] Zu Beginn des Jahres 1927 bildet Carpentier mit Juan Marinello und anderen[25] die Gruppe der »Fünf«, die intensiv an der *Revista de Avance* arbeiten, die vom 15. März 1927 bis zum 15. September 1930 die »Stimme des Vanguardismus« und das Mitteilungsblatt der Bewegung in Cuba ist. Carpentier informiert seine Leser über die Musikereignisse. Wegen der unheilvollen politischen Lage unter der Diktatur Machados nehmen später Tallet und Lizaso die Stelle von Carpentier und Casanovas ein. Diese beiden wurden verhaftet, weil sie ein Manifest gegen »Esel mit Klauen« unterschrieben hatten. Auf sieben Monate Gefängnis (in der Strafanstalt von Prado, August 1927 bis März 1928) folgt das politische Exil des Schriftstellers. Hier trägt der Vanguardismus erste Früchte.

In den ersten Augusttagen schreibt er im Gefängnis die erste Version seines Romans *Ecué-Yamba-Ó*, eine afrocubanische Erzählung (im *ñáñigo* Dialekt »Gott sei gelobt!«).[25] Durch einen glücklichen Zufall wird er auf Bewährung entlassen, und ein Schriftstellerkongreß, der im März 1928 in Havanna stattfindet, verschafft ihm die Möglichkeit, dem Unterdrücker-Regime Machados zu entfliehen. Carpentier lernt den französischen surrealistischen Dichter Robert Desnos kennen, der zu dieser Zeit Repräsentant einer argentinischen Zeitung ist. Dieser rät ihm, die Gelegenheit zu nutzen und die Insel zu verlassen. Er hilft ihm bei der Einschiffung auf den Dampfer *España* und leiht ihm Paß und Ausweispapiere. Mariano Brull, Funktionär der cubanischen Botschaft in Frankreich, ermöglicht ihm das Verlassen des Schiffes in Saint-Nazaire.[26] Nachdem er sich 1928 in Paris niedergelassen hatte, schreibt er Gedichte und Artikel über Musik für Zeitschriften in Paris und Cuba. Aus der französischen Hauptstadt schickt er das Gedicht *Liturgie,* das in der letzten Nummer von *Revista de Avance* publiziert wurde, und *Canción* (Lied), das zum erstenmal 1931 auf den Seiten der *Revista de Oriente* (Madrid) erschien. Er verkehrt in den musikalischen Kreisen von Paris und arbeitet mit den französischen Komponisten Darius Milhaud und François Gaillardo, dem Brasilianer Heitor Villa-Lobos und dem Cubaner Alejandro García Caturla zusammen. Auf diese Weise entstehen Gedichte, Libretti und Texte zu folgenden musikalischen Werken: *Yamba-Ó,* burleske Tragödie, Musik von M. F. Gaillard, Uraufführung 1928 im Théâtre Beriza in Paris; *Poèmes des Antilles* (Gedichte der Antillen), neun Gesänge zu Texten von Alejo Carpentier, Musik von M. F. Gaillard, Verlag Martine, Paris, 1929; *Blue,* Gedicht, Musik von M. F. Gaillard, Verlag Martine, Paris; *La Passion Noire* (Die schwarze Passion), Kantate für 10 Solisten, gemischten Chor und Lautsprecher, Musik von M. F. Gaillard, uraufgeführt in Paris, Juli 1932, und *Dos poemas afrocubanos* (Zwei afrocubanische Gedichte): *Mari-Sabel y Juego Santo* für eine Stimme und Klavier, Musik von A. G. Caturla, Verlag Maurice Senart, Paris, 1929.[27] Außerdem schreibt er eine Reihe von Artikeln, *Ensayos convergentes* (Konvergenzen, Essays; 1928) und zwei Romane mit cubanischer Thematik *El castillo de campana* (Schloß mit der Glocke; über die Mythologie Havannas) und *Semblante de cuatro monedas* (Als wären es vier Münzen), Werke, die nach Angaben des Autors »niemals gedruckt wurden noch werden, denn ein Schriftsteller muß den Mut haben, viele Seiten zu vernichten, auch wenn sie ihn große Mühe gekostet haben mögen«.[28]

Bei seiner Ankunft (1928) in Paris schließt sich Carpentier, von Desnos eingeführt, der surrealistischen Bewegung an, die gemeinsam mit dem Vanguardismus einen mächtigen Einfluß auf sein Werk ausüben wird. André Breton fordert ihn auf, an der Zeitschrift *Révolution surréaliste* mitzuarbeiten, wo er Louis Aragon, Tristan Tzara, Paul Eluard, Georges Sadoul, Benjamin Péret und die Maler Giorgio de Chirico, Yves Tanguy und Pablo Picasso kennenlernt.[29] Auf diese Weise kommt es zu der surrealistischen Erzählung *El Estudiante* (Der Student), die er Robert Desnos zur Korrektur vorlegt. Er seinerseits übersetzt dessen Essays ins Spanische und gibt sie zusammen mit Übersetzungen Jean Gionos (von Felix Pita Rodríguez) heraus. Die Artikel von Desnos, Giono und anderen französischen Schriftstellern erscheinen 1931 spanisch in einer kleinen Zeitschrift, *Imán*, deren Chefredakteur Carpentier selbst ist. Sie wird von der argentinischen Schriftstellerin Elvira de Alvear finanziert. Obgleich von dieser Zeitschrift »in Paris kaum eine Nummer gedruckt wurde«, die Verbreitung also minimal war, lernt merkwürdigerweise Carpentier (als Herausgeber von *Imán*) über Rafael Alberti die Dichtung Pablo Nerudas kennen, der ihm aus Java das Manuskript zu *Aufenthalt auf Erden (Residencia en la tierra)* zuschickt.[30] Man zahlt Neruda ein Honorar. Aber da *Imán* die Publikation einstellt, als Elvira de Alvear unerwartet nach Argentinien zurückkehrt, schickt Carpentier *Aufenthalt auf Erden* an José Bergamin nach Madrid weiter, der die Gedichte dort 1934 in *Cruz y Raya* veröffentlicht.

1933, nach Beendigung des ersten Romans *Ecué-Yamba-Ó* in Paris, beschließt er, wegen der Publikation seines Buches einige Zeit in Madrid zu verbringen. Er nimmt an dem intellektuellen Leben Madrids teil und lernt dort u. a. Federico García Lorca kennen. Er besucht den literarischen Zirkel des Café »Correos«, an dem Lorca häufig teilnimmt. Lorca überredet ihn auch dazu, im folgenden Jahr nach Madrid zurückzukehren, um der Uraufführung *Yermas* beizuwohnen.[31] Nach dem Sturz der Regierung Machados (1935) reist er 1936 nach Cuba und kehrt anschließend nach Paris zurück. Nach Madrid kommt er nicht mehr vor dem Ausbruch des spanischen Bürgerkrieges. Durch das »Maison de la culture«, dessen Direktor Louis Aragon ist, wird 1937 der 2. Internationale Kongreß antifaschistischer Schriftsteller nach Madrid in die bereits durch Francos Streitkräfte belagerte Stadt einberufen. Carpentier gehört zur kubanischen Delegation (zusammen mit Juan Marinello, Nicolás Guillén, Felix Pita Rodríguez und Leonardo Sánchez Fernández). Ende Juni reist er von Paris über Valencia nach Madrid, mit dem peruanischen Dichter César Vallejo, André Malraux und den erwähnten J. Marinello und F. Pita Rodríguez. In dieser Zeit hat er wohl auch den nordamerikanischen Dichter Langston Hughes kennengelernt.

1932 beginnt seine Arbeit beim französischen Radio, wo er sich mit Klangeffekten und musikalischer Synchronisation beschäftigt. Daran arbeitet er in Frankreich bis 1939. Er wird Direktor der »Foniric Studios«, wo er mit den fortschrittlichsten Techniken Schallplattenaufnahmen und Radioprogramme macht. Er arbeitet dort gemeinsam mit Robert Desnos, Antonin Artaud und Jean

Louis Barrault an verschiedenen Vorhaben, darunter der Aufnahme des Gedichtes von Walt Whitman *Gruß an die Welt,* bei der zum erstenmal ein Magnetband zum Einsatz kommt, Desnos' Rundfunkbearbeitung der Poe-Erzählung *Mord in der Rue Morgue* und dem »Radiophonischen Fresko« über Paul Claudels *Das Buch von Christoph Columbus,* bei dem Jean Louis Barrault mitwirkt (1939 sendet Radio Luxemburg die Uraufführung).[32] Weiterhin leitet er die Aufnahmen der Gedichte von Langston Hughes, Paul Eluard, Louis Aragon, Rafael Alberti und anderen, die von den Autoren selbst gesprochen wurden. Sein Interesse an musikalischen Synchronisationsproblemen veranlaßt ihn, das Libretto zur Oper Edgar Varèses, des Vaters der elektronischen Musik, zu schreiben und für Text und Montage des Dokumentarfilms *Le Vaudou* zu sorgen.[33] Zu dieser Zeit verbindet ihn eine enge Freundschaft mit Robert Desnos; häufig zeigt er sich in den Kreisen von Raymond Queneau, Michel Leiris, Ribemont Dessaignes, Roger Vitrac und Jacques Prévert.[34]

Der Pariser Aufenthalt in den Jahren 1928 bis 1939 bereichert den Schriftsteller und verhilft ihm zu neuen expressiven Vorstellungen. Er vertieft und verfeinert seine Sensibilität; zugleich entfernt er sich von den allzu provinziellen afrocubanischen Produktionen und vom Surrealismus. Carpentier sagt, er habe mit der surrealistischen Bewegung gebrochen, als er feststellte, daß sie nichts Neues mehr schaffen würde. In einem Aufsatz faßt er zusammen, was jener Abschnitt zu seiner intellektuellen Bildung beigetragen hat:

Sie hat mich Strukturen sehen gelehrt, Aspekte des amerikanischen Lebens, die ich nicht bemerkt hätte, da wir so sehr in den Nativismus (herbeigeführt durch Ricardo Güiraldes, Rómulo Gallegos und José Eustasio Rivera) verwickelt waren. Ich begriff, daß hinter diesem Nativismus etwas anderes steckte, was ich die Kontexte nennen möchte: ›tellurische‹ Kontexte und episch-politische Kontexte. Wer den Zusammenhang zwischen beiden findet, wird den amerikanischen Roman schreiben.[35]

Die langen Jahre des Exils, der Beginn der Reife weckten sein nationales Bewußtsein und überzeugten ihn von der Notwendigkeit, die Erfahrungen des Vanguardismus zu verallgemeinern. Das Ergebnis war die Aufwertung der amerikanischen Wirklichkeit und die Überzeugung, seine künstlerische Zukunft bestehe darin, das Wesen Amerikas auszudrücken und zu bestimmen:

Ich fühlte den brennenden Wunsch, die amerikanische Welt auszudrücken. Noch wußte ich nicht wie. Die Schwierigkeit der Aufgabe, die in meiner

Unkenntnis des amerikanischen Wesens begründet lag, beflügelte mich
Lange Jahre hindurch widmete ich mich der Lektüre all dessen, was es über
Amerika gab, angefangen bei den *Briefen* des Kolumbus, weiter zu Inca
Garcilaso und bis zu den Autoren des 18. Jahrhunderts. Fast acht Jahre
lang habe ich wohl nichts anderes als amerikanische Texte gelesen. Amerika
erschien mir wie eine große Nebelwolke, die ich zu verstehen suchte, weil
ich dunkel davon überzeugt war, daß mein Werk sich hier entwickeln, daß
es zutiefst amerikanisch sein würde.[36]

Von den gleichen Gefühlen wie der Protagonist seines Romans *Die
verlorenen Spuren (Los pasos perdidos)* erfüllt, verläßt Carpentier
Europa, als der Zweite Weltkrieg ausbricht, mit einer gewissen
Enttäuschung: »Paris ermüdete mich schon, und 1939, ohne einen
anderen Grund als das Heimweh nach Cuba, verschloß ich meine
Wohnung und kehrte nach Havanna zurück.«[37] Zu Hause wird er
zum Rundfunkdirektor des Erziehungsministeriums ernannt. Als
Ko-Direktor der Radiostation C. M. Z. leitet, produziert und
schreibt er Radioprogramme. Auch lehrt er Musikgeschichte an
der Universität von Havanna. Ende 1943, in Begleitung seiner
Frau Lilia und eines französischen Freundes, Louis Jouvet, unternimmt er eine kurze Reise nach Haiti, wo er die Küstenregionen
durchstreift, den Norden und die Zentral-Meseta, die Ruinen von
Sans-Souci, Ciudadela de la Ferrière, Ciudad del Cabo und den
ehemaligen Palast Pauline Bonapartes besichtigt.[38] Wieder zurück
in Cuba, beginnt er *Das Reich von dieser Welt (El reino de este
mundo)* zu schreiben; Zeugnis der gewalttätigen Vergangenheit
Haitis und der wahnwitzigen Regierungszeit von Henri-Christophe I. Der Roman wird erst 1949 veröffentlicht, weil er daneben
noch andere Arbeiten anfängt. 1944 publiziert er die Erzählung
*Reise zum Ursprung* in einer begrenzten Auflage von 100 Exemplaren. In kurzer Zeit wird diese meisterhafte Erzählung Bestandteil zahlloser Anthologien der lateinamerikanischen Kurzgeschichte. Als Carpentier nach Mexico kommt, schlägt ihm der
Verlag »Fondo de Cultura Económica« vor, eine Geschichte der
Musik Cubas zu schreiben. Nach ausführlichen dokumentarischen
Recherchen in Zeitungen, Gazetten, Zeitschriften der Kolonialzeit und in dunklen Archiven von Havanna und Santiago de Cuba
die unter unveröffentlichten Manuskripten zu unerwarteten Quel-
lenfunden führen, publiziert er 1946 die ausgezeichnete Studie *La
música en Cuba,* von großer Bedeutung für die Musikwissenschaft. Systematisch und vollständig beschreibt er die Entwick-

lung der gehobenen und der folkloristischen cubanischen Musik. 1945 wird er von einem Freund (Carlos E. Frías) eingeladen, eine Radiostation in Venezuela zu gründen, und zieht daher nach Carácas. Dort lebt er mehr als 14 Jahre. Von 1946 bis 1954 hat er den Lehrstuhl für Kulturgeschichte an der Schule für bildende Künste inne. Auch arbeitet er in einer Werbeagentur und ist 10 Jahre Kolumnist der Tageszeitung *El Nacional* von Carácas, die 1946 *Die Flüchtlinge (Los Fugitivos)* als beste veröffentlichte Erzählung der Zeitung auszeichnet. Er benutzt seinen Aufenthalt in Venezuela dazu, um den amerikanischen Kontinent gründlicher kennenzulernen. Um sein Bild zu vervollständigen, unternimmt er 1947 eine Reise in das Landesinnere. Er sagt:

Dieses Land ist wie ein Grundriß des amerikanischen Kontinents: Dort sind die großen Flüsse, die unendlichen Llanos, die gigantischen Berge, der Urwald. Venezuela war für mich die Begegnung mit dem Boden Amerikas. In die Urwälder zu gehen hieß, den vierten Schöpfungstag kennenzulernen.[39]

Zunächst durchquert er unbewohnte Zonen des Landes, bis er in Ciudad Bolívar am Ufer des Orinoco ankommt. Es folgen zwanzig Tage Schiffsreise an Deck eines Bootes, das auch Haustiere transportiert und bei kleinen Dörfern anlegt. Schließlich kommt er in Puerto Ayacucho an, in den Gebieten des oberen Orinoco und in San Carlos de Río Negro, in der Nähe der Flußwege, die den Orinoco mit dem Amazonas und mit Brasilien verbinden. Dort lebt er bei einigen der ganz primitiven amerikanischen Stämme. Er berichtet:

Hier kam mir die erste Idee zu *Die verlorenen Spuren*. Amerika ist der einzige Kontinent, in dem verschiedene Zeitalter gleichzeitig existieren, wo ein Mensch des 20. Jahrhunderts Menschen des Quartärs und Menschen aus Dörfern ohne Zeitungen und Nachrichtenwesen, die den Dörfern des Mittelalters ähneln, die Hand reichen kann. Gleichzeitig dazu existieren Ortschaften, die stärker von der Romantik um 1850 als von der gegenwärtigen Epoche geprägt sind. Den Orinoco aufwärts reisen heißt, in der Zeit zurückkreisen.[40]

Im März 1948 beendet Carpentier in Carácas *Das Reich von dieser Welt,* im Frühjahr 1949 wird das Werk in Mexico publiziert. Zum erstenmal in fünfzehn Jahren beendet er einen Roman. Während dieser langen Zeit des Studiums, des Journalismus, der Musikkritik und der Veröffentlichung von Erzählungen in Frankreich, Cuba und Venezuela hat er seine literarischen Waffen geschmiedet und geschärft. Sein kulturelles Wissen ist immens. Mit 44 Jahren gibt er seinen zweiten Roman heraus. Verglichen mit *Ecué-Yamba-Ó*, in dem sich noch Spuren des Anfängers finden, ist *Das Reich von dieser Welt* schon ein reifes Werk, das durch die sichere Handhabung des Erzählmaterials und den brillanten Stil fasziniert. Mit diesem Buch beginnt die fruchtbarste Periode des Autors; jedes seiner späteren Werke kennzeichnet ganz allgemein einen neuen Abschnitt, der in gewisser Weise den vorangegangenen übertrifft oder erweitert. Die Idee, die der Reise in den venezolanischen Urwald 1947 entspringt, entwickelt sich zu *Die verlorenen Spuren*, die 1953 in Mexico veröffentlicht werden.[41] Die französische Übersetzung von *Das Reich von dieser Welt* wird von der »Société des Lecteurs de France« 1954 zum besten Buch des Monats gewählt. Carpentier nimmt außerdem starken Anteil am intellektuellen Leben Venezuelas: Zusammen mit Arturo Uslar-Pietri und Miguel Otero Silva bildet er die Jury 1951/52, die die Preisträger von *El Nacional* auswählt und wirkt an den lateinamerikanischen Musikfestivals von Carácas mit. Er schickt amerikanischen Zeitschriften, unter ihnen *Revista de América* in Bogotá, *Américas* in Washington und *Musical Quarterly* in New York weitere Artikel.

1956 publiziert er die Novelle *Die Verfolgung* über eine blutige Episode zwischen feindlichen terroristischen Banden während der langen Epoche der Umwälzungen und Unordnung, die dem Sturz des Diktators Machado folgte. Er beginnt den Roman *Explosion in der Kathedrale*, der zum Teil durch eine Reise an den Golf von Santa Fé an der venezolanischen Küste inspiriert wird. Wir finden die Beschreibung im 26. Tag des dritten Kapitels dieses Werkes. Im selben Jahr reist er nach Frankreich. Das Flugzeug muß eine Zwischenlandung auf der Insel Guadalupe machen, so daß Carpentier einige Tage auf der Insel verbringt. Dort, in einem Ort namens »Le Gosier«, lernt er einen Korsen kennen, den Besitzer eines Restaurant-Museums, der ihm von der Ruchlosigkeit der Piraten und der Freibeutern der Antillen erzählt. Die Heldentaten eines Abenteurers, Victor Hugues aus Marseille, Besieger der englischen Streitkräfte auf der Insel, Vollstrecker des Dekrets zur Abschaffung der Sklaverei und Vorkämpfer der französischen Revolution auf den Antillen, beeindrucken ihn tief. Als er die Geschichte während seines Aufenthalts in Paris untersucht, stellt er fest, daß es sich tatsächlich um eine lang vergessene historische Gestalt handelt. Er beschließt, sie als einen der Protagonisten für *Explosion in der Ka-*

*thedrale* zu verwenden. Der Roman wird jedoch erst drei Jahre nach seiner Rückkehr nach Cuba veröffentlicht:

Der Triumph der cubanischen Revolution ließ mich erkennen, daß ich zu lange von meinem Land entfernt gewesen war... ich reiste im Mai für einen Monat zurück. Dann löste ich mein Haus in Venezuela auf und kehrte definitiv im Juli 1959 zurück, um an der ersten Feier des 26. Juli teilzunehmen. Im Koffer trug ich einen neuen Roman, *Explosion in der Kathedrale,* den ich 1956 in Carácas begonnen und zwei Jahre später auf der Insel Barbados beendet hatte. Er mußte überarbeitet werden, aber die Veränderung, die im Leben und in der Gesellschaft Cubas festzustellen war, erschien mir zu faszinierend, als daß ich an etwas anderes hätte denken können. Deshalb wurde der Roman erst 1962 veröffentlicht.[42]

Er beendet also *Explosion in der Kathedrale* zwischen 1956 und 1959 und verkauft die Filmrechte für *Die verlorenen Spuren* an ein internationales Konsortium, das den Film durch United Artists zu vertreiben beabsichtigt. Die Verfilmung wird von mehreren Regisseuren geplant – und aufgegeben. Auch Luis Buñuel hatte, kurz nach der Revolution Fidel Castros, versucht, einen Roman Carpentiers (nach dem Drehbuch des Franzosen Louis Sapin) zu verfilmen. Der Autor veröffentlicht 1958 das Werk *Guerra del tiempo (Krieg der Zeit;* drei Erzählungen und ein Roman), das aus *Reise zum Ursprung* und *Die Verfolgung,* die bereits publiziert waren, und zwei noch unveröffentlichten Erzählungen, *El camino de Santiago (Der Pilgerweg nach Santiago)* und *Semejante a la noche (Der Nacht gleich),* besteht (und später erweitert wird).

Seit 1959 lebt Carpentier wieder in Havanna, als leitender Direktor des Nationalverlags von Cuba, der im Mai 1962 gegründet wurde. Nach Aussage des Autors

zentralisiert, koordiniert, organisiert und plant [...] dieses Organ der revolutionären Regierung [...] die verlegerischen Erfordernisse der folgenden Institutionen: Erziehungsministerium [...] Rat der Universitäten (Havanna, Las Villas und Oriente), die Editionen der Akademie der Wissenschaften, den Jugendbuchverlag (sorgfältig illustrierte Bücher, u. a. *Onkel Toms Hütte, Das goldende Zeitalter* von José Martí und *Tom Sawyer* von Mark Twain), die technologischen Editionen und auf Vermittlung des nationalen Kulturrats die Publikationswünsche zahlreicher anderer Institutionen.[43]

Dazu zählt auch die UNEAC (Vereinigung der Schriftsteller und Künstler Cubas), die mit der Herausgabe moderner Autoren beauftragt ist – ihr Vizepräsident ist Carpentier selbst – das Nationalarchiv (historische Dokumente), die Nationalbibliothek (Texte historischer Ikonographien), die UNESCO, das ICAIC (Institut für Filmkunst Cubas) und »Casa de las Américas«, die jährliche Auszeichnungen für Poesie, Erzählung, Essay, Roman und Theater verleiht sowie die klassischen amerikanischen Texte publiziert: *Popol-Vuh*, Machado de Assis, César Vallejo und andere.[44] Seit 1959 betätigt Carpentier sich häufig als Literaturkritiker in der *Gaceta* Cubas, Organ der UNEAC, und arbeitet auch für die monatliche Illustrierte aus Havanna, *Cuba*, und für ausländische Publikationen wie *Sur, Insula* und *Les Langues Modernes*. Seit 1964 leitet er ein kulturelles Programm von Radio Havanna auf der Kurzwelle »Die Kultur in Cuba und in der Welt«, in dem er jede Woche eine halbe Stunde lang über seine Lieblingsthemen redet: den Roman und die Musik in Lateinamerika, den Romancier Carlos Fuentes, den Komponisten Heitor Villa-Lobos und sein eigenes Werk. Ende 1964 publiziert er in Mexico *Tientos y diferencias (Stegreif und Kunstgriff)*, eine Essaysammlung zu verschiedenen Themen: »Problematik des lateinamerikanischen Romans der Gegenwart«; »Über den musikalischen Folklorismus«; »Die Stadt der Säulen«; »Über die wunderbare Wirklichkeit Amerikas«. Im Frühling 1965 hält er Vorlesungen an verschiedenen Universitäten Frankreichs. Wir glauben, was bis hierher angeführt wurde, ist – konzentriert, wie es die Perspektive dieses Aufsatzes verlangt – eine zutreffende Skizze des Lebens und künstlerischen Werdegangs von Alejo Carpentier und der Einflüsse, denen er ausgesetzt war. Für unsere Absicht, Autor und Werk im Zusammenhang ihrer Zeit zu zeigen, müssen wir den Blick jetzt auf die literarische Produktion richten und seine wichtigsten Bücher umreißen. Wir halten uns demgemäß nicht bei der Analyse seiner Gedichte oder journalistischen und musikkritischen Artikel auf, mit denen er Zeitschriften und Zeitungen belieferte.[45]

Wie wir schon sagten, bekannte Carpentier sich zur cubanischen Generation der Vanguardisten und zählte zu den ersten Schöpfern afrocubanischer Werke. Andere Autoren folgten mit Erzählsammlungen, Essays und afrikanischen Legenden, so Romulo Lachatañeré mit *Oh, mio Yemanyá!!* (1938), Lydia Cabrera mit *Cuentos negros de Cuba* (Geschichten des schwarzen Cuba; 1940) und Ramón Guirao mit seiner Sammlung *Cuentos y leyendas negras de Cuba* (Geschichten und Legenden des schwarzen Cuba; 194?). Wie der Titel *Ecué-Yamba-Ó! Eine afrocubanische Geschichte* anzeigt, gehört das Werk in diese literarische Strömung. Fernando Alegría behauptet, daß es »ein halbdokumentarischer Roman über die primitive magische Welt eines Teiles der schwarzen Bevölkerung Cubas [ist]. Die religiösen Riten, die Initiationszeremonien, die Beschwörungsformeln, der *ñáñigo*-Substrat der Menschen, die auf der Stufe einer kollektiven, prälogischen und mystischen Vorstellungswelt leben, mitten in der modernen Zivilisation, spielen eine bedeutende Rolle.«[46] Einprägsam wird die Kindheit und Jugend des Negers Menegildo Cué geschildert, der auf dem Land heranwuchs und nach dem Ersten Weltkrieg durch eine gegnerische Bande in einer Vorstadt Havannas ermordet wurde. Wir finden ländliche Bilder: von der Zuckerernte in dem Gebiet um die Siederei »Central San Lucio«, von der wirtschaftlichen Ausbeutung des Bodens und der Landarbeiter durch das ausländische Konsortium, vom Hurrikan, der die elende Hütte der Familie Cué peitscht. Menegildo wächst beim Klang der Trommelrhythmen und -kadenzen an Feiertagen auf; er erlebt den Aberglauben und die Zaubereien der »Santeros«. Als er spät in der Nacht von einer Neujahrsfeier im Dorf zurückkehrt, verliebt er sich in die Negerin Longina, die mit einem Haitianer zusammenlebt. Die Situation verschärft sich und führt schließlich zum Kampf mit seinem Rivalen. Dieser bleibt halbtot am Straßenrand zurück. Der Dolchstoß trägt Menegildo Deportation und einige Monate Zuchthaus in Havanna ein. Als er entlassen wird, lebt er mit seiner Geliebten in einer gemieteten Kammer in einem Armenviertel zusammen und schließt sich einer der geheimen Versammlungen der Schwarzen an. Er nimmt an komplizierten *ñáñigo*-Ritualen und an den Tänzen und Gesängen der Initiationszeremonien teil. In einem spiritistischen Zentrum eines Vororts Havannas, wo sich die Mitglieder der Musikgruppe »Sextett des Volkssports« treffen, um in der Weihnachtsnacht zu spielen und zu singen, wird die Gruppe von Mitgliedern der feindlichen Verbindung »Tropische Seele« überfallen und niedergemetzelt. Menegildo verblutet und stirbt »mit durchgestochener Halsader«. Longina kann entfliehen und aufs Land zurückkehren, wo »sie sich in ihr eigenes Inneres verschließt und mit unwiderstehlicher Energie einen neuen und siegreichen Samen schafft«. Sie gebiert das Kind Menegildos in der fensterlosen Hütte der Cué.[47] Berücksichtigt man die Zeit, in der der Autor das Werk schrieb, so stellt es ein neues Bild der cubanischen Wirklichkeit dar, sowohl thematisch als auch durch den gelungenen

Versuch, die reiche unerforschte Schicht der cubanischen Folklore in den Roman einzubeziehen und auf die Ebene der Kunst zu heben. Carpentier erreicht dieses Ziel, indem er die Traditionen und Sitten minutiös beschreibt. Er fügt ein Glossar der vielen afrocubanischen Termini bei. Die Personen sprechen Dialekt, benutzen populäre Wendungen, erwähnen die Helden der kreolischen Mythologie – die Mulattin María de la O, Manita en el Suelo, Candita la Loca – und stimmen Gesänge und Lieder an, wie z. B. »Chévere congo Papá Montero«, das in der Poesie von Nicolás Guillén, Alfonso Reyes und Carpentier so oft gepriesen wird.

Señores
Señores
Los familiares del difunto
me han confiado
Para que despida el duelo
Del que en vida fue
Papá Montero
A llorar a Papá Montero!
Zumba!
Canalla rumbero.[2]

Hinzu kommt der bereits von Salvador Bueno erwähnte Dokumentarcharakter, den das Werk durch Fotos von Trommeln, Rumbarasseln (maracas), Ritualobjekten und den synkretistischen Gottheiten, der Jungfrau von Regla-Yemenyá, San Lázaro-Babayú-Ayé, Santa Bárbara-Shangó de Guinea und den Donnergott erhält. Auch sind Gebete und Reproduktionen von Symbolen der ñáñigo-Mächte einbezogen. Dennoch drückt Carpentier all diese populären Elemente in einem eleganten, geschliffenen Stil aus, der nach Meinung des Autors »voll von Metaphern, mechanischen Vergleichen, Bildern eines verabscheuenswert schlechten futuristischen Geschmacks« ist und Juan Marinello zu folgender Charakterisierung veranlaßte: »in gleichem Maße Künstler wie *homme des lettres,* ebenso begierig auf Primitivismen wie Sklave des Raffinements«.[48] Vielleicht wertet der Autor selbst am besten in den beiden folgenden Kommentaren:

Zu Beginn des 20. Jahrhunderts war der Einfluß des französischen Naturalismus entscheidend. Zola besaß in Lateinamerika eine aufmerksame Zuhörerschaft. Er ging z. B. zu einer Mine oder zu einem bestimmten Arbeitsplatz, dann schrieb er einen Roman über genau das, was er soeben gesehen hatte. Aber man muß sich von dieser ›Beobachtung‹ lösen. In meinem ersten Roman *Ecué-Yamba-Ó* [...] habe ich noch einen völlig parallelen Weg eingeschlagen.[49]

In einer Zeit starken Interesses an der afrocubanischen Folklore, die soeben von den Intellektuellen meiner Generation »entdeckt« worden war, schrieb ich einen Roman [...] dessen Personal aus Negern der damaligen ländlichen Gesellschaft bestand. Ich muß darauf hinweisen, daß ich in Cuba in Berührung mit schwarzen Landarbeitern und schwarzen Kindern auf dem Land aufwuchs; daß ich mich später sehr für die Praktiken der Heiligenverehrung des *ñáñiguismo* interessierte und an zahllosen rituellen Zeremonien teilnahm. Mit dieser »Dokumentation« schrieb ich einen Roman, der [...] zur Zeit der vollen Blüte des europäischen »Nativismus« publiziert wurde. Nun gut: Nach zwanzig Jahren Nachforschung nach den synkretistischen Realitäten Cubas habe ich festgestellt, daß alles Tiefe, Wahre, Universelle der Welt, das ich in meinem Roman zu beschreiben vorgegeben hatte, außerhalb meines Gesichtskreises geblieben war. Zum Beispiel: der Animismus des ländlichen Negers jener Zeit; die Beziehungen des Negers zum Wald; gewisse Initiationspraktiken, die mir von den Ausführenden mit verblüffendem Geschick verheimlicht worden waren. Daher mißtraue ich immer stärker einer ganzen Literatur, die man uns bis vor kurzem als die völlig authentische Literatur Amerikas vorgestellt hat.[50]

Une vision locale et ruraliste d'un pays ne signifie rien.[51]

In den zwölf Jahren, die zwischen der Publikation von *Ecué-Yamba-Ó* (1938) und der folgenden Erzählung *Reise zum Ursprung* (1944) verstreichen, kommt es zu einer erstaunlichen Veränderung der Perspektive. Obwohl es im afrocubanischen Roman zahllose Anspielungen auf die magische Welt der *ñáñigo*-Liturgie gibt, herrscht in *Ecué-Yamba-Ó* ein realistisches und dokumentarisches Bemühen vor, eine veränderte Haltung gegenüber dem schwarzen Sektor Cubas vorzuführen, der bislang nahezu unbekannt und sogar verachtet war. Das heißt, daß der Autor trotz des neuen Themas und gewisser stilistischer Neuerungen einen Weg parallel zum traditionellen hispanoamerikanischen Roman verfolgte. In *Reise zum Ursprung* dagegen stellen wir fest, daß er zwar die realistische Sicht beibehält, sie jedoch auf eine im Verhältnis zur wirklichen Welt völlig unwahrscheinliche und künstliche Situation anwendet. Wenn wir aber erst einmal die Voraussetzung dieser absurden Bedingung akzeptiert haben, erweist sich die Erzählung als erschreckend wahrscheinlich und überzeugend.

Der phantastische Ausgangspunkt ist nichts geringeres als die Umkehrbarkeit der Zeit, die zu Beginn der Erzählung von der Figur eines alten Mannes personifiziert wird. Wir sehen der Zerstörung eines herrschaftlichen Hauses durch Arbeiter zu, die in der

Nachmittagssonne ein Dach abdecken und Wände niederreißen. Als in der folgenden Szene die Nacht anbricht, kommt es zu sonderbaren Vorkommnissen: Die Breschen in den Wänden schließen sich, das Dach deckt sich mit Ziegeln, die Fenster öffnen sich, die Korridore füllen sich mit Menschen, und wir betrachten den Körper von Don Marcial, Marquis de Capelanías, auf dem Totenkatafalk. Als der Tote in der nächsten Szene von seinem Totenbett aufsteht, vermittelt eine Reihe paradoxer Bilder (»die Kerzen wuchsen langsam, verloren Schweiß ... Als der Arzt den Kopf mit berufsmäßiger Trauer senkte, fühlte sich der Kranke besser«) das verwirrende Gefühl, daß wir uns in der Kolonialzeit, zu Beginn des 19. Jahrhunderts, befinden und daß die Zeit unaufhaltsam weiter zurück in die Vergangenheit zu schreiten scheint. Von diesem Augenblick an nähern wir uns dem Ende der Erzählung wie in einem Film, der umgekehrt abläuft, von hinten nach vorn. In dem Maße, in dem der Zeitfaden sich wieder aufwickelt, ändert sich die psychologische Perspektive des Marquis, der sich »rückwärtslebt«: vom alten Mann zum Jugendlichen zum Kind. Die Bilder gleiten mit zunehmender Schnelligkeit an den Augen des Lesers vorbei, bis sie völlig verschwimmen, als die Kreatur in das Innere ihrer Mutter zurückfindet und sich zuletzt im verspritzten Samen in der Dunkelheit des Uterus verliert.

*Reise zum Ursprung* spiegelt die neue Technik des zeitgenössischen hispanoamerikanischen Romans, den magischen Realismus, der von Angel Flores folgendermaßen definiert und erläutert wird: »Da sich der photographische Realismus als Sackgasse erwies, wandten sich alle Künste – besonders Malerei und Literatur – dagegen, und bekannte Schriftsteller aus der Periode des Ersten Weltkriegs entdeckten aufs neue Symbolismus und magischen Realismus [...] Das Neue bestand in der Verschmelzung realistischen und fantastischen Schreibens. Beides trat in Lateinamerika getrennt und auf Umwegen in Erscheinung: der Realismus seit der Kolonialzeit und besonders zwischen 1880 und 1890. Das magische Element, das von Anfang an eine große Rolle spielt – in den Briefen des Columbus, in den Chroniken, in den Texten von Cabeza de Vaca –, rückte im Modernismus in den literarischen Vordergrund.«[52] Und Carpentier findet eben in den wunderbaren Erzählungen der Eroberer Amerikas und den faszinierenden Episoden der amerikanischen Vergangenheit das Thema für viele seiner Erzählungen, Essays und Romane: *Reise zum Ursprung, Die*

*Flüchtlinge, La música en Cuba, Der Pilgerweg nach Santiago, Der Nacht gleich, Das Reich von dieser Welt, Explosion in der Kathedrale.* Der Autor sagt:

Ich begeistere mich aus zwei Gründen für die historischen Themen. Für mich existiert die Modernität nicht in der Bedeutung, die man ihr zuschreibt. Der Mensch ist manchmal der gleiche in verschiedenen Zeitaltern, und ihn in die Vergangenheit zu versetzen kann auch heißen, ihn in die Gegenwart zu setzen. Der zweite Grund ist, daß mich der Liebesroman zwischen zwei oder mehr Personen nie interessiert hat. Ich liebe die großen Themen, die großen kollektiven Bewegungen. Sie verleihen den Personen und der Handlung den größten Reichtum.[53]

Dieses Interesse an der Geschichte führt ihn dazu, die musikalische Vergangenheit Amerikas in *La música en Cuba* zu erforschen, wo er die Entwicklung in allgemeinen Linien vom 16. bis zum 18. Jahrhundert verfolgt und die verschiedenen Strömungen untersucht, die in der Kolonialzeit zusammenflossen. Der Schriftsteller prüft die indigenistische Schicht, den spanischen Beitrag der Romanzen und den Einfluß der oralen Tradition der Neger von den ersten Anfängen an. Er erkundet den Ursprung vieler Instrumente, die aus allen vier Himmelsrichtungen auf die Insel kamen: Posaunen, Lauten, Trommeln, Rumbarasseln und die Kürbislianen, und kommentiert nebenbei das berühmte volkstümliche Lied des 16. Jahrhunderts *Son de la Ma Teodora.* Im zweiten Kapitel erwähnt er einen Musiker Havannas aus demselben Jahrhundert, den er später für eine Geschichte benutzt, nämlich für *Der Pilgerweg nach Santiago* (aus *Krieg der Zeit*). »[...] 1557 gab es in Havanna nur einen Musiker, einen Flamen, Juan de Amberes (sic), der die Trommel schlug, wenn ein Schiff in Sicht kam [...]«[54] Auch spielt er auf die Ursprünge des Tangos und des Habaneros an, und auf volkstümliche Tänze wie die *Guaracha* und den *Chuchumbé*, die die Liebenden zur Raserei brachten. Seine Beobachtungen bringen Meister Esteban Salas (?–1803), den Verfasser zahlreicher Messen, Weihnachtslieder und Litaneien, die bereits seit Anfang des 19. Jahrhunderts vergessen in verstaubten Schubladen der Kathedrale von Santiago ruhten, in Erinnerung. Salas ist eine weitere historische Gestalt, die später auf den Seiten eines Romans auftaucht: *Das Reich von dieser Welt.* Im sechsten Kapitel, als er von der Einführung des Kontratanzes in Cuba spricht, beschreibt er in einem Zusatz die Kolonisierung Santo Domingos; die Aufstände der Sklaven auf der Insel, die zur Unabhängigkeit Haitis führten, und das Leben der Verbannten, die nach Cuba flüchteten. Diese Kommentare zur Geschichte Haitis erklären auch viele Episoden aus *Das Reich von dieser Welt*. Die Handlung eines großen Teils des Romans zum Beispiel beruht auf den detaillierten Informationen, die er in *La música en Cuba* zusammengefaßt hat. Die weiteren Kapitel versammeln einprägsame Bilder von Gestalten wie Manuel Saumell, Komponist von Kontratänzen, und Ignacio Cervantes, größter cubanischer Komponist im 19. Jahrhundert. Zu den für unsere Studie interessantesten Seiten zählen die Abschnitte, die dem Afrocubanismus, Amadeo Roldán (1900–1939) und Alejandro García Caturla (1906–1940) gewidmet sind. Zuerst erforscht der Autor afrikanische musikalische Quellen und den Prozeß der gegenseitigen kulturellen Übertragung, die zu dem für Cuba und viele andere Gebiete Lateinamerikas charakteristischen Mestizismus spanischer und afrikanischer Elemente führte. Carpentier skizziert die Geschichte schwarzer Orden, die Umzüge der Dreikönigsfeste und des Karnevals und die *ñáñigo*-Gemeinschaften. Auch erklärt er gewisse Aspekte der Rituale und religiösen Zeremonien dieser »populären Freimaurerei«, wie profane Prüfungen und solche, »die den Heiligen herabsteigen lassen«, und prüft ihren Einfluß auf Kunst und Musik. Da Roldán und Caturla Zeitgenossen Carpentiers sind, sind seine Ausführungen über diese Komponisten höchst lehrreich: Sie werfen Licht auf das kulturelle Klima der Epoche und auf die Ästhetik der Schriftsteller, Dichter und Intellektuellen der Vanguardia in Cuba. Der Autor schließt, indem er auf die letzten Tendenzen der Nachkriegszeit und die Lage der kubanischen Musik 1945 hinweist. Die Bibliographie zeugt vom Facettenreichtum seines Überblicks und von der gründlichen Kenntnis der Folklore und der amerikanischen Literatur, die latent auch in seinen Erzählwerken präsent ist.

In *Die Flüchtlinge* kehrt Carpentier ins 19. Jahrhundert zurück und erzählt die Geschichte einer Freundschaft und ihr tragisches Ende; zwei Wesen auf der Suche nach Freiheit, Cimarrón und Perro. Möglicherweise gehört sie zur gleichen Periode wie *Reise zum Ursprung*, da in beiden Erzählungen, wenn auch nur oberflächlich, ähnliche Personen auftreten: der Lohnkutscher Melchor und der Lohnkutscher Gregorio; Don Marcial, Marqués de Cappellanías und Don Marcial, Zuckereibesitzer. Trotz der Atmosphäre der Kolonialzeit in beiden Handlungen unterscheidet sich *Die Flüchtlinge* grundlegend von *Reise zum Ursprung*. In der ersten

Geschichte wird die Handlung durch traditionelle Technik bestimmt. Ein aus einer Zuckerfabrik entflohener Sklave schließt sich einem Hund an, der einer läufigen Hündin nachläuft und daher die Spur seiner Meute, die flüchtige Sklaven verfolgt, verloren hat. Mensch und Tier verbinden die gleichen Bedürfnisse nach Essen, Wärme und Weib, sie jagen und rauben zusammen und teilen die gleiche Höhle, bis der Neger, immer unvorsichtiger auf seiner Suche nach Frauen und Schnaps, vom Aufseher der Hazienda gefangen wird. Der verlassene Hund vergißt nach und nach sein Zusammenleben mit dem Menschen und dringt schließlich in den Urwald ein, wo er sich einer Schar wilder Hunde anschließt. Eines Tages verfolgen diese die Spur eines großen Beutetiers, das sie gemeinsam jagen, und stoßen auf einen Sklaven, der die Ketten hatte zerreißen können und geflohen war. Der Hund erkennt ihn wieder, gibt aber dem Instinkt zu töten, den er in den langen Jahren der Dressur durch den Aufseher erworben hat, nach und tötet den Neger.

Die Erzählung fällt durch ihren soliden Bau, die überraschende Identifikation von Tier und Mensch im Verlauf der Geschichte und durch die genaue Beschreibung der tropischen Natur auf. Daß Pflanzen und Bäume wie z. B. *pitahaya* (Hanfbuche), *bejuco-lombriz* (Lianenart), *culantrillo* (kleiner Koriander), Guajavabaum, Baumwollbaum, *ceiba* (Duftakazie), Mameibaum vorkommen und Insekten und Tiere wie *zúnzún* (Kolibriart), *rana toro* (Ochsenfrosch), *manatí* (Seekuh), *majá* (gelbe, bis zu zwei Meter lange nicht giftige Schlange), *jutía* (rattenähnliches, eßbares Nagetier) zeigt des Autors gründliche Kenntnis vom cubanischen Land.

In *Das Reich von dieser Welt* entfernt sich Carpentier zum erstenmal von dieser Umgebung, die er in verschiedenen ihrer Epochen in seinen früheren Werken erforscht hatte. Während *Ecué-Yamba-Ó* das Leben der schwarzen Bevölkerung auf dem Lande und in der Stadt nach dem Ersten Weltkrieg schildert, zeigen die beiden folgenden Erzählungen unterschiedliche Gesellschaftsschichten der Kolonialzeit: die Existenz des Gutsbesitzers Marqués de Capellanías in *Reise zum Ursprung* und das Schicksal des Sklaven Cimarrón aus der Zuckersiederei in *Die Flüchtlinge*. *Das Reich von dieser Welt* läßt blutige Kapitel der Geschichte Haitis wiederaufleben, in denen »die aufgeklärte Welt der französischen Aufklärung des 18. Jahrhunderts mit der spontanen und natürlichen Kraft der magischen, afroamerikanischen Welt zusammenstößt«, wie Salvador Bueno treffend bemerkt.[55] Die Tendenz des magischen Realismus, die sich in *Reise zum Ursprung* zeigt, erreicht ihren Höhepunkt in *Das Reich von dieser Welt*. Carpentier greift in seinem Vorwort die Regeln des phantastischen Surrealismus unerbittlich an und definiert im Anschluß daran seine Theorie der wunderbaren Wirklichkeit:

das Wunderbare [beginnt] erst dann eindeutig das Wunderbare zu sein wenn es aus einer unerwarteten Veränderung der Wirklichkeit (dem Wunder) hervorgeht, aus einer privilegierten Enthüllung der Wirklichkeit, aus einer ungewohnten oder die übersehenen Reichtümer der Wirklichkeit besonders begünstigenden Erleuchtung, aus einer Erweiterung der Maßstäbe und Kategorien der Wirklichkeit, die kraft einer bis an Grenzzustände führenden Exaltation des Geistes mit besonderer Intensität wahrgenommen werden.[56]

Carpentier glaubt, daß die amerikanische Welt die wunderbare Wirklichkeit mit einzigartiger Kraft enthüllt, denn Amerika ist ». . . durch die Unberührtheit seiner Landschaft, durch die Kultur, das Seinsverständnis, das Faustische des Indianers und des Negers, durch die Offenbarung, die deren Entdeckung vor noch nicht allzulanger Zeit darstellte, und die fruchtbaren Mestizierungen, die sie zeitigte, weit davon entfernt [ist], seinen Reichtum an Mythologien erschöpft zu haben. Was ist denn die Geschichte ganz Amerikas anderes als eine Chronik des wunderbaren Wirklichen?«[57]

Der Roman selbst schildert sehr genau eine Reihe außerordentlicher Begebenheiten auf Haitis Weg in die Unabhängigkeit in der zweiten Hälfte des 18. und zu Beginn des 19. Jahrhunderts. Die Handlung entwickelt sich um drei geschichtliche Ereignisse des Landes, an denen die Hauptfigur Ti Noel beteiligt ist. Wir folgen dem schwarzen Sklaven, seitdem er zu Anfang die Stadt Cabo Francés in Begleitung seines Herrn Lenormand de Mezy, Besitzer einer Hazienda in der Nord-Ebene, besucht hat. Es ist die Zeit, in der lange Jahre der Unzufriedenheit zur Erhebung der Schwarzen unter dem Befehl des Zauberers Mackandal führen. Er ist der Held und Vorkämpfer der Freiheit für sein Volk. Es beginnt damit, daß man das Vieh vergiftet, und endet damit, daß man mit den weißen Herrschaften ebenso verfährt. Das erste Kapitel der Unabhängigkeit Haitis schließt mit einem Wunder auf dem großen Platz am Tag der Hinrichtung des Negers. Der blinde Glaube der verzückten Negermassen, die zur Abschreckung an diesem Schauspiel teilnehmen müssen, überzeugt sie von der Rettung ihres Anführers:

»Mackandal sauvé«. Das zweite Kapitel beginnt kurz nach der Französischen Revolution und der Erklärung der Menschenrechte. In der Nacht des 15. August 1791 versammeln sich die revolutionären Anführer Bouckman, Jean François, Biassou, Jeannot und eine große Anzahl Initiierter im Bois Caiman. Sie trinken das Blut eines schwarzen Schweines und unterschreiben einen großen Kriegspakt gegen die Weißen. Eine Woche später markieren Brandstiftungen und Volksaufstände den Beginn des Freiheitskampfes. Die Besitzer können sich bei ihren ehemaligen Dienern keinen Respekt mehr verschaffen, und der größte Teil der Großgrundbesitzer, unter ihnen Lenormand de Mezy und sein Diener Ti Noel, suchen Zuflucht in Santiago de Cuba. 1793 wird die Abschaffung der Sklaverei proklamiert.

Die Feldzüge General Leclercs, der in Begleitung seiner Gattin Paulina Bonaparte zur Wiederherstellung der Ordnung auf die Insel kommt, arten nach seinem Tod in den Terror unter der Regierung Rochambeau aus. Es ist die düstere letzte Etappe vor der französischen Niederlage. Das dritte Kapitel erzählt vom Höhepunkt der Unabhängigkeit, der außergewöhnlichen Regierungszeit Henri-Christophes. Der »erste gekrönte Monarch der Neuen Welt« löst die weiße Unterjochung seines Volkes durch einen genauso blutigen schwarzen Despotismus ab und errichtet mit dem Palast Sans Souci und mit der Stadtfestung La Ferrière Monumente der eigenen Verherrlichung. Im vierten Kapitel wird von den letzten Lebensabschnitten vieler Protagonisten der Erzählung fast in der Form eines Epilogs berichtet: vom Exil der Königin und der Prinzessinnen in Rom und vom Leben Ti Noels unter den Ruinen der Hazienda seines Herrn, die jetzt mit Überresten der Plünderung Sans Soucis möbliert sind. Die Hauptfigur Ti Noel stirbt nicht; sie verschwindet mit einem grünen Wirbelsturm: In einen Geier verwandelt, verliert sie sich in »das Dickicht des Bois Caiman«.

Der Roman hält sich – sogar bis in die Einzelheiten – an die historische Realität. Salvador Bueno jedoch zieht dem Terminus »historischer Roman« »legendäre Chronik« über die Vergangenheit Haitis vor.[58] Neben den fiktiven Figuren Lenormand de Mezy und Ti Noel, dem Herrn und dem Sklaven, die die beiden aufeinanderstoßenden Welten der Erzählung personifizieren, finden sich historisch beglaubigte Gestalten: der Zauberer Mackandal, der Caudillo Jamaicas Bouckman, der König Henri-Christophe, seine Gattin

María Luisa, die Prinzessinnen Ametista und Atenais, der französische Beichtvater Cornejo Breille, der kubanische Komponist Esteban Salas, General Leclerc, Paulina Bonaparte, ihr schwarzer Masseur Solimán. Die hervorragende Leistung des Autors »besteht in der Anordnung der Elemente und darin, wie sie dem Leser dargeboten werden [...] Indem er die Episoden auswählt, seine Personen – Mackandal, Bouckman, Henri-Christophe, Paulina Bonaparte – auf einem Höhepunkt ihrer unglaublichen Abenteuer vorstellt, die Gegenstände und die Landschaft aus einem Blickwinkel anordnet, der die Inkongruenz und die poetische Absurdität verschärft, erhält die Geschichte unter Carpentiers Händen einen Anstrich der Verrücktheit, eine ungestüme, alptraumhafte Bewegung, einen Reichtum an Assoziationen, die die Sinne wie den Intellekt gleichermaßen mühelos anrühren.«[59]

Mit dem Roman, der auf *Das Reich von dieser Welt* folgt, stellt Carpentier eine viel weiter ausgreifende Sicht des amerikanischen Kontinents vor. Der Protagonist von *Die verlorenen Spuren* ist ein Intellektueller hispanoamerikanischer Abkunft, der sich von der Tyrannei des Berufs und der technischen Zivilisation befreit, indem er in den venezolanischen Urwald flieht. Dort findet er eine Existenz, die den uranfänglichen Bewegungsgesetzen der Welt gehorcht. Das Thema hat literarische Vorläufer und mögliche Quellen in Werken wie *Das Herz der Finsternis* (*Heart of Darkness;* 1906) von Joseph Conrad, *The Sea and the Jungle* (1921) von Henry Major Tomlison, *The Lost World* (1921) von Sir Arthur Conan Doyle, *La Vorágine* (*Der Strudel;* 1924) von José Eustasio Rivero und *Irgendwo in Tibet* (*Lost Horizon;* 1933) von James Hilton. Marlow, die Hauptfigur in *Das Herz der Finsternis*, fährt auf dem großen Fluß in ein unbekanntes afrikanisches Gebiet und glaubt, zurück in den entferntesten Ursprung der Schöpfung zu reisen. Dort, inmitten einer wilden Natur, findet er die Verkörperung des Bösen. Tomlison erzählt die Geschichte einer Person, die die engen Straßen Londons an einem Wintermorgen hinter sich läßt, um die wunderbare Reise nach Südamerika zu beginnen. Wie der Autor selbst im Titel *The Sea and the Jungle* andeutet: »Es ist die Erzählung von einer Fahrt des Tramdampfers ›Capella‹ von Swansea nach Santa María de Belem do Gran Pará in Brasilien und von dort 2000 Meilen an den Wäldern des Amazonas und Madeira entlang zu den San Antonio-Fällen; von der anschließenden Rückkehr nach Barbados, um neue Aufträge entgegenzunehmen, und von der Fahrt über Jamaika nach Tampa in Florida, wo sie Fracht für die Heimreise lud. Aus den Jahren 1909 und 1910.« In *The Lost World* von Conan Doyle, einem von Carpentier bevorzugten Autor, fahren vier englische Entdeckungsreisende, Edward Malone, Journalist der *Daily Gazette*, Professor Challenger und Professor Summerlee, zwei Wissenschaftler, gemeinsam mit dem furchtlosen Jäger Lord John Royton in ein unbekanntes Gebiet des Amazonas. Sie erklettern eine hohe Felswand und gelangen auf eine unberührte Hochebene, auf der sie wundervolle prähistorische Tiere finden. In *La Vorágine* flieht Arturo Cova, der Protagonist, zusammen mit Alicia aus der Gesellschaft. Sie verlieren sich in der Einsamkeit des Amazonasurwalds; schließlich verschlingt die grüne Hölle das Paar. In *Irgendwo in Tibet* findet der Protagonist Conway das Geheimnis langen Lebens in Shangrila, einem abgelegenen tibetanischen Kloster, das sich außerhalb der normalen Zeit befindet, und verliert es wieder, als er in die Zivilisation zurückkehrt. In *Die verlorenen Spuren* bringt Carpentier neu das Thema der Beziehung des Künstlers zu seiner Zeit ein, und zwar mit einer Schilderung Amerikas als Gegenpol zum Okzident und dessen dekadenter Kultur. Außerdem breitet er sein Wissen aus und gibt seiner beständigen Sorge um die künstlerische Auseinandersetzung mit der Zeit Ausdruck: »In diesem Buch hat die Handlung nur die Funktion des Strukturelements bzw. Einheitsfaktors. In *Die verlorenen Spuren* dominiert eine Idee: die Idee der Flucht aus der Zeit.«[60] Dennoch gruppieren sich die Themen und philosophischen Betrachtungen des Romans um eine reale Tatsache, von der der Autor uns in seinem Bericht über die Genese des Romans erzählt:

[...] als ich 1947 in Venezuela war, wollte ich in den unberührten Urwald oder, anders ausgedrückt, in die Natur des vierten Schöpfungstages reisen. Deshalb verließ ich Carácas, durchquerte einen großen Teil des Landes, kam in Ciudad Bolívar am Ufer des Orinoco an [...] nach und nach fuhren wir den Orinoco aufwärts, und ich bemerkte, daß es einen amerikanischen Zeit-Raum gibt, denn wir legten bei kleinen Dorfschaften am Flußufer an, in denen die Zivilisation in dem Maße, wie wir auf dieser zwanzigtägigen Reise vorankamen [...] verschwand und man in ein Leben trat, das [...] dem Mittelalter in Europa glich [...] Weiter flußaufwärts auf dem Orinoco, als wir schon in das Amazonas-Gebiet eintraten, stellte ich fest, daß Amerika einer der wenigen Schauplätze der Welt ist, wo der Mensch des 20. Jahrhunderts ko-existieren kann mit einem Menschen, der der Ära des Paläolithikums oder des Neolithikums in der Menschheitsgeschichte entsprechen würde. Man kann durch Städte reisen, deren Leben dem Mittelalter sehr ähnelt. So fuhren wir langsam weiter, bis in die Gebiete, die von den *shirisana*- und *guatichana*-Indios bewohnt werden, die wahrscheinlich die elementarste Gestalt menschlichen Lebens auf dem Planeten bilden.[61]

Wie Fernando Alegría zutreffend bemerkt, ist *Die Verfolgung* eine Synthese der Experimente mit diesem Zeitbegriff, die der Autor in *Reise zum Ursprung* und in *Die verlorenen Spuren* beginnt und in zwei Erzählungen, die 1959 in *Krieg der Zeit* publiziert wurden, nämlich *Der Pilgerweg nach Santiago* und *Der Nacht gleich* fortführt. *Die Verfolgung* ist »eine perfekte Anwendung der Theorien Carpentiers auf die Erzähltechnik«[62], die er in diesen Werken unter verschiedenen Blickwinkeln entwickelt. Die objektive Zeit der Romanhandlung, der Geschichte eines Verräters, der wie ein Tier in die Enge getrieben und in einem Konzertsaal Havannas von einer terroristischen Gruppe erschossen wird, ist sorgfältig auf 46 Minuten begrenzt, ungefähr die Dauer der dritten Symphonie Beethovens, der »Eroica«. Beschrieben wird nur eine Auswahl der kritischen Momente im Leben der Protagonisten – des Billettverkäufers und des Verfolgten –, und zwar in Form von Erinnerungen, freien Ideenassoziationen, Rückblenden und inneren Monologen. Carpentier strukturiert *Die Verfolgung* ganz bewußt wie eine dreisätzige Sonate. Der erste Satz, die Exposition, umfaßt drei Themen: die Themen des Billettverkäufers, des Verfolgten und der Dirne Estrella. Der zweite besteht aus dreizehn Variationen, in denen sich diese Themen entwickeln, und der dritte, Schlußsatz oder Coda, lebhaft bewegt, bringt eine Wiederholung der Hauptthemen.[63] Im ersten Teil beginnt die Erzählung im Vestibül eines Konzertsaals, in dem die »Eroica« gespielt wird. Wir erleben die Szene durch die Eindrücke, Gedanken und Kindheitserinnerungen des Musik studierenden Billettverkäufers. Seine Überlegungen werden durch eine Person unterbrochen, die eine Eintrittskarte kauft, einen Geldschein durch das Fenster schiebt und eiligst den Saal betritt. Zwei Männer folgen ihm. Die zweite Szene stellt den angsterfüllten inneren Monolog eines Unbekannten dar, der die Symphonie hört. Die Person stammelt Gebete und unterbrochene Sätze ohne klare logische Artikulation. Sie geben einen Eindruck von der unermeßlichen Furcht einer Person, die auf der Flucht vor den Verfolgern ist. Bis zur dritten Szene merken wir allerdings nicht, daß diese Person nicht der Billettverkäufer ist. Hier erscheint er, nachdem er den Konzertsaal verlassen hat, im Haus einer Prostituierten. Als er versucht, sich mit der Banknote des Unbekannten Einlaß zu verschaffen, erweist diese sich als gefälscht, und die Frau wirft ihn hinaus. So kehrt er verzweifelt zum Theater zurück; unbefriedigt pocht in ihm sein Begehren. In den dreizehn Variationen über die drei Themen, die im zweiten Teil entwickelt werden, erscheinen gelegentlich kurze Nachrichten, wie zusammensetzbare Mosaikteile, sie nehmen schließlich die gespannte Eingangssequenz wieder auf, die nunmehr mit der Hetzjagd auf den Mann zu ihrem Höhepunkt kommt. Die Geschichte, die sich allmählich herausschält, handelt von einem jungen Abiturienten aus dem Dorf Sancti Spiriti, der nach Havanna kommt, um dort Architektur zu studieren. Nachdem er sich an die neue Umgebung gewöhnt hat, beginnt der junge Mann, an studentischen politischen Veranstaltungen teilzunehmen und tritt schließlich in die Kommunistische Partei ein, von der er sich später entfernt, um sich der »Gruppe der Ungeduldigen« anzuschließen, einer Gruppe Aktivisten, die in einen offenen Kampf gegen das diktatorische Regime verwickelt sind. Die Kameradschaftlichkeit und der Idealismus der ersten Tage führt zu immer radikaleren Taten. Der junge Mann gibt sein Studium ganz auf und begeht eine Reihe von Verbrechen, die er durch seine oppositionelle Haltung gegenüber der Regierung zu rechtfertigen versucht. Eines Tages verlangt die Organisation von ihm, daß er sich an der Erschießung eines Freundes beteiligt. Der Verräter hat einige Kameraden verpfiffen, die ein Attentat auf einem Friedhof gegen offizielle Vertreter und Verwandte planen, die an der Beerdigung eines aus politischen Motiven Ermordeten teilnehmen. Auf die »Zeiten des Gerichts« folgen die »Zeiten der Kriegsbeute«. Mit der Gruppe der Agitatoren ist es abwärts gegangen. Sie hat sich in terroristische Banden aufgelöst, die sich der Plünderei widmen. Sie nutzen die Furcht aus, die ihre Mitglieder einflößen, und handeln mit der Gewalt. Sie begehen Ermordungen gegen Gehalt und verkaufen mächtigen Politikern ihre Dienste. Nach und nach verstrickt sich die Gruppe in die »Bürokratie des Terrors«. Der kollektiven Hinrichtung folgt die kaltblütige Ermordung. Der Student muß jemandem in den Nacken schießen, weil dessen Tod einer hochgestellten Persönlichkeit nützt. Es kommt der Tag, an dem ein Politiker ihm Geld für die Herstellung einer Höllenmaschine gibt, die in einem dicken Handbuch für Redner versteckt wird und in den Händen eines Feindes explodieren soll. Am folgenden Tag verhaftet die Polizei den Studenten überraschend und wirft ihn ins Gefängnis. Unter der Androhung von Folter und Kastrierung verrät er die Bande und gibt die Wohnung seiner Kameraden an. Die Polizei veranstaltet ein Blutbad, und die überlebenden Terroristen nehmen die Hetzjagd auf den Verräter auf, der auf freien Fuß gesetzt wurde. Der Verfolgte entkommt den Kugeln und flüchtet auf den Balkon der Wohnung seiner alten schwarzen Amme. Da sie aber krank ist, bringt er vier Tage ohne Essen zu. Auf die Straße traut er sich nicht. In diesen Tagen seines Eingeschlossenseins hat er religiöse Wahnvorstellungen und hört fortwährend die »Eroica«, die ein Musikstudent, der in einem modernen Hochhaus direkt nebenan wohnt, unermüdlich spielt. Der Tod der Beschützerin zwingt ihn, sein Versteck zu verlassen und von neuem zu fliehen. Er sucht den Schatten der Häuser und Säulen und wendet sich der Wohnung Estrellas, der Geliebten, zu. Er erzählt ihr detailliert, was passiert ist. Er bittet sie, einem hohen Regierungsbeamten eine Nachricht zu bringen. Aber er muß das Haus der Dirne verlassen, als diese mit einem Taxichauffeur zurückkommt, mit dem sie schlafen muß, um für die Fahrt zu bezahlen. Die Banknote des Studenten war gefälscht. Ausgehungert und sterbensmüde geht er in eine Kirche. Er versucht, bei dem Pfarrer zu beichten. Der wirft ihn jedoch aus der Kirche, weil er den Verfolgten für einen Anhänger der *Santería* hält. Unterwegs begegnet ihm einer seiner Verfolger. Verzweifelt läuft er mit letzter Kraft davon und flüchtet in einen Konzertsaal, wo gerade die »Eroica« aufgeführt wird. Er ist der Unbekannte, der zu Beginn der Erzählung am Schalter den Geldschein hinlegt, der sich als gefälscht erweisen wird.

Der dritte Teil schließt sehr schnell mit zwei Szenen, in denen die drei Themen des ersten Teils wieder auftauchen: der innere Monolog des Verfolgten, die Phantasien des Billettverkäufers und Estrellas. Der Tod des Verfolgten ist fast eine Antiklimax. Die Henker zielen zweimal auf den Teppich, auf dem bereits tot das Opfer liegt. Wenn auch die verschiedenen Geschehen im Leben der Personen, die in der Erzählung immer wieder aufeinanderstoßen, sich über Wochen, Monate und Jahre erstrecken – die Peripetie schließlich braucht nicht länger als die Aufführung der »Eroica«, »composta per festeggiare il souvenire di un grand'Uomo« (komponiert, um das Andenken eines großen Mannes zu feiern). Deren Anfang und Ende bilden ironischerweise den Rahmen der Handlung. »Die Episoden, die Worte, die Gesten suchen ihre Stelle in

Puzzle, bis die Lösung, das vollständige Bild gefunden ist; damit wird die ganze Geschichte in ihrer genialen Komplexität deutlich.«[64]

In *Krieg der Zeit* sammelt Carpentier mehrere Erzählungen: *Reise zum Ursprung*, *Die Verfolgung* und zwei unveröffentlichte Erzählungen, *Der Pilgerweg nach Santiago* und *Der Nacht gleich*. Der Titel entstammt dem ersten Akt eines Schauspiels von Lope de Vega *El servir a señor discreto* (Bedienung eines diskreten Herrn). »Was für ein Kaptän ist der, was für ein Streiter im Krieg der Zeit?«[65] Und wie die Herausgeber treffend bemerken: »Dieser Kapitän ist der Mensch, der sich gleichbleibt, seinen ›Konstanten‹ treu, obwohl die Zeit vergeht und Kleider, Masken und Eintagsmoden wie vorübergehende Fieberanfälle mit sich nimmt.« In *Der Pilgerweg nach Santiago* und *Der Nacht gleich* bricht der Autor mit der Zeitlichkeit des Menschen durch die schöpferische Einführung der imaginären mythischen Zeit.

Die Epoche, in der die Ereignisse von *Der Pilgerweg nach Santiago* stattfinden, entspricht dem Ende des 16. Jahrhunderts. Ein spanischer Soldat, Truppentrommler der flandrischen Abteilung, erkrankt, während eine Epidemie die Niederlande heimsucht. Um zu genesen, gelobt er, nach Santiago de Compostela zu pilgern und dabei der Milchstraße zu folgen, die den Himmel nachts erleuchtet. Er macht sich auf den Weg, aber in dem Maße, wie er die Gesundheit wiedererlangt, nimmt er immer mehr Abstand von seinem Gelöbnis. Auf dem großen Platz in Burgos hält er an, um die wunderbaren Berichte über Amerika zu hören: Nachrichten über eine amerikanische Harpye, das Land *Jauja*, die Eroberungen Pizarros in Peru. Der Teufel in Gestalt eines Bettlers stimmt die Abschiedsromanze an – »Nur Mut, Caballero, Mut ihr armen Ritter« –, und die Aufschneidereien eines alten Indianers in Begleitung eines Negers und eines Papageien lenken ihn von der Erfüllung seines Gelöbnisses vollends ab. Von Glücksträumen ermutigt, wandert der Pilger jetzt nach Sevilla, wo die Flotten mit Kurs auf die Neue Welt in See stechen. Johann der Pilger schreibt sich als Johann von Antwerpen in das Buch der Handelsbehörde ein und bittet um die Erlaubnis, sich nach Neuspanien einzuschiffen. Beim Aufenthalt in San Cristóbal bei Havanna aber wird er enttäuscht. Sein Leben verläuft zwischen Hunger, Klatsch und Tratsch, »das schlimmste Hundeleben, das man im Reich dieser Welt führen kann«. Als er einen Genuesen wegen Frauenhändeln niedersticht, muß er weit weg, ans andere Ende der Insel flüchten. Dort schließt er sich anderen Flüchtlingen an, einem Kalvinisten, einem Juden und einem entlaufenen Negersklaven. Trotz seines Heimwehs nach Europa verändert Amerika nach und nach sein Leben. Er gewöhnt sich an den neuartigen Geschmack des *Jitomate*, der *Kassava*, des mit Chili gewürzten Bratfleisches, er wird den Ketzern gegenüber toleranter und begeistert sich für die schwarzen Frauen. Nach seiner Rückkehr merkt er daher, daß er die Alte Welt nicht mehr so erstrebenswert wie früher finden kann. Überall brennen die Scheiterhaufen der Inquisition, die die Abtrünnigen erbarmungslos verfolgt. Johann aus Antwerpen ist jetzt Johann der Indianer, der in Begleitung eines Negers und eines Papageien mit Kurzwaren aus Potosi auf den Straßen Spaniens hausiert. Die Erzählung schließt ihren Kreis an dem Tag, an dem Johann der Indianer auf dem Platz in Burgos Johann den Pilger trifft. Die Zentralgestalt wird in zwei verschiedene Figuren aufgeteilt; die eine wird jetzt die Abenteuer und die Reise neu erleben, die die andere soeben hinter sich gebracht hat.

Zu Beginn der ersten Szene von *Der Nacht gleich* schaut ein junger Mann bei der Verladung der Vorräte auf griechische Schiffe zu, kurz bevor er mit der Flotte zum Trojanischen Krieg aufbricht. Die zweite Szene spielt zur Zeit der Eroberung Amerikas. Ein Soldat beobachtet die Matrosen, die auf *La Gallarda* anmustern, bevor das Schiff am nächsten Tag nach »den Indien« segelt. Und in der dritten streitet ein junger Mann mit seiner Geliebten am Vorabend seiner Abreise nach Amerika; kurz darauf eilt er noch einmal in die Arme einer Tänzerin, um sich mit ihr zu vergnügen. Ein anderes Bild der Einschiffung, diesmal in Frankreich gegen Ende des 17. Jahrhunderts. In der vierten Szene findet ein halbbetrunkener, müder Jüngling nach einer durchliebten Nacht seine Verlobte, mit der er nachmittags gestritten hatte, schlafend in seinem Bett. Von den jüngsten Ausschweifungen ermattet, ist der Junge zu neuen Taten nicht imstande. Seine Braut verläßt ihn voll Verachtung. Aber plötzlich merken wir, daß diese Szene, die eine Fortsetzung der vorigen zu sein schien, Jahrhunderte früher, vor der Abfahrt der griechischen Flotte nach Troja stattgefunden hat. Der Handlungsfaden hat im flüchtigen Lauf der Zeit, die in der Erzählung wie die beweglichen Kulissen einer Theaterbühne hin- und hergeschoben wird, verschiedene Abschnitte miteinander verknüpft.

In *Der Pilgerweg nach Santiago* und *Der Nacht gleich* wird die

Angst des Menschen vor dem unerbittlichen Ablauf der Zeit durch die Erschaffung einer mythischen Zeit – was der absoluten Negation der historischen Zeit entspricht – zum Versiegen gebracht. Die Kritik bemerkt: »Eine Möglichkeit, die bestimmte Intellektuelle gefunden haben, mit ihrer Angst umzugehen, besteht darin, die geschichtliche Zeit zu leugnen und in sich selbst ästhetisch und ideologisch ein Gefühl mythischer Zeit zu erzeugen – die ewige Vergangenheit der Rede, worin Vergangenheit, Gegenwart und Zukunft in einer ununterschiedenen Einheit austauschbar werden. Wogegen geschichtliche Zeit unwiederholbar ist und unbeirrbar weiterschreitet. Das geschichtliche Ereignis des Mythos, das in der Wiederholung endlos gegenwärtig, Gegenwart ist.«[66] Und Fernando Alegría fügt hinzu: »Carpentier experimentiert in diesen Werken mit einer Idee, die ihn lange verfolgt zu haben scheint: die künstlich festen Grenzen der Zeit zu zerbrechen und Vergangenheit, Gegenwart und Zukunft in eine zugleich stabile und wandelbare Dauer zu integrieren, deren Achse eine Person, ein Ereignis oder ein ganzes Leben sein kann. Die Feststellung, daß diese Idee nicht völlig originell ist, erübrigt sich; Vorläufer Carpentiers sind in dieser Hinsicht John Balderston mit der romantischen Komödie *Berkeley Square* und Virginia Woolf mit dem lyrischen Roman *Orlando*.«[67] Dennoch bietet das schmerzvolle und zwanghafte Bewußtsein der ablaufenden Zeit, das der Schriftsteller in *Krieg der Zeit* und auch in *Die verlorenen Spuren* darstellt, dem Menschen je nach den Umständen verschiedene Lösungen. Die ablaufende Zeit, die der Autor als unendlichen Kampf begreift, kennt Siege, Niederlagen und Waffenstillstände. *Reise zum Ursprung, Die Verfolgung* und *Die verlorenen Spuren* zeigen, daß der Mensch nur durch Erinnerung in die Vergangenheit und die verlorene Unschuld der Kindheit zurückkehren kann. In *Die verlorenen Spuren* sehen wir außerdem die Zeitlosigkeit bzw. Dauer des Kunstwerks als Sieg über die Zeit.

*Explosion in der Kathedrale* ist der Höhepunkt einer Entwicklung zu einer fortschreitend weiteren, umfassenden Sicht der amerikanischen Wirklichkeit, die in den Werken Carpentiers deutlich wird. Dieser Roman ist das Ergebnis einer logischen Entwicklung, die ihn von der lokal relativ eingeschränkten Interpretation der afrikanischen Elemente in Cuba zur Neugestaltung dramatischer Momente aus der Vergangenheit Haitis in *Das Reich von dieser Welt* führt, dann zur Entdeckung prototypischer Städte, Dörfer und entfernter Winkel des Kontinents in *Die verlorenen Spuren* und schließlich zur Komposition einer »Symphonie der Karibik«, bei der die wohlklingenden Themen der Französischen Revolution in der weiten und schillernden Welt der Antillen widerhallen. Wir können noch hinzufügen, daß das Werk zugleich auch die Richtung zeigt, in die seine Romane und die lateinamerikanische Erzählkunst nach Meinung des Autors gehen müssen:

Der südamerikanische Roman muß die Verwandlung sich bewegender, handelnder Gruppen zeigen. Aus diesem Grund gibt es in meinen Romanen wenig Einzelfiguren. Mein nächster Roman *El año 1959*[3], der von der cubanischen Revolution angeregt wurde, wird übrigens ganz ohne Einzelfiguren auskommen. Individuelle Geschichten sind nicht mehr möglich. Aus dem Roman ist ein Mittel zur Erforschung bestimmter Gruppen geworden, eine Verbindung zwischen Besonderem und Allgemeinem.[68]

Der Lebensraum der Gemeinschaft, deren Reaktion auf die Ideen und Ereignisse der Französischen Revolution er in *Explosion in der Kathedrale* erforscht, ist »die ganze Karibik« in einem bestimmten historischen Moment: dem Ende einer Epoche, das durch ein Bild von Monsú Desiderio »Explosion in der Kathedrale« aus der zweiten Hälfte des 18. Jahrhunderts symbolisiert wird. In den sieben Kapiteln wechselt der Schauplatz von Havanna nach Santo Domingo, Frankreich, Guadalupe, Cayenne, Paramaribo, wieder Havanna, Cayenne und Spanien. Die Handlung beginnt in einem kolonialen Herrenhaus Havannas, wo drei junge Cubaner, die Geschwister Carlos und Sofía, nach dem Tod des Vaters mit ihrem Cousin Esteban ein ungeordnetes, zurückgezogenes Leben führen. Der Testamentsvollstrecker übernimmt es, die Geschäfte zu regeln und alle Wünsche zu erfüllen. Eines Tages kommt ein Händler aus Port-au-Prince, Victor Hugues, der diese Lebensweise verändert. Er holt einen Arzt, der die bedrohte Gesundheit Estebans wiederherstellt, ordnet das Lagerhaus und führt die drei in das Freimaurertum und die Ideen der französischen Aufklärung ein. Als die spanische Obrigkeit die Verfolgung der Freimaurer aufnimmt, flieht Victor Hugues in Begleitung von Sofía und Esteban auf einem nordamerikanischen Schiff. Als sie in Santiago de Cuba ankommen, erfahren sie, daß der Aufstand der Sklaven in Port-au-Prince ausgebrochen ist. Während Sofía in Santiago bleibt, setzen Victor und Esteban ihre Reise in die französische Kolonie fort, wo sie die Stadt in Flammen finden. Der junge Cubaner folgt Hugues nach Frankreich, nimmt an der Revolution teil und erlebt den meteorhaften Aufstieg des Franzosen bis zu dem Amt eines Beauftragten des Direktoriums mit. In den folgenden Abschnitten wechseln lebhafte Kriegsszenen der französischen Überseetruppen, die von Hugues gegen die Engländer in Guadalupe geführt werden, mit Piratenstücken in den Antillen und lyrischen Beschreibungen der tropischen Natur. Auch beklemmende Bilder der Faulkammern Cayennes werden gezeigt, in einem Stil, der der dreizehn *Caprichos* Goyas würdig ist, deren Titel Tage und Kapitel der Erzählung einleiten.[69] Wenn wir uns daran erinnern, daß Jorge Manach und die jungen Anhänger der cubanischen Vanguardia an den hundertjährigen Todestag des Malers auf den Seiten der *Revista de Avance* im April, Mai und August 1928 erinnerten, verwundert uns die Funktion nicht, die Carpentier diesen Radierungen zuweist:

Sie führen den Leser zu einer Auflösung, die von Goya stammen könnte. Der ganze Schluß ist ein Bild von Goya. Wenn ich ein schwieriges Kapitel vorhabe, denke ich übrigens immer an einen Maler: Vermeer, Bosch, Goya, Picasso. Das Buch wird beherrscht von der Farbe Rot; in jedem Kapitel taucht das Motiv des Blutes auf (Blut, Guillotine usw.). Rot ist eine Konstante. Sie verschwindet erst, als am Ende die Vorhänge des Madrider Hauses zugezogen werden und Sofía und Esteban in der Erhebung des 2. Mai gegen die napoleonischen Truppen untergetaucht sind.[70]

Der Autor weist auch auf die symbolische Bedeutung hin, durch die all seine Hauptfiguren strenggenommen die Rolle, die sie im Roman spielen, überschreiten. So ist der zentrale Protagonist Victor Hugues der reine Politiker, für den philosophische Ideen nicht existieren und für den alle Mittel, die zu einem bestimmten Ziel führen, gut sind. Esteban ist der kontemplative Intellektuelle, der die Fehler der Gesellschaft sieht und bereit ist, sie nach theoretischen Anleitungen zu verändern. Sofía, oder die Weisheit, ist die Frau; sie versteht den Sinn der Ideen und sieht deren Konsequenzen auf der politischen Ebene voraus.[71] Wie Claude Fell betont, ist die Perspektive neu, obwohl die Situation und das Schema der Beziehungen dieser Figuren ganz dem klassischen Roman entsprechen: Sie sind Bruder und Schwester, Geliebter und Geliebte. »[...] was den Romancier wirklich beschäftigt, ist die Analyse der Beziehungen zwischen Natur, Geschichte und dem Menschen. Carpentiers Haltung in dieser Hinsicht ist deutlich: Für ihn überholt das Ereignis den Menschen, es bringt ihn durcheinander, wirft ihn manchmal ganz aus der Bahn, aber mit Hilfe seines Verstandes bekommt er das Wirkliche wieder in den Griff. Das bedeutet der vorangestellte Satz in *Explosion in der Kathedrale:* ›Die Worte fallen nicht ins Leere‹ (Zohar) ... Das Ergebnis triumphiert über den Menschen, aber schließlich triumphiert dann der Verstand über das Ereignis.«[72]

Um die Skizze der Hauptwerke abzuschließen, muß noch der Essayband *Tientos y diferencias (Stegreif und Kunstgriff)* kurz behandelt werden. In *Problemática de la actual novela latinoamericana (Probleme des zeitgenössischen Romans in Lateinamerika)* stellt Carpentier seine Theorie der zeitgenössischen Literatur dar und seine Bestimmung dessen, was der Roman in Hispanoamerika zu sein hat. Seiner Meinung nach muß er nach den Anweisungen Jean Paul Sartres geschrieben werden. Rassische, wirtschaftliche, politische, bürgerliche, geographische Kontexte, Proportionen, chronologische Wirren, Kultur, Kulinarisches, Aufklärung, Ideologien, das alles sind Faktoren, die die große Kulturmischung des amerikanischen Kontinents besser zeigen als die künstlich gesuchten, typisierten kostumbristischen Bilder. [4] Im Licht dieser Interpretation rechtfertigt er seinen Stil und die epische Dimension seiner Romane. *Sobre el folklore musical* (Über die musikalische Folklore) ist eine Erforschung der Probleme des Nationalismus und die Bestimmung dessen, was dem musikalischen Schaffen eines Landes seinen besonderen Akzent verleiht. *La ciudad de las columnas (Die Stadt der Säulen)* ist Havanna. Der Essay, als Text für ein Album Paolo Gasparinis geschrieben, dessen zwölf beste Fotos ihn illustrieren, enthält Kommentare über Geschichte, Stil und Entwicklung der cubanischen Architektur. *Literatura y conciencia política en América Latina (Literatur und politisches Bewußtsein in Lateinamerika),* eine anläßlich des Ersten Schriftsteller- und Künstlerkongresses in Cuba 1961 gehaltene Rede ist ein Aufruf zur Einheit der hispanoamerikanischen *hommes des lettres.* Nachdem er die unpolitische Haltung gewisser Intellektueller gegenüber den sie umgebenden Bedingungen und das Maß des Elends, in dem das Volk in vielen Ländern des Kontinents lebt, angegriffen hat, betont er die Notwendigkeit, miteinander zu sprechen, sich zu engagieren und den eigenen Standort im Zusammenhang der politischen Strukturen zu bestimmen. So, glaubt er, werden die Schriftsteller neu entdecken, was es heißt, Amerikaner zu sein, und zu einem »ökumenischen, umfassenden Bewußtsein der gesellschaftlichen Probleme Lateinamerikas« gelangen. Unter dem

Titel *Ser y estar* sammelt er drei kleinere Untersuchungen: *Robert Desnos, el hombre poeta* (Robert Desnos, der Dichter); *Cuevas y Kafka; Calder, calderero prodigioso* (Calder, der Zaubertopf). Die erste ist ein kurzer biographischer Abriß Robert Desnos', dessen unveröffentlichte Essays *Lautréamont* und »Die Zukunft Lateinamerikas« im Anhang in Carpentiers Übersetzung erscheinen. »Cuevas und Kafka« ist ein Kommentar anläßlich der zwanzig Zeichnungen des mexikanischen Malers José Luis Cuevas für »Die Welt Kafkas und Cuevas«. Und *Calder, calderero prodigioso* ist eine Einführung zu den Mobiles, geschrieben zur Ausstellung in Caracas 1955. In *Sobre lo real maravilloso americano (Über die wunderbare Wirklichkeit Amerikas)* arbeitet er die Theorie der wunderbaren Wirklichkeit, die er bereits im Vorwort der Erstausgabe zu *Das Reich von dieser Welt* definiert hatte, als für ganz Amerika gültig aus.

Die Analyse des Lebens, der Einflüsse der Umgebung, der künstlerischen Laufbahn und des literarischen Schaffens von Carpentier, durch das wir die Bedeutung des Autors und seines Werks in ihrer Epoche kritisch festzuhalten versuchten, gestattet es, mit folgenden Überlegungen zu schließen. Die intellektuelle Bildung Carpentiers ist das hervorragende Produkt einer kosmopolitischen Erziehung, eine Synthese des Amerikanischen und Europäischen. Von Anfang an fällt seine unbegrenzte Identifikation mit den Bestrebungen seiner Zeitgenossen auf: Er zählt zu den Begründern der vanguardistischen Bewegung in Cuba und findet Freunde und Mitarbeiter dort. Er nimmt in Paris am Surrealismus teil und lernt die wichtigsten Gestalten dieser neuen Strömung kennen. Er arbeitet als Journalist, Radioprogrammdirektor, Musikwissenschaftler und Schriftsteller in Cuba, Frankreich und Venezuela; Tätigkeiten, bei denen er sich die umfassende Bildung aneignet, die sein literarisches Werk spiegelt. Wir haben versucht, gleichzeitig eine Entwicklung zu verfolgen, die vom Auftreten der ersten afrocubanischen Themen bis hin zu magischem Realismus verläuft. Durch technische Neuerungen und verschiedene Versuche, die ernsten Probleme, die das Thema Zeit aufgibt, zu lösen, kommt er zu einer fortschreitenden umfassenderen Sicht der reichen und bunten Welt Hispanoamerikas. Das literarische Schaffen Alejo Carpentiers ist daher das Ergebnis der Interpretation der amerikanischen Realität zur Zeit der vanguardistischen Generation und unter Voraussetzungen, die der Autor folgendermaßen beschreibt:

»[der Schriftsteller] geboren, genährt, aufgewachsen, erzogen in der heimatlichen Welt [...] scharfsichtig nur unter der Bedingung, daß er die Triebkräfte der lateinamerikanischen Praxis erfaßt.«

## Anmerkungen

(1) A. d. Ü. Der Artikel wurde 1967 veröffentlicht. Daher fehlen Angaben zu den letzten Jahren. Cf. die Bio-Bibliographie im vorliegenden Materialienband.
(2) A. d. Ü. »Meine Herren/Meine Herren/Die Angehörigen des Toten haben es mir/überlassen die Trauer zu verabschieden/über den Mann, der zu Lebzeiten/Papá Montero war/Für Papá Montero weinen!/Lärm!/Kanaille Rumba.«
(3) A. d. Ü. Bisher nicht publiziert.
(4) A. d. Ü. Kostumbrismus: Literarische Strömung Lateinamerikas, die seit der Romantik besonders die pittoresk-folkloristischen Elemente in den Vordergrund stellte.

1 Instituto Caro y Cuervo, Bogotá, 1963, 194–213. Carpentier, 1904 geboren, gehört folglich zur Generation 1924–1954.
2 Die besten biographischen Berichte, die wir fast ausnahmslos verwenden, sind folgende: *Alejo Carpentier, novelista antillano y universal* von Salvador Bueno in *La letra como testigo,* Univ. Central de las Villas, Santa Clara, Cuba, 1957, 153–179, und *Confesiones sencillas de un escritor barroco* von Alejo Carpentier, zusammengestellt von César Leante, in *Cuba,* III, Nr. 24, 1964, 30–33. Derselbe Artikel, ausgenommen zwei oder drei zensierte Sätze, erschien ebenfalls – unter dem Titel *Autobiografia de urgencia* – in *Insula,* XX, Nr. 218, Madrid 1965, 3–13.
3 Bueno, op. cit., 156.
4 A. Carpentier, *Confesiones sencillas,* 31.
5 *Una novela cubana,* in *Literatura Hispanoamericana, Hombres – Meditaciones,* Ed. Univ. Nacional de México, 1937, 171.
6 Bueno, op. cit., 157.
7 *Confesiones sencillas,* op. cit., 33.
8 Ibd., 31.
9 Ibd., 31.
10 Ibd., 31.
11 Ibd., 31.
12 Ucar García, Havanna, 1943, 22 und 23. Zu den ausländischen Schriftstellern zählen: Andrés Múñez Olano, Enrique Serpa, Guillermo Martínez Márquez, Alberto Lamar Scheweyer, Miguel Angel Limia, Ar-

turo Alfonso Roselló, Regino Pedroso, Rafael Esténger, Ramón Rubiera, Juan Marinello und Rubén Martínez Villena.

13 *La pupila insomne*, op. cit., 24. Der Gruppe schließen sich noch an: Jorge Mañach (»kürzlich aus Harvard gekommen«), Félix Lizaso und José Z. Tallet.
14 Ibd., 24. (Man traf sich im »Social« und im Anwaltsbüro von Emilio Roig de Leuchsenring.) Gruppe »Minorista«: u. a. Carpentier, Martínez Villena, Roig de Leuchsenring, Luis Gómez Wangüemert, Tallet.
15 Fondo de Cultura Económica, México, 1946, 235.
16 *Américas*, Unión Panamericana, Washington, II, Nr. 3, 1950, 21.
17 Ibd.
18 Cf. Inhalt der Zeitschrift *Revista de Avance*. Eine ausführliche Analyse im Artikel von Carlos Ripoll *La »Revista de Avance« (1927–1930), vocero de vanguardismo y pórtico de revolución*, in *Revista Iberoamericana*, XXX, Nr. 58, 1964, 261–282.
19 J. J. Arrom, *Esquema generacional de las letras hispanoamericanas*, op. cit., 198.
20 *Variaciones sobre un tema cubano*, op. cit., 21–22.
21 Op. cit., 236.
22 *La música en Cuba*, 241.
23 Ibd., 242.
24 S. Bueno, op. cit., 160.
25 Zwischen Januar und August 1933 entsteht die endgültige Fassung in Paris. Noch im selben Jahr kommt sie in Madrid im Selbstverlag des Autors heraus. *Ecué-Yamba-Ó!*, Ed. España, Madrid, 1933, 225–237.
26 *Confesiones sencillas*, 32.
27 *Ecué-Yamba-Ó!*, 4, und *Orbita de la poesía afrocubana 1928–37*. Antología, selección, notas biográficas y vocabulario por Ramón Guirao, Ucar García, La Habana, 1938, 76.
28 *Confesiones sencillas*, 32.
29 Ibd., 32.
30 Ibd., 32.
31 Ibd., 32.
32 *Confesiones sencillas*, 32, und *Notas sobre la narrativa de Alejo Carpentier* von Pedro Lastra, in *Anales de la Universidad de Chile*, CXX, Nr. 125, 1962, 95.
33 Ibd., 32 und 95.
34 Über die Beziehungen zwischen Carpentier und Desnos cf. *Ser y estar, R. Desnos, el hombre poeta* und zwei Essays von Desnos. Alles in *Tientos y Diferencias* von Alejo Carpentier, Univ. Nac. Autónoma de México, 1964, 101–107 und 137–149.
35 *Tientos y Diferencias*, 32 (dt. *Stegreif und Kunstgriff*, edition suhrkamp 1033, Frankfurt, 1980).
36 *Confesiones sencillas*, 32.

37 Ibd.
38 S. Bueno, op. cit., 162.
39 *Confesiones sencillas*, 33.
40 Ibd.
41 Die französische Übersetzung von *Los pasos perdidos* lautet *Le partage des eaux*, da der französische Originaltitel bereits zu einem Werk von André Breton (Paris, Nouvelle Revue Française, 1942) und einem anderen von Bernard Fallet gehört. S. Bueno, op. cit., 178.
42 *Confesiones sencillas*, 33.
43 A. Carpentier, *La actualidad cultural de Cuba*, in *Sur*, Buenos Aires, 193, 1965, 64.
44 A. Carpentier, *La actualidad cultural de Cuba*, op. cit., 64.
45 U. a. *Chic, Musicalia, Social, Carteles, Suplemento del Diario de la Marina, Revista de Avance, Revista de la Habana, Nueva Revista Cubana, El Nacional, Sur, Américas, Musical Quarterly*.
46 *Humanitas*. Anuario del Centro de Estudios Humanísticos, Univ. de Nuevo León, México, I, Nr. 1, 1960, 349.
47 Ibd., 351.
48 *Confesiones sencillas*, 33; *Una novela cubana*, in *Literatura Hispanoamericana*, op. cit., 171.
49 *Les Langues Modernes*, op. cit., 104.
50 *Tientos y Diferencias*, op. cit., 12–13.
51 *Les Langues Modernes*, op. cit., 104.
52 Angel Flores, *Magical Realism in Spanish American Fiction*, in *Hispania*, XXXVIII, Nr. 2, 1965, 188–189.
53 *Confesiones sencillas*, 33.
54 *La música en Cuba*, 44.
55 S. Bueno, *La letra como testigo*, loc. cit., 168.
56 Cf. das Vorwort zu *Das Reich von dieser Welt* im Anhang des vorliegenden Materialienbandes.
57 Ibd.
58 *La letra como testigo*, 168.
59 Fernando Alegría, op. cit., 356.
60 Von S. Bueno zitiert in *A. C., novelista antillano y universal*, in *La letra como testigo*, 173.
61 A. Carpentier, *La cultura en Cuba y en el mundo* (wöchentliches Radioprogramm), La Habana, 26. 2. 1965 (Tonbandaufnahme).
62 Fernando Alegría, op. cit., 370.
63 *Confesiones sencillas*, 33.
64 F. Alegría, op. cit., 370.
65 *Guerra del tiempo*, 10.
66 Philip Rahv, *The Myth and the Powerhouse*, New York, 1965, 14.
67 Ibd., 369.
68 Claude Fell, *Rencontre avec Alejo Carpentier*, in *Les Langues Moder-*

*nes*, Nr. 3, Paris, 1965, 105.

69 »Siempre sucede«, »Que alboroto es éste?«, »Sanos y enfermos«, »Fuerte cosa es«, »Estragos de la guerra«, »Extraña devoción«, »Se aprovechan«, »Las camas de la muerte«, »Fiero monstruo«, »Con razón y sin ella«, »No hay que dar voces«, »Amarga presencia«, »Asi sucedió«.

70 Claude Fell, op. cit., 106–107.

71 Ibd., 103.

72 Ibd., 103.

*José Lezama Lima*

## Julio Cortázar

## Um zu Lezama Lima Zugang zu finden

Nachdem auf den Sänden, seidige Pausen
zwischen dem Irrealen unter Wasser und dem Dichten,
   unwiderleglich aufgetaucht,
das metrische Aquarium entstand, und der irdische
   Nabel
den üppigen Horizont überwand, der den Menschen
   mit der Fortpflanzung der Bäume verwechselte

José Lezama Lima, *Para llegar a la Montego Bay*

»Est-ce que ce monsieur est fou?«, me dit-elle.
Je fis un signe affirmatif.
»Et il vous emmène avec lui?«
Même affirmation.
»Où cela?«, dit-elle.
J'indiquai du doigt le centre de la terre.

Jules Verne, *Voyage au centre de la terre*

Diese Seiten über *Paradiso*, den Roman von José Lezama Lima, sind keine Studie über Lezamas Novellistik, die eine strenge Analyse seines ganzen dichterischen und essayistischen Werks im Licht der fruchtbarsten Fortschritte auf dem anthropologischen Gebiet (Bachelard, Eliade, Gilbert Durand...) erfordern würde, sondern eine Annäherung auf dem Wege der Sympathie, den jedes Cronopium wählt, um mit einem anderen Beziehungen anzuknüpfen. Warum Lezama Lima? Aus dem Grunde, den er selbst nennt, als er eine seiner Personen schildert: »Was mir an ihm gefällt«, erwiderte Cemí, »ist die Art, wie er sich in die Nabelmitte der Fragen versetzt. Ich habe den Eindruck, daß er in jedem Augenblick seiner Entwicklung in der Gnade stand. Er hat das, was die Chinesen *li* nennen, das heißt, ein am Kosmos orientiertes Verhalten, die Gestaltung, die vollkommene Form, die man angesichts einer Tatsache einnimmt, vielleicht das, was man in unserer klassischen Tradition stilgerechte Schönheit nennt. Er ist wie ein Stratege, welcher der Offensive eine stets gutgedeckte Flanke bietet. Er läßt sich nicht überraschen. Noch beim Vorrücken scheint er die Wachposten der Nachhut zu inspizieren. Er weiß, was ihm fehlt, und sucht es mit Eifer. Er besitzt eine Reife, die sich nicht dem Wachstum versklavt, und eine Weisheit, die doch nicht auf das unmittelbare Erlebnis verzichtet, diesem aber auch keinen kniefälligen Götzenkult erweist. Seine Weisheit ist von einer besonderen Glückssträhne begleitet. Er ist ein Student, der stets die Frage kennt, die an ihn gestellt wird; doch natürlich wird der Zufall nur innerhalb eines Zusammenhangs wirksam, aus dem die Antwort wie ein Funken sprüht. Er studiert zuerst die hundert möglichen Verhöre derart, daß er nicht verlieren kann, doch die Frage, die der Zufallsvogel im Schnabel bringt, ist gerade die Frucht, die ihm schmeckt, die beste und die, welche zu durchdenken und zu polieren am meisten lohnt.« (S. 391/92; die Seitenangaben beziehen sich auf die deutsche Ausgabe, die im Suhrkamp Verlag erschien.)

Sind wir also beide verrückt? Wo tauche ich, frenetisch vor Atemnot, wieder auf, um nach diesem tiefen Tauchgang durch sechshundertsiebzehn Seiten *Paradiso* Atem zu holen? Und warum plötzlich Jules Verne in einem Buch, wo nichts an ihn zu gemahnen scheint? Aber ja doch, gewiß gemahnt es an ihn; fürs erste, spricht nicht Lezama selbst von indirekten obliquen Erlebnissen, hat er nicht irgendwo gesagt, daß es so ist »wie wenn ein Mensch in seinem Zimmer das Licht anknipst und damit, natürlich ohne es zu wissen, einen Wasserfall im Ontario auslöst«, eine vernianische Metapher, falls es solche gibt? Macht er uns nicht mit dieser tangentialen Kausalität vertraut, wenn er daran erinnert, daß in dem Augenblick, da der Heilige Georg dem Drachen die Lanze in den Leib stößt, der erste, der tot zusammenbricht, sein Pferd ist, wie manchmal der Blitz den Stamm einer Steineiche hinunterfährt und, ohne ihm Schaden zu tun, durch dreizehn Seminaristen hindurchgeht, die dem Gruyère zusprechen und das Lob des Kleeblatts singen, bevor er einen Kanarienvogel verkohlt, der in fünfzig Meter Entfernung in einem Käfig tirilierte? Also doch Jules Verne, und so muß man wohl, um zur Montego Bay zu kommen, durch den Mittelpunkt der Erde hindurch. Das ist nicht nur sicher, es ist wörtlich zu verstehen, und hier ist der Beweis: Höchst seltener Leser von *Paradiso* (ich bin so dünkelhaft, mir einen *very exclusive* Club vorzustellen, den der Wenigen, die wie Sie *Der Mann ohne Eigenschaften, Der Tod des Vergil* und *Paradiso* gelesen haben; nur darin – was den Club betrifft – ähnele ich Phileas Fogg), ist Ihnen aufgefallen, daß der konkrete Bezug zu Verne sich auf

Seite 340 befindet, auf teuflische Weise hergestellt durch eine erotische Episode ähnlich jener Art, die einige Forscher behutsam beim Vater des *Nautilus* aufzudecken beginnen? Der Ruderer Leregas, mit priapischen Vorzügen, wird Besuch erhalten von dem bis dahin unverdächtigten Athleten Baena Albornoz, der in die Unterwelt einer Turnhalle in Havanna hinabsteigt, um mit Adonis' Eraubnis den Hauer des Keilers zu empfangen, der so tief in ihn eindringt, daß er vor lauter Wonne in die Bettkante beißt. Leregas erwartet den demütigen Besuch des Herkules, der nach all den Mühen des Tages nächtens an dem weibischen Spinnrocken seiner wahren Natur spinnt. Und da, in dieser gespannten Erwartung, suchte] »die Erinnerung an den Krater des Joculus das Untergeschoß heim, auch die Schatten des Scartaris gelangten dorthin. Der geringelte Schatten des Scartaris auf dem Krater von Sneffels.« (S. 340)

Diabolischerweise schlägt die Resonanz der unschuldigen inländischen Orographie in eine laszive erotische Situation um, und die Botschaft von Arne Saknussemm, ein Wunder unserer Kindheit *Descends dans le cratère du Yocul de Sneffels que l'ombre du Scraaris vient caresser avant les calendes de Juillet, voyageur audaieux, et tu parviendras au centre de la Terre…)*, suggeriert durch den Ton und die Bilder eine schlüpfrige Entdeckung. Joculus, der geringelte Schatten (»il a perdu ses trente deux plis«, sagt eine Person von Jean Genet, auf einen anderen Baena Albornoz sich beziehend), Sneffels, bei dem man an *to sniff* denkt, Scartaris, der in diesem Zusammenhang an das Skrotum gemahnt, und die Bilder vom Abstieg in den Krater, der Zärtlichkeit, der dunklen Region… Oh, Phileas Fogg, oh Professor Lidenbrock, was machen wir da aus eurem Vater?

Friede dem Einsiedler von Nantes und seinen Speläologen, doch vorher übernehme ich die Verantwortung für eine andere Passage, die so bezeichnend ist, als hätte sie Lezama selbst exzerpiert, und ich stelle sie, damit sie uns als *Laser* diene, allem folgenden voran:

> *Enfin, mon oncle me tirant par le collet,*
> *j'arrivai près de la boule.*
> *»Regarde, me dit-il, et regarde bien! il*
> *faut prendre des leçons d'abîme!«*

> Jules Verne,
> *Voyage au centre de la terre*

In zehn Tagen, die Lektüre nur unterbrechend, um zu verschnau fen und meinem Kater Theodor W. Adorno seine Milch zu geben habe ich *Paradiso* gelesen, die Reise beendend (beendend?), die ich viele Jahre vorher mit der Lektüre einiger seiner Kapitel begann die, wie manch andere Dinge von Tlön oder von Uqbar, in di Zeitschrift *Orígenes* geraten waren. Ich bin kein Kritiker: eine Tages, ich vermute, er ist fern, wird diese erstaunliche Summa ih ren Maurice Blanchot finden, denn von dieser Rasse wird de Mann sein müssen, der in ihr fabulöses Larvarium eindringt. Ic will lediglich auf eine beschämende Unkenntnis hinweisen und in voraus eine Lanze brechen gegen die Mißverständnisse, die auf si folgen werden, wenn Lateinamerika endlich die Stimme von Jos Lezama Lima hört. Über die Unkenntnis wundere ich mich nicht auch ich kannte vor zwölf Jahren Lezama nicht, und es war nötig daß Ricardo Vigón mir in Paris von *Oppiano Licario* sprach, de gerade im *Orígenes* erschienen war, und der jetzt *Paradiso* ab schließt (wenn etwas es abschließen kann). Ich bezweifle, daß i diesen zwölf Jahren das Werk von Lezama die wirksame Präsen erlangt hat, die im gleichen Zeitraum das eines Jorge Luis Borge oder das eines Octavio Paz erlangten, auf deren Höhe es sich ohn den geringsten Zweifel befindet. Gründe instrumenteller und es sentieller Schwierigkeit sind eine erste Ursache für diese Unkennt nis; Lezama zu lesen, ist eine der mühsamsten und oft auch ärger lichsten Tätigkeiten, die es geben kann. Die Ausdauer, die Grenz schriftsteller wie Raymond Roussel, Hermann Broch und der ku banische Meister erfordern, ist selbst bei »Spezialisten« selten, un daher bleiben im Club Sessel frei. Borges und Paz (ich führe si wieder an, um die Zielscheibe ganz oben auf den Baum unsere Länder zu hängen) haben vor Lezama den Vorteil, daß sie sonner klare, wir möchten fast sagen, apollinische Schriftsteller sind, vo Gesichtspunkt der Perfektion des sprachlichen Ausdrucks, ihr zusammenhängenden geistigen Systems aus betrachtet. Ihr Schwierigkeiten und selbst ihr Dunkel (Apoll kann auch der Nac angehören, in den Abgrund steigen, um den Drachen Python z töten) entsprechen der Dialektik, an die *Le cimetière marin* erir nert:

> ... *Mais rendre la lumière*
> *Suppose d'ombre une morne moitié.*

Äußerste Spannungspunkte eines Bogens mediterranen Ursprungs, geben sie das Beste von ihrer Kraft her ohne die drei vorhergehenden Rätsel, die aus dem Leser von Lezama einen ewigen Ödipus machen werden. Und wenn ich sage, daß das einen Vorteil jener vor diesem bedeutet, beziehe ich mich fast moralisch auf die Leser, die die Mühen des Ödipus verabscheuen, die für die größte Ausbeute bei geringstem Risiko optieren. In Argentinien jedenfalls neigt man dazu, dem Hermetismus auszuweichen, und Lezama ist nicht nur hermetisch im wörtlichen Sinne, da das Beste in seinem Werk ein Erfassen von Wesenheiten mittels des Mythischen und Esoterischen in allen ihren historischen, psychischen und literarischen Formen darstellt, schwindelerregend kombiniert in einem poetischen System, in dem oft ein Louis XV.-Sessel dem Gott Anubis als Sitz dient, sondern er ist auch formal hermetisch, sowohl durch eine Naivität, die ihn annehmen läßt, daß noch die heteroklitischste seiner Metapherreihen von den anderen völlig verstanden werden wird, als auch weil sein Ausdruck von einem ursprünglichen Barock ist (*ursprunghaft,* im Gegensatz zu einem glänzend *inszenierten* Barock wie dem eines Alejo Carpentier). Man sieht da, wie schwer es ist, dem Club beizutreten, wenn so viele Schwierigkeiten sich summieren und das Vergnügen einer Lektüre schmälern, es sei denn, das Vergnügen beginnt gerade mit den Schwierigkeiten, ich nämlich begann Lezama zu lesen wie jemand, der die Chiffre *messunka-SebrA.icef-dok. segnittamurtn,* etc. zu dechiffrieren versucht, die sich am Ende auflöst in: *Descend dans le cratère du Yocul de Sneffels...;* man möchte meinen, daß die Hast und das Schuldgefühl, die die bibliographische Proliferation erweckt, den zeitgenössischen Leser dahin bringen, alles *trovar clus* beiseite zu lassen, und oft ironischerweise. Hinzukommen die falschen Askesen und die riesigen Scheuklappen einer schlecht verstandenen Spezialisierung, gegen die sich heute zur rechten Zeit eine Haltung wie die strukturalistische wendet. Noch ein Goethe konnte den Philosophen und den Dichter, die in seinem Jahrhundert bereits miteinander im Streit lagen, kraft einer bezwingenden einigenden Intuition miteinander verschmelzen; bis zu Thomas Mann (ich spreche jetzt von Romanciers) schien sich diese Koexistenz bei Autor und Leser zu behaupten, doch es ist eine Tatsache, daß bereits das Werk eines Robert Musil, um mich auf den deutschen Sprachbereich zu beschränken, sich des weltweiten Echos, das es hätte finden müssen, beraubt sah. Obgleich es sich um ein und denselben Leser handelt, neigt dieser heute dazu, eine spezialisierte Haltung anzunehmen, je nachdem, was er gerade liest, indem er zuweilen unterbewußt an jedem Werk Anstand nimmt, das ihm ein Gemisch bietet, Romane, die sich auf Poesie einlassen, oder Metaphysiken, die mit dem Ellbogen auf der Theke einer Bar oder auf dem Kopfkissen zärtlichen Treibens entstehen. Er akzeptiert bis zu einem gewissen Grade die außerliterarische Fracht eines Romans, vorausgesetzt, daß die Gattung ihre grundlegenden Vorrechte bewahrt (die, nebenbei bemerkt, niemand genau kennt, doch das ist eine andere Sache). *Paradiso*, ein Roman, der auch eine hermetische Abhandlung, eine Poetik und die Poesie ist, die aus ihr resultiert, wird es schwer haben, seine Leser zu finden: wo beginnt der Roman, wo endet das Gedicht, was bedeutet diese Anthropologie, die sich mit einer Mantik überschneidet, die auch eine tropische Folklore ist, die auch eine Familienchronik ist? Man spricht zur Zeit viel von diagonalen Wissenschaften, doch der *Diagonal-Leser* läßt auf sich warten, und *Paradiso*, heimlicher Hieb in Essenzen und Präsenzen, wird auf den Widerstand stoßen, den ihm das Bündel herkömmlicher Anschauungen entgegensetzt. Doch der Hieb ist bereits ausgeführt; wie in der chinesischen Geschichte vom perfekten Henker bleibt dem Enthaupteten sein Kopf und er weiß nicht, daß dieser beim kleinsten Nieser auf der Erde rollen wird.

Wenn die instrumentelle Schwierigkeit der erste Grund dafür ist, daß Lezama so unbekannt ist, sind die Umstände unserer politischen und historischen Unterentwicklung der zweite. Seit 1960 verbündeten sich Angst, Heuchelei und schlechtes Gewissen, um Kuba und seine Intellektuellen und Künstler vom übrigen Lateinamerika abzuschneiden. Die bereits bekannten, Nicolás Guillén, Carpentier, Wilfredo Lam, überwanden und überwinden die Schranke dank einem internationalen Ansehen, das sie bereits vor der kubanischen Revolution besaßen und uns dazu zwingt, uns zu gegebener Zeit mit ihnen zu befassen. Lezama, schon damals unverzeihlicherweise außerhalb des Wertesystems der peruanischen oder mexikanischen oder argentinischen Magister, ist auf der anderen Seite der Schranke geblieben, in solchem Maße, daß selbst jene, die seinen Namen gehört haben und *Tratados en La Habana, Analecta del reloj, La fijeza, La expresión americana* oder *Paradiso* lesen wollen, keine Exemplare bekommen können, noch bekommen können werden. Sowohl er wie auch viele andere kubanische

Dichter und Künstler sehen sich gezwungen, in einer Isolierung zu leben und zu arbeiten, die, und das ist das mindeste, was man dazu sagen kann, Ekel und Scham verursacht. Natürlich ist es wichtig, daß dem totalitären Kommunismus der Weg versperrt wird. *Paradiso?* Nichts, das diesen Namen verdient, kann aus einer solchen Hölle kommen. Schlafen Sie ruhig, die OAS bewacht Ihren Schlaf.

Bleibt vielleicht ein dritter und geheimerer Grund für das unheimliche Schweigen, das das Werk von Lezama umgibt; ich will von ihm ohne jede Scham sprechen, gerade weil die spärlichen kubanischen Kritiken, die ich über dieses Werk kenne, ihn nicht haben erwähnen wollen; dagegen weiß ich um seine negative Kraft in Händen nicht weniger Pharisäer unserer Geisteswissenschaften. Ich beziehe mich auf die formalen Unrichtigkeiten, von denen seine Prosa nur so wimmelt, und die, im Gegensatz zur Subtilität und Tiefe des Inhalts, beim halbwegs gebildeten Leser Ärgernis und Ungeduld erwecken, die er fast nie überwinden kann. Überdies werden die Ausgaben der Bücher von Lezama in typographischer Hinsicht für gewöhnlich sehr schlecht besorgt, und *Paradiso* bildet bei weitem keine Ausnahme, so daß es nicht verwunderlich ist, wenn zur tiefen Perplexität die Ungeduld über die orthographischen oder grammatikalischen Extravaganzen hinzukommt, an denen die Blicke des Schulmeisters, den wir fast alle in uns haben, Anstoß nehmen. Als ich vor Jahren begann, Leuten, die Lezama nicht kannten, Passagen von ihm zu zeigen oder vorzulesen, war das Erstaunen, das seine Vision der Wirklichkeit und die Kühnheit der sie vermittelnden Bilder hervorriefen, fast immer gemildert durch freundliche Ironie, durch ein bramarbasierendes Lächeln. Ich merkte sehr bald, daß da ein jäher Abwehrmechanismus ausgelöst wurde und daß die vom Absoluten Bedrohten sich beeilten, die formalen Fehler zu vergrößern, was ein vielleicht unbewußter Vorwand war, um diesseits von Lezama zu bleiben, um ihm nicht bei seinem unerbittlichen Tauchen in tiefe Gewässer zu folgen. Die unbestreitbare Tatsache, daß Lezama entschlossen zu sein scheint, einen englischen, französichen oder russischen Eigennamen niemals richtig zu schreiben, und daß seine Zitate in fremden Sprachen durchsetzt sind von orthographischen Phantasien, könnte einen typischen Intellektuellen vom Rio de la Plata veranlassen, in ihm einen nicht minder typischen Autodidakten eines unterentwickelten Landes zu sehen, was völlig richtig wäre, und darin eine Rechtfertigung dafür zu finden, seine wahre Dimension nicht zu entdecken, was höchst bedauerlich wäre. Freilich, bei den idiosyn-kratischen Argentiniern bürgt formale Korrektheit im Schreiben wie im Sich-Kleiden immer für Seriosität, und jeder, der in einem annehmbaren »Stil« verkündet, daß die Erde rund ist, wird mehr Respekt ernten als ein Cronopium mit einer Kartoffel im Mund, das aber hinter der Kartoffel viel zu sagen hat. Wenn ich von Ar-gentinien spreche, so deshalb, weil ich es ein wenig kenne; doch auch als ich in Kuba war, traf ich junge Intellektuelle, die ironisch lächelten, wenn sie daran dachten, wie wunderlich Lezama den Namen irgendeines ausländischen Dichters auszusprechen pfleg-te; der Unterschied trat in dem Augenblick zutage, als diese jungen Leute, wenn sie über den fraglichen Dichter etwas sagen sollten, es bei der guten Phonetik bewenden ließen, während Lezama, wenn er fünf Minuten über ihn sprach, sie alle zur Decke blicken ließ. Eines der Indizien für die Unterentwicklung ist unsere Empfind-samkeit für all das, was mit der kulturellen Kruste, dem äußeren Schein und dem Lack der Kultur zu tun hat. Wir wissen, daß Dy-lan Dilen ausgesprochen wird und nicht Dailan, wie wir das erste Mal sagten (wobei sie uns ironisch ansahen oder uns korrigierten, oder wir witterten, daß etwas nicht stimmte); wir wissen genau, wie man Caen und Laon und Sean O'Casey und Gloucester auszu-sprechen hat. Das ist sehr schön, genauso schön wie saubere Fin-gernägel zu haben und Desodorante zu benutzen. Das andere kommt hinterher, oder auch nicht. Bei vielen von denen, die Leza-ma mit einem Lächeln verzeihen, daß er lebt, kommt es weder vorher noch hinterher, doch die Fingernägel, das kann ich Ihnen versichern: tadellos.

Zur abwehrenden Ironie, die sich auf Irrtümer an der Oberfläche gründet, kommt jene hinzu, die bei vielen die ungewöhnliche Nai-vität hervorrufen muß, die in nicht wenigen Momenten der Er-zählkunst von Lezama zutage tritt. Im Grunde geschieht es aus Liebe zu dieser Naivität, wenn ich hier von ihm spreche; jenseits jeder Schulregel weiß ich von ihrer tiefen Wirkung; viele suchen, Parzival aber findet, viele reden, Mischkin aber weiß. Das Barock von komplexem Ursprung, das in unserem Amerika so verschiede-ne und dabei einander so ähnliche Ergebnisse zeitigt wie die Sprachkunst von Vallejo, Neruda, Asturias und Carpentier (es geht nicht um Gattungen, sondern um Gehalt), nimmt in dem ganz besonderen Fall von Lezama eine Aura an, für die ich nur diese annähernde Bezeichnung finde: Naivität. Eine amerikanische Naivität, insular im primären wie im weiteren Sinne, eine amerikanische Unschuld. Eine naiv amerikanische Unschuld, die eleatisch, orphisch am Anfang der Schöpfung die Augen aufschlägt, Lezama Adam vor dem Sündenfall, Lezama Noah ganz ähnlich dem, der auf den flämischen Bildern eifrig das Defilee der Tiere verfolgt: zwei Schmetterlinge, zwei Pferde, zwei Leoparden, zwei Ameisen, zwei Delphine... Ein Primitiver, der alles weiß, ein gebildeter *Sorbonnard*, aber ein amerikanischer insofern, als die ausgestopften Albatrosse der Weisheit des Ekklesiastes nicht »a wiser and a sadder man« aus ihm gemacht haben. Seine Wissenschaft ist Palingenese, das Wissen ursprünglich, jubelnd, und entsteht wie das Wasser bei Tales und das Feuer bei Empedokles. Zwischen Lezamas Wissen und dem eines Europäers (oder seiner Homologe vom Rio de la Plata, die in dem fraglichen Sinne viel weniger amerikanisch sind) besteht ein Unterschied wie der zwischen Unschuld und Schuld. Jeder europäische Schriftsteller ist »Sklave seiner Taufe«, wenn es erlaubt ist, Rimbaud zu paraphrasieren; ob er will oder nicht, mit seiner Entscheidung zu schreiben nimmt er eine ungeheure und geradezu entsetzliche Tradition auf sich; mag er sie akzeptieren oder gegen sie kämpfen, diese Tradition lebt in ihm, sie ist seine Vertraute oder sein Inkubus. Warum schreiben, wenn in irgendeiner Weise alles schon geschrieben worden ist? Gide hat sardonisch bemerkt, daß, da niemand zuhört, man alles noch einmal sagen muß. Doch ein Gefühl von Schuld und Überflüssigkeit veranlaßt den europäischen Intellektuellen, über sein Handwerk und seine Mittel genauestens zu wachen, die einzige Möglichkeit, allzu oft begangene Wege nicht noch einmal zu gehen. Daher die Begeisterung, die das Neue erweckt, der Massenansturm auf das neue Stück des Unsichtbaren, das jemand in einem Buch realisiert hat; man braucht nur an den Symbolismus, den Surrealismus, den »nouveau roman« zu denken, endlich etwas wirklich Neues, das weder Ronsard noch Stendhal noch Proust geahnt hatten. Das Schuldgefühl kann eine Zeitlang ruhen; selbst die Epigonen sind am Ende des Glaubens, daß sie etwas Neues machen. Danach wird man langsam wieder Europäer und jeder Schriftsteller zeigt sich mit seinem Albatros am Hals.

Unterdessen zeigt sich Lezama auf seiner Insel mit dem Frohsinn eines Präadamiten ohne Vogelkrawatte und fühlt sich keiner direkten Tradition verpflichtet. Er übernimmt sie alle, von der Leber der Etrusker bis zu Leopold Bloom, der sich in ein schmutziges Taschentuch schneuzt, doch ohne historische Verpflichtung, ohne ein französischer oder österreichischer Schriftsteller zu sein. Er ist Kubaner, mit nur einer Handvoll eigener Kultur im Rücken, und der Rest ist reine und freie Erkenntnis, nicht berufliche Verantwortung. Er kann schreiben, was er lustig ist, ohne sich zu sagen, daß schon Rabelais, schon Martial ... Er ist kein Glied in der Kette, er ist nicht verpflichtet, mehr oder besser oder anders zu schreiben, er braucht sich als Schriftsteller nicht zu rechtfertigen. Sowohl seine unglaubliche Überfülle als auch seine Mängel rühren von dieser unschuldigen Freiheit, dieser freien Unschuld her. Bei der Lektüre von *Paradiso* hat man bisweilen den Eindruck von etwas Außerplanetarischem; wie ist es möglich, die Tabus des Wissens in solchem Maße zu ignorieren oder ihnen zu trotzen, die *So darf man nicht schreiben* der schändlichen Gebote unseres Berufs? Wenn der unschuldige Amerikaner sich zeigt, der treuherzige Wilde, der Flitterkram anhäuft, ohne zu ahnen, daß dies nichts wert ist oder nicht mehr Mode ist, dann kann bei Lezama zweierlei geschehen. Das eine, das zählt: das Geniale bricht herein, ohne die Minderwertigkeitskomplexe, die uns in Lateinamerika so niederdrücken, bricht herein mit der elementaren Macht dessen, der das Feuer stiehlt. Das andere, das die mit Komplexen behafteten, die tadellos Gebildeten lächeln macht, ist die Seite des Zöllners Rousseau an ihm, die Seite des Angebers à la Mischkin, der Mann, der in *Paradiso* nach einer außerordentlichen Passage Punkt und Absatz macht und mit der größten Unbekümmertheit sagt: »Was tat der junge Fronesis, während über seine Herkunft berichtet wurde?« (S. 401)

Wenn ich diese Seiten schreibe, so deshalb, weil ich *weiß*, daß Stellen wie die zitierte bei der Prüfung durch die Schulmeister mehr ins Gewicht fallen als die großartige Erfindungsgabe, mit die *Paradiso* die Welt erneut in Vorschlag bringt. Und wenn ich den Satz über den jungen Fronesis zitiere, so weil dieses und vieles andere Getue auch mich stört, doch nur in dem Maße, wie mich eine Fliege stören kann, die sich auf ein Bild von Picasso gesetzt hat, oder das Miauen meines Katers Theodor, während ich gerade Musik von Xenakis höre. Die Ohnmacht angesichts des Verworrenen eines Werks maskiert ihren Rückzug mit den oberflächlichsten Vorwänden – weil man die Oberfläche nicht durchbrochen hat. So kannte ich einen Mann, der nie Schallplatten klassischer Musik hörte, weil, wie er sagte, das Geräusch der Nadel es ihm verwehre, das Werk in seiner ganzen Vollkommenheit zu genießen; da er sich ein so anspruchsvolles Kriterium geschaffen hatte, verbrachte er den Tag damit, fürchterliche Tangos und Boleros zu hören. Jedesmal, wenn ich eine Passage von Lezama zitiere und ein Lächeln ernte, verbunden mit einem Themawechsel, muß ich an diesen Mann denken; diejenigen, die zu *Paradiso* keinen Zugang finden können, werden sich immer so verteidigen, und für sie wird alles das Geräusch einer Nadel, eine Fliege und Miauen sein. In *Rayuela* habe ich das Leser-Weibchen definiert und attackiert, weil es des echten liebevollen Ringens mit einem Werk, das für den Leser wie der Engel für Jakob ist, nicht fähig ist. Sollte man an der Legitimität meines Angriffs zweifeln, mag folgendes Beispiel genügen: angesehene Kritiker mit Sitz in Buenos Aires verstanden die beiden verschiedenen Möglichkeiten, den Roman zu lesen, von Anfang an nicht, und wandten daher *pollice verso* an, nachdem sie feierlich versichert hatten, daß sie ihn »auf die zwei Weisen, die der Autor angibt«, gelesen hätten, wo doch das, was der arme Autor vorschlug, eine Option war und er nimmer so vermessen gewesen wäre, zu fordern, daß man in unserer Zeit ein und dasselbe Buch zweimal lese. Was da erst vom Leser-Weibchen bezüglich *Paradiso* erwarten, das, wie eine Person von Lewis Carroll sagte, imstande ist, die Geduld einer Auster auf die Probe zu stellen? Doch es gibt keine Geduld dort, wo es am Anfang keine Bescheidenheit und Erwartung gibt, wo eine Kultur, die konditioniert, vorgefertigt, gehätschelt wird von Schriftstellern, die man funktionell nennen könnte, mit von den durch die Marquise de Queensberry der Profession sorgsam begrenzten Rebellionen und Heterodoxien, jedes Werk, das wirklich gegen den Strich geht, einfach ablehnt. Imstande, jedwelcher literarischen Schwierigkeit auf der intellektuellen oder Gefühlsebene zu trotzen, vorausgesetzt, daß diese Schwierigkeit sich an die Spielregeln des Abendlandes hält, bereit, die schwierigsten proustischen und joyceschen Schachpartien zu spielen, die bekannte Figuren und vorhersehbare Strategien implizieren, weicht die Kultur sogar indigniert und ironisch zurück, sobald man sie einlädt, ein außergenerisches Territorium kennenzulernen und sich mit einer Sprache und einer Handlung zu schlagen, die einem Erzählsystem entsprechen, das seinen Ursprung nicht in den Büchern hat, sondern in den langen *Lektionen des Abgrunds;* und hier habe ich endlich den Grund für mein Epigraph anbringen können, und es ist Zeit, zu etwas anderem zu kommen.

*Paradiso* ein Roman? Ja, insofern, als es halbwegs einen roten Faden gibt – das Leben von José Cemí, zu dem die mannigfaltigen
zusammenhängenden oder nicht zusammenhängenden Episoden
und Berichte führen oder von dem sie ausgehen. Doch schon zu
Anfang hat dieses Argument merkwürdige Charakteristiken. Ich
weiß nicht, ob Lezama sah, daß die anfängliche Entwicklung des
Themas dazu führen könnte, daß man mit großem Vergnügen an
*Tristram Shandy* denkt, denn obgleich José Cemí bereits zu Beginn des Berichts lebt, wohingegen Tristram, der sein eigenes Leben erzählt, nicht einmal in der Mitte des Buches geboren ist,
bleibt auch der Protagonist, um den herum *Paradiso* sich gliedert,
im Halbdunkel, während das Buch im Text fortfährt und sich all
die Zeit nimmt, die nötig ist, um das Leben der Großeltern, der
Eltern und der Onkel von José Cemí zu erzählen. Wichtiger ist die
Beobachtung, daß in *Paradiso* das fehlt, was ich die durchgehende
Kehrseite nennen würde, die Webkette, die einen Roman »macht«,
so fragmentarisch seine Episoden erscheinen mögen. Das ist kein
Einwand, da ja die Bedeutsamkeit des Buches nicht im geringsten
davon abhängt, ob es ein Roman ist der Art, wie man erwarten
könnte, oder nicht; meine eigene Lektüre von *Paradiso,* wie alles
dessen, was ich von Lezama kenne, begann ich, indem ich nichts
Bestimmtes erwartete, keinen Roman verlangte, und so ergab sich
die Zustimmung zu seinem Inhalt ohne unnütze Spannungen, ohne diesen lebhaften Protest, den wir erheben, wenn wir einen
Schrank öffnen, um die Marmelade herauszuholen, und statt ihrer
drei Phantasiewesen vorfinden. Lezama muß man lesen, indem
man sich vorher dem *Fatum* ergibt, so wie wir das Flugzeug beste-
gen, ohne nach der Farbe der Augen oder dem Zustand der Leber
des Piloten zu fragen; was die kritische Intelligenz in ihrem Saal
der Maße und Gewichte stört, ist jeder intelligenten Kritik in ihrer
Ali-Baba-Höhle naturgemäß.

*Paradiso* könnte auch *kein* Roman sein, sowohl wegen des Feh-
lens einer Struktur, die der schwindelerregenden Mannigfaltigkeit
des Inhalts Zusammenhalt gäbe, als auch aus anderen Gründen.
Dem Ende zu, zum Beispiel, fügt Lezama ausführliche Erzählungen ein, die das ganze Kapitel XII ausmachen und mit dem Leib
des Romans nichts zu tun haben, mögen ihre Atmosphäre und
Kräfte auch die gleichen sein. Auch die beiden Schlußkapitel, in
denen die bis dahin kaum greifbare Gestalt von Oppiano Licario
dominiert, während die von José Cemí nach dem Verschwinden

von Fronesis und Foción immer gespenstischer erscheint, haben etwas von Anhängseln, von *surplus*. Trotzdem sind es nicht diese Unstimmigkeiten in der Erzählmontage, die dem Buch am meisten Romancharakter nehmen; *Paradiso* weicht von dem üblichen Romankonzept darin ab, daß sein Geschehen nicht in einem lebensfähigen raumzeitlichen und psychologischen Flux stattfindet; irgendwie werden alle Personen und jede einzelne weit eher als Wesen gesehen denn als konkrete Gestalt, sind sie eher Archetypen denn Typen. Die erste Folge davon (die nicht wenige ironische Reaktionen auslöst), ist, daß, während der Roman die Geschichte einiger kubanischer Familien Ende des vergangenen und Anfang dieses Jahrhunderts erzählt, mit weitschweifigsten Beschreibungen der Epoche, der Geographie, des Mobiliars, der Gastronomie und der Kleidung, die Personen selbst sich in einem absoluten Kontinuum zu bewegen scheinen, fern jeder Historizität, indem sie sich untereinander, über den Leser und die unmittelbaren Umstände des Berichts hinweg verständigen, in einer Sprache, die immer die gleiche Sprache ist und die bei jedem Bezug zur psychologischen und kulturellen Wahrscheinlichkeit stracks unbegreiflich wird. Trotzdem erscheint mir nichts weniger unbegreiflich als diese Sprache, sobald man auf den hartnäckigen realistischen Begriff vom Roman, der noch in seinen phantastischen oder poetischen Formen vorherrscht, verzichtet. Nichts *natürlicher* als eine Sprache, die Wurzeln, Ursprünge zeigt, die immer auf halbem Wege ist zwischen Orakel und Beschwörung, die das Dunkel von Mythen ist, Gemurmel des kollektiven Unbewußten: nichts menschlicher, im weitesten Sinn, als eine poetische Sprache wie diese, die über prosaische und pragmatische Information erhaben ist, die verbale Wünschelrutengängerei ist, die die tiefsten Wasser sucht und hervorquellen läßt. Niemanden befremdet die Sprache der trojanischen Helden oder der nordischen Sagen, sobald er einwilligt, daß er eine Epopöe liest; die langen Tiraden des griechischen Chors in der Tragödie verstehen sich schwerlich von selbst (und das gilt auch für einen Paul Claudel oder einen Christopher Fry). Warum soll man nicht akzeptieren, daß die Personen in *Paradiso* immer *aus dem Bild* sprechen, da Lezama sie gemäß einem poetischen System projiziert, das er in zahlreichen Texten dargelegt hat und dessen Schlüssel in der Potenz des Bildes als höchste Sekretion des menschlichen Geistes auf der Suche nach der Wirklichkeit der unsichtbaren Welt liegt?

Dann geschieht es, daß zwei kubanische Kinder, die in die Schule gehen und Bekanntschaft schließen, wie folgt miteinander sprechen:

»›Vom ersten Schultag an‹, sagte Fibo zu José Eugenio, ›wußte ich, daß du Sohn eines Spaniers bist. Du stelltest nichts an, sahst nicht sonderlich verwundert aus, schienst die Bosheiten nicht zu merken, die andere aushecken. Und trotzdem, nachdem wir alle auf unseren Bänken saßen, wer allen auffiel, warst du. Du hockst wie auf einer Wurzel. Wenn du stillstehst, siehst du aus, als wüchsest du, aber nach innen, dem Traum entgegen. Allerdings kann keiner dieses Wachstum sehen.‹

›Als ich das Klassenzimmer betrat‹, erwiderte José Eugenio, ›war ich so verwirrt, daß mein Blick sich trübte. Ich meinte, es regne. Ich berührte Nebel, ich zupfte Tinte von Tintenfischen. So daß erst deine schmerzende Spitze [Fibo vergnügt sich damit, seine Mitschüler in den Po zu pieksen] mir klarmachte, wo ich war, mich ins Lot brachte, mich berührte – und schon war ich kein Baum mehr.‹« (S. 124)

Auch kann es geschehen, daß man sich während eines Essens im Familienkreis wie folgt unterhält:

»Die Novemberfrische, durchschossen von nördlichen Windstößen, welche die Pappelkronen des Prado zum Rauschen brachten, rechtfertigte die Ankunft des goldbraunen Puters mit butterbesänftigten rauhen Extremitäten, dessen Brust allein den Appetit der gesamten Familie zu stillen und ihn wie einer Bundeslade zu bergen imstande war.

›Der mexikanische Truthahngeier ist viel zarter‹, sagte der ältere der Santurcesöhne. ›Nicht Truthahngeier, sondern Truthahn‹, verbesserte Cemí. ›Mir hat man Brühe vom Truthahngeier – den scheußlichen Namen dieses Vogelviehs will ich nicht gebrauchen – gegen mein Asthma empfohlen, aber ich sterbe lieber, als daß ich diese Petroleumseiche schlucke. Die Brühe muß schmecken wie Saumilch, die den Alten zufolge Aussatz verursachte.‹

›In Wirklichkeit ist der Ursprung dieser Krankheit unbekannt‹, sagte Santurce, der als Arzt keinerlei Bedenken hatte, bei Tisch über die ausgefallensten Krankheiten zu sprechen.

›Reden wir lieber von der Pekingschen Nachtigall‹, sagte Doña Augusta, der die Richtung der Unterhaltung gegen den Strich ging. Cemís Anspielung auf Saumilch war, weil unerwartet, spaßig gewesen, doch Doktor Santurces Weiterentwicklung des Themas bei dieser Gelegenheit war ebenso furchterregend wie die eben von den Verkäufern der Abendblätter ausgerufene Möglichkeit einer Sturmflut.

›Wahrscheinlich haben die roten Flecken im Tischtuch das Geierthema heraufbeschworen, doch denk auch daran, Mutter, daß die Pekingsche Nachtigall für einen sterbenden Kaiser sang‹, erklärte Alberto, der sich ans Tranchieren des mit Wein und Mandeln zubereiteten Puters machte.

›Ich weiß, Alberto, daß jedes Essen durch einen düsteren Sog hindurch muß, denn eine fröhliche Familienversammlung wäre nicht vollständig, wenn nicht irgendwann der Tod die Fenster aufstieße, doch vielleicht sind die Duftschwaden des Puters eine Beschwörung und vertreiben Hera, die Schreckliche.‹« (S. 257)

Doña Augusta evoziert Hera, jedes Dienstmädchen kann sich an Hermes oder Nero oder an das I Ging erinnern. Lezama ist es völlig gleichgültig, ob seine Personen ihrer Natur gemäß sprechen oder nicht, oder daß sie je nach den Umständen oder den Gesprächspartnern variieren; und das Wunder des Romans geschieht auf dieselbe Weise, denn in dem Maße wie man in der Lektüre fortschreitet, differenzieren, definieren sich die Personen. Ricardo Fronesis erscheint in seiner geheimsten Dimension. Foción verhält sich zu ihm wie eine Gegenstrophe oder wie *Yin* zu *Yang*, José Cemí und Alberto Olalla, Oppiano Licario und Doña Augusta, José Eugenio und Rialta, jeder einzelne ist eine Person wie es auf dem Gebiet der Tragödie Andromache und Philoktetes und Kreon sind, die Heldentat wird vollbracht, daß antigoethisch das Individuelle vom Universellen ausgeht, indem es die direkten Mittel des Romanciers, die Typisierung durch Charakter oder Neigungen, die Porträts, fast verächtlich zurückweist. Denn Lezama geht es nicht um Charaktere, es geht ihm um das totale Geheimnis des Menschen, »[die] Überzeugung, daß ein universeller Kern existiert, der Regeln und Ausnahmen lenkt«. (S. 459) Daher handeln, denken und sprechen die Personen, mit denen der Autor sich eingehender befaßt, gemäß einer totalen Poetik, die die folgenden Passagen durchblicken lassen, einige weitere Schwellen, um zur verbalen Welt von *Paradiso* Zugang zu finden:

»Doch weder das Geschichtliche noch die Zukunftsgläubigkeit noch die Überlieferung rufen den Menschen in seiner Seinsweise, seinem Verhalten wach, und das hat er am besten und tiefsten gesehen. Aber der Wunsch, der Wunsch, der Chor wird, der Wunsch, dem es, eindringend in den gemeinsam geträumten Traum, gelingt, die wahre Kette des Geschichtlichen zu weben, das ist ihm entgangen. *Schwer, gegen den Wunsch zu kämpfen; was er will, erkauft er sich mit der Seele* – Heraklits uralter Ausspruch umfaßt das gesamte Verhalten des Menschen. Das einzige, was das Überhistorische erreicht, ist der Wunsch, der nicht im Zwiegespräch endet, sondern der sich auf den universellen Geist noch vor dem Erscheinen der Erde besinnt.

Wir können den Anstoß in Nietzsches Forderung nach einer Umwertung aller Werte aufnehmen, aber die Werte, die es zu finden und zu begründen gilt, sind in unserer Zeit ganz andere als diejenigen, die er im Sinn hatte. Nehmen wir eine Gruppe Lernender, die sich auf neue Fächer vorbereitet, zum Beispiel: Geschichte des Feuers, des Wassertropfens, des Atems, der Ausstrahlung oder *aporroia* der Griechen. Eine Geschichte des Feuers, die mit der Darstellung seines Kampfes gegen die neptunischen oder wässrigen Elemente beginnt, wie das Feuer sich ausbreitet, das Feuer im Baum, Farben der Flamme, der Scheiterhaufen und der Wind, Moses' brennender Dornbusch, die Sonne und der weiße Hahn, die Sonne und der rote Hahn bei den Germanen, kurz: die Verwandlung des Feuers in Energie, alle diese Themen, die ersten, die mir einfallen und die der Mensch von heute braucht, um in neue Tiefenschichten vorzudringen.« (S. 428/29)

Über die homosexuelle Liebe von Foción zu Fronesis:

»Focións den Sinnen entsprungener Irrtum bei der Annäherung an Fronesis bestand darin, daß jenes Bild die Form war, in die sich für ihn das Unersättliche kleidete. Doch sobald er ahnte, daß er sich an Fronesis' Körper nie werde sättigen können, denn er war seit geraumer Zeit davon überzeugt, daß Fronesis, ohne es zu beabsichtigen, mit ihm spielte und es ganz so aussah, als werde er ihn regelmäßig auf groteske Weise aus dem Sattel heben, hatte Foción eine Übertragung bewerkstelligt, bei der sein Wort geschlechtlicher Energie nie mehr den anderen Körper begehrte, das heißt, schon nicht mehr seine Fleischwerdung erstrebte, sondern im Gegenteil, vom Körper ausgehend, seine *Verflüchtigung* erreichte, seine *Ätherisierung*, das absolute Pneuma des anderen Körpers. Er löste Fronesis' Gestalt in Luft auf, doch gerade darin lag seine Unersättlichkeit, in der seine Sinne von neuem vor wehrloser Glut erschauerten, ja, man hätte sagen können: ein Falke verfolgt ein *pneuma*, somit den Geist des Flugs.« (S. 455/56)

Vision der Welt von Fronesis, Cemí und Foción:

»Während die übrigen Studenten sich verächtlich und spöttisch zeigten und die Mehrzahl der Professoren ihre Sprachlosigkeit und Schläfrigkeit nicht überwinden konnten, erregten Fronesis, Foción und Cemí Anstoß mit ihren neuen Göttern, mit dem ungebrochenen Wort in seinem reinen Dotter, mit ihren Wortverbindungen und -verhältnissen, die neue Spiele ermöglichten und neue Ironie. Sie wußten, daß der Konformismus in Ausdruck und Ideen der zeitgenössischen Welt unzählige Varianten und Verkleidungen annahm, forderte er doch vom Intellektuellen Hörigkeit, den Mechanismus eines unbedingten Kausalen und damit die Aufgabe einer wahrhaft heroischen, wie in den großen Epochen wert- und formschöpferischen Seinshaltung, die stets das Schöpferische begrüßt und das zu Eis Erstarrte, das noch immer im Fluß des Zeitlichen zu fließen wagt, anklagt.« (S. 459/60)

José Cemí spricht mit seiner Großmutter:

»›Großmutter, ich merke jeden Tag mehr, wie sehr Mama Ihnen ähnelt. Sie beide haben das, was ich den gedeuteten Rhythmus der Natur nennen würde. In letzter Zeit machen die meisten Menschen den Eindruck auf mich, daß sie ausweglos eingeschlossen sind. Doch Sie beide scheinen beauftragt zu sein, als folgten Sie Buchstaben, die in Ihr Gehör sinken. Sie brauchen nur zu lauschen, einem Laut zu folgen . . . Bei Ihnen gibt es keine Unterbrechungen, wenn Sie reden, scheinen Sie nicht die Wörter zu suchen, sondern nur auf einen Punkt hinzustreben, der alles erhellt. Es ist, als gehorchten Sie, als hätten Sie einen Schwur geleistet, damit die Menge des Lichts in der Welt nicht nachläßt, man weiß, daß Sie ein Opfer gebracht haben, daß Sie auf weite Bereiche verzichtet haben, ich würde sagen, sogar auf das Leben selbst, würde nicht ein wundersames Leben in Ihnen sichtbar werden und zwar dergestalt, daß die meisten von uns weder wissen, warum wir auf der Welt sind noch wie wir unsere Tage hinbringen, es scheint, als hätten wir uns von der hohen Sphäre, von der die Mystiker reden, nur gelöst, ohne indes die Insel gefunden zu haben, auf der sich die Hirschkälber und die Sinne tummeln.‹

›Aber, mein lieber Enkelsohn Cemí, du beobachtest all das bei der Mutter und bei mir nur, weil du selber diesen Wachstumsrhythmus aufzunehmen imstande bist. Eine sehr seltene Langsamkeit, die Langsamkeit der Natur, der du eine Langsamkeit der Beobachtung entgegensetzt, die gleichfalls Natur ist. Gott sei Dank geht Hand in Hand mit dieser Langsamkeit, welche die Beobachtung zu fabelhaften Dimensionen steigert, ein ungewöhnlich ausgebildetes Gedächtnis. Unter vielen Gesten, vielen Wörtern, vielen Lauten weißt du, nachdem du sie zwischen Träumen und Wachen beobachtet hast, welche von ihnen das Gedächtnis jahrhundertelang begleiten werden. Der Auftritt unserer Eindrücke geht unfaßbar schnell vor sich, aber deine Beobachtungsgabe wartete wie in einem Theater, bis diese Eindrücke sich einstellen, verschwinden, wiedererscheinen und sich streicheln lassen oder sich abweisend zeigen, diese Eindrücke, die gleich wieder entweichen, leicht wie Larven, doch dann verleiht dein Gedächtnis ihnen eine Substanz wie den Schlamm der Uranfänge, wie ein Stein, der den Schattenriß des Fischs aufbewahrt. Du sprichst vom Wachstumsrhythmus der Natur, doch um ihn zu beobachten, ihm zu folgen, ihn zu ehren, bedarf es tiefer Demut. Auch daran erkenne ich, daß du zu unserer Familie gehörst, denn die meisten Menschen brechen ab, überlassen sich der Leere, geben Ausrufe von sich, stellen abwegige Ansprüche oder singen Gespensterarien, du aber beobachtest diesen Rhythmus, der die Erfüllung ausmacht, die Erfüllung dessen, was wir nicht wissen, was uns aber, wie du sagst, aufgetragen ist als das Hauptzeichen unseres Lebens. Wir sind beauftragt, das heißt, wir waren notwendig, damit die Erfüllung einer höheren Stimme Strand berühre, festen Boden unter sich spürte. Die rhythmische Deutung der höheren Stimme fast ohne Einmischung des Willens, das heißt, ein Wille, der bereits von einem höheren Schicksal umschirmt ist, schenkte uns einen Antrieb, der zur gleichen Zeit Erhellung ist...«< (S. 515/16/17)

Obgleich die Synthese fast unmöglich ist, hier eine Sequenz, die einen Begriff geben mag von den okkulten Rhythmen, die das Erzählen von Lezama bewegen:

»Die Einübung in die Poesie, die Suche nach dem Wort mit unbekanntem Ziel entwickelten in ihm eine seltsame Wahrnehmung der Wörter, die in den Raumgruppierungen, wo sie wie Sibyllen in einer Geisterversammlung sitzen, animistische Bedeutung annehmen. Wenn seine Vision ihm ein Wort, welche Beziehung es auch zur Wirklichkeit haben mochte, zuspielte, schien dieses Wort in seine Hand zu gleiten; und wenn das Wort auch unsichtbar blieb, befreit von der Vision, von der es ausgegangen war, setzte es allmählich ein Rad an, indem die unsichtbare Modulation und die greifbare Modellierung unaufhörlich kreisten; dann, zwischen einer ungreifbaren Modellierung und einer fast sichtbaren Modulation, schien er endlich, wenn er halb die Augen schloß, seine Formen zu berühren. Auf diese Weise erwarb er die Ambivalenz zwischen dem gnostischen Raum, der ausdrückt, der erkennt, der eine unterschiedliche Dichte hat, die sich zusammenzieht, um zu gebären, und der Menge, die in der Einheit der Zeit den Blick belebt, den heiligen Charakter dessen, was in einem Lidschlag von der wogenden Vision zum festlegenden Blick übergeht. Gnostischer Raum, Baum, Mensch, Stadt, Raumgruppen, in denen der Mensch der Punkt ist mitten zwischen Natur und Übernatur.« (S. 495/96)

Darüber nachdenkend, nähert sich José Cemí der Vitrine eines Antiquars, wo eine Reihe Statuetten und wunderliche Gegenstände unter einem Mangel an Harmonie zu leiden scheinen, unter dem wechselseitigen Rückstoß ihrer Kräfte, die vergebens Übereinstimmungen, Artikulationen, brüderliche Rhythmen suchen. Cemí weiß, daß jedesmal, wenn er einen Gegenstand wählt und kauft, seine Wahl darauf zurückzuführen ist, daß sein Blick »den Gegenstand wahr[nahm], ihn unter den anderen aus[sonderte] und vor sich her[schob] wie eine Schachfigur, die in eine Welt eindringt, die im Lidschlag alle ihre Kristalle neu aufzubauen vermag« (S. 496), ein intuitiver Vorgang, den der Leser von *Paradiso* in jeder Episode, an jedem entscheidenden Punkt des Berichts sehen kann. Cemí weiß, daß »das Stück, das sich so vorschob, ein Punkt war, der einen unendlichen Strom von Analogien entließ« (S. 496); man kann den Mechanismus nicht besser beschreiben, der in tumultuöse Bewegung versetzt und, wie der *Achille immobile à grands pas* von Valéry, die unzähligen beseelten und unbeseelten Geschöpfe, die jede Seite des Buches bevölkern, zugleich fixiert.

Dieser unfehlbaren Entscheidung seines inneren Blicks vertrauend, wählt Cemí zwei Statuetten, eine Bacchantin, »sich sanft im Tanz wiegend«, und einen Cupido, dem der Bogen fehlt und der, so entwaffnet, einem Engel ähnelt, »persischer Jüngling auf einer Miniatur«, der auch etwas von einem »griechischen Athleten oder einem Inka im Gefolge des wundersamen Viracocha« (S. 497) hat. Er nimmt sie mit in sein Arbeitszimmer, und das, was geschieht, verbindet die anfängliche Meditation über die Gegenstand gewordenen Wörter mit dem, was mit diesen Gegenständen geschieht, die sich verhalten wie Wörter in der subtilen Verbindung der *similitudes amies*, um noch einmal Valéry zu zitieren.

»Tage vorher hatte er in seinem Arbeitszimmer eine massive Silberschale betrachtet, die er aus Puebla mitgebracht hatte, sie stand neben einem chinesischen Damhirsch aus massivem Holz. Daneben, auf einem anderen Tisch, stand ein Ventilator und beunruhigte den Damhirsch, und zwar mehr als es dessen Art ist, wenn er sich in uralter, kosmologischer Scheu der Silberschale näherte zur Stunde der Tränke, nachdem er das Weidegebiet durchwandert hatte. Der Damhirsch, erschrocken, weil er einen unvermuteten Sturmwind aufkommen sah, zeigte neben der Schale nicht mehr seine übliche behagliche Haltung, seine Haut zitterte, als spüre er den Atem über das Gras streichen, den Hauch der Schlange über dem Schutzmantel des Taus.

Um den hölzernen Damhirsch zu beruhigen, galt es nicht nur die Schale zu entfernen, sondern auch den Ventilator abzuschalten. Cemí stellte die Schale aus Puebla in das oberste Fach des kleinen Regals zwischen den Engel und die Bacchantin. Nun begriff er, daß das unausgegorene Durcheinander, das in dem Schaufenster der Calle Obispo geherrscht hatte, auf dem polierten Mahagonibrett zwischen den beiden Bronzestatuetten zur Ruhe kam. Der Engel schien zu rennen und zu springen, ohne vom keisrunden Rand der Schale schwindlig zu werden, und die Bacchantin, müde vom Schlagen ihrer Zimbeln und ihren aufwendigen Sprüngen, kauerte sich auf den Fuß der Schale, von wo der Engel sie für das Spiel mit dem am Schalenrand gerundeten Licht herauszulocken versuchte.« (S. 498)

Der letzte Schritt wird metaphysisch sein, wird die Achse sein, um die herum das System, das *Paradiso* ermöglicht, kristallisiert, wobei es durch das Bild die essentielle Welt sichtbar macht, der wir für gewöhnlich nur einzelne Augenblicke teilhaftig werden. Aber da bemerkt Cemí, daß die heitere Gelassenheit, die diese Gruppierungen bei ihm hervorrufen, »wenn im Kern einer Komposition ein Kraftstrom pulsierte«, bei den anderen »die scheue und bisweilen ungestüme Reaktion gleichsam tiefsten Mißtrauens« (S. 498/9) bewirkt. Die imaginären Städte, die er bei der Versöhnung und der Harmonie der Rhythmen sich erheben sah, verursachen zornige Mienen bei denen, die sich außerhalb dieser vom Geist intuitiv erfaßten und zugleich ausgeführten Architektur aufhalten. In einer Passage, die von der »dunklen Klarheit« des berühmten Corneilleschen Verses ist, krönt Lezama seine Vision:

»Dies veranlaßte ihn, darüber nachzudenken, wie in ihm diese räumlichen Rekompositionen, diese Anordnung des Unsichtbaren, dieser Sinn für Stalaktiten entstanden. Er konnte erkennen, daß diese Gruppierungen eine zeitliche Wurzel besaßen, daß sie nichts mit den räumlichen Gruppierungen zu tun hatten, die stets ein Stilleben sind; für den Zuschauer verwandelt das Fließen der Zeit diese räumlichen Städte in Figuren, in denen die Zeit im Strom und Widerstrom, wie die Arbeit der Gezeiten an den Korallenbänken, eine Art ewiger Wiederkehr der Figuren bewirkte, die, da in der Ferne angesiedelt, ein immerwährender Embryo waren. Das Wesen der Zeit, dieses Unfaßbare, vermag durch ihre eigene Bewegung, die jede Entfernung ausdrückt, diese tibetischen Städte wiederherzustellen, die alle optischen Täuschungen, die Quarzskala des kontemplativen Weges besitzen, nur vermögen wir nicht in sie einzudringen, denn dem Menschen ist keine Zeit geschenkt, in der alle Tiere für ihn zu sprechen beginnen, in der das Äußere eine Ausstrahlung schafft, die ihn auf ein mauerloses Diamantenwesen zurückführt. Der Mensch weiß, daß er nicht in diese Städte einzudringen vermag, dafür lebt in ihm die beunruhigende Faszination dieser Bilder, welche die einzige Wirklichkeit sind, die bis zu uns dringt, die uns beißt, ein ohne Maul beißender Blutegel, die, wie ein großer Teil der ägyptischen Malerei, auf eine komplementäre, dem Bild gemäße Weise gerade mit dem verletzt, was ihr fehlt.« (S. 499/500)

Bei dieser Annäherung an Lezama habe ich vorausgesetzt, daß der Leser *Paradiso* nicht kennt. Ich beeile mich daher, das mögliche Mißverständnis auszuräumen, das durch die Annahme entstehen könnte, das ganze Buch entspreche im Ton den Passagen, die ich zitiert habe. Die Passagen bieten einige der Schlüssel zu dem System, nach dem die Erzählung sich richtet, doch diese entwickelt sich auf einer Reihe von Ebenen, die von der schlichten und fast hausbackenen biographischen Evokation bis hin zur Erfindung extremer Situationen auf dem Gebiet der Erotik, der Magie und des Imaginären reichen. Unmöglich, die Mannigfaltigkeit ineinandergreifender oder isolierter Episoden zu resümieren, die akkumulierenden oder irradiierenden Sequenzen, die unerschöpfliche Phantasie eines Mannes, für den die Herrschaft des Bildes eine fabulöse Falkenjagd ist, bei der der Falkner, der Falke und die Beute in ihrem Verhältnis zueinander eine erste Reihe von Reaktionen schaffen, die imstande sind, sich zu multiplizieren, bis sie zu einem gigantischen Kristall gerinnen, der eine Welt in sich schließt, »die tibetanische Stadt« des totalen Wunders. Ich will hier ein Beispiel dafür anführen, denn ich möchte, daß man das frische Blut spürt, das *Paradiso* durchpulst, eine menschliche Gegenwart, die das Kubanische und das Amerikanische mit einem Reflex spiegelt, der fast immer eine Hypostase ist, der schwierige Vorsatz, sich in Höhe und Breite, in oben und unten, in Mythos und in Fabel zu potenzieren, und der zugleich schlicht die Tür zu den Spielen und den Nachtischgeschichten öffnet, zur Nostalgie der aufreibenden Liebeleien und der leeren Opernsäle und der Mole in Havanna an einem Morgen endlosen Wanderns. Also:

»José Cemí erinnerte sich wie an Aladin-Tage daran, wenn die Großmutter beim Aufstehen sagte: ›Heute habe ich Lust, eine Crème zu machen, aber nicht eine, wie man sie heute ißt, die nach Gasthaus schmeckt, sondern eine, die etwas von Karamelcrème, etwas von Pudding hat.‹ Und schon stellte sich das ganze Haus der alten Dame zur Verfügung, auch der Oberst gehorchte ihr und verpflichtete sich zu religiöser Unterwerfung; wie bei jenen Königinnen, die einstmals Regentinnen gewesen waren, die jedoch viel später, weil der König die Arsenale von Amsterdam und Liverpool besuchen mußte, wieder in den Besitz ihrer alten Prärogative gelangten und von neuem die geflüsterten Schmeicheleien ihrer pensionierten Diener hörten. Sie fragte, welches Schiff den Kaneel gebracht hatte, hielt ihn lange unter ihre Nase, fuhr mit den Fingerspitzen über seine Oberfläche wie jemand, der das Alter eines Pergaments prüft, nicht nach dem verborgenen Datum des Werkes, sondern nach seiner Breite, nach der Kühnheit des Eberzahns, der diese Oberfläche gewalzt hat. Bei der Vanille hielt sie sich noch länger auf, sie nahm sie nicht unmittelbar aus der Flasche, sondern ließ sie auf ihr Taschentuch tropfen und roch nach Ablauf von unwiderruflichen Zeitzyklen, die nur sie bemessen konnte, wieder daran, bis die Botschaften jener betäubenden Essenz langsam erloschen, und erst dann bestimmte sie, ob es eine weise Essenz war, würdig, beim Gemisch einer Süßspeise ihrer Herstellung mitzuwirken, sofern sie das geöffnete Fläschchen nicht ins Gartengras warf und es somit als roh und unbrauchbar erklärte. Ich glaube, daß sie beim Fortwerfen der entkorkten Flasche ihrem geheimen Grundsatz gehorchte, Mangelhaftes und Unfertiges sei zu vernichten, damit nicht die, welche sich mit Wenigem begnügen, das Verworfene wieder aufgriffen und es sich einverleibten. Liebevoll herrscherlich – ein Zug, in dem äußerstes Zartgefühl die hervorstechendste Note zu sein schien –, drehte sie sich um und sagte zum

Oberst: ›Mach mir die Eisenbleche fertig, damit ich die Meringuen überbacken kann, denn es fehlt nur wenig, um dem Mont Blanc einen Schnauzbart aufzumalen.‹ Sie sagte es mit fast unsichtbarem Lächeln, ließ aber durchblicken, daß eine Süßspeise bereiten hieß, das Haus seiner höchsten Bestimmung zuzuführen. ›Und schlagt mir nicht die Eier mit der Milch zusammen, sondern getrennt, erst soll beides einzeln geschlagen werden, damit ein jedes für sich quillt, dann erst soll vermengt werden, was von beidem aufgegangen ist.‹ Endlich wurde die Summe von so vielen Köstlichkeiten aufs Feuer gesetzt, und Señora Augusta sah nach, wie diese zu kochen begann, wie die Masse sich verdickte und sich die gelblichen Porzellanstücke bildeten, die auf Tellern mit dunkelrotem, nachtrotem Grund serviert wurden. Nun ging die Großmutter von ihren nervösen Anweisungen über zu unerschütterlichem Gleichmut. Lob erreichte sie nicht mehr, noch weniger Übertreibungen, liebedienerisches, begehrliches Getätschel, durch Wiederholung aufdringliche Beteuerungen der Bewunderung und Komplimente, all das ließ sie kalt, und sie wandte sich wieder dem Gespräch mit ihrer Tochter zu. Eine schien zu schlafen; die andere neben ihr erzählte. In ihrer Ecke flickte die eine Strümpfe, die andere redete. Dann wechselten sie das Zimmer, wobei die eine, als wäre ihr eben eingefallen, daß sie etwas holen müsse, die andere, die weiterredete, lachte, tuschelte, an der Hand mit sich fortzog.« (S. 19/20)

So wird man von Andresitos und Eloísas Tod erfahren und von der Hochzeit von José Eugenio mit der köstlichen Episode von den Stiefeletten seiner Braut Rialta, Mutter von José Cemí und die bezauberndste weibliche Gestalt des Buches; mit dem Verschwinden von José Eugenio wird das Leben seines Sohnes in den Vordergrund treten, und durch ihn und mit ihm werden wir Demetrio und Blanquita kennenlernen und an der wunderbaren Partie Schach teilnehmen, während der der Onkel Alberto geheimnisvolle Botschaften liest, die die Figuren aus Jade enthalten, und so eine magische Atmosphäre schafft, bis José Cemí insgeheim entdeckt, daß die Papierchen unbeschrieben sind und daß die Magie, weil imaginär und poetisch, noch obskurer gewesen war. Die phallischen Rituale von Lerega und Farraluque haben etwas von einer äffischen Parodie, die die ungewöhnliche Debatte über die Homosexualität einleitet, bei der sowohl die Grundlagen einer Anthropologie mythischen und poetischen Ursprungs, als auch die Charaktere von Fronesis und Foción definiert werden. Die Kapitel, die zum Ende des Werks hinleiten, sind in erzählerischer und personeller Hinsicht die romanhaftesten: das Drama von Foción und Fronesis, die sardonische Geschichte des Vaters dieses letzteren und Sergej Diaghilews, und, als Höhepunkt, die blendende Episode von Focións Wahnsinn. Ein armseliges Resumé eines Buches, das Resumés nicht zuläßt, das eine *wörtliche* Lektüre verlangt; aber in Erwartung dieser Lektüre wäre es egoistisch, es sich zu versagen, Schreibweisen, Wendungen, humorige Einfälle wie diese zu zitieren:

»Beim Näherkommen stach das Olivgrün seiner Uniform ab vom Eidottergelb der Melone, pausenlos warf er sie ein wenig hoch, um sich von ihrem Gewicht zu entlasten, und nun glich die derart belebte Melone einem Hund.« (S. 22)

»Andresito, Señora Augustas ältester Sohn, stellte seine Partitur auf, bevor er mehrmals das Wasser von seinem Geigenbogen schüttelte, und ließ in dieser Stille eines beleibten Kommodore, die den ersten Takten vorausgeht, ein ungreifbares Schiffchen sein Studierzimmer durchwogen.« (S. 57)

»Der Präsident durchschritt den Tanzsaal mit der Langsamkeit einer liebenswürdigen Reverenz auf einer Zigarrenkiste.« (S. 148)

»Wenn er erwachte, hatte er das Gefühl einer unbestimmten Sammlung von Schweigsamkeiten, wie auf Jagdunternehmungen, bei denen die Skala der einen Tiger umgebenden Stillezonen nicht verändert werden darf.« (S. 321)

»Cemí wirkte wie ein Verwandler der Stunden, er besaß das Geheimnis der Metamorphose der Zeit, und die von einem Siebenschläfer oder einer *Emys rugosa* bewohnten Stunden tauschte er um in Stunden des Falken oder eines Katers mit elektrisierendem Schnurrbart.« (S. 456/7)

»Sie werden ihn als eines jener Opfer hoher Kultur einschätzen, wie es sie in Detektivromanen gibt und die ihre Häuser am liebsten durchs Fenster betreten.« (S. 596)

»Das von den eigenen Lichtern geblendete Haus schien seine Erze auf Hochglanz zu polieren, wie um schon jetzt die Glühwürmchen der Erinnerung anzuzünden.« (S. 168)

»Wenn Onkel Alberto mit seiner Mutter, Señora Augusta, stritt, zerschlug er eine Puderdose aus Sèvre, so daß den Ziegen in den Hirtenszenen nur ein Kiefer übrigblieb oder einem kurzen Stück Hose das Bein für die Morgenübung der Hoftänze fehlte. Señora Augusta setzte ihre Schmähreden in Altstimme fort und weigerte sich, ihre letzten Western-Union-Aktien zu verkaufen, als der französische Kristallaschenbecher wie eine Quarzmine unter dem Schmelzrohr und dem irren Gerenne der Gnomen zersprang und seine Splitter im geflochtenen Weidenpapierkorb landeten.« (S. 111)

»Ihr Besitzer war der Unabhängigkeitsoberst Castillo Dimás, der drei Monate während der Mahlsaison in der Fabrik verbrachte, drei Monate auf Felseninseln, die er bei Cabañas besaß, einem paradiesischen Ort, wo man wie eine Möwe schlief, wie ein Hai fraß und sich wie ein Murmeltier im Vornirwana langweilte.« (S. 299)

»Nun griff er auf eine alte *Maîtresse* zurück, Hortense Schneider, isoldenhafte, langfingrige preußische Schönheit, nun in ihren selbstverjüngten Vierzigern, jedoch mit Augenschatten und Lippen, so vielsagend wie die Tannen am Rhein. Als sie so wagnerhaft alterte, hatte sie in ihrer maßlosen Vorstellung von Größe den Kontinent gewechselt und, ihre Isoldenrolle in China weiterspielend, begnügte sie sich damit, die Geliebte des Kaisers zu sein.« (S. 613)

*Paradiso* ist gleich dem Meer, und die vorangehenden Zitate werden das finstere Schicksal jeder Meduse haben, die man seinem grünen Schoß entriß. Wenn ich mich zuerst auch wunderte, verstehe ich die Bewegung meiner Hand, wenn sie zu dem dickleibigen Band greift, um noch einmal in ihm zu blättern; dies ist kein Buch zum Lesen, wie man Bücher für gewöhnlich liest, es ist ein Gegenstand mit Vorderseite und Kehrseite, Gewicht und Dichte, Geruch und Geschmack, ein Vibrationszentrum, das in seinem innersten Bezirk unzugänglich bleibt, wenn man nicht mit etwas auf es zugeht, woran das Gefühl beteiligt ist, und das durch Osmose und sympathetische Magie den Zutritt sucht. Wie wunderbar, daß Kuba uns gleichzeitig zwei große Schriftsteller geschenkt hat, die das Barock als Inbegriff und Zeichen für die Vitalität Lateinamerikas verteidigen, und daß es so reich ist, daß Alejo Carpentier und José Lezama Lima die beiden Pole dieser Vision und Manifestation des Barock sein können, Carpentier der untadelige Romancier mit europäischer Technik und Luzidität, Autor literarischer Produkte fern aller Unschuld, Verfasser von Büchern zum Lesen, von raffiniert instrumentierten Erzeugnissen für das Verständnis dieses abendländischen Spezialisten, der der Konsument von Romanen ist; und Lezama Lima, Mittler von dunklen Operationen jenes Geistes, der dem Intellekt vorangeht, jener Zonen, die, ohne zu verstehen, sich des Tastsinns erfreuen, der hört, der Lippe, die sieht, der Haut, die in der Stunde Pans von den Flöten weiß und vom Schrecken an den Kreuzwegen bei Vollmond. In seinen größten Augenblicken ist *Paradiso* eine Zeremonie, etwas, das jeder Lektüre mit literarischen Intentionen und Formen präexistent ist; es hat diese begierige Gegenwärtigkeit, die der Ur-Vision der Eleaten eigentümlich war, ein Amalgam aus dem, was man später Poesie und Philosophie nannte, nackte Gegenüberstellung des Antlitzes des Menschen mit einem von Sternen gesprenkelten Himmel. Ein solches Werk *liest* man nicht; man konsultiert es, man rückt Zeile für Zeile, Punkt für Punkt in ihm vor, mit einer intellektuellen und sinnlichen Beteiligung, die so gespannt und vehement ist wie jene, die uns von diesen Zeilen und diesen Punkten aus sucht und entdeckt. Ein armer Mensch, der durch *Paradiso* reisen will wie er durch das »Buch des Monats« reisen würde, durch diese hastige Television auf dem Papierbildschirm der gewöhnlichen Romane. Seit einer ersten Begegnung mit der Poesie von Lezama habe ich gewußt, was *Paradiso* jetzt in der Vollendung eines imperialen Werks bietet. Und daher, so wie um zur Montego Bay zu kommen,

nachdem auf den Sänden, seidige Pausen
zwischen dem Irrealen unter Wasser und dem Dichten,
   unwiderleglich aufgetaucht,
das metrische Aquarium entstand, und der irdische Nabel
den üppigen Horizont überwand, der den Menschen
   mit der Fortpflanzung der Bäume verwechselte,

muß man an den Mythos der Edomiter erinnern, die sich fortpflanzten wie die Pflanzen, ohne »irdischen Nabel«, ohne Zeit, »metrisches Aquarium«. Auf dieselbe Weise verlangt jede dunkle und waghalsige Seite von *Paradiso*, jedes entwurzelnde oder entfremdende Bild, eine bescheidene, aber tiefe Liebe zur ersten morgendlichen Durchwanderung des Gartens Eden, ein Enträtseln von Farnkraut, von Häuserecken und von Verhaltensweisen, einen rituellen Rhythmus, der durch Hypnose und Beschwörung die Türen so manchen Geheimnisses öffnet, das sich im hellen Licht dieser Summe auflöst. Dank *Paradiso*, wie seinerzeit *Locus Solus* oder *Der Tod des Vergil*, kehre ich zum geschriebenen Wort zurück mit dem Verhalten des Kindes, das langsam mit einem Finger über die Landkarten der Atlanten reiste und die Konturen der Bilder nachzog, das den berauschenden Geschmack des Unbegreiflichen auskostete, der Wörter, die Beschwörungen, Rhythmen und Riten des Übergangs waren: *Vor den Kalenden des Juli... Fünfzehn Menschen auf dem Sarg des Toten... Sie machten sich auf, das Goldene Vlies zu erbeuten... Sesam öffne dich... Die Monsune und die Passate... Vergiß nicht, daß wir Äskulap einen Hahn schulden...* Heute kommt die Last des toten Albatros hinzu, heute sind wir Gelehrte; doch das Grundverhalten ist noch das gleiche, weil es das eines jeden Dichters ist, der Teilnahme sucht oder gewährt. *Paradiso* will gelesen werden wie die orphischen Hymnen, wie die Bestiarien, wie *Il Milione* des Venezianers, wie Paracelsus, wie Sir John Mandeville, und bereits bei dieser rhythmischen Orakelbefragung, bei der eine Gewißheit klopft, die die Rätsel und die Ungereimtheiten und die Ungläubigkeit des wachen Verstandes transzendiert, kommt der Leser im Wort und durch das Wort in Berührung mit der Transzendenz, sieht sich gegenüber den Eingeweiden, die der Haruspex befragt, den mantischen Täfelchen, den Wegen, die das *I Ging* und die *libris fulguralis* zeigen. So *Paradiso* lesen ist wie das Herdfeuer betrachten und langsam eindringen in seinen Wirbel von Aufbau und Vernichtung, seinen klassischen Augenblick, in dem es das Opferfeuer ist, seine romantische Stunde unerwarteter Funken und Explosionen, sein Barock von blauem und grünem Rauch, der die flüchtigen Statuen und die Füllhörner vermehrt, seinen Aura-Mazda-Augenblick, seinen Brunhilde-Augenblick, das Sinnbild des Kosmos des Empedokles, die Spirale von Isidora Duncan, das analytische Zeichen von Bachelard, und darunter immer die alten Frauen der hyperboreischen Küsten, die in den Flammen das Schicksal derjenigen lesen, die sich auf hohem Meer dem Kraken und dem entfesselten Leviathan gegenüber sehen. Der Mensch ist dabei, den Mond zu erreichen, doch vor mehr als zwanzig Jahrhunderten wußte ein Dichter die Zauberformeln, die den Mond auf die Erde herabkommen ließen. Was ist *im Grunde* der Unterschied?

*Juan Rulfo*

## Carlos Blanco Aguinaga
# Realität und Erzählstil bei
# Juan Rulfo

Für Roberta Alexander,
strenge Kritikerin

»Die Wahrheit ist das Subjektive«, hatte Kierkegaard gesagt. »Die Wahrheit ist ein Seelenzustand«, empfinden schon die ersten Romantiker. Dieser neue Idealismus stellt den Menschen ganz in den Mittelpunkt. Dabei beschneidet er zwar die Bereiche von Vernunft und Wissenschaft, erhebt aber keinerlei Anspruch auf Objektivität. Wenn dieser Idealismus auch zeitweilig vom herrschenden objektiven Idealismus, dem Triumph der Wissenschaft, der bürgerlichen industriellen Revolution und dem Positivismus überlagert war, so durchzieht er doch das ganze 19. Jahrhundert, um in den Irrationalismus der Jahrhundertwende umzuschlagen, und dient dem verunsicherten modernen Menschen, der seine Subjektivität über alles stellt, als ideologischer Halt. Die kritische Auseinandersetzung mit Vernunft und Wissenschaft führt in Kunst und Philosophie zu wachsendem Widerstand gegen Klassizismus und Realismus. Ähnlich wie in der Poesie, der Philosophie, der Malerei und der Musik zeigt sich dieses Phänomen auch in der Prosa: Im Gegensatz zum Realismus, der in den Naturalismus mit Wissenschaftsanspruch mündet, werden im Roman und der Erzählung Impressionismus, Spiritualismus und Symbolismus stärker spürbar. Im Gegensatz zur Erzählung eines fotografisch genauen Realismus, wenn auch zeitlich parallel dazu, entwickelt sich die Malerei im letzten Drittel des vorigen Jahrhunderts zum Spiegelbild von Seelenzuständen. Im Gegensatz zu Flaubert und Zola tritt der neue, ruhelose Idealismus, der seine Grenzen durch die Zerstörung der »objektiven« Wirklichkeit aufzuheben vesucht und dabei tief ins Chaos, bisweilen bis zur absoluten Irrealität vordringt, zur Auflösung der Grenzen von Raum und Zeit, Innerem und Äußerem, Traum und Wirklichkeit, eingebildetem Wahn und konkreter Welt. So existieren zwei literarische Strömungen eng nebeneinander. Auf der einen Seite die überzeugten Antinaturalisten (die überspannte Romantik Dostojevskis; der Neo-Realismus von Tolstoi, Galdós, dem frühen Joyce, Hemingway und vielen anderen; der subjektive Realismus von D. H. Lawrence), auf der anderen Seite die verinnerlichte, lyrische, zeitlos-gelöste Prosa von K. Mansfield, der totale Subjektivismus Prousts, die abstrakte Erzählweise in *Ulysses* und *Finnegan's Wake,* die beklemmenden Erzählungen Kafkas. Alles Werke und Autoren, die die klassische Beziehung zwischen Erzähler und konkreter Wirklichkeit, zwischen Erzählen und Erzähltem, Raum und Zeit auflösen, da sie die subjektive Erkundung auf die Spitze treiben.

Am Schnittpunkt all dieser Strömungen steht Juan Rulfo. In einer für ihn allein typischen Art schafft er eine neue Wirklichkeit, die universell und modern, traditionell und mexicanisch zugleich ist. Mit seinem Erzählband *Der Llano in Flammen (El llano en llamas)* und seinem Roman *Pedro Páramo* weist er der mexicanischen Literatur neue Wege.

Mit Rulfo findet die zeitgenössische Subjektivität Eingang in die mexicanische Prosa. Er zeigt die Angst des modernen Menschen, der einen bestimmten Ort als Zuhause betrachtet (Dublin, Alabama, Jalisco) und dort äußeren Halt sucht, während in ihm alles zerbröckelt: Die bereits handlungsunfähige Agonie eines Vereinsamten, der an nichts mehr glaubt und alle Dinge seiner Umwelt nur als stumme Symbole sieht. Hier handelt es sich nicht mehr um die Traurigkeit und grübelnde Desillusion des liberal-optimistischen Skeptikers der Jahrhundertwende, etwa Mariano Azuelas.[1] Schon in seinen ersten Erzählungen beschreibt Rulfo die anscheinend aussichtslose Situation des verunsicherten modernen Menschen. Seine literarische Arbeit beginnt nach der Revolution, die der gottlose Solis in *Die Rotte (Los de Abajo)* vorhergesagt hatte. Ohne Glauben und ohne Hoffnung betrachtet er die verdörrte Erde, die Kaziken, den Mais, der nicht wächst, den Staub, den sinnlosen Wind, die Pilgerfahrten nach Talpa, die primitiv-mechanisch verübten Verbrechen, die Einsamkeit und das stumme Elend der Landbewohner. Er ist davon überzeugt, daß die Träume der Menschen weder durch eine soziale Idee noch durch Krieg in Erfüllung gehen, nicht einmal die Träume eines Kaziken mit Anlagen zum *Caudillo.* »Ich sah die Tropfen rinnen, ich sah, wie sie in den Blitzen aufleuchteten, und jeder Atemzug war ein Seufzer, und jeder Gedanke ein Gedanke an dich, Susana.«[2] Es bleibt kein Glaube an einen äußeren Halt, stattdessen herrschen dumpfe Gewalt, Fatalismus und jene ruhige, beklemmende Einsilbigkeit, die Rulfos Erzählungen und Roman prägen. »Es ist nicht ganz leicht, mit dem Gedanken aufzuwachsen, zu wissen, daß der tot ist, an dem man Halt gehabt hätte, um Wurzeln zu schlagen« (94), erklärt eine der Figuren aus *Sag ihnen, sie sollen mich nicht töten!* In dieser Situation ziehen sich die Männer und Frauen Rulfos in sich zurück und leben von innen heraus. Die objektiv ausgerichtete Neugier der mexicanischen Realisten und Revolutionsschriftsteller, die sich teils wissenschaftlich, teils moralisierend mit der historischen Wirklichkeit befaßten, und auch das deutliche soziale Engagement der Autoren der dreißiger und vierziger Jahre werden bei Rulfo von der rein innerlich bedingten Angst des Menschen abgelöst, ohne daß damit eine bestimmte Richtung oder These verkündet würde. Mit einer eigenen Tönung färbt diese Art von Angst alles – den lyrischen Ausdruck, das Thema, die Sprache.

Am deutlichsten zeigt sich die subjektive Weltsicht Rulfos, diese lyrische, von innen her gesehene Realität, in der Behandlung der Figuren und der Zeit. Die (gute) frühere mexicanische Prosa, etwa von Mariano Azuela oder Martin Luis Guzmán[3], setzt sich realistisch und objektiv mit einer dynamisch im Fluß befindlichen Wirklichkeit auseinander. Der vereinsamte, völlig aufs Innere bezogene Rulfo lebt dagegen eine subjektivere Zeit. Jede andere, ihm fremde Wirklichkeit ist diesem subjektiven Erleben untergeordnet. Schon in dem Erzählband *Der Llano in Flammen* fällt die fehlende Dynamik in Rulfos Prosa bedrückend auf. Die dumpfe Ruhe und die monotone, fast traumhafte Einsilbigkeit umgeben die elementaren Fatalismus seiner Erzählungen, in denen die Zeit still zu stehen scheint, mit einer Stimmung, als drohe ständig eine Tragödie. Darüberhinaus gelingt es Rulfo meisterhaft, die Zeit anzuhalten. Das trifft auf sämtliche Erzählungen zu, die rein beschreibenden (wie *Luvina*), die dialogisch dramatisierten *(Sag ihnen, sie sollen mich nicht töten!)* und die Kurzgeschichten, die ein äußeres Ereignis berichten *(Talpa)*. Er verwischt den Bezug zur Umwelt der Figur und gibt uns damit einen tieferen Einblick in deren monotones und diffuses Leben, wo das Unheil stets gegenwärtig ist, intensiv erfaßt und akzeptiert wird. Das beste Beispiel dafür finden wir vielleicht in *Luvina*. Von Anbeginn an führt uns Rulfo mit sicherer Hand in eine unwirkliche Zeit, eine Zeit, die im weiteren Verlauf der Erzählung in einer der Personen erstirbt und damit stehenbleibt. Eine konkrete räumliche Vorstellung läßt Rulfo, offensichtlich der Erzähler der Geschichte, gar nicht erst aufkommen: »Von den hohen Bergen im Süden ist der Berg von Luvina der höchste und der steinigste.« (97) »Von den hohen Bergen im Süden«: Mit diesem ersten Satz, mit dieser ungenauen, täuschenden geographischen Angabe, die im Verlauf der Erzählung immer wieder auftaucht, führt uns Rulfo auf die unbestimmbare innere Realität zu. Die Beschreibung fährt im Präsens fort, wodurch der Bezug zur Vergangenheit aufgehoben wird. Ein Grauton überzieht die deutlich negativ dargestellte Außenwelt, die Rulfo durch seinen Erzählstil in ein subjektives Bild verwandelt: »Er ist verseucht mit diesem grauen Gestein, aus dem Kalk gemacht wird, aber in Luvina machen sie keinen Kalk daraus, noch nutzen sie es sonst.« (97) Mit diesen beiden Sätzen negiert Rulfo die konkrete Außenwelt und beginnt damit, die scheinhafte Realität seiner eigenen Welt aufzubauen.

Zu Beginn des zweiten Abschnitts überraschen uns einige Punkte: »...Und die Erde ist zerklüftet.« Was wir für eine Beschreibung des Erzählers hielten, erscheint jetzt als unverständliches Fragment ohne logischen Zusammenhang im hartnäckigen Meditieren irgendeiner Figur der Geschichte. Gegen Ende des Abschnittes stellen wir fest, daß tatsächlich eine der Figuren spricht:

Nur wo ein wenig Schatten hinfällt, blühen manchmal, versteckt zwischen den Steinen, die weißen Blumen des Stachelmohns. Aber der Stachelmohn welkt rasch [der Zerfall der Realität wird weiter betont]. Dann hört man, wie die dornigen Stengel die Luft zerkratzen [...]

Tatsächlich schreibt hier niemand; jemand spricht. Daß dieser *jemand* in keiner Weise genauer beschrieben, vielmehr bewußt schattenhaft gehalten wird, ist ein konstantes Charakteristikum Rulfos. Erst langsam begreifen wir, daß es sich hier nicht um die Beschreibung eines Erzählers von außen, sondern um eine Unterhaltung aus dem Inneren der Erzählung handelt. Dann entdecken wir, daß diese Stimme schon seit dem unbestimmten Beginn der Erzählung zu jenem seltsamen *jemand* gehört: einem jener vielen namenlosen Charaktere Rulfos, die keine äußere Gestalt annehmen.

Zu Beginn des dritten Abschnitts hat uns Rulfo bereits von der scheinbar objektiven Realitätsbeschreibung mitten hinein in die vage Unterhaltung einer Person jenseits von Raum und Zeit geführt: »Sie werden ihn schon zu sehen bekommen, diesen Wind, der über Luvina dahinbläst. Er ist dunkel [...]«

Wie in jedem Dialog begegnen sich hier scheinbar ein *ich* und ein *du* oder *Sie*, was ein zeitliches Fortschreiten der Handlung ermöglicht. Aber dieser Eindruck täuscht. Am Ende des Abschnitts (der zunehmend grau wird), sagt uns jemand, vermutlich der Erzähler: »Der Mann, *der sprach, schwieg eine Weile und blickte hinaus. Zu den beiden drang das Geräusch des Flusses* [...]« Wer spricht hier? Mit wem? Wo? Der Dialog erwies sich als eine Art inneren Monologs irgend jemandes, in der Tat als ein Monolog ohne Person, Raum oder Zeit. Das *ich* und das *du*, die für den zeitlichen Fortgang der Handlung nötig sind, verwischen, versinken. Von diesem *jemand* und *jene* aus können wir weder *wann* noch *wo* erschließen. Wer spricht? Und mit wem? Rulfo macht sich nicht einmal die Mühe, uns Namen zu nennen und betont dadurch seine charakteristische Weltsicht (und Erzähltechnik): Dort vor den Bergen sprach jene Person mit irgend jemandem. In Wirklichkeit aber spricht sie allein, innen. Wie immer bei Rulfo ist der Dialog ein in sich gekehrter Monolog.

Das Fehlen einer konkreten Situation, der vorherrschende eine Grauton, die beharrlich negativ beschriebene äußere Realität und jener kaum wahrnehmbare Übergang vom Erzähler zu irgendeiner Person, die letztlich mit sich selbst spricht – all diese Elemente zerstören die Beziehung zwischen Subjekt und Objekt, zwischen Realität und Realitätsbetrachter. Eine Schattenwelt entsteht, die dann in *Pedro Páramo* extrem dargestellt wird. Luvina, dieses Dorf in den Bergen, das in all seiner Unwirklichkeit so realistisch beschrieben ist, beginnt nach und nach, alles zu beherrschen und zu ersticken. Es gibt kein wo, wer oder wann: nur einen hohen steinigen Berg, ein eintöniges Grau, auf dem sich der Wind niederläßt. Zeitlos.

In Luvina geschieht äußerlich nichts oder fast nichts. »Dort regnet es wenig [...] Ja, es regnet wenig.« Man spricht kaum, gearbeitet wird nicht, selbst der ungezügelte Wind fängt sich dort: »Er setzt sich in Luvina fest und heftet sich an die Dinge [...]« (98) Alles scheint hier der Ewigkeit anzugehören, unberührt von Bewegung und Zeit. »[...] das ist der Ort, wo die Trübsal zu Hause ist.« Es bleiben nur die Alten, sie sitzen in den Türen, sehen dem Sonnenauf- und -untergang zu, heben und senken den Kopf. »Das ist so der Brauch. Dort nennen sie es das Gesetz [...]« Brauch und Gesetz, das Unverrückbare, Unveränderliche, das Zeitlose bestimmen – als ob man außerhalb der Geschichte lebte. Und so leben sie weiter. *Jetzt* und immer. Wie uns die laut denkende Stimme mitteilt, hat in Luvina jeder äußere Lebensrhythmus aufgehört.

Mir scheint, Sie haben mich gefragt, wieviel Jahre ich in Luvina verbracht habe, nicht wahr? [Schatten scheinen hier zu sprechen, nicht einmal der Befragte existiert mit Sicherheit.] Offen gesagt, ich weiß es nicht. Ich habe jedes Gefühl für Zeit verloren, seitdem das Fieber sie mir durcheinanderbrachte. Aber es muß eine Ewigkeit gewesen sein … Die Sache ist die, daß die Zeit dort sehr lang ist. Niemand zählt die Stunden, und niemanden interessiert es, wie die Jahre sich anhäufen. Die Tage fangen an und hören auf. Dann kommt die Nacht. Nur der Tag und die Nacht, bis zum Tag des Todes, der für die Leute dort eine Hoffnung ist [ … ] Auf der Türschwelle sitzen, den Sonnenaufgang und den Sonnenuntergang ansehen, den Kopf heben und senken, bis schließlich die Spannkraft nachläßt, und dann ist alles ruhig, zeitlos, als ob man immer in der Ewigkeit lebe. So leben dort die Alten. (104)

In Rulfos Wirklichkeit bleibt alles ruhig, ohne den äußeren Einfluß der Zeit. Alles, auch die monotone Wiederholung von Vorstellungen und Worten durch den sprechenden Jemand trägt zum Eindruck der totalen Isolierung, der völligen Aufhebung des äußeren Lebens und seiner Verlagerung ins Innere der Figuren bei.

»Sie werden ihn schon zu sehen bekommen, diesen Wind, der über Luvina dahinbläst. Er ist dunkel. Angeblich, weil er vulkanischen Sand mit sich führt. Aber sicher ist, daß das ein schwarzer Wind ist. Sie werden ihn schon sehen. Er setzt sich in Luvina fest und heftet sich an die Dinge, als ob er hineinbisse. [ … ] Sie werden ihn schon sehen.« (97 f.)

Die Wiederholungen machen sichtbar, daß das Gespräch von einem inneren Zeitrhythmus bestimmt wird. Um nicht aus ihrer Innenwelt herauszutreten, um jeden zeitlichen, lebendigen Fortgang zu vermeiden, neigen Rulfos Personen dazu, ihren einleitenden Satz nach einer Reihe von Sätzen wieder aufzugreifen. So bleiben alle ihre Worte im luftleeren zeitlosen Raum. Diese Methode findet sich in Rulfos Dialogen ständig:

»Noch was anderes. In Luvina werden Sie niemals einen blauen Himmel zu sehen bekommen. Dort ist der ganze Horizont immer blaß, mit einer Dunstschicht bedeckt, die niemals verschwindet. Die ganze Bergkette ist kahl, ohne einen einzigen Baum, ohne irgend etwas Grünes, worauf die Augen ausruhen könnten. Alles in diesen aschenfarbenen Dunst gehüllt. Sie werden das sehen [ … ]« (98)

Und an anderer Stelle: »Ja, wie ich Ihnen sagte. Dort regnet es wenig [ … ] Ja, es regnet wenig. [ … ] als ob sogar der Erde Stacheln gewachsen wären. Ganz so!« (99) Die Zeit kann zwischen dem ersten und dem letzten Wort nicht weitergehen. Alles Gesagte kommt in direkter Wiederholung oder leichter Abwandlung wieder vor. Diese, jede Emotion abschwächende Erzählweise und die monotonen, einsilbigen Monologe prägen alle Erzählungen Rulfos und ganz entscheidend auch *Pedro Páramo*. Aus den beharrlich sich wiederholenden Gedankenmonologen Luvinas wird das wirkliche Leben bewußt ausgeschlossen.

Das Gelärm der Kinder wurde lauter und drang schließlich wieder bis in den Laden herein. Der Mann stand auf, ging zur Tür und sagte: »Geht weiter fort! Stört uns nicht! Ihr könnt weiterspielen, aber macht keinen solchen Lärm!« (99)

Daß bloß der äußere Lärm die zeitlose stille Welt Rulfos nicht stört!

Sehr geschickt hat uns Rulfo seine Sicht des mexicanischen Landlebens nahegebracht. In dieser Wirklichkeit geschieht äußerlich nichts oder fast nichts, und wenn etwas geschieht, so ganz mechanisch, auf Grund eines Gesetzes, eines Brauches, der sich gewalttätig durchsetzt, um dann erneut zur schattenhaften Ruhe jener Welt zurückzukehren, in der die Menschen sich der Natur angeglichen haben, wie Rulfo sie sieht: grau, schattenhaft, ohne sichtbar wirkliches Leben, aus stummen Zeichen. Sogar in *Sag ihnen, sie sollen mich nicht töten!*, einer dialogisch besonders dramatisierten Erzählung, sind Zeit und äußeres Geschehen aufgehoben. Hier wird einer jener gewalttätigen Ausbrüche gezeigt, die bei Rulfo den für Mensch und Natur monotonen inneren Zeitverlauf zuweilen unterbrechen: Von einem Mord und einer Erschießung wird erzählt.

In der zeitlosen Resignation des Lebens der Figuren wirken die beiden Ereignisse wie mechanisch sinnlose Abläufe aus der geschichtlichen Realität. Sie ändern nichts an der ruhigen, stummen Wirklichkeit, mit der Rulfo das Innere seiner Personen ausstattet – genausowenig wie die gelegentliche Ankunft und Abreise eines jungen Mannes oder wie der Regen in Luvina. Hier, wie in allen Erzählungen Rulfos, herrscht eine monotone Besessenheit, die die Zeit von innen heraus anhält und jedes äußere Geschehen bedeutungslos macht. Wir leben in einer Welt der entfremdeten Geschichte, einer inneren Welt, die alle historischen Ereignisse mit resigniertem Schweigen akzeptiert als unvermeidbare, mechanisch ablaufende *Gesetzlichkeit* ohne tiefere Bedeutung.

Wer hätte das gedacht, daß diese alte, uralte Geschichte wieder auftauche
würde, die längst begraben war, wie er geglaubt hatte! Die Geschichte vo
damals, als er Don Lupe umbringen mußte. Er erinnerte sich:
  Don Lupe Terreros, der Besitzer der Hazienda Puerta de Piedra und sei
Gevatter, um es ganz genau zu sagen. Ihn hatte er, Juvencio Nava, umbrin
gen müssen, weil er, der Besitzer der Puerta de Piedra und obendrein noc
sein Gevatter, sich geweigert hatte, sein, Juvencios, Vieh in der Haziend
weiden zu lassen.
  Zuerst hatte er sich aus purem Anstand zurückgehalten. Aber dann, a
die Trockenheit kam und er sah, wie sein Vieh, ein Stück nach dem anderer
verhungerte, und als Don Lupe dabei blieb, ihm sein Weideland zu verwei
gern, da hatte er ein Loch in die Mauer geschlagen und den Haufen magere
Tiere in das Parágras getrieben, damit sie sich satt fressen sollten. Und da
hatte Don Lupe nicht behagt. Er ließ die Mauer wiederherstellen, und e
Juvencio Nava, riß das Loch wieder auf. So wurde dieses Loch bei Tag
verstopft und bei Nacht wieder aufgebrochen, und das Vieh stand dor
dicht an die Mauer gedrängt, immer in Erwartung. Dieses Vieh, das vorhe
das Gras nur gerochen und nie geschmeckt hatte.
  Und er und Don Lupe stritten sich weiter herum und konnten zu keine
Einigung kommen.
  Bis Don Lupe eines Tages zu ihm sagte:
  »Hör zu, Juvencio, das nächste Tier, das du auf meine Weiden läßt, wir
getötet.«
  Und er antwortete ihm:
  »Hören Sie zu, Don Lupe, ich kann doch nichts dafür, daß die Tiere au
ihren Vorteil bedacht sind. Und die Tiere sind unschuldig. Überlegen Si
sich's gut, bevor Sie sie mir töten!«
  »Und er tötete mir einen jungen Stier. Das geschah vor fünfunddreißi
Jahren im März, denn im April war ich schon im Gebirge und lief vor der
Steckbrief davon. [...]« (88 f.)

Fatalismus und eintöniges Sinnieren prägen Leben und Erzähl
technik der Wirklichkeit Rulfos. Dazu kommt die ungenaue Fer
ne, in der fast alle Figuren leben und in sich versunken sprechen
Berücksichtigt man noch, daß das »ich« in den Dialogen nie zur
»du«, sondern nur zu sich selbst führt und damit jeden Fortgan
vereitelt, so haben wir die wichtigsten Elemente von Rulfos Wel
beisammen.
  Wenn es schon überrascht, diesen Stil in einer dialogisch angeleg
ten Erzählung wie *Sag ihnen, sie sollen mich nicht töten!* zu finden
dann um so mehr, wenn in *Talpa* von einem historischen, fort
schreitenden Geschehen, einer Pilgerfahrt, in diesem Stil erzähl
wird.

Als objektiver Beobachter einer dynamischen Wirklichkeit hätte Rulfo diese Erzählung ganz realistisch schreiben können, wie er es in seinem ersten Satz auch anzukündigen scheint: »Natalia warf sich in die Arme ihrer Mutter und weinte lange Zeit, leise jammernd, an ihrer Schulter.« (56) Dennoch zog Rulfo es vor, die Geschichte in der ersten Person wiederzugeben, um uns seine Sicht der Welt aufzuzwingen.

Es war ein Weinen, das sie viele Tage lang zurückgehalten, das sie bei sich bewahrt hatte bis zu dem Augenblick, wo wir nach Zenzontla heimkamen und sie ihre Mutter wiedersah und ein Verlangen nach Trost sie überkam. (56)

Fast wie in *Luvina* löst sich hier ein Ich-Erzähler aus der konkreten Situation und beginnt, mit sich selbst zu sprechen. Seine Gedanken schweifen zu Vergangenem zurück. In seinen inneren Monologen scheinen »früher« und »jetzt« eins zu werden. Das schafft einen zeitlichen Stillstand und ermöglicht es Rulfo, die konventionellen Realitätsebenen zu verformen, um jene innere, typisch mexicanische Atmosphäre des Irrealen zu erzeugen, die mit ihm Eingang in unsere Prosa gefunden hat. Aufgrund dieser Erzählweise scheinen sich die Pilger, der Tod Tanilos, die Liebe zwischen dem Erzähler und Natalia in einer fernen, fast irrealen Welt abzuspielen, von der nur die hartnäckige Erinnerung bleibt: ruhig, versunken, eigentlich geschichtslos – zeitlos.

Die monoton lakonischen Wiederholungen des Ich-Erzählers sind hier noch häufiger als in den anderen Geschichten. Noch stärker als in *Luvina* werden im Monolog von *Talpa* Ideen und Sätze wiederholt, wird eingangs Gesagtes am Ende des Abschnitts wieder aufgegriffen. Durch diese Erzähltechnik werden äußere Ereignisse in ihrer konkreten Bedeutung aufgehoben und erscheinen nur noch in der subjektiven Innensicht des Ich-Erzählers.

Wir wollten ja nur, daß er starb. Aber dazu muß gesagt werden, daß wir das schon gewollt hatten, bevor wir aus Zenzontla fortgingen, und wir wollten es in jeder einzelnen Nacht, die wir auf dem Weg nach Talpa verbrachten. Das können wir jetzt nicht mehr verstehen, aber damals wollten wir es. Ich erinnere mich ganz genau daran. Ich erinnere mich ganz genau an diese Nächte. (59)

Durch dieses Mittel der Wiederholung ist zwischen Abschnittsbeginn und -ende keine Zeit vergangen, ebensowenig wie im folgenden Abschnitt. Das gleiche Verfahren an anderer Stelle:

Eines Tages wird es Nacht werden. Daran dachten wir immerzu. Die Nacht wird kommen, und wir werden ausruhen. Jetzt handelt es sich darum, den Tag hinter uns zu bringen, durch ihn hindurchzukommen, wie es auch sei, um der Hitze und der Sonne zu entgehen. Dann werden wir haltmachen. Dann. Vorläufig gilt es, alle Kraft aufzubieten, um schnell voranzukommen hinter den vielen Menschen vor uns und vor den vielen, die noch hinter uns sind. Darum handelt es sich jetzt. Wir werden uns schon gründlich ausruhen, wenn wir erst tot sind. Daran dachten Natalia und ich [...] (62)

Die stakkatohaft-dumpfe Wiederholung derselben Grundidee, derselben Wörter, der kaum wahrnehmbare Zeitwechsel zum Präsens (daran dachten wir – es geht darum – später), und der ständige Gebrauch des vagen Bezugswortes »daran« erwecken den Eindruck von Stillstand im Lebensfluß. Genau darauf kommt es Rulfo an.

Weitere Beispiele sind kaum nötig: Fast in jedem Abschnitt von *Talpa* wird auf diese Weise der äußere Zeitablauf aufgehoben. In den inneren Monologen der Figuren – seien es die Alten in *Luvina* oder der alte Pedro Páramo – sind die äußeren Ereignisse bis zur Bedeutungslosigkeit geschrumpft. Daher die lakonische Wiedergabe des Geschehens durch die Erinnerung des Erzählers, etwa seiner Vereinigung mit Natalia auf dem Weg nach Talpa, oder des wohl brutalsten äußeren Ereignisses der ganzen Erzählung:

Denn die Sache ist die, daß wir beide, Natalia und ich, Tanilo Santos umgebracht haben. Wir haben ihn nach Talpa geführt, damit er sterben sollte. Und er starb. Wir wußten, daß er den weiten Weg nicht aushalten würde. Aber trotzdem haben wir beide ihn mit Gewalt hingebracht, und unsere Absicht war, ihm den Garaus zu machen. Das haben wir getan. (57)

Alles äußere Geschehen in Rulfos Erzählungen hat sich von der Wirklichkeit gelöst, als ob es nie geschehen wäre. Durch den zeitlosen Fatalismus der Personen wirkt jede Handlung als rein mechanischer Ablauf. Und dabei geschieht sehr wohl etwas in *Luvina* wie auch in *Talpa*. Aber diese äußeren Geschehen fügen den Männern und Frauen nur noch weiteren Seelenschmerz zu – Schmerz, der auf dem Weg zum Tod stumpf und lakonisch hingenommen wird, als handelte es sich um ein ehernes *Gesetz*, das ihnen seit Jahrhunderten auferlegt ist. Da alle Personen Rulfos den Tod in sich tragen, überrascht und berührt es keinen, wenn er brutal von außen an sie herantritt. »Und mir kam es vor, als wäre das Leben noch nie so langsam und widerwillig dahingegangen« (61), sagt uns der Ich-Erzähler in *Talpa*. In dieser beklemmenden Spannung zwischen eintöniger Bedächtigkeit und äußerer Gewalt liegt das Geheimnis von Rulfos Bild der mexicanischen Realität, dieser statischen, fatalistischen, nach innen gezogenen Realität seiner Männer und Frauen.

Rulfos subjektiver Stil hat, nebenbei gesagt, etwas Paradoxes: Wenn er sich nach außen der objektiven Realität zuwendet (wobei er sich der Grenzen dieser Erzähltechnik sehr wohl bewußt ist), gibt er nie vor, das Innere dieser Realität zu interpretieren. Im Gegensatz zur analytisch-realistischen Schule, die sich mit der äußeren Wirklichkeit des Subjekts (Erzählers) befaßt, um diese dann auf die innere Realität des Objekts zu übertragen, geht Rulfo (wie der frühe Joyce, Sherwood Anderson, Hemingway) von der inneren Realität des Subjekts aus und sieht von dort die äußere Realität des Objekts. Zwar wird damit die Realität durch den Erzähler subjektiv verfärbt, eine abgehobene Bedeutung zwingt diese Art der Analyse jedoch nicht auf. Die Personen handeln und sprechen selbständig und konfrontieren den Erzähler mit ihren Aussagen. Und obwohl der Erzähler weiß, wie subjektiv die Personen sind, macht er keinen Versuch, ihnen Gedanken und Gefühle zuzuschreiben. Rulfo versucht nicht, die inneren Mechanismen der äußeren Realität zu erklären, die er in Wirklichkeit nicht kennen kann. Sie ist vorgegeben. Er muß sie nur übermitteln, damit sie sich selbst offenbart. Von hier aus läßt sich auch die merkwürdige Objektivität der Erzählungen verstehen. Während die frühere mexicanische Prosa die äußere Wirklichkeit ideologisch, zuweilen sogar dogmatisch sieht, sie betont, analysiert und erklärt, zeichnet sich Rulfos Prosa durch einen objektiven Erzählstil aus, der für die modernen subjektivistischen Autoren charakteristisch ist.

Alle wesentlichen Merkmale der Weltsicht und des Erzählstils von Rulfos Erzählungen finden sich wieder in seinem großartigen Roman *Pedro Páramo:* der gleiche Fatalismus gegenüber der Gewalt und den scheinbar mechanisch ablaufenden äußeren Vorgängen; die gleiche Selbstbezogenheit und lakonische Kürze der Personen; der gleiche objektive Erzählstil. Nur wird hier alles bis zu einem Extrem der Irrealität und des Subjektivismus gesteigert. Von der ersten Seite an umgibt uns die lakonische Kürze der unpersönlichen Sprecher, die wir schon in *Der Llano in Flammen* kennenlernten.

Ich kam nach Comala, weil man mir gesagt hatte, daß mein Vater hier lebe, ein gewisser Pedro Páramo. Meine Mutter hatte es mir gesagt. Und ich hatte ihr versprochen, ihn aufzusuchen, sobald sie tot wäre [...] Deshalb ging ich nach Comala. (7)

Wir erfahren nur das absolut Notwendige. Gefühle werden nie, weder vom Erzählenden noch vom Autor, analysiert. Das innere Geschehen, das Rulfo andeutet, wird neutral von außen betrachtet. Diese konsequent durchgeführte Selbstbeschränkung schafft eine Atmosphäre konzentrierter Ruhe im ganzen Roman. Inmitten dieser Ruhe lebt jede Person ganz isoliert, allein mit sich selbst. Als Beispiel dafür der kleine Pedro Páramo, der mit seinem inneren Traum die äußeren Geschehen aufhebt:

»Großmutter, ich komme, um dir beim Maisauskörnen zu helfen.«

»Damit sind wir fertig. Aber jetzt wollen wir Schokolade machen. Wo hast du denn gesteckt? Die ganze Zeit, als das Gewitter war, haben wir dich gesucht.«

»Ich war im anderen Hof.«

»Und was hast du da gemacht? Hast wohl gebetet?«

»Nein, Großmutter, ich habe nur zugesehen, wie es regnete.«

Die Großmutter sah ihn mit ihren gelbgrauen Augen an, die erraten konnten, was in einem Menschen vorging.

»Also los, geh und mach die Mühle sauber!«

»Hunderte von Metern entfernt, über allen Wolken, weit, weit jenseits aller Dinge, da bist du verborgen, Susana. Verborgen in der Unendlichkeit Gottes, hinter seiner göttlichen Vorsehung, da wo ich dich nicht erreichen und nicht sehen kann und wohin meine Worte nicht gelangen.«

»Großmutter, die Mühle ist nicht mehr zu brauchen. Das Gewinde ist kaputt.«

»Da hat doch diese Micaela sicher wieder die ganzen Maiskolben darin gemahlen. Das kann man ihr nicht abgewöhnen. Na, das läßt sich nicht ändern.«

»Warum kaufen wir keine neue? Sie war doch sowieso alt, daß sie zu nichts mehr taugte.«

»Du hast eigentlich recht. [...] Du könntest zu Doña Inés Villalpando gehen und sie bitten, uns das Geld bis Oktober zu stunden. Wir bezahlen es ihr in der Ernte.«

»Ja, Großmutter.«

»Und damit du bei der Gelegenheit gleich alles erledigst, sag ihr, sie soll uns ein Getreidesieb und eine Gartenschere leihen.« [...]

»Ja, Großmutter.« [...]

Als er fortging, hielt die Mutter ihn zurück:

»Wohin gehst du?«

»Zu Doña Inés Villalpando, um eine neue Mühle zu kaufen. Unsere ist kaputt.«

»Sag ihr, sie soll dir einen Meter schwarzen Taft geben, so wie diesen hier.«

[...]

»Ja, Mutter.«

»Und kauf mir auf dem Rückweg ein paar Aspirin-Tabletten. In dem Blumentopf im Korridor ist Geld.«

Er fand dort einen Peso. Er ließ die zwanzig Centavos zurück und nahm den Peso.

»So, jetzt hab ich Geld übrig für irgendwas, worauf ich Lust habe.«

»Pedro!« rief es hinter ihm her. »Pedro!«

Aber das hörte er schon nicht mehr. Er war sehr weit weg. (17 f.)

»Er war sehr weit weg«: Zwar zeigen sich schon in dem Kind Pedro Páramo deutliche Anzeichen von Eroberungslust und Herrschsucht; dennoch geht er schon als Kind weit weg von allen und allem. Er löst sich von der Wirklichkeit durch den Traum von seiner Liebe zu Susana: Pedro Páramo reagiert selbst als Kazike noch wie alle Personen Rulfos mechanisch auf äußere Impulse: »Ja, Großmutter, ja, Großmutter.« »Ja, Mutter.«

Alle Personen des Romans sind wie dieses sentimentale Kind (das später der nach außen grausame Kazike wird) nach innen angelegt. So Dyada, die mitten in ihrer Unterhaltung mit Juan Preciado aus tiefster Erinnerung ein »Wann kommst du zur Ruhe?« sagt und dabei nicht ihren Gesprächspartner, sondern die ruhlose Seele des Miguel Páramo meint. Oder die gleiche Dyada, die zu Juan Preciado sagt: »Hast du schon einmal das Wehklagen eines Toten gehört?‹ ›Nein, Doña Carmen.‹ ›Umso besser für dich!‹« (28) Seiten später nimmt sie diese Unterhaltung wieder auf, die sie nur mit sich selbst fortgeführt hatte: »›Umso besser für dich, mein Sohn‹ [...]« (36) Auch Damiana, Abundio und Susana San Juan ähneln Pedro Páramo: In diesem Roman Rulfos lebt jede Person ganz auf sich gestellt ihre eigene isolierte Wahrheit. Deshalb schweben die Dialoge wie von der Zeit losgelöst: Hier hört keiner dem anderen zu. »Ich hatte angenommen, daß die Frau mir zuhörte, aber plötzlich merkte ich, daß sie ihren Kopf zur Seite gewandt hielt, als horche sie auf ein fernes Geräusch.« (24) Wie Dyada und Pedro Páramo scheinen alle Personen ein von der äußeren Umwelt unabhängiges Leben zu führen, als wäre die Zeit »geschrumpft«. Dazu kommt noch, daß der Leser das befremdliche Gefühl hat, nicht zu wissen, wer der Erzähler ist, noch mit wem er auf den ersten Seiten des Buches spricht. Wir wissen, daß ein Sohn Pedro Páramos mit einem Maultiertreiber spricht. Es gibt also zwei, wenn auch konturlose Figuren. Wie gewöhnlich gibt Rulfo auch im weiteren Verlauf des Romans weder eine äußere noch eine innere Beschreibung seiner Personen. Mehr noch: Sie bleiben lange ohne Namen. Den Namen des Maultiertreibers (Abundio) erfahren wir erst am Ende der seltsamen Unterhaltung und den Namen des Sohnes von Pedro Páramo (Juan Preciado) überhaupt erst nach seinem Tod, als er sich aus dem Grab mit Dorothea unterhält. (63) Die Namen wie die Außenwelt überhaupt spielen in dieser Wirklichkeit keine Rolle. Es sind Figuren fern von Zeit und Raum, fast Gestalten der Einbildung.

In diesem Roman scheinen sie nicht nur Trugbilder zu sein, sie sind es wirklich. Wie nach den Erzählungen *Der Llano in Flammen* zu erwarten, geht Rulfos Realität in eine Totenwelt über. Der Ort Comala (den man sofort vom Berg her, wo der Roman beginnt, entdeckt, dessen geographische Lage aber nie beschrieben wird) ist als Dorf schon tot, als die Erzählung zu einem unbestimmbaren Zeitpunkt, vermutlich vor 1910, beginnt. Sie erstreckt sich bis 1920 oder 1930. Aber schon lange davor, in jener unbestimmbaren Zeit des Romans, erscheint den Schemen, die *heute* in Comala zwischen Gemurmel und Erinnerungen leben, dieser Ort (etwa wie Luvina) als ein seit jeher totes Stück Erde, geschichtslos. Nichts wächst dort, höchstens saurer Wein. Es gibt Dörfer der Trübsal: Man erkennt sie sofort, wenn man ihre schale, abgestandene Luft einatmet. Comala ist so ein ausgezehrtes Dorf, das wie ein Erdhaufen unmerklich zerfällt. Die Zeit scheint auf jeder Romanseite erneut stillzustehen, was u. a. durch die Indios symbolisiert wird, die an einem regnerischen Sonntagmorgen schweigend zum Markt herunterkommen:

Auf die Äcker von Comala fällt der Regen. Ein feiner Regen, sehr ungewöhnlich für diese Gegend der großen Wolkenbrüche. Es ist Sonntag. Von Apango sind die Indios heruntergekommen, mit ihren Kränzen aus Kamillen, ihren Rosmarinblättern, ihren Bündeln Thymian. Fichtenholzspäne zum Feuermachen haben sie nicht mitgebracht, das Fichtenholz ist naß geworden, und auch keine Humuserde, weil die auch vom vielen Regen naß geworden ist. Unter den Bogen der Arkaden breiten sie ihre Kräuter aus und warten.

Der Regen fällt auf die Pfützen.

[...]

Die Indios warten. Sie merken, daß das heute ein schlechter Tag ist. Vielleicht zittern sie deshalb unter ihren nassen »Mänteln« aus Stroh, zittern

nicht vor Kälte, sondern vor Sorge.
[...]
Niemand kommt. Das Dorf scheint verlassen zu sein. Die Frau hat ihnen aufgetragen, etwas Stopfgarn mitzubringen und ein wenig Zucker, und wenn es dazu reicht und wenn es das da gibt, ein Sieb, um den Maisbrei durchzurühren. (93)

Und das alles wird im Präsens erzählt, als ob in jener mexicanischen Realität alle Zeiten zusammenfielen. Es ist eine innere Realität, über die die äußere *Violencia* eines Kaziken herrscht. Seine Gewalt wühlt alles auf und tötet es, ohne jedoch den Punkt letzter Zuflucht zu treffen, an dem man weiß, daß alles so kommt, wie es kommen muß, daß das »Gesetz« unabänderlich ist, und daß alles Äußerliche schon immer bedeutungslos war. Ein Dorf, das die Toten und den eigenen Tod gar nicht als geschichtlich real zu empfinden scheint: Ganz aus der Ferne erscheint plötzlich die Revolution, ein historisches Ereignis von ungeheurer Bedeutung. Aber nach Comala verlieren sich lediglich ein paar Soldaten, und auch sie gehen wieder, wie sie gekommen sind. Vielleicht hat das Elend durch sie noch etwas zugenommen, vielleicht gibt es ein paar Tote mehr, aber am Kern der Dinge und der Menschen ändert das nichts. Sie leben schweigend und bewegungslos weiter ihrem eigenen Tod entgegen.

Das Zeitgeschehen, ja selbst die Revolution wirkt auf dieses geknechtete, abgestorbene, skeptische, in sich gekehrte und resignierte Comala kaum mehr als ein entfernter Windstoß. Comala ist ein Dorf ohne sichtbare Geschichte. Schon zu Beginn des Romans ist es, was die lange Zeit der Unterdrückung betrifft, definitiv das, was es seit jeher war: ein abgestorbenes Dorf, das nur durch das Gemurmel belebt erscheint. Gemurmel und Echos, Füße, die sich weiterschleppen. »Lärm. Stimmen. Geräusche. Ferne Lieder? *Mein Liebchen gab mir ein Tüchelein, / Sein Saum war mit Tränen gesäumt* [...]« (51) Geräusche, die vom Tode her, alles, was geschieht, gestalten und verunstalten.

Im Comala Rulfos, das er in den fünfziger Jahren beschreibt, ist die Zeit schon stehengeblieben. Es herrscht bereits Grabesewigkeit. Rulfo ist daher bei seiner Darstellung völlig frei von den Konventionen des traditionellen realistischen Romans. Schon in einigen seiner Erzählungen benutzt er den scheinbar willkürlichen Wechsel der Zeiten als wichtigstes Strukturelement. In einer Welt der Schattengebilde und Geräusche verlieren ein rein chronologischer Ablauf und die Kapiteleinteilung als dessen konventionelle Entsprechung jeden Sinn. In *Pedro Páramo* finden wir daher statt chronologischer – oder kontrapunktischer – Kapitel nur Fragmente, die sich auf verschiedene Zeitabschnitte beziehen, und durch eines verbunden sind: die Zeitlosigkeit des Todes und das Stimmengewirr der Schatten.

Rulfo hat Stimmenchaos und zeitloses Gemurmel, das den Roman und seine Zentralfigur prägen, sehr geschickt geordnet. So geschickt, daß wir die kalkulierende Gegenwart des Erzählers nicht spüren. Das Experiment von Joyce, das schon so vielen Anregung gab, zeitigt ein weiteres Ergebnis, diesmal in der mexicanischen Literatur. Joyce – etwa in dem zwar sehr geordneten, aber doch unvermeidlich chaotischen Monolog der Molly Bloom – ganz zu folgen, war unmöglich. Das haben alle großen Erzähler, die seine Technik »glätteten«, gespürt. Die fünfzig oder sechzig letzten Seiten von *Ulysses*, wo sich ohne Punkt und Komma Erinnerungen, Gefühle und Gedanken an die Zukunft überlagern, sind echtes Chaos, auch wenn sie noch so exakt geschrieben wurden. Es ist wirklich paradox, daß Joyce, wie wenige Künstler vor und nach ihm, immer an die Fähigkeit des Menschen glaubte, das Chaos von außen her gliedern zu können. Auf diesen Seiten erscheint das Chaos als ein eigengesetzlicher Teil, den man isoliert betrachten und nur so irgendwie begreifen kann. Hier zeigt sich also entweder das verkörperte Chaos an sich oder ein bewußtes, meisterhaft gehandhabtes Ordnungsprinzip. Rulfo hat diese Technik Joyce's in seinen frühen Erzählungen und im Roman in kluger Beschränkung angewandt. Das Chaos ordnet sich offenbar von selbst, ohne sichtbare Eingriffe des Meisters; wir finden uns in ihm zurecht, und doch bleibt es ein Chaos der Stimmen, die vom Tod her bedingt sind.

*Pedro Páramo* ist streng strukturiert, ohne sichtbare Unterteilungen, die die Einheit der Zeitlosigkeit – das wichtigste Prinzip des Erzählers – zerstören würden. Man könnte von zwei Teilen oder Strömungen sprechen sowie einem Mittelteil, einer »Insel« dazwischen. Sie klärt den ersten Teil und leitet zum zweiten über. Der erste Teil geht bis Seite 63. Hier wird fast alles[1] durch einen Ich-Erzähler, eine Romanfigur, gesehen und berichtet: Juan Preciado, den Sohn, der nach Comala kommt, um seinen Vater Pedro Páramo zu besuchen. Der Teil führt uns in die Atmosphäre des Dorfes ein und stellt uns Pedro Páramo, die Hauptfigur des zweiten Teils, vor. Er endet mit dem Tod Juan Preciados.

Der mittlere Teil beginnt als Erklärung: Hier erfahren wir, daß der erste Teil ein Gespräch zwischen zwei Toten im Grab, Juan Preciado und Eduviges, war. Außerdem dient er als Vorbereitung für die intime Erinnerung von Susana San Juan im zweiten Teil, die sie selbst in ihrem Grab neben Juan Preciado und Eduviges Dyada erzählt.

Der zweite Teil (ab Seite 67) handelt hauptsächlich vom Höhepunkt der Macht und dem allmählichen Verfall Pedro Páramos; eingeschoben sind Rückblenden zu den Gräbern. In diesem Teil ist der Sprechende der Erzähler selbst, der die Geschichte – vielleicht schon Legende – dort wieder aufnimmt, wo sie vom Gemurmel und von Juan Preciado aus den Gräbern heraus unterbrochen wurde. Dieser Teil – fast durchgehend direkte Erzählung – führt in die Zeit zurück, als Comala noch kein totes Dorf mit Schattenwesen war.

In diese Basisstruktur des Romans arbeitet Rulfo meisterhaft das Zusammenspiel verschiedener Realitätsebenen ein. So vermischt sich im ersten Teil die Ich-Erzählung von Juan Preciado mit den Träumen des Kindes Pedro Páramo, den Erinnerungen der Mutter von Juan Preciado und den Gedanken von Eduviges, bis durch den Tod des Juan Preciado alles in eins gebracht wird. Im zweiten Teil sind einerseits die objektive Beschreibung der äußeren Vorgänge in Comala, bevor es ganz ausstirbt, mit den Gedanken von Pedro Páramo und andererseits der wirkliche Tod von Susana San Juan mit ihren Erinnerungen aus dem Grab verwoben. Der Tod von Miguel Páramo wird zweimal aus verschiedenen Blickwinkeln erzählt, einmal im ersten, einmal im zweiten Teil. Dabei entsteht für den Leser keinerlei Verwirrung. Die Übereinstimmung von Wesen und Form ist so vollkommen, daß das eingangs dargestellte Durcheinander (in das sich Juan Preciado und der Erzähler teilen) zu einer Klärung und entsprechenden Verdeutlichung im zweiten Teil führt. Gewiß bleibt am Ende des Romans alles in einer verschwommenen, zeitfernen Welt, wie eben Comala selbst und die ganze Realität von Rulfo, aber wir haben nie das Gefühl, nun analysieren zu müssen. Das ist vielleicht auch dem poetischen inneren Ton zuzuschreiben, der den ganzen Roman durchzieht. Die Stärke des Romans liegt im perfekten Aufbau; er läßt uns die Zusammenhänge erkennen.

In diesem abgestorbenen Dorf, das Rulfo so geschickt vom Zeit-

geschehen abgelöst hat, lebten viele Menschen, bevor Juan Preciado eintraf: Doña Eduviges, Doña Dolores, Abundio, Dorothea,
Fulgor, Sedano, Pater Rentería, Susana San Juan, Pedro Páramo.
Zusammen mit Juan Preciado sind es die Zentralfiguren des Romans. Genau gesehen gibt es in Comala jedoch nur eine lebendige
Person, die zugleich individuelle Züge aufweist und in der äußeren
und inneren Wirklichkeit lebt: Pedro Páramo, der Kazike, Pedro
Páramo, der von Beginn des Romans an gegenwärtig ist, schafft
sich als einziger einen Platz in der geschichtlichen Realität. Bewußt
verdrängt er damit die anderen, reduziert sie zu einem Schatten-
dasein: Symbole eines unfreien Schicksals, das vom Tod her lebt.
  Sie sind ein Ausdruck der Umgebung, ja fast der Natur. So ist
Doña Dolores nichts anderes als ein verworrener Traum. Sie wird
kurzfristig durch die Handlung Pedro Páramos aufgeschreckt, um
dann erneut in ihre Traumwelt zurückzukehren, in der sich das
traurige Comala in einen blühenden Ort unter einer leichteren Brise verwandelt hat. Pedro Páramos Tat hat in ihren Träumen un-
auslöschliche Spuren hinterlassen. Lakonisch kommt in ihren
wirklichkeitsfremden Monologen der Groll gegen Pedro Páramo
heraus. Das trägt indirekt dazu bei, der Figur Pedro Páramos Bedeutung zu verleihen. Ähnlich ergeht es Doña Dolores, Eduviges,
Dorothea, Damiana, und dem Lizentiaten. Selbst Fulgor Sedano,
der ganz nach außen lebt, verliert durch Pedro Páramos Macht jede
Unabhängigkeit. Die Individualität aller dieser Männer und jener
Frauen von Comala ist nichts als das Echo der aktiven Präsenz
Pedro Páramos. Ohne ihn sind sie nichts, von ihm hängt ihr Überleben ab. Sie sind der natürliche »Stoff«, aus dem die Geschichte
entsteht. Ihr äußeres Leben reduziert sich auf die ständige Abhängigkeit von Pedro Páramo. Von ihrem inneren Leben ist ihnen nur
jener »wache Groll« geblieben, der schweigend ertragen wird und
sie äußerlich alle gleich macht. Es ist jener unausgesprochene
Groll, den Rulfo in der mexikanischen Wirklichkeit sieht (und der
zuletzt zu Pedro Páramos Tod führt). Eine Wirklichkeit, in der nur
einige wenige über alles bestimmen, während den anderen das
Recht auf ein eigenes geschichtliches Leben vorenthalten wird.
  In dieser Welt der Echo-Personen ist nur Pedro Páramo als wirkliche Gestalt in beiden Dimensionen dargestellt. Er verfügt über
ein selbständiges äußeres Leben und ein Innenleben.[2]
  Trotzdem ist Pedro Páramo keine Person aus einem realistischen
oder naturalistischen Roman. Er unterscheidet sich beispielsweise

deutlich von Coupeau in *Die Schnapsbude (L'assomoir)*. Zola beschreibt nicht nur sehr genau Coupeaus Herkunft, er folgt ihm auf Schritt und Tritt, zu den zahllosen Trinkgelagen, die ihn schließlich – nach endlosen Seiten detailliertester Beschreibung – zugrunde richten. Auch mit Madame Bovary, die Flaubert, wie ein Psychiater seinen Patienten, genau beobachtet und deren Gedanken und Handlungen, die sie Tag für Tag von neuem ins Elend stürzen, er genauestens analysiert – auch mit ihr hat Rulfos Gestalt keine Ähnlichkeit. Pedro Páramo wird nicht so peinlich genau in direkter realistischer Beschreibung dargestellt. Weder wird sein Äußeres beschrieben, noch eine Analyse oder Deutung seines Charakters gegeben. Nichts verhilft uns hier zu der angeblich so gründlichen Kenntnis der Person, um die sich der Naturalismus bemüht. Paradoxerweise entfaltet sich Pedro Páramo, von dem die anderen ihr Leben haben, als Gestalt des Romans eben in ihrem Echo durch indirekte, unzusammenhängende Anspielungen. Er lebt im unbestimmten Raum zu unbestimmter Zeit. Wir haben keine genaue Vorstellung von ihm; höchstens das Gefühl unserer eigenen begrenzten Möglichkeiten, den Mitmenschen kennenzulernen, aber keine definitive Gewißheit; verstärkt durch die lakonische mexicanische Haltung. Zwar erscheint die Person in dieser Erzählweise nicht so konkret faßbar wie im realistischen Roman, sie gewinnt jedoch eine geheimnisvolle innere Dimension. (Im zweiten Teil der Erzählung wird Pedro Páramo Gegenstand der objektiven Beschreibung des Erzählers selbst; dazu weiter unten.)

Rulfo führt Pedro Páramo unter zwei verschiedenen Perspektiven ein, die sich im Verlauf des Romans unaufhörlich treffen und überlagern. Dabei kommt es immer nur zu andeutenden Beschreibungen, womit betont wird, daß eine Person unbeschreibbar ist. Einleitend weisen die Grabesstimmen – chronologisch unzusammenhängend – allmählich auf ihn hin und kreisen seinen Charakter schrittweise ein. Im Widerhall dieser Stimmen und später durch die Beschreibung des Erzählers entwickelt sich langsam die Figur Pedro Páramos. So lernen wir sein äußeres Leben und seine Individualität durch einen völlig »unordentlichen« Bericht kennen – im ersten und zweiten Teil.

Schon auf den ersten Romanseiten stoßen wir auf die geschichtliche, äußere Existenz Pedro Páramos. Ganz im Gegensatz zu anderen Personen erfahren wir seinen Namen bereits im ersten Satz: »Ich kam nach Comala, weil man mir gesagt hatte, daß mein Vater hier lebe, ein gewisser Pedro Páramo.« Durch den Namen wird die Person vorgestellt. Von dort aus nimmt der Name ganz langsam Gestalt an. Als erstes wird auf die kalte Grausamkeit angespielt, die in den Augen der anderen so charakteristisch für Pedro Páramo sein wird: »›Laß es ihn teuer zu stehen kommen, mein Sohn, daß er uns so im Stich gelassen hat!‹ [...] Pedro Páramo [...] Mann meiner Mutter.‹« (7) Die zweite Anspielung weist noch deutlicher auf die völlige Mißachtung hin, mit der Pedro Páramo der ehrwürdigsten aller Konventionen, der Familie, begegnet. Der Erzähler der Geschichte und der Mauleseltreiber, der hört, daß der Erzähler Páramos Sohn ist, gehen zusammen: »›Wohin gehen Sie?‹ fragte ich. ›Ich gehe da hinunter.‹ ›Kennen sie einen Ort, der Comala heißt?‹ ›Eben dahin gehe ich ja!‹ Ich folgte ihm und versuchte, ihn einzuholen, bis er wohl merkte, daß ich ihm folgte, und seinen eiligen Schritt verlangsamte. Dann gingen wir dicht nebeneinander, daß unsere Schultern sich fast berührten. ›Ich bin auch ein Sohn von Pedro Páramo‹, sagte er. Ein Schwarm Raben flog quer über den leeren Himmel, man hörte ihr Kra – Kra.« (9) Die dritte Anspielung zeigt uns, welche Wirkung Pedro Páramos Handlungen auf Comalas Kollektivbewußtsein gehabt haben. »›Wer ist er?‹ fragte ich wieder. ›Gift und Galle‹, antwortete er.« (9 f.)

So geht es weiter: Auf diesen Namen folgen die ersten Anspielungen, schließlich die analytisch abstrakte Gesamtansicht der Person. Pedro Páramos äußere *Figur* ersteht. Die Echostimmen machen weitere Anspielungen: auf seinen Reichtum, seine Liebesfähigkeit, die Tatsache, daß die Frauen ihn begehren, seine Überlegenheit und seinen Stolz, in dem er selbst Gott für käuflich hält – bis schließlich der brutale Kazike und kalte Rechner vollständig Gestalt annimmt. Er beherrscht selbst Fulgor Sedano. Er heiratet, um sich einer Geldschuld zu entledigen. Um eine andere Schuld zu tilgen, läßt er Toribio hängen. Schon hier beherrscht Pedro Páramos Gegenwart die Lebenden und die Toten in Comala. Alles kommt von ihm. Alle leben und sterben durch und unter ihm. Aber als alle sterben, stirbt auch er.

Nach der indirekten Darstellung des äußeren Lebens hören wir im zweiten Teil des Romans vom Höhepunkt und Verfall der Macht. Hier überwiegt die direkte Erzählung. Durch sie legt Rulfo die Mechanismen der Unterdrückung durch den Kaziken bloß.

Parallel zu den andeutenden Beschreibungen der äußeren Figur wird Pedro Páramos Inneres gezeigt, das die übrigen Bewohner on Comala nie auch nur vermuten würden. Hinter dem brutalen Kaziken erscheint das Kind, das seinem Traum schweigend bis zum Tod nachhängt.

Am Abend regnete es wieder. Lange Zeit horchte er auf das Prasseln des Regens. Dann schlief er wohl ein. Als er aufwachte, hörte er nur noch ein leises Nieseln. Die Fensterscheiben waren beschlagen, und draußen glitten die Tropfen, wie strömende Tränen, in dicken Schnüren an ihnen herab. Ich sah die Tropfen rinnen, ich sah, wie sie in den Blitzen aufleuchteten, und jeder Atemzug war ein Seufzer, und jeder Gedanke ein Gedanke an dich, Susana.« Aus dem Regen wurde Wind. Er hörte: »Und vergib uns unsere Schuld ... die Wiederauferstehung des Fleisches und das ewige Leben. Amen.« Das war hier drinnen, wo ein paar Frauen den Rosenkranz zu Ende beteten. Sie standen auf, trugen die Vögel ins Haus, verriegelten die Tür und löschten das Licht.
Es blieb nur noch das Licht der Nacht und das leise Zischen des Regens, das wie Grillengezirpe klang.
»Warum bist du nicht gekommen und hast den Rosenkranz mit uns gebetet? Wir sind in der Novene für deinen Großvater.« Dort auf der Türschwelle stand seine Mutter. Sie trug eine Kerze in der Hand. Ihr Schatten, lang auseinandergezogen, verfloß zur Decke hin. Die Balken der Decke gaben ihn in Stücken zurück. Zerstückelt.
»Ich bin traurig«, sagte sie.
Dann wandte sie sich um. Sie blies die Flamme aus, schloß die Tür und ließ ein Schluchzen aus sich heraus, das, mit dem Regen zu einem Geräusch geworden, noch lange Zeit zu hören war.
Die Kirchenuhr schlug die Stunden, eine nach der anderen, eine nach der anderen, als wäre die Zeit eingeschrumpft. (18 f.)

Das ist nicht der Pedro Páramo, den wir durch die Stimmen der anderen hören. Von dort kennen wir nur den aktiven, der mechanisch seinem äußeren Leben nachgeht. Hier trägt ihn sein Traum weit von allem fort. Susana San Juan, der Traum, das Unbezwingbare machen auch Pedro Páramo zu einer Echo-Person, zu einem Abhängigen.
Dieser Pedro Páramo ist es, der im zweiten Teil den Stolz des Kaziken aushöhlt, ihn als *Figur* zerstört, um ihn als tragische Persönlichkeit zu retten. Durch Susana San Juan erhält Pedro Páramo eine zusätzliche Dimension. Das macht ihn zur einzigen wirklichen Person. Gewalttätigkeit und Brutalität sind nur Resultat der fruchtlosen Bemühung, das unerreichbare Traumschloß zu erobern und seinen Schmerz zu meistern. Er kämpft gegen die Welt, um Herrscher über die Welt zu sein und gewinnt scheinbar alles: Frauen, Land, Macht. Zwar konnte er als Kind nicht seinen Vater

und als Mann nicht seinen Sohn Miguel vor dem Tod retten, jetzt aber rächt er sie zumindest. Er erreicht alles, nur das wichtigste nicht, was ihn schon als Kind aus der äußeren Welt herausführte die Liebe von Susana San Juan. Als sie vom Dorf wegging, hinterließ sie in dem Kind eine tiefe Wunde. Tag für Tag und Jahr für Jahr suchte er sie unaufhörlich. Als er sie als älterer Mann endlich findet, lebt sie bereits im Wahnsinn. Er findet keinen Zugang zu ihr, kann sie nur betrachten. Diese unüberbrückbare Ferne vergrößert die Entfernung noch, die mit dem Traum seiner Kindheit zusammenhängt. Nacht für Nacht sitzt er an ihrem Bett. Er verliert jedes Interesse an seiner Umgebung. Während in seiner Umwelt die ersten Anzeichen von Auflösung deutlich werden, fällt Pedro Páramo ganz langsam in sich zusammen. Er unternimmt noch ein paar Versuche, ins aktive Leben zurückzukehren: Er unterwirft die Revolutionäre, die in das Dorf eindringen; er sucht andere Frauen. Aber all das ist schon mechanisch und sinnlos: Er, der es zum Caudillo hätte bringen können, wird unmerklich, aber unaufhaltsam von außen ausgehöhlt. Dem äußeren Niedergang entspricht jetzt der innere Verfall. Als Susana San Juan stirbt – dieses einzige, das er nie bezwungen hatte – schließen sich die beiden Spannungspole seines Lebens zusammen: Der aktive, gewalttätige Kazike endet wie die Alten in *Luvina*. In sich versunken sitzt er im Sessel vor seiner Tür und wartet ruhig auf den Tod. Und eines Tages ist es soweit:

Er stützte sich auf Damiana Cisneros Arme und machte einen Versuch zu gehen. Nach ein paar Schritten fiel er zu Boden. Er betete in seinem Innern, aber er sagte kein einziges Wort. Er schlug hart auf die Erde auf und fiel auseinander wie ein Haufen Steine. (133)

Pedro Páramo ist ein Symbol für die Spannung zwischen der äußeren Gewalttätigkeit und inneren Langsamkeit des mexicanischen Lebens. Rulfo zeigt sie mit einer angstvollen Sensibilität. Es hat keinen Zweck, hier neu zu diskutieren, ob Völker angeborene psychologische Eigenschaften aufweisen oder nicht. Es läßt sich jedoch nicht leugnen, daß bestimmte Wesensmerkmale in der Geschichte und Kunst eines Volkes deutlich sichtbar werden. Und wenn Rulfo die ihm vertrauten Männer und Frauen so beschreibt, so werden sie sich auch in einem bestimmten historischen Moment so verhalten haben, wie er sie sieht. An keiner Stelle (wenn auch – in seinem Roman eher als in seinen Erzählungen – ahnbar) gibt uns Rulfo eine Erklärung für seine Personen und ihre Welt. Wenn jene

Männer und Frauen sich ins Innere zurückziehen, also außerhalb der Zeit leben und höchstens einmal in einem Gewaltakt aus ihrem Inneren in die *Geschichte* treten, so liegt das an der Feindseligkeit der äußeren Welt, die sie dazu zwingt. Rulfo sagt das nie eindeutig. Er analysiert seine Figuren nicht. Er betont nur indirekt die Brandmale, die jahrhundertelange Unterdrückung ihnen eingebrannt hat. Vom Kolonialleben zum gegenwärtigen Elend führt ein gerader Weg. Und es entbehrt nicht einer gewissen Ironie, daß das *dort*, wo gewisse Dinge *Gesetz* heißen – wir wir in *Luvina* hören –, sich sowohl auf das normale Leben und Sterben beziehen kann (moralisches, philosophisches, religiöses Denken), wie auch auf eine klare soziopolitische historische Situation (»Die Regierung hat keine Mutter«, sagt eine Stimme in *Luvina*). Wichtig ist, daß es *dort* ist: Im *dort* zählen ihre Stimmen nicht, und sie geben sich gar keine Mühe, zu sprechen – sie, die *hier* zu einem Leben außerhalb der Zeit verbannt sind, einem Leben, in dem offensichtlich für immer »die Traurigkeit wohnt«.

Die Erzählungen und der Roman Rulfos entsprechen einer zeitgenössischen Angst des Menschen, die Lukács klar definiert und in vielen Schriften verdeutlicht hat. Aber Rulfos Werke stellen die Menschen an einen konkreten Platz, in eine spezifische Situation. Wenn Rulfos Sicht auch noch so subjektiv, seine Geschichten noch so irreal und fern erscheinen mögen, so öffnen sie doch exemplarisch den Zugang zur mexicanischen Wirklichkeit in einem bestimmten geschichtlichen Augenblick.

## Anmerkungen

(1) A. d. Ü. Mariano Azuela (1873–1952), mexicanischer Romancier. Sein Hauptwerk, *Los de abajo* erschien 1916 (dt. *Die Rotte*, Gießen, 1930).
(2) A. d. Ü. *Pedro Páramo*, Bibliothek Suhrkamp 434, Frankfurt, 1975, 19. (Alle Zitate nach dieser Ausgabe.)
(3) A. d. Ü. Siehe *Adler und Schlange (Aguila y seriente;* dt. gekürzt, Stuttgart, 1932).
(4) A. d. Ü. *Der Llano in Flammen (El Llano en llamas)*, Bibliothek Suhrkamp 504, Frankfurt, 1976. (Alle Zitate nach dieser Ausgabe.)

1 *Fast* alles, weil noch die romantischen Träume von Pedro Páramo (und Dolores Preciado) dazukommen, die in die Erzählung einfließen, ohne

daß wir wüßten, woher sie kommen – was für Träume vielleicht typisch ist.

2 Eine Ausnahme stellt Susana San Juan dar, die als einzige nicht von Pedro Páramo beherrscht wird, da sie ganz nach innen, fern im Geheimnis ihres Wahns lebt. Susana ist nicht nur kein Echo Pedros, sondern Pedro ist – wie wir sehen werden – in seinem inneren Erleben ihr Echo. In diesem Sinn kann sie als einzige Pedro wirklich gegenübertreten. Eine weitere Ausnahme ist vielleicht Pater Rentería, der in seiner eigenen Bedrängnis isoliert lebt, auch wenn er von Pedro Páramo abhängt.

*Rubén Bareiro Saguier*

# Augusto Roa Bastos und die zeitgenössische Erzählkunst Paraguays

Augusto Roa Bastos wird zu Recht als wichtigster Schriftsteller Paraguays und als einzigartig unter den modernen Autoren Lateinamerikas bezeichnet. Um Stellung und Bedeutung Roa Bastos' im literarischen Zusammenhang seines Landes zu verstehen, muß man das Zusammenspiel verschiedener Elemente beachten, die den problematischen Verlauf einer Literatur kennzeichnen, die entscheidend durch die dramatischen Ereignisse der Geschichte geprägt wurde.

Die paraguayische Literatur ist charakterisiert durch eine Vielzahl komplexer Probleme, was in gewisser Weise die mangelnden Kenntnisse selbst bei Anthologen und Essayisten erklärt. Sie beschränken sich darauf, Paraguay das Siegel »unbekanntes Land« aufzudrücken, ohne sich zu weiteren Einzelheiten vorzuwagen. Um diese Problematik zu verstehen, muß man also den Lauf der Geschichte zurückverfolgen und Paraguays versteckte Präsenz in der Geographie des Kontinents aufzeigen. Eine mediterrane Zone, zunächst »Riesige Provinz der Indien«, später reduziert zu der »kleinen, von Land umgebenen Insel«, wie Roa Bastos sagt. Ein Mittelmeerland, in dem auf 407 000 km² nicht mehr als zweieinhalb Millionen Menschen leben. Dazu müssen noch rund 700 000 Emigranten gezählt werden. Diesen geopolitischen Fakten kommt entscheidende Bedeutung zu, denn sie sind Symptome der Frustration, des Gefühls, im Land eingeschlossen zu sein. Auch beeinflussen geringe Bevölkerungsdichte und Exil in verschiedenen Hinsichten das Kulturleben: die mangelhafte Verbreitung auf einem eingeschränkten Markt, die Flucht der Wissenschaftler, das Exil der Intellektuellen und Künstler. Die Absperrung des Landes, die schon seit Beginn der Kolonialzeit wegen fehlender Edelmetalle feststand, rückte das Gebiet ab von den Hauptdurchmarschrouten der Eroberer, sobald die Europäer begriffen hatten, daß es unmöglich war, über das natürliche Hindernis des gefürchteten und tückischen Chaco zu den Gold- und Silberlagern vorzustoßen. Von diesem Augenblick an wurde Paraguay in eine Ecke gedrängt:

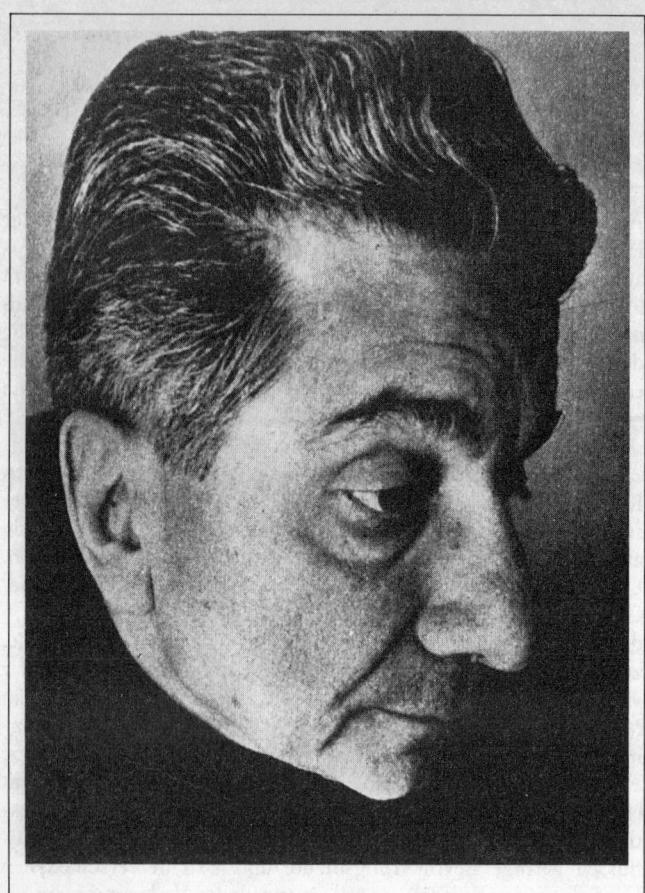

*Augusto Roa Bastos*

Es war das arme Land, die Randzone des Vizekönigtums von Peru, das keinen Zugang zum Meer besaß. So wurde der erste Absperrungskordon geschaffen, der jedoch andererseits dazu beitrug, daß sich sehr bald eine Nationalität entwickelte, da die vollständige und homogene Mischung der verschiedenen ethnischen Elemente – einheimischen und spanischen – gefördert wurde. Gleichzeitig erklärt er das Zustandekommen einer Reihe historischer Fakten, die eine Gruppe Menschen mit Eigenschaften ausstattete, die sie eine Nation bilden ließen. Eifersüchtig bewahrten sie ihre Traditionen und ihre Selbständigkeit. Dieser positive Integrationsfaktor führte andererseits – wegen der damit verbundenen Undurchlässigkeit – zu einer gefährlichen Isolierung. Diese Isolierung, die während der Diktatur von Dr. José Gaspar Rodríguez de Francia im 19. Jahrhundert Formen einer Kerkerschaft annimmt, wie auch die Armut der Region und der das Land fast völlig vernichtende Krieg (von 1864 bis 1870 kämpft Paraguay gegen Brasilien, Argentinien und Uruguay) sind die bestimmenden negativen Faktoren, die das im Vergleich mit allen übrigen Ländern des Kontinents späte Erwachen der paraguayischen Literatur erklären. Die Bevölkerung schmilzt von knapp eineinhalb Millionen Einwohnern auf wenig mehr als zweihunderttausend; das Territorium auf die Hälfte. Außer diesen sozio-historischen Gründen muß noch die Innenpolitik erwähnt werden, die das Kulturleben vollkommen negativ prägte: einerseits durch mangelnde Freiheit, andererseits durch soziale Ungerechtigkeit; zusammengenommen erzeugen sie ein vernichtendes Gefühl kollektiver Frustration. Der größte Teil der paraguayischen Literatur wurde im Exil geschrieben, und die im Land verfaßte weist sogleich das Stigma der Angst auf: Ein Werk stellt nicht nur das dar, was es sagt, sondern auch das, was es verschweigt. Zu den Elementen, die das Entstehen der Nation fördern, zählt die Bewahrung der einheimischen Sprache, des Guaraní. Sie wird entscheidend wichtig: In der Tat, die indianische Mutter brachte dem Mestizenkind, dessen Erziehung ihr oblag, die Guaraní-Sprache bei. So setzte sich spontan die Landessprache neben der gebildeten Sprache der Eroberer fort. Oft lernen die Kinder erst in der Schule Spanisch als zweite Sprache, besonders in den ländlichen Regionen. Dieses hartnäckige Fortbestehen bestimmt ein in Lateinamerika einzigartiges soziokulturelles Phänomen: die Zweisprachigkeit.[1] Sie unterstreicht die eigene Nationalität und verschärft zugleich die kulturelle Isolation. Sie gibt den Erzählern schwierige Probleme auf, denn zunächst erschwert sie den Dialog: Die Werke sind spanisch geschrieben, die Figuren denken und sprechen Guaraní. Da die Strukturen beider Sprachen völlig verschieden sind, stehen sie sich gewissermaßen feindlich gegenüber und lassen sich nicht zu einer einzigen *écriture* verflechten. Der fast ausschließlich mündliche Charakter der einheimischen Sprachen verhindert, daß die paraguayische Literatur die doppelte kulturelle Tradition nutzt. Wir werden sehen, inwiefern das Werk von Roa Bastos eine Ausnahme darstellt, da der Autor die strukturellen Schemata des Guaraní für seine Erzählkunst verwendet. Ein anderes, materielles Problem sind die fehlenden Publikationsmöglichkeiten, was sich an der in Paraguay nahezu nicht vorhandenen Veröffentlichungstätigkeit zeigt (es fehlt jeder äußere Anreiz; der Druck auf Kosten des Autors ist zu teuer, ein Verlagswesen existiert praktisch nicht). So verliert sich das fragmentarische Werk der Schriftsteller in dem Eintagsleben einer Zeitung oder einer Kulturzeitschrift, deren Herausgabe ohnehin schon eine Heldentat bedeutet. Literatur gehört in Paraguay zu den sekundären und beiläufigen Aktivitäten, denen man sich neben anderen, lukrativen Tätigkeiten widmet, oder im Schatten »ehrenhafter« Berufe. Möglicherweise erklärt sich das späte Aufkommen des Romans aus dem marginalen Charakter, den man der literarischen Arbeit zuweist. Die Poesie paßt – was Komposition und Veröffentlichung betrifft – wegen ihrer Kürze besser zu den materiellen Möglichkeiten.

Etwa 1935 vollzog sich ein Bruch. Der Chaco-Krieg (1932–1935) zwischen Bolivien und Paraguay (ein alter Grenzstreit gewinnt blutige Aktualität in dem Moment, in dem rivalisierende Ölgesellschaften sich in dieser abgelegenen Region über die Ausbeutung streiten) bringt einen Wandel des Denkens mit sich. Für Land und Literatur beginnt eine Entwicklung, die wir als die Modernität bezeichnen könnten. Bis etwa 1935/40 zeigte sich die Prosa typisch und unverwechselbar in kostumbristischen Formen[1], in einem Ton des selbstgefälligen Narzißmus. Die Kritiker Paraguays haben in den letzten Jahren diese Beschränkungen aufgezeigt und auf Fehler hingewiesen, ohne sich über die tieferen Gründe Rechenschaft abzulegen. Um sie zu verstehen, muß man das literarische Geschehen notwendigerweise auf die wirtschaftliche Produktion und die sozio-politische Entwicklung des Landes beziehen. Bis zum Chacokrieg bewahrte die Gesellschaft Paraguays eine primitive Struktur; sie bestand aus Bauern und Viehzüchtern. Im politischen Bereich führt diese Struktur daher zu einem liberalen System und im wirtschaftlichen zu einer Art »laissez-faire«. In der Praxis setzt ein gewisser Paternalismus, der nicht frei ist von grausamen Kämpfen zwischen rivalisierenden Fraktionen bzw. »Revolutionen«, eine liberal-bürgerliche Ideologie des 19. Jahrhunderts fort, nach den Idealen von 1789, die durch die historische Wirklichkeit abgeschliffen wurden. Die Ideologie der herrschenden Gruppe spiegelt sich im Werk der Schriftsteller. Sie betonen die einfachen Werte, die Simplizität und Arkadien. Die *écriture* ist durch das Sieb der »doppelten Degradierung« im Sinne Goldmanns gepreßt worden, um die Wirklichkeit in einer Sicht zu zeigen, wie sie der Mentalität einer ländlichen passiven Gesellschaft eigen ist; eine Wirklichkeit, in der keine sozialen Fehler und Schwächen existieren, in der alle Klassenkonflikte vermieden werden, preziöse und manieristische Postkartenliteratur. Innerhalb dieses historischen Rahmens erweist sich der Chacokrieg als Erschütterung, als ein sozialer Kernreaktor. Er ist ein kollektives Unternehmen, und der zwangsläufige Kontakt mit der Außenwelt trägt dazu bei, Denkschemata zu revidieren und Ideen in Bewegung zu bringen. Einerseits entsteht Unzufriedenheit in den Massen, die als Söldner im Kampf stehen, und bei den militärischen Helden, die nur schwer in den Rhythmus des Zivillebens zurückfinden (damit beginnt der Aufstieg des Militärs, der im gegenwärtigen diktatorischen Provinzialismus gipfelt). Andererseits diskutiert man gewisse Vorstellungen sozialen Protestes, die durch die Unzufriedenheit auf dem bewegten Kriegsschauplatz und im Elend des Chaco geweckt und beflügelt werden: Unruhe entsteht in den Vorstellungen, unter den Angehörigen der Eliten. Was die Literatur betrifft, zeigen sich die Veränderungen zunächst – nämlich gegen 1940 – in der Poesie (Roa Bastos ist einer der poetischen Erneuerer). Bevor jedoch das gleiche in der Erzählkunst beginnt, müssen noch einige Jahre verstreichen. Der erste Autor, der eine kritische Darstellung vorlegt, ist Gabriel Casaccia. Mit seinem Roman *La babosa* (Die Wegschnekke; 1952) provoziert er einen Skandal in dem reaktionären und gottesfürchtigen literarischen Klima Paraguays. Das Land lebte wieder einmal in einer »Friedensperiode«, diesmal unter der Fuchtel einer der vielen Militärdiktatoren. Sofort beschimpfte man den Romancier als Verräter, Landesfeind und Zerstörer des vaterländischen Marmors, wie die offizielle Presse – auch heute noch – jeden

Heterodoxen gern bezeichnet. Der Grund war sehr einfach: Das ganze oben erwähnte ideologische Schema brach auseinander infolge der Art, wie Casaccia gewisse Fehler und Frustrationen der Gesellschaft (besonders im Bereich des mittelständischen Bürgertums, des Bewahrers der herrschenden Ideologie) aufdeckte.

Im folgenden Jahre erscheint *Die Nacht der treibenden Feuer (El trueno entre las hojas;* 1953) von Augusto Roa Bastos, eine ähnlich ins Innerste der Gesellschaft dringende Kritik. Die Reaktion darauf entsprach dem bereits geschilderten Muster. Die verzerrte, ideologisch gefärbte Prosa der vorangegangenen Autoren verhinderte, wie wir gesehen haben, die Beschreibung gewisser Aspekte der Wirklichkeit. Paraguay kennt die *Violencia,* die grauenvollsten Verbrechen, die kollektiven Schändungen, die Ermordungen in den »Revolutionen«, die Ungerechtigkeiten aller Art, das Elend in seiner Häßlichkeit. Aber das sind Dinge, die nicht außer Haus getragen werden sollen, die Literatur braucht sich um diese Mißklänge nicht zu kümmern, es gibt keinen Grund, diese Schandmale öffentlich vorzuweisen. Die ideologischen Veränderungen zwingen Autoren wie Casaccia und Roa zu einer anderen Sicht der Wirklichkeit: konfliktreich, kritisch und zerrissen.

Augusto Roa Bastos verbrachte seine Kindheit auf dem Lande (sein ganzes Werk bewahrt die Reinheit, die Kraft der Natur: sie riecht nach Urwald, nach feuchter Erde) und begann seine literarische Tätigkeit in der Poesie. Sein erstes Prosawerk ist der bereits zitierte Erzählband *Die Nacht der treibenden Feuer.* Wer ihn liest, kann feststellen, inwieweit der Dichter Roa Bastos in dem Erzähler weiterlebt. Es gibt viele Seiten, auf denen man eine der Prosa eingefügte Musikalität, eine rhythmische Kadenz entdeckt. Von der Sprache her betrachtet, verläßt Roa sich in diesem Buch auf die kraftvollen expressionistischen Bilder, die er durch radikale Schnitte, harte Umrisse und krasse Kontraste erreicht, bezogen auf eine Wirklichkeit, deren Tönung zwischen dem Weiß der Unschuld und dem blutigen Rot der Gewalt schwankt. Dies ist ein wichtiges Konzept: Alle Anzeichen deuten darauf hin, daß es wirklich zum Grundmuster der Erzählungen gemacht wird. Man kann die Werke von Roa Bastos und von Gabriel Casaccia einander gegenüberstellen. Casaccia betont nachdrücklich den Aspekt der Frustration, während Roa in diesem Buch hartnäckig auf die *Violencia* hinweist. Passive Charakteristika bei Casaccia, vornehmlich aktive bei Roa Bastos. Wie lautet die implizite Mitteilung in der einen und wie in der anderen *écriture?* Beide Autoren behandeln die Wirklichkeit, Casaccia aus dem Zusammenhang der dekadenten klein- oder mittelständischen Bourgeoisie, d. h. seiner eigenen Schicht heraus. Seine Sicht der Welt erscheint konfliktreich infolge der Beschreibung einer entwürdigten Umwelt, von der er fast wie ein Chronist berichtet. Bei Roa Bastos besteht dagegen ein Wille zur völligen Veränderung: Seine Sicht der Welt ist bereits im Ansatz konfliktreich, sie hält ihren Widerstand gegenüber den Fehlern der Gesellschaft ganz bewußt aufrecht. Roa sagt:

»Angesichts der Übel, die dem Vaterland zusetzen, wird es in der Tat schwierig, bedacht künstlerische Gemessenheit zu bewahren. Die geduldigsten Talente werden bitter und gewalttätig. Es wäre nutzlos, eine literarische Produktion von ihnen zu verlangen, die nur dem ästhetischen Genuß privilegierter Minderheiten dient. Ich fände es beschämend, nur für die gebildeten Minderheiten zu schreiben. Wäre ich dazu gezwungen, würde ich alle meine Möglichkeiten darauf verwenden, sie bewußt zu reizen und zur Verzweiflung zu bringen.«[2]

Das heißt natürlich keineswegs, daß Roa Bastos thesenhafte Literatur schreibt. Er ist als Schriftsteller viel zu gut, als daß er vorgefertigte Muster oder billige Rekurse verwenden würde. Es handelt sich einfach um eine hellsichtige Suche im Sumpf der Umgebung, die nicht in einen beschränkten Manichäismus verfällt, sondern vielschichtig und allumfassend Einblick in die paraguayische Gesellschaft gibt. Wie geht Roa Bastos dabei vor? Mit der Hilfe von Symbolen. In *Die Nacht der treibenden Feuer* wird das Symbol im Motto angegeben: »Der Donner fällt und bleibt zwischen den Blättern; die Tiere fressen die Blätter und werden gewalttätig; die Menschen essen die Tiere und werden gewalttätig; die Erde verschlingt die Menschen und beginnt wie der Donner zu toben.« Diese Guaraní-Legende, die Roa aufgreift, bezeichnet den Tenor des Buches. Der Autor gibt weitere Hinweise dort, wo er seine schriftliche Herausforderung kommentiert:

»Ich bin Bourgeois oder gehöre zumindest meiner Herkunft nach zum Kleinbürgertum; aber die einzige Möglichkeit, mich von diesem baufälligen gesellschaftlichen Modell zu befreien, besteht darin, mich dagegen aufzulehnen und der Masse der Unterdrückten zu nähern. Ich kann mich nicht darüber freuen, zur Klasse der Unterdrücker zu gehören: man darf nicht stolz darauf sein. Ich muß aber darüber hinaus etwas tun, um mich von diesem Stigma zu lösen und meinen Wunsch nach Befreiung zu bekräftigen.«[3]

Dieser Satz veranschaulicht die Absichten und den Prozeß der Bewußtwerdung des Bürgers Roa Bastos. Die Qualität des Buches hingegen rechtfertigt den Schriftsteller. Das soeben kommentierte Buch erweist sich als einfache Metapher – im Vergleich mit der großen Parabel *Menschensohn (Hijo de hombre)*. Der einfache Mensch, dieser »Menschensohn«, der täglich und im ganzen tragischen Verlauf der Geschichte gekreuzigt wird, ist Mittelpunkt der Parabel: das unterdrückte, verspottete, vertriebene, eingeschüchterte und begrabene Volk. Ein Motto des Romans zitiert Buch 12 des Propheten Ezechiel: »Du Menschensohn, wohnest unter einem ungehorsamen Haus [...]« Es ist also die Geschichte der Ängste und Leiden Paraguays. Aber es ist auch die Parabel seines Kampfes, seiner Hoffnung, seines Bemühens um Erlösung – lauter aktive Charakteristika. Roa betont sie im zweiten Motto des Buches durch ein Fragment aus dem Todesgesang der Guaraní: »Ich will machen, daß die Stimme wieder durch die Knochen fließe [...] Und ich werde machen, daß die Sprache wieder Fleisch werde [...] Nachdem diese Zeit vorbei ist und eine neue Zeit aufbricht.« In einem Interview erläutert Roa die Motive:

»Die Entfernung von der Heimat hat mir das Thema dieses Romans aufgezwungen. Die langen Jahre der Reflexion über mein Land und seine Probleme hatten meine Sensibilität verletzt. Wenn ich mir das Bild unseres Volkes in Erinnerung bringen wollte, stieß ich auf diesen Willen zum Widerstand und zur Ausdauer um jeden Preis, trotz des Unglücks und Mißgeschicks, an denen unsere Geschichte so reich war. Daraus entwickelte sich das Anfangsmotiv, das dann zum thematischen Kern des *Menschensohns* wurde, dessen neun Kapitel nichts weiter sind als Variationen über die Widerstandskraft des Menschen, nicht nur der physischen Ausrottung, sondern auch der moralischen Erniedrigung gegenüber.«[4]

Der Ton ändert sich. Die Gewalttätigkeit verschwindet nicht völlig, wird jedoch gemildert. An ihre Stelle treten Symbole der Errettung, voller Poesie und Schönheit, wie zum Beispiel der lepröse Christus von Itapé. Er ist das Werk eines leprösen gitarrespielenden Holzschnitzers und darf nicht in die Kirche getragen werden. Daher verehren ihn die Dorfbewohner im Freien auf einem Hügel. Dieses Bild ist repräsentativ, denn Roa Bastos versteht sein Volk als Person, als kollektive Person, die ihr Gesicht im Roman verändert. Aber ihr Leid ändert sich nicht. Die Parabel umspannt einen großen historischen Abschnitt. Er fängt an mit der Epoche des Diktators Francia (1814–1840) und geht bis zum Chacokrieg und den nachfolgenden politischen Ereignissen, die wiederum neue falsche Schritte auf dem langwierigen Weg zur Gerechtigkeit sind. So ziehen Szenen der Diktatur vorüber; ein gescheiterter Bauernaufstand; die Flucht eines jungen Paares aus der Hölle der Matepflanzung; ein politisches Zuchthaus auf einer Insel, die ironischerweise *Peña Hermosa* (Schöner Fels) heißt; Durst und absurder Tod im Chacokrieg; die unmögliche Wiedereinbeziehung der ehemaligen Kämpfer in das normale Leben.

Eine Romanfigur gibt uns zuletzt den Schlüssel zum Verständnis. Sie verleiht ihrer ganzen Empörung, aber auch ihrer Hoffnung Ausdruck:

»Ich denke nicht nur an die beiden. Ich denke an die anderen, die in der gleichen Lage und bis zum äußersten entwürdigt sind, so als sei der leidende, gequälte Mensch immer und überall der einzige, schicksalhaft Unsterbliche. Es muß einen Ausweg geben aus dem ungeheuerlichen Widersinn, daß der Mensch von Menschen gekreuzigt wird. Sonst müßte man glauben, daß das Menschengeschlecht für immer verflucht ist, daß *dies* die Hölle ist und wir keine Erlösung erhoffen dürfen. Es muß einen Ausweg geben, denn sonst [...]« (341).

Wie geht der Autor vor, um die Episoden aus einem Jahrhundert miteinander zu verbinden? Die Handlung, traditionell verstanden, ist in der Tat weniger wichtig als die Geschichte des Leidens und des Verlangens nach Erlösung der Gemeinschaft, des wirklichen Protagonisten der Erzählung. Diese Geschichte ist Leitfaden der Handlung. Das Werk bewahrt eine kohärente Einheitlichkeit. Die Zeitbrüche in Roa Bastos' Roman werden durch die Charakteristika des Werks erforderlich: den langen Zeitabschnitt und den diskontinuierlichen Handlungsablauf. Die Struktur des offenen Werkes ist für diesen Roman nicht willkürlich, sondern notwendig. Auch führt nicht der Zufall, sondern das Erzähltalent den Autor dazu, zeitlich gebrochene Strukturen zu verwenden. Technisch gesehen, ist jeder der neun Teile des Buches selbständig, nahezu ohne logisch deutliche Verbindungen. Strukturell wechseln Kapitel eines Erzählers in der dritten Person, des impliziten Autors (die ungeraden Kapitel), und Kapitel eines Erzählers in der ersten Person einander ab (die geraden Kapitel). Dessen Erinnerungen sind geschickt mit der anderen Ebene des Erzählers in der dritten Person verbunden. Sie verleihen den neun ziemlich verschiedenen Episoden die einigende Totalität. So sorgt die Existenz eines gemeinsamen Erzählers, Miguel Vera, der an die Stimme des impliziten Autors gebunden ist, für die äußere Einheit; die innere wird durch das Kollektiv gegeben.

Die Figuren des Romans besitzen eine besondere Stellung. In *Menschensohn* gibt es Situationen, die in der Hauptsache wörtlich zu nehmen sind, im Gegensatz zum literarischen Charakter der Gestalten. Die Gestalten sind historische, mythische Zeichen, Funktionen der Erzählung oder ihrer Botschaft, und nicht: notwendige Produkte der kulturellen Tradition. Zwei chilenische Kritiker behaupten, daß die Grenzen zwischen menschlicher, tierischer, pflanzlicher und übernatürlicher Welt in Roa Bastos' Roman verschmelzen: »Mensch und Landschaft, Mensch und Tier, Mensch und Geist zeigen sich auf gleiche Weise, fast unter gleichen Voraussetzungen und ähneln einander immer stärker [...] Der Mensch gleicht zum Beispiel der Landschaft, in der er aufwächst.« Und sie fügen hinzu: »All diese Menschen, die edel oder wohltätig gehandelt haben, sehen ihren Namen mit dem zugleich klaren und phantasmagorischen Bild eines Objekts verbunden, in dem sich die durch ihre Handlung entfaltete Kraft verdichtet. Gaspar Mora verläßt den Christus; der Doktor, viel bescheidener, den Hund; Casiano den Waggon; Christóbal Jara den brennenden Lastwagen.«[5] Die Gegenstände – oder die Tiere oder die Natur – üben hier die Funktionen von Personen aus (ein Charakteristikum, das man den Metamorphosen zuschreibt, die der mythischen Welt angehören). Ich glaube darüber hinaus, daß die Wertvorstellungen der drei Helden – Gaspar, Casiano und Kiritó – im Kontext des historischen Universums des Romans die gleiche Funktion wie eine Gestalt besitzen. Die Behandlung der Figuren erlaubt folgende Feststellung: Die Protagonisten zeigen kaum psychologische Dichte. Was auf den ersten Blick mit einer mangelnden Geschicklichkeit des Erzählers verwechselt werden könnte, ist Ergebnis der Angleichung der Personen an die Erzählung und deren Ziele: den »moralisch aufgewerteten Raum«. Die Helden sind nicht durch psychisch-problematische Komplikationen, sondern durch einen Auftrag zu gesellschaftlicher Erlösung bestimmt, der sie überfordert. Sie haben ihn aber auf sich genommen bzw. er wurde ihnen auferlegt. Die problematisierte Gestalt des Werks, Miguel Vera, erweist sich als Anti-Held. Der Verräter – aus Schwäche, aus Trunkenheit, aus Albernheit – ist der einzige psychologisch komplizierte Mensch, ein durch seine unüberwindlichen Widersprüche gequälter Neurotiker. Die Helden sind einfache, selbstsichere Gestalten.

Sie sterben ganz natürlich, sobald sie ihre Mission erfüllt haben. Es besteht ganz zweifelsfrei eine Beziehung zwischen dem Tod als Krönung eines intensiven Lebens – der Helden – und dem Überleben, dem Vegetieren – des Anti-Helden. Ich habe auf die geringe psychologische Dichte der individuellen Personen hingewiesen. Als Gegensatz dazu erscheint die kollektive Person. Wer sich die drei Helden anschaut – Gaspar, Casiano und Kiritó –, stellt fest, daß ein jeder seine Handlung, die Bruchstück einer größeren ist, so ausführt, als sei er Teil eines großen, massenhaften Unternehmens. Letztlich gibt das kollektive Handeln dem Text die zusammenfassende Bedeutung. Die Bedeutung des Romans: eine wirkliche Überwindung der Einsamkeit.

Roa Bastos verwendet in *Menschensohn* eine Sprache, die aus der Verbindung des direkten Ausdrucks mit Redewendungen, Bildern und Begriffen resultiert, die er direkt dem Guaraní entnommen hat. So erhält sie den poetischen Zug, der den Roman prägt. Der Autor versucht auf diese Weise, sich eine eigene Sprache zu schaffen. Dieses Bemühen ist charakteristisch für die lateinamerikanischen Schriftsteller, die die eigene Identität zu bestimmen suchen. Roa Bastos hält sich an die Sprache der Eingeborenen: nicht an das Guaraní selbst – er schreibt Spanisch –, sondern an die Lebendigkeit, an die Kraft der Metaphern als Antwort auf die vom Eroberer aufgezwungene Sprache. Die Brechung des Spanischen durch die interne Präsenz der Guaraní-Strukturen erweist sich als befruchtendes Element seiner Prosa. Der Autor definiert den Vorgang folgendermaßen:

»Nicht das Spanische nehmen und es mit Guaraní-Ausdrücken besprenkeln (die in einem Glossar am Ende des Buches oder in Fußnoten erläutert werden), sondern das Spanische biegen, es so lange bearbeiten, bis man den Tonfall erhält, den emotionalen Klang der einheimischen Sprache. Eines nämlich ist der pittoreske äußerliche Anstrich, ein ganz anderes die Rekonstruktion aus dem Inneren der Sprache.«[6]

Der Erfolg auf dem Gebiet der linguistischen Integration, so wie der Autor sie definierte, wird später noch sichtbarer, besonders im ersten Teil des Erzählbands *Moriencia* (Sterbend) und natürlich in seinem letzten Roman *Yo el supremo* (Ich/der Allmächtige). Die thematischen, syntaktischen und sogar phonetischen Integrationen auf der Basis der Guaraní-Strukturen werden in diesen Texten weit vorangetrieben.

Die Analyse des Inhalts von *Menschensohn* erlaubt Schlußfolgerungen, die den Text in Verbindung mit der gesellschaftlich-geschichtlichen Realität sehen. An erster Stelle ist es interessant, auf verschiedenen Ebenen Dualität festzustellen. Die bereits erwähnte linguistische Dualität zeigt sich bei der Aneignung der Kulturelemente aus der Sphäre der Eingeborenen einerseits und derjenigen der herrschenden Europäer andererseits. Auf der religiösen Ebene besteht der gleiche Konflikt. Er erklärt den problematischen Synkretismus aus einheimischen Glaubensvorstellungen und Christentum. Die Eingangszitate geben Zeugnis von dieser Dualität. Auch hier dominieren die christlich-abendländischen Muster, »getrübt« durch die hartnäckige Interferenz der einheimischen Kultformen. Ein symbolisches Paradigma dafür liefern die Riten der »wilden Religion«, die zu Tage tritt, als die kirchlichen Autoritäten dem »leprösen Christus« den Einlaß in die Kirche verweigern. Folglich beginnt eine religiöse Praxis »im Freien«, die dem Kult der Guaraní sehr verwandt ist, der keine Gotteshäuser kannte, sondern »direkten« Kontakt zu den Gottheiten hielt.

An zweiter Stelle müssen die verschiedenen geographischen Schauplätze genannt werden. Ein Schluß läßt sich daraus ziehen, nämlich auf die Opposition von Land und Stadt, der Hauptstadt Asunción gegenüber dem Rest des Landes. Die Hauptstadt verkörpert einerseits den herrschenden Zentralismus, den Kern, von dem die Unterdrückung ausgeht, aus dem Mr. Thomas, Symbol der unbarmherzigen Ausbeutung, kommt, von wo aus die Soldaten zum Gemetzel in den Chaco aufbrechen und wohin die Invaliden nach dem Kampf zurückkehren. Die gleiche Funktion erfüllt die Stadt in bezug auf die politischen Häftlinge. Andererseits erweist sie sich als Zentrum der Erniedrigung: Sie ist der Schauplatz von Miguel Veras Frustrationen, der Ort, wo Lágrima Gonzalez sich prostituiert und wo alle politischen, legalen und administrativen Ränke geschmiedet werden. Dem Land dagegen werden im Roman positive Werte zugesprochen. Das soll nicht heißen, daß es hier keine »Übel« gäbe, aber deren Ursprung ist letztlich die Metropole. Der historische Verlauf und der geographische Hintergrund des Romans vermitteln eine Gesamtsicht der Wirklichkeit. Außer der Hauptstadt werden verschiedene Gegenden und Ortschaften gezeigt: Itapé, Sapukay, typische Dörfer des Mittellandes, in denen die Existenz sich meist als eine grauenvolle Alltäglichkeit erweist; das Waldgebiet des Oberen Paraná; der Alto Paraguay; der feindliche Chaco. Einige Plätze sind besonders negativ harakterisiert, sind »verflucht«: die Leprastation von Sapukay; ie Matepflanzung, in der die Gesellschaft *Industrial Paraguayo* – in Betrieb mit anglo-nordamerikanischem Kapital, der heute och besteht – die Arbeiter grausam ausbeutet; das Zuchthaus Schöner Fels«; und schließlich der Chaco, wo der Tod Tausende 1 einem Kampf forderte, der im Grunde von internationalen Ölinteressen bestimmt war. Der Ort ist mehr als bloß ein lokaler Bezugspunkt. Er wird zu einem bedeutenden Faktor des Romans. 1947 verließ Augusto Roa Bastos Paraguay aus politischen Gründen. Lange Jahre hindurch lebte er im Exil, und die vier Erzählbände, die er zwischen 1966 und 1969 publizierte, sind zum Teil urch die schmerzhafte Entfernung geprägt. Ein argentinischer Kritiker kennzeichnete den Erzähler dieser Zeit mit dem Ausdruck »argentinisierter Paraguayer«. Das klingt nach schwarzem Humor, wenn man berücksichtigt, wie stark sich der Schriftsteller einem Land verbunden fühlt. Die Thematik der Erzählungen aus em Exil reicht von der aktiven Phase der rebellierenden Verbannung, die den Kampf um die Rückkehr ins Vaterland schildert, und es Widerstands (als der Konstanten seines Werks) bis hin zur passiven Phase, in der die Figuren ihr Rebellentum verlieren und sich 1 die große Stadt – Buenos Aires – eingliedern, durch das zerstörerische Schicksal der Verbannung besiegt. In anderen Erzählungen tammen Figuren und Thematik bereits eindeutig aus Buenos Aires, nur beiläufig wird auf Paraguay angespielt. In einigen Erzählungen verliert sich sogar dieser Hinweis (mehrere von ihnen behandeln eine typische Gestalt von Buenos Aires, »el gordo« (den Dicken); hier kann man das eben Gesagte gut nachprüfen. Seinem Verständnis von Literatur getreu, beschreibt Roa Bastos in diesen Büchern die Erfahrung der vernichtenden Verbannung. Das Eingangszitat von *El Baldio* (Das Brachland) veranschaulicht wieder inmal die neue Situation: ». . . wer seinen Weinstock verläßt, wird in öde absterben sehen, und sein Wein wird bitter . . .« Der Erzähler hält sich wie ein Ertrinkender, der vom Fluß mitgerissen wird, momentan an den Wurzeln fest, treibt jedoch im schicksalhaften Strom, aus dem er den Kopf heraushält – nur um die tödliche Luft des Exils zu atmen. In einigen Erzählungen der erwähnten Bände sieht man ganz deutlich den Beweis für seine beklemmende Angst. Roa Bastos hat sie mit seiner sprichwörtlichen Bescheidenheit »experimentelle« Bücher oder »Abführmittel« genannt. In Wirklichkeit sind sie viel mehr: Erzählungen, in denen neue Romantechniken ausprobiert und Roa Bastos' Sprachkunst bestätigt wird. Sie gipfeln darum in dem neuen Meisterwerk *Ich der Allmächtige*. In den Erzählungen gibt es Augenblicke starker erzählerischer Spannung, wie zum Beispiel in den fünf ersten Geschichten aus *Moriencia*, Skizzen für Romankapitel, die die Meisterschaft zeigen, mit der Roa Bastos über seine Ausdrucksmittel verfügt. Diese funktionieren nicht nur als Triebfedern des Schreibens, sondern bieten auch die Möglichkeit, die einheimische Sprache voll zu nutzen, ihren wesentlichen Rhythmus ins Spanisch einzubringen, das damit von innen heraus modifiziert wird.

Alle diese Charakteristika sind besonders deutlich in dem neuen Roman *Ich/der Allmächtige* vertreten. Fünf Jahre intensiver Arbeit ergaben ein dichtes Werk, in dem man Anklänge aus den verschiedensten Bereichen aufzeigen kann, unendlich viele semantische Schichten mit verwirrend vielfältigen Interpretationsmöglichkeiten. Mit diesem Buch kehrt Roa Bastos in sein Land zurück, versinkt ganz darin, durchwühlt dessen Geschichte und gibt ein vorläufiges Bild von dessen Schicksal. Dies alles in der Gestalt von Dr. José Gaspar Rodríguez de Francia, Diktator auf Lebenszeit der Republik Paraguay zwischen 1814 und 1840, seinem Todesjahr. Aber es handelt sich weder um eine Biographie noch um einen historischen Roman, der in der Epoche dieser realen Person spielt. Der Autor bemerkt dazu:

»In einem erzählenden Werk sind die geschichtlichen Fakten, das historische Szenario nur der Rahmen für eine neue Wirklichkeit: die Wirklichkeit der Phantasie. Und diese Realität kristallisiert oder, besser gesagt, dynamisiert sich zu Symbolen und Mythen, die eine Geschichte spiegeln, die nicht unbedingt derjenigen gleich oder ähnlich sein muß, die uns von der Geschichtswissenschaft dokumentarisch referiert wird. Ich wollte keine romanhafte Biographie des ›Allerhöchsten Diktators‹ schreiben. Als historische Gestalt ist José Gaspar Rodríguez de Francia singulär. Man kann ihn nicht wiederholen und erst recht nicht durch eine Gestalt ersetzen, die angeblich nach seinem Bild geschaffen wurde, auch wenn es nur auf dem Gebiet der erzählenden Prosa ist. Ich konnte hier nur versuchen, eine imaginäre Handlung um eine mythische Gestalt herum zu entwickeln, die im Roman nicht einmal einen Namen trägt; eine Gestalt, die die absolute Macht im Dienst einer Sache ausübt, in der sich die Interessen und das Schicksal einer Gemeinschaft verkörpern.«[7]

Das Zitat gibt den Schlüssel für das Verständnis des Romans: für die Beziehungen zwischen erfindender Erzählung und Geschichte, zwischen der historischen Gestalt und dem von dieser Person symbolisierten Mythos, der in der Gemeinschaft lebt und gegenwärtig ist – selbst heute noch, 125 Jahre nach seinem Tod. Das bedeutet also, daß die Werte, die durch das nationalistische Regime des Dr. Francia verkörpert wurden, auch heute noch aktuell sind und für den zeitgenössischen Leser, besonders für den Paraguayer, nach wie vor eine Herausforderung darstellen. Aus der Sicht von Francia-Roa wird die Geschichte neu interpretiert und die zukünftige Entwicklung des Landes angekündigt. Man kann daher den Roman »politisch« lesen, mit Hilfe der im Text enthaltenen »mythischen Schlüssel«. Das wörtliche Lesen zeigt uns das Leitmotiv, das das ganze Verhalten Francias zwingend charakterisiert: die Verteidigung der Unabhängigkeit des Landes (nicht nur gegen Spanien, die ehemalige Kolonialmacht, sondern auch Argentinien und besonders Brasilien gegenüber). Die Konnotationen veranlassen uns dann des weiteren dazu, den Gegensatz der Verhaltensweisen in zwei historischen Augenblicken zu betrachten: in der Zeit Francias und in der Gegenwart. Beide funktionieren innerhalb des Rahmens der Diktatur, aber während Francia als erbitterter Verteidiger der nationalen Integrität handelte – wirksame Ursache der Diktatur –, liefert sich das gegenwärtige Regime dem Einfluß der ausländischen Interessen aus (besonders den brasilianischen, in denen Francia die schlimmsten Feinde der Unabhängigkeit sah) – Konsequenz der korrupten Diktatur. Auf dem ersten Blatt des Diptychon wird die Diktatur, offiziell zur Regierungsform erklärt, durch die Bedrohung von außen öffentlich gerechtfertigt; die Argumentation – man möge mit ihr einverstanden sein oder nicht – gewinnt Sinn und Kohärenz. Alles wird von einer Atmosphäre der Strenge umgeben, selbst im sprachlichen Bereich. Auf dem zweiten Blatt wird die herrschende Tyrannei abgelehnt, in einem leerlaufenden Diskurs ertränkt. Alles schwimmt in einer Soße der Unehrlichkeit und Korruption. Vorder- und Kehrseite der autokratischen Medaille. Dies ist keine phantasierende Interpretation. Im Text finden sich viele explizite Hinweise, die diese beiden parallelen Lesarten erlauben und deutlich auf das imperialistische Eindringen Brasiliens in Paraguay hinweisen. Der Autor bestätigt dies in einer Erklärung:

»Die chronologische Linie der Erzählung verschwimmen zu lassen und die zeitlichen und räumlichen Grenzen aufzuheben – das waren die Verfahren, die sich mir, gegenüber der Versuchung, den Roman in den Rahmen einer bestimmten geschichtlichen Epoche einzusperren, als besonders wirksam erwiesen. Es ist wichtiger, ihm eine Bedeutung zu geben, die bis in di Gegenwart des Lesers reicht.«[8]

Diese Analyse – ich führe nur *eine* mögliche Lesart an – wäre nich vollständig ohne Hinweise auf die unstete *écriture* des Buches. Ei langer Monolog des sterbenden Diktators, unterbrochen durc. Interventionen des »Mitarbeiters« (ein Titel, den sich der Auto zulegt), ergibt einen Text voller Anspielungen, in dem die semanti schen Schichten sich überlagern und kreuzen und jeden Manichä ismus in bezug auf diese Figur vermeide, trotz der Sympathie, di der Erzähler ihr gegenüber empfinden mag.

Es ist unmöglich, die unendlich vielen Facetten dieses Buches i einem so engen Rahmen wie dem vorliegenden aufzuzeigen. Ab schließend möchte ich daher nur noch hinzufügen, daß *Ich/der All mächtige* Roa Bastos als einen der wichtigsten zeitgenössischen la teinamerikanischen Romanciers ausweist, meisterhaft in seine Erzähltechniken und meisterhaft in seinem sprachlichen und in haltlichen Reichtum. Roa Bastos hat ein polyphones Werk ge schaffen und damit die Vitalität des neuen lateinamerikanische Romans bestätigt, zu dessen Begründern er zählt. Aber wie Rulf und Arguedas blieb er von der Publicity-Show, die man de »Boom« nannte, ausgeschlossen. Die Kraft seiner *écriture*, die sic in *Menschensohn* zeigt, erreicht in *Ich/der Allmächtige* einen neue Höhepunkt und beweist jenseits der kommerziellen Veranstaltun gen den großen Schriftsteller.

## Anmerkungen

(1) A. d. Ü. Kostumbrismus: Literarische Strömung Lateinamerikas, di seit der Romantik besonders die pittoresk-folkloristischen Elemente i den Vordergrund stellte.

1 Nach der Volkszählung von 1962 sprachen 45 % der Bevölkerung nu Guaraní; 6 % nur Spanisch; 49 % sind zweisprachig.
2 *Problemas de nuestra novelística*, in *Alcor*, Nr. 10, Asunción, 1960.
3 Ibd.
4 *Tres escritores, tres visiones de la novela*, in *Alcor*, Nr. 41, Asunción 1966.
5 Adriana Valdés/Ignacio Ramírez, *Hijo de hombre, el mito como fuerz*

*social,* in *Taller de Letras,* Nr. 1, Santiago de Chile, 1971.
6 Interview in *Siete Días,* Buenos Aires, Oktober 1974.
7 Interview mit Raquel Chaves, in *Diálogo,* Nr. 5, Asunción, 1975.
8 Interview von Beatriz Rodríguez Alcalá, in *Comentarios sobre »Yo el supremo«,* Ed. Club del Libro Nr. 1, Asunción, 1975.

*José María Arguedas*

# Mario Vargas Llosa

# Drei Anmerkungen zu José María Arguedas

## I. Indigenismus und gute Absichten

Die peruanischen Schriftsteller entdeckten den Indio vierhundert Jahre nach den spanischen Conquistadoren, und ihre Haltung ihm gegenüber war nicht weniger kriminell als die von Pizarro. Das Ganze ereignete sich vor etwa fünfzig Jahren. Es war die Epoche des Modernismus, und das Exotische stand in Mode. Als Erben des Symbolismus zeigten sich die Schriftsteller des frühen 20. Jahrhunderts fasziniert von fernen Städten und schwärmten für Perserteppiche, Seide und Chinalack, japanische Fächer und kalligraphische Malerei. Und plötzlich entdeckten sie in Reichweite ein unerforschtes, hermetisches Universum: die Anden. Daraufhin brach eine wahre Sturmflut über die peruanische Literatur herein: die »andinen« Motive überschwemmten das modernistische Schrifttum, Gedichte und Erzählungen bevölkerten sich mit Lamas, Vikunjen[1], Guanakos[2], Ponchos, Indios, Huaynos[3], Chicha[4] und Mais. Ventura García Calderón, der in seinem Leben wahrscheinlich nie einen Indio gesehen hat, veröffentlichte eine Sammlung von Erzählungen, die in Europa berühmt wurde: *Die Rache des Kondor*. Das Buch, in zehn Sprachen übersetzt, trug seinem Autor die Ehre ein, unter den Kandidaten für den Nobelpreis genannt zu werden. In diesen Erzählungen erfreute García Calderón seine Leser mit der Schilderung der Gewohnheiten von Personen mit großen kupferfarbenen Backenknochen und aufgeworfenen Lippen, die auf der Höhe der Anden mit weißen Lamas Unzucht trieben und sich gegenseitig ihre Läuse abfraßen. Etwa zur gleichen Zeit erscheinen die *Cuentos Andinos* von Enrique López Albújar, ein eindrucksvoller Katalog sexueller Laster und wilder Totschlägereien des Indios, den López Albújar, Justizbeamter in verschiedenen Orten Perus, wohl nur auf der Anklagebank gesehen hat. Und der Dichter José Santos Chocano, dieser sympathische Abenteurer, der weder in der Literatur noch im Leben Skrupel gekannt hat, verfaßt Verse und Sonette, in denen er die Indios mit »traumumwölkter Stirn und ewig schlafenden Augen« besingt und das Unglück der »besiegten Rasse« mit der gleichen Unbefangenheit in Erinnerung ruft, mit der er Alfons XIII. und den Diktator Estrada Cabrera, seinen Mäzen, verehrt.

Tatsächlich sieht keiner der Modernisten im Indio etwas anderes als ein mögliches Sujet für die Dichtung. Alle gehören dem Bürgertum der Küstenzone an, und in Peru sind die sozialen Klassen seit der Kolonialzeit durch ein System undurchlässiger Schotten voneinander getrennt: ein Bewohner Limas aus der Mittelschicht kann sein Leben verbringen, ohne einen Indio gesehen zu haben. Die Modernisten kannten die Andenrealität vom Hörensagen, bestenfalls hatten sie davon eine rein äußerliche, touristisch gewonnene Vorstellung. Der Indio war ihnen wesensmäßig fremd, und nichts in ihren Schriften gibt uns die Gewißheit, daß sie ihn als ihresgleichen betrachtet hätten. Was sie dazu bewog, ihn als literarisches Motiv zu benutzen, war gerade die *Verschiedenheit,* die sie zwischen sich und diesen Menschen von anderer Hautfarbe, von unterschiedlicher Sprache und Sitte sahen. Es erstaunt daher keineswegs, daß die Schriften der Modernisten über den Indio falsch und karikaturesk sind.

Wie hätte es auch anders sein können? Ein verantwortungsvoller Schriftsteller schreibt immer auf der Grundlage einer Erfahrung, und die Modernisten hatten nicht die geringste Erfahrung im Umgang mit der Eingeborenenkultur. Auch sprachen sie von den Indios nicht aus einem Gefühl der Solidarität heraus, sondern aus Vorliebe für das Außergewöhnliche, aus Snobismus. Ihre grundlegende Haltung gegenüber dem Eingeborenentum war diejenige der Neugier und der Verachtung. Man muß daran erinnern, daß der Modernismus in Peru mit dem Höhepunkt des *Hispanismus* zusammenfällt, jenem schrecklichen ideologischen Trugbild, dessen wichtigster Theoretiker gerade einer der frühen Schriftsteller des 20. Jahrhunderts war: José de la Riva Agüero. Der »Hispanismus« bestand einerseits in der systematischen Rechtfertigung der Conquista und in der undifferenzierten und naiven Verteidigung der spanischen Beiträge zur Geschichte Perus, andererseits in dem niederträchtigen Unternehmen der Herabsetzung und Verächtlichmachung der vorkolumbianischen Vergangenheit und der zeitgenössischen Eingeborenenrealität. Riva Agüero, ein Aristokrat, vollgepfropft mit Gelehrsamkeit und Vorurteilen, gibt sich 1920 entschlossen der Lächerlichkeit preis (und er wird nie wieder davon loskommen), indem er ein Buch voller Behauptungen und Zitate veröffentlicht, *El Perú histórico y artístico*, mit dem er beweisen will, daß Peru während der Kolonialzeit zahlreiche berühmte Familien aus Burgos aufnahm, die sich dort niederließen, fortpflanzten und eine nationale Elite von »blauem Blute« begründeten, zu der natürlich auch seine Familie gehört. Immer bereit, das Morden und Plündern der Conquista zu verzeihen und Erklärungen für die kulturelle Lethargie der Kolonialzeit zu finden, zeigt sich Riva Agüero unerbittlich, wenn es darum geht, die Schwächen der Opfer bloßzulegen. Die Inkas, sagt er, waren »eine furchtsame Herde schweigender Sklaven; ans Joch gewöhnt«, und fügt hinzu, »sie empfingen mit ruhiger Gleichgültigkeit die neuen Herren, welche immer das waren. Die Rasse der Ketschua ist sanft, verträumt und wehleidig, fein selbst inmitten ihrer gegenwärtigen Erniedrigung«. Alle »Modernisten« teilten den *Hispanismus* von Riva Agüero, und hinter den Formeln eines heuchlerischen Paternalismus, in denen sie vom Indio sprachen, nährten sie rassistische Gefühle. Unter diesen Umständen war es unmöglich, daß sie glaubwürdig und wahrhaftig über den Indio schrieben.

Die Verfälschung der andinen Themen durch die modernistische Literatur brachte eine radikale Gegenbewegung hervor; dialektisch ausgedrückt, könnte man sagen, sie provozierte eine Antithese. Dazu trug die mexicanische Revolution wesentlich bei, die über den ganzen Kontinent das Bestreben verbreitete, die autochthonen Werte wieder in ihr Recht zu setzen. Angeregt durch das Beispiel der mexicanischen Muralisten, leitete José Sabogal in Peru auf dem Gebiet der Plastik eine Bewegung ein, die sich von der Landschaft und den Menschen der Anden ihre Inspirationen holt. In der Abenddämmerung des Modernismus, sozusagen aus seinen Trümmern, kam eine Gruppe von Schriftstellern und Dichtern, die sich vornahm, eine *indigene* Literatur zu schaffen. Diese Bewegung krankte leider trotz ihrer guten Absichten an grundlegenden Mängeln, wozu in erster Linie ihr ideologisches Schmarotzertum gehörte. Die »Eingeborenendichter« nährten sich von dem, was sie bekämpfen wollten: dem »Hispanismus«. Alejandro Peralta, Nazario Chávez Aliaga, Emilio Armaza und die anderen »Nativisten« setzten den Vorurteilen der weißen Küstenliteratur ein gleichwertiges System von andinen und indigenen Vorurteilen entgegen. Auf den prinzipiellen »Hispanismus« der Autoren des frühen zwanzigsten Jahrhunderts antworteten sie mit einer ebenfalls prinzipiellen Feindseligkeit gegenüber allem Spanischen und darüber hinaus gegenüber allem Okzidentalen. Ein begabter Historiker, Luis F. Valcárcel, ging in seinem Buch *Ruta cultural del Perú* (Der kulturelle Weg Perus) so weit zu behaupten, daß die archäologischen Denkmäler der Kolonialzeit dem Nationalgeist fremd seien und daß Lima und die Küste das *Anti-Peru* darstellten. So etablierte sich im kulturellen Leben Perus ein künstlicher Manichäismus, der als unmittelbare Folge die Verzerrung der Realität durch die Schriftsteller beider Parteien mit sich brachte.

Denn es ist klar, daß Peru weder »spanisch« noch »indianisch« ist, sondern beides gleichzeitig und darüber hinaus noch einiges mehr. Es existieren auch eine »mestizische« Gemeinschaft sowie kleine Volksgruppen mit eigener Persönlichkeit: Neger, Chinesen, Urwaldvölker. Der Integrationsprozeß zwischen den beiden demographischen Hauptgruppen, der weißen und der indianischen, vollzieht sich sehr langsam, denn beide Gemeinschaften werden durch eine Wirtschaftsstruktur auseinandergehalten, die den Indio seit der Kolonialzeit daran hindert, sich ins öffentliche Leben einzugliedern, und die alle Privilegien – das Geld, den Grundbesitz und die politische Macht – in den Händen einer Kaste konzentriert, die ihrerseits wiederum eine lächerlich kleine Minderheit innerhalb der weißen Minderheit darstellt. Die Integration wird erst dann wirksam werden, wenn diese Struktur durch eine andere ersetzt wird, die die ökonomischen Schranken niederreißt, die heute Weiße, Indios und Mestizen voneinander trennen, und die allen die gleichen Chancen bietet. Aber bleiben wir bei der aktuellen Situation Perus. Die Integration hat sich nicht vollzogen und kann sich unter dem herrschenden System auch nicht vollziehen. Deshalb ist es ein irrealer Anspruch, eine peruanische Literatur einzig als Funktion einer der kulturellen Gemeinschaften unter Ausschluß aller übrigen begründen zu wollen. Es wäre nicht minder illusionär zu glauben, daß eine »proletarische Literatur« entstehen kann, während das Bürgertum sich an der Macht befindet. Der *Hispanismus* und der *Indigenismus* sind Versuche dieser Art, und ihr Scheitern erklärt sich aus dem geringen Verständnis ihrer Autoren für die historische Realität. Dasselbe geschah mit diesen ephemeren Bewegungen, die sich *Criollismo* und *Cholismo*[5] nannten und deren Perspektiven noch einfältiger waren insofern, als sie sich bemühten, das Nationale auf ein Mestizentum zurückzuführen, welches gegenwärtig lediglich als ein lokales, aufkeimendes und embryonales Phänomen existiert.

Im übrigen konnten die Indigenisten, obwohl sie dem Indio gegenüber großmütige Gefühle hegten, ebenfalls nicht mit Authentizität von ihm sprechen. Ihr Nativismus war intellektuell und emotional, er gründete nicht auf einer direkten und intimen Kenntnis der andinen Wirklichkeit. Die Indios bei Peralta oder Chávez Aliaga sind dieselben, die man auf den Ansichtskarten findet; ihre Landschaften könnten aus einem Touristenalbum stammen. Es handelt sich um einen epidermalen »Indigenismus«. Es genügt, einen Blick auf zwei Gedichte von Peralta zu werfen:

Der Indio Antonio ist gekommen
mit zerknirschter Sprache und Augen wie Kerzen.
Auf dem Sonnenvorhang in der Tür hat er Flecken hinterlassen.

Aus den Berghöhlen
werden die Indios Schreie holen wie Schlangen,
um sie an der Toten festzubinden.

*(El indio Antonio)*

Kaiser Titicaca
auf den Schultern sein Peplon mit den Flügeln des preußischen Adlers
*(Titicaca Emperador)*

Diese Sichtweise ist eindeutig ebenso unangemessen wie die irgendeines beliebigen Modernisten, ja, sie ist sogar noch etwas demagogischer. Mit einem Unterschied allerdings: jene wählten ihre ästhetischen Vorbilder besser aus, sie ahmten Verlaine oder Darío nach, während Peralta Marinetti kopiert. Das ist einer der Gründe dafür, weshalb, von rein literarischen Prämissen ausgehend, der peruanische Modernismus einige Werke von Wert hinterließ, während es sehr schwierig ist, unter den Publikationen der Nativisten qualitativ gute Texte zu finden.

Schuld daran trägt aber auch ein Laster, das ebenfalls die Indigenisten eingeführt haben und das noch heute verheerende Wirkungen zeitigt. Trotz ihrer intellektuellen und sozialen Vorurteile hatten die Modernisten eine gewisse Achtung vor ihrem Schriftstellerberuf. Das ist nicht überraschend, denn sie vergötterten die Form. Die Indigenisten, die den modernistischen »Formalismus« verabscheuten, reagierten darauf, indem sie ihre gesamte Aufmerksamkeit auf den »Inhalt«, die Themen, konzentrierten, und sie verachteten derart die Probleme der Komposition, die Methoden schöpferischer Kunstübung, daß sie schließlich nur noch »mit den Füßen« schrieben. Sie vergaßen, daß die Literatur nur als solche ein Instrument sein kann, das heißt, daß ein Gedicht oder eine Erzählung sich ästhetisch rechtfertigen muß, um ein wirksames ideologisches Vehikel sein zu können. Die moralische und soziale Bedeutsamkeit eines Werkes setzt einen ästhetischen Koeffizienten voraus. Wenn dem nicht so ist, gibt es keine Literatur. Die guten Absichten sind zu nichts nütze, wenn mit ihnen nicht einhergeht oder besser noch, wenn ihnen nicht vorausgeht, was die Romantiker *Inspiration,* die Symbolisten *Strenge* und die Realisten *professionelle Gewissenhaftigkeit* genannt haben. Der Schriftsteller hat eine Verpflichtung gegenüber den anderen, aber auch gegenüber sich selbst; gegenüber seiner Zeit und gleichzeitig gegenüber seiner eigenen Berufung. Die Literatur ist ein Mittel, aber auch ein Zweck; um »nützlich« zu sein, muß sie zunächst einmal existieren. Man muß denjenigen Dichtern, die sich Revolutionäre nennen und heutzutage dem Irrtum der Indigenisten von vor dreißig Jahren verfallen, ins Gedächtnis zurückrufen: ein guter Dichter sein, heißt nicht, ein guter Aktivist zu sein.

Der Indigenismus scheiterte gleich zweifach: als Instrument für die Verteidigung der Rechte der Indios an seinem umgekehrten Rassismus und seinem beschränkten historischen Urteilsvermögen; als literarische Bewegung an seiner ästhetischen Mittelmäßigkeit. »Hispanisten« und »Indigenisten« errichteten eine doppelte Schranke von Vorurteilen und parallelen Ausschließlichkeiten, die in der Praxis zu unauthentischen und trügerischen literarischen Zeugnissen von der Eingeborenenrealität führte. Die Inkaprinzessinnen bei Chocano sind genauso wirklichkeitsfremd wie der Kaiser Titicaca mit seinem Peplon mit preußischen Adlerflügeln bei Alejandro Peralta. Beide Fiktionen drücken eine Welt durch ihre zerbrechlichste und unbeständigste Eigenschaft aus: den Dekor. Im Endeffekt sind es keine ästhetischen Darstellungen, keine Übertragungen einer Realität, sondern einfache Hirngespinste ohne historischen oder sozialen Ort. Auf ganz verschiedenen Wegen sind »Hispanisten« und »Indigenisten« derselben Entfremdung zum Opfer gefallen und haben sich derselben Lüge schuldig gemacht.

Die ersten, die diese Widersprüche überwunden und den Teufelskreis durchbrochen haben, in dem die peruanische Literatur befangen war, sind César Vallejo, in der Poesie, und José María Arguedas, in der Prosa.

osé María Arguedas veröffentlicht im Jahre 1935 einen Band Erzählungen mit dem Titel *Agua* (Wasser); fünf Jahre später erscheint
ein Roman *Yawar Fiesta (Fiesta des Blutes)*, 1954 *Diamantes y
pedernales (Diamanten und Kieselsteine)*, und 1958 wird in Buenos
Aires sein Hauptwerk gedruckt, *Die tiefen Flüsse*. Mit diesen Büchern hält der Indio erst in Wahrheit seinen Einzug in die peruanische Literatur und mit ihm die Schönheit und die düstere Gewalt
der Anden, ihre gewaltigen Widersprüche, ihre zarte Poesie und
ihre Mythen.

Im Unterschied zu seinen Vorgängern spricht Arguedas von den
Indios nicht vom Hörensagen, er hat nicht nur unsichere Informationen über sie: er kennt sie von innen her, und das ist nur logisch,
denn, kulturell gesehen, war er selbst ein Indio. Arguedas, der
1911 in Andahuaylas geboren wurde, verlor als kleines Kind seine
Mutter und war gezwungen, in dem kleinen Dorf San Juan de Lucanas zu leben, wo er aufgrund grausamer Umstände das Dasein
des eingeborenen Dienstpersonals teilen mußte. Er lernte Ketchua zu sprechen, und seine Kindheit war genau so hart wie die
irgendeines Indios. Er erfuhr am eigenen Leib und in einem Alter,
in dem sich die Erinnerungen mit Feuer in das Herz des Menschen
einschreiben, die grundlegende Ungerechtigkeit, der der Eingeborene unterworfen ist. Seine Jugendzeit verlief zwischen den Indios
in der herben Landschaft der Anden, durch die er viele Jahre lang
kreuz und quer streifte. Als er 1929 nach Lima kam, sprach er nur
schlecht Spanisch, und es kostete ihn unendlich viel Mühe, sich die
Sprache und die Gewohnheiten der Küstenbewohner vollständig
zu eigen zu machen. Es gelang ihm unter großen Anstrengungen,
aber ohne seine indianische Jugend zu verleugnen oder zu vergessen, mit der er sich sein ganzes Leben hindurch völlig solidarisch
fühlen sollte. Mehr noch, diese Treue zu den Anden beeinflußte
seine literarische Berufung in entscheidender Weise. Als er nach
Lima kam und anfing, sich in die peruanische Literatur einzulesen,
erlitt er nach seinen eigenen Worten »eine große Enttäuschung«,
weil die berühmtesten Werke dieser Zeit die Eingeborenen als dekadente Wesen schilderten. »Da« – so sagt er – »verspürte ich eine
große Empörung und ein unabweisbares Bedürfnis, die wahre
menschliche Realität des Indio zu enthüllen, die sich total von den
Darstellungen in der herrschenden Literatur unterschied.« Und so

begann er zu schreiben.

Selbstverständlich genügen weder seine Lebenserfahrung in den Anden noch das Gefühl berechtigter Indignation, das seiner Berufung als Stimulanz diente, um die Bedeutung des Werkes von Arguedas zu erklären. Seine tiefe und persönliche Verbindung mit der Realität, die seine Bücher schildern, wäre literarisch gesehen ohne Interesse, wenn Arguedas nicht ein außerordentlich schöpferischer Schriftsteller wäre, einer der reinsten und ursprünglichsten die in Amerika geboren wurden. Diese Adjektiva sind im Überfluß gebraucht worden, sie sind mißbräuchlich angewandt worden und haben ihre Wirkung verloren, aber im Falle von Arguedas sind sie unersetzlich. Das Wort Reinheit wird gewöhnlich in barmherzigen Literaturkritiken gebraucht, um die Intention des Werkes zu bezeichnen: wir alle haben uns daran gewöhnt, mit Gide zu glauben daß die guten Absichten schlechte Literatur hervorbringen. In anderen Fällen wird das Wort gebraucht, um den Inhalt eines Werkes zu charakterisieren, und in diesem Zusammenhang werden diejenigen Dichter »rein« genannt, die ihre Dichtung auf die Perfektion der Sprache gründen, oder diejenigen Ästhetiker, die der Schönheit den Vorzug vor der Wahrheit geben. Das Werk Arguedas' ist rein im klassischen Sinne, es stellt eine Suche sowohl nach der Schönheit als auch nach der Wahrheit dar und erweist sich eben dadurch als ein Kampf gegen die historischen Betrügereien und gegen die substantielle Lüge, die in der Literatur durch den Mangel an Strenge, durch formale Nachlässigkeit und rhetorische Zuchtlosigkeit begründet wird. Als ein Werk, das überaus eng mit dem Schriftstellerleben verbunden ist, erscheint seine moralische Bedeutsamkeit wie eine spontane Verlängerung der Biographie von Arguedas. Denn dieser schüchterne und strenge Mann, der rührend bescheiden war und sich oft in der Rolle des Opfers fand, hat sich immer durch fremde Ungerechtigkeit betroffen gefühlt. Bezeichnend ist folgende Episode aus seiner Jugendzeit: In Pampas, einem kleinen Bergdorf, wurde Arguedas im Alter von fünfzehn Jahren Zeuge von Geschehnissen, die ihn entsetzten. Noch in derselben Nacht verlieh er, als Einzelner, seinem Protest Ausdruck, indem er die Straßen des Ortes mit Inschriften und Anschlagzetteln übersäte. Es ist ebenfalls bezeichnend, daß er in Sicuani den Indios kostenlos Spanischunterricht erteilte. Das Gefühl der Auflehnung und Liebe, das diese Handlungen inspiriert, durchdringt sein gesamtes literarisches Werk und verleiht diesem seine faszinierende moralische Dimension.

Fast alle Bücher von José María Arguedas sind den Anden gewidmet. Nur sein Roman *El sexto* (1961) spielt in Lima, und selbst noch in diesem grausigen Zeugnis über das Gefängnis von Lima, in das Arguedas 1937 durch das diktatorische Regime von Sanchez Cerro grundlos eingekerkert wurde, erscheinen auf den vielleicht am besten gelungenen Seiten des Buches die Anden: bei der majestätischen Prozession der gefangenen Kondore durch ein Andendörfchen, und in der Episode von dem kleinen Jungen aus dem Gebirge, der von den Landstreichern vergewaltigt wird. In seinen übrigen Büchern stehen das Gebirge und der Indio immer im Vordergrund der Erzählung.

Aber Arguedas unterscheidet sich von den peruanischen Schriftstellern, die andine Themen behandelt haben, nicht nur durch seine Kenntnis des Gebirges, sondern auch durch die Haltung, mit der er dieser Realität gegenübertritt. Arguedas zeigt gegenüber dem Indio nicht Mitleid oder Wohlwollen, keines dieser Gefühle, die vor allem eine *Distanz* des Schreibenden zu seinem Gegenstand ausdrücken, sondern eine primäre und totale Identität: er spricht von den Anden wie von sich selbst. Deshalb erscheint er, auch wenn er Laster offenlegt oder Kritik übt, niemals als Richter, sondern immer als unvoreingenommener Zeuge. Diese Haltung offenbart sich in der heiteren Ungezwungenheit seiner Prosa, in ihrer unverwechselbaren Wahrhaftigkeit. Das darf nicht darüber hinwegtäuschen, daß Arguedas zwar ein objektiver Schriftsteller, aber zunächst einmal doch ein unbedingter Freund des Indio ist. Diese Freundschaft erwächst aus seiner Liebe zu ihm, aus der Faszination, die die Ketschua-Kultur auf Arguedas ausübt. Vergessen wir nicht, daß ein Großteil seiner intellektuellen Tätigkeit darin bestanden hat, die Volkskunst der Eingeborenen zu sammeln und ins Spanische zu übersetzen. In *Canto quechua* (1938), *Canciones y cuentos del pueblo quechua* (1948), *Cuentos mágico-realistas y canciones de fiestas tradicionales en el valle del Mantaro* (1953) gräbt Arguedas Mythen, Legenden und Gedichte der Eingeborenen aus, die er wunderschön ins Spanische übersetzt, mit einem Eifer und einer Sorgfalt, die zeigen, wie tief seine geistige Identifikation mit der Andenkultur reicht.

Aber den Hauptteil seines Werkes machen seine eigenen Fiktionen aus. In seinen Romanen und Erzählungen gelingt es José María Arguedas – als erstem Schriftsteller in Lateinamerika –, die abstrakten und subjektiv gesehenen Indios, wie sie die *Modernistas* und *Indigenistas* schufen, durch *reale Persönlichkeiten* zu ersetzen, d. h. durch konkrete und objektive Wesen, die sozial und historisch verankert sind. Wie enorm die Schwierigkeiten waren, die er bei der Bewältigung dieser Aufgabe zu überwinden hatte, läßt sich am besten am Scheitern seiner Vorgänger ermessen. Tatsächlich genügte es nicht, den Andenbewohner aus unmittelbarer Nähe zu kennen und seine Sprache zu sprechen. Es mußte darüber hinaus ein *Stil* gefunden werden, der es gestattete, in der spanischen Sprache und im Rahmen unserer westlichen kulturellen Sichtweisen eine Welt wieder aufzubauen, deren tiefste Wurzeln von den unsrigen verschieden, ja ihnen teilweise sogar entgegengesetzt sind. Das Haupthindernis war dabei natürlich die Sprache. Der Indio spricht und denkt in Ketschua; seine Kenntnisse des Spanischen sind rudimentär, gelegentlich gar nicht vorhanden. Der Eingeborene, der zur Küste hinuntergeht und eine Stellung als Dienstbote annimmt, lernt notgedrungen ein elementares Umgangsspanisch, das ihm dazu dient, sich mit dem Weißen zu verständigen; dieses armselige Spanisch stellt in keiner Weise die Sprache des Indio dar, wie es die Indigenisten zu glauben scheinen, die ihre Indiogestalten in diesem barbarischen und verderbten Dienstbotendialekt miteinander sprechen lassen. Selbst ein so talentierter Schriftsteller wie Ciro Alegría ist gelegentlich in diese Falle getappt, die gleichzeitig eine Mystifikation darstellt: es ist dasselbe, als ob man die algerischen Gastarbeiter in Paris untereinander in dem stammelnden und verzerrten Französisch reden ließe, das sie gegenüber den Franzosen gebrauchen. Die Lösung des Problems bestand darin, im Spanischen einen Stil zu finden, der durch seine Syntax, seinen Rhythmus und sogar durch sein Vokabular ein *Äquivalent* zur Indiosprache darstellte. Die Indigenisten reduzierten alles auf eine phonetische Täuschung. Arguedas hat es erreicht, den spanisch sprechenden Lesern eine *Übertragung* der eigentlichen Indiosprache zu bieten. Und auf diese Weise ist es ihm gleichzeitig gelungen, in der spanischen Sprache die innere Welt des Indio nachzuschaffen, seine Sensibilität, seine Psychologie, seine Mythen: wir wissen ja, daß sich alle emotionalen und spirituellen Eigenarten eines Volkes in seiner Sprache ausgedrückt finden.

Der Eindruck frischer Ursprünglichkeit, den wir angesichts von Arguedas' Indios verspüren, rührt vor allem von ihrer Sprechweise her. Ihre Sprache charakterisiert sie sofort, individualisiert sie, gibt ihnen ein eigenes Gepräge. Erinnern wir uns an die erzählenden Marktweiber aus Abancay, die in *Die tiefen Flüsse* erscheinen, die Dorfbewohner aus Kayan in *Fiesta des Blutes*, den Tänzer in *Der Tod des Rasú Ñiti:* es sind Persönlichkeiten mit einer unverwechselbaren Psychologie, die an die Natur durch ein komplexes System sensitiver und emotionaler Bande gekettet und untereinander durch gemeinsame Interessen, Glaubensinhalte und Wertvorstellungen verbunden sind. Es handelt sich um Lebewesen, die auf die Anreize der äußeren Wirklichkeit mit originalen Handlungen reagieren, deren Schmerzen und Freuden sich in typischer Weise ausdrücken. José Maria Arguedas ist der erste Schriftsteller, der uns in das Herz der Eingeborenenkultur führt und uns den Reichtum und die seelische Komplexität des Indio auf eine so lebendige und direkte Weise enthüllt, wie es nur die Literatur zu tun vermag. Es wäre zu weitläufig und erscheint nicht notwendig, die formalen Techniken zu beschreiben, deren Arguedas sich bedient. (Es geht hier nicht darum, das Werk von Arguedas stilistisch zu analysieren, sondern seinen Standort in der peruanischen Literaturgeschichte zu bestimmen.) Auf eine dieser Techniken sei jedoch hingewiesen: auf den systematischen Bruch mit der traditionellen Syntax, die einer Organisation der Wörter innerhalb des Satzes Platz macht, welche nicht einer logischen, sondern einer emotionalen und intuitiven Ordnung gehorcht. Wenn Arguedas' Indios sprechen, bringen sie vor allem Empfindungen zum Ausdruck, und von diesen leiten sich die Begriffe ab.

Halten wir uns kurz bei einem unvergeßlichen dritten Kapitel von *Fiesta des Blutes* auf, das die Überschrift trägt: »Wakawak'ras – Trompeten der Erde«. Im ersten Kapitel beschreibt Arguedas das geographische und soziale Szenario seiner Geschichte: die Ortschaft Puquio erhebt sich wie eine hierarchische Pyramide mit Vierteln, Häusern und Einwohnern, die streng voneinander geschieden sind, je nachdem, ob es sich um indianische Landarbeiter, mestizische Händler oder weiße Grundbesitzer handelt. Im zweiten Kapitel zeichnet er die Geschichte des Ortes nach: wir werden Zeuge des Prozesses, der Puquio, einer ursprünglich indianischen Gemeinde, seine gegenwärtige Form gab. Arguedas beschreibt den Raub des Gemeindelandes durch die Weißen, die sich durch die Schließung ihrer Bergwerke ruiniert sehen und gezwungen sind, sich als Landwirte und Viehzüchter zu betätigen. Diese zwei Kapitel sind gewissermaßen die Einleitung zum Roman, die historischen und sozialen Koordinaten der Angst. Die eigentliche Romanhandlung beginnt erst im dritten Kapitel: eine Reihe von Gerüchten, anonyme Stimmen, hier und dort aufgefangen, in den Hütten der Indios, in den Eingangshallen der Häuser der Weißen, vor den Verkaufstischen der mestizischen Läden. Durch das Stimmengewirr hindurch entdecken wir, daß die Bevölkerung durch die Nachricht von einem bevorstehenden Stierkampf erregt ist, eine der Indiogemeinschaften möchte gegen ein Tier antreten, das für seine Wildheit berühmt ist. Es ist ein Kapitel ohne namentlich genannte Personen, die Stimmen sind anonym, sie kommen aus allen sozialen Schichten Puquios. Trotzdem ist in der Vorstellung des Lesers keine Verwechslung möglich; er weiß sofort, wann die Weißen sprechen und wann die Indios. Die Sätze der letzteren haben eine besondere Musikalität, eine unterschwellige Zärtlichkeit, die von ihrem Reichtum an Diminutiven und Vokativen, ihrem seufzenden und klagenden Rhythmus, ihrer poetischen Expressivität herrührt. Es handelt sich um eine gesprochene und – im strengen Wortsinn – kollektive Sprache, nicht nur wegen ihrer Herkunft, sondern wegen ihrer eigenartigen Struktur: in den Sätzen der Indios fehlen fast völlig die Artikel, die ja sonst den Bezug zur Individualität herstellen; gelegentlich werden die spanischen Vokale phonetisch deformiert, aber die hauptsächliche Besonderheit dieser Sprache ist das Ergebnis ihrer ungewöhnlichen Syntax. Der Leser weiß, daß der Satz »da ist deine Schafe, da ist deine Kühe« und der Ausruf: »Wohin bringen sie Dich, Väterchen?« nur von Indios stammen können.

In dem Bemühen, Arguedas nachzuahmen, haben dann viele Indigenisten aus Peru, Ecuador und Bolivien versucht, eine Indioliteratur auf der Grundlage einer »Bildersprache« zu schaffen, und sie sind fast immer durch Unvorsichtigkeit oder Mißbrauch in formalistischer Übertreibung, im »Manierismus«, gelandet. Gewiß, es ist das einfachste, die bildhafte Sprechweise des Indios mit »Ketschuismen« zu würzen und die Laute zu verändern, indem man ihnen eine barbarische Phonetik oktroyiert. Das Bewundernswerte an Arguedas aber ist, daß er eine Indiosprache geschaffen hat, indem er die Struktur der Sprache selbst umgestaltet hat.

Die grundlegenden Leistungen von Arguedas sind jedoch nicht nur formaler Natur. Am meisten müssen wir ihm dafür danken, daß er den Indio so gestaltet hat, wie er in Wirklichkeit ist: ein vielschichtiges Wesen. Mit anderen Worten, daß er den Eingeborenen im situativen Kontext darstellt, in einem variablen geographischen und sozialen Bezugsrahmen, der sein Verhalten erst verständlich macht. Die Landschaft spielt deshalb eine sehr wichtige Rolle im Werk von Arguedas: die Flora, die Fauna, das Licht und die Luft der Anden finden in ihm einen leidenschaftlichen Schilderer. Der geistige Habitus des Eingeborenen wird weitgehend von der ihn umgebenden Natur geprägt, so wie seine Verhaltensweisen nur im Lichte seiner sozialen Stellung verständlich sind. Das beste Buch von Arguedas, *Die tiefen Flüsse,* (ich meine das mit der schönsten Prosa, das mit der meisten Verve) ist hauptsächlich der Andenlandschaft gewidmet, es ist ein glänzendes poetisches Zeugnis dieses Hochgebirges.

Sein bester Roman hingegen, von der Konstruktion und von der klaren Zeichnung der Persönlichkeiten her, ist *Fiesta des Blutes.* In ihm ist die Landschaft zweitrangig, das menschliche Element überwiegt. Dort erscheint der Indio unter allen möglichen Gesichtswinkeln: der Indio unter seinesgleichen, gegenüber dem Weißen, gegenüber dem Mestizen. Diese Verschiedenheit der Perspektiven ist außerordentlich lehrreich. Die Dorfbewohner, die Don Julio Arosemena bitten, ihnen einen Stier für die Corrida am Nationalfeiertag zu schenken, sind gefügig, schüchtern, ihr Respekt gegenüber dem Ortsgewaltigen geht bis zur Servilität und zur offenkundigen Liebedienerei. Wie aber könnten wir uns täuschen? Diese Dorfbewohner (dieselben, die aus eigener Initiative mit bloßen Händen in 28 Tagen eine Straße von Puquio nach Nazea bauten; dieselben, die nur aufgrund ihres Mutes den Misutu besiegen werden) handeln so aus strategischen Erwägungen, ihre Servilität ist ganz offensichtlich eine Verteidigungsmaßnahme gegenüber dem Feind. In ihrem Verhältnis untereinander ist ihre Haltung dagegen eine völlig andere, ihre Solidarität kennt keine Grenzen, ihre Beziehungen daheim und bei der Arbeit sind von Würde geprägt. Diese elenden Indios, die für die Hinterbliebenen Riedhütten bauen, und jene anderen, die vom Gebirge herabsteigen, um den bevorstehenden Tod des Misutu zu beweinen, sind exemplarische Charaktere. Und es sind dieselben Männer, die sich biegen wie das Rohr im Winde, wenn der Ortsvorsteher vorbeikommt, und die sich den Weißen gegenüber willfährig und diensteifrig zeigen.

Das Zeugnis von Arguedas ist definitiv: der Indio ist weder willfährig noch servil, weder verlogen noch heuchlerisch, aber sein

Verhalten ist unter bestimmten Umständen aus Notwendigkeit so. Diese Masken sind in Wirklichkeit Schutzschilde, die neue Angriffe und Gewalttätigkeiten von ihm abhalten. Der Indio zeigt sich ganz bewußt auf diese Weise gegenüber dem Mann, der ihm sein Land und seine Tiere raubt, der ihn einkerkert und seine Frau und seine Töchter vergewaltigt. Aber im Leben innerhalb seiner Gemeinschaft erniedrigt sich der Indio niemals, verabscheut er die Lüge und respektiert mit religiösem Eifer die moralischen Normen, die er sich gegeben hat. Indem Arguedas den Indio in seinen verschiedenen sozialen Bezügen zeigt, indem er den wahren Sinn seiner Haltung gegenüber dem Weißen aufdeckt, indem er die Welt der Träume und Wünsche enthüllt, die in der Seele des Indio verborgen liegt, gibt er uns die notwendigen Beurteilungskriterien an die Hand, um den Indio zu verstehen und zu seinem Innersten vorzustoßen. Diese Gesamtschau einer Welt ist der wirkliche literarische Realismus.

Andererseits beschreibt Arguedas nicht nur die wahre Natur der Beziehungen zwischen dem Indio und dem Weißen in der Gebirgslandschaft der Anden, sondern er zeigt auch die Phänomene der Transkulturation auf, die das Aufeinandertreffen der beiden Gemeinschaften mit sich bringt, die Wechselbeziehungen, die es erzeugt, die Übernahme und Umformung der Sitten und Gebräuche des Weißen durch den Indio, entsprechend seiner eigenen Psychologie und seinem eigenen Wertesystem. Um das genauer zu betrachten, wollen wir uns noch einmal dem Roman *Fiesta des Blutes* zuwenden. Das zentrale Ereignis des Romans ist ein Stierkampf, eine Festlichkeit, die die Spanier nach Peru brachten. Aber was hat diese importierte Zeremonie eigentlich überhaupt noch gemein mit dem *yawar-punchay*? Fast nichts – die Festlichkeit hat sich in eine Art kollektive, tragische Epopöe verwandelt, in der das Virtuosentum durch die Entfaltung reiner Verwegenheit ersetzt worden ist, in der das Schauspiel in der Gewalttätigkeit untergegangen ist. Diese Indios, die sich dem Tier mit entblößter Brust entgegenwerfen und es zum Zorne reizen, um es schließlich mit Dynamitpatronen zu besiegen, sind Gladiatoren und keine Toreros. Alles hat sich verändert: die Musik, die Tänze, die Gesänge, die die Festlichkeit begleiten, sind indianisch, und es handelt sich nicht mehr um eine Festlichkeit, sondern um einen furchtbaren Ritus, der einem ganzen Volk dazu dient, auf symbolische Weise seinem Zorn und seiner Trauer Ausdruck zu verleihen; der eigentliche Sinn des

Schauspiels hat sich verändert.

Arguedas macht an diesem Punkte nicht halt. Er zeigt auch das entgegengesetzte Phänomen: die unbewußte geistige »Indianisierung« des weißen Gebirgsbewohners. Diese rassistischen und brutalen Dorfbeherrscher, die so stolz auf ihre Stellung als Weiße sind, können eigentlich kaum noch als solche gelten: ohne daß sie es wissen oder ahnen, hat sie die Gemeinschaft, die sie unterjochen, ihrerseits selbst unterworfen und hat sie unmerklich kolonialisiert. Die Reaktionen von Julio Arosemena und Pancho Jiménez, als der Subpräfekt von Puquio den *yawar-punchay* verbieten will, sind symptomatisch: sie fühlen sich verletzt, wütend, persönlich betroffen. Sie betrachten den *yawar-punchay* nicht als barbarisch und verachten diesen Mann von der Küste, der ihnen eines »ihrer« Feste nehmen will.

Schließlich muß man auch auf die Kunstfertigkeit hinweisen, mit der Arguedas die kollektivistische Mentalität des Indio dargestellt hat. Was uns in seinen Erzählungen und Romanen überrascht, ist das Fehlen individueller Heldengestalten. Einige Persönlichkeiten spielen bedeutsamere Rollen als andere, aber die Erzählung dreht sich niemals ausschließlich um eine einzelne Gestalt, die alle anderen überragt. Tatsächlich ist die Hauptfigur immer ein Kollektiv: die Dorfbewohner in *Fiesta des Blutes,* die Stadt Abancay in *Die tiefen Flüsse,* die gespenstische und unter-menschliche Masse der Strafgefangenen in *El sexto.* Der Kollektivismus erscheint in seinen Romanen und Erzählungen gleichzeitig als ein charakteristisches Merkmal der Gemeinschaft, die er beschreibt, und als ein formales Stilmittel. Das ist ein weiterer Beweis für das Verschmelzen zweier Realitäten, der sozialen und der literarischen, im Werk von Arguedas. Es ist ebenfalls ein Beweis für die Strenge, mit der Arguedas seiner Berufung gerecht zu werden versucht.

### III.  Die tiefen Flüsse: Traum und Magie

Als roter Faden, der die verschiedenen Episoden dieses Buches verbindet, das von Sehnsucht und streckenweise von Leidenschaft durchdrungen ist, figuriert die Gestalt eines Knaben, der durch eine doppelte Familienzugehörigkeit zerrissen wird, die ihn gleichzeitig in zwei einander feindlichen Welten verankert. Als Sohn von Weißen, der von Indios großgezogen worden ist und dann wieder in die Welt der Weißen zurückkehrte, ist Ernesto, der

Erzähler der *Tiefen Flüsse,* ein Unangepaßter, ein Einzelgänger und auch ein Zeuge, der sich in einer privilegierten Position befindet, von der aus er den tragischen Gegensatz zweier Welten darzustellen vermag, die sich nicht kennen, sich gegenseitig ablehnen und die nicht einmal in seiner eigenen Person ohne Schmerzen koexistieren.

Bereits zu Beginn des Romans, im Schatten jener Steine von Cuzco, in denen ebenso wie in Ernesto (und in José Maria Arguedas) das Indianische und das Spanische hart aufeinanderstoßen, ist das Schicksal des Knaben besiegelt. Er wird sich nicht mehr verändern, und die ganze Geschichte hindurch wird er einfach eine Erscheinung sein, die wie betäubt ist von der Gewalttätigkeit, mit der in jedem Augenblick in tausend subtilen oder hinterhältigen Formen zwei Rassen, zwei Kulturen, zwei Klassen in der erhabenen Bergwelt der Anden aufeinanderprallen. Subjektiv fühlt er sich solidarisch mit den Indios, die ihn aufzogen – »Mich haben die Indios aufgezogen; andere, menschlichere als diese« – und die für ihn, wie wir sehen werden, das verlorene Paradies verkörpern; aber gleichzeitig ist er weit von ihnen entfernt aufgrund seiner sozialen Position, die ihn, objektiv gesehen, an die Seite jener Weißen von Abancay stellt, denen gegenüber er Zorn oder Trauer empfindet wegen ihrer ungerechten, plumpen oder einfach blinden Haltung gegenüber den Indios: so wird die Welt der Menschen für Ernesto ein unlösbarer Widerspruch. Es ist nicht erstaunlich, daß sie ihm Empfindungen der Verwirrung und gelegentlich eines so tiefen Schreckens einflößt, daß er sich auf dieser Welt nicht mehr unter Seinesgleichen fühlt, daß er sich vorstellt, von einer von den Menschen verschiedenen Spezies abzustammen, daß er sich fragt, ob der Gesang der Lerche nicht »das [ist], woraus ich gemacht bin, die ferne Gegend, der man mich entriß, um mich unter die Menschen zu bringen«. Das Leben muß aber gemeistert werden, und Ernesto, der seinen Lebensbedingungen nicht entfliehen kann, muß nach einem Weg suchen, um es ertragen zu können. Dafür stehen ihm zwei Waffen zur Verfügung: die eine ist die innere Zuflucht, die Träumerei. Die zweite ist ein verzweifelter Wille zur Kommunikation mit dem, was von der Welt übrigbleibt, wenn man die Menschen ausschließt: mit der Natur. Diese beiden Haltungen bedingen Ernestos Persönlichkeit, und sie finden interessanterweise auch ihren Niederschlag in der Struktur des Buches.

Warum dieser Rückzug auf die Innerlichkeit, welche Kräfte trägt

Ernesto in sich, die ihm helfen zu überleben? Es gab eine Zeit, in der er sich jener Dualität, die sein Dasein überschattet, noch nicht bewußt war und in der er, zweifellos glücklich, in unschuldiger Gemeinschaft mit den Menschen lebte, im Kreise jenes »*ayllu*[6], dessen Bewohner in dem kleinsten und fröhlichsten Tal, das ich je gesehen habe, Mais anpflanzten«; »die *mamakunas* beschützten mich und lehrten mich die große Zärtlichkeit, die Sanftheit, in der ich lebe«. Und die beiden Bürgermeister dieser Indiogemeinde, Pablo Maywa und Viktor Pusa, sind die Schutzengel, die der Knabe im Internat in Abancay heimlich anruft, um seine Leiden zu bannen. Die Sehnsucht, die sich durch den Roman zieht, rührt von der ständigen melancholischen Erinnerung an jene Zeit her, in der Ernesto »die Schläge einer traurigen, mächtigen Strömung« noch nicht kannte, die über die Kinder hereinbricht, »die allein in der Welt sind, in einer Welt voller Ungeheuer und Feuer«. Diese Auseinandersetzung mit der Welt fällt zusammen mit seiner Ankunft in Abancay und seinem Eintritt in die Oberschule, in der die Kinder aus den wohlhabenden Schichten der Stadt erzogen werden. In ihrer Gesellschaft entdeckt Ernesto die abgrundtiefen Unterschiede, die ihn von den anderen trennen, seine Einsamkeit, seinen Exilantenstatus: »Meine Lackschuhe, die langen Manschetten meines Hemdes und die Krawatte hemmten und störten mich. Aber wo sollte ich mich hinsetzen? Neben wen?« Er kann nicht mehr umkehren, nicht wieder zurück in den *ayllu*: jetzt weiß er, daß er auch kein Indio ist. Er kann nicht mehr zurück, aber gegen seinen Willen und ohne sich dessen bewußt zu sein, versucht er geradezu mit Besessenheit, es zu tun, während die Erkenntnis, daß er der »unschuldigen Kindheit« entwachsen ist, sich wie ein Bann auf ihn legt. Dieser Zustand der Sehnsucht und des hartnäckigen Werbens um die Vergangenheit hat zur Folge, daß die Realität, die in den *Tiefen Flüssen* am lebhaftesten widergespiegelt wird, niemals die unmittelbare, niemals diejenige ist, der sich Ernesto im Verlauf der Haupthandlung des Romans – in Abancay – gegenüber sieht, sondern eine vergangene, verklärte und gefilterte Wirklichkeit, die durch die Erinnerung vergoldet wird. Das bringt auch gewisse formale Eigenheiten mit sich: den makellosen Lyrismus des Stils, seinen poetischen und erinnerungsträchtigen Ton sowie die charakteristische Idealisierung von Gegenständen und Lebewesen, die wir so kennenlernen, wie Ernesto selbst sie in seinen Erinnerungen vergegenwärtigt.

Im letzten Kapitel der *Tiefen Flüsse* geht Ernesto auf dem Schulhof spazieren, »so sehr in Erinnerungen versunken, daß [er] auf äußere Dinge achtete«. Tatsächlich verhält er sich beinahe ständig so; auch wenn seine Aufmerksamkeit auf etwas unmittelbar Gegenwärtiges fällt, das ihn zu absorbieren scheint, so vergleicht sein Bewußtsein doch die augenblickliche Erfahrung mit einer anderen aus der Vergangenheit; es stützt sich auf das Gegenwärtige, um zum Vergangenen zurückzugelangen. Schon zu Beginn des Romans beklagt sich der Knabe voller Traurigkeit: »Jedesmal, wenn meinem Vater die Berge, Wege und Spielplätze, die Verstecke der Vögel und die Eigenarten eines Dorfes vertraut geworden waren, beschloß er, dieses Dorf zu verlassen.« Man kann sich leicht vorstellen, daß sich so ein unstillbares Verlangen in ihm ausbildete, diese flüchtige Realität festzuhalten, in seinem Geiste die Bilder jener Landschaften und Dörfer zu bewahren, in denen er sich niemals lange aufhalten durfte. Später wird er von diesen Bildern leben. Bei jeder Gelegenheit schießen die Erinnerungen in Ernestos Bewußtsein empor, als sei er bereits im Greisenalter, und sie sind von erstaunlicher Präzision. (»Der Charango[7] erzeugt die Wirbel, die Worte und Melodie der Lieder im Gedächtnis einprägen.«) Es kommt vor, daß er vollkommen in Erinnerungen versinkt, denn die Vergangenheit ist sein stärkster Stimulus zu leben. In der Oberschule (es ist bezeichnend, daß der Pater Rektor ihn »verirrt« und »verrückter Vagabund« nennt, weil er nicht so ist wie die anderen) träumt er davon auszureißen, um wieder zu seinem Vater zurückzukehren. Aber er tut es nicht, sondern wartet: »[…] ich sah alles, dachte über alles nach und prägte es meinem Gedächtnis ein«. Bei einem so sichtbar autobiographischen Roman kann man sagen, daß Arguedas auf symbolische Weise seine eigenen Bemühungen in die Erzählung verpflanzt hat. Dieser Knabe, den der Autor ins Leben ruft und aus der Vergangenheit ausgräbt, zum Träger eigener Lebenserfahrung macht, wird wie ein Spiegelbild präsentiert: auch er lebt in der Vergangenheit. Es geht hier wie bei jenen russischen Puppen, von denen jede jeweils eine noch kleinere umschließt. In den *Tiefen Flüssen* liefert die Erinnerung des Autors den Stoff des Buches; aus ihr wiederum geht jene Darstellung hervor, in der der Held seinerseits von einer vergangenen Realität lebt; auch er lebt nur in seiner eigenen Erinnerung.

Hinter diesem ständigen Rettungsversuch, der Flucht in die Vergangenheit entdeckt Ernesto seine Sehnsucht nach einer Realität, die nicht besser ist als die gegenwärtige, aber die er im Zustand der Unschuld, ja der Unbewußtheit erlebt hat, als er das Böse (obwohl er darin befangen war und auch sein Opfer wurde) noch nicht kannte. Wenn er schulfrei hat, treibt sich der Knabe in den Chicha-Kneipen von Abancay herum, hört der Musik zu, und dort denkt er »an die steinigen Felder, die Plätze und Kirchen, die kleinen Flüsse, wo ich glücklich gewesen war«. Die Idee des Glücks erscheint schon in dieser Erinnerung stärker an eine natürliche als an eine soziale Ordnung gebunden: er spricht von Feldern, Steinen und kleinen Flüssen. Denn das ist die andere Seite seiner geistigen Welt, die solidere Verbindung mit der ihn umgebenden Wirklichkeit.

In gewisser Weise ist sich Ernesto dieser seiner Natur bewußt, die sich gegen die Aktualität auflehnt und der Vergangenheit zugewandt ist, und oft ahnt er seine Zukunft voraus, die durch diese Haltung bestimmt ist. Sonntags, wenn seine Schulkameraden auf der Plaza de Armas von Abancay den Mädchen den Hof machen, zieht er es vor, durch die Felder zu schweifen und sich an das hochgewachsene junge Mädchen »mit dem schönen Gesicht« zu erinnern, »das in dem feindseligen Dorf mit den capulí-Bäumen[8] gelebt hatte«. Dann träumt er von Mädchen, die »meine Träume erraten und auf sich beziehen würden. Mädchen, die die Erinnerung an meine Reisen, an die Flüsse und Berge, die ich gesehen hatte [...] teilen würden«. Er spricht von sich selbst in der Vergangenheit, wie man von den Toten spricht, denn in *einer* Hinsicht ist er ein Toter: er lebt inmitten von Schattenbildern und hofft, daß sich seine zukünftige Begleiterin gemeinsam mit ihm in diesem vertrauten Schattenreich einrichten werde.

Ein Toter gewiß, aber noch nicht ganz und gar abgestorben, denn obgleich ihn eine unsichtbare Mauer von den Menschen trennt, an denen er sich stößt, gibt es dennoch etwas, das ihn wie eine Nabelschnur mit dem gegenwärtigen Leben verbindet: die Landschaft. Jene »unschätzbare Liebe«, die der Knabe sich weigert, an seine grausamen Mitschüler oder an die heuchlerischen bzw. fanatischen Ordensgeistlichen des Internats weiterzugeben und die er tatsächlich den Indios nicht zuteil werden lassen kann, als Gefangener einer Klasse, die uneingestanden eine strenge Rassentrennung praktiziert, – diese Liebe wendet er den Pflanzen, den Tieren und der Bergluft der Anden zu. Darauf ist es zurückzuführen, daß die Andenlandschaft in diesem Buch eine grundlegende Rolle spielt, daß sie die Hauptfigur mit der stärksten Persönlichkeit in diesem Roman ist.

Ist es nicht bezeichnend, daß sich bereits der Titel *Die tiefen Flüsse* nur auf die Welt der Natur bezieht? Aber diese Welt erscheint im Roman nicht als der menschlichen entgegengesetzt und in diesem Sinne als eine Herausforderung. Ganz im Gegenteil, sie ist in einem Maße vermenschlicht, das über die einfache Metapher hinausgeht und bis ins Reich der Magie vordringt. Instinktiv und unbewußt neigt Ernesto dazu, die eine Welt durch die andere zu ersetzen, die dem Menschlichen vorbehaltenen Werte in jenen Teil des Kosmos zu verschieben, der ihn nicht von sich stößt. Wir haben schon gesehen, daß er gelegentlich eine verwandtschaftliche Beziehung zwischen sich und dem Gesang des Vogels herstellt, bei einer anderen Gelegenheit protestiert er heftig dagegen, daß Menschen Papageien und andere Vögel mit Schleudern töten, und im ersten Kapitel des Romans beklagt er bitter eine »kleine Verbene«, die von den Kindern aus Cuzco »gequält« worden ist. Voller Wut klagt er später die Menschen an, die aus Nachlässigkeit Grillen zertreten, »diesen Boten, diesen Besucher aus dem verzauberten Teil der Erde«, und beschäftigt sich in Abancay eines Abends damit, die Grillen vom Straßenpflaster zu holen, auf dem »sie so gefährdet waren«. In dem Kapitel mit der Überschrift »Zumbayllu«[9] gibt es eine ausführliche, wunderschöne und liebevolle Elegie auf den tankayllu[10], dieses Insekt mit dem samtenen Körper, das im Licht unsichtbar wird und dessen Honig die Herzen derjenigen, die ihn trinken, wie »ein milder Hauch« berührt, »der sie vor Traurigkeit und Groll bewahrt«. Immer wenn er Blumen, Insekten, Steine oder Bäche beschreibt, erreicht Arguedas' Sprache ihre größte Wärme, ihren gelungensten Rhythmus, das Vokabular verliert jede Härte, es vereinigt die delikatesten und zerbrechlichsten Laute, es fließt angeregt dahin, wird musikalisch, voller Süße und quillt über von leidenschaftlichen Bildern: »Die große Zitrone aus Abancay hat eine dicke Schale, deren Fleisch eßbar ist und die sich leicht entfernen läßt. Ihr brennender und zugleich süßer Saft gibt gemischt mit der schwarzen *chancaca* die wohlschmeckendste und kräftigste Speise der Welt. Sie schenkt Freude, und man glaubt, aus ihr das Licht der Sonne zu trinken.«

Dieser maßlose Enthusiasmus für die Natur, kompensatorisch in seiner Wurzel, grenzt an mystische Verzückung. Das Schauspiel des Sonnenaufgangs inmitten verschiedener Regenschauer läßt den

Knaben »unschlüssig« zurück und annulliert in ihm die Fähikeit zum rationalen Denken. Diese Verzückung bedeutet eine regelrechte Entfremdung, sie enthält im Keim eine animistische Betrachtungsweise der Welt. Seine Sensibilität, die durch die Natur bis zur Selbstverlorenheit geschärft wird, führt Ernesto dazu, in heidnischer Weise Pflanzen, Gegenstände und Tiere zu idealisieren und ihnen nicht allein menschliche, sondern sogar göttliche Eigenschaften zuzuerkennen, sie zu sakralisieren. Vieles von Ernestos Aberglauben stammt aus seiner Kindheit, ist gleichsam ein Erbe der indianischen Hälfte seines Geistes, und das Kind hält in einer unbewußten Regung seiner Solidarität mit dieser Kultur eisern daran fest; aber darüber hinaus erklärt und begünstigt auch seine besondere Situation diese Neigung, den Verstand als Bindeglied zur Wirklichkeit zu negieren und ihm dunkle Ahnungen und magische Beschwörungen vorzuziehen. Unter seinen außergewöhnlichen Lebensbedingungen wiederholt Ernesto einen Prozeß, den der Indio im Kollektiv vollzogen hat, und deshalb ist er eine symbolische Figur. So wie für den Indio, ausgebeutet, gequält und erniedrigt in jedem Augenblick seines Lebens, ohne Schutz vor Krankheit und Armut, die Realität kaum »logisch« sein kann, so ist auch für das geächtete Kind, ohne Wurzeln in der menschlichen Gesellschaft und für immer ausgestoßen, die Welt nicht rational, sondern von Grund auf absurd: daher sein fatalistischer Irrationalismus, sein Animismus und dieser heimliche Fetischismus, der ihn dazu treibt, mit religiöser Inbrunst die verschiedenartigsten Gegenstände zu verehren. Ein Gegenstand vor allem erlangt im Verlaufe des Geschehens eine totemistische Funktion: der Zumbayllu, jener singende Kreisel, der für ihn »ein neues Wesen, ein Band ist, das mich mit diesem verhaßten Patio, mit diesem Tal der Schmerzen, mit der Schule, versöhnte«.

Der Zustand der Schutzlosigkeit nährt den Aberglauben Ernestos. Die Welt ist für ihn eine Bühne, auf der finstere Mächte gegen den wehrlosen und verängstigten Menschen kämpfen, der überall die Gegenwart des Todes spürt. Diesen sagt die *chirinka* voraus, eine dunkelblaue Fliege, die auch noch in der Dunkelheit summt »und so den Tod ankündet, ihre Eier in das Fleisch legt. Sie weiß schon Stunden vorher, wer sterben wird, und dreht ihre Runden in der Nähe«. Und außerdem gibt es die Pest, die jeden Moment die Anhöhe hinaufsteigen kann, »als altes Weib verkleidet, zu Fuß oder zu Pferde«. Gegenüber solchen Bedrohungen kann der

Mensch seine Zuflucht nur zu schlüpfrigen, magisch-religiösen Exorzismen nehmen, die ihn noch weiter entwürdigen: die Indios »ekeln sich vor den Läusen«, aber dennoch zermalmen sie ihren Kopf zwischen den Zähnen: »sie tun es, weil es gut gegen den Tod ist«. Als die Schwachsinnige stirbt, schneidet Ernesto die Blumen auf dem Schulhof ab, dort, wo die Schüler mit der Unglücklichen Unzucht trieben, um »den einzigen lebenden Zeugen menschlicher Grausamkeit [zu] vernichten, die die Schwachsinnige auf Befehl Gottes entfesselt hatte«: »Ich hatte die Pflanzen ausgerissen, die Wurzeln und die Erde, die die Blumen genährt hatten, ins Wasser geworfen [...]«.

So wie Ernesto gegenüber den anderen abweisend ist, distanziert er sich ebenso von allem, woran sie glauben und was sie anbeten: sein Glaube ist nicht der ihrige, ihr Gott ist nicht der seinige. Inmitten dieser christlichen Welt, in die er eingebunden ist, inthronisiert der Knabe eine persönliche Religion, einen Geheimkult, eine eigene Gottheit. Daher seine Feindschaft gegen die Diener des »gegnerischen« Glaubens: Der Pater Direktor des Internats, der »Heilige« von Abancay, wird dem Leser als die Verkörperung menschlicher Doppelzüngigkeit und als Komplize der Ungerechtigkeit dargestellt. Eine Welle des Zorns macht sich breit, wenn diese Person erscheint. Die masochistische Rede, die er vor den Indios aus Patibamba hält, und seine salbungsvolle und verlogene Ansprache, die die aufständischen Frauen beruhigen soll, gereichen fast zur Karikatur. Weder der Grundherr, der den Indio ausbeutet, noch der Soldat, der ihn unterdrückt, werden in den *Tiefen Flüssen* mit solcher Härte gezeichnet wie der Geistliche, der ihm die Resignation einflößt und seine gelegentlichen Rebellionsversuche mit Dogmen bekämpft. Das ist verständlich: der Schauplatz des Romans ist, wie wir schon sagten, die *innere* Wirklichkeit, jene, in der das religiöse Element seine subtilen und wirksamen Kräfte entfaltet. Der Grundherr taucht nur vorübergehend auf, obwohl das Problem des Feudalismus in den Anden oft erwähnt und im Bild der Stadt Abancay (»Die Stadt ist nicht frei, denn sie liegt auf fremdem Besitz, auf dem Land einer Hacienda.«) sogar allegorisch dargestellt wird.

Von seinem inneren Zufluchtsort aus nimmt Ernesto emotional an dem fürchterlichen Kampf teil, den der Indio gegen seine Herren führt. Zwei Schlüsselepisoden des Romans geben Zeugnis von diesem jahrhundertealten Krieg, von dem sonst keiner redet: der

Aufstand der Marktweiber und die Verheerungen der Pest. Es sind die zwei Momente von höchster Intensität, zwei Radiatoren, die einen Strom von gewalttätiger Energie auf den Rest des Buches verteilen und so die übrigen Episoden dynamisieren, die fast immer in die Form statischer und unabhängiger Bilder gefaßt sind. Und es ist, als ob die glühende Lava, die von diesen beiden Brennpunkten ausströmt, sogar die Persönlichkeit des Erzählers vernichte, dieses gehemmten und schüchternen Knaben, und ihn in einen anderen Menschen verwandle: es sind die Augenblicke, in denen die Sehnsucht von der Leidenschaft überflutet wird. Als die Marktweiber von Abancay rebellieren und die Stadtbewohner sich ängstlich in ihren Häusern verbarrikadieren, stürzt Ernesto auf die Straße und läuft jubelnd und aufgeregt zwischen den bunten Röcken der Indianerinnen umher, wobei er ebenso wie sie laut auf Quechua singt. Später macht er dann mit seiner Neigung, das Erlebte zu sakralisieren und seine Welterfahrung in Mythen zu gießen, aus Felipa, der anführenden Kneipenwirtin, ein Erlösungssymbol: »Du bist wie der Fluß, Señora. [...] Man wird dich nicht fassen. Du wirst zurückkommen. Und ich werde Dein Gesicht betrachten, das stark wie die Sonne am Mittag ist. Wir werden Feuer legen, Brände stiften!« Es ist erstaunlich, wie ein Buch, das der Innenwelt zugewandt ist und das seinen wichtigsten Stoff aus der Betrachtung der Natur und der schmerzvollen Einsamkeit eines Kindes bezieht, sich plötzlich mit einer unerträglichen Gewalttätigkeit aufladen kann. Arguedas scheint sich nicht allzu sehr um den erzähltechnischen Aspekt des Romans zu kümmern, und gelegentlich unterlaufen ihm Konstruktionsfehler, wie im Kapitel »Die Brücke aus Stein«, in dem die Erzählperspektive ohne Grund von der ersten zur dritten Person wechselt[11]; aber dessenungeachtet pflegt sein Instinkt ihn in der Anordnung des Erzählstoffes mit untrüglicher Sicherheit zu leiten. Diese kleinen Gerinnsel roher Gewalttätigkeit zum Beispiel, die strategisch geschickt in den heiteren und gemäßigten Erzählkörper eingefügt sind, stellen eine formale Meisterleistung dar. Seitdem ich vor sechs Jahren zum ersten Male *Die tiefen Flüsse* las, ist mir lebhaft der furchtbare Eindruck in Erinnerung geblieben, den eines dieser Gerinnsel hinterläßt, die die Erzählung wie mit dem Licht einer Feuersbrunst erhellen: das Bild des Mädchens in der pestverseuchten Ortschaft, seine »Geschlechtsteile [...], an denen dicke weiße Blasen hingen wie bei den ekelhaftesten und verwahrlosesten Schweinen«. Diese kleinen, aktiven Krater, die die glatte Oberfläche des Romans durchsetzen, schaffen ein Kreislaufsystem von Emotionen, Spannungen und Erlebnissen, die seine Schönheit um einen unbändigen Lebensstrom bereichern.

Ein gequältes Gewissen? Ein Kind, das unlösbare Widersprüche von seinesgleichen isolieren und in eine Welt der Vergangenheit einschließen will, die nur von der Erinnerung getragen wird? Ein Überwiegen der Natur gegenüber der sozialen Welt? Es wird nicht an Stimmen fehlen, die behaupten, daß es sich um ein abwegiges Zeugnis von der Andenwelt handelt, daß Arguedas das Problem verfälscht, indem er eine Mystifikation der Wirklichkeit in die Literatur überträgt, anstatt sie bloßzustellen. Irrtum: es ist legitim, von jedem Autor, der über die Anden schreibt, zu verlangen, daß er Rechenschaft ablegt über die Ungerechtigkeit, auf die sich dort das Leben gründet, aber man darf ihm nicht eine bestimmte *Art und Weise* vorschreiben, in der er dies zu tun habe. Alles Entsetzliche des Hochgebirges ist in den *Tiefen Flüssen* enthalten, es bildet die zugrunde liegende Wirklichkeit, die Voraussetzung, ohne die Ernestos' innere Zerrissenheit nicht verständlich wäre. Die einzigartige Tragödie dieses Kindes ist ein indirektes, aber unzweideutiges Zeugnis von jenem Entsetzlichen: sie ist sein Produkt. Durch seine Verwirrung, seine Einsamkeit, seine Angst, seine einfältige Annäherung an die Pflanzen und Insekten scheinen die tiefsten Wurzeln des Übels durch. Die Literatur zeugt gewiß auch von der sozialen und ökonomischen Realität, aber sie tut dies in Brechungen, indem sie die Auswirkungen der historischen Ereignisse und der großen sozialen Probleme auf einem *individuellen* Niveau registriert: das ist die einzige Art, das literarische Zeugnis *lebendig* zu halten und es nicht in einem toten Schema erstarren zu lassen.

*Anmerkungen des Übersetzers:*

1  Höckerloses südamerikanisches Kamel.
2  Eine Wildform des Lamas.
3  Indianisches Tanzlied.
4  Eine Art Most aus Mais, Weizen oder Trauben.
5  *Criollismo:* von »criollo«, Kreole, von Europäern abstammender Ame-

rikaner; *Cholismo;* von »cholo«, Mischling zwischen »Weißen« und »Indios«.

6 Gemeinde selbständiger Indios, die zu keiner Hacienda gehören.
7 *Charango:* kleine Gitarre mit 5 Saiten, verbreitet in den Andenländern.
8 *Capulí:* Baum aus der Familie der Rosazeen, dessen Früchte eßbar sind und Erdbeeren gleichen.
9 Kreisel.
10 Hummelart; Name eines Tänzers.
11 In der deutschen Übersetzung wechselt die Erzählperspektive nicht.

Juan Carlos Onetti

*Emir Rodríguez-Monegal*

# Juan Carlos Onetti oder
# die Entdeckung der Stadt

Juan Carlos Onetti ist wie Florencio Sánchez und Horacio Quiroga einer von den uruguayischen Schriftstellern, die schon früh das Land zu beiden Seiten des Rio de la Plata in ihre Werke einbrachten. Und das nicht nur, weil Onetti fast 15 Jahre in Buenos Aires gelebt hat (die Jahre seiner literarischen Reife), und weil auch fünf seiner besten Romane dort publiziert worden sind, sondern hauptsächlich deshalb, weil die Welt seiner Erzählungen die Stadt Rio de la Plata in unserem Jahrhundert ist. Sei es Montevideo wie in *El Pozo* (Der Brunnen) oder Buenos Aires wie in *Tierra de Nadie* (Niemandsland) oder Santa María wie in fast allen anderen Romanen, immer ist es diese Stadt, die Onetti beschreibt; die Stadt, in der seine Personen leben und sterben, die Stadt, von der er so lange geträumt hat, daß er auch seine Leser davon träumen läßt; diese Stadt am breiten, lehmigen und rätselhaften Rio de la Plata. Aber es ist auch eine moderne Stadt.

Schon vor Onetti haben viele Schriftsteller zu beiden Seiten des Flusses versucht, diese Immigrantenstädte zu beschreiben, die überstürzt an dem »lehmigen und träumerischen Fluß« (wie ihn Borges in einem seiner Gedichte nennt) aus dem Boden gestampft wurden: Teilnahmslose Städte, Städte mit angsterfüllten und zärtlichen Menschen, in denen Opfer und Opferpriester in einer Umarmung aufgehen. Wenn auch José Pedro Bellán, Roberto Arlt oder Enrique Amorím, Eduardo Mallea oder selbst Borges diese Stadt, die einmal Buenos Aires, ein andermal Montevideo heißt, in ihren Werken dargestellt haben, keiner machte wie Onetti diese am Rio de la Plata gelegene Stadt zur Hauptfigur all seiner Romane.

Später werden andere Erzähler seine Entdeckung (oder Erfindung) nutzen. Brillante Schriftsteller wie Leopoldo Marechal oder Ernesto Sábato, subtil schöpferische Persönlichkeiten wie Julio Cortázar, die hervorragendsten Romanciers der 45er Generation aus Uruguay wie auch die als »Vatermörder« bezeichneten aus Buenos Aires werden diese Erfindung der La Plata-Stadt aufnehmen, neue, oft unerwartete Einzelheiten, auch faszinierende Farb-töne dazusetzen. Einige (wie Cortázar) erkennen den Einfluß Onettis ausdrücklich an. Andere gestehen ihn stillschweigend ein. Die wenigsten bezeichnen sich als seine Schüler.

Wie dem auch sei, Onetti hat bereits seinen Platz in der Literatur des Rio de la Plata aus diesem Jahrhundert gefunden, und zwar zu Beginn einer entscheidenden Etappe: der Entdeckung der neuen Welt der Großstadt mit ihren Menschen, mit ihren Unternehmungen und ihren Toten. Aber diese zentrale Stellung wird noch wichtiger, wenn wir sie auf die lateinamerikanische erzählende Prosa der letzten dreißig Jahre beziehen. Denn mit seinen ersten spröden Romanen bestimmt Onetti auch den Eintritt einer neuen literarischen Gruppe in die hispanoamerikanische Literatur. Es ist die Gruppe, die am Rio de la Plata wie in Mexico, in Peru wie in Chile, in Cuba wie in Venezuela das neue Gesicht Lateinamerikas entdek-ken wird. Während die großen Romanciers des Urwalds und des Bodens (José Eustasio Rivero, Rómulo Gallegos, Ricardo Güiral-des, Ciro Alegría) den Hauptstrang der tief in Nostalgie oder Pro-test verankerten tellurischen Literatur bestimmten, übernimmt jetzt der neue lateinamerikanische Mensch, der sich gezwungen sieht, unvermittelt in das Zeitalter einer chaotischen, beängstigen-den Moderne einzutreten, mit Onetti und seinesgleichen die Füh-rung auf dem Gebiet der erzählenden Prosa.

Aber die Entdeckung Onettis wäre nicht so bedeutungsvoll, wenn er sich darauf beschränkt hätte, den Schauplatz zu verändern oder die Aufmerksamkeit auf einen anderen Menschentyp zu len-ken. Was ihn befähigte, das schon von anderen Versuchte wesent-lich weitgehender zu verwirklichen, war die literarische Strenge, die seine Werke von Anfang an aufweisen, seine Auffassung vom Roman als einem autonomen Organismus, dessen erzählerische Gesetze für die fiktiven Wesen genauso schicksalhaft bestimmend sind wie die Naturgesetze für die realen Menschenwesen.

Von Faulkner und Céline erzogen, führte Onetti den hispanoame-rikanischen Roman mit sicherer Hand in die Moderne, wie es auf dem Gebiet der Poesie Borges und Vicente Huidobro, Pablo Neru-da und Octavio Paz taten. Sein Werk (manchmal spröde und unvoll-kommen, manchmal mit äußerst subtilen Geschick zustandege-bracht) ermöglicht die Werke der neuen Romanciers. Das heißt: Möglich sind Carlos Fuentes und José Donoso, Carlos Martínez Moreno, Mario Vargas Llosa, Guillermo Cabrera Infante und Manuel Puig. Auf irgendeine Weise gehören alle, ob sie es nun wissen oder nicht, einer Tradition an, deren Zentralfigur Onetti ist.

## Der geheime Kult

Aber die Stellung, die man Onetti heute im lateinamerikanischen Roman zuerkennt, wurde ihm nicht immer zuerkannt. Nur ganz allmählich, wie ohne Eile und lustlos, begann der Ruhm, seinen Namen zu umkreisen und ihn über die engen Grenzen Uruguays hinauszutragen. Seit 1940 jedoch existieren ganz offensichtlich alle Bedingungen dafür, diesen großen uruguayischen Romancier auch außerhalb seines Landes besser bekanntzumachen. Ungefähr 15 Jahre lang lebt Onetti in Buenos Aires, publiziert seine Romane in argentinischen, weit verbreiteten Ausgaben, wie in den Verlagen *Losada*, *Sur*, *Sudamericana* und gewinnt einige Preise in internationalen Wettbewerben. Aber sein Ansehen bleibt weiterhin lokal und bis weit in die 60er Jahre hinein beschränkt auf einen bestimmten Zusammenhang in der Literatur Uruguays. Viele Faktoren erklären dieses offensichtliche Paradox. Es wird, ohne sie erschöpfend zu behandeln, doch nützlich sein, zumindest einige von ihnen als Vorwort zu einer allgemeinen Betrachtung seines Erzählwerks anzuführen.

Zunächst muß man berichten, was Onetti für eine Gruppe uruguayischer Schriftsteller bedeutete, die 1939 etwa 15 bis 25 Jahre alt waren. Onetti selbst war zu jener Zeit erst 30 (1909 geboren). Das Datum ist nicht willkürlich. Im Juni dieses Jahres wird die Wochenzeitung *Marcha* in Montevideo gegründet, die nur das journalistische Sprachrohr einer kleinen Fraktion von Dissidenten in einer größeren Fraktion einer der beiden traditionellen Parteien Uruguays ist, der »weißen Partei«, der Konservativen, der Partei der Großgrund- und Latifundienbesitzer. Im Lauf der Jahre wechselt *Marcha* zaudernd zum Sozialismus über. Aber 1939 ist es nur ein Blatt, das genau den französischen Blättern jener Zeit gleicht. Der Direktor, ein berühmter Rechtsanwalt, in Frankreich erzogen und Nachahmer alles Französischen, zahlt so seinen Tribut an die Kultur jenes Landes. Zu diesem Zeitpunkt beschäftigt sich *Marcha* hauptsächlich mit nationaler und internationaler Politik, mit Wirtschaft (vorwiegend nationaler) und widmet der Kunst, Musik und Literatur viele Seiten. Der Redaktionssekretär ist ein junger dunkelhäutiger, hochgewachsener und düsterer Mann mit einem langgezogenen Gesicht, das er selbst in einem Roman als Pferdegesicht beschreiben wird. Trotz des italienischen Klangs beharrt er später darauf, daß sein Name aus einer Entstellung von O'Netty entstanden sei, was ihn als britischen Abkömmling ausweisen würde. Dieser junge Mann schreibt und publiziert kuriose Erzählungen und Kritiken in *Marcha*. Ausgewählte eigene Texte werden unter Pseudonym veröffentlicht, andere kommen aus der europäischen und besonders aus der nordamerikanischen Literatur. Aber die Namen ihrer Verfasser hätte man damals am Rio de la Plata nicht erwartet.

Dieser Mann hat bereits Louis Ferdinand Céline entdeckt, dessen *Reise ans Ende der Nacht* seine Bibel wird, und William Faulkner durch die spanische Version der *Freistatt*, die 1934 publiziert wurde. 1939 wird auch der erste Roman Onettis veröffentlicht, *El pozo* (Der Brunnen), ein kurzer und intensiver Text, den er selbst mit Hilfe einiger Freunde und mit einer falschen Picasso-Zeichnung auf dem Titelblatt herausgibt (man versichert, sie sei ebenfalls sein Werk; das dargestellte Gesicht ähnelt etwas dem seinen). Die kleine Ausgabe braucht mehrere Jahrzehnte, bis sie vergriffen ist, trotz der unerschrockenen Anstrengungen der Ratten, die scharenweise in den Bücherregalen leben.

Dennoch gab es in Montevideo bereits einige Jugendliche, die Onetti für sich entdeckt hatten. Wie diese verborgenen Jünglinge, die bereit waren, für einen Vers Mallarmés zu sterben (wie dessen Schüler Paul Valéry behauptete), gingen die ersten Entdecker des riesigen und unbekannten Landes, das Onetti war und noch immer ist, durch die Hauptstraße von Montevideo, traten in die Cafés der Studenten und Intellektuellen, spazierten durch die Klostergänge des propädeutischen Seminars oder der Rechtsfakultät, mit einem Exemplar *El pozo* unter dem Arm. Mit der Zeit wurden sie Abgeordnete und Minister, Rechtsanwälte und Geschichtswissenschaftler, Erzähler und Dramaturgen, sogar Kritiker. Aber damals waren sie nur Jugendliche und sprachen immerfort von Onetti oder ahmten seine Schriften, seine persönlichen Frechheiten und seine Maskierung nach.

Eine Legende bildete sich langsam, aber hartnäckig um ihn: die Legende des düsteren Humors und des etwas vorstädtischen Akzents; die Legende seiner großen traurigen Augen mit riesigen Brillengläsern, hinter denen der Blick des verfolgten Tieres zum Vorschein kam, mit dem sinnlichen und verletzlichen Mund; die Legende seiner Frauen und zahlreichen Verehelichungen; die Legende seiner Trinkfreudigkeit und seiner geistvollen Reden spät in der Nacht.

Eines Tages erfuhr man, daß er demnächst nach Buenos Aires ginge (Ziel vieler ehrgeiziger Uruguayer). An einem anderen Tag, daß einer seiner Romane von einer uruguayischen Jury für die Teilnahme an einem internationalen Wettbewerb, den der Verlag Farrar & Rinehart in New York organisierte, ausgewählt worden war. Diesen Wettbewerb gewann schließlich Ciro Alegría mit dem Roman *Die Welt ist weit und breit (El mundo es ancho y ajeno)*. Hier beginnt bereits die Geschichte des Mißverständnisses durch mehr oder weniger internationale Jurys. Ein zweiter Wettbewerb, diesmal vom Verlag Losada in Buenos Aires organisiert, verlieh ihm den zweiten Preis für *Tierra de nadie* (1941) (Niemandsland) und bevorzugte für den ersten Platz einen Roman von Bernardo Veritsky, *Es difícil empezar a vivir* (Es ist schwer, mit dem Leben zu beginnen), an den sich niemand mehr erinnert.

Zu dieser Zeit lebte Onetti bereits in der argentinischen Hauptstadt, arbeitete in einer Publicity-Agentur und hielt den Kontakt zu seinen Anhängern aus Uruguay, die ihn besuchen kamen. Aber er blieb der Meister der wenigen Jugendlichen auf der anderen Seite des Flusses, der so breit wie das Meer ist. Die Situation in Argentinien änderte sich kaum in 15 Jahren. Onetti lebte in Buenos Aires (etwa bis 1955), wie William Blake wohl im London des ausgehenden 18. Jahrhunderts gelebt haben muß. Er war ein unsichtbarer Mann. Zwar publizierte er weiterhin seine Romane dort *(Para esta noche)* (Für diese Nacht), 1943; *La vida breve (Das kurze Leben)*, 1950; *Los Adioses (Abschiede)*, 1954; lernte auch mit der Zeit einige bedeutende Schriftsteller und Kritiker kennen (Eduardo Mallea, Oliverio Girondo, Borges, Julio E. Payró), wurde jedoch nicht anerkannt. Selbst das Erscheinen von *Das kurze Leben*, seines ersten großen Romans, führte nur zu ein paar lauwarmen kritischen Kommentaren. Noch fünfzehn Jahre später war die erste Auflage nicht vergriffen.

Langsam jedoch wuchs auf dem anderen Ufer der Kult um Onetti. Seine Legende erweiterte sich um die Aura des verdammten Schriftstellers, den Verleger und Kritiker der offiziellen argentinischen literarischen Szene mitleidlos ignorierten. In Montevideo nahm die Zahl der Getreuen zu, und von 1950 an wurde Onetti von den militanten Vertretern der 45er Generation respektiert. 1951 sammelte die Zeitschrift *Número* einige seiner Kurzgeschichten unter dem Titel *Un sueño realizado* (Ein verwirklichter Traum) und bewies so die Präsenz Onettis in einer literarischen Gattung, in der er ebenfalls Meister ist.

### Begegnung (und Nicht-Begegnung) mit Borges

In den Jahren 1948/49 fand eine Begegnung im peronistischen Buenos Aires zwischen Borges und Onetti statt, an der ich als Moderator teilnahm. Obwohl er immer einige Preziositäten bei Borges ablehnte, ist Onetti einer der besten Kenner von dessen Werk in Uruguay. In *Das kurze Leben* hat er sich ein paar von Borges' Überlegungen zur Fiktion in der Fiktion, zur Pluralität der Erzählperspektive und zur Einfügung einer imaginären Welt in die andere zunutze gemacht. Bei einer meiner Reisen nach Buenos Aires bat er mich, ihm Borges vorzustellen. Ich kannte Borges als dessen langjähriger Bewunderer und durch persönlichen Kontakt. In einer Bierstube der Corrientes-Straße, die damals in den oberen Stockwerken eine der abscheulichsten peronistischen Organisationen beherbergte (sie wurde durch die Panzer der Revolution 1955 in Trümmer gelegt), führte ich Borges zu Onetti. Ich weiß nicht, ob Onettis natürliche Schüchternheit oder die lange Wartezeit schuld an der deutlich biergetränkten Grabesmiene waren, mit der er uns empfing. Er war mürrisch, wie in sich gekehrt und abwehrend. Er verließ seine Insel nur, um mit einer Heftigkeit anzugreifen, wie ich sie noch nie an ihm bemerkt hatte. Es war klar, daß er Borges gelesen hatte, dieser ihn aber nicht, und daß Borges ihn vielleicht auch nie lesen würde. Das Gespräch holperte ohne Fortschritte dahin, bis Onetti plötzlich mit einem Satz loslegte, der sich wie eine Tangozeile sprechen ließ:

»Und wo Sie beide jetzt zusammen sind, sagen Sie mir, erklären Sie mir, was finden Sie an Henry James, was finden Sie an diesem Wurm?« Natürlich hatte Onetti James gelesen und war genau wie jeder andere imstande, James' Leistung zu würdigen. Aber der Satz wollte uns etwas ganz anderes mitteilen. Leider verstanden sowohl Borges wie ich ihn wörtlich und erklärten James' Oeuvre mit echter Begeisterung. Wir entwickelten sogar sehr pädagogisch einen Vergleich zwischen der scheinbar realistischen, in Wirklichkeit abstrakten Welt von James und der phantastischen, aber sehr konkreten von Kafka. Wir zitierten Bücher und Erzählungen, Kritiken und Meinungen. Ich war selig und fühlte mich wie der gute Boswell, als er an der Begegnung zwischen Dr. Johnson und Reynolds oder Garrick teilnahm. Aber das alles beruhte nur auf einer optischen Täuschung: Zwischen Borges und Onetti gab es keinen Kontakt, konnte es keinen Kontakt geben, respektive gab es ihn nur in meiner kritischen Phantasie, die von beider Erzähltexten gleichermaßen stimuliert worden war. Als wir schon gingen und ich Borges noch zu seiner Wohnung in der Maipu-Straße begleitete, fragte ich ihn etwas beunruhigt, was er von Onetti halte. Er antwortete sehr höflich, daß er ihm gefallen habe, fügte aber hinzu: »Warum spricht er wie ein kleiner Italiener?«

Den ganzen Abend – ohne daß ich es überhaupt wahrgenommen hätte – hatte Onetti Borges bewußt damit gepeinigt, daß er die Silben länger als gewöhnlich gedehnt hatte, es war gleichsam eine phonetisch aggressive und selbstmörderische Handlung. Erst jetzt begriff ich, daß Onetti an diesem Abend Roberto Arlt personifiziert hatte, diesen genialen und verrückten Erzähler aus Buenos Aires, Borges' Zeitgenossen im engeren Sinn (sie wurden mit nur einem Jahr Abstand voneinander geboren), den Borges ebenfalls ignoriert hatte. Roberto Arlt, der schon vor Onetti, Marechal, Sábato und Cortázar ein paar von den Tiefen des traurigen Buenos Aires ausgelotet hatte. Jetzt weiß ich, daß wir an jenem Abend von Roberto Arlt und nicht von Henry James hätten sprechen müssen. Jedenfalls ließ Onetti, obwohl die Unterhaltung um Henry James kreiste, auch Arlt dabei anwesend sein.

*Eine Summe von Mißverständnissen*

In Buenos Aires, das Onetti gegen 1955 verläßt, dauern die Mißverständnisse seines Werkes an. In einem Wettbewerb des Verlags Fabril erhält sein Meisterwerk *Die Werft (El astillero)* nur ein Lob, und dies im Vergleich mit Romanen, an die man sich heute besser nicht mehr erinnert. Als der Roman 1961 endlich publiziert wird, gibt es bereits eine Generation von argentinischen Schriftstellern und Kritikern, die *Marcha* gelesen haben und wissen, daß Onetti ein Meister ist. Aber inzwischen hat Argentinien Marechal, Sábato und Cortázar hervorgebracht, und daher ist verständlich, daß Onetti leicht falsch eingeschätzt wird und daß man die Daten sorgfältig nachprüfen muß, um festzustellen, daß *Adán Buenosayres* von Marechal 1948 publiziert wurde, Jahre nach den drei ersten Romanen Onettis; daß *Maria oder die Geschichte eines Verbrechens (El túnel; 1948)* von Sábato mindestens fünf Jahre nach *Para esta Noche* erschien; daß das ganze Werk Cortázars später liegt. Aber diese Präzisierungen werden im allgemeinen nur die Fanatiker und die Gelehrten in Erinnerung behalten. Onetti nimmt bereits einen anachronistischen Platz ein, denn er führt vieles weiter, was er selbst am Rio de la Plata begonnen hatte. Dieser Anachronismus wird auch bei zwei internationalen Wettbewerben dieses Jahrzehnts deutlich: dem Wettbewerb der Zeitschrift *Life* (in spanisch, New York 1960) und dem Rómulo-Gallegos-Preis (Carácas, 1967). In ersterem wird eine Erzählung von Marco Denevi prämiert, einem argentinischen Schriftsteller, der schon mit dem Roman *Rosaura a las diez* (Rosaura um zehn) in Erscheinung getreten war. Die prämierte Erzählung *Ceremonia secreta* (Geheime Zeremonie), die Anlaß zu einem Film von J. Losey wurde, ist zwar interessant, aber letztlich »entbehrlich«, um ein von Borges vor vielen Jahren in Umlauf gesetztes Adjektiv zu verwenden. Onettis Erzählung *Jacob y el otro (Jakob und der andere)* dagegen ist ein kleines Meisterwerk. Aber da es auch eine harte und bittere Erzählung ist (sie berichtet die Geschichte eines Kraftprotzen aus dem Zirkus, der auf einen Kraftprotzen vom Dorf trifft, eine Geschichte, die aus verschiedenen Blickwinkeln berichtet wird – einer mieser und/oder pathetischer als der andere), da es eine unnachgiebige Erzählung ist, in der Onettis düsterer Blick bis zum äußersten vordringt, stellte die Jury sie zurück.

Etwas ähnliches muß in Venezuela mit *Juntacadáveres (Leichensammler;* 1964) passiert sein. Die außerordentliche Qualität von Mario Vargas Llosas *Das grüne Haus (La casa verde)* ist nicht zu leugnen. Neben diesem großen Werk der zeitgenössischen lateinamerikanischen Literatur, einem enormen Fresko, das verschiedene Welten meisterhaft im Verlauf von vier Erzähljahren vorführt, technisch und menschlich makellos, muß Onettis Roman schwächer gewirkt haben. Und in mancher Hinsicht ist er es tatsächlich. Diese Geschichte von Gaunern und Prostituierten in einem verlorenen Dorf an der Mündung des Plata kann kaum mehr als eine melancholische Etüde des schwärzesten Humors ergeben: die Geschichte einer trunkenen Illusion, eines zerstörten Paradieses, von der Schwäche des Fleisches und von der leprösen Unschuld bestimmter Wesen. Der Protagonist, Junta Larsen oder Juntacadáveres ist ein wenig epischer Held. Obwohl sein Beruf sich nicht sehr von dem Fushías in *Das grüne Haus* unterscheidet, obwohl sein Bordell Gemeinsamkeiten mit dem von Vargas Llosa vorweisen kann, ist doch die Sicht des dreißigjährigen Peruaners und die des reifen Uruguayers von fast sechzig Jahren völlig verschieden. Verständlich daher, daß die Jury Vargas Llosa auszeichnete, wie eine andere Jury zuvor Marco Denevi ausgezeichnet hatte. Wie es auch verständlich wäre, wenn man bei der Wahl zwischen Céline und Roger Martin du Gard sich für letzeren entschiede; oder bei der Wahl zwischen Durrell und Beckett für ersteren.

Denn im Grunde genommen gibt es eine perfekte Logik und geheime Symmetrie, nach der Onetti wieder einmal einen bedeutenden Preis verlor. Es war ihm ja schon mit Ciro Alegría so geschehen (seinem strengen Zeitgenossen) und dann wieder mit Bernardo Verbitsky (einem anderen Zeitgenossen) und mit Marco Denevi in *Life* und dann im Wettbewerb von Fabril mit Masciángoli (einem viel jüngeren Mann) und schließlich mit Vargas Llosa, dem Dauphin. Genauso wie es eine Anlage für den Erfolg gibt, gibt es eine andere fürs Scheitern. Das Scheitern Onettis, und dies ist das letzte Paradox, hat nicht mit Qualität, sondern mit dem gelegenen bzw. ungelegenen Zeitpunkt zu tun. 1941 kommt er zu früh, Ciro Alegría den Preis zu nehmen, und macht sich der Voreiligkeit schuldig, Pionier des modernen Romans zu sein. 1967 kommt er zu spät, als daß er Mario Vargas Llosa den Preis ernsthaft streitig machen könnte, und sein Anachronismus ist der eines jeden Pioniers. Onetti steht immer außerhalb, ist fehl am Platz – nie erscheint er auf der literarischen Rangliste. Wohl aber befindet er sich in der Literatur, und sein Platz (abgesehen von Erfolgen oder Mißerfolgen, von unvermeidlichen Schwankungen bei Lesern und Kritikern) scheint nunmehr aufgrund seiner großen Romane und düsteren Erzählungen gesichert.

Jetzt gibt die Summe der Mißverständnisse und Verzögerungen ein Ganzes: den Ruhm (das schlimmste Mißverständnis, Rilke zufolge). Jetzt vermehren sich überall in Lateinamerika die verborgenen Jugendlichen und machen sich daran, seinen Ruf zu verbreiten. Jetzt, wo so viele Verlage in Amerika und Spanien ihn publizieren und neu herausgeben, hat Onettis Ruhm den Zenit erreicht und ist (endlich) eine unbestreitbare Tatsache.

### Die ersten dreißig Jahre

Das Erzählwerk Onettis umfaßt bis zum Augenblick sieben veröffentlichte Romane unterschiedlicher Länge, mehrere Novellen und zahlreiche Kurzgeschichten. Es gibt außerdem einige verschollene Romane, von denen nur einzelne Kapitel in Zeitschriften auftauchen, und dazu noch einige Texte unter Pseudonym, die der Autor nie hat gelten lassen. Diese literarische Produktion ist, verteilt auf fast dreißig Jahre kontinuierlicher Arbeit, nicht übermäßig groß, aber auch nicht klein. Es ist das Werk eines Schöpfers, der sich stetig weiterentwickelte und der jetzt auf dem Höhepunkt seines Schaffens angekommen ist.

Drei Phasen lassen sich in diesem Werk unterscheiden. In der ersten erforscht Onetti seinen Weg in einem kleinen Roman *(El pozo)*, der Inbegriff des ganzen späteren Werks ist. In zwei Romanen *(Tierra de nadie, Para esta noche)* untersucht er die abgründige Realität von Buenos Aires und in einigen wenigen Erzählungen hinterläßt er den Beweis seiner frühen Meisterschaft. Die beste davon, *Un sueño realizado*, wird Cortázar zu einem der besten Kapitel von *Rayuela (Rayuela. Himmel-und-Hölle)* inspirieren: dem Konzert Berthe Trépats.

In der zweiten Phase schreibt Onetti seinen ehrgeizigsten und höchst komplexen Roman *La vida breve*, der nicht nur den Höhepunkt eines verzweifelten Realismus darstellt, sondern eine neue Perspektive eröffnet. Ohne den Realismus aufzugeben, widmet sich Onetti immer mehr der literarischen Erschaffung eines vollkommen traumartigen Universums: Santa María, erfunden von einer Figur aus *Das kurze Leben*, wird schließlich in die »Wirklichkeit« jenes Romans eingeschoben in der Art, wie das in einigen Erzählungen von Borges geschieht. Außerdem ist *Das kurze Leben* eines der Modelle der neuen lateinamerikanischen Erzählkunst. Nach der Übergangsperiode von *Abschiede,* einem kleinen Roman, der die Technik der doppeldeutigen Erzählperspektive zur Perfektion führt, und nach den kleinen Erzählungen wie *La cara de la desgracia (Das Gesicht des Unglücks), Tan triste como ella (So traurig wie sie)* und besonders einigen Kurzgeschichten, wie *Jacob y el otro (Jakob und der andere)*, tritt Onetti in seine dritte Phase. Dazu gehören die Werke der vollkommenen Reife: *Para una tumba sin nombre (Grab einer Namenlosen), Die Werft* und *Leichensammler.* Die Einzelveröffentlichung dieser drei durch Thematik und Personen eng verbundenen Werke, die sich nicht nach der zeitlichen Abfolge der Handlung richtete, hat dazu geführt, daß die Werke nicht als das gesehen werden, was sie in Wirklichkeit sind: ein barockes Triptychon, das von verschiedenen

und gegensätzlichen Blickwinkeln aus und anhand der antagonisti-
schen und komplementären Gestalten Junta Larsen und Jorge
Malabia die parallelen Themen der Unschuld und der Erfahrung,
des Traums und der Wirklichkeit, der Liebe und des Todes entwikkelt. Eine etwas detailliertere Analyse der bedeutenden Romane
und einiger Erzählungen wird es ermöglichen, dem gesamten erzählerischen Schaffen Onettis einen angemesseneren Platz zuzu-
weisen.

## Ein Schlüsselroman

1919 schrieb Eladio Linacero, Protagonist aus *El pozo (Der Schacht)*:

»Selsam, wenn jemand von mir sagen würde, ich sei ein ›Träumer‹, würde
mich das ärgern. Es ist absurd. Ich habe gelebt wie jeder, oder mehr. Wenn
ich heute von den Träumen reden will, dann nicht, weil ich nichts anderes
zu erzählen hätte. Sondern weil ich Lust darauf habe, ganz einfach. Und
wenn ich den Traum von der Blockhütte nehme, hat das keinen besonderen
Grund. Es gibt andere Abenteuer, die abgerundeter sind, interessanter,
besser geordnet. Aber ich bleibe bei dem von der Hütte, weil es mich
zwingt, ein Vorspiel zu erzählen, etwas, das sich vor etwa vierzig Jahren in
der Welt der Tatsachen ereignet hat. Es könnte auch ein Plan sein, nacheinander ein ›Ereignis‹ und einen Traum zu erzählen.«

Der so angeführte Plan Linaceros befruchtete nicht nur die 99 Seiten von *El pozo* (unterzeichnet mit J. C. Onetti), sondern zehn
Jahre später ein Werk größerer Proportionen *La vida breve (Das
kurze Leben)* (diesmal: Juan Carlos Onetti). In diesen zehn Jahren
entwickelte sich die lineare Technik des frühen Tagebuchschreibers
zur komplexen Struktur von Leben und Träumen, wie sie Juan
María Brausen, legitimer Sprößling Linaceros und andere Maske
(Person) des Autors, in einer langen Erzählung darlegt.

Mit rühmenswerter Knappheit stellt Onetti schon auf den ersten
Seiten von *Das kurze Leben* die beiden Welten einander gegenüber, in denen sich der Protagonist bewegen wird:

»›Verrückte Welt‹, sagte die Frau aufs neue, als wolle sie nachahmen, als
wolle sie es übersetzen. Ich hörte sie durch die Wand. Ich stellte mir ihren
sich bewegenden Mund vor, gegenüber dem Hauch von Eis und Gärung
des Kühlschranks oder der Gardine aus gebräunten Stäbchen, die steif zwischen dem Nachmittag und dem Schlafzimmer sein mußte und die Unordnung der frisch gelieferten Möbel verdunkelte. Ich hörte zerstreut die un-
terbrochenen Sätze der Frau, ohne an das zu glauben, was sie sagte.«

Die beiden Welten, die die dünne Wohnungswand vereinfachend trennt, verschmelzen nie völlig miteinander. Um von einer zur anderen zu springen, muß Juan María Brausen einen neuen Namen annehmen. Er hört auf, Brausen zu sein und beginnt, Juan María Arce zu sein. Für Augenblicke berühren sich die beiden Welten, aber nie kommen sie zur Deckung. Sie befinden sich auf verschiedenen Ebenen, die von verschiedenen Gesetzen bestimmt werden, und das Spiel des Lebens kann nicht auf beiden gleich sein.

Juan María Brausens Welt ist die Welt der Verantwortung und der Routine, des Überdrusses und der Sinnlosigkeit und des Mißverständnisses, das Liebe genannt wird. In einem Abschnitt des Romans bestimmt der Protagonist sich folgendermaßen:

»Inzwischen bin ich, dieser kleine und schüchterne Mann, unveränderlich, mit der einzigen Frau verheiratet, die ich verführte oder die mich verführte, unfähig nicht nur, ein anderer zu sein, sondern selbst ohne den Willen, ein anderer zu sein. Das Männchen, das in dem Maße Unwillen erregt, wie es Mitleid erzwingt, das in Legionen von Männchen verschmolzene Männchen, denen ein Himmelreich versprochen wurde. Asket, wie Stein erheitert sagt, aufgrund der Unmöglichkeit, sich zu begeistern und nicht aufgrund des akzeptierten Absurdum einer eventuell verstümmelten Überzeugung. Das, ich im Taxi, nicht existent, bloße Verkörperung der Idee Juan María Brausen, zweibeiniges Symbol eines billigen Puritanismus aus lauter Negationen – Nein dem Alkohol, Nein dem Tabak, ein gleichwertiges Nein den Frauen –, niemand, in Wirklichkeit.«

Während Brausens Existenz sich bis zur Neige entleert, beginnt die Faszination der Welt, die auf der anderen Seite der dünnen Wand liegt, ihre Anziehung auf ihn auszuüben. In einem ersten Moment scheint ihre Bedeutung offensichtlich: Sie ist ein Ausweg, eine Flucht aus der mittelmäßigen Wirklichkeit. Aber sie ist auch Wirklichkeit (wie Brausen wird entdecken müssen) und gibt einem sogar Verpflichtungen auf. Eines Tages nutzt Brausen die Abwesenheit seiner Nachbarin, La Queca, und besucht die leere Wohnung. Von diesem Moment an plant Brausen die Rache: nicht in der eigenen Mäuseexistenz, sondern in der Welt nebenan. Sobald er dort eintritt, scheinen all seine moralischen Werte (diese Werte, an die er nicht mehr glauben kann) ein anderes Aussehen anzunehmen, ihren unvermeidlichen Gestaltwandel zu beschleunigen: Er, Mann nur einer Frau, könnte zum Liebhaber einer Prostituierten werden, ihr Zuhälter; er, immer besorgt, seine legitime Ehefrau nicht an ihre ungleichen Brüste zu erinnern, würde das Vergnügen entdecken, eine andere Frau zu schlagen, würde vor Verlangen brennen, mit dem vorsätzlichen Mord an La Queca »alle Beleidigungen, an die ich mich erinnern kann«, zu rächen.

Eine heftige Szene steht am Beginn von Brausens Eintritt in die Welt nebenan. Bei seinem ersten Versuch, mit La Queca in Verbindung zu treten, wird Brausen (unschlüssig, improvisierend) mit Fußtritten von einem ihrer Liebhaber, Ernesto, hinausbefördert. Während er aufsteht und die endlich beschmutzten Kleider säubert, begreift Brausen, daß er angenommen worden ist, daß er jetzt beginnt, auch Juan María Arce zu sein. Gewalt scheint die Regel dieses anderen Spiels zu sein. Aber sie gibt nicht den Ton an. Nach und nach entdeckt Arce den wirklichen Sinn dieser Welt, den der Besuch in der leeren Wohnung euphorisch vorweggenommen hatte. Dies ist eine Welt – wie die von Lewis Carroll in *Through the Looking Glass* –, in der die Bilder (Werte) umgekehrt worden sind. Bei einem zweiten Besuch, in Abwesenheit des scheußlichen Ernesto, gewinnt Brausen La Queca. Mit ihr verwandelt sich die sexuelle Routine zu etwas anderem:

»Wenn ich sie vergesse (denkt er, während er sie durch das Zimmer gehen sieht), könnte ich sie begehren, sie zwingen zu bleiben und mich durch ihre schweigsame Freude anstecken. Meinen Körper gegen den ihren pressen, nachher aus dem Bett springen und mich nackt fühlen und sehen, harmonisch und brillant wie eine Statue, Ephebe durch die von Haut und Schleim vermittelte Jugend, überschäumend von meiner Kraft aus dritter Hand.«

Aus diesen Erfahrungen Brausens entsteht ein neuer Mensch, nicht nur ein neuer Name. Als er darin einwilligt, mit La Queca nach Montevideo zu gehen, auf eine von einem ihrer ehemaligen Liebhaber finanzierte Reise, erlaubt ihm die neue Etappe des Abstiegs, sich aus der trügerischen Distanz Brausens zu betrachten und sich für das »nicht verantwortlich zu fühlen, was er [Arce] mache und denke«; er sieht sich »langsam in einen totalen Zynismus hinuntersteigen, bis zu einem unbesiegbaren Grund von Schändlichkeit, aus dem er [Arce] gezwungen wäre emporzusteigen, um für mich zu handeln«.

Um völlig in diese Welt der anderen Wahrheit einzutreten (die Welt Arces), muß die Person sich reinigen, indem sie La Queca tötet. Wenige Minuten würden genügen, um all das loszuwerden, was man jemandem sagen kann, »um leer zu werden von allem, was ich seit der Jugend schlucken mußte, von allen diesen Worten, die durch Faulheit, durch Mangel an Glauben, durch das Gefühl der Nutzlosigkeit zu sprechen erstickt wurden«. Als Brausen-Arce in die Wohnung kommt, um La Queca zu ermorden, entdeckt er, daß sie soeben von Ernesto umgebracht worden ist. Die Wirklichkeit der Gewalt in der Welt der anderen Seite drückt ihn nieder.

Denn Brausen hat nie aufgehört, Brausen zu sein. Nicht einmal, als er sich von Pflichten befreit (der Arbeit, der Frau, der Freundschaft); nicht einmal, als er mit Raquel das Heimweh nach der Jugend in Montevideo begräbt; nicht einmal, als er so viele Monate lang als Arce lebt. Es stimmt, daß er die Regeln des Spiels ablehnt, nach denen er lebte, er wechselt die Welt, aber letztlich lebt er als Brausen weiter. Das zeigt seine Reaktion gegenüber der Ermordung La Quecas. Mit der brutalen unvorhergesehenen Gewalttätigkeit konfrontiert, wird Arce ganz klein – das neue Spiel (sein Spiel) verlangte, daß er seinerseits Ernesto umbrächte –, und ein neubelebter Brausen entschließt sich, den Mörder zu schützen, zu versuchen, ihn zu retten, indem er ihm zu einem neuen Leben verhilft. Vielleicht fühlt Brausen schon, daß Ernesto für ihn gemordet hat, auch wenn er diesen Gedanken für sich erst später formulieren kann, auch wenn er erst später Solidarität zu fühlen beginnt und schreibt: »Er ist nur ein Stück von mir; er und alle anderen haben ihre Individualität verloren und sind ein Stück von mir.«

In einem verzweifelten Fluchtversuch kommen Brausen und Ernesto nach Santa María und werden dort schließlich festgenommen. Das Gefängnis gibt paradoxerweise Brausen die Freiheit zurück: »Das hatte ich von Anfang an gesucht, von dem Tod des Mannes an, der fünf Jahre mit Gertrudis gelebt hatte; frei zu sein, verantwortungslos gegenüber den anderen, mir ohne Anstrengung eine wirkliche Einsamkeit zu erobern.« Unterdessen hat seine Flucht auch dazu geführt, daß er in eine dritte Welt eintaucht, die noch entfernter ist als die Welt der Wohnung von nebenan und so lange besteht wie der Roman selber. Bevor Brausen wußte, daß er sich in die Welt von La Queca eingliedern konnte, die rasend schnell parallel zu der eigenen ablief, hatte ihn die Notwendigkeit, dem Alltag zu entfliehen, dazu gezwungen, sich eine imaginäre Welt zu schaffen. Das erste Bild, das ihm vor Augen tritt, ist das eines vierzigjährigen Arztes, der seinen Beruf in einer Kleinstadt der Provinz ausübt, die an einem Fluß liegt und Santa María heißt. Nach und nach, während Brausen sich vor sich selbst in Buenos Aires versteckt und allmählich als Arce zum Vorschein kommt, bildet sich die Geschichte des Díaz Grey in seiner Phantasie gleichsam als eine andere Fluchtmöglichkeit aus. Die Welt, in der Díaz Grey lebt, ist nur zu offenkundig eine Stilisierung der Wirklichkeit, die Brausen niederdrückt, so wie Santa María eine imaginäre Stadt ist, errichtet aus Teilen von Buenos Aires (der vollständige Name dieser Stadt lautet, als sie von Juan de Garay getauft wird, Santa María del Buen Aire), von Montevideo, Rosario und Colonia do Sacramento: sämtlich Städte, die am Rio de la Plata liegen oder dessen Hauptnebenfluß, dem Paraná.

Für die dritte Existenz Brausens gibt Onetti (selbstverständlich) jeden Anspruch auf Realismus auf. Wenn man in der Geschichte des doppelten Lebens Brausen-Arce ein Echo jener Erzählung Hawthornes *Wakefield* finden konnte, in der ein Mann sich vor seiner Frau versteckt und unter anderem Namen lebt, in ihrer Nähe, aber unsichtbar, so wird in der neuen Gestalt Brausens das Modell Borges' sichtbarer. Wenn auch die Erzähloberfläche Onettis weiterhin ein schäbiger, detaillierter Naturalismus bildet, so sind doch die Koordinaten von Zeit und Raum und die Identitäten seiner Personen Modifizierungen zugänglich; eine Willensänderung oder Laune des Schöpfers können das Gesicht der Erzählwelt und die ihr zugrundeliegenden moralischen Normen aufhören oder erstarren lassen.

So wie Arce sich am Ende seines Abenteuers mit Ernesto in Brausen auflöst – und der Polizist, der ihn als Komplizen Ernestos identifiziert und festnimmt, ihm sagt: »Sie sind der andere [...] also sind Sie Brausen«, wird seinerseits Díaz Grey, der bereits durch die Anverwandlung Brausens die ganze Wirklichkeit des Romans an sich gerissen hat, den Roman beenden. Das Geschöpf schließt zuletzt den Schöpfer in sich ein. Die Welt des Díaz Grey, die von Brausen für die Augen des Lesers erfunden wurde, wird schließlich zur »realen« Erzählwelt, und das Wort *Ende* beweist, daß in der Tat die einzige »Wahrheit« dieses Romans (wie aller anderen, trotz ihres Realismus) die Wahrheit seiner Fabel ist. Jetzt versteht man also die Aufrichtigkeit dieses Hinweises: »Ich fühlte, daß ich aufwachte«, sagte der Protagonist, »nicht aus diesem Traum, sondern aus einem unvergleichlich längeren, einem anderen, der diesen einbezog und in dem ich geträumt hatte, daß ich diesen Traum träumte.« Wieder, wie im Buch Eladio Linaceros, gibt es hier eine Geschichte und einen Traum.

Noch eine andere Lesart von *Das kurze Leben* scheint möglich.

Anstatt den Roman – wie bislang – vom dokumentarischen Gesichtspunkt aus zu betrachten, als Zeugnis einer entwerteten Welt, kann der Leser Brausen ganz allein bei seinem inneren Abenteuer folgen. Dann handelt es sich nicht nur darum, der Wirklichkeit zu entfliehen, das kurze Leben zu leben, sich eine Filmerzählung auszudenken oder darüber einen Roman zu schreiben. Dann handelt es sich darum, eine ganz andere Wirklichkeit zu schaffen, mit der Schöpfung selbst in Wettstreit zu treten. Nach und nach und fast wie ohne es zu wollen, befreit Brausen die Kräfte seiner Phantasie in sich. Während er sein Leben der grauen Routine lebt oder das zwar aufregendere, aber dennoch regelmäßige Arces oder das immer korrigierbare des Díaz Grey, erforscht Brausen die grenzenlosen Provinzen der Schöpfung.

Der ganze Roman bekommt dann Tiefe in Zeit und Raum. Anstatt drei mehr oder weniger romanhafte Geschichten zu erzählen, die nebeneinander, aber in abgetrennten und von je eigenen Gesetzen beherrschten Welten ablaufen, ordnet das Buch die verschiedenen Anekdoten im selben Zeit- und Raumzusammenhang an. Dieses den drei Geschichten gemeinsame Territorium ist die Erzählschöpfung: das wesentliche Thema, das die Gleichzeitigkeit erlaubt. Es ist offensichtlich, daß Onetti in *Das kurze Leben* die literarische Schöpfung von den zwei gleichzeitigen und unauflöslich zusammengehörigen Ebenen – der theoretischen und der praktischen – aus erforschen wollte. Sein Roman analysiert die Schöpfung, noch während er sie schafft; freilich nicht (sicher nicht) in der rein kritischen Form, die Cortázar für *Rayuela* (1963) wählen wird, beeinflußt durch europäische Romanciers wie André Gide *(Die Falschmünzer* und *Tagebuch der Falschmünzer)* und Aldous Huxley *(Point – Counterpoint)*. Nein. Onetti zeigt eine Gestalt, die zunächst einen Doppelgänger erfindet und sodann eine parallele Welt, in die er und sein Doppelgänger eintreten. Daher die notwendige Unterscheidung, die dieser Roman zwischen einem Autor (Onetti) und einem Erzähler (Brausen) einerseits und den anderen Personen andererseits trifft, die ihrerseits rein romanhafte Geschöpfe sind.

Mit diesem Hilfsmittel, das komplex, aber nicht zulässig ist, erreicht Onetti größere Tiefe. Auch gelingt es ihm, sein hervorragendes Thema von Intellektualität und leerer Spekulation freizuhalten, indem er es energisch von einem rein existentiellen Blickwinkel aus in Angriff nimmt.

Ferner gelingt ihm, und das ist schon viel, mit diesem Verfahren der offenkundigen Aussage einen tieferen Sinn zu geben. Zutreffend ist nicht nur, daß die Befreiung von Routine und Erniedrigung dann eintritt, wenn wir uns der Wahrheit über uns selbst konfrontiert sehen, wenn wir uns von den Verboten und Kompromissen freimachen und die Mißverständnisse beheben (Brausen nach dem Erwachen aus dem Traum, in dem er sich mittels der Figur Arces geläutert hatte); zutreffend ist auch, daß die Befreiung uns auf dem Weg der Schöpfung zuteil werden kann, wenn nämlich der Schöpfer beim Neugestalten der Welt Kräfte freisetzt und erstaunt die eigene Macht und den Reichtum des Lebens entdeckt. Deshalb gelingt es dem Protagonisten, den wirklichen Ehrgeiz dieses Künstlers und den tiefsten Sinn dieses Werks (in einer seiner häufigen Träumereien) zu enthüllen. Er sagt:

»Manchmal schrieb und manchmal erfand er die Abenteuer von Díaz Grey, durch das Laubwerk des Platzes und die Dächer der Konstruktionen am Flußufer Santa María nahe, erstaunt über die zunehmende Tendenz des Arztes, sich immer wieder neu in die gleiche Begebenheit hineinzuwühlen, die Notwendigkeit – die er auf mich übertrug –, Worte und Situationen wegfallen zu lassen, einen einzigen Augenblick zu erreichen, der alles ausdrücke: Díaz Grey und mich, folglich die ganze Welt.«

Brausen hat sich auf eine symbolische Weise auch in seinen Schöpfer verwandelt, in Juan Carlos Onetti. Die Gestalt, der Erzähler und der Autor verschmelzen schließlich in der existentiellen Realität dieses komplexen, sonderbaren und intensiven Romans.

1950 gelesen, erschien *Das kurze Leben* uneingeschränkt als ein kühner Versuch, ein Werk, wie es kein anderes in der Literatur Lateinamerikas gab, trotz Borges, Arlt, L. Marechal, J. Agustín, A. Yáñez, Carpentier, Asturias (ich spreche natürlich von den bedeutendsten Autoren). Aber heute gelesen, im Vergleich mit Büchern wie *Rayuela*, *Hundert Jahre Einsamkeit (Cien años de soledad)*, *Drei traurige Tiger (Tres tristes tigres)*, *Hautwechsel (Cambio de piel)*, *De donde son los cantantes* (Woher sind die Sänger) oder *Verraten von Rita Hayworth (La traición de Rita Hayworth)* läuft der Roman Onettis Gefahr, etwas experimentell zu wirken. Das trifft aber nicht zu. Die Strenge, mit der er die Grenzen zwischen den imaginären Welten zieht, die Scharfsicht seiner Erforschung des Problems der doppelten Persönlichkeit (ein Thema, das auch in *Rayuela* aufgegriffen wird), die klare Perspektive der Erzählungen innerhalb der Erzählungen und seine stilistische Spannung machen diesen Roman zum wichtigsten Vorläufer des neuen lateinamerikanischen Romans, zu einem Werk, von dem fast alle anderen (ob sie es wissen oder nicht) ausgehen.

## Der erzählerische Gesichtspunkt

Obwohl *Das kurze Leben* präzis den Standpunkt des Autors (unpersönlich, allwissend, in der dritten Person verschanzt) und den des Protagonisten unterscheidet, steht außer Zweifel, daß der Autor die Grundeinstellung des Protagonisten zur Schöpfung teilt. Und wenn Onetti Brausen durch einen Akt der Phantasie schafft und ihn durch einen Roman in die reale Welt versetzt, schafft Brausen Juan María Arce und dann Díaz Grey durch ein ähnliches Verfahren. Der einzige, vom erzählerischen Standpunkt aus unbedeutende Unterschied besteht darin, daß die Welt der Fiktion, d. h. der literarische Bereich des Buches, für Brausen, wie auch für Arce und Díaz Grey, die einzig reale Welt ist. Onetti dagegen hat (nicht als Autor, sondern als reales Wesen) noch einen anderen Bereich. Im Roman, den Onetti vier Jahre nach *Das kurze Leben* publiziert und der *Los adioses (Abschiede)* heißt, liefert er nicht nur eine weitere Episode aus dem, was nach und nach zur Saga von Santa María wird, sondern versucht eine neue Erzählform: den Bericht in der dritten Person, die jedoch nur einen einzigen Standpunkt einnimmt. Hier wird die Perspektive, von der aus man den ganzen Roman sieht, von einer untergeordneten Person bestimmt, die in ihrer Funktion einem Zeugen entspricht und in Wirklichkeit ein »Erzähler« ist. Die Unterscheidung zwischen Autor und Erzähler ist in diesem Roman viel klarer als in *Das kurze Leben*. Daher ist *Abschiede*, obgleich weniger gelungen als andere Romane Onettis, doch ein Werk von großer Bedeutung für den, der Onettis Erzählsicht verstehen möchte.

Indem er einen einzigen Standpunkt wählt, um diese starke Geschichte zu erzählen – den Standpunkt eines frustrierten Mannes, der voll Neid und obszöner Bosheit beobachtet, wie ein noch junger, aber tödlich kranker Mann Beziehungen zu zwei Frauen unterhält, einer älteren und einer noch jugendlichen –, indem er die Geschichte mit deren eigentlicher Bedeutung in der Reihenfolge darstellt, in der sie sich vor diesen verbitterten Augen abspielt, zollt Onetti einer Romantechnik Tribut, die sich seit dem vergangenen Jahrhundert, zumindest seit den Romanen Henry James' anbot. Wie in *Maisie (What Maisie Knew)* oder *Die Tortur (The Turn of the Screw)* ist die Geschichte dieses Mannes und seiner zwei Frauen eine Geschichte, die aus der Perspektive eines Zeugen erzählt wird, dessen Beschränkungen (was Kenntnis und Verständnis betrifft) die Geschichte verändern, ja verkehren. Onetti hat diesen Zugang nicht von Henry James übernommen, den er (emphatisch) nicht zu verstehen erklärt. Aber er übernimmt ihn von einem der zeitgenössischen Erzähler, die direkt oder indirekt von James gelernt haben. Ich meine William Faulkner. In mehreren Romanen dieses großartigen Erzählers des Südens ermöglichen ein oder mehrere Zeugen dem Autor, die Geschichte anhand ausgewählter Erzählbruchstücke zu rekonstruieren. Der Sinn wird erst dann (wenn überhaupt einmal) ganz verständlich, wenn alle Stücke sich verbinden. In *Licht im August* (1933) z. B. zeigt sich eine ganze Geschichte – von verschiedenen Standpunkten aus berichtet – erst nach und nach, und wenn sich der Charakter des Protagonisten – des düsteren, zweideutigen Christmas – enthüllt, erscheint er vor den Augen des Lesers völlig verändert. Ebenfalls *Licht im August* entlehnt Onetti eine seiner weiblichen Prototypen, die ausdauernde, unsterbliche Lena, den Archetyp dieser Jugendlichen des uruguayischen Schriftstellers, die Vergewaltigung und Gebären überstehen und ihre blinde vitale Kraft, ihr tierhaftes Vertrauen dem Schicksal aufzwingen, selbst den Männern, die sie verderben und dennoch benötigen.

Deshalb sollte man aber nicht glauben, Onetti sei nur ein guter Faulkner-Leser. Er ist ein Gestalter, der die technische Doppeldeutigkeit des Standpunkts benutzt, nicht weil es modern ist oder es einen Meister gibt oder mehrere, die den Weg weisen. Er benutzt sie, weil seine Weltsicht ebenfalls doppeldeutig ist, weil sein ganzes Konzept des Universums auf dem Doppel der Kriterien beruht, wonach noch die größte Gemeinheit (für den Zuschauer, den Zeugen) eine Schicht unerschlossener Poesie enthält (für den Kranken). Die Doppeldeutigkeit ist der Schlüssel, den Onetti für sein Zeugnis von einer verdorbenen Welt benutzt: verdorben durch den Verlust der moralischen Werte und die fast erstickten Wesen, die wie Ertrinkende um sich schlagen, um zu überleben. In diese Welt stellt der Autor (ohne Erklärung, aber voll Vertrauen) einige noch zu rettende Werte: die jugendliche Illusion, die Liebe (nicht den Sex), die schöpferische Tätigkeit. Damit setzt dieser anscheinend rohe, ja sadistische Romancier eine romantische Illusion

229

frei, eine warme, menschliche, intim schöne Fiktion – trotz der schrecklichen Oberfläche, die seine Werke so ausführlich beschreiben. In den Romanen, die auf *Abschiede* folgen, und besonders in *Die Werft* entwickelt Onetti diese tragische Sicht zu ihrer höchsten Komplexität und Schönheit.

## Das Meisterwerk

Vollständiger und abgerundeter als alle bislang publizierten Romane ist zweifellos *Die Werft*. Mit diesem Werk nähert Onetti sich einem der fruchtbarsten Erzählzentren des Santa-María-Zyklus: der Geschichte vom Niedergang und Tod des Junta Larsen. Dies Fragment einer profunden Welt ist von überragender Bedeutung, wenn man die Weite und Tiefe seines ganzen Schaffens verstehen will. Es gibt in *Die Werft* einen Augenblick intensiver Offenbarung für den Protagonisten, einer Offenbarung, die Onetti so darstellt:

»Plötzlich ahnte er, was alle einmal früher oder später verstehen: er war der einzige lebendige Mensch in einer von Phantasmen bevölkerten Welt, die Kommunikation unmöglich und nicht einmal wünschenswert, Mitleid und Haß waren gleichermaßen egal, ein toleranter Überdruß und eine zwischen Respekt und Sinnlichkeit gespaltene Teilnahme waren das einzige, was man verlangen konnte und geben sollte.«

Bewundernswert vereinigt dieser Moment der Offenbarung die Einsamkeit, die Unmöglichkeit der Kommunikation und das Grauen vor einer solipsistischen Welt, die das Innere des düsteren und trostlosen Romans ausmachen.

Unwichtig ist, daß Junta Larsen sich vom einen bis zum anderen Ende der etwa 200 Seiten des Romans bewegt, daß er mehrfach die Strecke zwischen der trägen Stadt Santa María und der Werft von Jeremías Petrus zurücklegt, daß er eine Vergangenheit aus Demütigungen und dem wiederholten, immer gleichen sexuellen Akt mit irgendeiner Frau, die letztlich zur Frau schlechthin wird, durchstreift. Unwichtig ist, daß die gewundene, spröde und komplexe Handlung in einer bloß anekdotischen Zusammenfassung wiedergegeben werden kann – Junta Larsen kehrt in die Stadt Santa María zurück, aus der er vor Jahren aufgrund irgendeiner unerlaubten Tätigkeit ausgewiesen wurde, und möchte sein Leben neu als Geschäftsführer einer in Trümmern liegenden Werft aufbauen – oder daß die Aufmerksamkeit des Lesers vielleicht fähig ist, vielleicht nicht, in den aufeinanderfolgenden, sich überlagernden Schichten die Fäden einer Intrige zu finden, die auch Petrus, seine halbidiotische oder schlicht verrückte Tochter, zwei seiner Angestellten und die schwangere Frau von einem der beiden betrifft.

Die wirkliche Geschichte verläuft innen und ist aus Schweigen und Pausen gemacht – Hiatus dieser oberflächlichen Geschichte. Es ist das Abenteuer eines einsamen Bewußtseins, das in die Vergangenheit zurückkehrt, in eine Welt, in der es ein dürftiges Glück gekannt hatte und auch gedemütigt worden war, auf der Suche nach den eigenen verlorengegangenen Spuren, nach einer gleichfalls verlorengegangenen Erlösung, nach einem letzten Sinn für ein sinnloses Leben. Als Larsen nach Santa María zurückkehrt, läßt er eine Vergangenheit als Zuhälter hinter sich, eine Strafe und eine Verbannung aus dem doppeldeutigen Flußparadies. Er kehrt – älter und verbrauchter – zurück, um sich in die konfuse Geschichte der Schließung von Petrus' Werft zu verwickeln, in eine nicht weniger konfuse und äußerst zögernde Verführung von Petrus' Tochter (er begnügt sich schließlich mit dem klügeren Dienstmädchen) und in die mittelmäßigen Geschäfte von Petrus' Angestellten.

Aber unterhalb dieser dichten und dunklen anekdotischen Ebene entdeckt der Leser nach und nach fast retrospektiv das andere Abenteuer Larsens: die Geschichte eines Bedürfnisses an Liebe und wirklicher Kommunikation, die ihm verwehrt sind. Denn in seinem ganzen Leben hat Larsen nur die Lüge kennengelernt, den mörderischen Kuß, den er auf die Stirn von Petrus drückt, die Frau (Frauen), die er nach altgewohntem, verbrauchtem Wissen benutzt. Larsen hat sich immer danach gesehnt, an etwas zu glauben; sich vorzulügen, daß irgendwas wirklich die Mühe lohnt, jemanden zu finden, der ihm beweist, daß er nicht die einzige lebendige Person in einer Welt von Kadavern ist. Aus der Entfremdung herauszukommen, wie man sagt.

Deshalb tastet Larsen am Rande seiner mäßigen Aktivität als Verführer von Petrus' Tochter und Reorganisator der ruinierten Werft wie ein Blinder in einer relieflosen Welt umher, auf der Suche nach einer wirklichen Hand. Sie existiert in dem Buch, und Larsen weiß es: Es ist die Hand der Frau von Gálvez, der Schwangeren. Aber diese Frau gehört einem anderen, diese Frau mit dem entsetzlich geschwollenen Bauch ist dennoch nicht für ihn. Er macht ihr mit dem alten, heimtückischen Zynismus den Hof, nicht um sie zu gewinnen, sondern um mannhaft Zeugnis davon abzulegen, daß er in ihr trotz allem die Frau erkennt. Als die Krisis ihren Höhepunkt erreicht, als er schon von den unsichtbaren Spürhunden der Zerstörung verfolgt wird, hat er eine letzte täuschende Begegnung mit der schon gebärenden Frau. Da flieht Larsen. Was er nicht aushält, wird endlich deutlich. Er kann die sexuelle Lüge aushalten, die Lüge der blühenden Mädchen, die Lüge der alten Visionäre mit ruinierten Geschäften, die Lüge der bestechlichen Polizei, der ehrbaren Parteiführer und sogar die Lüge der anderen Selbstmörder. Aber als er sich der blutenden und stöhnenden Frau gegenübersieht, als er dem Leben selbst gegenübersteht, flieht er. Denn dieser Zyniker, dieser vulgäre, gemeine Zuhälter ist in seinem Innersten ein Romantiker, ein sensibles Seelchen, das sich hinter Schmutz und Schlamm und Krokodilstränen verschanzt, um nicht akzeptieren zu müssen, daß die Welt die Unschuld vergewaltigt, daß die jungen Mädchen, die wir lieben, eines Tages nicht mehr sind, daß das Leben in die Welt hineinbricht und alles zerstört und wiedererschafft.

Larsens letzte wahnwitzige Flucht durch den letzten Kreis seiner Hölle ist die Flucht vor dem Leben selbst. Wie Eladio Linacero, der seiner Umgebung auf der Straße der Träume entfloh, die er sich erzählte *(El pozo);* wie Juan María Brausen, der einer nur mittelmäßigen vorstädtischen Realität entflieht *(Das kurze Leben),* sich eine andere Persönlichkeit erfindet und sich sogar eine ganze fiktive Welt erschafft, so flieht auch dieser andere Protagonist Onettis, als er sich den Wurzeln des Lebens, dieser gebärenden Frau, gegenübersieht und sucht Zuflucht im Tode. Der ganze Roman trägt so das symbolische Zeichen der Rückkehr ins Land der Toten. Wie Odysseus auf der Suche nach den Schatten in dem berühmten Gesang der Odyssee hinuntersteigt und Äneas mit dem goldenen Zweig in der Hand in die Unterwelt tritt und Dante sich Terzine um Terzine in die Stadt des Dis versenkt, so kehrt Junta Larsen in *Die Werft* nach Santa María zurück und findet dort nicht nur seine Hölle, sondern auch seinen Tod.

### Die Saga von Santa María

Dieser bewundernswerte Roman ist durch mehr als ein Band mit dem jetzt bereits breiten Erzählwerk Onettis verbunden. Die Stadt Santa María erschien, wie gesagt, zum erstenmal in *Das kurze Leben*. Dort wurde sie durch die Phantasie von Juan María Brausen geschaffen und fügte sich schließlich in seine erzählerische Realität ein, als Brausen selbst in ihr Zuflucht findet. Zu den Wesen, die Brausen in *Das kurze Leben* erschafft, zählt eben der Doktor Díaz Grey, der als untergeordnete Gestalt auch in *Die Werft* auftaucht, als alter Kenner der Lokalgeschichte.

Santa María liegt auch einem anderen Abenteuer des Díaz Grey zugrunde, als dessen Dokument eine Erzählung mit dem Titel *La casa en las arenas (Das Haus in den Dünen)* übriggeblieben ist, die ursprünglich Teil von *Das kurze Leben* war, aus der endgültigen Fassung jedoch ausgeklammert wurde. (Jetzt enthalten in *Un sueño realizado y otros cuentos* (Ein verwirklichter Traum und andere Erzählungen), 1951.) Ein anderer kurzer Roman Onettis, *Grab einer Namenlosen* (1959) spielt ebenfalls in Santa María, wir finden Doktor Díaz Grey als Nebengestalt, und flüchtig wird sogar Villa Petrus erwähnt. Die Erzählung, mit der Onetti am Wettbewerb von *Life* (in spanisch) teilnahm, spielt desgleichen in Santa María. All diese Texte geben Zeugnis von der Schöpfung einer imaginären Welt, der Provinzstadt am Ufer eines großen Flusses. Im Erzählwerk Onettis entspricht sie dem, was Jefferson, in der Grafschaft Yoknapatawpha, im Erzählwerk William Faulkners ist. Seit *Das kurze Leben* ist Onettis Absicht, eine Romansequenz zu verfassen, offenkundig. Ihr geographisches Zentrum wird diese imaginäre Stadt, in der sich Leben und Schicksal vieler Gestalten kreuzen. Diese Sequenz ist wirklich, um einen traditionellen Ausdruck zu verwenden, eine Saga von Santa María. Aber wenn auch *Das kurze Leben* den Grundstein zu dieser Welt legt, so kommen doch einige der zentralen Figuren aus einem anderen früheren Roman, der als Prolog der Saga verstanden werden kann. Ich beziehe mich auf *Tierra de nadie* (1941), wo bereits Junta Larsen auftritt, wenn auch in einer ganz kleinen Rolle. Diese Gestalt wird in der langsamen, späteren Erzählproduktion Onettis allmählich Brausen und sogar Díaz Grey verdrängen, die das Romanzentrum von *Das kurze Leben* zu bilden schienen. Junta Larsen behauptet sich in dieser Welt zunehmend, wie Flem Snopes in der Romanfolge, die Faulkner seinem Aufstieg in *Das Dorf (The Hamlet;* 1940), *Die Stadt (The Town;* 1959) und *Das Haus (The Mansion;* 1960) widmet. Daher darf niemanden verwundern, daß Larsen unbestrittener Protagonist nicht nur von *Die Werft*, sondern auch des später publizierten Romans *Leichensammler* ist. Larsen erscheint auch in anderen kleinen Werken. Aber dies ist nicht der Ort, all seine Auftritte im einzelnen anzuführen. Von Interesse ist hingegen, ein kurioses literarisches Problem zu betrachten, das Onetti seinen Lesern aufgegeben hat. Die Reihenfolge in der Publikation seiner Romane verdunkelt und verkehrt sogar Larsens Bedeutung. Da *Die Werft* vor *Leichensammler* publiziert wird (Bericht einer vorausliegenden Episode), ist es fast unmöglich, die Hinweise zu nützen, die das zweite Buch für das erste gibt. In *Leichensammler* sieht man nicht einfach einen jüngeren Larsen, einer endgültigen Vernichtung so fern wie möglich, sondern man sieht Larsen in Augenblicken größten Ehrgeizes, in denen der Traum seines ganzen Lebens vollständig und in unmittelbarer Zukunft wirklich zu werden scheint. Denn Larsen wollte immer – und erreicht es gewissermaßen in diesem Roman – ein eigenes Bordell haben, ein von ihm beherrschtes Bordell mit den drei oder vier notwendigen Frauen, den Kadavern, die er dann aus der Hauptstadt importierte und die ihm den Spitznamen gaben, der Titel des Buches wird. Ein ironischer und sogar komischer Roman, manchmal hell, brillant und entspannt – *Leichensammler* entspricht einer Abenteuerzeit Larsens, die notwendig vor der Epoche von *Die Werft* liegt. Deshalb wird der Leser, wenn er die Romane in der Reihenfolge ihrer Publikation gelesen hat, feststellen, daß Larsen aus *Tierra de nadie* bloß eine Karikatur des Zuhälters aus der Großstadt ist, während Larsen aus *Die Werft* ein von langer Agonie geadelter Mensch ist, eine Gestalt, über dessen Vergangenheit es nur dunkle Vermutungen gibt. Erst in *Leichensammler* findet der Leser das vermittelnde Bild Larsens, den Larsen des verwirklichten und dann gescheiterten Bordellprojekts, was dessen Gestalt nicht nur vervollständigt, sondern auch überhaupt erst restlos erklärt.

Eine zusätzliche Komplikation dieses Mißverhältnisses von Publikations- und Handlungsabfolge stammt aus einer anderen Quelle. *Leichensammler* ist nämlich nicht nur die Geschichte von Larsen und seinem Bordell; es ist auch die Geschichte des jungen Jorge Malabia, seiner sträflichen Beziehungen zu der jungen verschwägerten Witwe, seiner Bemühungen, Klient des Bordells zu werden und schließlich seiner Teilnahme an dessen Zerstörung. Dieser Jorge Malabia ist auch Protagonist eines früheren Romans *Para una tumba sin nombre (Grab einer Namenlosen;* 1959), in der das Ende seines wirklichen oder imaginierten Abenteuers mit einer Frau und deren Ziege erzählt wird. Um die Chronologie der Geschichte herzustellen, müßte man also zuerst *Leichensammler* lesen, dann *Grab einer Namenlosen* und schließlich *Die Werft*. Außerdem ist diese Lektüre deshalb von Vorteil, weil sie dem Leser die Möglichkeit bietet, langsam und auf dem zugänglichsten Weg in Onettis dichte Welt einzudringen.

Das Verfahren, das Onetti für die Mitteilung seines Erzählwerks benutzt, ist recht kompliziert, wie man sieht. Diese Kompliziertheit beschäftigt natürlich nicht den Leser, der sich für jeden Roman als Einzelwerk interessiert. Für diesen Leser sind Ordnung der Komposition, Publikationsfolge und Anordnung der Handlung unwichtig. Denn jeder Roman ist, von seinem Standpunkt aus, eine vollständige Welt. Man braucht nicht zu wissen, was wirklich mit dem Bordell in *Leichensammler* geschah, um *Grab einer Namenlosen* oder *Die Werft* zu lesen und angemessen zu erfassen. Aber wenn man konkret die abenteuerliche Geschichte einer Figur, sei sie Brausen oder Díaz Grey, Larsen oder Jorge Malabia kennenlernen möchte, dann wird es wichtig, die Handlungssequenz chronologisch zu verfolgen und die Bücher in einer ganz anderen Ordnung als derjenigen der ursprünglichen Publikationsfolge zu lesen. Was uns wieder zurück zu Larsen führt, der Schlüsselfigur der Erzählwelt Onettis.

*Eine doppelte Allegorie*

Wenn Junta Larsen sich auf irgendeiner Seite von *Tierra de nadie* in der Rolle des Zuhälters zeigt (nur erst ein Schemen dessen, der er sein wird), erscheint er seinem Äußeren nach vollständig, aber wie in perspektivischer Verkürzung aus einem Kapitel von *Das kurze Leben* übernommen. Dort ist er ein »kleiner und stämmiger Mann, mit halbgeöffnetem Mund, mit zitternder Unterlippe beim Atmen; das Licht fiel gelb auf seinen runden Schädel, fast kahl, und ließ den dunklen Flaum glänzen und die auf die Stirn gedrückte einzelne Haarsträhne«. Derselbe Roman vervollständigt diese Beschreibung mit der Beobachtung ähnlicher Züge: der krummen und dünnen Nase, des in die Weste geklemmten Daumens der einen Hand, der juristisch vorgeblich ahnungslosen Fragen seiner verworrenen Unterhaltung. Unmöglich aber läßt sich aus diesem Werk vorhersagen, bis zu welchem Grad von Einsamkeit und Elend es mit diesem dicken Mann kommen wird, der seine Jugend bereits verloren, den aber Tragik noch nicht geadelt hat. In *Leichensammler* bereichern Abenteuer, Anekdoten und Blicke ins Innere das Bild der Oberfläche. Larsen in diesem Roman zu sehen heißt, ihn auf dem Höhepunkt seiner Entwicklung, triumphierend und besiegt zugleich zu sehen. Noch ist er heil, noch nimmt er – ohne sich zu ergeben – im Vertrauen auf eine Art schwelgerischen Glückes das Messer an. Die Ankunft in der Stadt, wo er auf die verlebten Prostituierten aufpaßt, die Intrigen, damit das Bordell nicht geschlossen wird, das Hinnehmen von Demütigungen und Beleidigungen, aber auch eine gewisse Anerkennung seiner angekratzten Männlichkeit, all diese Züge seiner Geschichte zeigen Licht und Schatten von Larsens Persönlichkeit. Der kleine Zuhälter ist zu einer dreidimensionalen Person geworden, die Karikatur zum Bild.

Aber erst in *Die Werft* – im Delirium, in der Niederlage und im Tod – sind seine Dimensionen sämtlich erreicht. Denn erst in diesem Roman, nach dem Durchgang durch die komplexe Welt der anderen, entdeckt man, daß Larsen nicht nur eine Person, sondern auch ein Symbol ist, und daß diese Werft Petrus', die er vor dem Ruin retten möchte, noch etwas mehr als eine Werft ist. Der Roman überläßt das Feld der Allegorie.

Ich möchte den Leser explizit darauf hinweisen, daß Onetti möglicherweise diese Sicht der *Werft* und Larsens nicht teilt. Aber es ist erlaubt, in einem Buch nicht nur das zu lesen, was der Autor hineingelegt hat, sondern auch das, was vielleicht das Buch hinzugefügt hat. In *Die Werft* gibt es eine symbolische Dimension, die den Roman zur Allegorie eines Niedergangs macht, der nicht nur fiktiv, sondern real ist. Der englische Kritiker David Gallagher kommentierte die englische Übersetzung des Buches in der Literaturbeilage der *New York Times* und zeigte, daß man darin eine Allegorie des Niedergangs Uruguays sehen kann. Wenn diese Interpretation stimmt, hätte Onetti bereits 1957 (Zeit der Niederschrift) völlig klar gesehen, was noch nicht allen Uruguayern klar war. Diese Werft und dieser Verzweifelte, der sie zu retten versucht, symbolisieren letztlich eine Realität, die für gewöhnlich nur in politischen oder ökonomischen Termini beschrieben wird. Auch der Umstand, daß der Roman zunächst dem uruguayischen Politiker Luis Battle (einem persönlichen Freund des Autors) gewidmet war, scheint diese Interpretation zu erhärten. Dies würde sogar gestatten, eine Art symbolischen Zusammenhangs zwischen dem Protagonisten des Romans und diesem Politiker zu sehen, auch wenn es ratsam ist, die Parallele nicht weiter zu verfolgen.

Wie auch immer, in *Die Werft* arbeitet Onetti deutlich in einem Raum, der nicht rein fiktiv ist. Etwas Ähnliches geschieht in einem anderen Roman *Para esta noche,* der unmittelbar vor Perons Machtübernahme in Buenos Aires publiziert wurde und vorwegnehmend (fast visionär) ein von Terror, Verrat, institutionalisierter Gewalt beherrschtes Argentinien beschrieb. In diesem Roman war Buenos Aires eine belagerte Stadt. Die von Onetti erfundene Atmosphäre wurde wenige Jahre später von der Wirklichkeit eingeholt. Ich möchte damit nicht sagen, Onetti sei eine erzählerische Kassandra. Das ist er nicht, auch geht sein literarischer Ehrgeiz nicht in diese Richtung. Aber als Romancier kann er, indem sein Blick in die Realität eindringt und indem er sie in der Sprache reiner Fiktion neu erschafft, nicht verhindern, daß dabei im Zentrum seiner Romane das Wesentliche der Wirklichkeit heraustritt. *Die Werft* läßt vielleicht noch eine andere allegorische Interpretation zu. Einige Kritiker haben sie vorgeschlagen, und es lohnt sich, sie zu prüfen, auch wenn dies die Leseperspektiven für dieses faszinierende Buch nur noch weiter vermehrt. Daß die Stadt Santa María heißt, daß sich der Kreis, den Larsens Leben beschreibt und der ihn vom Versuch der Befreiung zum Selbstmord und zur endgültigen Vernichtung führt, dort schließt; die Tatsache, daß diese Erfahrung von einem Mann gemacht wird, der sich irgendwie von einer Vergangenheit des sinnlichen Genusses befreit und schließlich seine ganze menschliche Bedingtheit auf sich nimmt; die allegorische Dichte der Erzählung selbst (auf die schon in anderem Zusammenhang hingewiesen wurde), regen irgendwie dazu an, hinter der Handlung von *Die Werft* nach christlichen Symbolen zu suchen. Ich glaube, daß man die Untersuchung in dieser Richtung nicht zu weit vortreiben sollte. Mir scheint jedoch, daß sie einen Vorteil hat, nämlich, daß sie nachdrücklich die Verwandlung einer Figur registriert, eine völlige Vergeistigung Larsens, und das ist eines der bemerkenswertesten ästhetischen Wunder der Saga von Santa María. Den Zuhälter von *Tierra de nadie* auf tragische Höhe (Sühne, Opfer, blinde Hingabe seiner selbst) zu heben, ist keine Kleinigkeit. Wie Vautrin in der *Menschlichen Komödie* Balzacs entwickelt sich Junta Larsen aufgrund der verschiedenen Ereignisse, bis er eine einzigartige Gestalt geworden ist. Er stellt eine der bedeutendsten Schöpfungen der lateinamerikanischen Literatur dieses Jahrhunderts dar.

Zwischen dem Schnappschuß *Tierra de nadie* und dem mehrdi
mensionalen Bild *Die Werft* ist nicht nur Junta Larsen herange
wachsen und gereift. Auch sein Autor hat sich enorm entwickel
In den ersten Werken spürte man die Gabe zu erzählen, das Talen
sich in Personen und Situationen zu versenken, die immer größer
Fähigkeit, komplexe Strukturen zu entwerfen. Wenn *El pozo* noc
eine lineare Erzählung ist (trotz der *racconti*-Perspektiven in de
Träumen), versucht sich *Tierra de nadie* in einer Parallelstruktu
nach der Art von Dos Passos, um diese inkohärente enorme Me
tropole, Buenos Aires, simultan darzustellen. In *Para esta noch*
weicht die komplexe Dos Passos-Struktur der komplexen innere
Struktur nach Art Faulkners. Von *Das kurze Leben* an erfinde
Onetti eigene Modelle. Damit soll, was er den genannten Roman
ciers natürlich nach wie vor zu verdanken hat, aber nicht bestritte
werden.

Der größte Fehler von *Das kurze Leben*, der vielleicht verhinder
hat, daß dieses wirkliche Pionierwerk das verdiente Echo fand
liegt eben in der Struktur. Das Erzählgerüst ist zu sichtbar geblie
ben. Es ist, als habe Onetti einen Stein geworfen, habe aber di
Hand nicht rechtzeitig zurückziehen können. Der Zauberkünstle
vollbrachte bewundernswerte Dinge, aber er erklärte sic auch. Di
lange Lehrzeit bei Céline und Faulkner war noch zu offenkundig
Die im folgenden geschriebenen und publizierten Romane begin
nen bereits, diese Spuren zu verwischen.

Wenn die Standpunkttechnik in *Abschiede* noch zu sichtbar ist
in *Grab einer Namenlosen*, *Die Werft* und *Leichensammler* ist di
allgemeine Komposition einfach meisterhaft. Onetti folgt in jede
dieser Romane zwei oder sogar drei Erzählsträngen, die (manch
mal) zwei oder drei verschiedenen Zeiten entsprechen, oder zwe
oder drei verschiedenen Perspektiven. Fehlerfrei, sicher, von ei
nem Instinkt geleitet, den man nur als poetisch bezeichnen kann
flicht er die Stimmen, orchestriert er den Kontrapunkt der Zeite
und spielt seine Figuren gegeneinander aus. Das Ergebnis: dre
Romane verschiedener Dimensionen, die nicht nur – allein genom
men – sich bewundernswert behaupten, sondern – wenn sie de
Handlungsabfolge entsprechend gelesen werden – dem Leser wei
darüber hinaus ungezählte Perspektiven eröffnen.

Noch eine zusätzliche Bemerkung: Obwohl *Leichensammle*

ach *Die Werft* beendet wurde, liegt die erste Niederschrift früher. Onetti erzählte gerade die Geschichte des Bordells, als er dabei auf die Geschichte der letzten Niederlage Larsens stieß. Er unterbrach daher *Leichensammler*, um mit ganzer Kraft *Die Werft* zu schreiben, und kehrte zu jenem Roman zurück, nachdem er den anderen ganz abgeschlossen hatte. Das erklärte den etwas dunkleren Ton in der zweiten Hälfte von *Leichensammler;* der Humor ist bitterer, schwärzer geworden. Aber es zeigt auch noch etwas anderes: Stilistisch ist *Die Werft* später als *Leichensammler,* obwohl sie vor dem zweiten Teil jenes Romans geschrieben wurde. Denn als Onetti *Leichensammler* wieder aufnahm, mußte er notwendig zu einer helleren, nuancierteren Perspektive zurückkehren, die nicht so eintönig grau ist wie diejenige der *Werft.* So kommt man auf anderem Weg zum gleichen Ergebnis: der Notwendigkeit, eine Leseordnung herzustellen, die dem Ablauf der Geschichte entspricht.

Als Onetti *Die Werft* schreibt, ist er unterwegs zu einem Höhepunkt, den vor allem der Verzicht auf alle Äußerlichkeiten, erzählerische Ellipse und besessene Konzentration auf die innere Verwandlung kennzeichnen. Deshalb sieht man in diesem Roman kaum das Gerüst (auch wenn davon in den Titeln der Kapitel noch etwas übrigbleibt); daher fasziniert die Intensität seiner halluzinatorischen Weltsicht den Leser stärker als je zuvor. Was man vor allem in diesem Roman entdeckt, ist die fortschreitende Vertiefung des wirklichen Erzählstoffs, die Erschaffung eines poetischen Orts, die Onetti rein durch atmosphärische Anspielungen zustande bringt, durch eine wunderbare Übereinstimmung zwischen Landschaft und Mensch, aber auch durch die Verwendung einer Erzählsprache, die nicht nur in technischen Geschicklichkeiten, komplexen Strukturen und variierten Zeitperspektiven besteht, sondern vor allem in einer überaus anziehenden und spannungsgeladenen Art des Schreibens. Auch in diesem Sinn ist sein Meisterwerk (mit vielen anderen vorausgehenden oder begleitenden Werken) eines der glänzendsten Modelle des neuen lateinamerikanischen Romans.

Julio Cortázar

# Angela B. Dellepiane
## Julio Cortázar –
## der »revolutionäre« Erzähler

Die zeitgenössische argentinische Prosa weist verschiedene Richtungen auf, die miteinander in Wechselwirkung stehen. Neben den sogenannten »Vätern« – Borges, Mallea[1] – haben wir die Zwischengeneration, auch Schüler genannt (alle zwischen 1910 und 1920 geboren), deren wichtigste Vertreter Ernesto Sábato und Julio Cortázar sind. Seit 1950 sieht sich diese Zwischengeneration mit einer Gruppe jüngerer Autoren konfrontiert, die von der ersten Machtergreifung Peróns geprägt wurden und heute etwa vierzig Jahre alt sind. Dazu sollte man eigentlich auch noch die Autoren ab Jahrgang 1930 nennen. Das ergäbe eine endlose Liste, mit den verschiedenartigsten Strömungen – ein völlig heterogenes Bild, mit doch immer ein und demselben Ergebnis: Die argentinische Prosa wird beherrscht von einem *Dreigestirn*, das von allen akzeptiert wird: Borges – Sábato – Cortázar.

Cortázar gehört eigentlich, zumindest dem Alter nach (1914), in eine Gruppe mit Sábato und Bioy Casares, auch wenn jeder von ihnen ein völlig eigenständiges Werk geschaffen hat, das sich trotz gemeinsamer Berührungspunkte grundlegend von dem der anderen unterscheidet. Gemeinsam ist ihnen, daß sie alle etwa zur gleichen Zeit geboren wurden und in den 40er Jahren zu veröffentlichen begannen. Ihre Generation hatte keinen eigentlichen geistigen Führer, auch wenn sie alle – Cortázar eingeschlossen – den Einfluß von Borges anerkennen. Sie sprechen keine gemeinsame Sprache. Es gibt kein herausragendes Einzelergebnis, das sie gemeinsam prägt – das Zeitgeschehen betrifft sie jedoch alle, jeden auf seine Art: die argentinische Revolution vom September 1930; der spanische Bürgerkrieg und der Zweite Weltkrieg; die Militärrevolution von 1943; die erste Machtergreifung Peróns, dessen restriktive Maßnahmen gegen die Schriftsteller zu einer Einschränkung des kulturellen Lebens führen. Die Folge ist, daß die Autoren entweder in die Opposition gehen, schweigen oder freiwillig das Land verlassen, wie Cortázar, der seit 1951 in Frankreich wohnt. Mit dem Sturz Peróns 1955 kehren diese Autoren wieder in die

erste Reihe zurück, stoßen dort allerdings auf Nachwuchsschrift-
steller, die versuchen, ihnen den Rang streitig zu machen.

Die drei Autoren führen eine völlige Spracherneuerung in der Literatur herbei, indem sie sich von der leeren Rhetorik der Vergangenheit befreien. Sie vertiefen, verbinden und erweitern bestehen-
de Strömungen. Durch sie wird die argentinische Prosa zu einer
wichtigen selbständigen Gattung mit universellem Charakter; sie
aktualisieren sie und bringen sie auf eine Stufe mit der nordamerikanischen und der europäischen. Ihre Werke sind genial und komplex; sie zeigen eine wirkliche Verarbeitung der verschiedenen Veränderungen in der internationalen Prosa; sie bezeugen die kulturelle Reife Argentiniens, besonders der Mittelklasse in den Städten
(Buenos Aires). Sie lenken die Aufmerksamkeit auf den argentinischen Menschen im besonderen und den innerlich verunsicherten
Menschen unserer Zeit im allgemeinen. Kurz gesagt, mit Autoren
wie Cortázar und Sábato (und Borges im Hintergrund) konsolidiert sich die Prosa endgültig und wird zur führenden literarischen
Gattung. Sie ist der wichtigste Beitrag, den die argentinische Lite-
raturszene in den letzten 35 Jahren geleistet hat.

Cortázar geht wie andere Gleichgesinnte[2] über die rein ästhe-
tisch-metaphysische Dimension hinaus und befaßt sich mit den
politisch-sozialen Fragen des lateinamerikanischen Kontinents.
Gerade dieser Aspekt beeinflußt die Autoren bei ihrer Suche nach
einer adäquaten Sprache und den entsprechenden Erzählstruktu-
ren. In der Tat haben sich die Südamerikaner von den traditionellen literarischen Konventionen völlig gelöst, da diese der politisch-
gesellschaftlichen Realität des Kontinents nicht mehr entsprachen.

Cortázars literarischer Stil ist weit über Argentiniens Grenzen
hinausgedrungen. Er hat die Prosa des ganzen Kontinents geprägt.
Seinen Nachfolgern jedoch fehlt manchmal der tiefe Sinn für die
Sprache, die Genialität und das klare Denken, die ihn auf der literarischen Suche leiten.

Noch ein letztes Wort der Erläuterung: Die argentinische Literatur des 20. Jahrhunderts weist zwei Hauptströmungen auf: die eine geht von *Florida*, die andere von *Boedo* aus. Aus der ersten
entwickelt sich der psychologische Roman, der sich intellektuell-
existentialistisch auf das innere Erleben konzentriert – wie bei
Mallea beispielsweise. Mit der zweiten Strömung setzt sich der
realistische Stadtroman durch. Roberto Arlt ist hierfür ein Beispiel. (Eigentlich steht er zwischen beiden Strömungen, da bei ihm

auch noch ein »phantastisches« Element mitschwingt.) Wenn man heute von der phantastischen Literatur spricht, denkt man zuerst an Borges. Das heißt jedoch nicht, daß Borges als erster Südamerikaner phantastische Erzählungen geschrieben hätte. Er hat sie vielmehr zur Vollkommenheit geführt und damit den anderen Autoren zu Bewußtsein gebracht. Durch den Einfluß von E. A. Poe und E. T. A. Hoffmann gelangt das phantastische Element gegen Ende des 19. Jahrhunderts in die argentinische Literatur. Wir finden es in den Erzählungen von Eduardo L. Holmberg (1852–1937), in vielen Erzählungen von Horacio Quiroga, in *Las fuerzas extrañas* (Die fremden Kräfte) von Leopoldo Lugones, im »begrifflichen Humor« von Macedonio Fernández in den Arbeiten *Papeles de recienvenido* (Papiere des Ankömmlings) und *Museo de la novela eterna* (Museum des ewigen Romans), bis hin zu Borges und schließlich Cortázar.[3] Die phantastische Literatur Argentiniens entwickelte sich auf diese Weise zu einer besonders differenzierten Gattung von hoher literarischer Qualität und großer Beliebtheit bei vielen Autoren; sie stellt ein einzigartiges Phänomen in der südamerikanischen Literatur dar.

Um das literarische Schaffen Cortázars zu verstehen, müssen zuerst einige grundlegende Begriffe geklärt werden. Im Mittelpunkt seiner Poetik, deren vielfältige Aspekte er seit 1946 in verschiedenen Artikeln umrissen hat, steht die Unterscheidung von zwei Arten sprachlicher Äußerung: der wissenschaftlich-allgemeinen, pragmatisch-logischen, und der *poetisch*-intuitiven, bildhaften und übertragenen.[4] Letztere ist nach Cortázar als Beitrag des 20. Jahrhunderts zu verstehen, »das die Formel durch den Psalm, die nüchterne Beschreibung durch die Vision, die Wissenschaft durch die Magie ersetzt«.[5] Was er damit meint, erklärt er an einem Beispiel für übertragene Sprache: »Der gleiche Mensch, der rational feststellt, daß das Leben schmerzvoll ist, verspürt einen dunklen Drang, dies in einem Bild auszudrücken: Das Leben gleicht einer Zwiebel, wenn man sie schält, muß man weinen.«[6] Bis 1960 befaßte sich Cortázar nicht weiter mit dieser Sprachproblematik, veröffentlichte jedoch in der Zwischenzeit *Bestiario* (*Bestiarium; B*, 1951), *Final del juego* (*Ende des Spiels; FJ*, 1956) sowie den Erzählband *Las armas secretas* (*Die geheimen Waffen; LAS*, 1958),[7] wo er in der Erzählung *Las babas del diablo* (*Teufelsgeifer*) seinem hartnäckigen Bestreben, »der Sprache wieder zu ihrem Recht zu verhelfen«, freien Lauf läßt. Die ganze Erzählung durchleuchtet das Phänomen der Sprache, deren Bedeutung und Gebrauch. In seinem Roman *Los premios (Die Gewinner)* wird in neun Monologen Persios die Situation des Romans theoretisch betrachtet – wobei sich Persio der poetischen Sprache im oben definierten Sinne bedient: Es sind Variationen auf die Themen, deren Durchführung Sache der eigentlichen Geschichte ist; ohne näheren Bezug zum Romangeschehen wird mit Hilfe der übertragenen Sprache das rein Begriffliche hervorgehoben. Diese Monologe geben einen ersten vorsichtigen Einblick in ein Spiel, dessen Vielschichtigkeit und Nuancenreichtum sich voll erst in *Rayuela, (Himmel-und-Hölle; R)* entfaltet.

Einen ersten gezielten Angriff auf den abstrakten Universalismus der Sprache finden wir allerdings bereits in *Historias de cronopios y famas (Geschichten der Cronopien und Famen; HCF,* 1962). Cortázar versucht hier, »eine Schärfe des Ausdrucks zu finden, die der schöpferischen Freiheit« dient. Er selbst hat einmal gesagt, daß die Sprache seiner frühen Erzählungen »eine Kontaktsuche im streng literarischen Sinn« darstellt; daß sein früherer Stil eine »Spiegelfunktion für die Leser-Lerchen« hat (»sie schauten sich an, freuten sich und erkannten sich«; *Rayuela,* 539), und daß er sich erst in *Las puertas del cielo (Die Pforten des Himmels)* mittels der Sprache befreite. »Durch diese Erzählung kam ich mit einem Aspekt der argentinischen Realität in Berührung, von dem ich vorher nichts wußte.« Besagte Erzählung erschien 1951 in *Bestiarium.* Die Hinweise über die Entstehungszeit seiner Romane und zwei weiterer Bücher lassen auf eine Gleichzeitigkeit der verschiedenen Arbeiten und der ihnen zugrundeliegenden Konzeption schließen. Daher sehe ich keinen Bruch im Werk Cortázars, vielmehr hat sich seine ursprüngliche Idee mit der Entwicklung seiner Persönlichkeit sowie durch seine Lektüre im Lauf der Jahre konsolidiert, bis sie in *Rayuela* ihren vollendeten Ausdruck fand. Auch wenn mit *Die Pforten des Himmels* ein deutlicher Schritt in diese Richtung vollzogen wird, ist die Grundtendenz bereits seit seinem dramatischen Gedicht *Los reyes (Die Könige)* deutlich. Heute wissen wir, daß Cortázar die erzählende Prosa bewußt *zerschreibt,* um sie zu erneuern. Diese Zielrichtung entspricht einer Weltsicht, die er ursprünglich nicht vertrat. Sie ist das Ergebnis seiner erfolgreichen geistigen Auseinandersetzung mit dem menschlichen Existenzproblem und seiner Suche nach einer Antwort auf dieses Problem.

ür diese Antwort nimmt er folgende sprachliche Mittel zur Hilfe:

*Metaphern und Bilder*, die entweder von der Realität wegführen oder sich in sie einsenken, d. h. entweder erfolgt ein Schritt vom Gewöhnlichen zum Phantastischen oder vom Phantastischen zum Prosaischen.

eine suggestive Verwendung von *Adjektiven*, die das entsprechende Substantiv in seiner Bedeutung erweitern, präzisieren, beleben bzw. plastischer erscheinen lassen. Eine ähnliche Wirkung entsteht durch die Verwendung von *Substantiven* oder *ganzen Sätzen als Apposition* oder durch den Gebrauch von *Verben*, die eigentlich nicht zu dem Subjekt passen, es aber doch deutlich vergegenwärtigen.

eine *Nebeneinanderstellung von Worten verschiedener grammatikalischer Kategorien in Aufzählungen*, wodurch die Aussage auf knappste Form konzentriert und jede ausschmückende Beschreibung überflüssig wird.

*Nebeneinanderstellung* nicht zusammengehöriger Ausdrücke, wodurch verdeutlicht wird, daß Gedanken sich nicht progressiv-geradlinig, sondern sprunghaft entfalten.

*Ellipsen*, eine weitere Form, um das zögernde Zweifeln des menschlichen Geistes zu versinnbildlichen.

ein Vorherrschen des *Nominal- und Verbalstils*, was den Stil verkürzt und fragmentarisch erscheinen läßt, zumal die Sätze an sich schon kurz sind. Sie wirken wie abgebrochen, und wenn sie sich wieder zusammenfügen, geschieht das fast immer in verschiedenem Rhythmus.

*Wiederholungen*, die die Menschen von bestimmten Obsessionen zu befreien scheinen.

*plötzliche Unterbrechungen*, wodurch die Aussage nicht zu Ende geführt und der Leser fast gezwungen wird, den Satz mit Hilfe der eigenen Phantasie zu Ende zu bringen.

*Aufzählungen*, die die angesprochenen Bedeutungsinhalte durch analoge oder disparate Assoziationen »aufbrechen«.

*Schlüsselwörter*, deren Bedeutung der Leser ergründen muß. Sie zielen auf ein »jenseits«, in dem für Cortázar vielleicht die letzte Antwort liegt.

die Verwendung der *Lautmalerei* zur Betonung des Unterhaltungsstils.

häufige *Klammersetzung*, wodurch das Gesagte in Frage gestellt, ausgeweitet, reduziert oder aufgehoben wird.

– die Verwendung *verschiedener Sprachebenen:* des leichten Ge‐
sprächsstils, der Sprache der Gebildeten, typisch argentinische
Umgangssprache (»lunfardo«), fremdsprachiger Ausdrücke.
Bleiben wir einen Augenblick bei dem letzten Punkt. Die um‐
gangssprachlichen Ausdrücke ergeben sich oft zwangsläufig durc
das Thema oder die Umwelt, aus der die Personen kommen. Häu‐
fig sind sie aber auch Ausdruck der fast durchgängig dialektische
Anlage eines Romans. (Ein gutes Beispiel dafür sind die Gespräch
der Mitglieder des »Clubs der Schlange« in *R.*) Die Verwendun
fremdsprachiger Ausdrücke ist ein weiterer Hinweis für Cortázar
Bemühen, die literarische Sprache zu befreien und jeweils das tref
fende Wort zu finden – sei es nun auf Spanisch oder in einer ande
ren Sprache. Vor diesem Hintergrund rechtfertigen sich auch sein
eigenen plastischen klaren Wortschöpfungen. Die speziell argenti
nischen Wendungen müssen, besonders im Zusammenhang mi
den *Gewinnern (LP)*, gesondert betrachtet werden. Hier finde
sich eine Fülle verschiedenster argentinischer Ausdrucksformer
da Cortázar alle seine Personen ihrem sozialen und kulturelle
Hintergrund entsprechend reden läßt. Natürlich finden sich sol
che Ausdrücke auch in *R, 62. Modelo para armar* (62. Modell zur
Zusammensetzen; 62) und in *Libro de Manuel (Album für Manu*
*el; LM)* sowie in einigen Erzählungen, wo die soziale Herkunf
bestimmter Personen sie notwendig macht. Aber jene argentini
schen Ausdrücke des »lunfardo« beschränken sich nicht auf be
stimmte soziale Klassen und deren kulturellen Horizont, sie sin
ganz allgemein ein wichtiger Teil der argentinischen Sprache. Cor
tázar gibt also lediglich die Wirklichkeit so wieder, wie sie ist. Des
halb will er auch eine Sprache finden, die die Umgangssprach
selbstverständlich mit umfaßt. Nur so kann er natürlich schreiber
nur so wirken die Kolloquialismen nicht karikierend. Dennoc
konzentriert Cortázar die typisch argentinischen Ausdrücke au
jene Romanfiguren, die in Wirklichkeit, entsprechend ihrer Her
kunft, genau so sprechen würden. Wird ein Handlungsort nähe
beschrieben, läßt Cortázar seine Personen ein neutrales Spanisc
verwenden und sich im Gespräch duzen. Anders verhält es sich i
*R,* wo sich alle, Franzosen und Yankees eingeschlossen, mit Aus
nahme der Spanier, siezen. In *62* (und in *LM*) findet sich ein neue
Element, hier wird eine subtile Abgrenzung zwischen den Perso
nen vorgenommen: Die Argentinier siezen; die Franzosen, Eng
länder und Tell aus dem Norden duzen. Ich glaube, daß es Cortá

...r hier darum geht, einmal kritisch die Konvention zu prüfen, ...aß alle Personen ein und dieselbe Sprache sprechen müssen. Aber ...as ist noch nicht alles. Cortázar will die Sprache nicht nur *neu* *...leben*, er liegt auch ständig im Krieg mit ihr. Für diesen Doppel- ...weck setzt er das Absurde, den Humor und die Ironie systema- ...sch als Waffen ein, damit »seine Sprache möglichst wenig ästhe- ...sch wird« (*R*, 453). Von hier aus ist auch sein Kauderwelsch zu ...rstehen, das auf phonetischen Analogien basiert, und seine pho- ...etisch-semantischen Spiele mit einem Wort (besonders in *Rayue-* *...(R*, 358) und in *Album für Manuel* (*LM* 240). Daher auch die ...nzusammenhängenden Dialoge; die Parodierung des geschraub- ...n literarischen Stils; die kommerziellen Slogans und Clichés; die ...nwertende Paraphrase patriotischer Lieder; plötzlich die komi- ...he Wendung am Ende des ersten Abschnitts; die *coprologische* *...prache*; gezielte Worthäufungen, um eine einzige Bedeutungsein- ...eit mit ironischem Beiklang zu erreichen; das *Ispamerikanische* ...n *R*), das versucht, mit den Vorstellungen einer Señora aufzuräu- ...en, die unsere Sprache »putzt, poliert und ihr Glanz verleiht«; ...e halbphonetische Schreibweise, wodurch die Sprache entmythi- ...ert wird; die starken Kontraste zwischen poetisch gedämpften ...ellen und einer parallel laufenden prosaischen Unterhaltung ...zw. einer völlig emotionslosen Situation. Dieses Verfahren ...mmt der Sprache jede konventionelle Steifheit und verleiht ihr ...nen ganz besonderen Klang und Rhythmus. Die linguistischen ...emühungen Cortázars zielen deutlich darauf ab, durch die Spra- ...e die ganze Wirklichkeit der Menschen aufzudecken und zu re- ...ektieren. Deshalb kann man bei ihm auch nicht von linguisti- ...hen Experimenten sprechen, hier handelt es sich vielmehr um ...ne Suche nach der wirklichen Sprache, im ästhetischen, vor allem ...n ethisch-ontologischen Sinn. Diese Suche prägt sein ganzes ...erk. Cortázars Einstellung zur Sprache könnte man »poetisch« ...ennen, wobei jedoch zu berücksichtigen ist, daß die Sprache hier ...eine »intellektuell vermittelnde und nominative Funktion«[8] mehr ...füllt, sondern sich einer transzendenten, schöpferischen, magi- ...hen, ja allesumfassenden Aufgabe stellt. Sie ist Ausdruck des ...ationalen wie auch der Intuition und des Irrationalen im Men- ...hen. Darüberhinaus hat Cortázar eine Metasprache geschaffen, ...ie eine andere Sprache kommentiert. Dadurch wird die direkte ...eziehung zwischen Sprache und Objekt gesprengt.

Wer Cortázars Werk liest, begreift, warum man ihn als »Revolutionär« bezeichnen könnte. Ein gutes Beispiel dafür sind jene »Anleitungen zum Verständnis berühmter Bilder« in *HCF* oder de
Artikel »Er soll wissen, wie man die Tür aufmacht, um spielen z
gehen« aus *Ultimo Round (Letzte Runde; UR)*. Seine sarkastisch
Behandlung der »guten alten Gewohnheit« im »dekadenten« We
sten (*R*, 616), seine Hinweise für »Richtiges Verhalten bei Traue
feierlichkeiten« aus *HCF* oder seine Aussage »Die Dichtung lieg
auf der Straße« aus *UR* dienen dazu, feste Gewohnheiten und bü
gerliche Mythen zu untergraben, das Trügerische an diesen etab
lierten Dogmen zu zeigen und auf diese Weise dem einzelnen in de
Gesellschaft wieder neue Kraft zu geben. Besonders in *R,* auch i
*LM, 62, UR, Vuelta al dia en ochenta mundos (Reise um den Tag i
achtzig Welten; VD)* finden sich großartige Angriffe gegen jen
»gute alte Gewohnheit« und die daraus entspringenden geistlose
Handlungen, wie zum Beispiel die Konsolidierung gemessene
Verhaltens und die Verteidigung längst hinfälliger Formen. De
stärksten Angriff hat er in der Welt der Cronopien und Famen lan
ciert, einer Welt, wo alles auf das Bedürfnis hinausläuft: »Ein Lö
felchen zwischen den Fingern pressen und seinen metallenen Pul
fühlen, seine argwöhnische Wachsamkeit. Wie schmerzt es, eine
kleinen Löffel zu verleugnen, eine Tür zu leugnen, alles zu leug
nen, was die Gewohnheit leckt, bis sie ihm die erwünschte Glät
gibt.« *(HCF, 6)* Die Cronopien sind Rebellen par excellence (wi
die »Verrückten«, die Revolutionäre, die »Jazzer«), da sie fest ent
schlossen sind, ihre Individualität vor der Todesstrafe, d. h. de
Übergabe an das Gewohnte und Sichere zu retten. Sie ziehen di
direkte Konfrontation vor, weil sie sich nicht durch äußere Ein
flüsse entfremden lassen wollen. Die Geschichte *Präambel zu de
Unterweisung im Uhraufziehen (HCF)* ist, um das zu versteher
von grundlegender Bedeutung. Cortázar sieht den Menschen al
Gefangenen seiner Gewohnheiten und wehrt sich daher gegen di
Diktatur der Uhr und der Arbeit. Das versinnbildlicht jene einzig
artige Familie in der Humboldtstraße, die »freien Berufen« nach
geht – »nur einfach so«. Die Familie bewegt sich noch in einer Wel
des *weißen Humors,* denn ihre Cronopien sind in gewissem Sinn
kindlich-schöpferische, großzügige Wesen, die, völlig desorgani
siert, nach ihren Wünschen leben, denen Zweckdenken fremd is
und die jede Vorschrift verabscheuen. Es sind *authentische* un
*wirklich freie* Wesen. Die Famen sind dagegen die Kleinbürger die

er Welt; sie sind ordentlich, rational, akzeptieren alle gesellschaftlichen Spielregeln, lassen sich von der Uhr tyrannisieren, sind
unecht und konformistisch. Die Esperanzen sind jene Wesen, die
sich »verwirklichen könnten«, zur Zeit aber noch den Famen unterworfen sind. Sie sind völlig passiv. Mit den selbstsicheren, opti-
mistischen Cronopien schafft Cortázar eine Welt kindlicher
Handlungen und Freuden. Die paralysierten Esperanzen und die
eingeengten Famen stehen in genauem Gegensatz dazu.

Cortázar plädiert dafür, das Instrument der Vernunft, das seine
Unfähigkeit bewiesen hat, durch Phantasie, Verlangen, Empfin-
den und Wünsche zu ersetzen. Um dies zu erreichen, müssen
Nützlichkeits- und Zieldenken und der »gesunde Menschenver-
stand« auf allen Ebenen aufgegeben werden. Nur im Zustand ab-
soluter *Verfügbarkeit* und *völliger Offenheit* läßt sich eine andere
Wirklichkeit wahrnehmen. (»Morelliana immer«, *VD.*) Daß es
diese Möglichkeiten jenseits der etablierten Gesetze gibt, erkannte
Cortázar in Alfred Jarrys Pataphysik. Sie stellt ein System totaler
Desintegration und anschließender Neuschöpfungen der Realität
auf dem Boden des Ungewohnten dar. In *Ubu Roi*, jener grotesken
Karikatur des Bürgers als König, und in *Gestes et opinions du Dr.
Faustroll pataphisien*, wo Theorien aufgestellt werden, die in pseu-
do-wissenschaftliche Absurdität münden, entwickelte Jarry seine
Ideen, mit denen Cortázar sich aufmerksam beschäftigte. In Cor-
tázars Werk gibt es typisch pataphysische Anekdoten: so die Epi-
sode mit Berthe Trépat und dem sozialen System von Ceferino
Pérez *(R)*; die anonymen Neurotiker und die Marraststatue *(62)*;
der türkisfarbene Pinguin und die Gürteltiere; die »Aufschrei«-
Betätigungen *(LM)*.

Cortázar neigt zu offenen Systemen, dialektischen Kreuzungen
und sprachlichen Kontrastpaaren bei der Suche nach dem Wesentlichen des Menschen, des menschlichen Lebens: »der Mensch ist
nicht, sondern sucht zu sein« *(R, 418)*. Diesen Satz hat Cortázar
immer als wahr empfunden, er stellt die vorantreibende Prämisse
seines Werkes dar. Von diesem Leitsatz aus ist die Suche als *Askese*,
als schrittweise geistige Weiterentwicklung *(Mandala)* zu sehen,
mit dem Ziel, noch die letzte Antwort auf jene Unbekannte, »das
Leben« zu finden. Dieser ontologischen Pilgerfahrt widmet Cortázar sein schriftstellerisches Werk. Deshalb sagt er auch in *R*,
»schreiben bedeutet, mein Mandala zeichnen und gleichzeitig

durchlaufen; die Läuterung erfinden, in der man sich läutert; Fro
des armen weißen Schamanen in Nylonunterhosen« *(R, 458)*.

Gleichzeitig lehnt Cortázar alle einschränkenden Klassifizierun
gen, alles Konventionelle, alles Akademische und jedes falsch
Ordnungsprinzip in der Welt ab. Er befürwortet die Zerstörun
rationaler Schemata, die Unordnung, »Verhaltensweisen ohn
Normen anstelle von genormtem Verhalten« *(R, 25)*. Er interes
siert sich dabei für das Ausgefallene und Einzigartige, für das of
fensichtlich logisch Unzusammenhängende. Vor diesem Hinter
grund muß man die Struktur des erzählerischen Schaffens vor
Cortázar sehen. Trotz offensichtlicher Unordnung und fragmen
tarischer Strukturierung erfaßt Cortázar das Ganze, ein kohären
tes »Jenseits«, das dem Bewußtsein nicht mehr zugänglich ist. De
Mensch ahnt den Zusammenhang, dessen Teil er ist, ohne es z
wissen. Für diesen Zusammenhang verwendet Cortázar »Figur«
einen Begriff, der auch im folgenden beibehalten werden soll. Cor
tázar läßt diesen Begriff durch Persio in *LP* aufgreifen:

Zum ersten Mal erlebte ich eine unmittelbare Erkenntnis, die mich seithe
verfolgt [...] Das ist die Vorstellung von dem, was ich *Figuren* nenne
Zweifellos empfinden dies auch noch andere, aber ich leide daran beson
ders, daß wir außer unserem individuellen Schicksal noch Teil einer un
unbekannten Figur sind.[9]

Jene Figuren gestalten durch ihre Verbindung die Personen: Oli
veira – La Maga – Ossip; Oliveira – Talita – Traveler in *R;* Juan
Hélène – Nicole – Marrast in *62;* Andrés – Francine – Ludmilla
Marcos in *LM;* ähnliche Figuren finden sich auch in Erzählunger
wie *Die Ferne, Die geheimen Waffen, Eine gelbe Blume, Der ande
re Himmel, Das Feuer aller Feuer.* Epochen, Orte und Personer
verbinden sich auf geheimnisvolle Art. Alogische Assoziationer
finden statt zwischen Lebewesen, Sachen und Worten. Wie durch
unsichtbare magnetische Kräfte, die ohne offenbare Logik und oh
ne Gefühl das Chaos ordnen, ziehen sie sich an und stoßen sich
wieder ab. Die *Figuren* deuten eine Superstruktur, d. h. eine Su
per-Realität an; sie überwinden die konkrete Realität. Auf die Er
zählungen übertragen bedeutet das Zeitlosigkeit und Allgegen
wart. Die *Figur* beeinflußt die Menschen, ihre Handlungen, ihre
Beziehungen zueinander und wirkt sich auch im *Doppelgänger*
aus: »Die Figur ist der vollkommenste Ausdruck des *double,* in
Sinne eines Ineinanderschmelzens verschiedenster Elemente, da
mit der Logik nicht mehr erfaßt werden kann.«[10] Das *double* er

möglicht es der Person, gleichzeitig sie selbst und nicht sie selbst zu sein, sich als ein anderer zu fühlen oder in einem anderen aufzugehen. Einige von Cortázars Doppelgängern verschmelzen ineinander: so *Die Ferne* und *Axolotl;* andere laufen weiter parallel: Oliveira – Traveler; La Maga – Talita. Cortázar benutzt den Doppelgänger als *Brücke* (oder *Durchgang* – beides Schlüsselwörter des Autors) zwischen den fernen, verschiedenartigen Wesen, die zu einer *Figur* gehören. Die Personen und Charaktere erscheinen daher auswechselbar. Das entscheidende ist die Struktur; die Personen sind sekundär.

Das Gesagte macht verständlich, daß Cortázar einen Leser-Komplizen sucht, einen »Weggefährten« *(R, 453).* José Maria Castellet sagte vor einigen Jahren, die Stunde des Lesers sei gekommen.[11] Man könne sich nicht mehr allein auf den guten Willen des Lesers verlassen, denn dieser habe sich von einem rezeptiven zu einem aktiven, mitschaffenden Wesen entwickelt. Der neue Leser gleicht einem »Instrumentalisten«, der eine Partitur liest, ihre Symbole und geheimnisvollen Schlüssel erkennt und sich damit zu einem perfekten »Interpreten« verwandelt. Seine stumme Dialektik trägt immer wieder zur Neu-Schöpfung des Romans und seiner Konflikte bei. Cortázar ist an diesem Leser ganz besonders interessiert, und verachtet den passiv-hedonistischen Leser, das »Leser-Weibchen«, wie er ihn nennt. Wieder stoßen wir bei diesem Autor auf eine revolutionäre Haltung, aus der heraus er jede ästhetische Norm als paralysierendes Element ablehnt. Deshalb ist er auch gegen die strenge Unterteilung der Literatur in einzelne Gattungen, deshalb lehnt er auch den sogenannten »billigen Handlungsroman« (»novela – rollo-chino«) ab. Erst durch die Untersuchung seiner drei revolutionären Romane, *Rayuela, 62. Modelo para armar* und *Libro de Manuel (Album für Manuel)* wird ganz deutlich, wie Cortázar seine literarische Revolution durchführt.

*Rayuela* wurde bei seinem Erscheinen 1963 viel gelobt, viel geschmäht, mit Joyce's *Ulysses* verglichen. Heute, elf Jahre (Jahre, in denen er aufmerksam gelesen wurde) nach seiner Veröffentlichung gilt *R* als einer der größten Romane der südamerikanischen Literatur, als Anti-Roman, der sich dem herkömmlichen Leser, dem konventionellen Sprachgebrauch und dem traditionellen Roman widersetzt. *R* ist das Ergebnis von zwanzig Jahren selbstauferleg-

ter Disziplin, *R* spiegelt Cortázars literarische Ästhetik vollständi
wider. Der Roman ist der konzentrierte Ausdruck eines erneuer
ten Erzählstils, dessen Breiten- und Tiefenwirkung wir heute bes
ser übersehen.

*R* ist ein Spiel (mit dem Kinderspiel *Himmel und Hölle* al
Grundsituation). Über das Spiel wird ein Verständnis des Leben
angestrebt. Ähnlich wie man im genannten Hüpfkästchenspiel be
stimmte Quadrate ausläßt, muß man beim Lesen des Romans be
stimmte Kapitel überspringen. Der Roman gliedert sich in dre
Teile. Im ersten Teil (Kap. 1 bis 36) erleben wir den Argentinie
Horacio Oliveira, der mit Maga aus Uruguay, der Mutter Roca
madours, in Paris zusammenlebt, mit seinen Freunden aus den
»Club der Schlange« stundenlang über Literatur, Politik, Jazz
Malerei und menschliche Probleme philosophiert. Maga ver
schwindet nach dem Tod ihres Sohnes; Oliveira verliert endgülti
den Halt und wird bald als Unerwünschter des Landes verwiesen
Im zweiten Teil (Kap. 37–56) sind wir in Buenos Aires. Oliveira
schließt sich seiner alten Braut Gekrepten und seinen alten Freun
den Traveler und Talita an, die erst im Zirkus arbeiten und dann all
gemeinsam eine Irrenanstalt leiten. Als Oliveira sich in seinen
Zimmer verschanzt und sich mit einem Haufen Bindfäden, Knik
kern und gefüllten Waschbecken umgibt, wird er selbst zum Pa
tienten; schließlich stürzt er sich in einem offensichtlich fehlge
schlagenen Selbstmordversuch aus dem Fenster und fällt auf da
Hüpfkästchenspiel im Hof. Der dritte Teil (Kap. 57–155) umfaß
die (für den hedonistischen Leser) »entbehrlichen Kapitel«. Ein
Teil dieser Kapitel kommentiert Ereignisse der beiden ersten Teile
ergänzt die eine oder andere Situation und wirkt als Erinnerung ar
die vorausgegangenen Kapitel oder als deren Abrundung. Ander
Kapitel aus dieser Gruppe enthalten Abhandlungen über Sprache
Literatur und schöpferisches Schaffen; Studien, die von Morell
vorgebracht werden, einem Schriftsteller, den Oliveira zufälli
kennenlernte und dem er bei seinem Tod zur Seite stand. Weiter
Kapitel zeigen Oliveiras Obsessionen und erklären damit seine un
aufhörliche Suche. Aber manchmal stellt Morelli diese Überlegun
gen an und vereinigt dann die ästhetische und die existentielle Un
ruhe Cortázars in sich. Zwei Kapitel (68 und 69) bringen Spiele
eine letzte Gruppe funktioniert als Antiklimax. Hier finden sich
wörtliche Zitate anderer Autoren, Zeitungsnotizen, Witze, Kom
mentare des Autors und Lieder. Im ganzen gesehen umfassen dies

»entbehrlichen Kapitel« die verschiedensten Elemente aus dem Bereich der Wirklichkeit und der Phantasie und liefern eine ästhetische Theorie. Dem Leser steht es frei, sie nach eigenen Vorstellungen mit den beiden ersten Teilen zu verknüpfen oder sich an den entsprechenden Vorschlag des Autors zu Beginn des Buches zu halten.[12] Die beiden ersten Teile machen den Roman im eigentlichen Sinn, die Geschichte aus, mit *Paris* (Vom anderen Ufer) und *Buenos Aires* (Vom hiesigen Ufer) als Handlungsorten und mit Talita und Traveler als Doppelgänger von La Maga und Horacio. Es ergeben sich also letztlich unendlich viele Lesemöglichkeiten, deren Realisierung dem Leser überlassen bleibt. Das Buch ist *seine* Leseweise. Wenn er seine Freiheit benutzt, wird er entscheidende Zusammenhänge zwischen anscheinend unzusammenhängenden Kapiteln entdecken und wird dem bewußt doppeldeutigen Buch den Sinn geben, den er für richtig oder realistisch hält. Trotz dieser Ambiguität bleibt Cortázars Ziel klar: Er will zeigen, wie schwierig es ist, das Absurde der menschlichen Existenz aufzudecken und in einer durch den Menschen enthumanisierten Welt menschlich zu sein.

Wie in den späteren Romanen stoßen wir auch in *R* auf irreale Träume, zufällige Ereignisse, seltsame Zusammentreffen und völlig unmotivierte Handlungen wie: die Verfolgung der Zuckerstückchen, die Teilnahme von Oliveira am Konzert von Berthe Trépat, den Blumenkasten, der zwischen den Balkonen von Talita und Oliveira schwebt, die Szene mit dem Clochard. Wir leben so dahin, bis etwas Unerwartetes, scheinbar Abnormes uns das Begreifen lehrt. Dadurch erhält unser Leben Sinn. Durch die Zufälligkeit wird das Absurde real. Aber den Sinn muß man suchen und dabei auch Gefahren auf sich nehmen, denn der Weg zum »dort«, zum tieferen Verständnis, geht an Abgründen vorbei. Johnny (*»Der Verfolger«, LAS*) ist vielleicht das beste Beispiel für diese Suche und ihre Risiken. Sie stellt in Wirklichkeit eine Verfolgung des Absoluten dar, jenes »Schmelzpunktes« (*»Von dem Gefühl des Phantastischen«, VD*), in dem sich alle Ungereimtheiten klären, sich alle jahrhundertelangen Widersprüche aufheben und dem Menschen endlich möglich wird, ganz er selber zu sein. Wie Johnny sucht Oliveira diesen Punkt, der in *R* ganz verschieden benannt wird: Mittelpunkt, Einheit, Harmonie, Kibbuz der Sehnsucht, Himmel (von Himmel und Hölle), Jenseits.

In *R* gibt es mehrere Träume, die an einem kritischen Punkt in der

Geschichte auftauchen: beim Tod Rocamadours. La Maga ist weggegangen, und Horacio zerschneidet seine Pariser Bande. Morelli steht kurz vor dem Tod, wie auch Pola, die andere Geliebte Oliveiras. Die Träume in *R* scheinen die Unmöglichkeit der Kommunikation zu betonen, sie lassen sich jedoch vielleicht auch als Überwindung der Grenzen von Raum und Zeit interpretieren und schaffen damit eine Voraussetzung für eine höhere Einheit. Wir werden sehen, welche Funktion diesem Traum-Element in den folgenden Romanen zukommt.

Da Cortázar entschlossen ist, »zu provozieren und einen ungeordneten, losen, unzusammenhängenden und absolut anti-romanhaften Text zu schreiben«, möchte er »jeden systematischen Aufbau von Situationen und Charakteren von Anfang an verhindern« (*R*, 452). Als Methode empfiehlt und verwendet er »die Ironie, die ständige Selbstkritik, die Inkongruenz, die nur sich selbst gehorchende Phantasie« (ebd.). Um das Ziel zu erreichen, muß das Objekt aus seiner gewohnten Umgebung herausgenommen und auf eine andere, völlig ungewohnte Ebene gestellt werden. Durch diese Art des Humors soll der Leser verwirrt und aus der Fassung gebracht werden, er soll zum Nachdenken und zum Begreifen des Absurden in seiner Welt geführt werden. Cortázar benutzt den Humor gleichzeitig zur *Anklage* und zur *Verteidigung,* mit ihm rebelliert er gegen eine nicht-authentische Welt. Es liegt nahe, daß es sich dabei um *schwarzen* Humor, Todeshumor, und nicht um eine heitere Spielart handelt. Dieser Humor weist auf eben die Ziele, die Cortázar zu seiner ständigen Suche zwingen. Von allen grotesken Episoden ist die Szene mit dem Blumenkasten besonders signifikant. Das Absurde an Talitas Situation führt uns von der Wirklichkeit weg, denn was wir hier erfassen sollen, liegt jenseits der Situation einer Frau in einem freischwebenden Kasten. Nie wird ausreichend begründet, warum sich Talita einer solchen Gefahr aussetzen mußte. In dem Maß, in dem die Parallelhandlung – der ganz normale Besuch Gekreptens beim Zahnarzt und ihr Gespräch bei der Modistin – angesichts der *Realität* dieser irrealen Blumenkastenbrücke *irreale Züge* annimmt, wird die wirkliche Situation Talitas realer. Cortázars Welt ist eine Mischung aus Wirklichem und Phantastischem, die sich mit den üblichen Methoden nicht begreifen läßt. Deshalb benutzt Cortázar den Witz, das Spiel, das Absurde. Mit Hilfe des Humors werden die vielen Frustrationen des täglichen Lebens deutlich gemacht.

In *R* wird auch mit der Liebe experimentiert, in der Hoffnung, durch sie zu einer anderen Realität zu gelangen. Die Liebe soll helfen, »die Glaswand zu durchschreiten und in etwas Anderes einzutreten« (*R*, 157). Das Absolute – die Liebe – wird also mittels des Vergänglichen gesucht. Aber Horacio Oliveira erleidet darin, wie in allem anderen, eine Niederlage und kommt nicht zu dem Liebes-Schlüssel, nach dem er sich so sehnt. Als Alternative bleibt ihm nur der Selbstmord oder der Wahnsinn. Oliveira ist ein klardenkender Intellektueller, aber er kann sich nicht zum Handeln entschließen; aus Angst, seine Unabhängigkeit aufs Spiel zu setzen: Diese Haltung äußert sich nicht nur angesichts »kollektiver Probleme« (der Unabhängigkeit Algeriens, des Antisemitismus), sondern auch in der Freundschaft und vor allem in der Liebe. Weder kann er sich völlig hingeben, noch wünscht er sich das von der Frau. Für ihn ist die Liebe ein Mittel, »für etwas anderes«. Dieses andere findet er, wenn er Talita küßt oder wenn er zum Leichenhaus der Irrenanstalt »herabsteigt«: Endlich hat er den Zugang zum Himmel von »Himmel und Hölle« gefunden. Da er aber diese äußerste Erfahrung nicht ertragen kann, gerät er ganz durcheinander, ist verwirrt und muß nun eine neue Beziehung zu den Dingen herstellen. Die männlichen Helden Cortázars sind alles tragische Figuren: Johnny erliegt seiner Suche nach dem Transzendentalen; Medrano *(LP)* stirbt auf der Suche nach etwas auf dem Achterdeck eines Schiffes; Oliveira bezahlt seine Askese sehr teuer. Und wir werden sehen, wie es Juan in *62* und Andrés in *LM* ergeht. Im Vergleich zu ihnen repräsentiert La Maga das Epiphanische, die femme-enfant, das *Medium* der Surrealisten, die Erlösung. Sie ist nicht intellektuell; im Gegensatz zu Horacio läßt sie sich von ihrer Intuition leiten. Sie ist das Leben; was sie rettete, war ihre Weigerung, »das Akzeptable zu akzeptieren« (*R*, 19). Sie begriff, ohne zu intellektualisieren. Ihre Sprache ist einfach; ihr Schweigen spricht, sie lebt poetisch; sie ist im Stand der Unschuld, denn sie kann sich ganz der Phantasie, dem Zufall, dem Wundersamen hingeben, was dem zerebralen, gebildeten Sucher Horacio nicht möglich ist.

Zusammenfassend läßt sich sagen, daß sich *R* aus Fragmenten aufbaut, da nur eine Fragment-Struktur die Analogie der »entbehrlichen Kapitel« und die Verwendung verschiedenster Sprachformen (wörtliche – übertragene Sprache) erlaubt. Dies wiederum führt zu unterschiedlichen Lesarten, die mehrere Lesertypen ansprechen, den hedonistischen »Weibchen-Leser« oder aber den »Leser-Komplizen«. Cortázar interessiert sich nur für letzteren. Darüber hinaus entspricht die Fragment-Struktur der ständigen Suche, der Zentralidee des Buches, die den Anti-Helden Oliveira wie im Spiel vom Zweifel zur Hoffnung, von einem Ort zum nächsten, von diesem Menschen zu jenem treibt, bis er zu jenem »Himmel« oder »Kibbuz der Sehnsucht« gelangt, wo er sich selbst findet und vielleicht Frieden mit der Welt schließen kann. Neben der ontologischen Suche verläuft eine ästhetische Suche, die im Roman der Sache der »Morelliana« und der schon besprochenen Metasprache ist.

Befassen wir uns jetzt mit *62. Modelo para armar* (1968). Die Zentralidee dieses Romans hatte Cortázar im 62. Kapitel von *R* erklärt; dort läßt er Morelli das Konzept »seines« neuen Romans definieren. Im Vergleich zu *R* hat Cortázar in *62* das Prinzip der Kausalität noch gründlicher durchbrochen. So sind die ersten 56 Seiten von *R* (sogar für den hedonistischen Leser) trotz der zeitlichen Verschiebungen und trotz der gewählten Erzählform relativ leicht zu verstehen. Ganz anders verhält es sich mit *62*. Es beginnt schon mit zwei unklaren Worten, »die Zone«, »die Stadt«, die uns ständig entgegenspringen; dann die vielen zauberhaft-magischen Übereinstimmungen und merkwürdigen Ereignisse, die wir nicht begreifen, wie die Fahrten in den Straßenbahnen mit Paketen, die nicht sind, was sie scheinen. Am Ende (Ende?) verstehen wir eigentlich nicht, was mit unseren armen Heldinnen passiert ist. Alles in allem erfordert *62* trotz seiner Kürze und trotz seiner strafferen Struktur weit mehr vom Leser als *R,* da Cortázar uns aus einer dreidimensionalen Welt herausreißt und in einen anderen »Bereich« hineinzwingt, für den wir nicht ausgerüstet sind, in dem sich Unerklärliches mit Realistischem mischt, wo Ereignisse des täglichen Lebens durch seltsame und unerwartete Geschehnisse und Dinge durchkreuzt werden – eine Puppe, einen dicken Tischgenossen, einen Stein aus Kautschuk, Sylvaner-Wein, eine Schnecke, eine blutende Gräfin, einen toten Jungen, einen Basilisken, einen Palast in Wien, ein Buch von Butor. Das alles deutet auf eine dunkle Symbolik hin, die wir forschend und bohrend entdecken müssen. Wir haben jedoch nicht die richtigen Mittel dafür, und zwar einfach deshalb, weil der Autor sie ebensowenig hat und weil das ganze Buch ein »unruhiges Durcheinander« darstellt, »einen

Bereich, wo die psychologische Kausalität bestürzt die Stellung geräumt hat« (*R*, 418). Cortázar hat in 62 verschiedene *signifikative Koinzidenzfälle* (Jung) zusammengebracht, deren Ordnungsprinzip der Mensch nicht verstehen kann. Eine Reihe ganz alltäglicher, aber absurder Vorgänge passieren ganz normalen Menschen, die, vom blinden Zufall geleitet, zusammengeführt und auch wieder getrennt werden und als Teil eines unerforschlichen Ganzen von höherer Macht prädestiniert scheinen. Jenes »Zusammensetzen« aus dem Titel wird uns erst klar, wenn wir das Buch zu Ende gelesen haben. Aus ihm ergibt sich die »Figur«, die wir selbst bilden können. Die zahlreichen Rätsel, die uns der Autor in diesem Buch bewußt aufgibt, werden nicht gelöst. Letztlich ist das für unser Verständnis auch nicht so wichtig, denn der sensible Leser erfaßt das Buch eher durch interessiertes Mitleben als durch logische Schlußfolgerungen. Wie kaum ein anderes Buch verlangt 62 einen Leser-Komplizen, der außerdem hochsensibel sein muß, damit er alle Nuancen der Gedanken und des Stils erfaßt. Das Zentralthema von 62 ist wie bei *R* eine Suche. Ähnlich wie Oliveira stellt der Protagonist Juan die Realität kritisch in Frage. Aber während jener in Wahnsinn oder Tod unterging, betäubt sich der konventionellere und vielleicht auch realere Juan mit Alkohol, sackt auf die Ebene der schmutzigen Wörter ab, die er ständig benutzt (er ist Übersetzer), und schläft mit Mädchen, weil er gerade nichts Besseres zu tun hat. Trotzdem spürt man schon zu Anfang, daß er auf der gleichen Suche wie Oliveira ist: Bei beiden stellt sich diese geistige Unruhe ein, wenn sie Fragen aufwerfen, die zur Erklärung von Tatbeständen, Menschen, Handlungen, Verhaltensformen, magischen Koinzidenzfällen führen sollen. In diesem Buch hat Cortázar die Suche jedoch nicht durch ein Kinderspiel versinnbildlicht, sondern durch den Irrweg der Hélène. Dieser Weg führt Hélène teils zu Fuß, teils mit der *Straßenbahn* durch die engen Gassen der »Stadt« (wie Cortázar sagt). Dabei trägt sie ein Paket, das immer schwerer wird und dessen Inhalt sie so wenig kennt wie Ziel oder Anlaß ihres Weges. Die Irrwege Hélènes tauchen ganz plötzlich in der Erzählung auf, wodurch immer wieder gezeigt wird, welch obsessive Bedeutung sie für das Leben von Hélène und Juan haben. Juan wird von Straßenbahnen verfolgt, in denen er flüchtig Hélène erkennt, ohne sich ihr nähern zu können. Juan ist zweifach auf der Suche; zum einen versucht er das Jenseitige zu »entkodifizieren« (die ontologische Suche), zum anderen möchte er sich mit der Frau, die er liebt, verständigen (die romantisch-sentimentale Suche). Hélène dagegen sucht sich selbst, ihr wahres Ich. In diesem Sinn sind alle Personen auf der Suche, auch wenn sie es nicht wissen: Marrast, als er das Spiel mit den Neurotikern und dem Bild erfindet; Nicole in ihrer unerwiderten Liebe zu Juan Tell, indem sie akzeptiert, was auch passiert; Polanco mit seinen Experimenten; Calac mit seinen Romanen. Nur Celia und Austin scheinen durch die gegenseitige Entdeckung ihrer Körper in einer absoluten Vereinigung eine Antwort auf ihre Suche gefunden zu haben. Sie verkörpern die Epiphanie – wie Maga in *R* –, die Liebe als Rettung. Sie sind unschuldige, intuitive Wesen, die poetisch leben. Nachdem nun die Menschen auf ihrer Suche erklärt worden sind, bleiben uns noch die Symbole: Das *Paket* ließe sich als Elendslast interpretieren, die wir alle mit uns schleppen; die *Straßenbahn* könnte das Schicksal bedeuten, das sicher und unbeeinflußt auf starren Schienen rollt. In der Straßenbahn ist alles austauschbar – der Schaffner, die Fahrgäste –, die Route jedoch steht fest. Von allen Symbolen ist *die Stadt* am schwierigsten zu verstehen. Vielleicht liegt es daran, daß Cortázar in dieses Symbol soviel hineinlegen wollte, daß es für ihn selbst nicht eindeutig blieb. Es ist ein mehrdeutiges Schlüsselwort, das immer wieder auftaucht (20–22). Nehmen wir an, daß *Stadt* eine Art überirdischer Einheit darstellt, einen Ort, Umstand oder Moment, wo jede Person[13] sie selbst sein kann, ohne sich zu betrügen und ohne Konzessionen an das Konventionelle und Etablierte. Das Gedicht (32–36), in dem plötzlich die Stadt besungen wird, enthält verschiedene Elemente, die ihr Wirklichkeitscharakter verleihen: Duschen, Schweigen, eine glatte Brücke, versteckte Erwartungen, ruhige Wände, Vorahnungen, das Hotel, Zimmer mit Türen, die nirgendwo hinführen, eine Verabredung, einen Fahrstuhl, in dem die Angst gerinnt, den Hund – ein Zusammenspiel von Elementen, deren syntaktische Anordnung und Bedeutung vom Leser einen sechsten (Spür-)Sinn erfordern. Nach der Lektüre bleibt uns der Nachgeschmack surrealistischer Gedichte, in denen – zur Entschlüsselung der Bedeutung – alogische Assoziationen untergebracht werden müssen. Das ist nicht immer einfach, da diese Assoziationen zum großen Teil auf persönliche Ergebnisse des Autors zurückgehen. Ganz gleich, wo die eigentliche Geschichte gerade spielt, immer wenn eines dieser Elemente auftaucht, wissen wir, daß wir in der *Stadt* sind. Dort können sich alle finden, auch wenn sie weit voneinander entfernt sind. In ihrem Kanal *scheint* Nicole Selbstmord zu begehen und in ihrem Hotel *scheint* Austin Hélène umzubringen. Gefühle, Freuden, Leiden und Obsessionen bekommen dort jenes »Stadtrecht«, das Morelli suchte, und das vielleicht mit jenem Verschmelzungspunkt identisch ist, den ich weiter oben erwähnte. Alle Personen in *62* zeichnen ihre Mandala, nicht nur eine einzige Person wie in *R*. Aus diesem Grund bleibt auch in allen etwas Ungelöstes, das den Eindruck von »vielleicht« – »kann sein« – »wer weiß« (*R*, 602–603) hinterläßt. Es bleibt dem Leser überlassen, dieses offene, zusammensetzbare Werk in seiner Struktur und sprachlichen Durchführung zu entschlüsseln. Wie in *R* hat Cortázar auch hier die Sprache »wiederbelebt« und »gewaltsam bearbeitet«, um neue, noch »nicht erstarrte« Formen zu finden.

Der Roman besteht nicht aus Kapiteln, sondern aus Abschnitten verschiedener Länge, die durch Leerräume getrennt sind. Von Seite 9–42 gibt es 17 Abschnitte, die den ersten Teil ausmachen: Juan ist hier allein mit seinen Gedanken im Restaurant Polidor am Heiligen Abend in Paris. Wir erleben seine metaphysischen Gedankengänge, alle Personen ziehen an uns vorbei (in der Vergangenheit, der Gegenwart und der Zukunft). Juan erregt unser Interesse, da er auf seltsame Ereignisse, auf magische Assoziationen anspielt. Er führt uns in das merkwürdige Universum der *Stadt* und der *Zone* ein, und er stellt uns jene Quasi-Person, »meinen paredro« vor. Seite 43 beginnt die eigentliche Geschichte, die gleichzeitig in London und Wien spielt und sich um die beiden Paare Marrast – Nicole und Juan – Tell dreht. Dazu gesellen sich Polanco, Calac, Austin und »mein paredro«, erst in London, später in Paris (2. Teil). Seite 100 kommt Paris als Handlungsort hinzu mit dem Akzent auf Hélène und Celia (abgesehen von dem flüchtigen Erscheinen von Feuille Morte). Die drei Städte mit den entsprechenden Personengruppen wechseln sich bis Seite 198 ab (3. Teil). Dann kommen alle Personen in Paris zusammen (4. Teil). Obwohl die Stückelung des Romans kaum weiter gehen konnte, läßt sich der Grundriß doch erkennen; auch kann man zumindest versuchsweise die »Figur« bilden. Der Grundriß führt zwangsweise zu einer besonders auffälligen Uchronie.[1] An keiner Stelle erhalten wir Daten, die als Leitfaden dienen könnten. Das Buch scheint in der Gegenwart zu beginnen, aber für das weitere Verständnis ist es gar nicht so wichtig, ob die Ereignisse, von denen wir hier hören, schon stattgefunden haben oder sich erst noch ereignen werden. Juan spielt gewöhnlich auf Vergangenes an. Aber tatsächlich interessiert das *wann* nicht, nur das *wie*, d. h. die zeitliche Koordinate berührt die Personen, ihre Beziehungen untereinander und die daraus folgenden Handlungen kaum. Das gleiche läßt sich über den Ort sagen; Paris, London und Wien werden nicht als eigenständige Städte dargestellt. Sie sind vielmehr austauschbare Bühnen, auf denen der immer gleiche Mangel an Kommunikation gezeigt wird, die gleiche Einsamkeit, identische körperliche Vereinigungen und manchmal Liebe. Cortázar kommt es darauf an, seine »Puppen« physisch zu trennen und doch deutlich zu machen, daß sie alle durch geheimnisvolle Kräfte verbunden sind. Die Personen wirken daher nicht wie abgerundete Charaktere, sondern wie flüchtige Skizzen; es sind schwache Wesen, die von der Gnade der sie beherrschenden Kräfte abzuhängen scheinen. Auf diese Weise wird bewußt hervorgehoben, welche Bedeutung in ihrem Leben der Zufall hat. Juan (= Cortázar, wie vorher Oliveira und Morelli in *R*) ist die Zentralfigur im Sinne eines Sammelpunktes für die anderen. Eigentlich kann man von einem einzelnen Protagonisten kaum sprechen. Mehrere Personen schlüpfen in diese Rolle, treten für einen Moment in den Vordergrund und verschwinden wieder. »Mein paredro« verdient eine gesonderte Betrachtung, er ist eine Super-Figur, die präsent ist und doch nicht existiert, eine Art Ersatzfigur, die die Charakteristika mal der einen, mal einer anderen Person annimmt. »[. . .] Paredro ist so etwas wie [. . .] eine assoziative Einheit, eine Art Freund oder Ersatz oder *Baby-Sitter* des Außergewöhnlichen und dazu eine Art ferne Kraft, in der wir für Augenblicke unser Wesen fundieren, ohne etwas von selbst zu verlieren.« (23) Und etwas später: »Das Bezeichnende an paredro war, daß er es war, der unsere Gedanken und Handlungen aussprach und ausführte, nicht weil wir die Verantwortung abschütteln wollten, sondern weil er ein Gefühl der Scham verkörperte [. . .], weil er ein stummer Zeuge der Stadt war [. . .]« (27) »Mein paredro« stellt also die ordnende Einheit dar; er kann offen sagen, was die anderen Personen, deren Identität allen bekannt ist und von allen akzeptiert wird, weder sagen können, wollen, noch auszusprechen wagen. Als Cortázar zum erstenmal von den Personen spricht, die wir später näher kennenlernen, bringt er sie in Zusammenhang mit der sogenannten *Zone*. Zwar gibt er uns für diesen Begriff eine Definition (16–26), aber diese ist so vage, daß die *Zone* für einen Augenblick als der Oberbegriff für *Stadt* erscheint. Ich sehe jedoch die *Zone* als den Ort oder Augenblick, wo die Personen ihre Ängste und Bedrängnisse, die sie ständig beschäftigen, vor sich selbst oder vor Freunden offen darlegen und geistig Gymnastik treiben.

Die Fragment-Struktur, von der ich weiter oben gesprochen habe, ist auch auf die Vielfalt der Perspektiven des Autors und deren Implikationen zurückzuführen. So beginnt Juan häufig einen Monolog in Ich-Form, der sich ganz plötzlich in eine Erzählung durch einen Beobachter, eine dritte Person also, verwandelt. Gelegentlich taucht auch in der Erzählung einer ersten Person plötzlich »du« auf, das die Funktion eines unsichtbaren, nicht vorhandenen geistigen Wortführers übernimmt.[14]

Als Morelli die Grundlinie des Buches umriß, daß er gerne geschrieben hätte, sagte er, daß »die gängigen Verhaltensregeln [...] sich nicht mit dem zur Verfügung stehenden psychologischen Instrumentarium erklären ließen. Die handelnden Personen würden total idiotisch erscheinen.« (*R*, 417). Aus diesem Grund konfrontiert uns Cortázar in *62* mit absurden Situationen und Reaktionen, die den lustigsten Teil des ganzen Romans (und der südamerikanischen Literatur überhaupt) ausmachen: die Episode der »Tartaren« (der Argentinier, der Barbaren); Polanco, Calac und »mein paredro« auf der Insel; die Statue von Marrast, »die auf einem Sockel aus Kot und wappenblauen Tränen steht« (54); die Erfindung von Polanco; seine unzusammenhängenden Unterhaltungen mit Calac in der *Metro;* die merkwürdige Schnecke Osvaldo, die »mein paredro« in einem Käfig in der Tasche herumträgt, um sie in einem Café oder im Zug herauszuholen. Absurd ist auch die Geschichte der Puppen von M. Ochs (die Cortázar im Stil von Polizeinachrichten wiedergibt), nur handelt es sich hier schon um schwarzen Humor wie auch in der Episode des mutmaßlichen Vampirs Frau Marta. Für viele Leser gibt all dies sicher gar keinen Sinn. Andere Leser wiederum werden, je nach Sensibilität, Bildung und Wahrnehmungsvermögen, einen jeweils recht verschiedenen Sinn darin sehen. Und das Wichtigste (und das will Cortázar): *62* erscheint bestimmt niemandem als »versteinerte Form« einer literarischen Gattung.

Mit *Album für Manuel* (1973) hat Cortázar offensichtlich sein »politisches« Rayuela geschrieben. Aus zwei Gründen erscheint mir das so: erstens, weil *LM* eine ähnliche Struktur wie *R* hat. Beide Romane bauen sich, wenn auch aus verschiedenen Gründen, aus Fragmenten auf. Der Fragment-Aufbau von *LM* ist bedingt durch das »Album mit Zeitungsausschnitten«, die von »dem Besagten« für ein Buch für Manuel gesammelt werden. Durch dieses Album soll der Junge die Welt, die Menschen und das Geschehen so sehen lernen, wie sie wirklich sind und waren. Die Ausschnitte werden nicht in eine leichte und fortlaufende Erzählung integriert, sondern als »willkürliche Anhäufung« vorgestellt. Einen weiteren Grund, von einer politischen Rayuela zu sprechen, sehe ich in der Tatsache, daß in *LM* nicht die ontologisch-ästhetische Suche im Mittelpunkt steht, wie in *R*, sondern die Beschäftigung mit politischen Fragen das Zentralthema ausmacht. Alle anderen Themen Cortázars werden damit zwar nicht aufgegeben (sie könnten in der Gedankenwelt des Autors gar nicht fehlen), aber doch auf die Seite gedrängt. Die reine Handlung sieht so aus: Junge südamerikanische Revolutionäre benutzen den Aufenthalt eines brutalen südamerikanischen Politikers in Paris, um ihn mit der Hilfe französischer Freunde zu entführen. Dadurch verschaffen sie sich eine günstige Ausgangsposition für ihre Forderungen. Das Ergebnis ist jedoch kein Thriller, wie man erwarten könnte, auch kein Polizeibericht, kein ideologisches Pamphlet; es ist vielmehr ein typisches Werk Cortázars, nur daß zur ontologisch-ästhetischen noch die politische Haltung kommt. Mit Ausnahme der Erzählung *Die Vereinigung* (aus *Das Feuer aller Feuer*) war diese Haltung in seinem literarischen Schaffen noch nie so deutlich zum Ausdruck gekommen; dagegen hatte sie sich schon in seinen Almanach-Büchern *VD* und *UR* sowie in offenen Briefen und Diskussionen gezeigt.[15]

Man könnte sie als Haltung eines sozialistischen Humanismus beschreiben, der die Entfremdung sowohl durch den Kapitalismus als auch durch die revolutionäre Bürokratie ablehnt. Seine persönliche und intellektuelle Einstellung ist nicht an eine bestimmte Nation gebunden; sein literarisches Werk und sein Auftreten beweisen seine These von der Würde des einzelnen. Er ist vor allem Schriftsteller, und das ist seine Form der Revolution. In *LM* gibt Cortázar jedem, was ihm gebührt. Er behandelt die Marxisten, die sogenannten französischen Demokraten, die Konformisten und die Verletzer der Menschenrechte mit dem gleichen Sarkasmus. Auf diese Weise erhält er sich seine innere Freiheit und trennt literarische und politische Arbeit. Da er in gesellschaftlichen Aktionen nur *eine* mögliche Form der Revolution sieht, bewahrt er sich seine Integrität. In diesem Sinne spielt *LM* eine ganz besonders wichtige Rolle in Cortázars Werk. Hier wird ein wichtiger Aspekt, der auch im Leben des Schriftstellers nicht unbedeutend ist, nachgetragen.

Als zentrales Thema zeigt das Buch, wie jeder Mensch im Verlauf seines Lebens immer wieder vor die Notwendigkeit gestellt ist, zwischen verschiedenen Möglichkeiten zu wählen und sich zu entscheiden. Dieses Problem diskutiert Andrés im persönlichen und politischen Bereich; Lonstein löst es durch Masturbation; Marcos, Gómez, Oscar, Roland, Lucien und die anderen Radikalen begegnen ihm mit dem »Motzen« (= die revolutionäre Tat); Patricio und Susana illustrieren das Album für ihren Sohn Manuel und schaffen so unbewußt ein Symbol für das Unberührte, Kommende, für die Hoffnung. *LM* als Roman oder Anti-Roman zu etikettieren, wäre ziemlich sinnlos. *LM* ist eine Mischung aus Prosa, Gedichten, wirklichen Ereignissen in Form von Zeitungsartikeln, die zu imaginären Handlungen anregen, sich in den Motzern spiegeln und dem Leser gleichzeitig unmöglich machen, bei der tatsächlichen Handlung stehenzubleiben.

Es entsteht eine Art Parallelismus zwischen dem, was wirklich in der Welt und zu diesem Zeitpunkt geschieht, und der Romanhandlung, die von den Motzern getragen wird. Aber der Text ist noch viel reichhaltiger. Er enthält Briefe von einer Reise; Notizen aus der Welt des Theaters und der Musik; Aufklebeschildchen; eine geistige Skizze; Annoncen; Illustrationen; Teile aus Gesprächen oder Artikeln, die sich in der amputierten Form dem Leser als Übungsmaterial für geistige Gymnastik anbieten; Zeitungsüberschriften; ein Abkürzungsverzeichnis internationaler Organisationen, die Lonstein »kabbalisiert«; Telexnachrichten; Statistiken; Bruchstücke aus »Unterhaltungen mit Nordamerikanern« von Mark Lane. Der Eindruck – schon rein optisch – von Dokumenten macht es dem Leser schwer, abzuschalten. Er wird im Gegenteil dazu gezwungen, sich mit der Falschheit der Welt, in der er lebt, auseinanderzusetzen. Cortázar reizt den Leser so lange, bis er aufwacht und sich gegen eine passive Lebenshaltung entscheidet.

Auch in diesem Roman sind Personen und Situationen auswechselbar: Entscheidend ist die mysteriöse und signifikante Beziehung zwischen Zeit, Ort und Personen:

Andrés – Francine – Ludmilla – Marcos

Die Gürteltiere und der türkisfarbene Pinguin – Oscar – die Gesellschaft für Zoophilie – die Dollars – der alte Collins – das Haus von Verriès

Oscars Leben in der Pension in Entre-Rios – der Mädchenaufstand im Asyl von La Plata – die Motzer – das Horoskop von Marcos.

Es handelt sich um verbindende Brücken. Das beste Beispiel für eine derartige Brücke ist das Verhältnis zwischen Andrés und »dem Besagten«, d. h. Cortázar, dem allwissenden Erzähler, dem Betrachter, der Notizen für sein Buch sammelt und Sprachrohr für die literarischen Grundfragen ist (worin er Morelli ähnelt). »Der Besagte« verschwindet gegen Ende des Romans, und seine Aufgabe, das Buch für Manuel zusammenzustellen, bleibt in den Händen von Andrés, der wie die anderen Personen *sucht*, um zu *begreifen*. Beide beobachten, sammeln, forschen. »Der Besagte« hat kein eigentliches Leben. Er steht nicht im Konflikt mit der Romanwirklichkeit. Ihn beschäftigt vielmehr die Frage des richtigen sprachlichen Ausdrucks und der richtigen Auswahl der Unterlagen aus der Fülle des Angebots, denn er möchte Literatur ohne Taschenspielertricks machen. Vielleicht ist »der Besagte« der Tote, den Lonstein mit leichtem Zögern, aber doch mit Sympathie im Leichenhaus herrichtet. Vielleicht hört die Mission des »Besagten« einfach mit dem Ende der Motzer auf, denn plötzlich übernimmt Andrés seine Funktion. Diese Verschmelzung von Personen ist für mich ein typisches Merkmal des literarischen Schaffens von Cortázar: Andrés wie auch Cortázar, der 1951 Argentinien verließ, weil er das Regime von Perón nicht akzeptierte, leben unter dem inneren Zwang, das Chaos der Welt zu verstehen, ohne sich dabei den militanten Aktionen ihrer Freunde anzuschließen. Eines Tages *entschließt* sich Andrés doch zu einer Aktion: Das unterscheidet ihn von Oliveira und dem frühen Cortázar. Als der »Ästhet«, »der Besagte« verschwindet, setzt Andrés, jetzt homo politicus, dessen literarische Arbeit fort. Ich glaube, daß diese Personenverschmelzung die Verbindung der beiden Hauptanliegen Cortázars darstellen soll: des ästhetischen Aspekts und des sozialen Engagements. Darüber hinaus fällt Andrés noch eine weitere Aufgabe zu. Er ist Romanfigur und Erzähler in einem, er berichtet von den Ereignissen und wird gleichzeitig von diesen beeinflußt. Für ihn stellen die Motzer und sein Dreiecksverhältnis mit Ludmilla und Francine ein ethisches Problem dar, denn hier werden seine Wertvorstellungen in Frage gestellt: Entweder bleibt er ein Kleinbürger, oder er läßt sich auf etwas ein, das er nicht voll bejahen kann, das er aber doch als zu wichtig betrachtet, als daß er es an sich vorbeigehen lassen könnte. Daher tritt er in jeder Situation unsicher auf, seine Lösungen scheinen nur provisorisch. Es gelingt ihm ebensowenig wie Oliveira und Juan, die Liebe als befriedigende Lösung zu sehen. Er akzeptiert kein Zweierverhältnis, und die Frauen wehren sich gegen ein Dreierverhältnis. Wie Horacio ist Andrés in seinem Willen gelähmt, aber er ist offen für geheimnisvolle Rufe, für magische Koinzidenzen, für wegweisende Träume, für die totale Abkehr vom Etablierten und von der Gewohnheit. Auch ist er ein »Suchender«, ein »Verfolger«, aber anders als Johnny, Medrano, Horacio oder Juan, die sich nur im existentiellen, ontologischen Bereich bewegten. Er ist der Mann der politischen Tat und des sozialen Engagements. Er muß so sein, wenn er sich selbst treu bleiben will. Was Andrés zur aktiven Beteiligung am politischen und sozialen Leben zwingt, ist ein Traum, der sich durch den ganzen Roman zieht. Als Andrés den Sinn dieses Traumes erkannt hat, beginnt er zu handeln. Cortázar führt hier eine Idee in sein literarisches Werk ein, die er früher schon in *Para una espeleologia a domicilio (Für eine Speläologie zu Hause; in UR)* formuliert hatte. Damit verdeutlicht sich die Funktion, die das Traum-Element in seinem literarischen Werk spielt: Es wird nicht psychoanalytisch, sondern surrealistisch verwendet. Der Traum ist »eine weitere Tür, die geöffnet wird, um Licht auf grundlegende Fragen unserer Welt zu werfen«.

Hier wie in *R* und *62* häufen sich Koinzidenzfälle, seltsame Zusammentreffen und offenbar sinnlose Abenteuer, wie im Falle des grünen Pilzes von Lonstein, des türkisfarbenen Pinguins, des ungewöhnlichen »Aufschreis«, der Ludmilla beispielsweise zu einem besseren Verstehen der Problematik ihrer realen Umwelt führt. Ihr Leben erhält dadurch tieferen Sinn, weit über den persönlichen Bereich hinaus. (Oliveira hatte sich auf diesen Bereich beschränkt, in *LM* führen die Beziehungen über die Individuen hinaus.)

Auch der Humor und das Absurde sind wichtige Elemente des Buchs. Dabei darf jedoch nicht vergessen werden, daß der Humor weiterhin als Waffe benutzt wird und das Lachen ein wohlkalkuliertes Risiko darstellt. Ganz allgemein gesprochen ist das Verhalten der Personen absurd, aber es entwickelt sich aus realistischen Gegebenheiten. In diesem Zusammenhang ist die wohl pataphysischste Episode zu sehen, die Cortázar je geschrieben hat: die Studie Lonsteins über Masturbation (224–9). Lonstein, »dieser Fischer von poetischen Schwämmen« (201), dieser oft reaktionäre Bilderstürmer mit revolutionären Ambitionen, dieser kleine, dreckige, gerissene Gaucho-Jude braucht die Frau, aber verschiedene mißglückte Beziehungen zum anderen Geschlecht führen ihn schließlich zu seiner eigenen »onanistischen Dialektik«. Lonstein zeigt sich hier als Revolutionär. Durch seine Masturbation und seine ganz spezielle Sprache wehrt er sich schmerzhaft dagegen, die Dinge so hinzunehmen, wie sie sind. Gleichzeitig widerlegt er dialektisch die literarische Ästhetik »des Besagten«. Er gehört zu den Motzern und steht doch außerhalb; er ist Teil der Erzählung und doch davon abgelöst – in dieser dialektischen Stellung ist sein Wesen begründet. Zwar ist er Teil der Handlung, aber doch gleichzeitig Beobachter und Interpret der Personen und Ereignisse. Dieser kleine, weise Rabbi beschließt das Buch, er wäscht die Leiche Marcos (oder des »Besagten«?), bis sie »weiß und rein ist«. Um wessen Leiche es sich wirklich handelt, wissen wir nicht, es ist auch nicht so wichtig. Man könnte diese Episode auch dahingehend interpretieren, daß Lonstein mit seiner Abneigung gegen alles Konventionelle der einzige ist, der wirklich begreifen kann (die Waschung der Leiche als Rückführung des Körpers in den ursprünglichen Zustand der Reinheit). Falls »der Besagte« der Tote ist, so legt der Schlußsatz »sie werden glauben, daß wir es erfinden« die Vermutung nahe, daß Lonstein hier als Autor interveniert. Wenn es sich bei dem Toten um Marcos handelt, wird das Vorangegangene in seiner Bedeutung noch verstärkt. Wie auch sei (die Zweideutigkeit des Autors überläßt dem Leser die Erklärung), Lonstein ist zusammen mit Johnny der vielschichtigste Charakter, den Cortázar geschaffen hat.

Ich sagte schon, daß die literarische Auseinandersetzung in *LM* wie in den früheren Werken eine Rolle spielt, auch wenn sie nicht, wie in *R*, das Zentralthema darstellt. Trotz der Vielzahl der Perspektiven (»der Besagte«, Andrés, ein allwissender Erzähler, der teils mit »dem Besagten« verschmilzt, teils eigenständig spricht; und/oder Andrés, Lonstein, Oscar, Ludmilla, Francine)[16] vertritt doch vor allem »der Besagte« den intellektuellen Standpunkt, gewöhnlich in Auseinandersetzung mit Lonstein, wobei Andrés gelegentlich interveniert. Im Gegensatz zu *R* (die entbehrlichen Kapitel) wird der literarisch-ästhetische Standpunkt nicht gesondert dargestellt, sondern mit der Geschichte verwoben. Aber es kommt noch etwas hinzu. Das Buch, das »der Besagte« mit Hilfe von Notizen, Karten und Dokumenten aufbauen will, entsteht einerseits in direkter Beziehung zum Leser, seine Poetik andererseits wird aber auch von den Romanfiguren diskutiert. »Der Besagte« ist sich nicht sicher, ob sein Unternehmen Wert hat. Der Gedanke, man könne meinen, er wolle das Verbotene lediglich in literarische Form kleiden, beunruhigt ihn (ein Gefühl, das hier noch weit stärker als in *R* ist). Gleichzeitig befürchtet er, daß ihm die Worte, gegen seinen Willen, einen Streich spielen. Mit ähnlichen Gedanken, wenn auch nicht so konsequent, hatte sich schon Morelli abgequält. Immer wieder werden Überlegungen zur Sprache und der Grenze ihrer Aussagekraft laut. Den deutlichsten Angriff auf die Sprache stellt ein Gespräch zwischen Marcos und Ludmilla über sexuelle Ausdrücke dar. Für Marcos sind die Euphemismen dieses Bereiches ein Beweis für die konventionelle Denkweise, die dem Establishment entspricht. Die Dinge bei ihrem Namen zu nennen, stellt für Marcos eine weitere Form der Zurückweisung »logischer« Strukturen dar. Das macht er in einer langen Rede klar, die an jene berühmte Seite von Carlos Fuentes über »la chingada« (das Ficken)[2] erinnert. Zwar wirkt diese Rede auf den ersten Blick unglaublich komisch, in Wirklichkeit aber ist sie Teil eines jener todernsten Angriffe, die Zweck des Buches sind (284 f.).

In diese Richtung zielt auch die neue Lautsprache in *LM,* dieser Code von neuen Phonemen, der auf dem Konzept Transfo (*transponierte F*ormulierung) beruht und als Sprachbegriff wissenschaftliche Exaktheit symbolisiert. Lonstein hat diesen Grundbegriff nicht erfunden, bedient sich seiner jedoch, wenn er »boex« für »bonita expresión« (= hübscher Ausdruck) sagt, »das spart Phoneme, das heißt Spapho«. Lonstein verwendet eine »Symbolsprache«, »die man dies- oder jenseits der Wissenschaft anwenden kann, ich meine eine Transfo der Poesie oder der Erotik all dessen, was bei den verfaulten Worten des planetarischen Supermarkts bereits ein einziger Griesbrei geworden ist.« (200 f.) Diese Sprache ist »das unterirdische Untermotzen« Lonsteins (219).

Das Liebesdreiecksverhältnis zwischen Francine, Andrés und Ludmilla erweckt den Eindruck, als habe unser Romanheld endlich den »Liebespaß« errungen, den er seit *R* sucht. Aber der Eindruck trügt. Eigentlich interessiert mich das Problem der Liebe zu zweit oder dritt weniger, viel wichtiger erscheint mir die Darstel-

lung des Erotischen an sich; ich glaube, daß Cortázar in *LM* verwirklicht, was er seit langem anstrebt und ausführlich in *Que sepa*
*abrir la puerta para ir a jugar* (Er soll wissen, wie man die Tür
öffnet, um zu spielen; *UR*) diskutierte. Dort beklagt er, daß das
Spanische »alles wirklich Erotische pornografisch erscheinen
läßt«, und fordert eine Form, »die klar, deutlich, direkt und beja-
hend ist«, um den erotischen Akt »über die Gürtellinie zu ver-
legen, ihn zu bereichern und ihm einen spielerischen Wert zu verleihen«. Sein Ziel ist, das Erotische als etwas *Natürliches* und
*Notwendiges* in die Prosa zu integrieren und nicht als gesondertes
Thema, als Unteraspekt eines »übergeordneten, anerkannten
Konzepts der Welt, der Politik oder der Kunst« zu behandeln. In
*Tu más profunda piel (Deine so tiefe Haut; UR)* wird auf poetisch-
zarte Weise die Vergewaltigung Francines angekündigt, in *LM* erscheint sie brutal offen, sehr direkt, mit allen Einzelheiten. Beide
Versionen unterscheiden sich grundsätzlich. Eine überträgt ein
erotisches Moment in die Poesie. In der anderen dagegen verkörpert Francine den moralischen Gehorsam, den Andrés brechen
muß. Ihre Vergewaltigung hat die gleiche Bedeutung wie die Motzer im politischen Bereich, der Onanismus Lonsteins in morali-
scher Hinsicht, der grüne Pilz im Bereich des Natürlichen, der
türkisfarbene Pinguin in der täglichen Routine, »Fortran« für die
überlieferte Sprache, das Dreiecksverhältnis für das sakrosankte
Paar. Es ist die gleiche Vergewaltigung, die das Buch dem Leser
und der »écriture« antut. Cortázar zeigt das Erotische jetzt in voller Offenheit und schreckt auch nicht vor dem Brutalen zurück; es
ist eine gewagte, erschöpfende Erotik, die sich nicht scheut, auch
einmal ins scheinbar Vulgäre abzurutschen. Diese erotische Sprache umfängt die Frau völlig, ergreift Besitz von all ihren Düften,
Gerüchen und intimsten Reizpunkten; sie berührt und bejaht alle
sinnlichen Winkel ihrer erotischen Geographie.

Fassen wir zusammen: Der Cortázar von *LM* ist weitaus umfassender als der Autor der früheren Romane und Erzählungen. Dennoch ist er der gleiche, und seine Suche ist die gleiche. Der Hyper-
intellektualismus fast aller seiner Personen fällt wieder auf, mag
vielleicht irritieren, wenn auch nicht so stark wie in *R* (allerdings
könnte man sich Cortázar kaum ohne diesen für ihn so charakteristischen Zug vorstellen). Die Freundesgruppen haben ähnliche
Nationalitäten wie in anderen Büchern; mit ihrer gehobenen Sprache sind sie alle recht versnobt. Der mit Cortázar fast identische

Protagonist ist zynisch, hochgebildet, kommt aus Buenos Aires, trinkt Mate, ist eigentlich überflüssig, egoistisch, sucht Dreiecksverhältnisse und unmögliche Antworten, liebt Jazz und aleatorische Musik. Die Frauen sind alle bewußt gegensätzlich konzipiert und archetypisch, und die Bistros und Wohnungen in Paris, wo man abgehetzt ankommt, Wiederholungen, auf die hingewiesen werden muß. Aber sie sind nicht schwerwiegend. Einige Symbole des Traums dagegen scheinen mir für einen intelligenten und sensiblen Leser zu offenkundig. Auch Marcos verfällt manchmal in einen überheblichen Stolz, die Fragen des Chilenen sind zu töricht, wie auch die von Oscar oder der Karikatur – die letztlich gar keine ist – des VIP und der VIPin. Cortázar neigt manchmal dazu, im Bereich der Intelligenz zu verharren, wenn er Spannung und psychologische Tiefe schaffen sollte. Dennoch können diese Einwände das in seiner Rebellion und Denunziation so humoristisch-ernsthafte Buch nicht beeinträchtigen; und den persönlichen Mut dieser außergewöhnlichen – um Cortázar zu paraphrasieren – Nacktheit des Wortes sicher nicht schmälern. Sie ist ja im Grunde genommen die unentbehrliche Voraussetzung dafür, die Hexenjagd auf die Mythen durchzuführen, auf die Cortázar sich versteift.

Ich habe die Untersuchung des Romans *Die Gewinner (Los premios; LP)* und der Erzählbände absichtlich ans Ende gestellt. Alle Erzählungen – mit Ausnahme von *Oktaeder* (und den nachfolgenden Bänden) – liegen zeitlich vor den drei »revolutionären« Romanen. Aber ich glaube, daß die Chronologie bei diesem Autor unbeachtet bleiben darf zugunsten einer Gesamtsicht des Werks, die auf der persönlichen Politik des Autors gründet. Die Werke schreiten alle auf einem Weg fort, suchend, strauchelnd oder ungeheuer kraftvoll. Immer aber beruhen sie auf der gleichen Idee, die nur jedesmal reicher und umfassender wird. Wenn man also *LP* als Nebenprodukt Cortázars beiseite legte, wäre das sehr ungerecht. Natürlich weckt dieser Roman keine Begeisterungsstürme, aber hier – wie auch in einigen Erzählungen – werden bereits die ersten Verbindungen zu diesem »jenseits« geknüpft, das dann in *R* ausgelotet wird. In *LP* geschieht fast gar nichts, denn die Reise der Gestalten führt eher in ihr Inneres, was sich schon daran zeigt, daß sie bei der Rückkehr von jenen drei Tagen außerhalb der gewohnten Lebensweise ausnahmslos von der Erfahrung der Überschreitung gezeichnet sind (ein Toter, die anderen verändert). Der Roman gliedert sich in einen Prolog, drei Teile (jeweils ein Tag der dreitägigen Reise) und einen Epilog. Die Geschichte entwickelt sich nach dem Zusammentreffen der Lotteriegewinner (daher der Titel) in der *London* Bar von Buenos Aires völlig linear. Der Preis besteht aus einer Kreuzfahrt auf der *Malcolm* mit unbekannter Route (Prolog). Ohne Kapitän und nur mit einigen Matrosen wirkt die *Malcolm* wie ein Schattenschiff. Das Geheimnis liegt jedoch in dem Verbot, das Achterdeck zu betreten. Keiner kennt den Grund. Ganz vage wird nur einmal von einem Typhusherd gesprochen. Dieses Verbot verwandelt sich langsam in einen unerträglichen Druck. In der Zwischenzeit werden Beziehungen (oder keine) zwischen den Passagieren hergestellt, unzählige Themen geben Gesprächsstoff, aber das drohende Verbot des Achterschiffes führt zur Bildung von zwei Gruppen: Die eine Gruppe nimmt das Verbot ruhig hin (die Konformisten), die andere lehnt sich dagegen auf (die Rebellen), nämlich Medrano, Raúl und López. Sie wollen, koste es was es wolle, das Achterdeck betreten (Erster Tag). Die absurde Situation verschärft sich von einem Tag zum nächsten. Am zweiten Tag entwickeln sich daher Spannungen, die Konformisten wollen ihre glückliche Fahrt nicht gefährden, Höhepunkt wird die Vergewaltigung von Felipe und die Krankheit des kleinen Jorge. Am dritten Tag gehen Medrano und Raúl auf das leere (?) Achterdeck, sie werden jedoch beschossen, und Medrano stirbt. Im Epilog wird die Gruppe durch ein Wasserflugzeug nach Buenos Aires zurückgebracht. Von der reinen Handlung her gesehen könnte man auf ein leicht zu lesendes Buch schließen. Das ist aber keineswegs der Fall, denn hier spielen ganz verschiedene, tief ineinander geschobene Bedeutungsebenen eine Rolle. Die Beziehungen untereinander – Liebe, Sex, Unverständnis, Freundschaft, Mitleid, Solidarität, auch der Tod als Ausdruck des Opfers oder der Läuterung – stellen das zentrale Thema dar. Dieser ganze Komplex verkörpert die ethische Ebene, die durch die Diskurse Persios über menschliches Verhalten noch besonders herausgehoben wird. Daneben läßt sich eine metaphysische Ebene erkennen. Berücksichtigt man auch noch die Auswirkung dieser Reise sowie die angsterfüllten Zwischenstadien auf dem Schiff, so könnte man die Fahrt als Askese auf der Suche nach dem Absoluten interpretieren (Bedeutet die Enthüllung des Geheimnisses des Achterdecks Leben? Oder Tod?). Der deutliche Bezug der einzelnen Personen zur argentinischen Wirklichkeit führt schließlich noch zu einem sozialen Aspekt. Der Roman gibt uns indirekt Einblick in die verschiedenen sozialen, kulturellen und psychologischen Abstufungen der argentinischen Gesellschaft und benutzt entsprechende sprachliche Ausdrucksformen: die übertragene Sprache von Persio, den »lunfardo« von »Pelusa«, und den rhetorischen Stil von Professor Restelli. Vom Prolog an wird der Leser mit einer merkwürdigen Person, nämlich Persio konfrontiert: Durch ihn kommt es zu neuen Abschweifungen, die gleichzeitig – wie schon früher angedeutet – den Roman zusammenhalten. Persio (Cortázar) ist auf dem Schiff und doch nicht dort, er steht inner- und außerhalb des Geschehens. Er geht rational vor, läßt sich aber gelegentlich von seiner Intuition leiten. Er ist ein Entwurf Morellis und »des Besagten«, die später folgen. Die Schwäche des Buches liegt nun gerade in dieser Fast-Person und ihren Monologen, die den inneren Rhythmus des Romans unterbrechen. Medrano, wohl die ausgeprägteste Figur, wenn nicht sogar Protagonist, ist eine unausgereifte Version von Johnny, Oliveira, Juan und Andrés. Der Humor hat hier eine karikierende Wirkung, wodurch die Schwächen des sogenannten Normalen noch viel deutlicher werden. Abschließend ließe sich noch sagen, daß sich in *LP* die gleiche negativ-kritische und antiliterarische Haltung, die gleiche Offenheit und Disponibilität finden wie in den besprochenen Werken und in den Erzählungen.

Es bleibt kaum noch Platz, um auf Cortázars Erzählungen gebührend einzugehen. Wie die Romane sind sie Ausdruck einer Vielzahl poetischer Möglichkeiten, phantastischer, mythischer und wundersamer Augenblicke, die gnoseologisch den Verstand als Ausgangspunkt der Erkenntnis negieren (ohne dabei auf sozialpolitische Anspielungen zu verzichten). Cortázars Ansichten über diese literarische Gattung geben uns klare Kriterien zum Studium der Erzählungen an die Hand. Man könnte sie folgendermaßen zusammenfassen:[17] Die Erzählung schneidet einen klar umrissenen Teil aus der Realität heraus. Dieser Ausschnitt muß jedoch signifikant sein und hohen geistigen und formalen Anforderungen standhalten. Der Aspekt *Signifikanz* muß von den Begriffen *Intensität* (Weglassen von allem Überflüssigen) und *Spannung* (langsame Heranführung an den Erzählstoff durch den Autor) her verstanden werden. Intensität und Spannung bezeichnen Thema und lite-

rarisches Vorgehen in einem. Die Erzählung erscheint daher viel
*kompakter* als die Wirklichkeit, aus der eine bestimmte Episode
genommen ist. Sie wirkt als geschlossene, in sich abgerundete
Form, in der die Erzählsituation entsteht und sich entwickelt, wobei nur die notwendigsten erzähltechnischen Mittel verwendet
werden. Die Erzählungen sind daher »Fenster, Öffnungen für
Wörter«. »Die Sache *an sich* wird genannt, man spricht nicht *über*
eine Sache.« Das Vorgehen ist poetisch, und der Stil erscheint als
genaue Anordnung aller Elemente (Form und Ausdruck) im
Rahmen des Gesamtthemas. »Fast alle meine Erzählungen [...]
gehören ins Phantastische [...] und widersetzen sich [...] einer
Welt, [...] die durch das Kausalitätsprinzip, psychologische Gesetze und kartographische Landschaften regiert wird.«

Diese Erzählungen, erklärt Cortázar, zu deren Themen das
»Nicht-Normale« gehört, entstehen aus »einem außer-planetari-
schen Zustand«, »in dem der Autor selbst *eine Erzählung* ist«. Er
sieht eine genetische Ähnlichkeit zwischen Erzählung und Poesie.
Während jedoch der dichterische Akt einen Versuch ontologischer
Herrschaft darstellt, »erfragt oder vermittelt die Erzählung kein
Wissen und keine Botschaft«. Die Ähnlichkeit beruht auf dem
»plötzlichen Erstaunen«, das die »normale Verstandesherrschaft
vorübergehend ins Schwanken bringt«. Die Erzählung wird damit
zu einem Organismus, der völlig frei pulst und atmet.

Trotz des offensichtlichen Einflusses von Borges auf die frühen
Erzählungen von Cortázar steht sein Erzählschaffen im Gegensatz
zu Borges. Cortázar verankert das Phantastische und sogar das
Absurde in der Realität, während Borges es außerhalb der Realität
ansiedelt. Cortázar publizierte 1951 seine ersten Erzählungen *(B)* –
ein einschneidender Moment. Er schafft eine phantastische Welt
und freut sich an den übernatürlichen Kräften, die das Schicksal
der Menschen bestimmen, während die Menschen ihnen entweder
blind huldigen oder sich ihnen unterwerfen – *Das besetzte Haus,
Cefalia, Niemand soll beschuldigt werden, Brief an ein Fräulein in
Paris* –, sie zu erklären versuchen – *Das Götzenbild von den Zy-
kladen* –, sie ausmerzen – *Nach dem Mittagessen* – oder für ihre
eigenen Zwecke benutzen wollen – *Bestiarium*. Seine heutigen
stellen keinen Bruch zu seinen früheren Erzählungen, sondern eine Weiterentwicklung dar. Man vergleiche sie mit den Titeln der
Erzählungen aus *Oktaeder* wie *Die Phasen von Severo* und *Der
Hals eines schwarzen Kätzchens*. Cortázar wendet sich einer magi-

schen Sicht der Realität zu und überschreitet damit die Grenzen des Empirischen. Trotzdem ist ein Klima existentieller Angst vorherrschend, das sich in *Ende des Spiels* (1956) intensiviert, auch wenn uns spätere Erzählungen wie *Die Nacht auf dem Rücken* oder *Die verstellte Tür* noch durch phantastische Ereignisse, mysteriöse Verwandlungen eines Wesens, einer Epoche oder eines Raumes in Erregung versetzen. *Axolotl* ist eine phantastische Metapher für das Bestreben, den Beschränkungen und Widersprüchen des menschlichen Geistes durch eine andere Lebensform zu entfliehen. In *Die geheimen Waffen* (1958) finden sich fast alle Themen und Strukturelemente der Romane sowie ähnliche Archetypen als Personen – auch schon Johnny in *Der Verfolger* (der im Jazzer Charlie Parker angelegt ist). Mit dieser Erzählung wird die ontologische Suche vorrangig. Und zwei für Cortázar so charakteristische Archetypen werden mit dieser Suche konfrontiert: der sinnlich-intuitive Mensch und der rationale Analytiker und Konformist (Bruno). Der Kritiker im Gegensatz zum Künstler, der im Lebenskampf verliert, da er nicht ohne Maske leben kann. In diesem Band steht auch die schon besprochene Erzählung *Teufelsgeifer*, die zusammen mit *Der Verfolger* Höhepunkt der Erzähltechnik Cortázars und der südamerikanischen Erzählkunst ganz allgemein darstellt. Dabei werden weder die übernatürlichen Kräfte – *Brief von Mama* – noch das Grotesk-Tragische – *Die guten Dienste* – noch jene andere Dimension *(LAS)* außer acht gelassen. Noch stärker als die vorausgegangenen Erzählungen räumt *Das Feuer aller Feuer* (1966) der Symbolik als Ausdruck einer ontologischen Suche und übernatürlichen Verbindung von Zeit und Raum Platz ein. Dadurch entsteht der Eindruck, als schritte die Zeit nicht fort – *Das Feuer aller Feuer, Der andere Himmel, Die Insel am Mittag, Südliche Autobahn, Unterweisungen für John Howell*. Auch die existentiellen Probleme werden nicht vergessen – *Das Fräulein Cora, Die Gesundheit der Kranken*. Die Erzählungen aus *Das Feuer aller Feuer* wurden über mehrere Jahre geschrieben, in ihnen finden sich alle Elemente, die Cortázar besonders beschäftigen. Jede Erzählung ist in sich einzigartig und doch Teil des gesamten Orchesters. Sie alle zeigen, daß es in der Welt keine eigentliche Wirklichkeit gibt. Man könnte Begriffe verwenden, die Cortázar auf Poe angewandt hat, und sagen, daß jeder konkrete Einzelaspekt in seinen Erzählungen jeweils dem zentralen nicht-realistischen Thema untergeordnet ist, daß uns seine Erzählungen durch analoge

Brücken, durch seine Gabe, Echowirkungen hervorzurufen und dunkle Sehnsüchte zu befriedigen, magisch anziehen. Auch *Oktaeder* (1974) weist diese charakteristischen Merkmale auf; kein einziger Bruch, keine einzige Unsicherheit. Jedes Wort fließt in den Strom des Geschehens (wiederum ein Begriff, den Cortázar auf Poe angewandt hat); die Erzählungen sind im *strengen Sinn* Geschichte, d. h. sie verfolgen ein hedonistisches Ziel, und es bleibt dem Leser überlassen, den Abgrund zu erforschen, den die Erzählung durch die *Intensität des reinen Geschehens* aufreißt.[18] Ohne Zweifel gibt uns Cortázar mit seinen Erzählungen ein exemplarisches Beispiel für eine neue Rhetorik dieser Gattung, die durch ihre ungebrochen literarische Qualität besticht und fasziniert (den Romanen darin vielleicht überlegen).

## Anmerkungen

(1) A. d. Ü. Uchronie: zeit-los, cf. Utopie: ort-los (griech.)
(2) A. d. Ü. Carlos Fuentes, *Nichts als das Leben*, 109–111.

1 Hier müssen noch drei weitere Schriftsteller genannt werden: Roberto Arlt, Ezequiel Martínez Estrada und Leopoldo Marechal (bereits verstorben, aber von unleugbarem Einfluß auf die Gegenwart).
2 J. C. Onetti, J. Rulfo, M. Benedetti, A. Roa Bastos, J. Lezama Lima, C. Martínez Moreno etc.
3 Außer den genannten Namen – eine Art Vanguardia der phantastischen Literatur in Argentinien – müßten noch viele andere aufgeführt werden: A. Bioy Casares, S. Ocampo, E. Anderson Imbert, J. Bianco etc.
4 *Anmerkungen über den zeitgenössischen Roman*, in *Realidad*, III, Nr. 8, 1948, 241.
5 *Situation des Romans*, in *Cuadernos Americanos*, IX, Nr. 4, 1950, 122.
6 *Für eine Poetik*, in *La Torre*, II, Nr. 7, 1954, 122.
7 B – *Bestiario;* FJ – *Final del juego (Ende des Spiels);* LAS – *Las armas secretas (Die geheimen Waffen).* Weitere Abkürzungen:
HCF – *Historias de cronopios y famas,* Ed. Minotauro, Buenos Aires, 1969; dt. *Geschichten der Cronopien und Famen,* Suhrkamp, Frankfurt, 1977.
LP – *Los Premios, Buenos Aires, 1960; dt. Die Gewinner,* Suhrkamp, Frankfurt, 1988.
R – *Rayuela,* Buenos Aires, 1963; dt. *Rayuela, Himmel-und-Hölle,* Suhrkamp, Frankfurt, 1981.

62–62. *Modelo para armar* (62. Modell zum Zusammensetzen), Buenos Aires, 1968; dt. in Vorbereitung.

VD – *Vuelta al día en ochenta mundos,* Mexico, 1969; dt. *Reise um den Tag in achtzig Welten;* Suhrkamp, Frankfurt, 1983.

UR – *Ultimo Round,* Mexico, 1969; dt. *Letzte Runde,* Suhrkamp, Frankfurt 1984.

LM – *Libro de Manuel,* Buenos Aires, 1973; dt. *Album für Manuel,* Suhrkamp, Frankfurt, 1976.

O – *Octaedro,* Madrid, 1974; dt. *Oktaeder,* Suhrkamp, Frankfurt, 1986.

Es wird nach diesen Angaben zitiert.

8 Raúl H. Castagnino, *Experimentos narrativos,* Buenos Aires, 1971, 81.

9 Luis Harss, *Los Nuestros,* Buenos Aires, 1969, 277/278.

10 Luis Harss, loc. cit., 292.

11 J. M. Castellet, *La hora del lector,* Barcelona, 1957.

12 Wenn man den Roman gemäß Cortázars »Hinweistafel« liest, fehlt uns das Kapitel Nr. 55, das den Schlüssel zur Struktur von *Rayuela* liefern soll.

13 Mit der Ausnahme von Feuille Morte, die definitiv von der *Stadt* ausgeschlossen bleibt. Warum, weiß man nicht. Sie scheint außerhalb der täglichen Realität zu stehen, als existiere sie über ihr und kenne alle Antworten, als befände sie sich bereits »dort«.

14 Cf. meinen Artikel *62. Modelo para armar. Agresión, regresión o progresión?,* in *Nueva Narrativa Hispanoamericana,* I, 1, 1971, 49–72.

15 Cf. *Über die Situation des lateinamerikanischen Intellektuellen,* in *UR,* 199–217, das Interview in Life (spanisch) 1968 und die Polemik mit O. Callazos *Literatura en la revolución y revolución en la literatura,* Mexico, 1970.

16 Eine technische Neuerung muß betont werden: typographisch ganz klein die Einfügung eines Textes, der den Monolog erweitert. Es ist die gleichzeitige Präsentation zweier Bewußtseinsebenen (125–131).

17 Cf. *Einige Aspekte der Erzählung,* in *Literatura y arte nuevo en Cuba,* Barcelona, 1971, 261–277.

18 Vorwort zu E. A. Poe, *Gesammelte Erzählungen,* Madrid 1971/3; *Über die Kurzgeschichte und ihr Umfeld,* in *UR,* 35–45.

*Guillermo Cabrera Infante*

## Luis Gregorich
## »Drei traurige Tiger«
## von Guillermo Cabrera Infante –
## ein offenes Werk

Das Hauptanliegen dieser kurzen Arbeit besteht weder darin, die formale Struktur von *Drei traurige Tiger*[1], dem Roman des kubanischen Schriftstellers Guillermo Cabrera Infante, erschöpfend zu analysieren, noch darin, dieses Buch literaturgeschichtlich einzuordnen, indem man es zu jener reichhaltigen Gruppe lateinamerikanischer Romane in Beziehung setzt, die mit ihrer künstlerischen Qualität und ihrer anspruchsvollen Wahrheitssuche auf den kritischen Reifungsprozeß reagieren, den Lateinamerika durchmacht (als Beispiele seien en passant genannt: Mario Vargas Llosa mit *Die Stadt und die Hunde* und *Das grüne Haus*, Gabriel García Márquez mit *Hundert Jahre Einsamkeit*, Fernando del Paso mit *José Trigo,* José Donoso mit *Ort ohne Grenzen* und andere, die, wie Cortázar, Rulfo und Onetti diese Linie der lateinamerikanischen Erzählkunst bis in die jüngere Vergangenheit zurückführen). Der Untertitel dieses Aufsatzes macht unser Vorhaben besser deutlich, denn er spielt auf einen geheimen Interpretationswunsch an, der hinter einer Ästhetik und einer Konzeption des künstlerischen Schaffens verborgen liegt, die wir wirksam werden lassen wollen. Die Bezeichnung »offenes Werk« ist ohne übertriebene Strenge dem gleichnamigen Buch Umberto Ecos[2] entnommen. Die grundlegenden Merkmale des »offenen Werkes«, in meiner Reihenfolge, sind folgende: a) Struktur der Anlage, die, weit davon entfernt, eindeutig zu sein, verschiedene Zuordnungen gestattet, je nach der Einstellung des Interpreten (in der Musik) oder des Zuschauers oder Lesers; b) bewußte und geplante Mehrdeutigkeit des Sinngehalts im Gegensatz zu jedem geschlossenen System von Allegorien, Symbolen oder Bedeutungen; c) wiederholter Gebrauch von Verzerrungen, Überlagerungen und Wiederholungen der für jede Kunstart spezifischen Elemente, wodurch diese Unbestimmtheit und mehrdeutige Struktur bewirkt wird (für die Literatur ist ein typisches Beispiel der Gebrauch von *calembours* und *collages,* die ständig auf die Vielfalt der Möglichkeiten hinweisen, nicht nur bezüglich der Lektüre, sondern auch der Sprache und der ästhetischen Erfahrung im allgemeinen); d) Form der Kommunikation, die sich nicht in der einseitigen Beziehung vom Werk zum Zuschauer oder Leser erschöpft, sondern von diesem zu jenem zurückkehrt und darüber hinaus mit dem Autor eine Triade bildet, in der sich wie in einem Kaleidoskop Botschaften und Codes gegenseitig ergänzen und bereichern. Offensichtlich entspricht die Ästhetik der »Offenheit« in den Grundzügen dem vierdimensionalen und diskontinuierlichen Weltbild der modernen Naturwissenschaften und versucht, auf der Ebene der künstlerischen Schöpfung und Kommunikation Formen zu schaffen, die dem zeitgenössischen Menschen und seiner Gesellschaft mit Dynamik und Energie Ausdruck verleihen. Es ist den Verfechtern der »Offenheit« in der Kunst nicht verborgen geblieben, daß diese Kategorie strenggenommen für jede künstlerische Erfahrung konstitutiv ist; sie leugnen allerdings, daß sie in früheren Epochen mit der gleichen Klarheit und auf so vielen Ebenen gleichzeitig akzeptiert worden ist, wie dies heute geschieht.

Was also wollen wir verdeutlichen, wenn wir *Drei traurige Tiger* ein »offenes Werk« nennen? Handelt es sich nur darum, das Werk Cabrera Infantes als einzigen Fall eines bewußt und konsequent »offenen« Romans in der lateinamerikanischen Erzählkunst – vielleicht mit der, allerdings nur partiellen, Ausnahme von *Rayuela – Himmel-und-Hölle* – den mehr oder weniger verkappten Epigonen der realistischen Tradition oder des poetischen »Costumbrismus« gegenüberzustellen, die sich in den gekonnten und häufig wunderschönen Seiten von *Das grüne Haus* oder von *Hundert Jahre Einsamkeit* verbergen? Oder wollen wir versuchen, im Rahmen eines Vergleichsverfahrens eine Definition des Sinnes aufzustellen, den die endgültige Etablierung des »offenen Werkes« für die Entwicklung der Epik haben kann, wobei wir uns darüber im klaren sind, daß jeder Vergleich etwas Mechanisches und Gezwungenes mit sich bringt und daß er häufig aus didaktischen Gründen künstliche Antinomien und irreale Kontraste hervorruft? Auch müßten einige andere Fragen beantwortet werden. Bedeutet die Kennzeichnung von *Drei traurige Tiger* als »offenes Werk« eine Kriegserklärung und eine Stellungnahme für eine künstlerische Haltung, die nach Auffassung des Autors dieser Abhandlung die einzig authentisch moderne und der Welt, die sie widerspiegelt, angemessene ist? Kann es einen »offenen« Roman in reiner Form geben, oder müßte man nicht vielmehr in allen Fällen von Mischformen sprechen, von instabilen Kompromissen zwischen »offenen« und »geschlossenen« Systemen, deren Proportionen in erster Linie den Schwankungen des literarischen Geschmacks unterworfen wären? Die direkte Auseinandersetzung mit dem Werk, das Verweilen bei einigen grundlegenden Aspekten seiner Struktur und seiner Bedeutung wird zu einer Annäherung, wenn schon nicht an die Antworten, so doch zumindest an den Sinn der Fragen führen, sowie zur Formulierung zusätzlicher im Hinblick auf eine künstlerische Form, die sich dem Verfall oder der Umwandlung gegenübersieht.

Im Vorspann zu seinem Buch macht Cabrera Infante folgende Ankündigung:

Dieses Buch ist auf kubanisch geschrieben. Das heißt, in den verschiedenen Dialekten des Spanischen, die in Kuba gesprochen werden, und die Schrift ist lediglich ein Versuch, die menschliche Stimme sozusagen im Flug zu erhaschen. Die verschiedenen Formen des Kubanischen verschmelzen, wie ich glaube, zu einer einzigen literarischen Sprache. Dennoch ist der vorherrschende Akzent die Redeweise der Einwohner Havannas, und insbesondere der nächtliche Jargon, der, wie in allen großen Städten, etwas von einer Geheimsprache hat.

Die Rekonstruktion war nicht einfach, und manche Seiten sollte man eher hören als lesen, und es wäre auch gar keine schlechte Idee, sie laut zu lesen.

Das Programm des Schriftstellers scheint zu einer dialektalen und kolloquialen Form der Literatur zu tendieren, und der ahnungslose Leser wird sich nach diesen Eingangsworten darauf einstellen, ein irgendwie traditionelles Werk in lokaler und pittoresker Tonart zu genießen, da ihm andere Hinweise auf Struktur und Sprache nicht gegeben werden. Mit fortschreitender Lektüre wird er merken, mit welcher Vorsicht die Anfangsbemerkung Cabrera Infantes interpretiert werden muß und wie sehr seine Auffassung der gesprochenen Sprache, statt ein bloßes Hilfsmittel der Erzähltechnik zu bleiben, sich zu einem der Kernstücke der Poetik des »offenen« Romans entwickelt.

Es ist nicht einfach, den verschlungenen Plan – denn man kann nicht von einer geradlinigen Anlage sprechen – zusammenzufassen, den die fast kapriziös verteilten erzählerischen Materialien und Personen bilden, mit denen der Autor arbeitet. Im »Prolog« monologisiert der *Conférencier* eines luxuriösen Nachtclubs in La

Habana vor dem Publikum in einem Slang, in dem sich Spanisch und Englisch vermischen, und er entfaltet ein Bild des kubanischen Nachtlebens der Ära Batista, indem er den Leser auf natürliche und realistische Weise in eine Umwelt versetzt, die später heftige Erschütterungen und Notsituationen erfahren wird. Die Hauptpersonen, von denen einige schemenhaft schon im Prolog skizziert werden, treten schrittweise im ersten Teil des Romans mit dem Titel *Die Debütanten* in Erscheinung, wobei jeder aus verschiedenen Sprachschichten hervorgeht, die als technisches Mittel der Einführung und als Sinnbild der jeweiligen sozialen und psychologischen Situation dienen. In dieser ersten Etappe ist das Anliegen Cabrera Infantes noch leicht zu erkennen. Es handelt sich darum, die Lehrjahre, das Anti-Epos einer Gruppe junger Leute aus der Provinz in La Habana zu rekonstruieren (der Autor kam selbst aus seinem Heimatort in der Provinz Oriente im Alter von zwölf Jahren in die Hauptstadt) und auch die Umwelt zu beschreiben, die sie auf ihrem mehr oder weniger glücklichen Lebensweg umgibt. Wie wir schon angemerkt haben, ist die indirekte Technik der Einführung von unübertroffener Lebendigkeit; mehr als die Anekdote wiegt der Ton des entsprechenden Stücks, die musikalische Kraft der gesprochenen Fragmente, der Grad der Deformation oder Stilisierung der geschriebenen Sprache. Cuba Venegas wird zum Beispiel mit Hilfe eines Briefes voller orthographischer Fehler und syntaktischer Ungeschicklichkeiten vorgestellt, den eine einfache Frau an die Mutter der Sängerin, ihre alte Freundin, schreibt, um ihr den Lebensweg ihrer Tochter von dem Augenblick an zu schildern, in dem sie in die Hauptstadt gekommen ist:

»Gloria Perez die jetzt natürlich nicht mehr Gloria und schon garnicht mehr Perez oder irgendsowas heißt.

Sie heißt jetzt Cuba Venegas weil das ist scheins ein Name der gut verkauft wie sie uns gesagt hat, aber frag mich bloß nicht was der verkauft.«

Diesem eindrucksvollen »geschriebenen« Dokument kontrastiert unmittelbar ein »gesprochenes« Fragment, indem eine andere Gestalt, Madalena Cruz, mit ihrer Abkehr von der Normalität und ihrem Einstieg ins Nachtleben von La Habana erscheint. Der Abschnitt über Madalena wird durch die Gekonntheit seines gebrochenen Rhythmus' und durch die perfekte Wiedergabe der linguistischen Spannungen eines zunehmend heftiger werdenden Dialogs zwischen zwei Frauen zu einem Stück Anthologie (keine erklärende Anmerkung, kein Eingreifen des allwissenden Autors unterbricht den Fluß der Rede und der Gedanken Madalenas, der in völliger Freiheit kommt und geht, ohne die Einschnitte und strengen Ordnungsprinzipien konventioneller, geschriebener Sprache – wie z. B. Gedankenstriche, Absätze und die schon erwähnten »sagte sie«, »antwortete sie«, »fügte sie hinzu« –). Es handelt sich um anderthalb Seiten, die ebenso sehr für viele Tausend Bögen gerankter, neuromantischer Rhetorik entschädigen wie für die Schaustücke an »Stil« oder europäischer Geistigkeit, die viele unserer Schriftsteller verbrechen. Einige Zeilen des Fragmentes mögen als Beispiel dienen:

Ich habse einfach drauflosredn lassn, bisse ersmal außer Puste war, un wiese dann ihr Pulver verschossn gehabt hat, habich zu ihr gesagt, ach was, Alte, du hasdoch kein blassn Schimmer vom Le'm (genauso habichs gesagt), aber auch nichn geringsten: [...] un ich sag zu ihr, man lebt halt nur einmal, meine Liebe, sag ich, un das muß man ehm könn, das is auchne Kunst, haste das kapiert? un da geht die hin un sagt, hörste, hörste, da haste deine Musik un dein Geschwofe un dein Gerammel: von mir aus kannste gehn, aber merk-dir-eins, wennde gehst, dann einfürallemal, in dieses Haus brauchste nich mehr zu komm, [...] un ich nehm so, genau so, meine Schtola un mein Täschchn un machn Schritt, nich, un nochn Schritt, nich, un nochn Schritt un schon bin ich anner Tür un geh hin un dreh mich um, so, ganz schnell, wie die Bettedeiwis, un sag zu ihr, jetzt hör mal gut zu, was ich dir sag, sag ich: man lebt nur einmal, haste gehört, sag ich zu ihr un schrei mir dabei fast die Lunge ausm Hals: [...] sag ich zu ihr, un dann, sag ich, is nämlich die, die hier vor dir steht, Madalena Cruz, auf der annern Seite, un von dort kamma nu wirklich nich hier rübergucken un auch nix hörn, un dann is nämlich endgültig Feiera'md, Schätzchen, haste mich verstandn, sag ich zu ihr, un dann machtse so, ganz feierlich, dreht sich so halb um, dassichse so vonner Seite seh, un geht hin un sagt, [...] Zisch jetzt endlich ab, hatse gesagt.

Nach diesen Stücken werden der Reihe nach die Hauptfiguren des Romans dargestellt, Mitglieder einer nachtschwärmerischen Konfraternität, die ihre vitale und zerebrale Müdigkeit durch das ganze Buch schleppen wird. Es sind: Silvestre, der Journalist (vielleicht die für Cabrera Infante typischste Figur); Arsenio Cué, der Fernsehschauspieler; Códac, der »Photograph der Stars«; Ribot, der Graphiker (der auch Eribó ist, der Bongospieler); Riné Leal, der Kritiker; Eribó, der mulattische Bongospieler; Floren Cassalis alias »Bustrófedon«, eine Grenzfigur des Romans; Verdreher, Parodist, Umformer des täglichen und üblichen Gebrauchs der Sprache bis zu den Extremen der Magie und der Fälschung, Liebhaber fehlerhafter Definitionen, verwirrender Wortspiele, des rituellen und exorzistischen Gebrauchs der Wörter. Bustrófedon stellt den scheinbar entgegengesetzten Pol von Cabrera Infantes umgangssprachlichem Programm dar: er bildet die Kurve, in der sich die Literatur – zum Bewußtsein ihrer selbst gelangt – in den eigenen Schwanz beißt, in der die Ordnung und die Hierarchie der Grammatik vom Spiel des Zufalls überwältigt werden. Es wird sich im weiteren Verlauf der Untersuchung erweisen, wie diese beiden, auf den ersten Blick unvereinbaren Extreme in der Poetik des »offenen Werks« zu einer Einheit finden.

Die Vorstellung der verschiedenen Personen erfolgt in gewisser Weise nach Art des Kinos (die Filmtechnik, wir wollen das gleich hier festhalten, spielt eine wichtige Rolle in Cabrera Infantes Werkzeugkasten). Jeder einzelne ist schon beim ersten Auftritt auf dynamische, »dramatische« und nicht lyrische Weise mit seiner Lebenssituation verbunden, das heißt, er handelt und verändert sich von Anfang an und erscheint nicht bloß als Gegenstand der Beschreibung. Beispielhaft dafür ist das Fragment, das sich auf Cué und seine Ankunft in La Habana bezieht, lange bevor er ein berühmter Fernsehschauspieler wird. Die Enthüllung der Persönlichkeit erfolgt schrittweise; durch einen spielerischen und direkten, durchsichtig realistischen Stil gerät die Situation mit all ihren komischen und burlesken Schattierungen in Scharfeinstellung. Betrachten wir den Abschnitt, in dem Cué, hungrig und abgerissen, das Haus des Mannes betritt, dem er empfohlen worden ist:

Vor mir sah ich einen jungen Mann (als ich eintrat, stand er neben mir, aber ich drehte mich zu ihm um), der müde aussah, wirres Haar und schwermütige Augen hatte. Er war schlampig gekleidet, hatte ein schmutziges Hemd an, und die Krawatte hing auf Halbmast unter dem nicht zugeknöpften, weil knopflosen Kragen. Er hatte eine Rasur nötig, und zu beiden Seiten des Mundes hing schlaff ein ungepflegter Schnurrbart herab. Ich wollte ihm die Hand geben und deutete eine leichte Verbeugung an, und er tat dasselbe. Ich sah, daß er lächelte, und spürte, daß ich selbst auch lächelte: beide begriffen wir gleichzeitig: es war ein Spiegel.

Eingeschoben in die Haupthandlung – die eigentlich nicht so sehr eine Handlung ist als vielmehr ein endloser Zug durch das Nachtleben von La Habana, durchsetzt mit literarischen Zitaten, Unterhaltungen und unglücklichen Liebesabenteuern und ohne jede Chronologie und Zeitenfolge –, verläuft wie ein Roman im Roman, mit einigen gemeinsamen Figuren, eine Art Nebenhandlung, die sich unter dem Titel *Sie sang Boleros* durch das ganze Buch zieht. Es ist, von Códac in der ersten Person erzählt, die Geschichte der Estrella Rodriguez, einer schwarzen Sängerin, die zum lebenden Symbol der Mythologie des Nachtlebens wird. Die Einschaltung von Códac – die Tatsache, daß wir Estrella durch seine Äußerungen kennenlernen – macht *Sie sang Boleros* nicht zu einer Biographie, sondern zu einer stillschweigenden und nostalgischen Huldigung, zur Apologie einer Lebensform, die möglicherweise zum Untergang bestimmt ist. Im Unterschied zum übrigen Roman bilden die verschiedenen Kapitel von *Sie sang Boleros*, wenn man sie zusammen betrachtet, einen relativ traditionellen, geschlossenen Bericht: die Geschichte beginnt mit der Entdeckung Estrellas durch Códac in dem *Shöwchen* von Las Vegas (»Das Shöwchen, das war die Gruppe von Leuten, die sich immer an der Bar, neben der Musikbox, zum Durchmachen versammelten, nachdem die letzte Show vorbei war, und die beim Durchmachen einfach nicht wahrhaben wollten, daß es draußen schon Tag war und daß alle Welt schon eine ganze Weile arbeitete oder jetzt gerade zur Arbeit ging«), sie geht weiter mit dem Verhältnis von Códac und Estrella, fährt fort mit Estrellas Aufstieg zur Berühmtheit und endet mit ihrem Tod. Die Sprache, obwohl sie die Zeichensetzung nicht beachtet und rigoros die Umgangssprache einbezieht, erscheint homogener und stärker geordnet als im Rest des Buches. Die Geschichte von Estrella Rodriguez – nicht nur durch die Sprache, sondern mehr noch durch ihre Struktur, die Anordnung ihrer Elemente, worin sich *Drei traurige Tiger* am meisten vom traditionellen Roman entfernt – wird, wie gesagt, zum halb melancholischen, halb verzweifelten Schwanengesang einer in der Auflösung begriffenen Welt, nämlich des vorcastristischen Cuba, einer ursprünglichen und absoluten Welt, verkörpert durch Estrella, »sie war eine riesige, ungeheuer dicke Mulattin, mit Armen wie Schenkel und Schenkeln, die wie zwei Baumstämme den Wassertank ihres Körpers stützten«, die nur Boleros sang, mit dieser Stimme, »sanft, schmelzend, flüssig, leicht ölig jetzt, eine kolloidale Stimme, die wie das Plasma ihrer Stimme ihrem ganzen Körper entströmte«, und die mit ihrem Tod im Sauerstoffzelt in dem halluzinatorischen Epilog das Buch zum Abschluß bringt.

Gänzlich am Rande der Haupterzählung und von *Sie sang Boleros* vervollständigen andere Stücke die *Collage:* elf psychoanalytische Behandlungsstunden einer Frau, die über das ganze Buch verstreut, einen fremdartigen und ironischen psychologischen Kontrapunkt zum Erzählstoff des Romans setzen; die sieben Versionen von der Ermordung Trotzkys, entsprechend den diesbezüglichen Parodien auf den Stil berühmter kubanischer Schriftsteller (José Martí, José Lezama Lima, Virgilio Piñera, Lydia Cabrera, Lino Novás, Alejo Carpentier und Nicolás Guillén), die Bustrófedon darbietet und die den gleichermaßen herzlichen wie zerstörerischen Abschied Cabrera Infantes von der literarischen Tradition seines Volkes darstellen, wobei sie gleichzeitig Zeugnis ablegen von der unendlichen Vielfalt an Möglichkeiten, mit denen selbst historische und reale Fakten dargestellt werden können; und schließlich und vor allem gehört zu diesen Randstücken »Die Besucher«, vier Versionen ein und derselben Erzählung, deren Behandlung hier einen eigenen Abschnitt verdient. Es handelt sich um die Erzählung, die ein Nordamerikaner, William Campbell, über die angeblichen Abenteuer schreibt, die er mit seiner Gattin in La Habana erlebt. Bei der Erzählung handelt es sich in Wirklichkeit um zwei Erzählungen: eine ist die Version, die Campbell von den Ereignissen gibt, die andere ist die von seiner Ehefrau korrigierte Version. Am Ende des Buches stellt der Leser fest, daß Campbell Junggeselle ist, so daß schon bei seiner ursprünglichen Erzählung der Unterschied der Perspektiven ein literarischer Kunstgriff ist. Cabrera Infante verdoppelt diesen Kunstgriff: es gibt zwei spanische Übersetzungen der Erzählungen, von denen die eine in absoluter Weise buchstabengetreu ist und praktisch die syntaktische Struktur des Englischen beibehält, wodurch sie sehr nah am Original bleibt; hingegen verändert die korrigierte Übersetzung den ursprünglichen Text erheblich (später stellen wir fest, daß es die von Silvestre korrigierte Fassung der schlechten Übersetzung von Rine ist, welche die ursprüngliche Übersetzung darstellt). Das Ergebnis ist überraschenderweise ein glänzendes Zeugnis für die Mehrdeutigkeit der Sprache, für die Vielfalt der Bedeutungen, die die Übersetzung eines Werkes annehmen kann, bei der, wie in der Quantenphysik, niemals eine absolute Genauigkeit in den Bezügen möglich ist und in der die getreue Wiedergabe bestimmter linguistischer oder signifikativer Ebenen sich umgekehrt proportional zu der Exaktheit anderer Ebenen verhält und vice versa. Hier zwei Bruchstücke der holprigen, aber buchstabengetreuen Übersetzung von Rine:

Wir arrivierten in Havanna an einem Freitag nachmittag, und ein ziemlich heißer Nachmittag war es, mit dieser niedrigen Decke von dicken, schweren, dunklen Wolken. Als das Schiff in die *Bahía* einfuhr, knipste der Kanalpilot genau die Brise aus, die die Überfahrt erfrischt hatte. Es war frisch und dann plötzlich war es nicht. Einfach so.

Und:

Warum das unfähige, aber endgültig nicht invalide Bein dramatisieren? Vielleicht will er als Kriegsopfer erscheinen. Herr Campbell ist derzeit ein Rheumatiker.

Die zwei folgenden Stücke sind von Sylvestre korrigiert und auf subtile Weise verändert worden, wobei natürlich auch sein Spanisch besser ist:

Wir kamen an einem Freitag etwa um drei Uhr nachmittags in Havanna an. Es war schrecklich heiß. Über uns hing eine niedrige, dichte graue, fast schon schwarze Wolkendecke. Als die Fähre in den Hafen einfuhr, hörte mit einem Schlag die Brise auf, die uns während der Überfahrt erfrischt hatte.

Und:

Was soll diese Dramatisierung der Behinderung am Bein? Vielleicht will er als Kriegsversehrter gelten. Mr. Campbell leidet schlicht und einfach an Rheuma.

Sonst geschieht nichts in dem Roman, wenn man vom Tode Buströfedons absieht und vom Auftreten und Verschwinden verschiedener Personen, denen keine besondere Bedeutung zukommt. Die Bezüge zur politischen Situation sind spärlich: gegen Ende äußert eine Figur ihren Wunsch, der sicherlich nicht allzu ernst genommen werden darf, sich der Guerilla anzuschließen, jener für die Glücksritter der Nacht so weit entfernten und fremden Daseinsform. Höchstens in einem der wort- und lautspielerischen Gedichte, die Cabrera Infante in den Text einschiebt, erinnert die sicherlich nicht zufällige Verbindung der Wörter »Fidel« und »fiasco« an die Außenseiterrolle, die dem Dichter, der gegenwärtig in London lebt, im Rahmen der Revolution zukommt – er diente ihr bis 1965 als Kulturfunktionär und Diplomat. Die letzten 150 Seiten des Buches (der Teil mit dem Titel *Bachanal*) werden von einer langen und praktisch ununterbrochenen Konversation zwischen Sylvestre und Arsenio Cué eingenommen, die sich abspielt, während die beiden im Auto durch den Stadtteil Malecón fahren, während sie zwei Frauen durch ein unnützes Feuerwerk rhetorischer Glanzleistungen zu erobern versuchen, während sie trinken, wäh-

rend sie nicht aufhören, sich zu verabschieden, während sie ohne
Erfolg die Nacht zu verlängern suchen. Vom inhaltlichen Ge
sichtspunkt her entspricht dieser Schlußteil des Romans den »Ka
piteln, die man getrost beiseite lassen kann«, aus Cortázars *Rayue
la*. Es werden die widersprüchlichsten ästhetischen Theorien zu
sammengewürfelt, es wird eine Mystik der kombinatorischen
Möglichkeiten der Sprache gewagt, es werden alle Künste und
Ausdrucksformen in einem deliziösen Versuch durcheinanderge
mischt, eine menschliche und soziale Situation widerzuspiegeln
die ohne Ausweg ist, es wird beißender Spott über herrschende
Werte und Laster ausgegossen. Jarry, Raymond Roussel, die alten
Meister des *pastiche,* machen ihren Einfluß geltend, aber es müssen
in diesem Zusammenhang auch Bela Lugosi, Alfred Hitchcock
Capablanca, die Meister des Zen, und sogar Jorge Luis Borges er
wähnt werden. Eine tiefere Beziehung besteht zu dem bedeutend
sten Schöpfer »offener« Formen in der zeitgenössischen Erzähl
kunst: James Joyce. Kurz, es ist die ganze mythologische Konstel
lation, die Cabrera Infante mit ihren eisernen Wänden umschließt
und die beschworen, umgedreht, entseelt, totgeschrieben, durch
stoßen werden muß, damit wieder frische Luft eintreten kann
Hinsichtlich der Komposition und inneren Struktur dieses Stück
unterscheidet sich Cabrera Infante vielleicht von Cortázar; im Ro
man des Argentiniers haben die »Kapitel, die man getrost beiseite
lassen kann«, eine noch klarere kombinatorische und spielerische
Bedeutung, und strenggenommen bieten sie dem Leser in der typi
schen Weise des offenen Werkes nur die Materialien des Puzzles
damit er es sich selbst zubereiten und so Zugang zur Vielfalt der
Formen und Bedeutungen des Wirklichen erlangen kann; dagegen
scheint das »Bachanal« aus *Drei traurige Tiger,* obwohl es eine of
fene Struktur hat (in dem Sinne, daß sich keine einzelne Bedeutung
abschließt, daß keine bestimmte Form Festigkeit erlangt, daß es
keine anekdotische Entwicklung und Auflösung gibt), nahezule
gen, daß sein Platz hier und nirgendwo anders zu sein hat: am
Ende des Buches. Weit entfernt davon, eine spielerische Bedeu
tung zu gewinnen, verbreitet die Konversation zwischen Sylvestre
und Cué in dem Maße, in dem man sie nicht ohne Verwirrung und
Widerwillen mehrmals durchliest, mit ihrer faden Uneigentlich
keit – die rigoros durchgeführt wird – eine Art tönendes Schwei
gen, das allmählich das Geräusch des Geschwätzes überdeckt: es
ist das Schweigen einer Zivilisation auf dem Weg in den Untergang.

einer Literatur, die sich in rückwärtsgewandter Manier nur noch selber zitieren kann.

Wir haben schon versucht, uns den verschiedenen Quellen zu nähern, aus denen Cabrera Infante geschöpft hat. Für unser Vorhaben erscheint es überflüssig, diesem oder jenem literarischen Einfluß weiter nachzugehen oder alle Fäden zu entwirren, die der Autor mit großem Geschick zusammengefügt hat. Wir möchten jedoch festhalten, daß der Autor von *Drei traurige Tiger* mit der spanischen und lateinamerikanischen Erzähltradition *tabula rasa* gemacht hat, einer Tradition, die fast vollständig aus Werken mit geschlossener Form gebildet wird, deren Struktur um jenen Kern aus skeptischem und mißtrauischem Realismus angeordnet ist, der aus der picaresken Tradition und dem Quijote stammt und der dann trotz seines stark ethischen Akzents und seiner Vorliebe für barocke Formen einer Anschauungsweise zuneigt, die die Welt als einheitlich und streng hierarchisch geordnet auffaßt. Daher kommt es, daß noch viele junge Schriftsteller spanischer Sprache, die unter irgendeinem Etikett dieser realistischen Linie treu bleiben – man denke nur an Goytisolo oder den schon zitierten Vargas Llosa –, trotz ihrer technischen Kühnheiten oft ihre Leser durch ein unbewußtes, aber um so stärkeres Festhalten an einem homogenen Weltbild überraschen, an einem einheitlichen Bezugsrahmen, der es ihnen erlaubt, in überzeugender und zusammenhängender Weise ihre Gestalten und Themenkomplexe zu projizieren, obwohl er ihnen andererseits ein seltsam starres und anachronistisches Aussehen verleiht. In diesem Sinne stellt *Drei traurige Tiger* den bewußten und systematischen Einzug der Poetik der »offenen« Form in die spanischsprachige Romanliteratur dar – zusammen, es sei noch einmal gesagt, mit *Rayuela,* das etwa gleichzeitig mit dem Werk des Kubaners geschrieben wurde und einen Versuch in der gleichen Richtung darstellt, der allerdings nicht so extrem ausfällt und dessen rhetorische Kunstmittel noch stärker der Vergangenheit verhaftet sind. Man kann nicht sagen, daß es nicht schon früher Versuche in dieser Richtung gegeben hätte, aber es läßt sich kein gleichermaßen gelungenes Werk finden, noch eines, das sich mit ähnlicher Unabhängigkeit seine eigenen Techniken und Strukturen geschaffen hätte. Die direkten Vorläufer muß man außerhalb der spanischen Tradition suchen: in erster Linie bei Joyce und dann bei allen großen Schriftstellern unserer Zeit, die speziell in der Form ihrer Werke die Auflösung einer Welt widerspiegeln, die auf die Vernunft und den Humanismus gegründet war und die, nachdem ihre tragenden Säulen eine nach der anderen eingestürzt sind, ins Leere versinkt. So wie die Realisten dem Weltbild des 19. Jahrhunderts – bestenfalls angereichert mit einer Psychologie, die der *Freudschen Schule* Rechnung trägt, oder mit einer Philosophie aus der Zeit nach Einstein – mehr oder weniger streng die Treue halten, so versuchen die Verfechter der Poetik der offenen Form alle Elemente, sowohl positive wie negative, einer hypermodernen Weltanschauung zu übernehmen. Es gibt keinen einheitlichen Bezugspunkt – heiße er nun Wertsystem, Bild einer stabilen Gesellschaft oder traditionelle Sprache – für das Gemälde, das Cabrera Infante entwirft. Die physische Welt ist unzusammenhängend, die geistigen Vorgänge entbehren der Einheit und niemand käme auf die Idee, die Wahrheit als eine *adaequatio* zu definieren, das Spiel des Zufalls wird in Makrokosmen immer deutlicher nachweisbar, und die Realität ordnet sich eher in autonomen Strukturen als in globalen Systemen. In ihrer ersten Phase ist diese Ästhetik notwendigerweise zerstörerisch und frei und offen bis zum Delirium. So sagt Cué in dem Roman in einem Gespräch mit Sylvestre:

Für mich wäre die einzig mögliche Literatur eine aleatorische Literatur. Wie in der Musik? fragte ich. Nein, es gäbe dabei keine Partitur, sondern nur ein Wörterbuch. [...] Oder besser eine Liste von Wörtern, die keinerlei Ordnung unterworfen wäre, in der nicht nur Avicenna deinem Freund Zenon die Hand reichen würde, was ja leicht möglich ist, weil sich Gegensätze usw., sondern beide auch in der Nähe von Eintopf oder Revolver oder Mond zu finden wären. Man würde dem Leser zusammen mit dem Buch einen Satz Buchstaben für den Titel und ein Paar Würfel aushändigen. Dann bräuchte man nur noch zu würfeln. [...] Vielleicht bekämen wir dann wirklich Gedichte, und der Dichter wäre wieder ein Schöpfer oder ein Troubadour.

Handelt es sich hier vielleicht um eine Rückkehr zu Mallarmé oder zum Gedankengut der Kreativisten oder Surrealisten? Die Antwort ist weitgehend zustimmend, aber das Faktum erschöpft die Frage nicht, denn dies Programm bezieht sich nur auf eine der Linien, die das Buch entwickelt, und erwähnt nicht die anderen, die dieser ersten vielleicht entgegengesetzt sind und die die Requisiten der Ästhetik der Offenheit vervollkommnen, deren oberste Norm gerade darin besteht, sich keiner Norm zu unterwerfen, wenn man von den Kategorien absieht, die zu Beginn dieser Abhandlung angeführt worden sind. In dieser Hinsicht – und damit wollen wir die Behandlung des Problems der möglichen Einflüsse, die in *Drei traurige Tiger* wirksam werden, abschließen – muß gesagt werden, daß Cabrera Infante eine Erzähltradition der spanischen Sprache nicht so sehr beendet oder krönt, sondern vielmehr eine neue Tradition begründet, die er natürlich in seine eigene kulturelle und linguistische Realität einfügt.

Es erscheint angebracht, einen Augenblick vor dem Berg von Implikationen zu verweilen, die sich aus den vorhergehenden Betrachtungen ergeben und die sich mit berechtigten Einwänden verbinden, die durch die Haltung des Schriftstellers hervorgerufen werden. Ist der Bruch mit dem Realismus und mit der eigenen Erzähltradition notwendigerweise fortschrittlich und ist er Bestandteil einer positiven kulturellen Entwicklung? Ist nicht vielmehr der Sprung ins »offene Werk« bei Cabrera Infante ein neuer Beweis für die Willkür und den Eskapismus so vieler südamerikanischer Literaturen, die sich an europäischen Vorbildern orientieren? Es ist jedoch leicht, einen grundlegenden Unterschied zwischen diesen europäischen Schriftstellern und Cabrera Infante festzustellen, und dieser Unterschied liegt in dem Rohmaterial begründet, das beide verwenden: in der Sprache. Mit dem wiederholten und angemessenen Gebrauch der gesprochenen Sprache zeigt der Autor von *Drei traurige Tiger* eine überraschende Anhänglichkeit an sein Land und seine Kultur, und es gelingt ihm darüber hinaus, einen Schritt vorwärts zu tun in dem Versuch, die Erzählsprache seiner Generation zu erneuern. Obwohl er nicht Realist ist, benutzt Cabrera Infante ein Verfahren, das die strengsten Naturalisten in ihren Büchern immer wieder anwandten: die Reproduktion der Umgangssprache, des Alltagsjargons. Aber was bei den Naturalisten ein Verfahren unter anderen in ihrem obstinaten Bemühen ist, ein getreues und wissenschaftliches Bild der Wirklichkeit zu geben, wird bei Cabrera Infante zur höchsten linguistischen Spannung, zur Technik par excellence und zweifellos zum wirksamsten Instrument gegen den Verfall der »Schriftsprache«, dieser Schriftsprache, die sich immer mehr in abstrakte Formen und Normen verflüchtigt. Während die gesprochene Sprache für die Naturalisten ein Mittel ist, mit dessen Hilfe die Figuren sich darstellen, ihr soziales Milieu, ihren Bildungsstand und ihre psychologische Konstellation anzeigen, wird sie für Cabrera Infante selbst zu einer Figur, höchstwahrscheinlich zur wichtigsten Figur des Romans. Es kann keinen Zweifel geben, daß die gesprochene Sprache, so wie sie hier verwendet wird, eine typisch offene Form ist. Während sich in dem Stück traditioneller Erzählweise Bedeutungen herauskristallisieren und schließen, über die vorher Einverständnis erzielt worden ist, und während der Leser sich auf einer Reihe von Konventionen ausruht, die seine Vorstellungen künstlich ordnen – Distanz zu den erzählten Ereignissen, zeitliche Organisation in klaren und differenzierten Sequenzen, Eindruck der Objektivität und Glätte der Sprache, die sich darauf beschränkt, die Vorgänge zu beschreiben –, versuchen die gesprochenen Stücke, so wie sie Cabrera Infante strukturiert, eine weniger vermittelte, unregelmäßigere und zerstückelte, aber gleichzeitig lebendigere Wirklichkeit darzubieten. Die Flüchtigkeit der gesprochenen Sprache, ihr mangelndes Bemühen, eine Bedeutung voll auszuschöpfen, ihre Wiederholungen und ständigen Idiotismen und Infantilismen, ihr Widerstand gegen das syllogistische Denken, ihre Übertragungsfunktion, die sich auf die Beziehung zwischen Sprecher und Angesprochenem beschränkt und die sich vor dem Leser wieder öffnet, ohne einen Anspruch auf universale Verständlichkeit und Wirksamkeit zu erheben, – all das sind einige der Eigenschaften, die sie zu einem so wichtigen Merkmal der Poetik der Offenheit und zu einer so tödlichen Waffe bei der Liquidierung der alten rhetorischen Formen machen. Es wäre nicht völlig falsch zu behaupten, daß, so wie die gesamte moderne Linguistik die Schaffung von Stil und Sprache von den kultivierten Schichten und von Grammatiken und Normensystemen her (die nichts anderes als Institutionalisierungen des sozial anerkannten Gebrauchs einer schon vorhandenen Sprache sind) ablehnt und im Gegenteil die Entstehung und Entwicklung einer solchen Sprache in den untersten und undifferenziertesten Schichten des Sprachgebrauchs ansiedelt, auch die Umgangssprache Aussichten hat, die Strukturen und Formen einer Erzählkunst wiederzubeleben, die lange Zeit durch die Konventionen und Übereinkünfte der Schriftsprache unterdrückt worden ist. Dies könnte auch zu einer Neudefinierung des Begriffs »Realismus« führen (der bis hierher in seiner traditionellen Bedeutung gebraucht worden ist, d. h. als Technik zur Darstellung der Wirklichkeit, die auf dem strengsten Rationalismus basiert und die die drei Grundkategorien der Objektivität, der Historizität und der Typizität akzeptiert), aber es scheint uns hier nicht der geeignete Ort, um eine vorzeitige Diskussion zu beginnen. Es ist im übrigen klar, daß die rein apologetische Mitteilung vom Gebrauch der gesprochenen Sprache nicht ausreicht, um das Prädikat »reformerisch« zu verdienen; vielmehr interessiert, wie der Autor, den wir hier kommentieren, diesen Gebrauch vornimmt. Manchmal sagt man, daß bei diesen oder jenen Schriftstellern die Kraft der Visualisierung bewundernswert ist und daß andere eine besondere Sensibilität besitzen, um Gerüche, Farben oder psychologische Feinheiten einzufangen und wiederzugeben; den Objektivisten interessieren die Dinge »so wie man sie sieht«, und man kann dann von einer »Schule des Sehens« sprechen. Vielleicht wäre es nicht übertrieben zu sagen, daß Cabrera Infante eine »Schule des Hörens« begründet, aber eines Hörens, das vor allem darauf spezialisiert ist, die menschliche Sprache zu empfangen, und das sich gegen andere Hintergrundgeräusche abschließt. Der Gehörsinn Cabrera Infantes ist so empfindlich wie ein Tonband, aber er hat diesem gegenüber den Vorteil, daß er – wenn er es wünscht – das Material, das er aufnimmt, programmieren und auswählen kann, daß er seine rhythmischen und musikalischen Bestandteile trennen kann, um später aus ihnen die Stücke zu strukturieren, die wiedergegeben werden sollen, und daß er sogar in der Lage ist, die aufgenommenen Wörter in Serien zusammenzustellen und mit ihnen so zu improvisieren, wie der Musiker mit Tonfolgen arbeitet, die er vorher nach seinem Gutdünken ausgewählt hat. Die gesprochene Sprache verhält sich so zu der gewöhnlichen Schriftsprache wie die elektronische zur traditionellen Musik: ihr Frequenzreichtum ist unendlich viel größer, und die Möglichkeit, mit ihr zu arbeiten, beinhaltet sehr viel mehr Freiheit und gleichzeitig eine sehr viel größere Komplexität. Alle diese Züge treten deutlich in dem Fragment über Madalena zutage, in den langen Perioden von *Sie sang Boleros*, in den umgangssprachlichen Wortsalven der psychoanalytischen Sitzungen und in vielen Einzelstücken, die in das Buch eingeschoben sind, und sie konstituieren eine der wesentlichen Dimensionen von *Drei traurige Tiger*, wodurch sie das Buch, wie wir gesehen haben, beginnend mit dem Prolog des Autors, fest an die Poetik des offenen Werkes binden.

Der gesprochenen Sprache gegenüber befindet sich am anderen Ende der Skala die literarische Sprache in ihrer raffiniertesten Ausprägung, einmal mit ihren kulturellen Bezügen (nicht nur, was die direkten Zitate, Umformungen und burlesken Verdrehungen mehr oder weniger bekannter philosophischer oder ästhetischer

Thesen betrifft, sondern auch in Form von Zitaten der verschiedensten Autoren, die ohne Anführungszeichen oder irgendeine andere Ankündigung in den Text eingeschoben werden, wodurch der Autor den mehrschichtigen Collagen-Charakter der Gegenwartskultur betont; die Technik, die er dabei anwendet, ist in ihrer zeitgenössischen Intention durch *Ulysses* und *Das wüste Land* von Eliot inauguriert worden, aber sie hat zahlreiche Vorläufer in der gesamten barocken und konzeptistischen Literatur und in gewissen dialektalen Ausdrucksformen), und zum anderen mit der aufs äußerste gesteigerten kombinatorischen Kraft der Sprache, die durch Bustrófedon verkörpert wird. Wenn auch die äußere Form dieser endlosen Tiraden anscheinend im Gegensatz zur Struktur jener Abschnitte steht, die durch die gesprochene Sprache geformt und gegliedert werden, so weist ihre Rolle in der Ökonomie des Gesamtwerkes doch in die gleiche Richtung. Der Sinn der Wortspiele, der Ausdeutungen der Palindrome, der wiederholten Alliterationen, der transformationellen Mechanik der Wörter und Namen liegt ebenfalls in ihrer reinigenden Funktion gegenüber den ausgepowerten Figuren der traditionellen Rhetorik. Der einzige Unterschied besteht darin, daß die Experimente mit der gesprochenen Sprache schon einen positiven Aspekt und eine Erneuerungsabsicht enthalten, während die Sophistereien der literarischen Sprache – die durch eine seltsame Wendung plötzlich in infantile und primitive Sprachschichten absinken können – sich gemächlich in einer Zone der Negativität und Destruktion bewegen, bis sie in dem »Bachanal« einen Punkt erreichen, wo sie durch einfache Verstärkungen und Abschwächungen einer langen Konversation zu einem überzeugenden und einzigartig dramatischen Zeugnis für den Untergang einer Kultur werden. Die Dimension der Offenheit ist für diesen Sprachgebrauch noch leichter zu verifizieren als im Falle der gesprochenen Sprache: der Grad der Freiheit, den er dem Leser läßt – der für sich selbst die möglichen Manipulationen und Kombinationen weiter bereichern kann – ist nur vergleichbar mit der Verachtung für geschlossene Bedeutungen, für den Bekehrungseifer der Beredsamkeit. In diesem Zusammenhang wäre es vielleicht angebracht, einen Vergleich dieser Dimension des Romans von Cabrera Infante mit der ganz ähnlichen von *Rayuela* zu versuchen und aus ihren Unterschieden und Gemeinsamkeiten einige allgemeine Schlußfolgerungen über die Möglichkeiten des »offenen« Romans zu ziehen; aber eine solche Diskussion würde uns zu weit von dem Werk fortführen, das wir hier kommentieren, und wir wollen deshalb lieber darauf verzichten.

Zu den drei strukturellen Elementen, die wir als grundlegend definiert haben – gesprochene Sprache, kombinatorische Dimension und Humor – treten natürlich noch andere Techniken und Verfahrensweisen, die Cabrera Infante freizügig gebraucht. Wir haben schon kurz die Wichtigkeit der Kontakte zwischen der Filmtechnik und der literarischen Sprache gestreift sowie die gegenseitigen Einflüsse, die zwischen beiden aufkommen (bis vor kurzem versorgte die Literatur ganz selbstverständlich den Film mit Stoffen und Darstellungstechniken; es wird niemanden erstaunen, daß in letzter Zeit die Bewegung in der umgekehrten Richtung verläuft). Wir müssen nun feststellen, daß der Romanautor – zweifellos ein scharfsichtiger Filmkritiker und Kinobesucher und außerdem Mitbegründer der Cinemathek von Cuba – den Film in sein Werk einbezieht, nicht so sehr, indem er die Sprache des Films übernimmt – obwohl es auch dafür deutliche Beispiele gibt, wie wir im Zusammenhang mit der Vorstellung der Personen gezeigt haben –, sondern indem er den Film dem strukturellen Gewebe des Romans einverleibt, als ein besonderes Ingredienz des mythologischen Spektrums unserer Zeit mit seinen eigenen Konventionen, Pionieren und Heroen und auch schon mit einer jungen Tradition, die als solche in Erscheinung zu treten beginnt. Andere Techniken der modernen Romankunst – innerer Monolog, Auflösung der Chronologie, Technik des Bewußtseinsstroms – haben für Cabrera Infante, auch wenn sie gelegentlich angewandt werden, eine zweitrangige Bedeutung und stehen im allgemeinen im Dienste der schon erwähnten Verfahrensweisen, die man wegen ihrer direkten Verbindung mit der Poetik des offenen Werkes auch als »erstrangig« bezeichnen könnte.

Eine kritische Darstellung wie diese will nicht an die Stelle des Werkes treten, ihr Ehrgeiz liegt im Gegenteil darin, wie Maurice Blanchot fordert, hinter der Präsentation des Werkes unsichtbar zu werden, jenen »Resonanzraum« zu bilden, in dem das Werk absorbiert wird und kommuniziert. Jeder Leser muß selbst den Beitrag an Teilnahme und Wertung erbringen, den das Buch fordert. Es gibt für uns keinen Zweifel, daß das Unternehmen Cabrera Infantes darin bestand, einen neuen und legitimen Ausdruck für eine Welt zu finden, in der, wie in Lateinamerika, die menschliche und soziale Unterentwicklung mit den wachsenden Zwängen einer verfeinerten technischen Zivilisation und Konsumgesellschaft zusammentreffen und sich gewissermaßen überlagern; und ebenso wenig zweifeln wir daran, daß das Ergebnis dieses Unternehmens, *Drei traurige Tiger,* gemäß den Anforderungen dessen, was wir »offenes Werk« genannt haben, mit Erfolg bis in seine Struktur hinein, und nicht nur theoretisch, die Formen und Inhalte dieser untergehenden Welt in sich aufgenommen hat. Abwechselnd primitiv und raffiniert, gekräftigt durch den Abstieg zur gesprochenen Sprache und gereinigt durch die bewußte Auflösung der literarischen Tradition, erreicht der Roman auch eine Erneuerung der Prosasprache, die unserer Meinung nach in der spanischsprachigen Romanliteratur der letzten Jahrzehnte ihresgleichen sucht.

Der noch jungen lateinamerikanischen Erzählkunst stehen heute vielerlei Entwicklungsmöglichkeiten offen, aber wir setzen auf *Drei traurige Tiger,* dieses offene Werk voller Zukunft, das der Vergangenheit ein großes Gelächter und einen melancholischen Blick zuteil werden läßt und das sich als ein Knotenpunkt erweist, an dem einige der fruchtbarsten Erfahrungen der Gegenwartsliteratur zusammentreffen.

## Anmerkungen

1 Guillermo Cabrera Infante, *Tres tristes tigres,* Verlag Seix Barral, Barcelona, 1967; dt. *Drei traurige Tiger,* Suhrkamp, Frankfurt, 1987.
2 Umberto Eco, *Opera aperta,* Bompiani, Mailand, 1962 (dt. *Das offene Kunstwerk,* Suhrkamp, Frankfurt 1972 und suhrkamp taschenbuch wissenschaft 222, 1977).

# Octavio Paz
## Die Maske und die Transparenz
### [Über Carlos Fuentes]

Das erste Buch von Carlos Fuentes war ein schmaler Erzählband:
*Los días enmascarados* (Die maskierten Tage; 1954). Der Titel zeigt
bereits die Richtung seines späteren Werkes an. Er spielt auf die
fünf letzten Tage des aztekischen Jahres an, die *nemontani:* »fünf
Maskierte, mit stachligen Agavenblättern«, hatte der Dichter Tablada[1] gesagt. Fünf namenlose Tage, an denen jede Tätigkeit un-
terblieb – eine zerbrechliche Brücke zwischen dem Ende eines Jahres und dem Beginn des nächsten. Für Fuentes hat dieser Ausdruck
zweifelsohne auch einen fragenden und spöttischen Sinn: Was
steckt hinter den Masken? Das Glas voll Blut des prähispanischen
Opfers, der Geschmack des Schießpulvers aus dem Morgengrauen
der Hinrichtung, das schwarze Loch des Geschlechts, die haarigen
Spinnen der Angst, das Gelächter aus Keller und Latrine? Nach
diesem merkwürdigen Buch hat Fuentes fünf Romane veröffentlicht und zwei Novellen, makaber und perfekt zugleich – wie es die
Gattung erfordert: die Geometrie ist das Vorzimmer des Hor-
rors –, und noch einen weiteren Erzählband.[2] Sein erster Roman
*Landschaft in klarem Licht (La región más transparente)* scheint
eine Antwort auf die jugendlichen Erzählungen zu sein: Die Transparenz stellt sich der Maske entgegen. Als erstes modernes Porträt
der Stadt Mexico war dieses Buch eine doppelte Entdeckung für
die Mexicaner: Es zeigte ihnen das Gesicht einer Stadt, die sie nicht
kannten, obwohl es die ihre war, und es entdeckte ihnen einen
jungen Schriftsteller, der von diesem Zeitpunkt an nicht aufhören
würde, sie zu erstaunen, zu bestürzen und zu irritieren. Das geheime Zentrum des Romans ist eine doppeldeutige Gestalt, Ixca
Cienfuegos. Obwohl er an der Handlung nicht teilhat, beschleunigt er sie auf irgendeine Weise; er stellt so etwas wie das Gewissen
der Stadt dar. Er ist die andere Hälfte Mexicos, die begrabene, aber
lebendige präcolumbische Vergangenheit. Er ist auch eine Maske
von Fuentes, auf die gleiche Weise wie Mexico eine Maske von Ixca
ist. Literatur als Maske des Autors und der Welt. Dennoch ist das
Gegenteil gleichermaßen zutreffend: Ixca ist ein kritisches Gewis-

*Carlos Fuentes*

sen. Literatur als Kritik der Welt und des Autors selber. Der Roman kreist um diese Dualität: die Maske und das Bewußtsein, das Wort und die Kritik, Ixca und das moderne Mexico, Fuentes und Ixca. Verbale Erfindung und Kritik der Sprache beherrschen als Achse das ganze Werk von Fuentes, mit der Ausnahme von *Las buenas conciencias* (Die guten Gewissen), einem wenig geglückten Versuch, zum traditionellen Realismus zurückzukehren. Jeder Roman von ihm zeigt sich als Hieroglyphe; gleichzeitig ist er die unsichtbar bewegende Handlung, der hartnäckige Versuch, diese Hieroglyphe zu entziffern. Jedes Zeichen gibt ein weiteres Zeichen: die Stadt Mexico auf Ixca, dieser auf Artemio Cruz (der Anti-Ixca, der tätige Mensch) und so immer weiter, von Roman zu Roman und von Gestalt zu Gestalt. Fuentes fragt diese Zeichen aus und die Zeichen fragen ihn aus: Der Autor ist selber ein Zeichen. Schreiben ist die unaufhörliche Frage, die die Zeichen einem Zeichen stellen: dem Menschen; und die dieses Zeichen den Zeichen stellt: der Sprache. Eine endlose Aufgabe, die der Romancier immer wieder neu in Angriff nehmen muß: Um eine Hieroglyphe zu entziffern, bedient er sich der Zeichen (Wörter), die binnen kurzem eine weitere Hieroglyphe bilden. Die Kritik zerstört die Lüge der Worte mit anderen Worten, die, kaum ausgesprochen, erstarren und sich aufs neue in Masken verwandeln. Auf der sichtbarsten Ebene zeigt sich die Dualität als moralische oder politische Kritik oder als Heimweh nach einer heroischen Zeit. Die Schilderung der zeitgenössischen Gesellschaft Mexicos ist eine unbarmherzige (und gerechte) Kritik der Welt, die unsere Revolution geschaffen hat; aber gerade in ihrer Härte geht diese Kritik sogleich in die Beschwörung einer anderen Wirklichkeit über: die heißen Jahre des bewaffneten Kampfes. Die Kritik wird zur Schöpfung eines Mythos, der Mythos wiederum ist ständig von der Kritik bedroht. Der soziale Aufstieg des Revolutionärs und seine folgerichtige moralische Entwürdigung ist seit Balzac ein konstantes Thema des modernen Romans. *Nichts als das Leben (La muerte de Artemio Cruz)* ist die Geschichte des Revolutionärs, der verdirbt. Sein Fall nimmt allmählich eine mythische Färbung an. So nimmt Fuentes sich also nicht vor, an einem neuen Beispiel die revolutionären Ursprünge der konservativen Bourgeoisie aufzuzeigen, sondern läßt sich von seiner Person faszinieren, so wie es ihm zuvor mit Ixca gegangen war, dem Überlebenden der prähispanischen Zeit. Cruz zu entziffern hieße, ihm die Dämonen austreiben. Seine Agonie ist die Entzifferung. Der Sterbende lebt sein Leben neu: als Verliebter, als Guerrillero, als politischer Abenteurer, als Geschäftsmann... Das Kind und der Jugendliche lauern seinem Tode auf, weil sie glauben, er werde die Enthüllung dessen sein, was hinter der Wirklichkeit liegt, auf der anderen Seite. In seiner Agonie sucht der Alte in seinem vergangenen Leben den Hinweis auf das, was wirklich ist, den unbefleckten Augenblick, der ihm erlauben wird, dem Tod ins Gesicht zu schauen. Diese Gegensätze manifestieren sich nicht einer nach dem anderen, sondern gleichzeitig. Fuentes läßt das Vorher und das Nachher, die Geschichte als lineare Zeit wegfallen: Es gibt keine Abfolge, alle Zeiten und Räume fallen zusammen und wandeln sich in diesen Augenblick, in dem Artemio Cruz sein Leben befragt. Cruz stirbt unentziffert. Besser gesagt: Sein Tod konfrontiert uns mit einer anderen Hieroglyphe, die die Summe alles dessen ist, was war – und die Negation. Man muß wieder neu beginnen. Die Welt zeigt sich nicht als Wirklichkeit, die es zu benennen gilt, sondern als Wort, das wir entziffern müssen. Der Leitspruch Fuentes' könnte folgender sein: *Sag mir, wie du sprichst, und ich sage dir, wer du bist.* Die Personen, die Städte, die Wüsten sind Sprachen: all die Sprachen, die die hispanomexicanische Sprache ist, und noch andere Sprachen. Eine enorme, freudige, schmerzhafte, stürmische Sprachmaterie, die an die barocke Ausdrucksweise des *Paradiso* von José Lezama Lima denken lassen könnte, wenn der Terminus »barock« für die modernen Schriftsteller angebracht wäre. Aber der Schwindel, in den uns die Konstruktionen des großen cubanischen Dichters versetzen, gründet nicht auf Sicherheit: Seine Sprachwelt ist die des Stalaktiten; Fuentes' Wirklichkeit dagegen ist in Bewegung, eine unaufhörliche Explosion. Jene ist Anhäufung, Versteinerung, unermeßliche verbale Geologie; diese ist Entwurzelung, der Auszug der Sprachen, deren Begegnungen und Zerstreuungen. Die Erde und der Wind. In seinem Kosmopolitismus könnte Fuentes Cortázar ähneln, dem klarsichtigsten und radikalsten – auf ihn trifft der Widerspruch zu – unserer Entwurzelten: Noch dann, wenn Cortázar argentinisches Spanisch in der Färbung von Buenos Aires schreibt, erhält die Ironie die Distanz zwischen dem Schriftsteller und der gesprochenen Sprache aufrecht. Der hispanoamerikanische Kosmopolitismus von Cortázar ist das extreme Produkt eines Prozesses der Abstraktion und der Reinigung: eine Kristallisation; der von Fuentes ein Nebeneinandersetzen und Verbinden mehrerer Sprachen innerhalb und außerhalb des Spanischen. Mit sich selbst beschäftigt, ist die Sprache Cortázars ein bewußtes Spiel, das den Leser zwingt, über einen immer schmaleren und schärfer schneidenden Faden zu gehen, bis er sich dem leeren Raum gegenüber findet: der Vernichtung der Sprache, dem Sprung in das Schweigen. Bei Fuentes gibt es keine Metaphysik des Wortes: Es gibt sprachliche Erotik, Gewalt und Entzücken, Begegnung und Explosion. Der Brennkolben und die Rakete.

Der Körper behauptet eine zentrale Stellung im Universum von Fuentes. Die Kälte, die Hitze, der Durst, die sexuelle Begierde, die Müdigkeit, die unmittelbarsten und direktesten Empfindungen; und die feinsten und verwickeltsten: die Verbindungen von Wunsch und Vorstellung, die Täuschungen und Träumereien der Sinne, ihre Verirrungen und Prophezeiungen. Die erotische Leidenschaft ist das Hauptanliegen, und die Vorstellungskraft, deren unversöhnliches Doppel, ist es daher ebenso. Bei zwei anderen bedeutenden hispanoamerikanischen Romanciers – der eine aus der gleichen Generation und der andere aus der vorangegangenen, nämlich Gabriel García Márquez und Adolfo Bioy Casares – ist die Liebe ebenfalls eine erhabene Leidenschaft. In der Welt von García Márquez ist sie eine geschlechtliche Macht, die wie eine dunkle, unpersönliche und allmächtige Gegenwart regiert: Es ist die Welt des ersten Tages oder, genauer gesagt, die Urnacht. Das Thema von Bioy Casares ist nicht kosmisch, sondern metaphysisch: Der Körper ist imaginär, wir gehorchen der Tyrannei eines Gespenstes. Die Liebe ist eine privilegierte Wahrnehmung, die vollständigste und klarsichtigste, nicht nur der Wirklichkeit der Welt, sondern auch unserer eigenen: Wir laufen hinter den Schatten her, aber wir selbst sind auch Schatten.[1] Im Gegensatz zu García Márquez sind die Frauen und Männer für Fuentes keine bloßen Projektionen seines Verlangens: Sie sind seine Komplizen und Feinde. Ähnlich wie bei Bioy Casares sind die Gespenster nicht weniger wirklich als die Körper; aber diese Gespenster werden außerdem Fleisch, wir berühren sie, und sie berühren uns; sie zerreißen uns. Der Körper ist wirklich und die Offenbarung, die er bereithält, ist – ob tierisch oder göttlich – unmenschlich: Sie reißt uns los von uns selber und wirft uns in ein anderes Leben oder in einen anderen, vollständigeren Tod.

Die Körper sind fühlbare Hieroglyphen. Jeder Körper ist eine erotische Metapher, und die Bedeutung all dieser Metaphern ist immer die gleiche: der Tod. Durch die Liebe nähert sich Fuentes dem Tod; durch den Tod dem Territorium, das wir früher heilig oder poetisch nannten und das heute keinen Namen mehr besitzt. Die moderne Welt hat keine Worte erfunden, um die andere Seite der Wirklichkeit zu bezeichnen. Fuentes' Besessenheit von dem verknitterten und zahnlosen Gesicht einer tyrannischen, verrückten und verliebten Alten überrascht nicht. Sie ist der alte Vampir, die Hexe, die weiße Schlange der chinesischen Erzählungen: die Dame der dunklen Leidenschaften, die Verbannte. Die Erotik ist untrennbar vom Horror, und Fuentes übertrifft sich selbst im Horror: dem erotischen und dem grotesken. An vielen Stellen seiner Romane und in fast allen seinen Erzählungen entfaltet sich der Horror mit einer Art wilder Freude. Wenn er nicht das Heilige ist, so ist er doch etwas nicht weniger Gewaltiges: die Entweihung. Ein Humor, in dem drei Erbschaften zusammenfallen – die englische, die spanische und die mexicanische – und der nicht intellektuell ist, sondern körperlich, sexuell, Eingeweide. Ein Humor, der über die Ironie hinausgeht, über das Absurde und die Satire, fast sublim in seiner parodistischen Übertreibung – ein Humor, der kein anderes Adjektiv verdient als dieses: fleischgeworden. Fleischlich, körperlich, rituell und unpassend wie ein aztekisches Opfer auf dem Times Square. Wenn die Grausamkeit die andere Seite der Zärtlichkeit darstellt, ist Fuentes weder zart noch grausam, sondern: leidenschaftlich und phantasievoll.

Nach *Nichts als das Leben* publizierte Fuentes einen kleinen Roman *Zona sagrada* (Heilige Zone; 1967) und kurz darauf, im gleichen Jahr, einen weiteren langen Roman *Hautwechsel (Cambio de piel)*. Einer unserer besten Kritiker, Ramón Xirau, hat gesagt, *Zona sagrada* sei ein Roman der Verwandlungen, und ein anderer, nicht weniger scharfsichtiger Kritiker, der cubanische Romancier Severo Sarduy, hat bemerkt, diese Verwandlungen seien erotisch und verbal zugleich: Der Protagonist, Guillermito, ist der Mythos seiner Mutter Claudia (ein Mythos im Diminutiv, nebenbei bemerkt), aber er ist auch die Umkehrung dieses mütterlichen Mythos in eine Travestie. Die Inversion wird so Reversion und die Imitation des femininen Modells verwandelt sich in dessen Negation. Die Sprachspiele sind Verkleidungsspiele, die sich in körperliche oder psychische Überschreitungen verwandeln: die Sprache als inzestuöses Spiel, das die Dualität Claudia/Guillermo in eine unmögliche, androgyne Einheit wieder aufsaugt. Unmöglich, weil

Guillermo sich in Claudia, und Claudia sich in einer Travestie erblickt. Mit *Hautwechsel* zeigt sich wieder der andere Fuentes, der epische Romancier von *Landschaft in klarem Licht* und *Nichts als das Leben.*

Das erste dieser beiden Werke war eine Erforschung der verschiedenen historischen und chronologischen Schichten, die in der Stadt Mexico gleichzeitig existieren: der Versteinerung aller Zeiten in einem Raum. In *Nichts als das Leben* nimmt der Leser, durch das Bewußtsein eines Sterbenden hindurch, teil am Zusammenfließen mehrerer Zeitströme. Im einen Fall widerfährt dem Bewußtsein des einzelnen eine Art objektiver Kristallisation, deren steinernes Symbol die Stadt Mexico ist; im anderen wird die Geschichte subjektiviert, verliert ihre Kontinuität und zerteilt sich in Momentan-Visionen. In *Hautwechsel* zeigt sich das Thema der Identitätssuche in der Pluralität und zeitlichen Vergänglichkeit – dies ist Fuentes' beständiges Thema, die festgehaltene Idee, die immer neu in seinen Büchern zutage tritt – als Eintauchen in das flüssige Element par excellence; die Geschichte. Für den Okzident war die Geschichte abwechselnd Paradies und Hölle. Deshalb ist nicht verwunderlich, daß Fuentes, obwohl er Lateinamerikaner ist (oder besser gesagt, gerade deshalb: wir Amerikaner haben den Historizismus der Europäer übertrieben), die doppelte Faszination der Geschichte erfährt. Doppelt, denn sie ist sowohl Tod wie Leben. Die zwei Paare, die in ihren Verbindungen und Trennungen die wechselnde Haut dieses Romans wörtlich weben, haben keine eigene Existenz: Sie sind die Biegungen, Zusammenflüsse und Lagunen des historischen Verlaufs. Nur daß dieser Verlauf plural ist: Es gibt soviel Geschichten der Menschheit wie Sprachen, ja sogar wie Sprecher. Wie ein unzusammenhängendes Gemurmel ersterben die Wellen der zeitgenössischen Geschichte des Okzidents zu Füßen der Pyramide von Cholula, und die Pyramide ihrerseits ist nichts anderes als eine flüchtige Vision: Sie ist nicht aus Stein gemacht, sondern aus verblassenden Wortideen. Die Geschichte ist eine Sprache, das blutig ernste und lächerliche Gewebe der Pronomina in ihrem Sichverbinden und -trennen.

*Geburtstag (Cumpleaños;* 1970) ist eine Novelle, die sowohl in ihrer Perfektion wie in dem, was ich ihre phantastische und düstere Erotik nennen würde, an *Aura* erinnert. Die beiden Novellen und die Erzählungen von *Los días enmascarados* und *Cantar de ciegos* (Lied der Blinden) enthüllen den Fuentes der Nacht, aus dem Geschlecht des visionären Balzac. In *Aura* ist das Verlangen allmächtig – das Verlangen und seine schrecklichen, bestrickenden Erscheinungen, die in einer einzigen, unerträglichen Vision verschmelzen: nicht in dem Bild des Todes, sondern in seiner Maske, der Grimasse der Alten. Das junge Mädchen und die alte Frau, das weibliche Geschlecht und das Grab: Ein und dasselbe banale und unergründliche Mysterium löst Batailles Lachen und Fuentes' Delirium aus. In den Erzählungen von *Cantar de ciegos* entfaltet der mexicanische Romancier – neben dieser Besessenheit der dunklen Hälfte – den Fächer der Spiele eines abwechselnd grünen und roten, schwarzen und goldenen Humors. Und in all diesen Erzählungen die Schnittpunkte des Verlangens, die Kreuzung der Zeiten – das Rohmaterial für Fuentes, der nicht aufhört, Erscheinungen zu erfinden, um sie sofort zu zerstören. Obwohl die Kurzgeschichte seit der Epoche des »Modernismus« eine bevorzugte Gattung in Lateinamerika ist, begründen die von Fuentes eine eigene Region, die von Gesetzen einer außergewöhnlichen poetischen Sparsamkeit bestimmt wird. In *Geburtstag* verbündet sich das Thema der sich zersetzenden Identität mit dem der Einheit, die Auflösung in sich beschließt. In *Zona sagrada* endet die Suche nach einer Identität in einem sprachlichen Inzest; in *Nichts als das Leben* mündet die Pluralität in einer zugleich augenblicklichen wie endlosen Agonie; in *Geburtstag* gibt es einen Menschen, der alle Menschen ist und eine Zeit, die alle Zeiten ist, aber diese Totalität ist nicht weniger illusorisch als die imaginäre Identität des Inzests oder die grausame Auflösung der Agonie: Am Ende ist der Mensch allein, sich selbst gegenüber. Allein seiner Maske gegenüber und allein seinem Tod: seine unberührbare Transparenz.

In jedem dieser Werke ändert sich Fuentes und ist dennoch er selbst. Die Hartnäckigkeit gewisser Themen und die Besessenheit von ihnen steht im Gegensatz zur Vielfalt seiner sprachlichen Erfahrungen und Abenteuer. Fuentes ist ein Kämpfer an den Grenzen der Sprache und ein Erforscher der eigenen Begrenzungen. Diese Liebe zu den Extremen ist unter uns wenig üblich. Andere lateinamerikanische Romanciers seiner Generation ziehen es vor, nichts zu wagen und den sicheren Werten des sogenannten »magischen Realismus« treu zu bleiben – in der ländlichen hispanoamerikanischen Version dieser europäischen Tendenz, die heute in ihrem Ursprungskontinent nahezu ausgestorben ist. In unserer Sprache ist es eine Tradition, die auf Valle-Inclán zurückgeht und die zwei Strömungen hat: eine tellurische, die von Güiraldes kommt und eine metaphorische und humoristische, die von Gómez de la Serna stammt. Man wird sagen, daß dieser Traditionalismus trotz der Verzierungen ihrer jüngsten Nachfolger uns einen der ganz großen zeitgenössischen Romane in unserer Sprache gegeben hat – in dieser Gattung zweifellos den besten: Ich spreche von Rulfos *Pedro Páramo*. Aber Rulfo hat, anstatt die Leichtfertigkeiten und Effekthaschereien des »magischen Realismus« auszuschlachten, einen Roman geschrieben, der die Erforschung der dunklen Seite der hispanoamerikanischen Sprache ist: das Gemurmel der Toten ... Weder Fuentes noch die anderen jungen mexicanischen Romanciers – Elizondo, García Ponce – verfallen (oder verfallen noch einmal) dem »magischen Realismus«.

Ihr Abenteuer ist ein anderes. Im Falle von Fuentes kann es zusammenfassend und provisorisch als moralische Kritik der Sprache definiert werden, die, wie wir gesehen haben, zugleich eine körperliche Leidenschaft des Wortes ist.

Einige europäische Kritiker haben gesagt, die zweite Hälfte unseres Jahrhunderts werde das Erscheinen der lateinamerikanischen Literatur sehen (in ihren beiden Verzweigungen: der brasilianischen und der hispanoamerikanischen), so wie die erste Hälfte das Auftauchen der angloamerikanischen sah und das Ende des 19. Jahrhunderts das der russischen. Ich habe wenig Vertrauen zu dieser Art von Prophezeiungen; auch glaube ich, daß diese drei Literaturen, so exzentrisch sie auch scheinen mögen, nur im Kontext der europäischen verständlich sind.

Andererseits tendiert die zeitgenössische Literatur zur Weltliteratur. Wir mögen es beklagen oder nicht – es ist eine Tatsache, daß die alten historischen Gegensätze zwischen den Nationen beziehungsweise zwischen den verschiedenen Zivilisationen sich nach und nach verflüchtigen. Die neuen Antagonismen sind anderer Art, sie zeigen sich innerhalb der Weltgemeinschaft: Konflikte zwischen der Industriegesellschaft und der »Dritten Welt«. Zwistigkeiten unter den Generationen innerhalb der ersteren. Daher beunruhigt mich die Frage nicht, ob die Prophezeiungen über die Zukunft der Literatur Lateinamerikas zutreffen werden oder nicht. Dagegen faszinieren und begeistern mich die Werke einiger lateinamerikanischer Dichter und Romanciers: Sie sind kein Versprechen, sondern eine Präsenz. Zu diesen Werken gehört das von Fuentes. Er steht im Zenit seines Schaffens und hat noch nicht sein letztes Wort gesagt. Aber ich weiß, daß die Maske wieder durchsichtig und kostbar werden wird, nicht wie Bergkristall, sondern wie Wasser.

## Anmerkungen

(1) A. d. Ü. José Juan Tablada (1871–1945).
(2) A. d. Ü. *Terra Nostra* (Roman; 1975) wird von O. Paz nicht erwähnt, da der Artikel erstmalig 1965 erschien.

1 Nebenbei bemerkt: Obwohl dieser Autor zwei Romane geschrieben hat, nämlich *Morels Erfindung (La invención de Morel)* und *Der Traum der Helden (El sueño de los héroes),* die ohne Übertreibung als *perfekt* bezeichnet werden können (oder vielleicht gerade deswegen?), hat unsere Kritik sie nicht beachtet oder, was noch schlimmer ist, hat sie schlecht gelesen und in ihnen nur zwei geglückte Variationen der phantastischen Literatur gesehen.

*Michi Strausfeld*

»Hundert Jahre Einsamkeit« von
Gabriel García Márquez – ein Modell des neuen
lateinamerikanischen Romans

*Hundert Jahre Einsamkeit* hat nicht nur seinen Autor, den Colum-
bianer Gabriel García Márquez weltweit bekanntgemacht,
sondern auch entscheidend zum vertieften Interesse an lateinamerikanischer Literatur und an Lateinamerika ganz allgemein beigetragen. Sicherlich ist dieses Werk, sowohl im eigenen Kontinent
wie auch in den vielen Ländern, in denen es übersetzt vorliegt, der
meistgelesene moderne lateinamerikanische Roman. Die vielen
Leseangebote, die er macht, scheinen ganz verschiedene Leser zu
faszinieren: Die Kritiker sind ob ihrer eigenen Bewunderung
erschrocken, die Professoren schreiben immer ausführlichere
Untersuchungen, die columbianischen Leser sehen ihr bestes
Geschichtswerk darin, der nur an Unterhaltung interessierte Konsument vergnügt sich vorzüglich, selbst die Leserin von Heimatro-
manen sieht sich zur Lektüre verleitet. *Hundert Jahre Einsamkeit*
*(Cien años de soledad)* ist Weltliteratur in doppelter Hinsicht, sowohl quantitativ, durch die Millionen Leser, als auch qualitativ, als
literarisches Produkt.
  So stellt sich die Frage, worin dieser einzigartige Erfolg zu suchen
ist. Der Roman scheint zunächst völlig unresümierbar: eine Fülle
an Geschehen, Personen, Schauplätzen; ein Überschwang an
Phantasie und Fabulierfreude; eine Wiederholung gleicher Namen
durch sechs Generationen in einem Jahrhundert, die eigentlich nur
durch einen genealogischen Abriß übersichtlich würde. Diese lateinamerikanische Saga vermittelt den Eindruck eines Material-
chaos, einer Verwirrung, die der Leser wahrscheinlich nur daher so
bereitwillig akzeptiert, weil sein eigener Verstand ständig schach-
matt gesetzt und seine Vorstellungskraft zu immer neuen Höhe-
punkten geleitet wird. In der Tat verfällt jede Beschreibung dieses
Romans in Superlative, vielleicht auch deshalb, weil die hyperboli-
sche Verzerrung ein auffallendes Charakteristikum des Werkes ist,
das alle Geschichten immer und vor allem komisch erscheinen

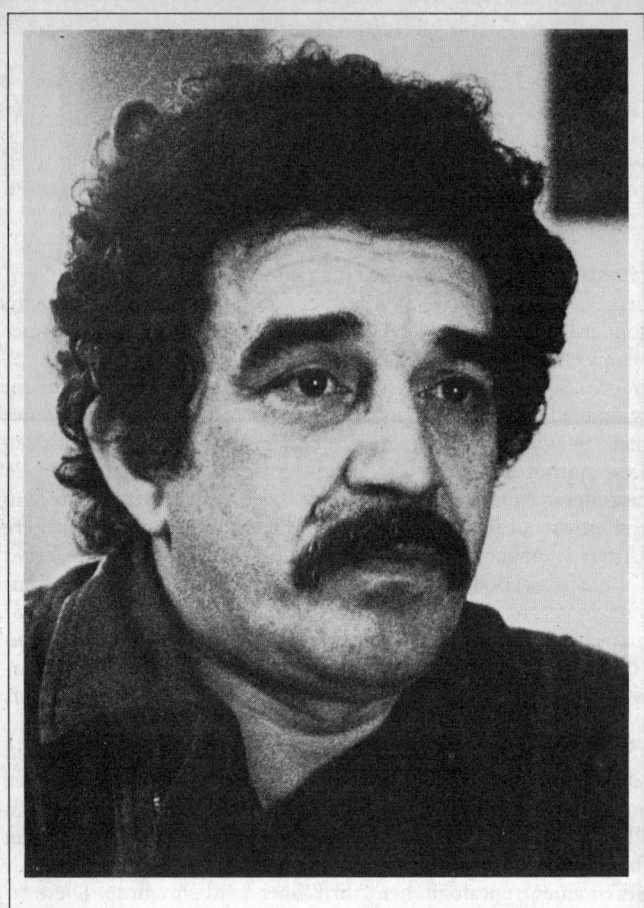

*Gabriel García Márquez*

läßt. In *Hundert Jahre Einsamkeit* hat die Phantasie ganz unbestreitbar die Macht übernommen.

Wenn ich nun im folgenden versuche, acht Punkte herauszustellen, und damit die Ordnung dieses scheinbaren Chaos bis in die Details hinein aufzeige, mag diese trockene Analyse dem Werk besonders unangemessen sein. Aber der Roman ist eben nicht nur beste Unterhaltung oder »komisch«, sondern eine ernstzunehmende Geschichte Lateinamerikas. Dies aber ist dem deutschen Leser zunächst wenig klar – womit die folgende Systematisierung vielleicht entschuldigt ist.

## I  Der Titel

*Hundert Jahre Einsamkeit* steht in der Tradition der »totalen« Bücher, die von Dante zu Joyce, Proust, Kafka und Faulkner führt, und darf als »enzyklopädisches Werk« im Sinne von Northrop Frye[1] interpretiert werden. Das fängt bereits bei dem Titel an, der im wörtlichen Sinne auf ein chronologisches Jahrhundert, im symbolischen auf antike Zahlenkompositionen verweist: Die nach Pythagoras vollkommene Zahl zehn, mit sich selbst multipliziert, oder dreimal (Trinität) die christliche *plenitudo sapientiae*, die Zahl 33, plus 1 (das Strukturprinzip der *Göttlichen Komödie*) ergibt 100. Beide stellten den kosmischen *ordo* in der vollkommenen Zeit dar.

Auch der Begriff *Einsamkeit* erfordert eine doppelte Deutung. Das Wort entstand erst gegen Ende des Mittelalters und findet sich zum ersten Mal 1490 in Spanien. Die Romantiker stellten die Einsamkeit in den Mittelpunkt ihres Interesses: Sie wurde als Bruch des Menschen mit der Welt und als Verlust der kosmischen Harmonie verstanden. Und heute gilt sie als wesentliche Bedingung: Der moderne Mensch ist einsam.

García Márquez drückt den Symbolgehalt typographisch durch ein umgekehrtes E (Ǝ) aus: Einsamkeit als Introversion. Die Hervorhebung des Themas im Titel ist Indiz für die zentrale Stellung dieser Problematik im Werk.

Die Interpretation des Titels weist auf die Möglichkeit einer doppelten Lektüre hin, die wörtliche, historisch-chronologische und die symbolische. Die erste Lesart konzentriert sich auf die verifizierbare Wirklichkeit, d. h. die Geschichte Macondos in einem Jahrhundert. Die zweite Lesart beschäftigt sich mit dem mythologischen Hintergrund, der Genesis und Apokalypse umfaßt. Diese vielleicht willkürliche Trennung soll nur einem tieferen Verständnis des Romans dienen und dessen Totalitätsanspruch rechtfertigen, denn die lückenlose Verzahnung von Realität und Fiktion, die zum völligen Verwischen jeglicher Grenzen führt, ist das grundlegende Charakteristikum des Werks.

## II  Vom Mikrokosmos zum Makrokosmos

Der Ort des Geschehens im Roman heißt *Macondo*, ein archetypisches Dorf in der tropischen karibischen Küstenregion Columbiens. Geographisch nicht genau fixierbar, mag es sehr wohl dem Geburtsort des Autors, Aracataca, ähneln. Es liegt inmitten weiter Bananenplantagen, die zu Beginn des Jahrhunderts durch die United Fruit Company kontrolliert wurden und der ganzen Gegend eine wirtschaftliche Scheinblüte eintrugen. Nach dem ersten Weltkrieg begann der Verfall des Bananenimperiums: Als García Márquez 1928 geboren wurde, existierten die »goldenen Jahre« nur noch in der Erinnerung der alten Leute.

  Macondo, dessen Name angeblich von einer Bananenpflanzung übernommen wurde, ist ein Dorf, in dem sich die Bewohner dem Ackerbau und der Viehzucht widmen, die Häuser identisch erbaut werden, die Traditionen gewahrt bleiben: In der patriarchalischen Familienstruktur beschäftigt sich die Frau mit Küche, Kindern und Kirche, und der Mann übernimmt die gesellschaftlichen Verpflichtungen. Die Medizin gründet auf den Hausmitteln, das weitverbreitete Analphabetentum zeigt den Mangel an Schulen an, und der Priester wacht unangefochten über die Moral der Gemeinde. Zur mythischen Dimension des Dorfes gehört die Überzeugung seiner Bewohner, Macondo stelle den Mittelpunkt des Universums dar, wie bereits der übernatürliche Ursprung des Namens verdeutliche, den der Gründer, José Arcadio Buendía, in einem Traum erhielt, der Assoziationen zur Genesis weckt (Jakobs Traum von der Himmelsleiter, Gen. 28, 12–19). Das Dorf liegt an einem kristallklaren Fluß mit weißen Steinen, »riesig wie prähistorische Eier«. Die Tiere leben in paradiesischer Zufriedenheit miteinander. Die 300 Dorfbewohner bilden eine Art sozialistischer Gemeinschaft, niemand ist älter als dreißig Jahre, der Tod ist unbekannt. Macondo ist ein »glückliches Dorf«.

  Die zeitliche Bestimmung der »hundertjährigen« Geschichte Macondos kann sich nur auf zwei verifizierbare Daten stützen: Die zwanzig Jahre andauernden Bürgerkriege des Romans enden historisch mit einem Waffenstillstand 1902. Der Aufstand der Bananenarbeiter fällt in das Jahr 1928. Danach beginnt im Roman eine Sintflut, d.h. eine mythologische Schilderung. Identifiziert man die Geschichte des Dorfes mit der Columbiens, müßte man also die historische Zeit des Romans etwa 1830 beginnen lassen, mit der Proklamierung der Republik. Diese Hypothese ist wahrscheinlich und kann detailliert bestätigt werden.

Macondo spiegelt die wichtigsten Ereignisse des Kontinents seit seiner Entdeckung. Sie können in vier wesentliche Epochen unterteilt werden:

1) Entdeckung, Eroberung, Kolonialzeit          (1492–1830)
2) Republik, Beginn der Bürgerkriege          (1830–1902)
3) Beginn des Imperialismus (Monokulturen etc.)          (1899–1930)
4) Gegenwart, Neoimperialismus          (1930–          )

Schließlich symbolisiert Macondo auch die Geschichte des Universums, wie sein mythologischer Ursprung und sein apokalyptischer Untergang veranschaulichen.

Die vier Epochen möchte ich am Beispiel Macondos beschreiben.

## Macondo I

Die erste Phase Macondos schildert die Gründung des Dorfes in paradiesischer Vorzeit. Eine kleine Gruppe Menschen verläßt unter Führung von José Arcadio Buendía die Stadt Riohacha und erreicht nach langer Wanderung durch die Sierra »das Land, das niemand ihnen versprochen hatte«, d.h. die biblische Verheißung des Alten Testaments wird umgekehrt. Macondo ist zunächst völlig von der Außenwelt abgeschlossen, wie Lateinamerika jahrhundertelang aller Zivilisation verschlossen blieb.[2] Der erste Einbruch von außen geschieht durch die Zigeuner, die als Repräsentanten einer magischen Welt gelten. Ihr Führer Melquíades macht die Bewohner mit den ersten »übernatürlichen«, weil unbekannten Erfindungen vertraut: dem Magneten, der Lupe, dem Astrolab, schließlich dem Eis, »der größten Erfindung der Welt«. Das allmähliche Vordringen der Technik erlaubt wiederum Parallelen zur historischen Wirklichkeit, denn die Konfrontation zwischen der »neuen« und der »alten« Welt war absolut:

Alles war unter den Eingeborenen Amerikas anzutreffen: Astronomen und Kannibalen, Ingenieure und Wilde im Stadium der Steinzeit. [...] Die Zivilisation, die sich auf diese Länder von der anderen Seite des Meeres aus stürzte, machte gerade den schöpferischen Ausbruch der Renaissance durch.[3]

Die Entwicklung des Dorfes beschleunigte sich, nachdem ein weiterer Kontakt zur Außenwelt hergestellt worden war. Die Besucher strömen nach Macondo, und die Ehefrau des Gründers, Ursula Iguarán, vergrößert ihr Haus immer weiter, bis es das »schönste, gastfreundlichste und kühlste« im ganzen Umkreis wird. Das Haus symbolisiert die Entwicklung, den Aufstieg (und Fall) Macondos und der Familie Buendía. Macondo I wird durch allgemeinen, bescheidenen Wohlstand geprägt. Die Gemeinschaft lebt in paradiesischer Zufriedenheit und Gerechtigkeit.

## Macondo II

Diese Epoche beginnt mit der Ankunft des Landrichters, der von der Hauptstadt nach Macondo entsandt wird. Das bedeutet den Einbruch der historischen Zeit, den ich für das Jahr 1830, die Proklamierung der Republik Columbien ansetzen möchte.

Aus Macondo, dem Dorf der Kleinbauern, war inzwischen eine Kleinstadt mit vielen handwerklichen Betrieben geworden. Erste Luxusartikel wurden importiert: das Tischzeug aus Holland, die Kristallwaren aus Böhmen, die Möbel aus Wien und ein Pianola aus Italien. Als der Zigeuner Melquíades auf einer weiteren Durchreise in Macondo stirbt, enden die paradiesischen Verhältnisse endgültig. Der Einbruch des Todes rückt das Dorf aus dem Mythos in die Geschichte. Weitere Vertreter der Ordnung gelangen nach Macondo: ein Priester, die Polizei. Diese drei Mächte, Verwaltung, Kirche und Militär, bestimmten jahrhundertelang das Leben und die Entwicklung Lateinamerikas.

Die historische Zeit ließe sich an vielen Einzelheiten aufzeigen. Ich möchte mich jedoch auf zwei bedeutende Ereignisse beschränken: die Bürgerkriege (in Macondo II) und den Konflikt der Bananenarbeiter (in Macondo III).

Die Auseinandersetzungen zwischen Föderalisten und Zentralisten (später Liberale und Konservative genannt) stellten das wichtigste historische Faktum Columbiens im 19. Jahrhundert dar, setzen sich im 20. weiter fort und fanden ihren tragischen Höhepunkt und vorläufigen Abschluß in den Jahren der »violencia« nach der Ermordung des liberalen Anführers Jorge Eliécer Gaitán 1948. Der blutige Aufstand in Bogotá, »bogotazo«, und die folgenden Jahre des nicht erklärten Bürgerkrieges, der offiziell bis 1953, inoffiziell jedoch bis 1957 andauerte, forderten etwa 300000 Tote. Die Angaben über die Opfer der »violencia« schwanken jedoch beträchtlich und sind heute wohl kaum mehr präzisierbar. Nach der Diktatur populistischer Prägung von General Rojas Pinilla (1953–57) schlossen die Konservativen und Liberalen einen Pakt, der ihnen abwechselnd die Regierungsgewalt überträgt. Dieses Abkommen wurde zunächst auf zwölf Jahre begrenzt, dann aber um weitere acht Jahre, d. h. bis 1978 verlängert. Diese wenigen Angaben zum historischen Hintergrund Columbiens müssen für das Verständnis des Romans vorausgesetzt werden.

Die in Macondo II geschilderten Ereignisse fallen in die Zeit von etwa 1850 bis 1902. Oberst Aureliano Buendía, der Protagonist der Bürgerkriege im Roman, kämpft zwanzig Jahre lang, nimmt an zweiunddreißig Aufständen teil, entkommt vierzehn Attentaten usw. Soweit García Márquez. Historisch fanden zwischen 1830–1903 neunundzwanzig Umstürze statt, neun große und vierzehn lokale Bürgerkriege, zwei Kriege mit Ecuador und drei Militärputsche sowie eine (gescheiterte) Verschwörung.[4] Die Einwohner Macondos kennen zunächst nicht einmal die Unterschiede zwischen den feindlichen Parteien: Offensichtlich erhielten die Konservativen einen »göttlichen Regierungsauftrag«, während die Liberalen Freimaurer sind und mit dem Teufel im Bunde stehen. Aber alle Unterschiede verwischen im Lauf der wechselnden Siege, der Krieg hat jeden Sinn verloren, und es gilt nur noch, ihn ehrenvoll zu beenden und Sicherheiten für die Verlierer auszuhandeln. Diese wurden zwar im Waffenstillstand 1902 schriftlich garantiert, jedoch nie eingehalten. Die Mißachtung der offiziellen Versprechen wie die immer wiederholten Wahlfälschungen durchziehen leitmotivisch die Geschichte Columbiens und lassen die Bewohner zu der Überzeugung kommen, an einer Farce teilzunehmen. Dies gilt noch heute: Die Wahlbeteiligung ging nach offiziellen statistischen Angaben in den zehn Jahren des »Frente Nacional« von 55,6 % auf 27 % zurück (1958–1968); 1976 lag sie bei knapp 16 %.

Um die Jahrhundertwende verstärkt sich der wirtschaftliche Aufschwung Macondos. Das Ende der inneren Zwistigkeiten und der technische Fortschritt bewirkten eine Wirtschaftsblüte. Die Ankunft der Amerikaner und ihr systematischer Bananenanbau veränderten das Leben der Bewohner entscheidend. Die imperialistische Politik der USA, die bereits die Trennung von Panamá und Columbien (1903) befördert und für die eigenen Zwecke genutzt hatte, intensivierte sich in den folgenden Jahren. Die Arbeiter in den Bananenplantagen bemerkten zunächst nur eine Besserung ihrer finanziellen Lage, schlossen sich dann allmählich in Gewerkschaften zusammen und forderten eine gerechtere Entlohnung sowie einige soziale Sicherheiten. Die United Fruit Company, die die ganze karibische Küste kontrollierte (und auch Eigentümerin des Eisenbahnnetzes war), erzielte Riesengewinne und lehnte selbst bescheidene Verbesserungen für die Arbeiter ab. Die Unruhen zogen sich über mehrere Monate hin und endeten 1928 in einem großen Streik.[5] Der Ausnahmezustand wurde verhängt, und ein Dekret erklärte alle Aufständischen zu Kriminellen. Dann begann das Massaker der rebellierenden Arbeiter auf dem Marktplatz von Ciénaga. Die Zahl der Toten wurde nie eindeutig geklärt: García Márquez erwähnt mehr als 3000 Opfer im Roman, in einem Geheimdokument an das Weiße Haus vom 16. 1. 1929 spricht der amerikanische Botschafter von »mehr als 1000 Toten«, und die Ermittlungen schwanken zwischen 1500 Toten und 3000 Verletzten (so der Gewerkschaftsführer Castillón) und nur 40 Toten (so General Cortés Vargas, der den Aufstand niederschlug). Die Widersprüchlichkeit der Versionen gipfelt in dem offiziellen Bericht, der gar keine Toten zu beklagen hat. »In Macondo ist nichts passiert und wird auch nichts passieren. Es ist ein glückliches Dorf.« Dies lehrt man heute noch in den Geschichtsbüchern Columbiens.[6]

García Márquez läßt mit der Schilderung des Aufstands der Bananenarbeiter die »historischen«, im Titel angekündigten hundert Jahre zu Ende gehen.

## Macondo IV

Die vierte und letzte Epoche Macondos, die Apokalypse, beginnt mit der Sintflut, der symbolischen Strafe für die Ermordung der streikenden Arbeiter. Macondo verfällt, wird von verschiedenen Plagen heimgesucht und zu einem »Paradies des Elends«. Der biblische Hurrikan verweht die Überreste, und von der Existenz des Dorfes bleiben keine Spuren übrig. In Macondo IV werden auch viele persönliche Erlebnisse des Autors aus der Zeit um 1950, als er in Barranquilla lebte, eingeflochten. Der Schauplatz wechselt unmerklich, bis der Protagonist dieser Zeit, der letzte Aureliano Buendía, das Haus verschließt. Macondo löst sich endgültig auf.

Der Untergang des Dorfes erlaubt mehrere Interpretationen: Zunächst ist *Hundert Jahre Einsamkeit* ein Roman, d. h. Fiktion. Gründung und Verschwinden Macondos sind somit Anfang und Ende des Romans, Konstruktionsprinzip. Auf der symbolischen Ebene schließen sich Genesis und Apokalypse zu einem Kreis, wie er aus der Bibel und anderen mythologischen Berichten bekannt ist. Auf der historischen Ebene dagegen wird die Deutung komplizierter. Heißt der Untergang Macondos, daß der Autor dem Kontinent keine Lösung seiner Probleme zugesteht? Gibt es wirklich »keine zweite Chance auf Erden«, wie es der letzte Satz des Romans behauptet?

Gillo Dorfles' Unterscheidung von mythagogischen und mythopoietischen Aspekten innerhalb unserer modernen Gesellschaften mag für eine Interpretation hilfreich sein. Für Dorfles stellt »mythagogisch« die negative, fetischistische Verwendung mythisierender Faktoren dar, während »mythopoietisch« das positive Verhalten bezeichnet, das verlorene symbolische Werte zurückgewinnen kann.[7] Macondo hätte sich demnach von einer mythopoietischen in eine mythagogische Gesellschaft verwandelt, d. h. sich selbst entfremdet. Ein neues Gesellschaftssystem wird erforderlich, das nicht länger auf der *soledad* (Einsamkeit) seiner Bewohner beruhen darf, sondern die *solidaridad* (Solidarität) an deren Stelle setzen muß.

Die Einteilung des Geschehens in vier Epochen, von denen die erste und vierte vorwiegend mythologisch, die zweite und dritte vorwiegend historisch sind, erlaubt es nicht länger, Macondo als Mikrokosmos zu bezeichnen: Es muß als Makrokosmos verstanden werden. Die mythische Dimension umfaßt die Welt von der Entstehung bis zu ihrem Untergang, die historische verbindet die hundertjährige Entwicklung des Dorfes mit der Geschichte Columbiens und Lateinamerikas, da viele Ereignisse prototypisch für den Kontinent stehen. Macondo spiegelt die Geschichte der hispanoamerikanischen Nation, denn alles Geschehen wird auf den »Nabel des Alls« zurückbezogen.

### III  Die Personen in der Zeit

Die Unterscheidung der historischen und der mythischen Dimension Macondos kann auch auf die Bewohner übertragen werden. Sie läßt sich besonders deutlich an Hand der Zeit nachprüfen. Die mythische Zeit ist zyklisch, sie kennt keine Grenzen zwischen Vergangenheit, Gegenwart und Zukunft. Alles verschmilzt zu einem immerwährenden Präsens. Die Zeitangaben im Text fallen durch ihre mangelnde Präzision auf: viele Jahre später, zu jener Zeit, dreißig Jahre später, nach langer Zeit usw. Die Funktion dieser stereotypen Formeln besteht einerseits in dem unbestimmten Zeithinweis und andererseits in der erzähltechnischen Verwendung für Vorausdeutungen, Raffungen und Rückblenden des Erzählers. Selbst die exemplarischen »historischen« Ereignisse werden nicht konkretisiert.

Ewige Gegenwart und zyklische Wiederkehr als typische Attribute der mythischen Zeit können an dem Gründerpaar modellhaft aufgezeigt werden.

José Arcadio Buendía gerät während einer seiner periodisch wiederkehrenden Zeiten intensiven Erfindertums zu der Erkenntnis, daß die Zeit durch einen Unglücksfall in ewiger Gegenwart verharrt. (65/6)[8]

Ursula Iguarán ist zunächst von dem chronologischen Zeitverlauf überzeugt. Ihre Erfahrung lehrt sie jedoch, die Dinge anders zu beurteilen, denn die Zeit kreist und kehrt immer wieder zu ihrem Ausgangspunkt zurück. Diese ewige Wiederkehr schwächt jedoch die Kraft der Zeit, sie wird immer schlechter. (192) Zukünftige Ereignisse erklären sich durch vergangene, die Geschichte der Familie stellt einen unaufhörlichen Kreislauf dar.

Die typischen Vertreter der historischen Zeit, Oberst Aureliano Buendía als Protagonist der Bürgerkriege und José Arcadio Segundo als Beteiligter des Aufstands der Bananenarbeiter, entsprechen diesem Schema.

Nachdem Oberst Aureliano Buendía die Bürgerkriege beendet hat, widmet er sich erneut seiner Tätigkeit als Goldschmied. Er verkauft seine *kunstvollen Fischchen* aber nicht mehr, sondern schmilzt sie immer wieder ein. Ein Kreis schließt sich.

Seit José Arcadio Segundo zurückgezogen und verborgen lebt, verliert er das Zeitbewußtsein. Für ihn bleiben die Ereignisse bei der Ermordung der Arbeiter, die »offiziell nicht stattgefunden« hat, stehen. Er stellt fest, daß sein Urgroßvater richtig erkannt hatte: Auch der Zeit kann ein Unglück zustoßen, so daß sie zum Stillstand kommt. Damit wird die Zeit statisch.

Die beiden Aspekte der Zeit stehen in enger Verbindung miteinander und treten im Leben einzelner Personen in unterschiedlichen Momenten auf. In Gestalt von Melquíades, der eine Sonderstellung im Roman einnimmt, bilden sie eine Einheit. Melquíades bewegt sich frei in der Zeit, in der historisch-chronologischen und in der mythischen, sogar zwischen Leben und Tod. Die chronologische Zeit wird durch seine zahlreichen Reisen nach Macondo deutlich: Er altert und stirbt. Sein dreifacher Tod zeigt seine Fähigkeit, eigenmächtig zwischen Leben und Tod zu wechseln: ein weiterer Kreislauf. Sein Zimmer, in dem er seine geheimnisvollen Pergamente aufbewahrt, wird bis kurz vor dem Untergang des Dorfes vor Staub und Schmutz geschützt: Die Zeit steht still. Melquíades steht außerhalb der »funktionierenden« Zeit.

## IV  Die Personen des Romans

Im folgenden möchte ich die Vielzahl der im Roman auftretenden Personen in drei Gruppen unterteilen: archetypische, typische und sonstige Gestalten.

Zu den archetypischen Gestalten zählen die Mitglieder der Familie Buendía in sechs Generationen. Das Urmenschenpaar lädt durch seine inzestuöse Heirat (wie in vielen mythologischen Schilderungen) Schuld auf sich und muß einen neuen Ort suchen: Die Chronik Macondos beginnt.

José Arcadio Buendía besitzt archetypische und individuelle Charakteristika. Entscheidendes Merkmal ist seine grenzenlose Phantasie, die sich mit großem Wissensdrang verbindet und zu erstaunlichen wissenschaftlichen Leistungen führt. Gleichwertiges anderes Charakteristikum ist seine maßlose physische Kraft, die er bis an sein Lebensende ungebrochen bewahrt. Im Alter wird er eine mythische Gestalt, die die verborgenen Namen der Dinge erkennt, ihre geheimen Zusammenhänge und Hintergründe. Seine beiden Haupteigenschaften vererben sich auf die zwei Söhne, José Arcadio (die physische Kraft) und Aureliano (die Phantasie).

Ursula Iguarán ist das Zentrum der Familie Buendía, ihr Einfluß ist in allen Generationen zu spüren. Ihre Bedeutung im Roman wird dadurch unterstrichen, daß sie nur auf den letzten fünfzig Romanseiten nicht mehr erscheint. Der Name weckt Assoziationen an *iguana* (Leguan), d. h. die symbolische Furcht vor anomalen Kindern, die sie aufgrund ihrer inzestuösen Bindung zu José Arcadio haben muß. Diese Sorge vererbt sich leitmotivisch auf die weiblichen Nachkommen, das »Kind mit dem Schweineschwanz« beunruhigt alle Generationen. Charakteristikum Ursulas ist der ausgeprägte Realitätssinn, den sie in allen Situationen bewahrt.

José Arcadio Buendía und Ursula Iguarán sind als polare Gestalten angelegt: Phantasie versus Realitätssinn. Dies ließe sich an immer neuen Beispielen aufzeigen: Während José Arcadio seiner Tochter Wiegenlieder singt, hört man von Ursula nie einen Ton; während er wochenlang eine Verbindung zwischen der Außenwelt und Macondo sucht (vergeblich), findet sie sie bereits nach zwei Tagen usw.

Die Namen der Familie vererben sich auf alle Generationen: (José) *Arcadio* heißen noch fünf weitere Personen, die jedoch alle nur Nebenfiguren sind. Ihre physische Kraft degeneriert allmählich, sie zeugen die *Nachkommen der Familie* und sterben einen gewaltsamen Tod.

*Aureliano* ist als archetypische Gestalt konzipiert und Protagonist der Bürgerkriege. Der Autor führt ihn bereits im ersten Satz des Romans ein und unterstreicht dadurch seine Bedeutung. Er ist das erste in Macondo geborene Kind. Als mythische Figur weisen ihn von Geburt an außergewöhnliche Eigenschaften aus. Er sieht u. a. die Dinge voraus, und diese Sensibilität begleitet ihn mit kurzen Unterbrechungen, bis er durch seine schrankenlose Macht, die er während des Krieges erlangt, die übernatürlichen Fähigkeiten verliert. Macht und Einsamkeit werden zu einer unauflösbaren, schmerzhaften Einheit und bestimmen sein Leben. Die Macht hält ihn in ihren eigenen Mechanismen gefangen und läßt seine Einsamkeit immer undurchdringbarer werden, bis sie ihn gänzlich von der Umwelt isoliert: Oberst Aureliano Buendía friert und schließt sich in einen Kreidekreis ein. (129/30) Erst im hohen Alter erkennt er, daß er nur als Goldschmied ein bescheidenes Glück gekannt hatte, und nimmt diese Tätigkeit wieder auf. Sein Lebenskreis schließt sich.

Im Roman tragen noch weitere 21 Familienmitglieder den Namen

Aureliano. Die 17 illegitimen Söhne des Obersten sterben alle in ihrer Jugend. Sie hatten zuvor bei einem Besuch in Macondo ein nicht zu entfernendes Aschenkreuz erhalten und wurden somit für die Feinde des Obersten, die jede Spur von ihm zu vernichten trachteten, kenntlich.

Der letzte Nachkomme der Familie, Aureliano Babilonia, ist wiederum eine mythische Gestalt. Er wurde in einem Bastkörbchen (cf. Moses) im Haus von Ursula abgegeben und von seiner Großmutter in völliger Abgeschlossenheit aufgezogen. Aureliano vereinigt die Charakteristika mehrerer Familienmitglieder: die physische Potenz der Arcadios und das Stigma der Einsamkeit der Aurelianos. In ihm wird die seit José Arcadio Buendía verlorene Einheit wiederhergestellt. Er widmet sich der Entzifferung der Schriften von Melquíades; schließlich gelingt sie ihm. Ursula Amaranta und er verwandeln ihre sexuellen Beziehungen in eine dauerhafte, durch *Liebe* geprägte Bindung. Sie sind die »einzigen glücklichen Wesen«, die je in Macondo lebten und die Einsamkeit überwanden. Aureliano vollendet, was in der Familie angelegt war:

1) Er verwirklicht die inzestuöse Bindung.
2) Er überwindet die Einsamkeit.
3) Er entschlüsselt die Pergamente von Melquíades.

Die Namen der Personen erlauben Rückschlüsse auf die Charaktere. Dies gilt nur bei den Zwillingen José Arcadio Segundo und Aureliano Segundo nicht. Aber wahrscheinlich tauschten sie als Kinder bereits ihre Namen – wodurch sich erklären läßt, daß José Arcadio Segundo Anführer der Rebellen zur Zeit der Bananenunruhen wird. Er hat jedoch keinerlei Interesse am Krieg, der für ihn Synonym eines einzigen Wortes wird: Angst (237). Nach der Ermordung der Arbeiter verschließt er sich vor der Umwelt und versucht, die Schriften des Zigeuners zu lesen. Sein Zwillingsbruder Aureliano, ein unternehmungslustiger und lebensfroher Verschwender, kann momentan die Einsamkeit durch Solidarität mit einer Geliebten ersetzen. Beide Brüder sterben zur gleichen Zeit.

Bei den Frauengestalten im Roman müssen zunächst zwei Gruppen unterschieden werden: Ursula Iguarán, die archetypische Mutter, Hüterin des Hauses und Repräsentantin des Matriarchats, und ihr Gegenpol Pilar Ternera, Symbol der mater natura, die die Söhne der Familie sexuell initiiert und die Zukunft (später auch die Vergangenheit) aus den Karten liest. Die Zeiten bilden wiederum einen Kreis. Ursula und Pilar verdeutlichen auch zwei soziale Stellungen der Frau in der Gesellschaft Macondos (Lateinamerikas): die der legitimen Ehefrau und die der Geliebten. Die offizielle Bindung ist starr und freudlos, die freie dagegen beweglich und vergnüglich.

Amaranta, die Tochter des Gründerpaares, ist durch inzestuöse Neigung charakterisiert; sie wagt jedoch nie, dieser Neigung nachzugeben und ist deshalb völlig frustriert.

Ihre Kontrastgestalt ist die Adoptivtochter Rebecca, die allen Geboten zum Trotz ihrer Leidenschaft freien Lauf läßt.

Erwähnt werden muß noch das außerzeitliche Wesen Remedios, die Schöne, Symbol der Unschuld und der Anziehungskraft des Ewig-Weiblichen. Ihre Himmelfahrt (182/3) betont ihre Übernatürlichkeit.

Eine wichtige weibliche Gestalt ist Amaranta Ursula, die wiederum eine Synthese verschiedener Charakteristika der Familie darstellt: von Ursula, Remedios, der Schönen, und Amaranta. Sie verwirklicht die inzestuöse Bindung, ist tatkräftig wie Ursula und faszinierend wie Remedios, die Schöne. Jetzt kann sich das Schicksal erfüllen: Ihr Kind von (ihrem Onkel) Aureliano Babilonia wird mit dem gefürchteten Schweineschwanz geboren.

Die Familienmitglieder sind als archetypische Figuren zu verstehen, die statisch konzipiert sind. Oft werden sie durch ein Epitheton gekennzeichnet: Oberst Aureliano Buendía trinkt stets eine große Tasse schwarzen, ungesüßten Kaffees, Fernanda del Carpio ist unvorstellbar ohne ihren goldenen Nachttopf, Amaranta trägt bis zu ihrem Tode die schwarze Binde um das Handgelenk als Beweis für ihre Jungfräulichkeit, Remedios, die Schöne, verströmt einen betörenden Geruch usw. Sie bilden den Kern der Bevölkerung Macondos und beeinflussen oder bestimmen die Ereignisse.

Da der Roman jedoch ein abgerundetes Bild der Gesellschaft geben, ein enzyklopädisches Werk sein will, müssen auch die übrigen Bewohner kurz erwähnt werden. Die typischen Personen, der Landrichter, der Priester, der Lehrer, der Arzt usw. geben dem Autor Gelegenheit zu konkreter Kritik an den gesellschaftlichen Institutionen, während die archetypischen Gestalten die wesentlichen Probleme der Menschheit, wie Einsamkeit, Macht und Tod exemplifizieren. In Macondo II und III, in denen die sozialen Einrichtungen dominieren, ironisiert García Márquez die korrupten Bürgermeister, die eigennützigen Kirchenvertreter, die skrupellosen Rechtsanwälte und besonders die gefährlichste Institution einer Gesellschaft: die Militärs.

Die Ausländer in Macondo repräsentieren einen speziellen Einfluß, der für den Kontinent wichtig wurde: Die Amerikaner zeichnen sich durch Profitdenken und Ausbeutung aus. Auch historische Gestalten – wie der Pirat Francis Drake, der den Norden Columbiens verwüstete –, literarische – wie Victor Hugues aus Carpentiers *Explosion in der Kathedrale*, Lorenzo Gavilán aus Fuentes' *Nichts als das Leben* und Rocamadour aus Cortázars *Rayuela. Himmel-und-Hölle* – werden in den Roman eingefügt. Desgleichen treten Personen aus den eigenen früheren Werken auf, die Große Mama, der auf die Pension wartende Oberst, der subversive Zahnarzt und der französische Arzt. Die Freunde aus Barranquilla und die Verlobte Mercedes werden desgleichen einbezogen.

Zusammenfassend darf man behaupten, daß jeder Person im Roman eine bestimmte Funktion zuerteilt wird, die minutiös untersucht werden kann. Die Figurenfülle gehorcht deutlich einem Ausdruckswillen des Autors.

## V  Die Themenkreise des Romans

Im Roman werden historische, gesellschaftliche und existentielle Probleme behandelt. Die ersten beiden Themenkreise sind bereits an Hand der typischen Figuren bzw. geschichtlichen Zeiten in Macondo II und III aufgezeigt worden. Die Grundfragen der menschlichen Existenz bleiben dagegen ungelöst; García Márquez stellt die Begriffe Einsamkeit und Tod in den Mittelpunkt seines Bemühens, eine Antwort darauf zu finden. Die Einsamkeit, als Hauptthema des Romans, wird bereits durch den Titel hervorgehoben. Sie prägt alle Mitglieder der Familie Buendía, als einzige gemeinsame Charaktergemeinschaft. Aber sie ist auch ein soziales und metaphysisches Problem. »Das Gefühl der Einsamkeit, die Sehnsucht nach dem Leib, dem wir entrissen wurden, ist Sehnsucht nach einem bestimmten Ort. Entsprechend einer uralten Auffassung, die sich bei fast allen Völkern findet, ist es der Mittelpunkt der Welt, der Nabel des Alls. Manchmal setzt man das Paradies mit diesem Ort und beide mit dem mythischen oder wirklichen Ursprungsort der Gruppe gleich.« So definiert Octavio Paz in seinem Essay *Das Labyrinth der Einsamkeit*. Im Roman von García Márquez manifestiert sich die Einsamkeit auf allen Ebenen als inneres oder äußeres Kennzeichen der Personen, als Hinweis auf Ort und Zeit, Natur, Klima, Objektwelt, als zwischenmenschliche Beziehung, als soziale Gegebenheit, als Problem im Alter und im Tod. Der traurige Blick, der hermetische Mensch, die Wüste der Einsamkeit, das Paradies der Einsamkeit, das Heimweh nach der Einsamkeit, das traurige Wasser, der einsame Kastanienbaum, das einsame Bett, die Komplizen in der Einsamkeit, die Einsamkeit der Liebe, die elende Einsamkeit, die Einsamkeit der Macht, die unergründbare Einsamkeit sind die verwendeten Termini, aus denen man als erstes ihre Negativität folgern darf. Die Buendías »leiden« daran wie an einer Krankheit, ohne genesen zu können, besonders Oberst Aureliano Buendía, der als Verkörperung der Einsamkeit erscheint. Bereits als Embryo weinte er im Bauch seiner Mutter; während der Bürgerkriege steigerte sie sich bis zur Unerträglichkeit: der symbolische Kreidekreis. Auch im Alter kann er sie nicht durchbrechen. Seine höchste Macht verbindet sich mit der größten Einsamkeit, die durch die Strafe für die übermäßige Macht, seinen Ausschluß aus dem mythischen Kontext, noch verstärkt wird. Er ist so einsam, daß selbst sein Tod erst Tage danach zur Kenntnis genommen wird.

Jedes Familienmitglied lebt seine Form der Einsamkeit, ohne sie mit anderen Menschen teilen oder sie gar aufheben zu können. Sie verändert, prägt und belehrt die Betroffenen: Fernanda del Carpio wird menschlicher, Ursula stößt zu tiefen Kenntnissen vor, Aureliano Segundo und seine Geliebte Petra Cotes schaffen ein »Paradies der geteilten Einsamkeit«, eine Solidarität (die durch märchenhaften Reichtum belohnt wird). Die Unfähigkeit Buendías zu dauerhaften, solidarischen zwischenmenschlichen Beziehungen verurteilt sie zum Untergang. Nur die letzten Vertreter der Familie überwinden durch ihre Liebe die Einsamkeit und sind daher »glückliche« Menschen.

Der Verlauf der Geschichte Macondos akzentuiert die wachsende Einsamkeit. Zahlen verdeutlichen diese Tendenz: Während im ersten Kapitel nur 2–3 Hinweise auf die Einsamkeit gegeben werden, sind es im letzten etwa 20–30. Die Introversion als Charakteristikum der Einsamkeit und dominierendes Familienmerkmal vereitelt jeden Versuch, eine Lösung für Macondo (Lateinamerika) zu finden. Ersetzt man dagegen im bereits erwähnten problematischen Schlußsatz die Introversion durch Kommunikation, so könnte ein positiver Ausgang für das Geschlecht der Buendía und die Geschichte des Kontinents gefunden werden. Dann würde die pessimistische Verurteilung des Autors einer konstruktiven Hoffnung weichen.

Das Problem der Einsamkeit ist eng mit dem des Todes verbunden. Jeder Mensch steht ihm allein gegenüber: Die metaphysische Einsamkeit ist Vorstufe zu einer »Solidarität« mit dem Tod.

In Macondo I war der Tod noch unbekannt, er wurde erst durch Melchíades, d. h. eine Person außerhalb der Familie und des Dorfes eingeführt. Der Einbruch des Todes ist außergewöhnlich wie in fast allen mythologischen Zeugnissen. »Macondo [war] für die Toten ein unbekanntes Dorf, bis Melchíades kam und es auf der buntscheckigen Landkarte des Todes mit einem schwarzen Pünktchen einzeichnete.« (65) Von diesem Augenblick an beginnt die Rückkehr der Toten nach Macondo. Das Gefühl der Einsamkeit verstärkt sich im Tode noch, das Heimweh nach dem Diesseits wird zur Obsession. Kennzeichnend für die Toten ist der traurige Blick und die Furcht vor dem Vergessen, »dem anderen Tod im Tod«. Sie altern weiter und führen ihre gewohnten Tätigkeiten so lange fort, bis der physische Zerfall das definitive Ende setzt. So erscheint der Tod als Verlängerung des Lebens in einem anderen Kontext.

Der Tod der archetypischen Romanfigur wird von außergewöhnlichen Ereignissen begleitet oder vorhergesagt, bzw. von ihnen selbst angekündigt: José Arcadio Buendía irrt durch lange Spiegellabyrinthe, bis er den Ausgang nicht mehr findet. Sein Sohn Aureliano sagt seinen Tod voraus, der alte Dienstbote Cataure kehrt ungerufen zur Beerdigung nach Macondo zurück, ein leichter gelber Blütenregen verwandelt die Straßen in einen Teppich. Als Toter kehrt der Gründer wieder an seinen gewohnten Platz unter dem Kastanienbaum zurück.

Ursula Iguarán kündigt ihren Tod für die Zeit nach dem »Ende des Regens« an, scheint ihr Versprechen dann jedoch nicht einlösen zu wollen. Erst als Amaranta und Aureliano Babilonia sie in ihren Spielen für tot erklären, entschließt sie sich: Es ist Gründonnerstag, die ganze Natur wirkt verändert, ein »Regen toter Vögel« fällt auf das Dorf.

Es besteht eine Übereinstimmung zwischen Leben und Tod der Figuren: Das überirdische Wesen, Remedios die Schöne, fährt zum Himmel, die aristokratische Fernanda del Carpio erstarrt zu Marmor, die Zwillinge werden in ihren Särgen noch einmal vertauscht, Amaranta schließt einen Pakt mit dem personifizierten Tod und nimmt Botenaufträge für die Verstorbenen an, Pilar Ternera stirbt inmitten eines Festes usw. Die Grenzen zwischen Lebenden und Toten verfließen. Das Thema des Todes durchzieht den Roman und wird in der Variante des gewaltsamen Todes, der in Macondo dominiert, bereits im ersten Satz (Erschießungskommando) hervorgehoben. Der Tod José Arcadios', dessen Blut sich verselbständigt, um der Mutter Ursula Kenntnis vom Vorgefallenen zu geben – und dessen Körper noch jahrelang beharrlich nach Schießpulver riecht –, die Toten der Bürgerkriege und das Massaker an den streikenden Arbeitern vermitteln die Empfindung des Terrors, der *violencia*, die für den Kontinent kennzeichnend ist.

## VI Struktur

### Der Aufbau

Der Roman ist in zwanzig Kapitel eingeteilt, ohne daß diese Einheiten bezeichnet oder numeriert wären. Die erste und letzte Seite eines Kapitels bleiben ohne Seitenangabe. Jede Einheit besteht aus etwa 14–18 Seiten (der spanischen Ausgabe) und wird in nur wenige Abschnitte unterteilt. So entsteht der Eindruck der Gleichförmigkeit: Jede Unterbrechung ist signifikativ. Die einzelnen Kapitel fügen sich wie die Glieder einer Kette zu einem Kreis zusammen, wie auch das Romangeschehen einen Kreis bildet.

Jedes Kapitel ist autonom und in sich geschlossen. Rückgriffe auf bereits Bekanntes als Gedächtnishilfen für den Leser und Vorausdeutungen, um sein Interesse und seine Neugier zu wecken, erinnern an Erzähltechniken aus den Feuilleton- oder Fortsetzungsromanen des 19. Jahrhunderts. Sie wurden von Vargas Vila, einem populären columbianischen Autor, dessen zahlreiche Romane in Millionenauflagen überall in Lateinamerika gelesen wurden, geschickt nachgeahmt. Es wäre interessant, einen möglichen Einfluß dieses Epigonen bei García Márquez aufzuzeigen.

Die Struktur des Romans *Hundert Jahre Einsamkeit* kann als Kreis definiert werden, der sich aus kleineren Einheiten, den Kapiteln, zusammensetzt. Auch sie sind kreisförmig und umfassen ihrerseits wiederum andere Kreise: Abschnitte und Sätze. So entsteht ein Gebilde aus konzentrischen Kreisen, die von der Mikrobis zur Makrostruktur reichen.

Nur ein Beispiel: Der erste Satz des Romans öffnet einen Kreis. »Viele Jahre später sollte der Oberst Aureliano Buendía sich vor dem Erschießungskommando an jenen fernen Nachmittag erinnern, an dem sein Vater ihn mitnahm, um das Eis kennenzulernen.« Die erste Aussage, der Hinweis auf das Erschießungskommando, öffnet den Kreis, der sich auf Seite 102, als das Ereignis stattfindet, schließt. Die zweite Aussage, das Kind lernt das Eis kennen, wird ausführlich am Ende des ersten Kapitels berichtet, stellt also einen kleineren Kreis dar. Als der Oberst stirbt, erinnert er sich noch einmal an diesen Augenblick als an das zentrale Ereignis seines Lebens: Ein weiterer Kreis, denn unser erstes Kennenlernen des Obersten ist, wie sein letztes Auftreten im Roman, mit dem Bild des Eises verbunden.

Viele Ereignisse werden flüchtig erwähnt, um später bestätigt, ausführlich erläutert oder negiert zu werden. Der Leser erfährt sozusagen zunächst das Wesentliche, die Synthese, um a posteriori die Einzelheiten kennenzulernen. Das wird besonders bei der Schilderung der Bürgerkriege deutlich, nämlich zunächst in einem Satz (Kap. 6, S. 84), dann über fünfzig Seiten. So werden ständig neue Kreise geöffnet und wieder geschlossen, jede Episode besitzt Anfang und Ende.

Die Kapitel des Romans können mit den vier Epochen Macondos verbunden werden: Macondo I wird in den ersten drei Kapiteln behandelt und an Hand von José Arcadio Buendía expliziert. Das zweite Kapitel bietet die Vorgeschichte. Die paradiesischen Zustände enden mit der Ankunft des Landrichters etwa gegen Ende des dritten Kapitels.

Im vierten Kapitel beginnt die historische Zeit. Macondo entwikkelt sich zur Kleinstadt. Desgleichen bricht der Tod über Macondo herein. Das fünfte Kapitel schildert den wachsenden, aber bescheidenen wirtschaftlichen Wohlstand.

Das sechste bis einschließlich neunte Kapitel behandeln das Thema der Bürgerkriege und ihren Protagonisten, den Obersten Aureliano Buendía. Sie enden mit dem Waffenstillstand von Neerlandia und dem gescheiterten Selbstmordversuch des Obersten.

Das zehnte Kapitel stellt eine Zäsur in der Romanstruktur dar und lehnt sich deutlich an das erste Kapitel an, wie schon der Vergleich der ersten Sätze veranschaulicht:

Viele Jahre später sollte der Oberst Aureliano Buendía vor dem Erschießungskommando sich an jenen fernen Nachmittag erinnern, an dem sein Vater ihn mitnahm, um das Eis kennenzulernen.
Jahre später sollte sich Aureliano Segundo auf seinem Sterbebett jenes reg

nerischen Juninachmittags erinnern, an dem er ins Schlafzimmer trat, um seinen ersten Sohn zu begutachten.

Der erste Satz des Romans führt den Protagonisten des wichtigsten historischen Ereignisses aus Macondo II ein, der erste Satz des zehnten Kapitels führt die Zwillinge ein, deren Identität nie restlos geklärt wird und von denen José Arcadio Segundo Protagonist des anderen wichtigen historischen Ereignisses, des Bananenaufstandes, ist.

Das elfte und zwölfte Kapitel schildern die weitere Entwicklung Macondos und die beginnende Wirtschaftsblüte. Die Epoche des technischen Fortschritts hat begonnen. Das dreizehnte bis fünfzehnte Kapitel berichten von den Spannungen in den Bananenplantagen und dem Streik der Arbeiter, der mit ihrer Niedermetzelung endet.

Im sechzehnten Kapitel beginnt die Sintflut: Das historische Jahrhundert ist verstrichen.

Die letzten drei Kapitel behandeln Verfall und Untergang Macondos, der mit den »trockenen Winden« anfängt und mit dem Hurrikan sein Ende findet.

Romanstruktur und Romanhandlung stimmen überein. Zwei Hauptteile entsprechen zwei historischen Hauptereignissen: Sie sind jeweils in einen mythischen und einen geschichtlichen Abschnitt unterteilt.

Die Struktur erweist sich demnach als Spiegel, dessen beide Hälften übereinandergelegt werden können. Es entsprechen sich

Macondo I – Macondo IV
Macondo II – Macondo III

Der Roman ist strukturell durch zwei Figuren bestimmt: Kreis und Spiegel.[9] Während der Kreis als Indiz des Mythischen gelten mag, gibt der Spiegel einen Hinweis auf das zentrale Bild des Romans: Macondo als »Stadt der Spiegel«, das José Arcadio Buendía mit »Eis« assoziiert und das bereits im Eingangssatz (dem nach García Márquez große Bedeutung zukommt) erwähnt wird. Vor seinem Tod träumt der Gründer von »unendlichen Zimmern«, die ihm wie eine »Galerie paralleler Spiegel« erscheinen.

Eine Erzählung von Borges, *Tlön, Uqbar, Orbis Tertius,* mag für eine Interpretation mit herangezogen werden. Für Borges sind die Spiegel monströs, denn sie multiplizieren die Zahl der Menschen. Die Spiegel vervielfältigen das Bild immerzu, jeder weitere Spiegel zeigt eine schwächere Version vom vorherigen Bild, bis schließlich alle festen Konturen verwischen. Zieht man eine Verbindung zwischen der Spiegelstruktur des Romans und den sich stets wiederholenden Ereignissen und Namen in Macondo, erkennt man, daß sie schwächer und undeutlicher werden und sich zuletzt in einer Fata Morgana auflösen. So erhellt sich der letzte Satz:

[...] da es bereits feststand, daß die Stadt der Spiegel (oder der Spiegelungen) vom Wind vernichtet und aus dem Gedächtnis der Menschen in dem Augenblick getilgt sein würde, in dem Aureliano die Pergamente endgültig entziffert hätte [...]

Alles wiederholt sich so lange in Macondo, bis es völlig verbraucht, »bis die Achse verschlissen« ist. Die »ewige Wiederkehr«, der Zyklus Macondos führt in das Nichts zurück. Weitere strukturelle Merkmale, wie die Episodenfülle (zur Erzeugung von ›Komik‹, als für den »enzyklopädischen Roman« charakteristisch, als Bindeglied zwischen Mythos und Geschichte usw.), die dialektischen Oppositionen von Themen und Figuren, die Dreiecksbeziehungen oder Sammelpunkte können hier nicht behandelt werden, obgleich sie als Beweis für den minutiösen Aufbau des Romans den ersten Leseeindruck eines chaotischen Übermaßes an Phantasie gründlich widerlegen.

## Der Erzähler

Die Analyse der ersten Romansätze gibt Anhaltspunkte für die Bestimmung des Erzählers. Das Geschehen wird in der dritten Person Präteritum berichtet. Im ersten Satz erfährt der Leser von einem zukünftigen Ereignis und hört von einem vergangenen. Der Erzähler ist demnach allwissend und verfügt frei über die Zeiten, die er auch zu einer Gleichzeitigkeit verschmelzen kann. Er enthält sich aber der Wertungen, Kommentare oder Stellungnahmen: Seine Funktion ist die des neutralen Berichterstatters, des Chronisten.

Weiter fällt auf der ersten Seite auf, daß der Zigeuner Melchíades sich selbst einführt (im Unterschied zu allen anderen Gestalten, die vorgestellt werden). Seine Position muß daher näher untersucht werden.

Als Zigeuner besitzt er magische Kräfte, wie sie generell seiner Rasse zugeschrieben werden, deren Ursprünge nie restlos geklärt wurden. Sein Name kann mit dem biblischen Patriarchen und Hohepriester assoziiert werden. Grotesk wird sein Äußeres als eine

Verbindung von Mensch und Tier beschrieben. Er hat »Spatzenfinger«. Melchíades erfüllt drei Aufgaben im Roman:

a) Er führt die Zigeunergruppe nach Macondo und beeinflußt José Arcadio Buendía entscheidend durch sein Wissen und seine Gelehrsamkeit. Alle Dorfbewohner erkennen seine Überlegenheit an. Er stellt den ersten Kontakt zur Außenwelt her. Charakteristisch für ihn ist die große menschliche Wärme, die sich in einem Interesse für selbst winzige Alltagsprobleme zeigt. Sein Tod in Singapur (am Ende des ersten Kapitels) setzt dieser Funktion eine Ende.

b) Im dritten Kapitel tritt Melchíades wieder auf. Er konnte die Einsamkeit des Todes nicht ertragen. Jetzt lebt er gemeinsam mit den Buendía, bringt wie stets »die Dinge in ihre Ordnung« und altert sehr schnell. Seine übernatürlichen Gaben gingen aufgrund seiner Treue zum Leben verloren. Plötzlich jedoch scheint er wie verklärt alles zu verstehen. Fieberhaft beschreibt er Pergamente mit unverständlichen Zeichen. Als diese Arbeit beendet ist, stirbt er erneut, da er jetzt »die Unsterblichkeit erreicht« hat (60). Seine zweite Funktion bestand im Beschriften der Pergamente.

c) Von diesem Zeitpunkt an wandelt Melchíades als Schemen durch das Haus, da er die Pergamente schützen und bei ihrer Entzifferung helfen muß, wenn der richtige Augenblick gekommen ist. Sein Zimmer im Haus bleibt vor Zerstörung geschützt, bis Aureliano Babilonia die geheimnisvollen Schriften lesen kann. Jetzt wird auch sein Raum wieder aus der Zeitlosigkeit in die Zeitlichkeit zurückversetzt.

Als der letzte Aureliano die Pergamente entschlüsseln kann, liest er die Chronik seiner Familie und des Dorfes. Am Ende des Romans erweist sich Melchíades demnach als der eigentliche Erzähler des Romans. Er verfaßte die Texte in Sanskrit und verschlüsselte sie nach einem bestimmten Code. Auch diese Besonderheiten sind signifikativ.[10] Melchíades ist eine mythische Gestalt, zu Metamorphosen fähig, bewegt sich frei zwischen Leben und Tod in einem steten Kreislauf und steht außerhalb der Zeit. Er läßt die Ereignisse eines Jahrhunderts gleichzeitig stattfinden, d. h. in einer mythischen Gegenwart verfließen. »Der erste der Sippe wird an einen Baum gebunden, und den letzten werden die Ameisen fressen.« Dieses Motto der Pergamente wird durch die Typographie – kursiv – noch unterstrichen. Die Schriften Melchíades', oder literarische Texte allgemein, geben die Möglichkeit, die *Wahrheit* festzuhalten; sie dienen der Verlängerung der Erinnerung, als Schutz vor dem Vergessen, dem endgültigen Tod. García Márquez diskutiert diesen Punkt ausführlich und führt sogar einen Gabriel ein, der wie Aureliano an die historischen Ereignisse glaubt, die von allen übrigen geleugnet werden (294/5). So ist *Hundert Jahre Einsamkeit* auch ein Roman über die Literatur.

Vereinfachend, schematisierend läßt sich sagen, daß das Geschehen im Roman von einem allwissenden und allgegenwärtigen Erzähler berichtet wird, als dessen alter ego Melchíades auftritt. Die Sicht der geschilderten Personen dominiert, d. h. der Erzähler schlüpft in die Einzelgestalten und spricht aus ihrer Perspektive. Ihm sind keine Grenzen gesetzt: Er erklärt die Zukunft, beschreibt die Vergangenheit, gibt implizite und explizite Andeutungen, erlaubt keinen Zweifel an seiner Allwissenheit: Die Dinge *sind* so, wie er sie schildert, auch wenn sie noch so unwirklich erscheinen mögen. Was er sagt, stimmt.

## VII Sprache

Die Sprache des Romans kann zunächst als vorwiegend reines »Castellano«, d. h. frei von Lateinamerikanismen oder Kolloquialismen charakterisiert werden. Es fehlen komplizierte oder barocke Termini. Die Wahl der Adjektive zeugt von der großen Sorgfalt des Autors, jeweils das einzig treffende Wort zu wählen. Der Leser erhält den Eindruck einer einfachen, leichtverständlichen, populären Sprachverwendung. Im syntaktischen Bereich fällt die Vorliebe für die Parataxe auf, die sich oft in parallele Konstruktionen unterteilt.

Während die Aurelianos verschlossen,
*aber* gescheit waren,
waren die José Arcadios impulsiv und unternehmungslustig,
hatten *aber* dafür eine Neigung zum Tragischen.(142)

Die zweite Satzhälfte verdoppelt die erste; oder:

Tätig, genau, unbezähmbar *wie* Ursula,
und fast so schön und herausfordernd *wie* Remedios die Schöne, besaß sie die seltene Gabe, Modisches vorwegzunehmen.(285)

Auch die zahlreichen Aufzählungen können in symmetrische Untergruppen aufgelöst werden, die entweder zwei und vier oder drei und sechs Einheiten besitzen:[11]

(ein Bote), der die Sierra überquerte,
     durch endlose Sümpfe irrte,
     sich reißende Flüsse hinaufarbeitete
und fast ein Opfer der Raubtiere,
     der Verzweiflung
und der Pest wurde, bevor er auf einem Saumpfad ...(8)

Selbst in der Satzfolge können Konstruktionsprinzipien aufgezeigt
werden: Der erste Romansatz führt die zeitliche Dimension ein,
der zweite die räumliche, der dritte verbindet beide. Im vierten
beginnt die Handlung.

   Der Sprachrhythmus, »prose melos« nach N. Frye, ist durch lange Abschnitte gekennzeichnet, die aus langen Satzperioden bestehen, die ihrerseits aus vielen parataktischen Sätzen gebildet werden. Eine Unterbrechung durch einen Dialog oder einen kurzen
Satz fällt daher besonders auf und schildert eine wichtige Begebenheit oder wechselt in die Perspektive einer anderen Person. Ein
einprägsames Beispiel dafür ist der Bericht vom Tod José Arcadios.
Sein Blut macht sich selbständig und läuft aus dem Körper durch
das Haus und das ganze Dorf bis zu Ursula in die Küche: »›Ave
Maria Puríssima!‹ schrie Ursula.« Und dann folgt sie der Spur zurück bis sie zu ihrem Sohn kommt.(105/6) Der völlig parallele Aufbau wird nur durch den Ausruf Ursulas unterbrochen.

   Die Verwendung rhetorischer Figuren im Roman dient haupt
sächlich einem Ziel, nämlich der Dimensionsverschiebung. Alles
wird vergrößert: durch Hyperbeln, Superlative, Übertreibungen,
Steigerungen durch Aufzählungen oder Zahlen, Synästhesien oder
psychosomatischen Symbolismus. Keine natürliche Proportion
bleibt bestehen, García Márquez steht den Geboten der Wahrscheinlichkeit völlig gleichgültig gegenüber. Alles wird somit irreal, märchenhaft oder komisch. Wertvorstellungen werden umgekehrt, menschliche und tierische, pflanzliche und materielle Eigenheiten vertauscht, Lebloses wird personifiziert, Lebendiges erstarrt, Abstrakta wandeln sich in Konkreta: Die Gesetze der rationalen Welt werden außer Kraft gesetzt und durch die völlig freie
Phantasie ersetzt. Der Romanstoff ist in permanenter Transforma-
tion. Die korrekten Einzelheiten werden durch die Häufung und
durch die Veränderung der Bezugspunkte irreal. Das verifizierbare
Alltagsleben rückt in die Dimension des Übernatürlichen, aus Geschichte wird Mythos.

   Der Roman ist von Ironie durchzogen. Auch sie ist nach N. Frye charakteristisch für die »enzyklopädischen Werke«, denn »sie beginnt im Realismus und der unerschütterlichen Objektivität. Aber dabei bewegt sie sich ständig auf den Mythos hin und schwache Konturen von Opferritualen oder sterbenden Göttern treten allmählich neu hervor«.[12] Der Erzähler des Romans ist völlig neutral; er erzeugt im Leser das Gefühl einer alles durchdringenden Ironie, das noch dadurch verstärkt wird, daß er von ihm verlangt, die außergewöhnlichen Geschehen als völlig selbstverständlich zu akzeptieren.

Auf der sprachlichen Ebene vollzieht sich letztlich die fugenlose Verzahnung von Realität und Fiktion. Beide Aspekte, der historische und der symbolische, verschmelzen zu einer unauflöslichen Einheit. Die Realität wird erweitert, allumfassend oder integral.

Abschließend möchte ich an einem konkreten Textbeispiel die Verbindung von Realität und Fiktion aufzeigen:

*Er fand ihn nicht im Korb.* Mitten im ersten Schock *flammte plötzlich die Freude* in ihm auf in der Annahme, Amaranta Ursula sei *vom Tode erwacht*, um das Kind zu umhegen. Doch ihr Leichnam war ein *steinerner Felsvorsprung* unter der Decke. Wohl wissend, daß er bei seiner Ankunft die Schlafzimmertür offen vorgefunden hatte, durchschritt Aureliano die von den *morgendlichen Seufzern des Oreganon gesättigte Veranda* und blickte ins Eßzimmer, wo noch die Trümmer der Niederkunft lagen: *die große Schüssel, die blutigen Laken, die Ascheneimer* sowie neben *Schere* und *Binden* auf einer auf dem Tisch ausgebreiteten *Windel* die verkümmerte Nabelschnur des Knaben. Der Gedanke, die Hebamme habe das Kind womöglich im Laufe der Nacht geholt, gab ihm *eine Weile Ruhe* zum Nachdenken. Er ließ sich in den *Schaukelstuhl* fallen, denselben, *in dem* Rebecca in den ersten Zeiten des Hauses gesessen, um Strickunterricht zu geben, *in dem* Amaranta mit Oberst Gerineldo Márquez chinesische Dame gespielt und *in dem* Amaranta Ursula die Babywäsche genäht hatte, und in diesem *Blitz der Hellsicht* wurde ihm bewußt, wie unfähig seine Seele war, die erdrückende *Last von so viel Vergangenheit* zu ertragen. Verwundet von den *Todesspeeren eigener und fremder Sehnsüchte*, bewunderte er die *Furchtlosigkeit der Spinngewebe auf den toten Rosensträuchern*, die *Beharrlichkeit des Unkrauts*, die *Geduld der Luft* im strahlenden Februarmorgen. *Und dann sah er das Kind.* Es war eine geblähte, dürre Haut, die *alle Ameisen der Welt* auf dem Steinpfad des Gartens mühsam zu ihrem Bau schleppten. Nicht, weil Verblüffung ihn gelähmt hätte, sondern weil sich ihm in diesem *wundersamen Augenblick* Melchíades' endgültige Schlüssel offenbarten, und nun sah er das Epigraph der Pergamente vor sich, *folgerichtig eingeordnet in Zeit und Raum der Menschen:* Der erste der Sippe *wird* an einen Baum gebunden, und den letzten *werden* die Ameisen fressen. (312/3)

In diesem Abschnitt fällt der Wechsel zwischen langen und zwei kurzen Sätzen auf, die sich beide auf das Kind beziehen. Die Schnelle der Ereignisfolge wird mehrfach betont: flammte plötzlich die Freude in ihm auf, der Blitz der Hellsicht, eine Weile Ruhe. Die Steife des Kadavers vergrößert sich zu einem Felsvorsprung. Die Pflanzen seufzen. Die Überreste der Geburt werden zu Trümmern, die in Dreiergruppen aufgezählt werden. Der Schaukelstuhl symbolisiert die Geschichte der Familie: In ihm saßen Rebecca (Macondo I), Amaranta (Macondo II und III) und Amaranta Ursula (Macondo IV). Die Aufzählung besteht wiederum aus drei Gliedern. Die Last der Vergangenheit erdrückt die Seele, die Sehnsucht wirkt als Todesspeer. Die Natur bleibt jedoch unerschütterlich inmitten des allgemeinen Verfalls: Das Spinngewebe auf den toten Rosensträuchern ist furchtlos, das Unkraut beharrlich, die Luft geduldig (drei Einheiten). Alle Ameisen der Welt (Übertreibung) schleifen das Baby durch den Garten. Die Unfähigkeit Aurelianos, sich zu bewegen, wird im nächsten Satz zweimal aufgegriffen: einmal als negative Aussage, einmal als positive. Die Zeit wird wunderbar, denn das Geheimnis der Schriften wird endlich gelöst: folgerichtig und in Zeit und Raum der Menschen, d. h. in einer natürlichen Dimension. Alles verschmilzt in einer ewigen, mythischen Gegenwärtigkeit: Die Geschichte der Familie verdichtet sich in einem Augenblick.

Wenn die konkrete Sprachanalyse sich als letzter Schlüssel für eine Interpretation des Romans erweist, ist die Unterteilung in eine historische und eine symbolische Lesart verfehlt, da es keine Grenzen zwischen den einzelnen Ebenen gibt. Sie sollte daher nur dazu beitragen, einige Aspekte dieses Romanepos herauszustellen, denn *Hundert Jahre Einsamkeit* ist in exemplarischer Weise der Roman Lateinamerikas.

### Anmerkungen

1 Northrop Frye, *Anatomy of Criticism*, Princeton UP, 1973.
2 Die Schilderung der Eroberung von Santa Fé de Bogotá durch Jiménez de Quesada (1536/7), die Chroniken der Ereignisse in Mexico und Peru durch Bernal Díaz del Castillo oder den Inka Garcilaso, die Reiseberichte von Alexander von Humboldt oder Eduard Pöppig z. B. vermitteln einen Eindruck von den Schwierigkeiten, denen sich die Entdecker

und ersten Erforscher des Kontinents gegenübersahen.

3  Eduardo Galeano, *Die offenen Adern Lateinamerikas*, Peter Hammer, Wuppertal, 1973, 25.
4  Diego Montaña Cuéllar, *Colombia: país formal, país real*, Ed. Platino, Buenos Aires, 1963, 84.
5  Ch. D. Kepner, Jr./J. H. Soothild, *El imperio del banano*, Havanna, 2 Bde., 1962, Bd. II, 121.
6  J. M. Henao/G. Arrubla, *Historia de Colombia para la Enseñanza Secundaria*, Ed. Voluntad, Bogotá, 1967, 875.
7  Gillo Dorfles, *Nuevi riti, nuevi miti*, Einaudi, Turin, 1965.
8  Alle Zitate nach der Ausgabe als Rowohlt Taschenbuch 1484, Hamburg, 1972.
9  Josefina Ludmer, *»100 años de soledad.« Una interpretación*, Buenos Aires, 1972, 22.
10 D. P. Gallagher, *Modern Latin American Literature*, Oxford UP, 1973, 154–155.
11 M. Vargas Llosa, *García Márquez – Historia de un deicidio*, Barcelona, 1971, 590–598.
12 Northrop Frye, op. cit., 42.

*Mario Vargas Llosa*

*José Miguel Oviedo*

# »Das grüne Haus« von Mario Vargas Llosa –
# prunkvolles Universum der Phantasie

Man sagt im allgemeinen, oft gebe der zweite Roman eines Autors
dem Leser Anlaß zur Unzufriedenheit und stelle für den Autor
selber eine Quelle endloser Probleme dar. Die Erklärung dafür besteht in einem weiteren Gemeinplatz: Der erste Roman entstehe
unvermeidlich aus einem autobiographischen Zwang, der schnell
das Interesse auf sich zieht; der zweite hingegen stelle beträchtliche
Anforderungen an die Phantasie, weil er sich von der Ebene der
*Erfahrung* löst, um zu einer *Vision* zu gelangen. Nur wenige lateinamerikanische Autoren haben diesen Schritt so meisterhaft ab-
solviert wie Vargas Llosa mit *Das grüne Haus (La casa verde)*. Dieser Roman ist nicht nur literarisch beachtlicher als *Die Stadt und
die Hunde (La ciudad y los perros)*, sondern erweitert den augenblicklichen Stand der Romantechniken, dringt tief in breite Zonen
der peruanischen Wirklichkeit, bewegt sich geschickt inmitten der
vielen Personen, Geschichten und Schauplätze und stellt schließlich aus dieser Materialfülle den einen Sinn her, den das menschliche Leben für Vargas Llosa hat: das Leben als riesiges, schmerzhaf-
tes Abenteuer, das ans Unmögliche reicht. Die Entstehungsge-
schichte des Romans ist komplex und interessant.[1] Ihr Keim war
eine Erzählung, die in Piura spielte; aus diesem Plan wurde jedoch
nichts, weil der Text bei der Niederschrift bis auf 4000 Seiten an-
schwoll. Sie stellten den Rohentwurf des *Grünen Hauses* dar. Der
Autor bearbeitete dieses »Magma« nach dem gewohnten System:
Er fing den Stoff wie mit Fangarmen ein. So entstand *Das grüne
Haus,* übrig blieben Personen und Episoden, die er später für seinen nächsten Roman *Gespräch in der Kathedrale (Conversación en
la catedral)* verwendete. Der Vergleich zwischen dem ersten und
zweiten Roman zeigt große Veränderungen. In *Die Stadt und die
Hunde* gab es drei Hauptpersonen und zwei große Erzählschau-
plätze, die sich ihrerseits in eine überwiegend dualistische Struktur
einfügten. In *Das grüne Haus* hat sich alles vermehrt: Es gibt fünf
Hauptpersonen, die von mehr als dreißig Figuren umgeben sind.
Die beiden Schauplätze sind zu zwei Gebieten Perus geworden

und so verschieden, daß sie als zwei selbständige Welten gelten
können. Es gibt Vorkommnisse unterschiedlicher Bedeutung und
Zielsetzung. Schließlich kommt nicht ein Roman, sondern eine
Romankonstellation heraus.

### a. Die Teile der Romanwelt

Es gibt mindestens fünf verschiedene Geschichten innerhalb des
Ganzen. Dieses fünfstöckige Gebäude umfaßt zwei geographische
Räume: die städtische Küste im Norden und den Urwald. Wie ge-
wohnt, sind sie sehr präzis benannt:

»Der Roman spielt in zwei Gegenden Perus, in Piura, einer Stadt im Norden, wo ich als Kind lebte, einer Stadt, die in der Wüste liegt und von
Sanddünen umgeben ist. Der andere Ort ist eine Handelsniederlassung im
peruanischen Amazonasgebiet, dem Alto Marañó, wo es eine Missionsstation spanischer Nonnen gibt.«[2]

Vielleicht sollte man noch einen dritten, zugleich realen und alle-
gorischen Schauplatz ›in Bewegung‹ hinzufügen: den Santiago-
Fluß, auf dem Fushía und Aquilino reisen. Piura und die Mission
Santa María de Nieva liegen unendlich weit auseinander (dazwischen das Andenmassiv). Lebensformen, Kulturen und Zeit sind
völlig verschieden. Während Piura mühselig versucht, Anschluß
an das 20. Jahrhundert zu gewinnen, schwankt Santa María zwischen Stein- und Kolonialzeit: Die Uhren der Geschichte laufen
nicht synchron. Diese Unterschiede verweisen erneut auf die Zer-
splitterung der peruanischen Gesellschaft, die die Tief- und Höhe-
punkte auf ihrer Skala nur wie in einer Karikatur zur Einheit zu
bringen vermag.

  Die erste Geschichte, die Geschichte von Anselmo und dem grünen Haus, berichtet, wie ein sonderbarer Fremder, Don Anselmo,
in Piura ankommt und mitten in der Wüste, herausfordernd, ein
grünes Bordell aufmacht. Die Gewohnheiten der kleinen Stadt ändern sich vollständig; Pater García protestiert gegen die höllische
Bedrohung, die über der Moral von Piura schwebt, wiegelt die
Leute auf, versammelt die demütigen Betschwestern, die die guten
Sitten verteidigen, und brennt die Lasterhöhle nieder. Diese Erzählung enthält untergeordnet eine herzzerreißende Geschichte:
die Liebe von Anselmo zu Antonia, dem blinden und stummen
kleinen Mädchen, das bei einem Raubüberfall die Eltern verlor
und von der Wäscherin Juana Baura aufgenommen wurde. Auf

dem Höhepunkt dieser Liebesgeschichte gebiert Antonia mitten im Bordell eine Tochter, die Chunga, die das zweite grüne Haus leiten wird, das zweite Bordell, das aus der Asche des ersten oder doch in der Annahme entsteht, daß ein anderes dort gestanden hat. Diese Existenz zweier »grüner Häuser«, die in der Erinnerung des Volkes verschmelzen, ist die erste Verdopplung des Romans. Weitere folgen. Sie machen die Schwierigkeit, zugleich aber auch den geheimen Sinn des Romans aus.

Die zweite Geschichte aus Piura schließt an die erste an: Es ist die *Geschichte der Unbezwingbaren*. Die Unbezwingbaren sind ein Quartett von Spießgesellen: José, der Affe, Josefino und Lituma. Sie sind die Darsteller unzähliger Heldentaten und Orgien, die wunderbar sein könnten, wenn sie nicht so erbärmlich wären. Sie sind regelmäßige Besucher des Grünen Hauses: singen eine triumphale obszöne Hymne (»Sie waren die Unbezwingbaren, vom Arbeiten keine Ahnung, immer nur saufen, immer nur spielen, sie waren die Unbezwingbaren, und jetzt ging' ans Vögeln«): echte Vertreter des *machismo* von Piura. Sie stammen aus der Mangachería, einem Elendsviertel, voll von Mördern, Pikaros und Leuten, die immer auf der Flucht leben, voll von dürftigen Imbißbuden und üblen Bars, ganz in der Nähe des Grünen Hauses. Die heroische Tradition der Mangaches wird vervollständigt durch eine politische Kennzeichnung: Alle sympathisieren sie mit der lokalen Partei »Revolutionäre Union«. Sie wurde in den dreißiger Jahren von General Sánchez Cerro gegründet, einem plumpen und ultrakonservativen derben Militär, der sogar Präsident Perus wurde. Der »Urrismo« der Mangaches ist sentimental und legendenhaft: Die falsche Vorstellung lief um, der General sei in diesem Viertel geboren, ein Mangache habe es also bis zur Präsidentschaft gebracht. Der *machismo* verband sich mit faschistischem Stolz: »Einmal holte der Generalsekretär dieser Partei die Cholos. Sie sollten in schwarzen Hemden und mit stiefelartigen Gamaschen durch die Stadt ziehen.«[3] Lituma ist von den vier Unbezwingbaren der wichtigste, weil es in ihrem prachtvollen Leben (das der vier Kumpane) ein bedeutendes Abenteuer gibt, das ihn zum Protagonisten der *Geschichte von Bonifacia und dem Sergeanten* macht.

Es geschieht weit von Piura entfernt, im Urwalddorf Santa María de Nieva. Damit sie ihrer Funktion als »Brücken-Figur« gerecht werden, haben die Helden der Geschichte eine doppelte Maske, ein doppeltes Schicksal: In Piura ist Lituma nur ein Mangache, ein verlotterter Gauner, der vom Alkohol und dem täglichen Beweis seiner Männlichkeit abhängig ist (das Bordell, die physische Gewalt, die Verachtung der Mitmenschen kennzeichnen ihn), aber im Urwald verwischt diese Figur und (das wissen wir nicht) verwandelt sich in den Sergeanten – auch er brutal, aber jetzt ein Diener des Gesetzes, ein Mann der Autorität und mit einer kleinen Hoffnung auf ein Heim und eine einträgliche Stellung. Umgekehrt ist Bonifacia eine schüchterne und scheue Schülerin der Missionsstation Santa María, in Piura hingegen wird sie zu einer anderen Person, der Selvática. Sie hatte Lituma im Urwald geheiratet, kam mit ihm an die Küste, wurde von Josefino verführt (als Lituma im Gefängnis saß) und verlassen und landete zuletzt als Prostituierte im Grünen Haus. Vielleicht ist diese Geschichte besonders kompliziert und problematisch; sie treibt nämlich alle anderen voran und wird ihrerseits von allen vorangetrieben. Bonifacia wird zum Bindeglied durch ihren Wechsel von einem geographischen Schauplatz zum anderen.

Die vierte Geschichte ist die *Geschichte von Jum.* Jum ist ein Kazike aus dem Stamm der *Aguarunas,* die im Dorf Urakusa wohnen. Eines Tages versucht er eine bescheidene Rebellion: Um die Ausbeutung durch die Kautschukherren zu beenden, möchte er eine Art Genossenschaft gründen, die den Kautschuk direkt und zu besseren Preisen in Iquitos verkaufen soll. Die Repressalien daraufhin sind barbarisch: Mit Unterstützung des Gouverneurs Julio Reátegui und der Ordnungskräfte (hier beginnen der Sergeant und seine Kumpane ihr Spiel) wird Jum gefangen, gefoltert, kahl geschoren (was für die *Aguarunas* eine schreckliche Demütigung ist, wie der Autor erklärt); man hängt ihn einen ganzen Tag lang an einem Baum auf, verbrennt seine Achseln mit heißen Eiern. Jums Rebellion ist schnell zu Ende, und die Kautschuk-Ausbeutung wird ohne weitere Zwischenfälle fortgeführt.

Die fünfte Geschichte spielt ebenfalls im Urwald: Es ist die *Geschichte von Fushía und Aquilino.* Fushía ist ein japanischer Schmuggler, der sengend und mordend in die Gegend der feindlichen *Huambisas* eindringt. Er errichtet ein Feudalgut auf einer Insel des Santiago (in der Nähe Ecuadors), organisiert eine Bande und überfällt die benachbarten Stämme, um den Kautschuk zu rauben. Seine Geschichte ist das phantastische Abenteuer eines Mannes, der sich konsequent außerhalb der Gesetze bewegt. Der

Leser lernt sie erst spät kennen, als der alte und kranke Fushía auf der Fahrt in die Leprastation San Pablo dem eng befreundeten Aquilino sein schreckliches Leben erzählt.

Dies sind die Hauptgeschichten des Buches; aber am Rande taucht weiteres Erzählmaterial auf, mit dem das große Gebäude vervollständigt wird: die Flucht des Lotsen Adrían Nieves und die Wende, die sein Schicksal bei den Soldaten nimmt; Lalita, noch eine unbeständige, aber unerschütterliche Gestalt Vargas Llosas (zunächst Frau von Fushía, dann von Reátegui, dann von Adrían Nieves, zuletzt die Frau des Dicken); die Nonnen der Mission und ihre Expeditionen, um Eingeborene zu »jagen«; Juana Baura; die Musikanten des Orchesters vom Grünen Haus; der verrückt gewordene Pantacha usw. Man kann diese Geschichten kaum abgrenzen oder zusammenfassen, denn sie besitzen einen relativen Wert, der zum Eigenwert hinzukommt. »Jums Geschichte« zu sagen genügt schon, um die anderen zu relativieren, denn sie dienen ihr als ausgedehnter Hintergrund. Die Gestaltung eines Romanuniversums, das aus fünf verschiedenen Kontinenten besteht, ist mit dem *Grünen Haus* makellos gelungen. Die Teile bilden das Ganze, aber das Ganze erdrückt die Teile nicht.

### b. Mythos, Abenteuer und Realität

Vargas Llosa hat *Das grüne Haus* als einen Abenteuerroman verstanden, als einen Raum, der beherrscht wird von den kollektiven Ereignissen und Erschütterungen. Dieses unbändige Angehen gegen gesellschaftliche Kräfte und Naturelemente ist in der impulsiven Beschreibung mit dem Roman *Die Stadt und die Hunde* verwandt. Aber die Entfaltung des Abenteuers war im ersten Roman des Autors durch die moralische Problematik und seine eigene Verwicklung in die Materie behindert: Beides tritt in *Das grüne Haus* in den Hintergrund. In diesem Sinn ist dieses Werk »freier«, kaum belastet durch romanfremde Überlegungen. Es ist als reines Kunstwerk geschaffen worden – selbständig, komplett, unparteiisch – was jedoch nicht dekadent, konformistisch oder undokumentarisch heißt.

Ständig fühlt der Autor die Verlockung, »eine wunderbare Welt aus dem Erlebten und der Phantasie herzustellen, aus ihnen eine Totalität zu schaffen.« Das wird nicht nur in seiner Vorliebe für die Gattung des Ritterromans, wie zum Beispiel *Tirant lo Blanc*[4] deut-

337

lich und hat auch nicht bloß mit einer literarischen Phantasie etwas
außerhalb des gängigen Geschmacks zu tun. Vargas Llosa hat eine
Vorliebe für das abenteuerliche Material, woher auch immer es
stammen mag; es handelt sich um eine Art, das Leben und die
Literatur zu verstehen. Als Privatperson widerspricht Vargas Llosa seinem öffentlichen Bild des nachdenklichen und ausgegliche-
nen »Intellektuellen«. Seine Temperamentsausbrüche, seine Suche
nach unmittelbaren Leidenschaften, seine Schwäche für das Hand-
lungskino (Western, Thriller, Spionagefilme, auch James Bond),
den Kriminalroman und die härtesten Sportarten (man denke an
*Die kleinen Hunde [Los chachorros]*) veranschaulichen sein ständi-
ges Bemühen, dem Leben die reiche Sinnlichkeit, die wütende
Schönheit, die außergewöhnlichen Risiken zu entlocken. Im
Schriftsteller zeigt sich diese gierige Vitalität (die von der literarischen Person strengsten kreativen Forderungen unterworfen wird),
in der Anstrengung, einen modernen Abenteuerroman (das zeitgenössische Äquivalent zum Ritterroman) zu erfinden mit seiner
Vielzahl maßloser Heldentaten, unglaublicher Peripetien, Romanzen und Dramen, mannigfaltiger Landschaften und Menschen-
massen, Banditen und Verstecken, Feudalherren, Entführungen
und Duellen.

Man stellt überrascht fest, daß die wichtigen Charakteristika des
Abenteuerromans im *Grünen Haus* tatsächlich vollständig vertreten sind: das mythische (die Geschichte Anselmos, Antonias und
der Gründung des Bordells), das populäre (die Unbezwingbaren
und die Mangachería), das romantisch-exotische (der Sergeant und
Bonifacia), das heroische Element (zum einen Jum, zum andern
Fushía). Wenn diese Elemente im Roman zusammenkommen, ga-
rantieren sie nicht nur die bewußte Objektivität (»Unsichtbar-
keit«), die der Autor seiner Erzählung gegenüber aufrechterhalten
will, sondern haben im Roman eine erstaunliche Brechung erzeugt. Beim Lesen des Buchs stellen wir uns nämlich bestimmte
Fragen: Wann spielt der Autor auf eine gegebene Realität an? Existieren (oder existierten) die Unbezwingbaren, Fushía, Jum? Gab
es ein Grünes Haus oder nicht? Vargas Llosa hat es fertiggebracht,
den Roman von den Bedingtheiten der Wirklichkeit zu lösen. Er
läßt ihn über ein dünnes Seil schreiten, auf dem auch er selber ba-
lanciert und Wahrheit und Mythos, Phantasie und Dokument
durcheinanderwirft. Wir sind nicht immer sicher, auf welcher Seite
wir stehen: Zwischen uns und seine Personen hat der Autor die

Ambiguität gesetzt.

 Die Geschichte von Anselmo und dem Grünen Haus ist besonders weit von der Ebene der Wirklichkeit entfernt. Vielleicht ist dieser große Abstand nicht zufällig, denn die Geschichte steigt aus den Kindheitserinnerungen Vargas Llosas empor. Das schreckenerregende Bild des Bordells in Piura haftete fest in seinem Gedächtnis:

Es ist die Geschichte eines Bordells aus Piura. Ich erinnere mich, daß ich damals in die fünfte Volksschulklasse ging. Es war ein grünes Haus – eine Hütte – zwischen Sanddünen, außerhalb der Stadt, mitten in der Wüste, auf der anderen Seite des Flusses. Es faszinierte uns Kinder. Natürlich kam ich nie in die Nähe. Aber dennoch ist es tief in mir haftengeblieben. Als ich im fünften Gymnasialjahr nach Piura zurückkehrte, d. h. sechs Jahre später, existierte es immer noch. Ich war ein Junge, der bereits die Bordelle aufsuchte. Also ging ich auch dorthin. Und die Atmosphäre war sehr sonderbar, weil es ein eigentümliches Bordell war, das Bordell einer unterentwickelten Stadt. Es hatte nur einen einzigen großen Raum, in dem die Frauen saßen, und es gab ein Orchester, das aus drei Leuten bestand: einem blinden Alten, der Harfe spielte, einem Gitarristen, Kleiner genannt, und einem sehr kräftigen Mann, der wie ein Catcher aussah, ein Lastwagenfahrer, der Becken und Trommel schlug und *Bolas* hieß. Weil sie etwas mythische Gestalten für mich sind, habe ich ihnen ihre Namen im Roman gelassen. Dorthin kamen also die Klienten und gingen hinaus, um im Sand, unter den Sternen zu lieben. Ich habe das nie vergessen können.[5]

Diese alten Motivationen wurden durch ein jüngeres, literarisches Echo neu belebt. Der Autor erzählt Rodríguez-Monegal:

Ich erinnere mich an die erste Lektüre von Flauberts *Lehrjahre des Herzens*. Im letzten Kapitel fragen die beiden Freunde einander, was ihre schönste Erinnerung ist und sagen, das Haus der Türkin, in Rouen oder wo auch immer, ein Bordell mit grün gestrichenen Fensterflügeln. Da überkam mich eine Art Furcht, ein Schauder.[6]

Man sieht schon, welche Entsprechungen zwischen diesen Erinnerungen und den Bildern des Romans bestehen: Als Kind sah er das erste Grüne Haus; das zweite ist eine Rekonstruktion der Erlebnisse aus seiner Jugend. Die Erinnerung des Romanciers verdoppelt diese Bilder: Er selbst weiß auch nicht genau, wie viele es wirklich gab. Die Gründung des ursprünglichen Bordells könnte bloß eine Legende sein. Im Roman diskutieren die Figuren selber, ob dieser wichtige Bezugspunkt ihres Lebens einmal existierte, ob er einmal durch einen Brand zerstört wurde (cf. 222–223). Weil es keine direkte Erfahrung des ersten Grünen Hauses mehr gibt, weil es vielleicht nur eine Erfindung ist, um dem zweiten Prestige zu verleihen, schlägt die Beschreibung den abgeklärten und »noblen« Ton der Chronik an. Ihre langsamen und weitschweifigen Modulationen, ihre im Bezugsrahmen funktionierenden Bilder und die Unpersönlichkeit der Diktion befördern die Entstehung der märchenhaften Atmosphäre, die – konsequent aufrechterhalten – schließlich als Realität akzeptiert wird (cf. 95). Die Existenz Anselmos selbst ist rätselhaft, verschwommen, von einer vermeintlichen Größe umgeben (cf. 52–53). Folglich erscheint auch der Brand, der das Grüne Haus vernichtet, noch als ein Mythos aus Piura. Wirklich meisterhaft hat Vargas Llosa diese Szene geschildert (214–18) als nahezu abstraktes, gesichtsloses Ereignis, als Projektion der Wünsche Pater Garcías und seiner Betschwestern in die Wirklichkeit. Auch die Atmosphäre, die die Unbezwingbaren umgibt, ist legendenhaft: ihre männlichen Heldentaten, ihre lärmende, respektierte Gewalttätigkeit, ihre prahlerische Treue untereinander (auch wenn Josefino sie bedenkenlos verletzt). Umgebung und Figuren der Mangachería sind szenisch gestaltet, malerische Beispiele provinziellen Ehrgeizes und des engen Horizonts. Die Farbigkeit nimmt mit der Geschichte der Herausforderung des Haziendabesitzers Seminario zum »russischen Roulett« noch zu. Die Begebenheit wird sehr charakteristisch in der zweiten Person, durch Zeugen, die die Berühmtheit der Unbezwingbaren steigern, berichtet, und mit der »historischen« Distanz, die den Höhepunkt des volkstümlich-billigen Ruhms der Unbezwingbaren inmitten der neuzeitlichen Anforderungen einer vormals ruhigen Stadt betonen. Das Abenteuer Fushías ist sicher ein weiteres phantastisches Element: Er selbst verstärkt es noch durch die Schilderung seiner vergangenen Taten, als er kräftig war und Furcht einflößte. Das läßt die grenzenlose Bewunderung des alten Aquilino um so unverständlicher erscheinen, denn er sieht ja nur Fushías Abstieg. Der Held ist erledigt, aber das Heldentum besteht in der Erinnerung des untrennbaren Freundes hartnäckig fort.

Die mythische Perspektive des *Grünen Hauses* ist das Ergebnis des beharrlichen Versuchs, sich die vielschichtige Realität anzueignen, ohne davon auf dem Weg durch die Literatur wieder etwas zu verlieren. Die Realität wird intuitiv und irrational begriffen, so wie sie in Erfahrung oder Bewußtsein des Autors eingegangen ist. Vargas Llosa löste sogar schmerzhafte und zeitlich nahe Geschichten, über die er sich moralisch entrüstet hatte, in der gleichen legendärkollektiven Atmosphäre auf. Die Maßlosigkeit oder Brutalität der Ereignisse, die den Roman bestimmen, bewegten den Autor dazu, das Mißtrauen des Lesers zu wecken, anstatt es für einen Augenblick außer Kraft zu setzen: *Das grüne Haus* will nicht, daß wir *glauben,* sondern *zweifeln*: Das »Wahre« schließt das »Falsche« ein, assimiliert es und hebt es in seinem Widerspruch auf. Diese Interpretation des Realen, das von der Phantasie nicht zu unterscheiden ist, fällt mit der Idee des Mythos zusammen.

Der Mythos des Grünen Hauses, eine Art symbolische Emanation der unterdrückten Sexualität der Allgemeinheit, wäre konkret einer dieser skeptischen, baufälligen, für die zeitgenössische Phantasie typischen Mythen: ein säkularisierter Mythos. Die mythische Perspektive erlaubte dem Autor außerdem, der Gefahr eines extrem dokumentarischen Verfahrens aus dem Weg zu gehen, das eine solche Thematik sonst gefordert hätte. Obwohl der ganze Roman ein Bild der peruanischen Wirklichkeit gibt, wollte Vargas Llosa sein Werk nicht an sie ketten, sondern sie frei erfinden. Er arbeitet als Erzähler, nicht nur als Berichterstatter, ohne daß er deshalb weniger Interesse an den objektiven Daten (aus der Soziologie, Geschichte, Anthropologie, Folklore, Psychologie etc.) gezeigt hätte. Es war eine subtile Weise, genau auf die Wirklichkeit Bezug zu nehmen und sie im Roman wiederzugeben. Der Realitätsraum des *Grünen Hauses* umfaßt mehrere Ebenen, die bezeichnenderweise mit denen übereinstimmen, die Vargas Llosa in *Tirant lo Blanc* gefunden hatte.[7] Obgleich sie in seinem Roman miteinander verschmolzen sind, enthüllt die Analyse eine Hierarchie der Erzählebenen:

1. *Rhetorische Ebene* (drückt »die Epoche, den geschichtlichen Augenblick, in dem die Personen leben, die Welt, die sie beherbergt« aus): der stolze *machismo* in Piura; die Vorstellungen, die man im Urwald von den Frauen hat; die gesellschaftliche Heuchelei, die den Beziehungen zugrunde liegt; die regionalistischen Gefühle; die umgangssprachlichen Ausdrücke; der Klassen- und sogar Rassenkampf, den ein jeder auf häuslicher Ebene führt; der durch Religion, Gesetz, Moral usw. verfügte selbstverständliche Respekt, der jedoch leicht überwunden werden kann.

2. *Objektive Ebene* (»die sich da zeigt, wo die Erzählung die Wirklichkeit rein als Äußerlichkeit beschreibt«): die realen geographischen Unterschiede, Flora und Fauna, der Kontrast zwischen Städten und Urwald, die Kulturkonflikte und Zusammenstöße,

die peruanischen Systeme wirtschaftlicher Ausbeutung, die Sitten und Gebräuche, was Kleidung, Ernährung, Ehe, Beruf, Kultur usw. betrifft.

3. *Subjektive Ebene* (die die Figuren zum »Schauplatz geheimnisvoller Vorgänge macht, die sie niederdrücken oder aufrichten, zu Opfern unkontrollierbarer Kräfte, die ihnen Freude oder Leid bereiten«): der Aberglaube und die geheimen Ängste der Individuen; das Verlangen nach Macht; die Resignation im »Pech«; der Einfluß der Mächtigen; die Vorstellung, letztlich könne der zugefügte Schaden doch immer wieder gutgemacht oder verziehen werden; der Trost, den die durch alle Niederlagen hindurch fortbestehende Freundschaft bietet.

4. *Symbolische oder mythische Ebene* (»die gewisse Handlungen und Gefühle aufgrund ihrer außergewöhnlichen Beschaffenheit erreichen und in den Erinnerungen, Gefühlen und Glaubensvorstellungen der Menschen für immer besetzt halten«): das Grüne Haus und besonders das Leben Fushías.

Wir dürfen jedoch trotz dieser verschiedenen ineinandergefügten Ebenen nicht vergessen, daß ein beträchtlicher Teil des Materials des *Grünen Hauses* auf Tatsachen beruht: In Piura gab es ein grüngestrichenes Bordell, und die Musiker des armseligen Orchesters tauchen im Roman unter ihren wirklichen Namen auf. Es gab auch einen Pater García, einen Pfarrer spanischer Herkunft. Die *Seminarios* sind eine große und mächtige Familie in Piura, fast mit der Stadt synonym. Anwachsen und Verschwinden der Mangachería gehören z.B. zur städtischen Entwicklung im Küstengebiet. Präziser noch lassen sich die Quellen für die Urwaldgeschichten angeben. Die Gegenüberstellung der Erfahrungen, die Vargas Llosa während seines Urwaldbesuchs 1958 machte (und ausführlich in *Cronica de un viaje a la selva* [Chronik einer Reise in den Urwald] beschrieb[8], und die spätere Aufnahme dieser Erfahrungen in den Roman ist beeindruckend: Einige Übereinstimmungen verblüffen. Zum Beispiel ist die Gestalt Fushías schon in der Version angedeutet, in der der Chronist von der wirklichen Person namens Tushía erzählt, die sich seiner Meinung nach für einen Roman eigne:

Den ersten konkreten Hinweis auf einen Patrón erhielt ich in Chicais. Dort erzählte man uns von einem ganz berühmten, der aus einem makabren Roman zu stammen scheint. Er heißt Tushía, ist japanischer Herkunft und lebt im Santiago-Fluß; er besitzt dort eine Insel. In dieser unzugänglichen

Gegend regiert Tushía wie ein Feudalherr. Er besitzt einen Harem, der aus vielen Frauen besteht (elf, sagte man uns), für den eigenen Gebrauch. Die Mehrzahl dieser Mädchen wurde von seinen Totschlägern aus den Dörfern der Aguarunas oder Huambisas entführt. Eine seiner Frauen (erst 12 Jahre alt) konnte von der Insel fliehen und war gerade durch Chicais gekommen, als wir uns dort aufhielten.

Auch die Geschichte des Mädchens Esther Chuwick aus dem Stamm der Aguarunas, die Vargas Llosa auf dieser Reise erfuhr, scheint wie eine Skizze des Schicksals der Bonifacia:

Esther Chuwick ist ein Mädchen von ungefähr zehn Jahren. Sie ist groß, zart, hat helle Augen und eine sanfte Stimme. Wir sprachen nach einer Schulaufführung mit ihr. Dieses Mädchen wurde, wie auch andere Urwaldkinder, vor drei Jahren geraubt. Ihre Entführer brachten sie zunächst nach Chiclayo und dann nach Lima, wo man sie als Dienstmädchen einsetzte [...] Kindesentführung kommt häufig vor im Urwald. Allein in Chicais hat man 29 Entführungen festgestellt. Die Ingenieure, die im Innern des Amazonasgebiets Erkundungsarbeiten durchführen, die Offiziere der Garnisonen und selbst die Missionare nehmen gewöhnlich ein Mädchen für die Hausarbeiten mit. Manche nehmen auch mehrere mit, als Geschenk für Freunde. Hätte man mir davon berichtet, hätte ich es viel zu ungeheuerlich gefunden, als daß ich es hätte glauben können.

Auch die Methoden, Schülerinnen für die Mission Santa María de Nieva zu gewinnen, erregten die Aufmerksamkeit des Chronisten. Sein Bericht ist minutiös und ähnelt im allgemeinen den Schilderungen des Romans. Am Ende des betreffenden Fragments wird die Szene, mit der *Das grüne Haus* beginnt, visuell antizipiert: Nonnen und Soldaten, gemeinsam auf Menschenjagd, reisen auf den Flüssen durch den Urwald:

In Urakusa konnte Morote Best [peruanischer Anthropologe, der den Autor auf der Reise begleitete] vor einigen Monaten zwei Mädchen zurückkaufen, die durch dieses willkürliche Vorgehen von ihren Dörfern getrennt worden waren. Ich habe die Fotos gesehen, die Morote bei dieser Gelegenheit gemacht hatte: Auf einem Motorboot sieht man zwei Nonnen mit verschlossenen Gesichtern, von Soldaten umgeben, neben ihnen zwei entführte Kinder.

Die Quelle jedoch, die ganz direkt (fast unerträglich direkt) benutzt wird, betrifft Jum und seine Rebellion. Vielleicht wollte Vargas Llosa diese Geschichte, weil sie besonders grausam, heroisch und sinnlos ist, möglichst sachlich schildern (ohne aus der Atmosphäre des Romans herauszutreten, ohne Demagogie) und behielt die Eigennamen der in die Ereignisse verwickelten Personen bei,

343

um Nachricht von diesem Skandal zu geben. In seinem ausführlichen Bericht kommt vor: ein Sergeant der Besatzung Botja, namens Roberto Delgado Campos, der für den Vorfall im Dorf Urakusa verantwortlich war; die Begegnung zwischen Jum und dem Gouverneur von Santa María de Nieva; die Unterdrückung des Dorfes durch die Polizei; das Martyrium Jums und schließlich die Anklageschrift gegen die Schuldigen:

Die wirklichen Anstifter dieser teuflischen Handlung sind: der Gouverneurshauptmann von Santa María de Nieva, Julio Reátegui, der Friedensrichter Arévalo Benzas, der Bürgermeister Manuel Aguila und der Hauptmann des Pionierbataillons No. 5, Ernesto Bohórquez Rojas.

Wie viele andere, stammen diese Personen aus einer bitteren Wirklichkeit: Die Grenzen zwischen Wahrheit und Fiktion sind ständig in Bewegung. Die Wege der Wahrheit und der Fiktion kreuzen sich, damit wir uns verirren und nicht mehr wissen, wo die harte Realität, wo die freie Phantasie ist. Alles geht auf Elemente der objektiven Wirklichkeit zurück; dennoch erscheint es in einer Scheinwelt relativiert. Alles wird durch die Mehrdeutigkeit der mythischen Sicht gefiltert, nichts zeigt sich uns als eindeutig gegeben. Phantasie – Erinnerung – lebendige Erfahrung: Diese Summe geht in *Das grüne Haus* ein. Ein Ziel Vargas Llosas bestand darin, uns in diese riesige Geschichte zu verwickeln, ohne uns Hinweise auf ihren Ursprung zu geben. Genau diese Fähigkeit hatte ihn bei *Tirant lo Blanc* fasziniert, diese »Kunst des Romans, dem Leser mit der größten Leichtigkeit eine Katze als Hasen zu verkaufen«.[9]

Auf diese Weise gliedert sich der Roman in die Tendenz ein, die behauptet, daß Literatur immer und zuerst Literatur sei, eine Unwirklichkeit, die der Wirklichkeit entstammt, sich aber von ihr unterscheidet und durch ihren eigenständigen fiktionalen Charakter Geltung gewinnt. Das ist gegenwärtig eine Strömung in der lateinamerikanischen Literatur (Cortázar, Fuentes, García Márquez drücken sie jeweils sehr verschieden aus), sie geht jedoch auch auf die Anstrengungen zurück, die in der Geschichte des Romans fortwährend unternommen wurden, um auf die fließende Beziehung zwischen dem Erzähler und dem Erzählten aufmerksam zu machen. Meister darin waren Henry James und Herman Melville, und bei uns ist zweifellos *Don Quijote* das beste Beispiel: Seine Windmühlen sind gigantisch, seine Gestalten, die über Cervantes sprechen und den Roman einem apokryphen Cide Hamete zuschreiben, erwecken Mißtrauen (und Interesse) gegenüber einer schwanken, unsteten und unsicheren Realität, d. h. einer Realität, wie sie ein moderner Mensch sieht, einer unglaubwürdigen Realität.

Das Material der fünf Hauptgeschichten des Buches und ihrer Unterthemen könnte nicht turbulenter sein. Die schlimmsten, die grauenvollsten Dinge geschehen im *Grünen Haus:* Vergewaltigungen, Mißhandlung Minderjähriger, Geburt und Erziehung eines Mädchens in einem Bordell, zahllose Verbrechen und Gewalttätigkeiten, Kuppelei, Trunkenheit, Brand, Einkerkerungen, Flucht, Skandale, Verrat usw. Das schiere Eingeweide des Romans ist letztlich ein grimmiges Melodram, ein Zeitungsroman höheren Ranges. Wenn auch das ganze Werk Vargas Llosas durch die Suche nach *ordinärem* (im Sinne von *vulgär*) Material charakterisiert ist, dieser Roman zeigt es besonders auffällig. Auf einen einfachsten Begriff gebracht, passen die Geschichten von Anselmo und Antonio, Fushía und Lalita, Lituma und Bonifacia (um nicht von den anderen zu sprechen) in den Rahmen des literarischen Gemeinplatzes »die große-Abenteuer-und-Romanzen-Erzählung«. Lalitas Charakter, der in der Mittelmäßigkeit ihrer Dialoge gut herauskommt, entspricht dem der typischen Heldin – gefallen und erlöst – aus den Melodramen des populären Kinos. Das gleiche gilt für Anselmos heiße Liebe zu Antonia, eine neue Version der »reinen« Romanze zwischen dem satirisch gezeichneten Alten und dem Waisenkind. Vargas Llosa bemerkt dazu, daß diese Geschichte vielleicht ein (schlechtes) literarisches Produkt des sich langweilenden Pöbels sei, der billige Roman, den die Bewohner der Mangachería für den eigenen Verbrauch erfanden.

Der Autor benutzt an vielen anderen Stellen des Romans Situationsmodelle (obwohl natürlich mit anderen Zielen) aus dem Kriminalroman, dem Western, dem sentimentalen Roman und dessen schriller mexicanischer Variante. Andererseits – und das ist viel wichtiger – hat die Technik des Buches einen hinterhältig antiquierten Anstrich, sie ist literarisch *passé*. Das überrascht nicht, denn Vargas Llosa wollte eine Thematik finden (und wiederbeleben), die eher zum lateinamerikanischen Roman der dreißiger Jahre gehört. Seine Welt entspricht im Grunde dem *Regionalismus*[1] (mit den weiten Naturschauplätzen, dem Schicksal von Kautschukhändlern und -schmugglern, dem noch jungfräulichen Exotismus) und dem *Criollismus*[2] (mit der Einbeziehung populärer Typen, der Bedeutung von Musik und Folklore, der pittoresken

Darstellung einer Provinz, die noch immer von Patriarchen und Hazienda-Besitzern beherrscht wird).

Um den Roman zu schreiben, mußte der Autor dieses ganze ordinäre und verbrauchte Material benutzen, ohne sich davon einengen zu lassen, eine Unmenge von Personen und Ereignissen unter seine künstlerische Kontrolle bringen und in einem Ganzen jene Elemente vereinigen, die aus völlig entgegengesetzten Welten stammten. Sein paradoxes Bewußtsein des Abgrunds, der den Roman vom Leben trennt, und der Notwendigkeit, das Leben im Roman dennoch vollständig auszudrücken, trat erneut in Aktion. Vargas Llosa stellte sich das Problem vorwiegend als Formproblem (»Das Leben ist Einbeziehung und Verwirrung; die Kunst Unterscheidung und Auswahl«, empfahl Henry James). Dieser Roman verliert sich ohne die ihm eigene Form, sie allein verhindert, daß er zum bloßen Nebenprodukt des literarischen Regionalismus wird: Der Stil, die Struktur und das ganze Erzählsystem des *Grünen Hauses* machen dessen eigentliche Substanz aus. Gegenüber dem regionalen und traditionellen Roman behauptet Vargas Llosa eine ähnliche Stellung wie Carpentier dem exotischen und tropischen, Rulfo dem indigenistischen Roman[3], Guimarães Rosa dem Roman des Sertão gegenüber: die Stellung desjenigen, der das Vorhandene benutzt, ohne sich zu unterwerfen, indem er es vielmehr verbessert, ihm widerspricht und es gegebenenfalls ablehnt. Auch die Behandlung des Dialekts unterscheidet Vargas Llosa von den klassischen Regionalisten. Der Autor verzichtet darauf, aus dieser Sprache ein Schauobjekt zu machen. Hier gibt es keine Anführungszeichen, keine Kursive, keine Glossare. Die typischen Stimmungen prägen den Roman und drücken den Sinn *innerhalb* des Erzählkontextes aus, nicht am Rande davon. Der Autor stand vor einer anstrengenden Aufgabe: Er mußte das *Melodram* als wunderbares *Abenteuer* darstellen, und dieses Abenteuer mußte seinerseits die Dimension einer großen menschlichen *Tragödie* erreichen. Der letzte Mythos des *Grünen Hauses* bezieht sich ohne Zweifel auf den ewigen Kampf zwischen dem *Menschen* und den blinden Kräften der *Gesellschaft*, einen Kampf, den der Mensch im allgemeinen verliert. Aber aufgrund seiner unaufgebbaren Würde nimmt er die Herausforderung dazu stets von neuem an.

## c. Die Regeln des Chaos

Die erste Aufgabe bestand in der Ordnung des Chaos. Die strukturelle Regelmäßigkeit des *Grünen Hauses* ist fast schon eine Manie: Der Roman ist in vier Bücher und einen Epilog unterteilt. Jedes Buch beginnt mit einem Prolog und enthält vier Kapitel (Buch 1 und 3) oder nur drei (Buch 2 und 4). Jedes Kapitel unterteilt sich in fünf (die beiden ersten Bücher) oder in vier Sequenzen (die weiteren). Der Epilog besteht, wie die Bücher, aus einem Prolog und vier Kapiteln, diesmal jedoch ohne Unterteilung in Sequenzen. Im Gegensatz zu *Die Stadt und die Hunde* ist der Umfang der Kapitel und Sequenzen nahezu gleichbleibend. Dadurch wird die geometrische Strenge betont. Vielleicht hilft folgendes Schema, den Bau des Romans besser zu verstehen:

### Das grüne Haus

| Buch Eins | | Buch Drei | |
|---|---|---|---|
| Prolog | | Prolog | |
| Kap. I | (5 Sequenzen) | Kap. I | (4 Sequenzen) |
| Kap. II | (5 Sequenzen) | Kap. II | (4 Sequenzen) |
| Kap. III | (5 Sequenzen) | Kap. III | (4 Sequenzen) |
| Kap. IV | (5 Sequenzen) | Kap. IV | (4 Sequenzen) |
| | | | |
| Buch Zwei | | Buch Vier | |
| Prolog | | Prolog | |
| Kap. I | (5 Sequenzen) | Kap. I | (4 Sequenzen) |
| Kap. II | (5 Sequenzen) | Kap. II | (4 Sequenzen) |
| Kap. III | (5 Sequenzen) | Kap. III | (4 Sequenzen) |

Insgesamt: 63 Sequenzen

*Epilog*
Prolog
Kap. I
Kap. II
Kap. III
Kap. IV

Wie man sieht, ist jedes Buch eine Einheit mit fester Struktur, die sich nur wenige Varianten erlaubt. Im fünfteiligen Plan erklärt sich die Reduzierung der beiden letzten Bücher von fünf auf vier Sequenzen einfach dadurch, daß die Geschichten von Jum und Fushía im dritten Buch zusammenfließen und daß das Thema Jum im vierten verschwindet. Die Prologe erzählen Ereignisse aus der Umgebung von Santa María de Nieva (die Expeditionen der Nonnen der Mission, um Eingeborene zu fangen, die Übergabe von Bonifacia an Reátegui, Jums Rebellion usw.) oder von der Insel des Santiago, dem Handelsplatz Fushías (Buch Vier). Auch die Sequenzen innerhalb jedes Kapitels folgen einer bestimmten Ordnung. In den Kapiteln der beiden ersten Bücher sieht diese Ordnung folgendermaßen aus:

1. Sequenz: Ereignisse in der Mission und Santa María de Nieva.
2. Sequenz: Geschichte Fushías.
3. Sequenz: Geschichte des Grünen Hauses, Anselmos und Antonias, in Piura.
4. Sequenz: Geschichte Jums und Ereignisse, die sich auf Adrián Nieves und Lalita beziehen.
5. Sequenz: Geschichte der Unbezwingbaren in der Mangachería.

In den Kapiteln der beiden anderen Bücher ist die Anordnung folgende:

1. Sequenz: Ereignisse in Santa María de Nieva und auf der Insel des Santiago-Flusses.
2. Sequenz: Geschichte Fushías.
3. Sequenz: Geschichte des Grünen Hauses.
4. Sequenz: Geschichte der Unbezwingbaren.

Der Epilog ähnelt den Büchern; jedes Kapitel gilt hier als Sequenz:

Kap.  I: Geschichte Fushías.
Kap.  II: Der Tod Anselmos im Grünen Haus.
Kap. III: Lalita und der Dicke kommen nach Iquitos.
Kap. IV: Schlußepisode in der Mangachería.

Die Symmetrie der Struktur ermöglicht den verschiedenen Teilen des Romans, zu kreisen und in regelmäßigen Abständen wieder und wieder in den Gesichtskreis des Lesers einzutreten. So erscheint der Roman als eine Serie von Erzählmustern mit festgelegtem Profil, die sich in einer fließenden Bewegung wiederholen und abwechseln. Das rechtfertigt die Analogie mit einem Kaleidoskop, die von mehreren Kritikern herangezogen wurde. Das Kommen und Gehen der Bilder ist einem Rhythmus unterworfen, der durch die stilistische Charakterisierung jedes Bildes bzw. jeder Sequenz unverwechselbar wird.

Das ursprüngliche Erzählziel des Autors bestand darin, die

Grenzen zwischen »Beschreibung« und »Erzählung«, zwischen »Objekt« und »Vorgang«, zwischen »Aktion« und »Projekt« zu verwischen. Das gleichzeitige Verflechten der vielen räumlichen (die beiden Pole Piura und Santa María de Nieva) und zeitlichen Ebenen (ein mythisches und idealisiertes Gestern, eine Vergangenheit, die aus der Erinnerung der Sprechenden emporsteigt, ihre beständige Wiederherstellung in der Gegenwart der Protagonisten, die direkte Erfahrung dieser Gegenwart, und eine verborgene Projektion in die Zukunft) erfordert eine Vielzahl von Perspektiven und die Techniken der simultanen Exposition, eine Übertragung der visuellen Mittel des Films auf die Literatur. Das für den Roman charakteristische vorherrschende stilistische Verfahren ist die Verschmelzung der objektiven Wirklichkeit, des Dialogs und der irrationalen subjektiven Schwankungen zu einer unauflöslichen Sprachmasse. Diese Technik nennen wir *pluridimensional*. Sie wird ausgiebig in den Prologen verwendet, diesen mächtigen Vorhallen, die der Autor jedem Buch nicht als Einleitung voranstellt, sondern um uns eine Atmosphäre, eine Spannung zu signalisieren, die sich in einer vielfältigen Bewegung über viele Seiten erstreckt. Im ersten Prolog finden wir zum Beispiel das folgende Fragment (9–10), das mit einer Beschreibung im traditionellen Stil beginnt: »Achtern sitzt steif, mit geschlossenen Augen, Madre Angélica, mindestens tausend Falten im Gesicht, mitunter steckt sie die Zungenspitze heraus und leckt den Schweiß vom Schnurrbart und spuckt aus.« Aber sofort und ohne typographische Zäsur wird das Bild nach innen genommen. Irgend jemand – Adrián Nieves, der Sergeant, einer der Soldaten, die die Nonnen auf der Expedition begleiten? Wir wissen es nicht – kommentiert die Szene schweigend, und dieser schließt direkt an die vorhergehende Beschreibung an: »Die arme Alte, solche Ausflüge waren nichts für sie.«[10] Nach diesem Gedankenblitz wird die Szene mit einem Satz fortgesetzt, der Geschehenes (die fette Schmeißfliege fliegt) und Bevorstehendes (Nieves wird den Motor abstellen) vereinigt und außerdem den Dialog zwischen Nieves und dem Sergeanten aufgelöst in sich aufnimmt.

Die fette Schmeißfliege schlägt die kleinen blauen Flügel, löst sich mit sanftem Auftrieb von der rosigen Stirn Madre Patrocinios, fliegt in Kreisen davon ins weiße Licht, und der Lotse würde gleich den Motor abstellen, Sargento, sie waren nämlich gleich da, nach dieser Einbuchtung kam Chicais.

Eine neue Wendung nach innen, diesmal, um eine Vorausahnung des Sergeanten aufzudecken, die dann später bestätigt wird. »Aber etwas sagte dem Sergeanten, es wird niemand da sein.« Es folgt eine weitere konventionelle Beschreibung der Ankunft:

Das Motorengeräusch bricht ab, die Madres und die Guardias öffnen die Augen, heben den Kopf, blicken sich um. Der Lotse Nieves ist aufgestanden, drückt die Stake nach rechts, nach links, das Boot nähert sich geräuschlos dem Ufer, die Guardias stehen auf, ziehen die Hemden an, setzen die Kepis auf, schnallen die Ledergamaschen um. Der Pflanzenvorhang reißt ab, sobald die Flußkrümmung passiert ist, und man sieht ein Hochufer, einen schmalen Einschub rötlicher Erde, der bis zu einem winzigen Winkel voller Morast, Steinbrocken, Röhricht und Farnbüschel herunterläuft. Unten ist kein Kanu, oben am Uferrand keine menschliche Gestalt zu sehen.

Dieses Bild der Einsamkeit, das die Exaktheit der Vorausahnung des Sergeanten bestätigt, öffnet eine Art Falltür zu seinen Erinnerungen, zu seiner Vergangenheit als Mangache. In einem weiteren Parallelismus von Geschehen und Gedanken springen alle an Land, und springen auch die sentimentalen Erinnerungen der Figur:

Das Boot läuft auf, Nieves und die Soldaten springen hinaus, waten durch den bleifarbenen Brei. Ein Friedhof, Ahnungen konnte man vertrauen, die Mangaches hatten recht.

Und die Szene entwickelt sich im üblichen Wechsel von Handlung und Dialog weiter:

Der Sargento steht über den Bug gebeugt, der Lotse und die Guardias ziehen das Boot aufs Trockene. Sie sollten den Madrecitas behilflich sein [...]

Andere Fragmente dieser Prologe sind schwieriger. Ebenfalls typisch ist zum Beispiel die »Verflechtung« der Dialoge und des objektiven Geschehens durch eine Zickzack-Bewegung der Erzählung. Pronomina (er, sie), Relativpronomina und Vokative sind die Anzeichen, die dem Leser ermöglichen, *objektive Erzählung, erzählten Dialog* und *direkten Dialog* zu unterscheiden. Sogar die Zeichensetzung (Doppelpunkte, Bindestriche) als Orientierungshilfe ist ausgeschaltet worden. In diesem Abschnitt kennzeichnet unser Kursiv den *erzählten Dialog,* die Sperrung den *direkten Dialog*.

Madre Angélica hebt den Kopf: *sollten die Zelte aufschlagen, S a r g e n t o ein zerknittertes Gesicht, und die Moskitonetze spannen,* ein wässriger Blick, *sie würden warten, bis sie zurückkamen,* eine altersschwache Stimme, *und er sollte kein solches Gesicht ziehen, sie hatte Erfahrung.* Der Sargento wirft die Zigarette weg, stampft sie in die Erde, *ihm war es ja egal, los Jungens, sollten schon machen.* (11)

Dieses Verfahren findet sich auch in anderen Teilen des Buches, besonders in der Schilderung der Rebellion Jums (je 4. Sequenz in den Büchern 1 und 2), der Abenteuer Fushías und Lalitas (je 2. Sequenz im Buch 3) und der Abenteuer von Adrián Nieves, dem Sergeanten und Bonifacia (je 1. Sequenz in den Büchern 2, 3 und 4). Bei den Sequenzen von Fushía und Lalita ist der Rhythmus noch heftiger, sind die Übergänge von einer Ebene zur anderen schneller (cf. p 210). Es läßt sich feststellen, daß das Verfahren hauptsächlich zur Schilderung der Urwaldszenen verwendet wird. Die literarische Konsequenz dieses Verfahrens ist wichtig, denn sie ermöglicht Vargas Llosa, mit der alten Dichotomie des Regionalismus Schluß zu machen, der den Urwald nur als Umgebung beschreibt, in der sich eine Handlung abspielt: Es gibt keinen exotischen »Hintergrund« im *Grünen Haus:* Der Urwald ist unentbehrliche Bedingung der Handlung (cf. Szene: Fushía-Lalita p. 213/4).

  Die Dialoge von Fushía und Aquilino (Buch 1, 2 und 4 sowie Kap. II des Epilogs) verwenden eine andere Technik: die *teleskopische* Erzählung, d. h. die Montage der beiden Dialoge – eines gegenwärtigen und eines erinnerten, der durch den gegenwärtigen aktualisiert wird –, die auf zwei verschiedenen Raum- und Zeitebenen ablaufen. Wenn man diese Technik in *Die Stadt und die Hunde* und in *Das grüne Haus* vergleicht, fällt die bemerkenswerte Geschicklichkeit auf, die der Autor vom einen zum anderen Roman gewonnen hat: Die Kritik hat nahezu einstimmig festgestellt, daß durch diese Überlagerung der Stimmen, mit der die Geschichte Fushías dargestellt ist, das ganze Schicksal eines Menschen – Anfang, Höhepunkt und klägliches Ende – meisterhaft gezeichnet sei. Aber wie alles andere in dem Roman, kompliziert sich auch diese Grundtechnik: Wir finden nicht nur einen doppelten Dialog, der durch die Achse eines Gesprächspartners zusammengehalten wird (z. B. Fushía–Aquilino und Fushía–Chango), sondern auch Verbindungen zwischen vier oder fünf Gesprächspartnern. Dies ermöglicht eine Skala von Stimmen, die sich frei in der Zeit bewegen. Weil der Eingangsdialog außerdem auf der Flußreise stattfindet, kommt die räumliche Fortbewegung zur zeitlichen Bewegung hinzu und erzeugt Spannung: Als die Reise beendet ist – wie in Faulkners *Als ich im Sterben lag* – enden auch die Erzählung und das Leben Fushías, denn dieser Fluß ist das Bild der Zeit, die ihn weg- und von der Macht zum Tod hin trägt. Das übliche Schema ist: Dialog A–B und Dialog C–D.

>Hast du viel Geld mitgehen lassen, Fushía?< sagte Aquilino.
>Fünftausend Sol, Don Julio<, sagte Don Fabio. >Und meinen Paß und ein paar Bestecke aus Silber. Ich bin sehr verbittert, Señor Reátegui, ich kann mir vorstellen, was Sie von mir denken. Aber ich werde Ihnen alles ersetzen, das schwör ich, im Schweiß meines Angesichts, Don Julio, bis auf den letzten Centavo.<
>Hast du nie Gewissensbisse gehabt, Fushía?< sagte Aquilino. >Das hab ich dich schon seit Jahren fragen wollen.<
>Weil ich dem Hund Reátegui was gestohlen hab?< sagte Fushía. >Der ist reich, weil er mehr gestohlen hat als ich, Alter. Aber er hatte wenigstens etwas, wie er angefangen hat; ich nicht. Das ist immer mein Pech gewesen, mit nichts anfangen zu müssen.<
>Und wozu haben Sie eigentlich Ihren Kopf?< sagte Julio Reátegui. >Wieso haben Sie nicht einmal daran gedacht, seine Papiere zu prüfen, Don Fabio?<
(47–48)

In der gleichen Sequenz (Kap. II, Buch 1) findet sich auch eine dreifache Montage mit vier Gesprächspartnern: Fushía-Aquilino + Fabio-Reátegui + Fushía-Fabio (cf. 48–49).

Die Sequenzen der Mangachería unterscheiden sich durch den reichlichen Gebrauch des konventionellen Dialogs und durch ein bescheidenes Maß an objektiver Beschreibung. Die Sequenzen, die sich auf die Gründung des Grünen Hauses beziehen, werden in der dritten Person des allwissenden Erzählers berichtet, wie gesagt, mit Anklängen an die Chronik, die aus einem Stimmenplural hervorgeht. Ihr indirekter Stil ist vorwiegend beschreibend, der Dialog fehlt fast vollständig: Sie wirken statisch, fern, »literarisch«. Aber im vierten Buch wird der Platz, den diese Sequenz besetzt hielt, von einem untergeordneten Thema eingenommen: der Liebe zwischen Anselmo und Antonia (Toñita), dem blinden und stummen Mädchen. Die entsprechenden Sequenzen erscheinen in den drei Kapiteln dieses Buches und zeigen eine besonders brillante und dramatische Technik Vargas Llosas: die Verwendung der zweiten Person. Mit ihr lassen sich mehrere Ziele erreichen:

a. die Vermischung von Wirklichkeit und Fiktion der Liebesgeschichte,
b. die Verschmelzung der Vergangenheit mit der Gegenwart und der Zukunft,
c. die poetische Distanzierung von den Tatsachen,

d. die Einführung des kollektiven Normalbewußtseins in das imaginäre Bewußtsein Anselmos.

Wir zitieren ein Stück aus dieser warmen und gequälten Prosa, in
der ein Alter auf dem Totenbett träumt, er begehre ein junges Mädchen, und sich in die Augen und die Stimme verwandelt, mit der sie
die Welt fühlt und neu erschafft:

Erfind, was er zu ihr sagt: Guten Tag, Toñita, hübscher Morgen, die Sonne
macht warm, brennt aber nicht, schade, daß es Sand regnet, oder wenn du
das Licht sehen könntest, wie blau der Himmel ist, genau wie das Meer in
Paita und dann, das Pochen der Schläfen, wie Wogen stürzen übereinander,
das Herz geht einem durch, der Sonnenstich im Innern. Kommen sie miteinander? ja, zur Terrasse? ja, hält er ihren Arm?, ja, und Jacinto, fühlen Sie
sich nicht wohl, Don Anselmo? sind ganz blaß geworden, du, ein bißchen
müde, bring mir noch einen Kaffee und ein Glas Pisco, direkt auf deinen
Tisch zu? ja, steh auf, streckt die Hand aus, Don Eusebio, wie geht's, er,
mein Lieber, das Fräulein und ich werden Ihnen Gesellschaft leisten, gestatten Sie? Da hast du sie endlich, neben dir, schau sie furchtlos an, das ist
ihr Gesicht [...] (321)

Vargas Llosa hat diese schwierige Verwendung des *du* (die Michel
Butor in *Paris-Rom oder Die Modifikation* und Carlos Fuentes in
*Nichts als das Leben* [*La muerte de Artemio Cruz*] jeweils mit anderer Absicht benutzen) als »chinesische Schachtel« bezeichnet
und am Beispiel von *Tirant lo Blanc* minutiös erläutert:

Zwischen Leser und Erzählstoff ist ein Vermittler getreten: Die objektive
Ebene verschwindet, man durchquert eine subjektive Ebene, die der Stoff
durchläuft, bevor er beim Leser ankommt. Logischerweise verändert sich
der Stoff dabei, er lädt sich mit emotionalen Elementen auf, die nicht seine
eigenen sind, die dem Vermittler gehören. Diese subtile Mischung ist ein
weiteres uraltes Mittel des Romans und könnte ›chinesische Schachtel‹ genannt werden [...] Die ›chinesische Schachtel‹ zählt auch zu den gebräuch-
lichsten Verfahren des modernen Romans, in der der Vermittler, der Zeuge
eine wesentliche Gestalt ist: Er stellt die Mehrdeutigkeit und Vielschichtigkeit des Erzählten dar, er vervielfacht die Perspektiven, er nuanciert, vertieft, hebt die Tatsachen der Fiktion in eine subjektive Dimension. Um nur
ein wichtiges Beispiel zu erwähnen, kann man an fast alle Geschichten
Faulkners erinnern: Sie werden dem Leser nicht direkt erzählt, sondern
sind Geschichten, die durch andere Geschichten strukturiert werden, die
die Personen der Fiktion einander erzählen (cf. Anm. 4; 10).

Schönheit und Feierlichkeit der ersten drei Sequenzen hinterlassen
einen starken Eindruck im Leser. Aber richtig ist auch, daß das
System der »chinesischen Schachtel« nicht genauso funktioniert,
wie Vargas Llosa möchte: Der Leser spürt, daß nicht Anselmo

durch die Stimme des Mangachen spricht, sondern daß der Autor mit ihrer Stimme spricht und in ihrem Namen erzählt, denn er nimmt die Verantwortung für den Chor auf sich. So ist die Pyramide der »Schachteln« vielleicht noch weiter abgestuft: Sie bildet eine unendliche Echokette. Aber das sind noch nicht alle technischen Neuerungen des *Grünen Hauses.* Erwähnen wir zumindest eine weitere: die andere Art, Erzählzeiten nebeneinanderzusetzen, nämlich in den Sequenzen über Bonifacia und die Flucht der Schülerinnen (Buch 1). Die Technik wird deutlicher in Kap. IV dieses Buches: Während die Nonnen Bonifacia einem strengen Verhör unterziehen (in Dialogform), spielt ständig eine indirekte Erzählung der Flucht in der dritten Person hinein, die diese Vergangenheit in die Gegenwart rückt. Im folgenden Abschnitt kennzeichnen wir die retrospektive Erzählung kursiv:

›Die Zähne haben ihnen geklappert, Madre‹, sagte Bonifacia. ›Ich hab auf heidnisch mit ihnen geredet, damit sie sich nicht fürchten. Hättest du nur gesehen, wie sie ausgesehen haben!‹
›Warum hast du uns nie gesagt, daß du Aguaruna sprichst, Bonifacia?‹ sagte die Oberin.
›Du siehst ja, wie alle Madres sagen, jetzt kommt wieder die Wilde zum Vorschein‹, sagte Bonifacia. ›Siehst ja, wie sie sagen, ißt du schon wieder mit den Pfoten, Heidin. Ich hab mich geniert, Madre.‹
*An der Hand führt sie sie aus der Vorratskammer, und auf der Schwelle ihres engen Zimmers bedeutet sie ihnen zu warten. Sie drängen sich dicht aneinander, stehen wie ein Knäuel an der Wand, Bonifacia tritt ein, zündet die Lampe an, öffnet den Koffer, sucht darin herum, holt das alte Schlüsselbund heraus und verläßt das Zimmer. Sie nimmt die Mädchen wieder bei der Hand.*
›Ist es wahr, daß sie den Heiden an den Capironabaum gebunden haben?‹ sagte Bonifacia. ›Daß sie ihm die Haare abgeschnitten haben und daß er ratzekahl war?‹
›Bist du übergeschnappt?‹ sagte Madre Angélica. ›Plötzlich kommst du mit den verrücktesten Dingen an.‹ (83)

Das Zusammenspiel dieser Techniken – die pluridimensionale Erzählung, die teleskopischen Dialoge, die »chinesische Schachtel«, das Nebeneinander der Erzählzeiten usw. – gestaltet den Ablauf der Handlung äußerst kompliziert: Die Geschichten färben durch die ständige Berührung aufeinander ab, entleeren sich ineinander, liefern einander ihre Figuren aus. Diese andauernde Beweglichkeit des Ganzen und das innerhalb der strengen Anordnung der Teile fließende Leben verhindern, daß *Das grüne Haus* zur bloßen literarischen Konstruktion in einer verdünnten Atmosphäre wird. Angel Rama schreibt: »Die aufdringliche Wirklichkeit, die die Erzählung beherrscht und den Leser ständig mit Gerüchen, Formen, Belästigungen und Schweiß verfolgt, vermehrt den natürlichen Reichtum des Materials und führt dazu, daß der Roman als harter, schwindelerregender Ausschnitt des tropischen amerikanischen Lebens erscheint.«[11]

Die große Neuerung des Romans ist die äußerst weitgehende Zerstückelung, fast Vernichtung der Zeit. Die Zeitlichkeit wird in den Händen des Romanciers und in der Vorstellung des Lesers zu einer elastischen, subjektiven und wandelbaren Substanz. Die Zeit, ein fundamentaler Aspekt des Romans, ist zwar vorhanden, aber nur, um immer neu negiert zu werden. Das Werk hinterläßt den Eindruck, sich nach einem zyklischen Muster zu bewegen, denn das hartnäckige Hinundher tendiert zu einem Zentrum. Es sagt die individuellen Schicksale sozusagen voraus: Wieder einmal beherrscht die Idee des *Fatum* das menschliche Universum von Vargas Llosa. Die Zeit bewirkt den hypnotischen Effekt des Romans: Die unzähligen Wechsel lösen sich in Unbeweglichkeit auf (Tod, Niederlage, Unglück, Entehrung); die großen, zu Beginn weit offenen Räume schließen sich über jeder Person zusammen, wenn die Zeit deren innere Dimension konkretisiert hat (die Anfänge ähneln dem Ende), die unterschiedlichsten Ereignisse bekommen ihren authentischen Sinn, wenn sie im Labyrinth der Gleichzeitigkeiten, Verbindungen und chronologischen Sprünge verschwinden. Der vorausdeutende Charakter der verschiedenen Zeitebenen erscheint in jeder Sequenz verdichtet: Synthese der künftigen Entwicklungen. Irgendwie enthält jeder Augenblick alle anderen und wird durch sie bedingt. Jeder hält eine bestimmte Stelle innerhalb des gesamten Musters besetzt: Sie alle besitzen den relativen, jedoch präzisen Wert von Teilen eines Puzzles. Die Sequenzen sind Gravitationsfelder und ziehen die Ereignisse in ihr Zentrum. Auch wenn die Ereignisse in andere Einflußsphären gehören, werden sie durch die Sequenzen vervollständigt und an eine bestimmte Stelle in der großen Menge geschoben. Zu Beginn sind die Sequenzen einer besonderen Zeit zugeordnet (das Grüne Haus der weit zurückliegenden Vergangenheit, Bonifacia und Jum der nahen Vergangenheit, Fushía und die Unbezwingbaren fast der Gegenwart). Sie sind aber empfänglich für Beeinflussung durch innere und äußere Vorgänge. Die Zeiten überlagern sich geheimnisvoll, in einer untergründigen Bewegung, die wir aufspüren und auf eigene Faust ständig neu ordnen müssen. Ein einfaches Resümee der Ereignisse und die zeitliche Anordnung der ersten Sequenzen des Romans (23–40) werden helfen, das Gesagte besser zu verstehen:

| entfernte Vergangenheit | nahe Vergangenheit | unmittelbare Vergangenheit |
|---|---|---|
| | 1. Die Nonnen der Mission entdecken die Flucht der Schülerinnen. Bonifacia erklärt sich schuldig. So entscheidet sich ihr Schicksal. *Santa María* | |
| | | 2. Fushía tritt seine letzte Reise an, todkrank. Im Gespräch mit Aquilino erinnert er sich an den Beginn seiner Verbrecherlaufbahn: die Flucht aus dem Gefängnis. Er erwähnt seine Verrätereien: Pantacha, die Huambisas, Jum. *Santiago-Fluß* |
| 3. Die friedliche Stadt vor der Gründung des Bordells. Ankündigung des Unheils (durch die Stimme Pater Garcías, den | | |

Zerstörer) und
der Wirren, die
es verursachen
wird.
*Piura*

4. Der Sergeant
Delgado bittet
Hauptmann
Quiroga um Er-
laubnis, nach
Bagua zu gehen.
Er reist in Be-
gleitung des
Lotsen Adrián
Nieves. Neue
Entscheidung
des Schicksals:
Die Reise pro-
voziert die Zwi-
schenfälle bei
den Urakusas-
Indios und die
Rebellion Jums.
*Garnison von
Borja*

5. Ankündigung
der Rückkehr
Litumas. Ängste
Josefinas, die
ihn verraten hat.
Anspielungen
auf seine Reise
nach Lima.
Ende des aben-
teuerlichen Le-
bens von Li-
tuma. Ritueller
Besuch des
Grünen Hauses.
*Mangachería*

Diese geheimen Kontakte, die den Sequenzen bei ihrer Rotation
zugestanden werden (fast immer durch die Technik der »unmittelbaren Öffnung«, die in *Die Stadt und die Hunde* erprobt wurde),

kommen auf eine subtile und beunruhigende Weise zustande. Der Autor erwähnt beiläufig Gemeinsamkeiten und Anspielungen, die fast unterbewußt auf uns wirken und dazu führen, daß wir Ähnlichkeiten im Unähnlichen feststellen und Verknüpfungen, wo rational keine vorhanden sind. Die Geschichten ereignen sich an weit auseinanderliegenden Orten, zu verschiedenen Zeiten, aber durch die Anordnung im Roman gewinnen sie Einfluß aufeinander. Die Sequenzen des dritten Kapitels von Buch 3 liefern ein weiteres Beispiel. Die erste Sequenz erzählt die Begegnung der Soldaten mit Pantacha, der sich nach dem Genuß narkotischer Pflanzen in einem trancehaften Delirium befindet. Der Höhepunkt der Szene sieht so aus (kursiv von uns):

›Der Typ redet schon, mi teniente‹, schrie der Knirps.
›Kommen Sie, damit Sie's hören.‹
›Habt ihr verstanden, was er gesagt hat?‹ fragte der Teniente.
›Was von einem Strom, der blutet, von einem Christen, der gestorben ist‹, sagte der Dunkle. ›So Zeug, mi teniente.‹
›Fehlt mir zu meinem Glück bloß noch, daß er übergeschnappt ist‹, sagte der Teniente.
›Wenn sie träumen, sind sie immer ein wenig verdreht‹, sagte der Sargento Roberto Delgado. *Das vergeht wieder,* mi teniente.‹ (206)

Der Beginn der zweiten Sequenz (Fushía und Lalita, die Szene der Geburt) legt eine Parallele nahe zwischen der Trance, die für Pantacha endet, und der Trance, die für Lalita beginnt.

Die Nacht fiel, Fushía und Don Aquilino aßen gekochten Maniok, *tranken Schnaps direkt aus der Flasche,* und Fushía, es wird schon dunkel, Lalita, steck die Lampe an, sie bückte sich und ahaha, *die erste Wehe,* konnte sich nicht mehr aufrichten, fiel weinend auf den Boden. Sie halfen ihr auf, hoben sie auf die Hängematte, Fushía steckte die Lampe an, und sie, *ich glaub, es ist schon soweit, ich hab Angst.* (207)

Das Fragment endet mit der Geburt des Kindes, eine Szene, in der Pantacha flüchtig erwähnt wird:

Don Aquilino und Fushía setzten sich auf den Boden, *tranken Schnaps gleich aus der Flasche,* und draußen waren immer noch die Geräusche, die Huambisas, die Aguaruna, *Pantacha,* der Lotse Nieves kotzten jetzt wahrscheinlich, und im Raum flimmerte es von kleinen Faltern, Glühwürmchen prallten gegen die Wände, *wer hätte gedacht, daß er so weit von Iquitos zur Welt kommen würde,* im Urwald wie ein kleiner Nacktarsch. (267)

Die dritte Sequenz (das Orchester des Grünen Hauses) spricht bezeichnenderweise von einer anderen Geburt – »Das Orchester kam bei Patrocinio Maya zustande« – und endet folgendermaßen:

Und im übrigen, auch wenn sie zum Spielen nach Piura gingen, so wohnten Don Anselmo, *der Jüngling* und der Bulle doch weiterhin in der Mangachería und *spielten weiterhin* umsonst auf bei allen Mangache-Fiestas. (267)

Zuletzt beginnt die vierte Sequenz (das Duell mit Seminario im Grünen Haus, vor vielen Jahren):

Jetzt wurde es wirklich ernst: *die Kapelle hörte auf zu spielen,* die Unbezwingbaren blieben auf dem Tanzboden stehen, und blickten auf Seminario, und *der Jüngling Alejandro sagte* [...] (267)

Schließlich erreicht der Autor das gewünschte Ziel: ein *vollständiges Bild* der Wirklichkeit vorzustellen, ein Sprachsystem, das seine Teile durch »kommunizierende Röhren« verbindet und sie so im Organismus des Romans von oben nach unten verteilt. Aber diese totale Wirklichkeit ist kein tiefgekühltes Absolutum, nicht eine abgeschlossene Angelegenheit. Die im Roman geschilderte Wirklichkeit ist durch willkürliche Unschärfen, verblüffende Übereinstimmungen, dunkle Flecken, bewußte Leerstellen zwischen zwei Momenten desselben Sachverhalts, Hell-Dunkel-Kontraste gezeichnet, die, von den Erzählkernen zur Seite gedrängt, den Leser angreifen und reizen. Es gibt auch eine generelle chronologische Mehrdeutigkeit. Ein paar verschwommene Hinweise – die Kautschukausbeutung im Urwald, der »Urrismus« der Mangachería usw. – lassen darauf schließen, daß die Zeit insgesamt etwa 40 Jahre aus der peruanischen Geschichte des 20. Jahrhunderts umfaßt, aber die genauen Daten dieses Abschnitts erfahren wir nicht. Einmal wird der Zweite Weltkrieg nebenbei erwähnt (71), von einer weit davon entfernten und unbestimmten Gegenwart aus. Aber wir finden nicht nur Mehrdeutigkeiten im Roman, sondern auffällige Verdoppelungen und Entsprechungen von Vorkommnissen und Personen, an deren Aufdringlichkeit mehrere Kritiker, darunter Luis Harss, sich gestoßen haben. Wir wissen, daß der Sergeant Lituma war und daß Bonifacia zur Selvática wird. Wir wissen auch, daß es zwei Grüne Häuser gibt, von denen eins aus dem anderen hervorzugehen scheint. Wir finden noch weitere Verdoppelungen: Es gibt zwei Aquilinos, den Freund Fushías und den Sohn Lalitas. Der erste half bei der Geburt des zweiten (257; 385). Es gibt eine zweimalige Rückkehr Litumas in die Mangachería (einmal aus dem Urwald, einmal von Lima). Es gibt entscheidende Gefängnisaufenthalte (Litumas, Fushías). Das Schicksal Bonifacias, die mit dem Sergeanten verheiratet ist, scheint sich in Lalita, die mit dem Dicken, einem der Männer des Sergeanten, verheiratet ist, zu wiederholen. Selbst die Niederkunft Antonias verwandelt sich (durch parallele Erzählungen im letzten Kapitel des Romans) in die Fehlgeburt Bonifacias. Die verschwimmenden Grenzen des Romans, die ungeklärten Beziehungen zwischen der einen und der anderen Figur machen solche ungewöhnlichen Identitäts-Entsprechungen möglich. Es bleibt jedoch eine Gefahr. Der Leser, der mühelos die einander ablösenden Metamorphosen Lalitas akzeptieren kann, glaubt nicht ganz, daß der Sergeant und Lituma dieselbe Person sind, einfach deshalb, weil es zwei verschiedene menschliche Charaktere sind und der Übergang mit Hilfe der vom Autor bereitgestellten Ausdrücke gezwungen scheint. Der Fehler besteht darin, daß die Verwandlung mechanisch als Konsequenz einer Verwandlung der Umgebung vor sich geht, nicht aufgrund tieferer Ursachen. Übrig bleibt der bloße Kunstgriff, den Namen zu streichen, um den Leser auf der Suche nach der wirklichen Person in die Irre zu führen.

Auf allen Ebenen – der wirklichen, symbolischen, begrifflichen, formalen – ist *Das grüne Haus* ein Roman, der die Lektüre zu einer schöpferischen Tätigkeit macht und einen aufmerksamen, aktiven und für die unterschiedlichen Zeichen und Strukturen des Buches aufgeschlossenen Leser erfordert. Der Zugang ist schwierig. Auf den ersten Seiten ist es ratsam (oder notwendig), mit Hilfe eines Bleistifts zu lesen und noch einmal zu lesen und sich selber einen Plan der Erzählung zu skizzieren, ein paar Markierungen in der verwirrenden Geographie des Romans anzubringen. Dann wird die Aufgabe leichter und faszinierend. Der Roman gibt seine Geheimnisse allmählich preis, das Gewebe vervollständigt sich in regelmäßigen Abständen. Wir spüren, daß wir in eine eigene Welt eingetreten sind, deren magnetische Anziehungskraft darin besteht, daß sie sich nicht auf die Wirklichkeit verläßt und sie dennoch nachahmt, wie der Kritiker Germán Colmenares gesagt hat.[12]

### d. *Pessimismus und Hoffnung*

Wir haben zuvor behauptet, daß zu den stürmischen Abenteuern des *Grünen Hauses* ein tragischer Hintergrund existiert. Die Personen leben eine wütende Zerstörung ihrer selbst. Auf verschiedene Weise versuchen alle, sich zu verwirklichen, über die unergiebigen Möglichkeiten, die ihnen die Umwelt anbietet, hinauszukommen: Anselmo verwirklicht seinen Traum der Größe in einem Bordell, Lituma als Urwaldsergeant, Jum mit der Genossenschaft, Fushía als Schmuggler, Lalita als Frau eines, irgendeines Mannes. Ihre Mittel sind meist verzweifelt und ungesetzlich oder einfach erbärmlich, denn ihr Gewissen ist beschädigt. Wie die Jugendlichen in *Die Stadt und die Hunde* sind die Erwachsenen des *Grünen Hauses* oft auf den reinen Sexualtrieb reduziert. Ihm geben sie bis zur Zerstörung nach. Es ist für sie die unmittelbarste Form, sich einem anderen aufzuzwingen, ihm entgegenzutreten oder sich für geheime Frustrationen zu rächen. Das Leben hat sie gelehrt, daß es nur einen Weg gibt: den, den man sich um jeden Preis erkämpft; sie rechnen auf die Früchte der Gewalt. Vargas Llosas Figuren sind elementare Menschen, die bis zum letzten die Bitterkeit der Existenz kosten müssen. Ihre Anstrengungen münden in Niederlage und Unheil. Das eindrücklichste, geradezu pathetische Beispiel gibt zweifellos Fushía ab – vormals Feudalherr einer Insel, später mittellos und von der Lepra zerfressen. Aber die anderen sind nicht glücklicher: Anselmo wird blind, Lituma muß ins Gefängnis, Bonifacia geht in das Grüne Haus, Jums Rebellion wird liquidiert, selbst die missionarische Tätigkeit der Nonnen (das einzige Unternehmen aus guten Absichten) verwandelt sich in eine erschreckende Karikatur der Erlösung und der menschlichen Zivilisation. Die einzige, die das Spiel in gewisser Weise gewinnt, ist Lalita, obwohl ihr Ideal – eine ehrenhafte Frau in Iquitos zu werden – mehr als bescheiden ist: Ihr Märchenprinz ist der Dicke, ein abgestumpfter Soldat.

Wenn dieser Roman ein kritisch-symbolisches Bild des Landes ist, kann der Ausblick nicht pessimistischer sein. Man könnte sagen, daß Peru ein Abenteuer ist, das schlimm endet, eine Anhäufung anonymer Tragödien, die vor dem Hintergrund allgemeiner Gleichgültigkeit spielen. Aber man muß unterscheiden. Einerseits ist all dies im Roman implizit vorausgesetzt. Der Blick streift über eine Prozession von Gemeinheiten, Grausamkeiten, Ungerechtigkeiten hin, hält jedoch nicht inne für irgendeinen gesellschaftlichen Kommentar. Es genügt, alles mit gleichmäßigem Mitleid zu registrieren. So bleibt die objektive Struktur der Erzählung unangetastet. Vargas Llosa bewahrt seine Unerschütterbarkeit nach dem Vorbild Flauberts um jeden Preis. Andererseits erstreckt der Pessimismus, den die peruanische Gesellschaft ihm eingibt, sich nicht auf die Personen, die sich zerstören, ohne doch ihre Würde und

Treue zu sich selbst zu verlieren. Das Übel liegt in der Gemeinschaft, nicht in den Menschen, die der billigen Einteilung in »gut« und »böse« überlegen sind. Irgendwann einmal fragt Aquilino Fushía: »Warum hast du dich ständig auf schmutzige und gefährliche Geschäfte eingelassen?« Und dieser antwortet: »Alle Geschäfte sind schmutzig, Alter« (129). Es ist, als sei dieser pessimistische Gemeinplatz der beste Ansporn, mit Aussicht auf Erfolg zu handeln: Das Übel liegt immer jenseits, es ist ein beweglicher Horizont des Handelns. Auch wenn Vargas Llosa das Land in seinen schlimmsten realen Bildern zeigt – totale Gewalt und Ausbeutung, Rassenhaß, öffentliche Demütigung, Barbarei auf allen Ebenen, von der politischen bis zur sprachlichen –, opfert er seine Personen nicht. »Man könnte sagen, daß ihr Schöpfer sie liebt und achtet. Alle sind, was sie zu sein gewählt haben, und behalten ihre Identität bis zum Ende. Alle Personen sind frei, und diese angelegte Freiheit steht im Zentrum der Schöpfung von Vargas Llosa«, sagte Loayza dazu.[13] Der Epilog des Romans – Antiklimax wie in *Die Stadt und die Hunde* – zeigt es ganz deutlich. Die gesellschaftliche Tragödie rückt wieder auf die Ebene der kleinen und zielstrebigen Menschen, der Protagonisten. Der historische Pater García, »Brandstifter« des mythischen Grünen Hauses, steht mit franziskanischer Schlichtheit dem sterbenden Anselmo, seinem Todfeind, bei und redet mit den Sündern aus der Mangachería in deren eigenen Ausdrücken. Der Leser stellt fest, daß es keine wirklich Schuldigen gibt und keine Richter, sie anzuklagen.

Vielleicht wird jemand explosiv konzentrierte Anklage und moralische Kritik verlangen, so wie es sie in *Die Stadt und die Hunde* gibt. Der erste Roman besaß die aufwühlende Kraft, wie sie charakteristisch ist für die Schilderung von Ereignissen, die einen wichtigen Abschnitt (die Jugend) im Leben eines Schriftstellers direkt betreffen. In dem *Grünen Haus* kommen Ereignisse aus diesem und aus anderen Abschnitten vor, aber im allgemeinen sind sie als solche im ganzen nicht spürbar. Es gibt hier nur wenige persönliche Obsessionen, im übrigen größere Klarheit und mehr Ordnung in der schriftstellerischen Arbeit. Hier wird nicht mit einem jugendlichen Mikrokosmos auf das Reich der Mächtigen und Gewalttätigen angespielt. Die schamlose Welt der Erwachsenen wird ohne mildernde Umstände als schmerzhafte und menschlich wertvolle Wirklichkeit akzeptiert. Bewundernswert ist, wie Vargas Llosa in die Haut von Personen schlüpfen konnte, deren Erfahrungen sich so sehr von seinen eigenen Erfahrungen unterscheiden. Bewundernswert ist, wie er im Roman ein derartig enzyklopädisches Wissen über den Urwald, den er nur kurz kennenlernte, entfalten konnte. Diese zoologischen, botanischen und ethnologischen Daten erwarb er sich durch ausgiebige Lektüre der riesigen Amazonas-Literatur.

Der entscheidende Beweis für die Qualität des Romans besteht vielleicht darin, daß die prunkvolle technische Virtuosität des Autors die kluge Kontrolle der menschlichen Situationen mitten in der Materialfülle nicht beeinträchtigt hat. Das Werk hält den Vergleich mit den besten zeitgenössischen Romanen aus. »Gemeinsam mit *Rayuela* von Cortázar und *Grande Sertão: Veredas* von Guimarães Rosa ist *Das grüne Haus* einer der drei oder vier perfektesten Romane der lateinamerikanischen Literatur«, schrieb Harss 1966.[14]

## Anmerkungen

(1) A. d. Ü. *Regionalismus:* Literarische Strömung in Lateinamerika, besonders im ersten Jahrhundertdrittel. Ihr Thema war die unbezwingbare Natur, die der Mensch stets neu zu dominieren suchte. Bedeutendste Vertreter: Eustacio Rivera (Columbien), Rómulo Gallegos (Venezuela) und Ricardo Güiraldes (Argentinien).

(2) A. d. Ü. *Croillismus:* Afro-cubanische Bewegung, die etwa um 1930 das Interesse auf die kulturellen, autochthonen Wurzeln zurücklenkte, den Schwarzen. Wichtigste Vertreter: Nicolás Guillén (Cuba), Adalberto Ortiz (Ecuador).

(3) A. d. Ü. *Indigenismus:* Literarische Strömung in Lateinamerika, die ca. 1925–1950 dominierte. Ihr Thema war der Protest gegen die sozialen Mißstände, denen die Indios ausgesetzt waren. Bedeutendste Vertreter: Ciro Alegría (Peru), Jorge Icaza (Ecuador) und Alcides Arguedas (Bolivien).

1 Mario Vargas Llosa, *Historia secreta de una novela,* Ed. Tusquets, Barcelona, 1971.

2 Ibd., 8.

3 Ibd., 18.

4 Joanot Martorell/Marti Joan de Galba, *Tirant lo Blanc;* mit einem Vorwort von Mario Vargas Llosa, *Carta de batalla por Tirant lo Blanc,* Ed. Alianza Nr. 173, Madrid, 1969, 9–41.

5 Luis Harss, *M. Vargas Llosa o los vasos comunicantes*, in *Los nuestros*, Buenos Aires, 1966, 420–462.

6 E. Rodríguez-Monegal, *Madurez de Vargas Llosa*, in *Mundo Nuevo*, Nr. 3, 1966, 62–72; 67.

7 *Carta de batalla*, prol. cit., 30–34.

8 In *Cultura Peruana*, XVIII, Nr. 123, 1958.

9 *Carta de batalla*, prol. cit., 15.

10 Ibd., 38; 40–41.

11 Angel Rama, *Vargas Llosa – las arias del virtuoso*, in *Marcha*, Nr. 1316, 1966, 30–31.

12 Germán Colmenares, *Vargas Llosa y el problema de la realidad en la novela*, in *Eco*, Nr. 82, 1967, 403–415.

13 Luis Loayza, *Los personajes de ›La Casa Verde‹*, in *Amaru*, Nr. 1, 1967, 84–87.

14 L. Harss, art. cit., 446.

*Pere Gimferrer*
## Annäherungen an Manuel Puig

I

Manuel Puig nimmt eine besondere Stellung im Kontext der zeitgenössischen lateinamerikanischen Literatur ein. Zweifellos
scheint Puig von allen neueren Erzählern dieses Kulturbereichs der
unmittelbaren literarischen Tradition, ja überhaupt irgendeiner literarischen Tradition am wenigsten zu schulden. Das soziologische Material, auf das er sich stützt, befindet sich außerhalb der
sogenannten »ernsthaften« Kultur: Es sind die Subprodukte der
Massenkultur, die – das fällt besonders auf – nicht aus einer Perspektive des *camp* zurückgewonnen werden, sondern als ein Bestandteil kollektiver Erlebnisse. Sie werden also von innen gesehen, vom Standpunkt derjenigen, für die sie wesentliches Element
der eigenen Existenz sind.

In Puigs Bezugssystem ist für Ironie kein Platz. Als Mensch unter
Menschen fühlt sich der Autor niemandem überlegen. Der Kitsch
aus dem Tagebuch Esthers von 1947 (im Roman *Verraten von Rita
Hayworth [La traición de Rita Hayworth]*) oder der Filme, die
Molina Arreguí erzählt (im Roman *Der Kuß der Spinnenfrau [El
beso de la mujer araña]* 1976) ist für den Autor kein Gegenstand
der Verachtung: Seine Gestalten glauben, der Verfassung ihrer Gefühle gemäß, an das, was sie sagen; ihre Entfremdung könnte Mitleid, nicht aber Sarkasmus wecken.

Zum anderen erweist sich die ganz unverwechselbare Konstruktion der Romane Puigs als äußerst untypisch. Gewiß, ohne bestimmte literarische Vorläufer hätten sie nicht entstehen können,
denn zum Beispiel der innere Monolog und der Behaviorismus
sind für sie von großer Bedeutung. Aber das charakteristische, das
einzigartige seiner Romane gehört nicht – besser gesagt, gehörte
bislang nicht – zum literarischen Bereich. Eine Tatsache ist uns
über die rein biographische Bedeutung hinaus wichtig: Puig studierte in Rom am *Centro sperimentale di Cinematografia* und arbeitete einige Jahre lang als Regieassistent. Er gehört somit zu einer
Generation, für die der Film – und das muß nicht vorwiegend das
künstlerische oder intellektuelle Kino sein – seit der Kindheit der

*Manuel Puig*

visuelle Niederschlag der eigenen Gefühle und zugleich Hinweis auf eine andere Welt war, die auf fundamentalen ästhetischen und moralischen Lügen beruhte. Dieser Betrug war maßgeschneidert, nicht nur nach den Zensurvorschriften, die bis in die sechziger Jahre für das Kino ganz allgemein gültig waren, sondern auch nach den Erwartungen einer großen und gleichförmigen Masse, die nur betrogen werden wollte – und auch weiterhin betrogen werden will. Nur die Art des Betrugs hat sich geändert: Früher belog man die Masse mit der falschen Romantik der sentimentalen Melodramen, heute mit der falschen Erotik oder der Gewalttätigkeit. In beiden Fällen werden in Übereinstimmung mit einer streng geregelten Konvention sowohl jede Möglichkeit einer Übertretung oder abweichenden Meinung wie auch der Anspruch auf filmische Wahrscheinlichkeit ausgeschlossen.

Konvention: Die große Kunst war oft konventionell. Racine war es, die Petrarchisten, Calderón de la Barca. Die großen Regisseure des klassischen amerikanischen Kinos – von Cukor bis zu Minnelli – haben ihre größten Erfolge vielfach in dem Maße erzielt, in dem sie konventionelle ästhetische Muster aktuell und persönlich gestalteten. Aber Puig bewegt sich in eine andere Richtung: Seine Personen gehorchen der Konvention, nicht er. Der Autor scheint als solcher gar nicht zu existieren. In den Romanen Puigs gibt es entweder überhaupt keinen Erzähler – so zum Beispiel in *Verraten von Rita Hayworth* und *Der Kuß der Spinnenfrau*, deren Handlung einzig mit der Wiedergabe von Dialogen oder schriftlichen Dokumenten weiterschreitet – oder, wenn es ihn gibt, dann als objektiven, unpersönlichen Erzähler, der Berichte verfaßt und Akten anlegt – so zum Beispiel in *Der schönste Tango der Welt (Boquitas pintadas)* und *The Buenos-Aires Affair*.

Die Zerteilung oder Verflüchtigung des Erzählers steht im Zentrum des gegenwärtigen spanischsprachigen Romans. Was Titel wie *Drei traurige Tiger (Tres tristes tigres,* von Guillermo Cabrera Infante), *Rückforderung des Conde don Julian (Reivindicación del Conde don Julian,* von Juan Goytisolo), *Hautwechsel (Cambio de piel)* und *Terra nostra* (von Carlos Fuentes), *Recuento* (Nacherzählung, von Luis Goytisolo) oder *Una meditación* (Eine Meditation, von Juan Benet) gemein haben – trotz der vielen Unterschiede zwischen diesen Werken – ist die Tatsache, daß in ihnen allen der Erzähler, die feste und unveränderliche Achse der Prosa des 19. Jahrhunderts, an Dichte und Konsistenz verliert. Er weicht der Unsicherheit und den Schattenzonen aus und teilt sich in verschiedene Sprecher auf, die leere Masken einer illusorischen Identität sind. Auf den ersten Blick scheint Puig aus einer entgegengesetzten Haltung her mit diesen Versuchen und Erfahrungen übereinzustimmen: durch die Eliminierung des Erzählers, der sich in der kristallinen Klarheit einer Luftglocke verbirgt. André Bazin schrieb über den Film *Beyond a Reasonable Doubt* (1956) von Fritz Lang sehr zutreffend (wenn auch im Zusammenhang einer abfälligen Beurteilung, die ich nicht teile), daß der Regisseur das Thema mit einer »barometrischen Leere der Inszenierung« behandelte. Man könnte keine bessere Definition der Erzählmethoden Puigs finden. Seine Ästhetik jedoch entspricht der völlig abstrakten des reifen Fritz Lang nicht: Was uns in diesen Werken beunruhigt, ist die völlige Entblößung, das Fehlen jeder stilistischen oder technischen Verhüllung der bloßen Faktizität allen Geschehens, die nackte Schutzlosigkeit, mit der uns die Gestalten gezeigt werden. Es gibt, wie ich eingangs erwähnte, nichts, was den Autor über seine Gestalten herausheben würde. Genauso gibt es nichts, was darauf hinzielte, diese Personen in bezug auf irgendeinen Standpunkt oder irgendeinen moralischen Kontext ausdrücklich in eine Lage zu versetzen, die von der des Autors sich unterschiede.

Nur an eines wird appelliert: an den Vorgang des Lesens. Der Leser erhält fiktives (und in gewisser Weise auch reales) Rohmaterial. Die moralische Bedeutung, die wir dem Werk zuweisen, hängt ausschließlich von unserer Fähigkeit ab, uns von jenen Fakten zu distanzieren und sie zu bewerten. Es muß auch darauf hingewiesen werden, daß diese Fähigkeit bei einem gebildeten Leser zwangsläufig auftritt, während sie einem hypothetischen Leser, der genau wie Puigs Figuren der Entfremdung ausgesetzt wäre, fehlen könnte, ganz abgesehen davon, daß ein solcher Leser die ungewöhnliche Struktur der Romane Puigs wohl kaum akzeptieren würde.

So wird es, glaube ich, möglich, die vielleicht besonders eigenartigen Züge des Autors herauszuarbeiten. Zunächst den wichtigsten, obwohl er bislang von der Kritik nicht immer als solcher herausgestellt wurde. Die Romane Puigs arbeiten mit Elementen, die für das argentinische und sicher auch für die Mehrheit des spanischsprachigen Publikums zu einer gemeinsamen Vergangenheit gehören und leicht eine Nostalgie hervorrufen können, die dann bisweilen ironisch gefärbt ist. Dies trifft auch noch für ein paar andere zeitgenössische spanischsprachige Schriftsteller zu, für die der Einfluß des Films und der Massenkultur entscheidend war, wie für den Cubaner Guillermo Cabrera Infante oder den Katalanen Terenci Moix, deren spezifische ästhetische Anliegen jedoch in eine ganz andere Richtung gehen. Bei Puig treten die gleichen Bezugsgrößen auf: die Assimilation des Hollywood-Kinos der dreißiger und vierziger Jahre, die populären Lieder – in diesem Fall der Tango –, die subliterarischen Formen, deren Muster er sogar aufgreift (*Der schönste Tango der Welt* trägt den Untertitel: Fortsetzungsroman, und *The Buenos-Aires Affair:* Kriminalroman). Dennoch fehlen diesen Werken nicht nur, wie gesagt, das ironische Wohlwollen des *camp*, sondern jede auch nur geringfügige gefällige Konnotation. Sie rufen eigentlich nur pathetische und Empfindungen des Abscheus hervor. Furcht und Schrecken, wie es die Griechen von der Tragödie verlangten. Es gibt Bücher, die Elemente verarbeiten, die sehr viele Leser zunächst mit persönlichen Erlebnissen identifizieren. Wenn solche Bücher es fertigbringen, ihre vollständige Ablehnung zu provozieren, heißt das, daß in ihnen die kritische Haltung ins Extrem getrieben wurde. Bis zu dem einzigen Extrem eben, das möglich war, ohne damit in eine Haltung moralisierender oder geisteswissenschaftlicher Vorurteile zu verfallen. Die fehlende Intervention des Autors legt den schmutzigen Bodensatz in dem, was uns gezeigt wird, frei.

Dieser Schmutz hat mit einer Tatsache zu tun, die aus humanistischer Perspektive den hauptsächlichen Einwand bildet, der sich gegen die Haltung des *camp* vorbringen läßt: dem Mißverhältnis zwischen den Mythen der populären Kultur und der persönlichen Existenz derjenigen, die zugleich die eifrigsten Verkünder und Abnehmer dieser Mythen waren und sind. Ich habe vorhin davon gesprochen, daß das Konsumkino auf unterschiedliche Art einer fundamentalen Lüge entspricht. Der Kitsch, alle Formen des kulturellen Betrugs oder der Täuschung auf allen Ebenen – von der Subliteratur bis zur Kulturdemagogie der faschistischen Regimes – sind in dem Maße zu verurteilen, in dem die Machthaber sie einsetzen, um die realen Lebensbedingungen und die Blockierung der Veränderungsmöglichkeiten für die betroffenen Massen zu maskieren. Desgleichen die enge Verbindung, die zwischen solchen Faktoren und dem aktuellen Zustand der Gesellschaft besteht. Diese Tatsachen sind ausreichend bekannt; außerdem gehören sie in den Bereich der Literatur- oder Kunstsoziologie. Aber ein kurzer Hinweis darauf ließ sich hier nicht vermeiden, denn sie erklären unsere moralische Reaktion auf die Welt, die uns Puigs Romane vorführen. Zwischen den infantilen Monologen aus *Verraten von Rita Hayworth* und den Phantasien und Träumen Glady's aus *The Buenos-Aires Affair* besteht kaum ein Unterschied. Wie ein großer Teil der zeitgenössischen Menschheit sind viele Gestalten Puigs nie richtig zu Erwachsenen geworden, und zwar deshalb, weil der soziale, wirtschaftliche und kulturelle Kontext das verhindert hat. Auch Molina nicht (aus *Der Kuß der Spinnenfrau*), obwohl er die Realitätsverfälschung sieht, die der Film mit Nazipropaganda, den er Arreguí erzählt, enthält. Aber obwohl er sich dessen auf einer Ebene bewußt ist, verharrt er im sentimentalen Bereich in der Selbsttäuschung und akzeptiert, was ihm der Film suggeriert. Die Gestalten Puigs sind, so sagten wir, mit nur wenigen Ausnahmen, nicht wirklich erwachsen. Dies wird vielleicht nicht im gesellschaftlichen Umgang deutlich, liegt jedoch den verborgenen Neurosen zugrunde, die sie in den Bereichen ihrer Persönlichkeit charakterisieren, auf die sich die Aufmerksamkeit des Autors richtet: in den Gefühlen, den affektiven Beziehungen und im Sexualleben. Wenn die Romane Puigs auch auf bedachte Art eine besonders harte und scharfsichtige Kritik der argentinischen Gesellschaft darstellen – auch in bezug auf rein politische Faktoren –, lenken diese Werke doch ihr Augenmerk nicht nur auf das persönliche, private Leben, sondern auch auf die grundlegenden dunklen Regionen. Damit könnten sie für künftige Forscher ein historisches und soziologisches Dokument darstellen.

Berichtet wird vor allem von dem, was in der gewöhnlichen Existenz niemals zutage tritt: von der Region des Unbewußten, der Wünsche und Träume, und von den Aspekten der eigenen Persönlichkeit – oder Lebensabschnitten, die damit zu tun haben –, die die einzelnen Menschen wegen des öffentlichen Drucks geheimzuhalten suchen. Besonders bestürzend bei dieser Benützung der Massenkultur, die der Schriftsteller in seinen Romanen systematisch praktiziert, ist die Form, in der die unterschwellige Korrelation zwischen den Mythen dieser Kultur und dem der Zensur stärker unterworfenen Bereich der menschlichen Persönlichkeit in einem bestimmten gesellschaftlichen Kontext zutage tritt. Die Vorschläge für eine neue Gesellschaft, die seit der Französischen Revolution und bis in die Gegenwart hinein formuliert worden sind, haben diesen Bereich der menschlichen Psyche im allgemeinen nicht berücksichtigt. Für Fourier war er zentral: Er gab ihm den Namen »passion«, was auf dem strikt erotischen Gebiet die Anerkennung dessen bedeutete, was er »manies« nannte. Er bezog ihn nicht nur ein, sondern machte daraus die Achse der zukünftigen Organisation der Gesellschaft. Das Beherrschende oder Verbannte anzuerkennen, kann ein Weg zur Überwindung der Neurosen und – seit dem Surrealismus – sogar notwendiges Vehikel einer sozialen Subversion sein. In dieser Hinsicht können die Romane Puigs als Gegenpol zu den letzten Werken Juan Goytisolos angesehen werden. Die Protagonisten – sofern man von einem identifizierbaren und individualisierten Protagonisten sprechen kann – von *Rückforderung des Conde don Julian* und *Johann ohne Land (Juan sin Tierra)* haben Zensur und Tabu vollkommen beseitigt. Bei Puig dagegen werden sie von ihnen gepeinigt und können sich nur für Augenblicke einbilden, sie hätten sich davon befreit: in der Welt ihrer Phantasien – dem Kino, den Radioromanen, den populären Zeitschriften und den Vorstellungen, die darauf zurückgehen – oder in einem anderen Universum, in dessen Bannkreis sie glauben können, die Idee der gesellschaftlichen Gesetze und folglich die Idee der Übertretung seien verschwunden. Ein besonders charakteristisches Beispiel hierfür ist der Kreis der Homosexuellen, in dem Molina verkehrt, als er aus dem Gefängnis entlassen wird (in *Der Kuß der Spinnenfrau*), aber nicht das einzige. Emir Rodríguez-Monegal hat schon darauf hingewiesen, daß der Höhepunkt von *The Buenos-Aires Affair* nur eine Art Vorstellung ist, die arrangiert wurde, damit die Impulse des Sadisten Leo und des Masochisten Gladys zusammenkommen und Befriedigung erfahren konnten.

Die grundlegende Tragödie der Figuren Puigs geht über die Entfremdung hinaus, die auf die Sphäre der wirtschaftlichen Interessen des Kapitalismus bezogen werden kann. Sie betrifft eine tiefgreifende Verstümmelung und Frustration der Persönlichkeit, Ursache von Neurosen, die erst in einer neuen Gesellschaft nicht mehr auftreten würden. Diese Figuren, die im engen Bereich des argentinischen Lebens gefangen sind, besitzen weder die Klarsicht noch den Mut, die Vision einer neuen Gesellschaft zu akzeptieren. Die wenigen expliziten politischen Visionen in Puigs Romanen sind in dieser Hinsicht höchst bezeichnend. In *The Buenos-Aires Affair* wird Leos flüchtige antiperonistische und marxistische Militanz von ihm selber in einem anderen Bereich angesiedelt als demjenigen, der in seinem Leben wirklich zentral ist: dem Bereich seiner emotionalen und sexuellen Probleme – als dürfte er nicht herausgestellt werden, wo es um eine mögliche Veränderung der Gesellschaft geht, die doch, wollte sie wirklich Veränderung, d. h. auch moralische Revolution sein, solche Faktoren berücksichtigen müßte. Ähnlich geht auch Arreguí in *Der Kuß der Spinnenfrau* vor. Aber da gibt es einerseits die Schwierigkeit, seiner Gefährtin die Freiheit zuzugestehen – obwohl doch beide ursprünglich eine entsprechende Abmachung getroffen hatten –, sich einen Partner zu suchen, solange er noch im Gefängnis ist, und andererseits die Enthüllung seiner potentiellen Bisexualität in der Beziehung zu Molina. Beides zeigt, daß diese Figur, intelligenter als jede andere des Autors, es noch nicht geschafft hat, die Verbindung herzustellen zwischen den Veränderungen der Gesellschaft, die sie erreichen möchte, und der Möglichkeit, die Problematik ihres emotionalen Lebens – von Grund auf beginnend und völlig unbeschränkt – darin einzubringen und alles zusammen zu lösen. Nur auf dieser Basis könnte die Freiheit, die er für sich und für die anderen erreichen möchte, wirklich vollständig sein. Ich möchte hier nicht weiter fortfahren; es war aber notwendig, das soweit Gesagte anzuführen, denn es bildet ohne Zweifel einen Bestandteil der Ziele und des geistigen Horizonts des Autors. Aber darauf jetzt zu beharren, erschiene verfehlt, denn Puigs Absicht besteht nicht darin, militante Literatur zu schreiben – nicht einmal in einem so weitgefaßten und ungewöhnlichen Sinn wie dem hier skizzierten –, sondern vor allem darin, ganz streng Literatur zu schreiben, was immer darunter zu verstehen sein mag. Wir wollen jetzt untersuchen, in welchem Sinn und auf welch besondere Weise Puig Literatur schreibt.


II


Puigs Romane überraschen, wie ich zu Beginn schrieb, durch ihre Unabhängigkeit von der unmittelbaren literarischen Tradition. Sie überraschen auch in anderer Hinsicht: Trotz ihrer Einmaligkeit bewahren sie Züge jener Tradition, die viele gegenwärtige spanischsprachige Autoren zu vermeiden suchen. Puig ist also in doppelter Weise ein Sonderfall. Zum einen sind seine Romane charakterisiert durch das Fehlen des Erzählers oder zumindest durch eine unpersönliche Stimme, die sich darauf beschränkt, Daten zu registrieren, als bereite sie ein Dossier vor, und so den Erzähler ersetzt. Zum anderen wird nur in *Der Kuß der Spinnenfrau* die Chronologie beachtet: Die anderen drei Romane bestehen aus Kapiteln, die durch jeweils verschiedene Zeit- und Raumabschnitte gegeneinander isoliert sind. Dabei ist eine Anordnung beachtet, die ihren vollen Sinn erst aus der Rekonstruktion durch die Lektüre erhält. Solche Kapitel (auch hier wieder eine Ausnahme: In *Der Kuß der Spinnenfrau* gibt es nur zwei Textblöcke, die Dialoge Molinas und Arreguís und die Polizeidokumente) weisen außerordentlich weitgehende technische Unterschiede auf; das reicht von inneren Monologen, Dialogen, von der objektiven Erzählung, der Einfügung von Zeitungstexten bis zu Tagebuchaufzeichnungen, Schulaufsätzen und Briefen. Nicht alle diese Mittel zielen auf die direkte Erzählung ab: Die meisten sind indirekt, sowohl für sich selbst als auch im Gebrauch, den Puig von ihnen macht. Es gibt zahlreiche Ellipsen, grundlegende Abschnitte der Geschichte werden oft nur beiläufig erwähnt oder angedeutet. Puig will die Wesen und Dinge für sich selbst sprechen lassen: Jedes Kapitel soll bestimmte Informationen liefern; dies wird mit Vorliebe den Protagonisten überlassen. Ist dies der Fall (also meistens), sprechen sie ihre eigene Sprache. Ihre eigene Sprache? Bis zu einem gewissen Punkt. Puigs bewundernswertes, völlig unauffälliges stilistisches Bemühen geht vorwiegend in zwei Richtungen: einerseits Transkription der Umgangssprache, andererseits Nachahmung bestehender, starr geregelter Stile. Für den Dialog oder für die spontane schriftliche Äußerung (die Briefe Nenés im ersten Kapitel von *Der schönste Tango der Welt*) genügt es, dem gesprochenen Ausdruck treu zu bleiben. Wenn die Personen sich in einer Sprechweise auszudrücken versuchen, die sie als über ihrer Alltagsunterhaltung stehend ansehen, wird die Nachahmung anderer Stile der Literatur oder Subliteratur nötig, denn die Medien beeinflussen die Art, in der die Personen ihre Vorstellungen ausdrücken.

Puigs Unternehmen verläuft somit auf zwei parallelen Ebenen. Die erste, umgangssprachliche, wird in der jüngsten spanischsprachigen Literatur sehr häufig verwendet. Hier gelang dem Autor von *Verraten von Rita Hayworth* nach einem fast hundertjährigen Fehlen wirklicher Umgangssprache in der schriftlichen Literatur spanischer Sprache – die mit nur wenigen Ausnahmen (die Dialoge von Galdós oder Baroja) in das parodistische und künstliche Klischee des Kostumbrismus[1] oder in die reine literarische Konvention mündete – im spanischen Sprachraum der Versuch, die gesprochene Sprache zurückzugewinnen (vergleichbar mit den gelungenen Dialogen Rafael Sánchez Ferlosios in *Am Jarama (El Jarama)* und einigen Kapiteln in Luis Goytisolos *Recuento*). Ein untrügliches Gehör und ein sehr ausgeprägter Sinn für den lebendigen Ausdruck weisen Puig neben Cabrera Infante als den zeitgenössischen lateinamerikanischen Erzähler aus, der mit beträchtlichem Erfolg und großer Gründlichkeit die Umgangssprache, oder besser die mündliche Sprache, die Transkription der Alltagssprache eines bestimmten gesellschaftlichen Bereichs verwendet hat. Die Nachahmung literarischer oder, präziser, subliterarischer Stile verschmilzt in einigen Ausprägungen mit der mündlichen Erzählung. Wenn Esther in *Verraten von Rita Hayworth* ihr Tagebuch schreibt oder der Schüler José L. Casals auf seine Weise den Film *The Great Waltz* (Julien Duvivier, 1938) in einem Schulaufsatz nacherzählt, untersucht Puig tatsächlich nur die Übertragung, die Durchlässigkeit, den Punkt, wo der Sprachgebrauch dieser Figuren zusammentrifft mit ihrer Möglichkeit, sich selbst auszudrücken. Ihre schriftliche Sprache gehört ihnen nicht: Es ist eine kolonialisierte und verschnittene, von den Massenmedien aufgezwungene Sprache. Aber bei anderen Gelegenheiten – wie z. B. in der Todesanzeige von Juan Carlos aus *Der schönste Tango der Welt* – liefert Puig einfach nur eine Art Pastiche, nicht in bezug auf die Modelle der ernsten Literatur, sondern in bezug auf die subliterarischen, nicht-literarischen oder abgenutzten literarischen Modelle. Besonders interessant ist – eher als die Geschicklichkeit der Durchführung – die Funktion dieser Modelle in der Struktur von Puigs Romanen. Zwei Aspekte dieser Frage erfordern eine eigene Untersuchung. Einmal muß festgestellt werden, daß die Nachahmung subliterarischer Modelle bei Puig auf größere stilistische Einheiten angewandt wird. Zum anderen – und darauf ist bereits hingewiesen worden –: Daß das Ziel darin besteht, die Entfremdung der Figuren auch im Sprachlichen aufzuzeigen. Eine ähnliche Funktion hat zum Beispiel die Sequenz aus Godards Film *Une femme mariée* (1964), in der der Ehemann und seine Frau einem Besucher ihr Haus zeigen, wobei sie genau die Ausdrücke benützen, die man im Werbeprospekt für dieses Gebäude finden könnte – und zweifellos auch gefunden hatte. (Aber bei Godard gibt es eine Distanz zu den Personen, die bei Puig, wie ich gezeigt habe, nicht auftritt.) Wichtiger jedoch als die Grundlage solcher Nachahmungen wird sein, den Stoff zu sehen, auf den sie sich beziehen. Oft bilden sie ganze Kapitel eines Romans – so zum Beispiel, wie schon erwähnt, das Tagebuch Esthers, der Schulaufsatz über *The Great Waltz* oder das imaginäre Interview einer Journalistin von *Harper's Bazaar* mit Gladys in *The Buenos-Aires Affair* – und nehmen in *Der Kuß der Spinnenfrau* mit den Filmberichten, die Molina liefert (in mündlicher Ausdruckweise, jedoch aufgrund ihrer Länge während einer Unterhaltung wenig wahrscheinlich), den größten Teil des Romantextes ein. Die Mehrzahl solcher nachahmender stilistischer Einheiten scheint auf den ersten Blick die Handlung nicht weiterzuführen, und ihre Länge überschreitet diejenige bei weitem, die man einer Abschweifung, aber auch einem Hinweis mit zusätzlichen Daten über eine Figur zugestehen würde. Offenbar ersetzen sie die Abschnitte der Erzählung, die den Ellipsen zum Opfer fielen. Der Anschein trügt: In gewisser Weise wird gerade durch solche nachahmenden Abschnitte der Fortgang der Erzählung zustande gebracht. Ihre Funktion ist der analog, die man in der Poesie dem sogenannten »objektiven Korrelat« zugewiesen hat. Von daher wird es möglich, daß solche Abschnitte an die Stelle der vielen anderen Abschnitte gewöhnlicher Erzählungen treten. Das »wirkliche Leben« der Figuren – ihr Leben, so wie sie es zu leben glauben – spielt sich nicht auf der deprimierenden und dürftigen Ebene der äußeren Tatsachen ab, sondern auf der Ebene, die die von der Subkultur vorgeführten Mythen verklärt. So wird uns nicht nur die äußere Existenz dieser Wesen erzählt, sondern auch das, was Puig besonders beschäftigt: die verborgene und einflußreiche Welt ihrer Träume und Verdrängungen. Nicht ihr Leben, sondern das, was sie als »Lebens-Projekt« ansehen. Der Extremfall dieses Verfahrens – Grenzfall der zeitgenössischen Erzählkunst – ist *Der Kuß der Spinnenfrau.* Den größten Teil des Textes bildet hier, wie gesagt, die Nacherzählung von Filmen. Und dies in einem Stil, der sich nicht besonders unterscheidet von dem Schulaufsatz über *The Great Waltz* in *Verraten von Rita Hayworth.* Es gibt kaum besondere Hinweise auf die Figur, die über diese Filme berichtet. Sie wird jedoch durch diese Schilderungen weitgehend definiert und vor Augen geführt.

Es geht noch weiter. Die Nachahmung erstreckt sich nicht nur auf bestimmte stilistische Einheiten im Innern der Romane, sondern auf die gesamte Anlage der Romane. Wir haben gesehen, daß *Der schönste Tango der Welt* den Untertitel *Fortsetzungsroman* trägt, *The Buenos-Aires Affair: Kriminalroman*. Solche Untertitel dürfen nicht wörtlich genommen werden: Obwohl *Der schönste Tango der Welt* in »Fortsetzungen« eingeteilt ist, werden die Gesetze des Fortsetzungsromans – bzw. der modernen Versionen, der Radio-, Fernseh- oder Fotoromane – nicht eingehalten; als Kriminalroman wird *The Buenos-Aires Affair* die Liebhaber dieser Gattung nicht zufriedenstellen. Aber fest steht, daß Puig in diesen Romanen, wie auch in seinen beiden anderen, hartnäckig an gewissen Zügen festhält, die in der Gegenwart aus der kultivierten Literatur zunehmend zu verschwinden scheinen und sich auf das Gebiet der Werbung beschränken. In diesem Bereich hat die Aufnahme der Modelle populärer Literatur das Werk Puigs besonders geprägt. Hier unterscheidet er sich, wie eingangs erwähnt, von fast allen jungen spanischsprachigen Erzählern. Die Ersetzung – um Benvenistes Terminologie zu verwenden – der »Geschichte« durch den »Diskurs« scheint die vorherrschende Tendenz im lebendigsten Bereich des gegenwärtigen Romans spanischer Sprache zu sein. Wie bekannt, ist »Geschichte« für Benveniste in der Erzählkunst »die Präsentation von Fakten, die sich zu einem bestimmten Zeitpunkt ereigneten«, während »Diskurs« »jede Äußerung« ist, »die einen Sprecher und einen Hörer voraussetzt, wobei der Sprecher die Intention hat, den Hörer irgendwie zu beeinflussen«. »Geschichte« durch »Diskurs« zu ersetzen, heißt daher unter anderem auch, nicht nur die Konvention des allwissenden Erzählers aus dem 19. Jahrhundert zu anullieren, sondern ganz schlicht und einfach den Handlungsroman überhaupt.

Es ist offenkundig, daß sich die letzten Romane von Juan Goytisolo, Juan Benet oder Carlos Fuentes auf verschiedene Weise in dieser Richtung bewegen. Auch andere hervorragende spanischsprachige Schriftsteller haben auf irgendeine Weise ein ähnliches Ziel. In diesem Zusammenhang stellen Puigs Romane – die betont »Geschichte« sind – eine Ausnahme dar. Wie die von Mario Vargas Llosa, auf andere Weise. Die Untersuchung Vargas Llosas überschritte den Rahmen dieses Artikels. Manuel Puig jedoch muß hier erörtert werden. Man könnte sagen, daß die Handlung von *Verraten von Rita Hayworth* noch – relativ – einen zweiten Platz innehat. Aber schon in *Der schönste Tango der Welt* – und diese Tendenz wird durch *The Buenos-Aires Affair* und *Der Kuß der Spinnenfrau* nur bestätigt – treten die Mittel auf, derer sich der Roman der Moderne bedient, um das Interesse des Lesers zu wecken und aufrechtzuerhalten: Überraschungen, Gewalttätigkeiten, auf den Kopf gestellte Situationen, Spannung auf den Ausgang. Das hängt teilweise mit dem Einfluß des Kinos auf Puig zusammen: Der Autor gehört einer Generation an, die von Jugend auf an das nordamerikanische Kino gewöhnt war und es wenig später aus einer ganz anderen Perspektive heraus wiederentdeckte, die hauptsächlich durch den enormen Einfluß bestimmt wurde, den die theoretischen Positionen der Gruppe von *Cahiers du cinéma* in den fünfziger und bis zum Beginn der sechziger Jahre besaßen. Der vorwiegend erzählende Charakter des klassischen nordamerikanischen Kinos wurde dann in die filmischen oder literarischen Werke eingegliedert. Bei dieser Gelegenheit muß betont werden, daß diese Generation in ganz verschiedenen Ländern wie keine vorangegangene zwischen beiden Berufen geschwankt hat, wenn sie diesem Einfluß einmal ausgesetzt war.

Dennoch ist meiner Meinung nach ein anderer Faktor besonders wichtig für die Erklärung der Beharrlichkeit und der Bedeutung der Handlung in Puigs Romanen.

Ich habe zuvor von den nachahmenden stilistischen Einheiten bei Puig gesprochen, die das objektive Korrelat der Erlebnisse seiner Figuren darstellen. Dieses objektive Korrelat erstreckt sich bis auf die Anlage der Romane. Sieht man die Dinge so, müssen die Romane eine Handlung besitzen, weil die Art der in den Werken verwendeten Bezüge sie erfordern, um Rechenschaft von der mythischen Welt ihrer Gestalten zu geben. Es besteht eine enge wechselseitige Abhängigkeit zwischen unterdrückten Trieben und »Lebens-Projekt«. Es handelt sich nicht nur darum, daß in bestimmten Fällen der Pastiche eine Handlung gezwungenermaßen besitzt, wie z. B. im Fortsetzungsroman, im Kriminalroman, in einigen populärwissenschaftlichen psychoanalytischen oder psychiatrischen Büchern (hier nicht so deutlich sichtbar, meiner Meinung nach jedoch vorhanden), mit sexuellen Lebensläufen, die von der Zusammenfassung einer ernsthaften wissenschaftlichen Umfrage bis zum einfachen uneingestandenen Surrogat der Pornographie reichen können – was ich im sechsten Kapitel von *The Buenos-Aires Affair* zu sehen glaube. Global gesagt, weicht das von Puig in Angriff genommene literarische Unternehmen von der klassischen Literatur vollkommen ab. Es bricht mit der Konvention der ästhetischen Glaubwürdigkeit des Schreibens, da es weitgehend auf der Nachahmung einiger literarischer Stile beruht, denen sich der Autor ästhetisch nicht verpflichtet fühlt. Puig wirkt untypisch auch im Vergleich mit der literarischen Umwelt und sogar im Vergleich mit den spanischsprachigen Schriftstellern seiner Generation, zu denen es sichtbar Ähnlichkeiten auf anderen Ebenen als strikt der des Schaffens gibt. Puig ist ein Spätling unter den Schriftstellern seiner Generation. In dem Augenblick, als er *Verraten von Rita Hayworth* schreibt, ist seine Ästhetik bereits vollkommen auskristallisiert. Wir bemerken bei ihm die plötzliche Mutation, den Sprung ins Leere noch nicht, aufgrund deren die Werke einiger seiner Zeitgenossen sich in zwei oder mehrere große Abschnitte gliedern lassen. Er zeigt uns nur eine immer größere und entschlossenere Entfernung von jeglicher Verbindung zur gewöhnlichen literarischen Tradition und eine immer weitergehende Verwendung der Muster der Subliteratur und des Außerliterarischen. Deren Funktion besteht wie gesagt im objektiven Korrelat.

## III

Manuel Puigs Bücher verweisen in der augenblicklichen Situation des spanischsprachigen Romans auf ein bestimmtes Ziel. Er unterscheidet sich von den anderen Autoren, die während der letzten Jahre ebenfalls mit einer radikalen Infragestellung der Erzählkunst begonnen haben. Puigs Versuch zählt zu den höchst bemerkenswerten Erfahrungen der zeitgenössischen Literatur ganz allgemein. Der Autor hat sich mit seinen Werken in einen weltweiten Zusammenhang gestellt; jedoch wären seine Romane in einer anderen Epoche als der gegenwärtigen nicht möglich gewesen. Lumière hatte festgestellt: *Le cinéma est une invention sans avenir.* Die Zukunft des Films kann jedoch nicht nur in ihm selbst gefunden werden, sondern auch außerhalb des spezifisch cinematographischen Bereichs. Während des Symbolismus wirkten Musik und bildende Kunst entscheidend auf die Literatur ein; in unserer Zeit wird sie von innen und außen zugleich aus dem Gebiet vertrieben, das ihr bislang gehörte. Die *écriture* bricht auf, richtet sich gegen sich selbst, erforscht ihre Kehrseite, zersplittert, unterwirft sich der Kritik. Die palimpsestartige, mehrschichtige *écriture,* charakteristisch u. a. für Cabrera Infante, Lezama Lima, Carlos Fuentes und den neuen Juan Goytisolo, antwortet auf die gleiche Notwendigkeit wie Puigs »unliterarische« Schreibweise. Die Fiktion des

Erzählers mit nur einer Stimme und des einsinnigen Textes hat sich aufgelöst. Bei einigen Autoren verzweigt, vermehrt und vervielfacht sich der Text, d. h., um die übliche Terminologie zu benutzen, »Text produziert Text«. Bei Puig wird selbst der Begriff des literarischen Textes vermieden. Es gibt anscheinend keine *écriture* Puigs, nicht einmal eine *écriture* seiner Figuren, da sie ja einer vollständigen sprachlichen Entfremdung unterworfen sind. Da ist nur der leere und gespenstische Diskurs der sprachlichen Automatismen eines gesellschaftlichen Bereichs, dem die Möglichkeit zu einer Sprache, die wirklich die seine wäre, verschlossen bleibt. Auch die übliche Erzählform verschwindet. Dokumente, Berichte, Stimmen: Der Erzähler interveniert in keiner Weise, er liefert uns nicht einmal eine Interpretation dieses Materials. Dennoch gibt es nur wenige Werke, in denen jede Einzelheit mit ihren Implikationen so präzis eingesetzt ist wie bei Puig. Daher auch die Polyvalenz nicht nur der vielen möglichen unterschiedlichen Leseebenen, die ganz deutlich im Bereich der »naiven« Lesart, die der Handlung und den Peripetien folgt (die dieses Werk dem Leser im Gegensatz zu anderen zeitgenössischen zugesteht) und in der »literarischen« Lesart möglich sind, sondern auch die Polyvalenz der verschiedenen Richtungen innerhalb des strikt literarischen Bereichs, die ich im vorhergehenden versucht habe aufzuzeichnen. Was die Romane von Puig uns wirklich erzählen – nicht ihre Handlung, sondern ihr konstantes Thema –, ist der Entzug der persönlichen Freiheit. Der größte Teil der zeitgenössischen Menschheit ist diesem Phänomen ausgesetzt. Puig kritisiert es mit äußerster Radikalität und Schärfe, weil er mit der Kritik der Sprache beginnt. Andere zerstören die Sprache, Puig legt den fundamental verzerrenden Charakter der Ausdrucksnormen frei, die von den Massenmedien aufgezwungen werden, indem er sie aus ihrem Kontext – dem prekären Alltagsleben – herausnimmt. Dieser monotone, sich wiederholende zirkuläre Alptraum bedeutet (auch heute noch) für viele Menschen die Illusion, eine eigene Sprache und eine eigene Welt zu besitzen. Der Möglichkeit beraubt, ihre Existenz frei zu entfalten, sind ihnen auch ihre Träume noch genommen, nämlich nach den durch die Mächtigen der Konsumkunst festgesetzten Mustern verdorben und verzerrt worden. Der eigentlich teuflische Charakter des Kitsches – den bereits Hermann Broch analysiert hat – zeigt sich hier in voller Brutalität. In Puigs Romanen gibt es keine Helden. Wenn wir von Arreguí in *Der Kuß der Spinnenfrau* absehen, sind alle anderen Personen von Anfang an besiegt, denn alle haben dem Druck der subtilsten – aber vielleicht auch machtvollsten – Instrumente der Freiheitsberaubung nachgeben müssen. Seine Geschichten lassen sich vom argentinischen Milieu nicht trennen, gehen aber beträchtlich über diesen konkreten Bereich hinaus.

Abgesehen von den soziologischen und politischen Implikationen, die zumindest erwähnt werden mußten, hat Puig ein moralisches Ziel. Der Einfluß der Konsumkunst war großteils deshalb möglich, weil deren Urheber alle Aspekte der menschlichen Psyche und des Verhaltens lenkten, zügelten und maskierten. Neurotische Konflikte nämlich könnten die Individuen von den Verhaltensweisen abbringen, die einer bestimmten Gesellschaftsstruktur genehm sind. Besonders dieses repressive Vorgehen hat dazu beigetragen, die Freizeit zu betäuben, sie in leere Zeit zu verwandeln, die dann mit dem von der Konsumkunst angebotenen und gelieferten Material gefüllt werden kann. So wurden die fundamentalsten Probleme, die aus dem Bereich des Unbewußten die Organisation und das Gleichgewicht der menschlichen Existenz und – in ihrer Ausstrahlung – die ganze Gesellschaft betreffen, vom gemeinschaftlichen Leben getrennt. Diese Probleme werden seit Beginn des Jahrhunderts von der Psychoanalyse in den Vordergrund gestellt und betreffen die Libido, den sexuellen und emotionellen Bereich. Die Aufgabe der Abtrennung oblag jahrhundertelang dem offiziellen Christentum und wurde dann, als man merkte, daß die Überwindung des theokratischen Staats unvermeidlich war, schnell und geschickt von denjenigen übernommen, die im Besitz des Machtapparats waren. Die von Puig gezeigte Entfremdung bezieht sich ausschließlich auf die Welt des westlichen Kapitalismus: Andere, nicht weniger brutale Unterdrückungssysteme – die faschistischen Regimes, der bürokratische stalinistische und nachstalinistische Staat – zeigen andere Züge. Ich habe zuvor gezeigt, daß Puigs Personen einer Zentralgestalt oder, besser, dem nichtidentifizierbaren vielgestalten Sprecher der letzten Romane Juan Goytisolos diametral gegenüberstehen. Das stimmt, und auch die literarischen Absichten sind diametral entgegengesetzt. Aber in der Tiefe stimmen Puig und Goytisolo überein: Der erste und radikalste subversive Angriff müßte auf der moralischen Ebene stattfinden.

Diese dunklen, kraftlosen, vergessenen Existenzen wiederholen in unserer Zeit eine alte und schmerzhafte Erfahrung: um die Verwirklichung der angelegten Möglichkeiten und die Entfaltung der eigenen Persönlichkeit gebracht zu sein. Gleichzeitig steht Puigs Werk auf der Grenze zwischen den bestehenden literarischen Normen und einer zu begründenden neuen *écriture*. Beschleunigungen: Von einer archaischen und anachronistischen Prosa ist die Literatur spanischer Sprache erstaunlich schnell zur Entdeckung und Erforschung der letzten Grenzgebiete fortgeschritten. In nur wenigen Jahren rückte der Name Manuel Puigs in die Reihe derjenigen vor, die diese notwendigen Neuentdeckungen besonders entschlossen und geschickt vorantreiben.

(1) A. d. Ü. *Kostumbrismus:* Literarische Strömung Lateinamerikas, die seit der Romantik besonders die pittoresk-folkloristischen Elemente in den Vordergrund stellte.

II

*Alejo Carpentier*

## Über die wunderbare Wirklichkeit Amerikas

*Vorwort zu »Das Reich von dieser Welt« (1949)*

Nachdem ich den keineswegs erdichteten Zauber Haitis verspürt, auf den roten Wegen des Hochlandes im Landesinneren Anzeichen von Magie gefunden, die Trommeln von Petro und Rada gehört hatte, sah ich mich veranlaßt zu einer Gegenüberstellung: hier die jüngst erlebte wunderbare Wirklichkeit, dort das für manche europäische Literaturen in den letzten dreißig Jahren charakteristische, bis zur Erschöpfung mühsame Bestreben, das Wunderbare künstlich herzustellen. Das Wunderbare, dessen man durch die alten Klischees vom Wald Brocéliande, von den Rittern der Tafelrunde, dem Zauberer Merlin und dem Sagenkreis von König Artus habhaft zu werden versuchte. Das Wunderbare, wie es sich, dürftig genug, in den Verrichtungen und den Verzerrungen von Jahrmarktsgestalten andeutet – werden die jungen französischen Dichter der Ungeheuer und Hanswurste der *Fête foraine* nicht müde, von denen sich schon Rimbaud in seiner *Alchemie des Worts* abgewandt hatte? Das Wunderbare, mit Taschenspielertricks durch die Verbindung von Dingen erreicht, die für gewöhnlich ganz und gar nicht zusammenkommen: die alte, trügerische Geschichte von der zufälligen Begegnung des Regenschirms und der Nähmaschine auf einem Seziertisch, aus der die Hermelinlöffel, die Schnecken im Regentaxi, das Löwenhaupt im Schoß einer Witwe in den Surrealisten-Ausstellungen hervorgegangen sind. Oder auch das literarische Wunderbare: der König in Sades *Juliette*, Jarrys Supermann, Lewis' Mönch, das grauenerregende Aufgebot des englischen Schauerromans: Gespenster, eingemauerte Priester, Lykanthropien, an das Schloßtor genagelte Hände.

Aber durch die Anstrengung, das Wunderbare um jeden Preis heraufzubeschwören, werden die Thaumaturgen zu Bürokraten. Herbeigeführt durch altbekannte Formeln, die manche Gemälde zu einem Trödelmarkt weichgekochter Uhren, Schneiderpuppen und vager phallischer Monumente machen, ist das Wunderbare zuletzt nicht mehr als ein Regenschirm oder eine Languste oder eine Nähmaschine oder was immer sonst auf dem Seziertisch, im Inté-

rieur eines traurigen Zimmers oder in einer Felsenwüste. Gesetzbücher auswendig zu lernen, sagt Unamuno, ist Armut an Erfindungsgabe. Und heute gibt es Gesetzbücher des Phantastischen.
Sie beruhen auf dem Prinzip: Esel, von einer Feige verschlungen,
das als höchste Umkehrung der Wirklichkeit in den *Gesängen des
Maldoror* vorgeschlagen wird, und dem wir viele »von Nachtigal-
len bedrohte Kinder« oder die »Vögel verschlingenden Pferde«
André Massons verdanken. Doch man beachte, daß, als André
Masson den Urwald der Insel Martinique, das unglaubliche Ge-
schling seiner Pflanzen, die obszöne Promiskuität mancher seiner
Früchte malen wollte, die wunderbare Wahrheit der Sache den Maler verschlang und ihn machtlos, oder doch beinahe, vor dem weißen Papier sitzen ließ. Und es mußte ein Maler aus Amerika sein,
Wilfredo Lam, der uns in monumentalen, in der zeitgenössischen
Malerei einzigartig expressiven Gemälden die Magie der tropischen Vegetation, die entfesselte Schöpfung der Formen unserer
Natur vor Augen führte. Angesichts der niederschmetternden Armut an Einbildungskraft etwa eines Tanguy kommt mich die Lust
an, einen Satz zu wiederholen, der die Surrealisten der ersten Stunde mit Stolz erfüllte. *Vous qui ne voyez pas pensez à ceux qui
voient.* Es gibt immer noch zu viele »Jünglinge, die Lust daran
finden, die Leichen kurz verstorbener schöner Frauen zu vergewaltigen« (Lautréamont), ohne zu bedenken, daß das Wunderbare
darin bestünde, sie lebendig zu vergewaltigen. Viele nämlich vergessen, wenn sie sich ohne große Kosten in Magier verwandeln,
daß das Wunderbare erst dann eindeutig das Wunderbare zu sein
beginnt, wenn es aus einer unerwarteten Veränderung der Wirklichkeit (dem Wunder) hervorgeht, aus einer privilegierten Enthüllung der Wirklichkeit, aus einer ungewohnten oder die übersehenen Reichtümer der Wirklichkeit besonders begünstigenden Erleuchtung, aus einer Erweiterung der Maßstäbe und Kategorien
der Wirklichkeit, die kraft einer bis an Grenzzustände führenden
Exaltation des Geistes mit besonderer Intensität wahrgenommen
werden. Die Wahrnehmung des Wunderbaren setzt als erstes einen
Glauben voraus. Wer nicht an Heilige glaubt, wird an Wundern
der Heiligen nicht genesen, noch vermag, wer kein Quijote ist,
sich mit Leib und Seele und Hab und Gut in die Welt eines *Amadís
von Gallien* oder *Tirant des Weißen* zu versetzen. Manche Sätze
des Rutilio in *Persiles y Segismunda* über die Verwandlung von
Menschen in Wölfe wirken ungeheuer glaubwürdig, weil man zu

Cervantes' Zeiten überzeugt war, daß Menschen vom Wolfswahn befallen werden konnten. Das gleiche gilt von der Reise aus der Toskana nach Norwegen, die derselbe Rutilio auf einem Hexenmantel ausführt. Marco Polo gab bereitwillig zu, daß manche Vögel fliegend einen Elefanten in ihren Klauen tragen könnten, und Luther sah den Teufel leibhaftig und warf ihm ein Tintenfaß an den Kopf. Victor Hugo, weidlich ausgeschlachtet von den Buchhaltern des Wunderbaren, glaubte an Geistererscheinungen, weil er sicher war, in Guernesey mit dem Geist Léopoldines gesprochen zu haben. Van Gogh genügte es, an die Sonnenblume zu glauben, um seine Offenbarungen auf der Leinwand festzuhalten. Daher kommt es, daß das Wunderbare, das – wie so viele Jahre lang von den Surrealisten – in Ungläubigkeit heraufbeschworen wird, nur ein literarischer Kunstgriff und auf die Dauer ebenso langweilig ist wie eine bestimmte »zurechtfrisierte« onirische Literatur oder manches Lob der Narrheit, über das wir recht gut Bescheid wissen. Dadurch wird selbstverständlich nicht den Parteigängern einer Rückkehr zum Realen das Wort geredet (ein Begriff, der dann eine herdenmäßige politische Bedeutung annähme), da sie doch lediglich die Taschenspielertricks durch die Allgemeinplätze »rekrutierter« Schriftsteller oder die eschatologischen Scherze mancher Existentialisten ersetzen. Aber unzweifelhaft läßt sich wenig zur Verteidigung von Dichtern und Künstlern sagen, die den Sadismus lobpreisen, ohne ihn zu praktizieren, den Supermann aus Impotenz bewundern, Gespenster heraufbeschwören, ohne zu glauben, daß sie auf die Beschwörungsformeln Antwort geben, und Geheimgesellschaften, literarische Sekten, vage philosophische Gruppen mit Heiligen und Zeichen und rätselhaften – nie erreichten – Zielen gründen, ohne fähig zu sein, eine gültige Mystik zu entwerfen oder Angewohnheiten, und seien es die schäbigsten, aufzugeben, um mit ihrer Seele auf die riskante Karte eines Glaubens zu setzen.

Dies wurde mir besonders klar während meines Aufenthaltes in Haiti im täglichen Kontakt mit etwas, das wir das *wunderbare Wirkliche* nennen könnten. Ich stand auf dem Boden eines Landes, wo Tausende nach Freiheit lechzende Menschen so stark an die lykanthropischen Kräfte Mackandals glaubten, daß dieser kollektive Glaube am Tag seiner Hinrichtung ein Wunder bewirkte. Ich kannte bereits die wunderbare Geschichte Boukmans, des initiierten Jamaikaners. Ich war in der Festung La Ferrière gewesen, diesem Bau ohne architektonisches Vorbild, der sich nur in den imaginären Gefängnissen Piranesis ankündigte. Ich hatte die Atmosphäre geatmet, die Henri Christophe geschaffen hatte, dieser Monarch mit den unglaublichen Unternehmungen, der weit erstaunlicher war als alle grausamen Könige, die von den auf Tyrannien – imaginäre, nie erlittene – so versessenen Surrealisten erfunden worden waren. Auf Schritt und Tritt stieß ich auf das *wunderbare Wirkliche*. Ich dachte aber auch, daß diese Gegenwart und Gültigkeit des wunderbaren Wirklichen nicht das Privileg Haitis, sondern Erbteil von ganz Amerika sei, wo zum Beispiel eine Bestandsaufnahme der vorhandenen Kosmogonien noch heute nicht abgeschlossen ist. Das *wunderbare Wirkliche* begegnet auf Schritt und Tritt im Leben von Menschen, die in die Geschichte des Kontinents Daten eingeschrieben und bis heute nicht ausgestorbene Namen hinterlassen haben, angefangen bei denen, die nach dem ewigen Jungbrunnen oder nach der Goldstadt Manoa suchten, bis hin zu manchen Rebellen der ersten Stunde des Kampfs gegen Spanien oder modernen Helden von so mythologischer Prägung wie die Oberstin Juana de Azurduy aus unseren Unabhängigkeitskriegen. Es war mir immer als bezeichnend erschienen, daß sich nach 1780 ein paar schlaue Spanier aus Angostura auf die Suche nach El Dorado gemacht hatten und daß in den Tagen der Französischen Revolution – es lebe die Vernunft und das höchste Wesen! – Francisco Menéndez aus Compostella Patagonien nach der verwunschenen Stadt der Cäsaren durchforschte. Oder wenn wir einen anderen Aspekt der gleichen Sache in Betracht zögen, könnten wir sehen, daß zum Beispiel folkloristische Tänze in Westeuropa jeden magischen oder beschwörenden Charakter eingebüßt haben, während es in Amerika kaum einen kollektiven Tanz gibt, der nicht eine tiefe rituelle Bedeutung besäße, so daß ein ganzer Initiationsprozeß in seinem Umkreis entsteht: so die Tänze der kubanischen *santería* oder die großartige negroide Version des Fronleichnamsfestes, die in dem Dorf San Francisco de Yare in Venezuela noch zu beobachten ist.

Im sechsten Gesang des *Maldoror* gibt es eine Stelle, wo der von der Polizei der ganzen Welt verfolgte Held einem Heer von Agenten und Spionen dadurch entkommt, daß er sich in Tiere verwandelt und Gebrauch macht von seiner Gabe, sich augenblicklich nach Peking oder Madrid oder St. Petersburg zu versetzen. Das ist durch und durch »wunderbare Literatur«. Aber in Amerika, wo nichts Ähnliches geschrieben wurde, existierte ein Mackandal, der durch den Glauben seiner Zeitgenossen mit den gleichen Kräften begabt war und kraft dieser Magie einen der dramatischsten und merkwürdigsten Aufstände der Geschichte hervorrief. Maldoror – Ducasse selber hat es bekannt – war nicht mehr als ein »poetischer Rocambole«. Von ihm zeugte nur eine kurzlebige literarische Schule. Von Mackandal, dem Amerikaner, zeugte eine ganze Mythologie und magische Hymnen, die von einem ganzen Volk aufbewahrt und bei Voodoo-Zeremonien noch immer gesungen werden.[1] (Andererseits liegt ein seltsamer Zufall in der Tatsache, daß Ducasse, ein Mann mit einem so außergewöhnlichen Instinkt für das Phantastisch-Poetische, in Amerika geboren wurde, ja sich am Ende eines seiner Gesänge emphatisch rühmte, »le Montevidéen« zu sein). Und das kommt daher, daß Amerika durch die Unberührtheit seiner Landschaft, durch die Kultur, das Seinsverständnis, das Faustische des Indianers und des Negers, durch die Offenbarung, die deren Entdeckung vor noch nicht allzulanger Zeit darstellte, und die fruchtbaren Mestizierungen, die sie zeitigte, weit davon entfernt ist, seinen Reichtum an Mythologien erschöpft zu haben. Was ist denn die Geschichte ganz Amerikas anderes als eine Chronik des wunderbaren Wirklichen?

*Anmerkung*

1  Vgl. Jacques Roumain, *Le Sacrifice du Tambour Assoto*.

*Bio-Bibliographien*

# Jorge Luis Borges

24. 8. 1899  in Buenos Aires geboren.
 Seine Kindheit verbringt er in dem Vorort Palermo, einem vornehmen Villenviertel. Seine Eltern lassen die Kinder von einer englischen Gouvernante erziehen.

1907 verfaßt er eine Art Kompendium der griechischen Mythologie mit »sehr persönlichen« Anmerkungen.

1908 übersetzt er einen Text von Oscar Wilde, der in einer Zeitung publiziert wird.
 In diese Zeit fällt auch seine persönliche Bekanntschaft mit dem Dichter Evaristo Carriego, einem Freund seines Vaters.
 Er liest Milton, Coleridge, Gibbon, Johnson, Stevenson und Whitman.

Etwa 1913–1920 Aufenthalt in Europa, seit Kriegsbeginn in der Schweiz. Borges macht seinen Abschluß im Gymnasium und studiert in Genf. Er beschäftigt sich intensiv mit Schopenhauer und Carlyle; desgleichen mit Latein.

1919 Die Familie reist nach Spanien und bleibt dort etwa ein Jahr. Borges kommt in Kontakt mit den avantgardistischen Bewegungen: Futurismus, Creationismus, Ultraismus.

1920 Zurückgekehrt nach Buenos Aires, gründet er zunächst die Zeitschrift *Prisma* (von der nur zwei Nummern erscheinen), dann *Proa,* in denen er die neue Ästhetik propagiert.
 Gedichte, Rezensionen, Mitarbeit bei Zeitschriften und Zeitungen, Gründung von und Teilnahme an literarischen Zirkeln.

1931 Mitarbeiter der Zeitschrift *Sur.*

1938 Er arbeitet in einer öffentlichen Bibliothek des Vororts Almagro.

1946 Wegen seiner Opposition gegenüber Perón verliert er die Stelle. Das beleidigende Angebot, Geflügelinspektor zu werden, schlägt er aus.
 Er leitet die Zeitschrift *Anales de Buenos Aires* und gibt eine Serie Kriminalromane heraus.

1950–1953 Präsident des argentinischen Schriftstellerverbandes.

1955 Direktor der Nationalbibliothek.
 Professor für englische Literatur an der Universität Buenos Aires.

1961 erhält er den internationalen Verlegerpreis Formentor, gemeinsam mit Samuel Beckett. Seitdem häufen sich die Ehren und Auszeichnungen: Ehrendoktor (u. a. University of Oxford, 1971; La Sorbonne, Paris, 1977;

Harvard, 1981); Orden del Sol, Peru; Commendatore in Italien; Großes Verdienstkreuz in der BRD; Goldmedaille in Frankreich; Ehrenmitglied der American Academy of Arts and Letters; Gran Cruz de Alfsono X el Sabio, Spanien, und viele andere; International Symposium on Borges, Oklahoma, 1969; Premio Literario Interamericano, Brasilien, 1970; Premio Jerusalem, 1971; Cervantes-Preis (mit Gerardo Diego), 1980; Alfonso-Reyes-Preis; Mexico, 1980; Ollín Ollintzin, Mexico, 1981.

1967 heiratet er Elsa Astete Millán, von der er sich 1970 scheiden läßt.

1975 Tod der Mutter. Von nun an begleitet María Kodoma ihn auf seinen Reisen.

1985 heiratet er María Kodoma und lebt in Genf.

14. Juni 1986 Borges stirbt in Genf.

## Werke

### I Poesie

| | |
|---|---|
| *Fervor de Buenos Aires* | 1923 |
| *Luna de enfrente* | 1925 |
| *Cuaderno San Martin* | 1929 |
| *Poemas (1922–1943)* | 1943 |
| *Poemas (1923–1953)* | 1954 |
| *Poemas (1923–1958)* | 1958 |
| *Obra poética (1923–1964)* | 1964 |
| *El otro, el mismo* | 1964 |
| *Para las seis cuerdas* | 1965 |
| *Obra poética (1923–1966)* | 1966 |
| *Obra poética (1923–1967)* | 1967 |
| *Elogio de la sombra* | 1969 |
| *El otro, el mismo* | 1969 |
| *El oro de los tigres* | 1972 |
| *La rosa profunda* | 1975 |
| *La moneda de hierro* | 1976 |
| *Obra poética 1923–1976* | 1977 |
| *Historia de la noche* | 1977 |
| *Sonetos a Buenos Aires* | 1979 |
| *La cifra* (Poesie und Prosa) | 1981 |
| *Los conjurados* | 1985 |

## II Prosa

| | |
|---|---|
| *Historia universal de la infamia* | 1935 |
| *El jardín de senderos que se bifurcan* | 1942 |
| *Ficciones (1935–1944)* | 1944 |
| *Ficciones (erweiterte Neuausgabe)* | 1956 |
| *El Aleph* | 1949 |
| *El Aleph (erw. Neuausgabe)* | 1952 |
| *La muerte y la brújula* | 1951 |
| *El hacedor* (Prosa und Poesie) | 1960 |
| *El informe de Brodie* | 1970 |
| *El congreso* | 1971 |
| *El libro de arena* | 1975 |
| *Rosa y azul. Dos cuentos.* | 1977 |
| *Veinticinco de agosto de 1983 y otros cuentos* | 1983 |

## III Essay

| | |
|---|---|
| *Inquisiciones* | 1925 |
| *El tamaño de mi esperanza* | 1926 |
| *El idioma de los Argentinos* | 1928 |
| *Evaristo Carriego* | 1930 |
| *Evaristo Carriego* (erw. Auflage) | 1955 |
| *Discusión* | 1932 |
| *Discusión* (erw. Auflage) | 1957 |
| *Los Kenningar* | 1933 |
| *Historia de la eternidad* | 1936 |
| *Historia de la eternidad* (erw. Auflage) | 1953 |
| *Nueva refutación del tiempo* | 1947 |
| *Otras inquisiciones (1937–1952)* | 1952 |
| *Otras inquisiciones* (erw. Neuauflage) | 1960 |
| *Prólogo con un prólogo de prólogos* | 1975 |
| *Borges oral* | 1980 |
| *Siete noches* | 1980 |
| *Nueve ensayos dantescos* | 1982 |
| *Atlas* (Reiseimpressionen) | 1982 |
| *Textos cautivos. Ensayos y reseñas en »El Hogar« (1936–1939)*, Edición de E. Sacerio-Garí y E. Rodríguez Monegal | 1986 |

## IV Anthologien aus dem eigenen Werk

*Antología personal*                                    1961
*Nueva antología personal*                              1968

## V Gesamtausgaben

*Obras Completas*, Ed. Emecé, Buenos Aires, 1974.
*Obra poética*, Ed. Alianza, Madrid, 1983.
*Prosa completa*, Ed. Bruguera, 2 Bde., Barcelona, 1980.

## VI Wichtigste Gemeinschaftsarbeiten

mit Adolfo Bioy Casares:
*Seis problemas para don Isidro Parodi*                 1942
*Dos fantasías memorables*                              1946
*Crónicas de Bustos Domecq*                             1967
*Nuevas crónicas de Bustos Domecq*                      1977
*Libro del cielo y del infierno*                        1960
*Cuentos breves y extraordinarios* (erw. Neuauflage 1973)  1955
*Los mejores cuentos policiales*               1943 und 1951
*Poesía gauchesca*, 2 Bde.                              1955
mit A. Bioy Casares, unter dem Pseudonym B. Suárez Lynch:
*Un modelo para la muerte* (Kriminalroman)              1946
mit A. Bioy Casares und Silvina Ocampo:
*Antología de la literatura fantástica*                 1940
*Antología de la literatura fantástica* (erw. Neuauflage)  1965
mit María Luisa Levinson:
*La hermana de Eloísa* (Roman)                          1955
mit Silvina Bullrich:
*El compadrito. Su destino, sus barrios, su música*    1945
*El compadrito* (erw. Neuauflage)                       1968
mit Margarita Guerrero:
*Martín Fierro*                                         1953
*Manual de zoología fantástica*                         1957
*El libro de los seres imaginarios* (erw. Neuauflage des *Manual*)  1967
mit Betina Edelberg:
*Leopoldo Lugones*                                      1955
mit María Esther Vásquez:
*Introducción a la literatura inglesa*                  1965
*Literaturas germánicas medievales*                     1966
mit Alicia Jurado:
*Qué es el budismo?*                                    1976

## VII  Gesamtausgaben der Gemeinschaftsarbeiten

*Obras Completas en colaboración 1* (mit A. Bioy Casares), Alianza (AT 78), Madrid, 1984.
*Obras Completas en coloboración 2* (mit Betina Edelberg, Margarita Guerrero, Alicia Jurado, Maria Kodama y Maria Esther Vázquez), Alianza (AT 108), Madrid, 1986.

## VIII  Borges als Herausgeber

Dreißig Bände *La Biblioteca de Babel*, Ed. Franco María Ricci, 1980 ff. (Auswahl und Vorworte von J. L. B.).
Einhundert Titel *Biblioteca personal de J. L. B.*, Ed. Hyspamérica/Orbis, Buenos Aires/Madrid, 1984 ff. (Auswahl und Vorworte von J. L. B.).

## IX  Borges in deutscher Sprache

*Gesammelte Werke.* 9 Bde., Hanser, München, 1980 ff.
Band 1: *Gedichte 1923–1965*
Band 2: *Gedichte 1969–1976*
Band 3/1: *Erzählungen 1935–1944*
Band 3/2: *Erzählungen 1949–1970*
Band 4: *Erzählungen 1975–1977*
Band 5/1: *Essays 1932–1936*
Band 5/2: *Essays 1952–1979*
Band 6: *Borges und ich*
Band 7: *Buch der Träume*
Band 8: *Einhorn, Sphinx und Salamander*
Band 9: *Borges über Borges*
*25. August 1983 und andere Erzählungen*, Thienemanns, Stuttgart, 1983 *(Die Bibliothek von Babel*, No. 5).
*Geschichte der Nacht.* Neue Gedichte (zweisprachige Ausgabe), Ed. Akzente, Hanser, München, 1984.
*Die zwei Labyrinthe. Lesebuch*, dtv 10590, München, 1986.
*Ausgewählte Essays*, Bibliothek Suhrkamp 790, Frankfurt, 1982.
*Buch der imaginären Wesen. Einhorn, Sphinx und Salamander*, Hanser, München, 1982.
*Buch der Träume*, Hanser, München, 1982.
*Die letzte Reise des Odysseus.* Essays, Hanser, München, 1987.
*Lob des Schattens. Gedichte*, Hanser, München, 1971.
*Zyklische Nacht. Ausgewählte Gedichte* (zweisprachig), Limes, Wiesbaden, 1980.

## X  Werke in Zusammenarbeit mit Bioy Casares
in deutscher Sprache

*Das Buch von Himmel und Hölle,* Thienemanns, Stuttgart, 1983.
*Gemeinsame Werke in zwei Bänden,* Hanser, München, 1983 und 1985.
I. *Sechs Aufgaben für Don Isidro Parodi. Zwei denkwürdige Phantasien. Ein Modell für den Tod.*
II. *Chroniken von Bustos Domecq. Neue Geschichten von Bustos Domecq.*

## Sekundärliteratur

Die Sekundärliteratur zu J. L. Borges umfaßt mehr als 200 000 Titel. Es ist daher völlig unmöglich, eine adäquate Auswahl zu treffen. Die folgenden Angaben sind übernommen aus:
Alazraki, Jaime (Hg.), *Jorge Luis Borges. El escritor y la crítica,* Ed. Taurus, Madrid, 1976, 364 S.

## I  Bibliographie

Becco, H. J., *J. L. Borges. Bibligrafía total* (1923–1973), Buenos Aires, 1973.

## II  Monographien

Alazraki, Jaime, *La prosa narrativa de J. L. Borges,* (erw. Neuauflage), Madrid, 1974.
Barnatán, M. R., *Borges,* Madrid, 1972.
Barrenechea, A. M., *La expresión de la irrealidad en la obra de J. L. Borges,* (erw. Neuauflage), Buenos Aires, 1967.
Berveiller, M., *Le cosmopolitisme de J. L. Borges,* Publ. de la Sorbonne, Paris, 1973.
Christ, R. J., *The Narrow Act. Borges' Art of Allusion,* New York Univ. Press, 1969.
Cozarinsky, E., *Borges y el cine,* Buenos Aires, 1974.
Gutiérrez-Girardot, R., *J. L. Borges – ensayo de interpretación,* Madrid, 1959.
Ibarra, N., *Borges et Borges,* L'Herne, Paris, 1969.
Rodríguez-Monegal, E., *Borges, par lui-même,* Paris, 1970.
Sucre, G., *Borges el poeta,* (erw. Neuauflage), Carácas, 1974.
Gerardo Mario Goloboff, *Leer Borges,* Ed. Huemul, Buenos Aires, 1978.

## III Zeitschriften, Sondernummern zu Borges

*L'Herne*, Paris, 1964, 516 S.

*The Cardinal Points of Borges*, Univ. of Oklahoma Press, Norman, 1971. 113 S.

*TriQuarterly 25. Prose for Borges*, Northwestern Univ., Evanston (Ill.), 1972. 467 S.

*Modern Fiction Studies, J. L. Borges Number*, Pardue Univ., West Lafayette (Ind.), XIX, Nr. 3, 1973, 165 S.

*Iberoromania*, Erlangen/Nürnberg, Nr. 3, 1975.

*Borges, 13. 11. 86–15. 1. 87*, Biblioteca Nacional, Madrid (Katalog der Ausstellung).

## IV Biographie

J. L. Borges, *An Autobiographical Essay*, in *The Aleph and Other Stories 1933–1969*, New York, 1970, 203–260 (auch dt.: *Borges über Borges*. Gesammelte Werke, Bd. 9, Hanser, München, 1980).

# Adolfo Bioy Casares

15. 9. 1914 in Buenos Aires geboren.

1918 Während eines Spiels bilde ich mir ein, ein Pferd zu sein und fresse Gras. Völlig bestürzt verabreicht mir die Familie eine Medizin.

Bei einer Verlosung gewinne ich einen Hund namens Gabriel. Am nächsten Tag ist er nicht mehr im Haus. Man sagt mir, ich habe geträumt.

1919 Mein Vater liest mir abends *José Fierro* vor, den *Fausto* von Estanislao del Campo, *A Rozas* von Mármol etc.

Meine Mutter erzählt mir Geschichten von Tieren, die aus dem Stall fortlaufen, sich in Gefahr begeben und schließlich nach langem Hin und Her wieder in den Stall und die Sicherheit zurückkehren. Das Thema des sicheren oder scheinbar sicheren Orts und der Gefahren von draußen zieht mich noch heute (1976) an.

Ich verliebe mich in ein Mädchen namens Nélida. Ihre Mutter, sehr schön und sehr sanft, wird eines Nachts von einem betrunkenen Koch, der mit einem Messer herumfuchtelt, verfolgt. *Exeunt,* Nélida inkl.

Ich verliebe mich in ein Mädchen namens Raquelita, die mir in der Intimität einer Lorbeerlaube Enthüllungen macht.

Ich reite mit meinem Vater auf dem Lande. Eines Tages streiten wir uns, ich reite in ein Distelfeld, das Pferd bockt und ich falle herunter.

1921 Man erklärt mir: Durch die Spalten, die sich irgendwann in der Erdkruste öffnen, kann der Teufel uns an einem Fuß fassen und in die Hölle hinabreißen. Das Übernatürliche als etwas Furchteinflößendes und Trauriges. Während wir mit einem Ball an unserer Hauswand spielen, erklärt mir mein Freund Drage Mitro, er glaube, daß Himmel und Hölle Betrügereien der Religion seien. Ich bin erleichtert.

Ich möchte mich in einen dreiteiligen Spiegel hineinversetzen, in dem sich die Bilder deutlich wiederholen. Das Übernatürliche als etwas Attraktives.

1923 Meine Cousine, in die ich verliebt bin, liest Romane von Gyp, ihrer Meinung nach »für die Großen«. Ich treibe ein Exemplar auf und sage, es gefalle mir sehr, lese die ersten Seiten und versuche, sie zu plagiieren (in »Iris y Margarita«, meiner ersten Liebeserzählung).

Lektüre: Buffon, Collodi.

1924 Der Portier unseres Hauses, Joaquín, sagt mir: »Jetzt bist du 10 Jahre alt. Du bist ein Mann. Die Spielsachen interessieren dich nicht mehr. Denk an die Frauen.« Er nimmt mich in eine Revue mit. Die halbnackten Tänzerinnen faszinieren mich. Mühelos denke ich an die Frauen und vergesse Aberglauben und Ängste.

Man ernennt mich zum Kapitän einer Rugbymannschaft. Die Zeit vergeht, ohne daß wir gegen rivalisierende Mannschaften spielen. Ich merke, daß ich nicht dafür geeignet bin, die Leute zu leiten.

Ich reise mit meinen Eltern nach Europa.

1926 Mein Vater verpachtet sein Landgut in Pardo. Ich denke daran wie an das verlorene Paradies.

1927 Als ich spüre, daß ich die Liebe meiner Cousine verliere, kann ich es nicht unterlassen, Witze zu reißen, die sie verärgern und beleidigen und meine geringen Hoffnungen vollends vernichten. Wie man eine Bombe vorbereiten würde, so stelle ich mir – ohne mich auf Einzelheiten einzulassen – eine Erzählung vor, vielleicht ein Gedicht, um meine Cousine zu rühren und sie in Selbstvorwürfe zu stürzen. Ich schreibe sogar den Titel: »Corazón de payaso« (Herz eines Clowns).

In der Schule bin ich nicht glücklich. Schon am ersten Tag fragt mich der Algebralehrer ab, quält mich bis zum Ende der Stunde und setzt mich dem Gespött meiner Mitschüler aus.

Susana Parera (a) Tuna, das Mädchen aus dem Nonneninternat von gegenüber, macht mir Zeichen. Bald jedoch wird sie meiner überdrüssig und flieht mit einem Chauffeur, der einen Packard fährt, aus ihrem Haus. Ich suche sie in den Straßen von Buenos Aires. Eines Tages finde ich sie im Kino Hindú. Danach verliere ich sie für immer. Ich verliebe mich in Haydée B., eines der dreißig hübschen Gesichter des *Porteño*. Ich bin so nervös, daß ich mit offenem Mund rede. Sie sagt mir: »Deutlich sprechen, Kindchen, deutlich sprechen.« Aufgrund von Filmen, die ich in den Kinos von Buenos Aires und Mar del Plata sehe, verliebe ich mich in die Schauspielerin Louise Brooks.

1928 Ich schreibe meine erste phantastische Kriminalgeschichte, »Vanidad o una aventura terrorífica« (Eitelkeit oder ein schreckliches Abenteuer).

Ein alter Lehrer, Felipe Fernández, verhilft mir zu einem Wohlgefallen an Mathematik und Methode.

Lektüre: G. Leroux, *Das Geheimnis des gelben Zimmers;* Sherlock Holmes.

1929 Ich schreibe *Prólogo.* Mein Vater, der das Büchlein gelesen und korrigiert hat, schlägt mir vor, es zu publizieren. Der Druck der 300 Exemplare kostet 180 Pesos.

Ich entdecke die Literatur: Ich suche sie gierig dort, wo sie ist oder nicht ist, in klassischen, modernen, spanischen, argentinischen Schriftstellern, in der Bibel, der Göttlichen Komödie, in der Odyssee.

Ich reise mit meinen Eltern in die USA und verliebe mich in die Tochter unseres Hoteldieners in New York. Ich schreibe viele Romane, einige davon sind sehr lang, ich bringe sie nicht zu Ende. Ich möchte eines Tages Ingenieur oder Filmregisseur sein. Und selbstverständlich Tennisweltmeister.

1931 Mein Hund Ayax kommt ins Haus.

Für irgendein Schulfest trägt ein Lehrer mir auf, die Feier mit einer Rede über Paris, auf französisch, zu beginnen, auswendig. Ich mache ihn darauf aufmerksam, daß ich nicht dafür geeignet bin, öffentlich zu sprechen; er will nicht auf mich hören. Mit Hilfe der Enzyklopädie Larousse schreibt mein Vater ganz schnell einige Seiten, die ich lese und wiederlese, bis ich sie perfekt beherrsche. Als die Stunde für mich gekommen ist, beginne ich vor einem zahlreich erschienenen Publikum: »Paris, capitale de France, centre du commerce et de l'industrie...« Als ob ich wollte, daß niemand diese Worte vergesse, wiederhole ich sie drei- oder viermal. Ich kann nicht weiter. Die Schüler lachen, und der Lehrer, der seinen Ärger nicht verbirgt, sagt zuletzt völlig unnötig: »Das ist der *traque*, der *traque*.«

Lektüre: Cancela, *Drei ›porteño‹ Erzählungen*, die meinen Stil beeinflussen werden. Desgleichen Nietzsche, *Unzeitgemäße Betrachtungen*, Lessing, *Laokoon, Faust I und II*, Hegel, *Ästhetik*, Kant, *Kritik der reinen Vernunft* usw. Auf Veranlassung meiner Mutter: *Marc Aurel und Epiktet*.

1932 Im Haus von Victoria Ocampo, in San Isidro, lerne ich Jorge Luis Borges kennen. Wenige Tage später erzähle ich Borges bei einem Spaziergang die Handlung von *El perjurio de la nieve*. (Der Meineid des Schnees). Borges ermuntert mich, glaubt jedoch, daß es nicht leicht sei, die Erfindung zu vervollständigen.

Borges, E. Pissavini und ich publizieren die Zeitschrift *Destiempo*.

Lektüre: *Persiles, Don Quijote* (aus merkwürdigem Snobismus heraus in einer Ausgabe mit 7500 Fußnoten von Rodríguez Marín).

1933 Der Verlag *Tor* nimmt meinen Erzählband an: *Diecisiete disparos contra el porvenir* (17 Schüsse gegen die Zukunft). Der Titel verrät meine Überzeugung, daß ich diese Geschichten bereuen werde. Ich gebe das Jurastudium auf und schreibe mich bei den Geisteswissenschaften ein. Hier fühle ich mich noch weiter von der Literatur entfernt. In einer schriftlichen Hausarbeit vergleiche ich Gedichte von Baudelaire, Rimbaud, Mallarmé, und – möge Gott mir verzeihen – von Verlaine mit Texten sentimentaler Tangos. Vielleicht lassen mich die Lehrer aus Mitleid bestehen.

Lektüre: Die russischen Romanciers. Auch, mit großer Begeisterung, Berkeley, Hume.

1934 Ich lerne Silvina Ocampo kennen.

Lektüre: Valéry, Gide, Cocteau, Proust.

Ich publiziere einen Erzählband *Caos*. Die Kritik ist vernichtend. In einer Zeitung rät man mir, Kartoffeln anzubauen. Ich erhalte aufmunternde Briefe. Insgeheim stimme ich dem Journalisten zu, aber ich befolge seinen Rat nicht.

Silvina rät mir, die Universität zu verlassen und mich dem Schreiben zu widmen. Borges sagt mir, daß ich weder Rechtsanwalt, noch Professor, noch Verleger, noch Direktor literarischer Zeitschriften sein soll, wenn ich Schriftsteller werden will.

Lektüre: Wells, Conrad, Chesterton, Shaw, Kipling.

1935 Ich überzeuge meinen Vater von den Vorteilen, die es hat, das Landgut wieder zu übernehmen, und beteilige mich an fast allen Arbeiten. Dabei stelle ich fest, daß ich weniger ungeschickt für die bin, die Willen und Ausdauer erfordern als für diejenigen, die Kraft und Geschicklichkeit erfordern. Ich kann die Leute nicht richtig lenken. Ich bin ein schlechter Verwalter. Ich gebe zuviel Geld aus, um das große und alte Haus instandzusetzen. Ich bin recht glücklich.

Lektüre: Russell, *The Outline of Philosophy, The Analysis of Mind*, Bücher über die Relativitätstheorie und über die vierte Dimension.

Wenn ich nach Buenos Aires komme, diskutiere ich mit meinen Freunden Stil- und Formprobleme. Ich plane ein Buch über literarische Effekte, die die Erklärung für alle Literatur geben würden. Nur wenig fehlt dazu, daß ich die Rhetorik neu entdecke und, ehe ich überhaupt zu schreiben lerne, ein Buch über die Kunst des Schreibens publiziere.

Ich leide an Kopfschmerzen, die die Ärzte weder kurieren noch erklären können. Jemand sagt mir, daß an Plätzen, an denen die Erdschichten nicht die gleiche Konsistenz haben, sich ganz unten Risse bilden und die Leute an der Oberfläche Unglücksfälle erleiden oder krank werden. An einem solchen Platz stünde mein Haus.

Ich publiziere *La nueva tormenta* (Der neue Sturm) mit Illustrationen von Silvina Ocampo.

Lektüre: Stevenson (Essays, Gedichte, Fabeln, Briefe), De Quincey, Coleridge, Wordsworth etc.

1936 Ich publiziere *La estatua casera* (Die häusliche Statue).

1937 Ich publiziere *Luis Greve, muerto* (Luis Greve, tot). Wie immer, wenn ich ein Buch veröffentliche, scheinen meine Freunde traurig und wissen nicht, was sie mir sagen sollen.

In Pardo erahne ich das Thema von *Morels Erfindung (La invención de Morel)*. Ich verstehe, daß irgendwas nicht stimmt in meiner Art zu schreiben und sage mir, es sei Zeit, darauf zu reagieren. Aus Gründen der Vorsicht versuche ich bei der Niederschrift des neuen Romans nicht, sichtbare Erfolge zu erzielen, sondern Fehler zu vermeiden.

Im Winter verbringt Borges eine Woche auf dem Land mit mir. Wir schreiben eine Broschüre über geronnene Milch (unsere erste gemeinsame Arbeit). Wir denken uns eine Geschichte aus, die wir nie schreiben werden, die aber Keimzelle der *Sechs Aufgaben für Don Isidro Parodi (Seis problemas para don Isidro Parodi)* wird, über einen deutschen Philanthropen, Doktor Praetorius, der mit hedonistischen Mitteln – Musik, endlose Spiele – Kinder tötet.

1939  Borges, Silvina Ocampo und ich gehen abends am Rande von Buenos Aires spazieren. Wenn uns ein ausländischer Schriftsteller besucht, verzichten wir nicht auf diese unerklärliche Gewohnheit und nehmen ihn mit.

Lektüre: Kafka, Schopenhauer, Dunne, *An Experiment with Time*, George Moore, Murasaki, Sei Shonagon, Bücher von A. David-Neel über Tibet usw.

1940  Silvina Ocampo und ich heiraten. Trauzeuge ist Borges.

Ich publiziere *Morels Erfindung*.

S. Ocampo, J. L. Borges und ich publizieren die *Antología de la literatura fantástica* (Anthologie der phantastischen Literatur).

Lektüre: Russell (über Leibniz), Bücher über symbolische Logik, Galton, *Inquiries into Human Faculties* etc.

Ich lerne Francisco Ayala kennen.

1941  Für *Morels Erfindung* erhalte ich den ersten Preis für Literatur der Stadt Buenos Aires.

S. Ocampo, J. L. Borges und ich publizieren die *Antología poética argentina* (Poetische Anthologie Argentiniens; der Verleger bestimmt diesen Titel).

Lektüre: Johnson, *The Life of the English Poets*, Vorwort zur Enzyklopädie, Vorwort zu Shakespeare, *The Vanity of Human Wishes*, Essays, Boswell, Gibbon (Autobiography), Melville, Hawthorne, Henry James.

1942  Unter dem Pseudonym H. Bustos Domecq publizieren Borges und ich *Sechs Aufgaben für Don Isidro Parodi*. Die Freunde und Kritiker *are not amused*.

Mein Hund Ayax stirbt.

1943  Als ich eine Nacht nicht schlafen kann, denke ich die Handlung von »Der Meineid des Schnees« zu Ende.

Lektüre: Matthew Arnold, *On translating Homer, Celtic Literature,* und das Gedicht *Dover Beach.* Browning, Samuel Butler (besonders *Note Books*), Lewis Carroll usw.

1945  Ich publiziere *Plan de evasión (Fluchtplan)*.

Ich berate einen Verlag und gebe gemeinsam mit Borges eine Reihe mit Kriminalromanen heraus.

Ich lerne J. R. Wilcock kennen.

1946  Gemeinsam mit Silvina Ocampo schreibe ich einen Kriminalroman: *Los que aman, odian;* gemeinsam mit Borges (unter den Pseudonymen Suárez Lynch bzw. H. Bustos Domecq) *Un modelo para la muerte* und *Dos fantasías memorables.*

1948  Ich publiziere *La trama celeste*. Ich glaube, daß ich mit einer Erzählung dieses Bandes, »Das Idol«, meinen Stil gefunden habe.

Lektüre: Vernon Lee, *The Handling of Words,* Faulkner.
Ich lese wieder Proust und entdecke ihn.

1949 Ich beginne mit dem Roman *El sueño de los héroes.*
In Paris lerne ich Elena Garro und Octavio Paz kennen.
Ich lese die Dichter (wieder einmal) von neuem: Manrique, San Juan de la Cruz, Lope de Vega, Fray Luís, Góngora, Quevedo, Lugones, Darío usw.
Weitere Lektüre: Eça de Queiroz, Stendhal, B. Constant.

1952 Gräßliches Jahr.

1953 Die französische Übersetzung von *Morels Erfindung* wird publiziert.
Torres Ríos und Torre Nilsson verfilmen »*Das Verbrechen von Oribe*« nach der Erzählung *El perjurio de la nieve.*

1954 Ich publiziere *El sueño de los héroes.*
Meine Tochter Marta wird geboren.

1955 Ich möchte einen Roman mit knapper Handlung über jemanden schreiben, der aufs Land zurückkehrt (Thema von *Peñas arriba*). Ich lasse die Idee fallen, weil ich feststelle, daß ich jenen Autoren der *barbarous romances* gleiche, von denen Johnson spricht. Sie greifen auf Giganten und Zwerge zurück, um den Leser zu reizen. Nur braucht in meinem Fall der Autor den Anreiz.
Gemeinsam mit Borges schreibe ich Filmdrehbücher: u. a. *El paradiso de los creyentes.*

1956 In Mexico wird *Historia maravillosa* (Wunderbare Geschichte) publiziert.
Lektüre: *Historia argentina* von López, *Memorias* von General Paz, die Bücher von Mansilla. *Epístola a Horacio* und *Horacio en España* von Menéndez y Pelayo.

1959 Ich publiziere *Guirnalda con amores,* Miscellanea über die Liebe.
Lektüre: Akutagawa.

1962 Ich publiziere *El lado de la sombra.*
Die Kunst der Photographie fasziniert mich.
Ab Ende Juli wird das Jahr gräßlich.

1963 Ich erhalte den zweiten Preis für Nationalliteratur für *El lado de la sombra.*

1964 Ich publiziere *El gran Serafín.*
Borges und ich schreiben *Crónicas de Bustos Domecq.* Ein Verleger fragt mich bestürzt: »Sie sind doch wohl nicht etwa gegen die Vanguardia?«
Das Thema zu *Tagebuch des Schweinekriegs (Diario de la guerra del cerdo)* fällt mir ein.

Bonardot verfilmt für das französische Fernsehen *Morels Erfindung* (mit einer alten und wunderbaren Version des Saint Louis Blues).

1968 Im Januar beginne ich in Mar del Plata mit der Arbeit zu *Tagebuch des Schweinekriegs*.
Ich publiziere *La otra aventura*, eine Sammlung kritischer Essays.
In der Zeitschrift *Sur* publiziere ich die Komödie *Siete soñadores* (Sieben Träumer).

1969 Ich publiziere *Tagebuch des Schweinekriegs*. Borges warnt mich: »Ändere den Titel. Willst du denn immer ein Schwein auf dem Buchdeckel haben?«
In Venezuela erscheint *Adversos milagros* (Feindliche Wunder), eine Anthologie meiner Schriften mit einem Vorwort von Enrique Pezzoni.
Borges, Hugo Santiago und ich schreiben das Drehbuch für *Invasión*, das von H. Santiago verfilmt wird.
Lektüre: Gedichte, Memoiren, Essays von Robert Graves, Gedichte von Yeats, Romane von Hartley.

1970 Langer Aufenthalt in Pau.
Für *El gran Serafín* erhalte ich den ersten Nationalpreis für Literatur.
Ich veröffentliche *Memoria sobre la pampa y los gauchos* (Erinnerung an die Pampa und die Gauchos).

1971 In Mar del Plata schreibe ich eine Komödie mit dem Titel *La cueva vidrio* (Die Glashöhle).
Unter dem Pseudonym Javier Miranda publiziere ich das *Breve diccionario del argentino exquisito* (Kurzes Lexikon des exquisiten Argentinisch).
Lektüre: Erzählungen von Paulhan, Voltaire, *Le siècle Louis XIV, Le siècle Louis XV, Charles XII de Suède*.
Die Hündin Diana kommt ins Haus.

1973 Ich publiziere *Schlaf in der Sonne (Dormir al sol)*.
Lektüre: Italo Svevo, Dino Buzzati.

1975 Ich erhalte den Großen Ehrenpreis der SADE (des argentinischen Schriftstellerverbandes).
Verfilmungen von *Tagebuch des Schweinekriegs* (Torre Nilsson) und für das Fernsehen *El perjurio de la nieve* und *Cavar un foso* (Eine Grube graben).

1976–1977 Sehr traurige Jahre, in denen ich in das Café/Konditorei San Luis ging, um dort zu pinkeln.
Spanische Verfilmungen (Kino und Fernsehen) von zwei Erzählungen von mir. Mit Borges veröffentliche ich *Nuevos cuentos de Bustos Domecq (Neue Geschichten von Bustos Domecq)*.
Lektüre: *Don Juan* und *Letters and Diaries* von Byron.

1978 Im Juni öffnet sich eine Tür und ich lasse Alpträume hinter mir. Ich veröffentliche *El héroe de las mujeres* (Der Frauenheld) und eine zweite Auflage des *Breve diccionario del argentino exquisito*, das ich jetzt für ein neues Buch halte: ich ersetzte das Pseudonym (der ersten Auflage) durch meinen Namen, das Vorwort durch ein gänzlich anderes und wie ich glaube besseres, ich fügte neue Artikel hinzu und modifizierte die anderen.

1979 Zahlreiche Verfilmungen für das Fernsehen und für einen Spielfilm, die auf meinen Romanen und Erzählungen sowie auf *Bustos Domecq* basieren (RAI, Radio e Televisione Italiana).

1980 Ich arbeite an dem Roman *Irse*, und ohne es verhindern zu können, schreibe ich Erzählungen, die ich demnächst sammeln und publizieren werde.

*Werke*

I Romane

| | |
|---|---|
| *La invención de Morel* | 1940 |
| *Plan de evasión* | 1945 |
| *El sueño de los héroes* | 1954 |
| *Diario de la guerra del cerdo* | 1969 |
| *Dormir al sol* | 1973 |
| *La aventura de un fotógrafo en La Plata* | 1985 |

II Erzählungen

| | |
|---|---|
| *El perjurio de la nieve* | 1944 |
| *La trama celeste* | 1948 |
| *Historia prodigiosa* | 1956 |
| *Guirnalda con amores* | 1959 |
| *El lado de la sombra* | 1962 |
| *El gran Serafín* | 1967 |
| *La otra aventura* | 1968 |
| *Historias de amor* | 1972 |
| *Historias fantásticas* (Diese beiden Bände enthalten fast alle Erzählungen der angeführten Einzelausgaben) | 1972 |
| *El héroe de las mujeres* | 1978 |
| *Historias desaforadas* | 1986 |

## III Anderes

*Memoria sobre la pampa y los gauchos*                                    1970
*Breve diccionario del argentino exquisito*                               1978

## IV Werke in Zusammenarbeit

mit Jorge Luis Borges:
*Seis problemas para don Isidro Parodi*                                    1942
*Dos fantasías memorables*                                                 1946
*Crónicas de Bustos Domecq*                                                1967
*Nuevas crónicas de Bustos Domecq*                                         1977
*Libro del cielo y del infierno*                                           1960
*Cuentos breves y extraordinarios* (erw. Neuauflage 1973)                 1955
*Los mejores cuentos policiales*                                  1943 und 1951
*Poesía gauchesca*, 2 Bde.                                                 1955
mit J. L. Borges, unter dem Pseudonym B. Suárez Lynch:
*Un modelo para la muerte* (Kriminalroman)                                 1946
mit Silvina Ocampo:
*Los que aman, odian* (Roman)                                              1946
mit Silvina Ocampo und J. L. Borges:
*Antología de la literatura fantástica*                              1940; 1965

## V Bioy Casares in deutscher Sprache

*Morels Erfindung (La invención de Morel)*, Nymphenburger, München,
    1965; Bibliothek Suhrkamp 443, Frankfurt, 1975; Phantastische Biblio-
    thek 106, suhrkamp taschenbuch 939, 1984.
*Fluchtplan (Plan de evasión)*, suhrkamp taschenbuch 378, Frankfurt, 1977.
*Der Traum der Helden (El sueño de los héroes)*, Suhrkamp, Frankfurt,
    1977; suhrkamp taschenbuch 1185, 1985.
*Tagebuch des Schweinekrieges (Diario de la guerra del cerdo)*, Nymphen-
    burger, München, 1971 (unter dem Titel *Der Schweinekrieg*); suhrkamp
    taschenbuch 691, Frankfurt, 1978.
*Schlaf in der Sonne (Dormir al sol)*, Suhrkamp, Frankfurt, 1976; suhrkamp
    taschenbuch 691, 1981.
*Die fremde Dienerin. Phantastische Erzählungen (Historias fantásticas)*.
    Phantastische Bibliothek 113, suhrkamp taschenbuch 962, Frankfurt,
    1983.
*Liebesgeschichten (Historias de amor)*, Suhrkamp, Frankfurt, 1987.
*Der Frauenheld*. Erzählung, enthalten in dem Band *Der Frauenheld*.

*Geschichten der Liebe aus Lateinamerika,* hg. und mit einem Nachwort von Michi Strausfeld, suhrkamp taschenbuch 1296, Frankfurt, 1986.

## VI  Werke in Zusammenarbeit (mit Jorge Luis Borges) in deutscher Sprache

*Das Buch von Himmel und Hölle,* Thienemanns, Stuttgart, 1983.
*Gemeinsame Werke in zwei Bänden,* Hanser, München, 1983 und 1985.
I. *Sechs Aufgaben für Don Isidro Parodi. Zwei denkwürdige Phantasien. Ein Modell für den Tod.*
II. *Chroniken von Bustos Domecq. Neue Geschichten von Bustos Domecq.*

## *Sekundärliteratur*

### I  Bibliographie

Ofelia Kovacci, *Adolfo Bioy Casares,* Buenos Aires, 1963, 131–139.
Angel Flores, *Bibliografia de escritores hispanoamericanos 1609 bis 1974,* Gordon Press, New York, 1975, 204/205.

## II  Monographie

Levine, Suzanne Jill, *Guía de Bioy Casares,* Madrid, 1982.

## III  Untersuchungen

Alazraki, Jaime, *Las crónicas de Don Bustos Domecq,* in *Revista Iberoamericana,* XXXVI, Nr. 70, 1970, 87–93.
Allen, Richard, *El amor y lo fantástico como temas en dos libros de cuentos de A.B.C.,* in *Boletín Cultural y Bibliográfico,* Bogotá, XI, Nr. 3, 1968, 149–157.
McAdam, Alfredo, *El espejo y la mentira: dos cuentos de Borges y B.C.,* in *Revista Iberoamericana,* XXXVII, Nr. 75, 1971, 357–374.
Maldovsky, David, *Las opciones y el azar en el anverso narrativo de B.C. Un enfoque sintáctico,* in *Nueva Narrativa Hispánica,* II, Nr. 2, Adelphi Univ., Garden City (N.Y.), 1972, 45–62.
Id., *Un enfoque semiótico de la narrativa de A.B.C.,* in *Caravelle,* Nr. 19, Toulouse, 1972, 59–77.

Rivera, Jorge, *Lo arquetípico en la narrativa argentina del 40*, in J. Lafforgue (Hg.), *Nueva novela latinoamericana 2*, Buenos Aires, 1972, 174–204.

Robbe-Grillet, B. C. »*L'invention de Morel*«, in *Critique*, Nr. 69, Paris, 1953, 172–174.

# Alejo Carpentier

26. 12. 1904 in Havanna als Sohn eines französischen Architekten und einer Russin geboren. Bereits als Kind bereiste er Europa; ging in Paris zur Schule und sprach Französisch und Spanisch als Muttersprachen. Er studierte zunächst in Havanna Architektur, dann Literatur- und Musikwissenschaft. Danach wandte er sich dem Journalismus zu, bis er wegen der Beteiligung an einer Protestaktion gegen den Diktator Machado zu sechs Monaten Gefängnis verurteilt wurde. Mit Hilfe seines Freundes Desnos konnte er nach Frankreich fliehen. Er lebte dort elf Jahre, arbeitete für den Rundfunk, gab eine Zeitschrift heraus, freundete sich mit den Surrealisten an und publizierte Artikel in Frankreich und Cuba. 1939 kehrte er nach Havanna zurück und lehrte Musikgeschichte an der Universität. Außerdem arbeitete er für den Rundfunk. In den folgenden Jahren reiste er nach Haiti und in das Landesinnere Venezuelas. Ab etwa 1946 lebte er für vierzehn Jahre in Caracas und kehrte erst nach der kubanischen Revolution wieder nach Havanna zurück. Dort leitete er zunächst den 1962 gegründeten Nationalverlag Cubas. Seit 1966 war Carpentier Kulturattaché der cubanischen Botschaft in Paris. Carpentier erhielt mehrere internationale Auszeichnungen, u. a. den Alfonso-Reyes-Preis 1975 und den Cervantes-Preis 1977. Er starb am 24. 4. 1980 in Paris.

## Werke

### I

| | |
|---|---|
| *Ecué-Yamba-Ó* | 1933 |
| *La música en Cuba* | 1946 |
| *El reino de este mundo* | 1949 |
| *Los pasos perdidos* | 1953 |
| *El acoso* | 1956 |
| *Guerra del tiempo* | 1958 |
| *El siglo de las luces* | 1962 |
| *Tientos y diferencias* (Essays) | 1964 |
| *Tientos y diferencias* (erw. Neuauflage) | 1971 |
| *La ciudad de las columnas* | 1970 |
| *Derecho de asilo* | 1972 |
| *Recurso del método* | 1974 |
| *Concierto barroco* | 1974 |
| *Crónicas* (2 Bde.) | 1976 |
| *La consagración de la primavera* | 1978 |
| *El arpa y la sombra* | 1979 |

*Ese músico que llevo dentro* (3 Bde.) 1980
*La novela latinoamericana en vísperas de un nuevo*
*siglo y otros ensayos* (Essays) 1981

## II Gesamtausgabe

*Obras Completas* de Alejo Carpentier, in 14 Bänden, Siglo XXI Editores, México, 1983 ff.

## III Carpentier in deutscher Sprache

*Das Reich von dieser Welt (El reino de este mundo)*, Bibliothek Suhrkamp 422, Frankfurt, 1974.
*Die verlorenen Spuren (Los pasos perdidos)*, Suhrkamp, Frankfurt, 1979; suhrkamp taschenbuch 808, 1982.
*Krieg der Zeit (Guerra del tiempo, El acoso)*, Suhrkamp, Frankfurt, 1977; suhrkamp taschenbuch 552 (um zwei Erzählungen erweitert), 1979.
*Explosion in der Kathedrale (El siglo de las luces)*, Insel, Wiesbaden, 1964; suhrkamp taschenbuch 370, Frankfurt, 1977.
*Staatsraison (Recurso del método)*, Fischer, Frankfurt, 1976; (neue Übersetzung unter dem Titel *Die Methode der Macht*, Suhrkamp, Frankfurt, 1989).
*Das Barockkonzert (Concierto barroco)*, Bibliothek Suhrkamp 508, Frankfurt, 1976.
*Die Harfe und der Schatten (El arpa y la sombra)*, Suhrkamp, Frankfurt, 1979; suhrkamp taschenbuch 1024, 1984.
*Le sacre du printemps (La consagración de la primavera)* (in Vorbereitung, Suhrkamp, Frankfurt, 1990).
*Stegreif und Kunstgriff. Essays zur Literatur, Musik und Architektur in Lateinamerika (Tientos y diferencias. La ciudad de las columnas y otros ensayos)*, edition suhrkamp 1033, Frankfurt, 1980.

## Sekundärliteratur

### I Bibliographie

K. Müller-Bergh, *Bibliografia*, in id., A.C. *Estudio biográfico crítico*, Las Américas, New York, 1972, 183–211.
G. Pogolotti, *A.C. 45 años de trabajo intelectual*, Bibl. Nac. José Martí, La Habana, 1966.
Angel Flores, *Bibliografia de Escritores Hispanoamericanos*, New York, 1975, 89–92, 180.

## II Sammelbände

H. F. Giacoman (Hg.), *Homenaje a A.C.*, Las Américas, New York, 1970.

K. Müller-Bergh (Hg.), *Asedios a A.C. Once ensayos críticos sobre el novelista cubano*, Ed. Univ., Santiago de Chile, 1973.

(Versch.), *Historia y mito en la obra de A.C.*, Ed. Fernando García Cambeiro, Buenos Aires, 1972. (Sieben Essays)

## III Untersuchungen

Alegría, Fernando, *A.C.: realismo mágico*, in *Humanidades*, I, Nr. 1, Univ. Nac. de la Plata, 1960, 345–372.

Alonso, Juan M., *The Search for Identity in A.C.'s Contemporary Urban Novels: An Analysis of »Los pasos perdidos« and »El acoso«*, Brown Univ., 1968. (Diss.)

Armbruster, Claudius, *Das Werk Alejo Carpentiers*, Vervuert, Frankfurt, 1984.

Assardo, M. Roberto, *La técnica narrativa en la obra de A.C.*, Univ. of California, Los Angeles, 1968. (Diss.)

Dorfman, Ariel, *El sentido de la historia en la obra de A.C.*, in *Imaginación y violencia en América Latina*, Ed. Univ., Santiago de Chile, 1970, 93–137; Barcelona, 1974.

Dumas, Claude, *»El siglo de las luces« de A.C., novela filosófica*, in *Cuadernos Americanos*, XXV, Nr. 147, 1966, 187–210.

Fernández, Ricardo R., *La novelística de A.C.*, Princeton Univ., 1970. (Diss.)

Márquez Rodríguez, Alexis, *Lo barroco y lo real-maravilloso*, Siglo XXI, México, 1982.

Márquez Rodríguez, Alexis, *La obra narrativa de A.C.*, Ed. de la Univ. Central de Venezuela, Carácas, 1970.

Müller-Bergh, Klaus, *La prosa narrativa de A.C. en »Los pasos perdidos«*, Yale Univ., 1966. (Diss.)

Portuondo, José Antonio, *Bosquejo histórico de las letras cubanas*, Havanna, 1960.

Rodríguez-Monegal, Emir, *A.C. Lo real y lo maravilloso en »El reino de este mundo«*, in *Revista Iberoamericana*, Nr. 76–77, 1971, 619–49.

Skinner, Eugene, *Archetypal Patterns in Four Novels of A.C.*, Kansas Univ., 1970. (Diss.)

Zabala, Mercedes, *A.C. Un mundo en metamorfosis*, Columbia Univ., 1972. (Diss.)

# Juan Rulfo

16. 5. 1918 in einem Dorf der mexicanischen Provinz Jalisco geboren. Sein Vater starb 1926, seine Mutter 1932. Die ehemals gutsituierte Familie verlor während der Revolution der »cristeros« fast ihren ganzen Besitz. Der Autor verbrachte seine Kindheit im täglichen Kontakt mit den Dorfbewohnern und wurde Zeuge der gewalttätigen Unruhen der Zeit. Beides beeindruckte ihn entscheidend und fand in seinem literarischen Werk ein deutliches Echo. Rulfo verbrachte mehrere Jahre in einem von Nonnen geleiteten Internat in Guadalajara. Nach Ende der Schulzeit ging er nach Mexico-Stadt, arbeitete in mehreren Berufen (u. a. Angestellter der Firma Goodrich), bis er 1962 die Leitung der Publikationsabteilung des *Instituto Nacional Indigenista* übernahm. 1980 wurde Rulfo mit dem Premio Nacional de México ausgezeichnet. Aus diesem Anlaß erschien auch ein Band mit seinen Fotos (Instituto de Bellas Artes/SEP, México 1980).

Rulfo reiste unermüdlich. Er kannte nahezu jedes Dorf in Mexico, hatte die höchsten Berge bestiegen und die unwirtlichsten Täler besucht, war jedoch unerwartet ebenso in Argentinien wie in Brasilien, in China wie in der Tschechoslowakei anzutreffen. Er nahm mehrere Einladungen nach Deutschland an, wo ihm in den letzten Jahren große Bewunderung und Verehrung bekundet wurden, so 1976 in Frankfurt (aus Anlaß der Buchmesse mit dem Schwerpunkt Lateinamerika), 1982 bei der Literaturwoche des Festivals Horizonte in Berlin oder 1984 bei der Veranstaltungsreihe *Gesichter Lateinamerikas* in Köln. 1984 erhielt Rulfo in Oviedo den Preis »Príncipe de Asturias«. Er starb am 7. 1. 1986 in Mexico.

Juan Rulfo publizierte nur zwei Werke, den Erzählband *Der Llano in Flammen* und den Roman *Pedro Páramo* (und, eher gegen seinen Willen, das Filmdrehbuch *El gallo de oro*, 1980). Diese knapp 300 Seiten Prosa sind in etwa dreißig Sprachen übersetzt worden und haben Millionenauflagen erzielt. Rulfo beeinflußte die moderne lateinamerikanische Literatur ganz entscheidend, die Stellung seines Werkes innerhalb der neuen Erzählkunst des Kontinents ist einzigartig und wird von seinen Schriftstellerkollegen ebenso anerkannt wie von der Kritik.

## Rulfo in deutscher Sprache

*Der Llano in Flammen (El llano en llamas,* 1953), Hanser, München, 1964; Bibliothek Suhrkamp 504, Frankfurt, 1976; Hanser, 1984; Fischer Taschenbuch, Frankfurt, 1987.
*Pedro Paramo (Pedro Páramo,* 1955), Hanser, München, 1958; Bibliothek Suhrkamp 434, Frankfurt, 1975; Hanser, 1984; Fischer Taschenbuch, Frankfurt, 1987.

*Der Llano in Flammen. Pedro Páramo. Der goldene Hahn,* Hanser, München, 1984.

## Sekundärliteratur

### I Bibliographie

Angel Flores, *Bibliografía de escritores hispanoamericanos 1609–1974,* Gordian Press, New York, 1975, 169–171.

Arthur Ramírez, *Hacia una bibliografía de y sobre Juan Rulfo,* in *Revista Iberoamericana,* XL, Nr. 86, Pittsburgh (Penn.), 1974, 135–171.

### II Sammelbände

A. Benítez Rojo (Hg.), *Recopilación de textos sobre J. R.,* Casa de las Américas, Havanna, 1969, 170 S.

H. F. Giacoman (Hg.), *Homenaje a Juan Rulfo,* Anaya-Las Américas, New York/Madrid, 1974. 394 S.

Sondernummer Juan Rulfo, *Cuadernos Hispanoamericanos, 421–423,* Madrid, Julio/Septiembre 1985.

### III Untersuchungen

Dorfman, Ariel, *En torno a »Pedro Páramo«,* in id., *Imaginación y violencia en América Latina,* Ed. Univ., Santiago de Chile, 1971, 181–193; Barcelona, 1974.

Ferrer Chivite, Manuel, *El laberinto mexicano en/de Juan Rulfo,* Ed. Novaro, México, 1972.

Freeman, George Ronald, *Paradise and Fall in Rulfo's »Pedro Páramo«: Archetype and Structural Unity,* Cuaderno 47, Cidoc, Cuernavaca, 1970.

Gnutzmann, Rita, *Perspectivas narrativas de »El llano en llamas« de Juan Rulfo,* in *Anales de Literatura Hispanoamericana,* I, Madrid, 1973, 321–336.

Harss, Luis, *Los Nuestros,* Ed. Sudamericana, Buenos Aires, 1966, 301–337.

Jean, Didier T., *El sentido lírico del pasado en »Pedro Páramo«,* in *Memorias del Congreso de Catedráticos de Literatura Iberoamericana,* XIII, Pittsburgh (Penn.), 1968, 83–100.

Leal, Luis, *La estructura de »Pedro Páramo«,* in *Anuario de Letras,* IV, 1964.

Jill Levine, Suzanne, *»Pedro Páramo« y »Cien años de soledad« – un paralelo,* in *Rev. de la Univ. de México,* XXV, Nr. 6, 1971, 18–24.

Miró, E., *Juan Rulfo,* in *Cuadernos Hispanoamericanos,* LXXXII, Nr. 246, Madrid, 600–637.

Ortega, Julio, »*Pedro Páramo*«, in id., *La contemplación y la fiesta*, Monte Avila, Carácas, 1970, 17–29.

Peralta, Violeta/L. Befumo Boschi, *Rulfo – La soledad creadora*, Ed. Fernando Gracía Cambeiro, Buenos Aires, 1975.

Pupo-Walker, C., *Personajes y ambientes en »Pedro Páramo«*, in *Cuadernos Americanos*, XXVIII, Nr. 167, México, 1969, 194–204.

Rodríguez–Alcalá, Hugo, *Análisis estilístico de »El llano en llamas«*, in *Cuadernos Americanos*, XXIV, Nr. 140, México, 1965, 211–234.

Id. *El arte de Juan Rulfo*, Inst. Nacional de Bellas Artes, México, 1966.

Roffé, Reina, *Juan Rulfo. Autobiografía armada*, Buenos Aires, 1973.

Ros, Arno, *Zur Theorie literarischen Erzählens. Mit einer Interpretation der »cuentos« von Juan Rulfo*, Athenäum, Frankfurt, 1972.

Sommers, Joseph, *After the Storm,* Univ. of New Mexico Press, 1968, 68–94.

# José Lezama Lima

José Lezama Lima[1] wurde am 19. 12. 1910 in einem Militärlager nahe Havanna geboren. Sein Vater, ein Artillerieoberst, zählte zur neuen Militärelite der cubanischen Republik. Seine Mutter, Rosa, eine Tochter revolutionärer Emigranten, hatte als Kind einige Jahre im nordamerikanischen Exil gelebt, wo ihre Familie den Kampf José Martís um die Unabhängigkeit der Insel unterstützt und sich dabei finanziell ruiniert hatte.

Die Kindheit Lezamas war durch die Welt der Militärs und der Disziplin geprägt, die jedoch keine negativen Eindrücke in ihm hinterließen; er schien vielmehr von den Galauniformen, Paraden und Festlichkeiten fasziniert zu sein, wie aus einzelnen Abschnitten seines Romans *Paradiso* ersichtlich wird.

Lezama litt schon als Knabe unter heftigen Asthmaanfällen, die aus ihm einen Einzelgänger machten. Nur selten konnte er unbekümmert mit anderen Kindern spielen, ein Umstand, der vielleicht sein frühes und intensives Interesse an Büchern erklärt. Als Lezama im Alter von neun Jahren den Vater verlor, verschlimmerten sich seine Asthmaanfälle und zwangen ihn häufig zu wochenlanger Bettruhe. Mit zehn Jahren las er den *Quijote,* der ihn nachhaltig beeindruckte. So wuchs das kränkliche Kind letztlich zwischen der Bibliothek und der Mutter auf: beiden blieb er sein ganzes Leben hindurch fest verbunden.

Nach dem Tod des Vaters lebte er mit seiner Mutter und seinen beiden Schwestern im Haus der Großmutter, später in einer kleineren Wohnung in der Altstadt Havannas, da seine Mutter nur über bescheidene finanzielle Mittel verfügte. Dieser neue Lebensabschnitt fiel mit dem Beginn seines Studiums (Jura und Philosophie) zusammen. Lezama beteiligte sich 1930 am Aufstand der Studenten gegen die Diktatur Machados und erkannte, quasi als Vision, die »grenzenlose Zukunft des Cubanischen«. Als die Universität anschließend mehrere Jahre geschlossen blieb, vertiefte er seine verschiedenartigsten Lektüren und Meditationen. Ihm wurde dabei bewußt, daß er kein Mann der Tat, sondern der Kultur war.

In diese Zeit fallen auch seine ersten schriftstellerischen Arbeiten. 1936 kam Juan Ramón Jiménez nach Cuba, dessen Freundschaft für Lezama große intellektuelle Bereicherung und Antrieb zu eigenem Schaffen bedeutete (cf. *Coloquio con Juan Ramón Jiménez, 1937*). Im gleichen Jahr erschien sein erstes großes Gedicht: »Muerte de Narciso« (Tod des Narziß), dessen Eingangszeile zum geflügelten Wort wurde: »Danáe teje el tiempo dorado por el nilo« (Danae webt die vom Nil vergoldete Zeit).

Von 1938 an arbeitete Lezama in einer Anwaltskanzlei, später wurde er Beamter in verschiedenen cubanischen Institutionen (»Dirección de Cultura«).

Neben diesen »Brotberufen« pflegte er seine literarischen Neigungen und gab Zeitschriften heraus: zunächst *Verbum* (1937, drei Nummern), dann *Espuela de plata* (Silbersporn, 1939–41, sechs Nummern), *Nadie parecía* (Niemand erschien, 1942–44, zehn Nummern) und von 1945 an die berühmte *Orígenes* (bis 1956, vierzig Nummern). Lezama übersetzte Gedichte und Prosa von Supervielle, Alfred de Vigny, Proust, Yeats und Aléxis Saint-Léger. Er publizierte erstmalig in spanischer Sprache T. S. Eliot, W. C. Williams, Camus und andere. Spanische und lateinamerikanische Dichter und Schriftsteller wie Aleixandre, Cernuda u. a. schrieben für die Zeitschrift: es galt als Ehre, von Lezama publiziert zu werden. Über seine Tätigkeit als Herausgeber sagte er:

»Der Ursprung von *Verbum, Espuela de plata, Nadie parecía* und *Orígenes* war die Freundschaft, der tägliche Umgang, das Gespräch (...). Wir waren eng mit den Malern Lozano, Mariano, Pontocarrero und dem Musiker Ardévol und später auch Julián Orbón verbunden. Die Freundschaft war wichtiger, als eine Zeitschrift zu machen oder nicht zu machen (...). Natürlich ist diese Art intellektueller Freundschaft überaus kompliziert, subtil und labyrinthisch und besteht aus einem Vor und Zurück. (...) Der Satz, *Orígenes* sei die ›beste Zeitschrift spanischer Sprache‹, stammt von Octavio Paz. Sie war eine Art Renaissance-Werkstatt, man arbeitete in einem großen Haus, das von Musikern, Zeichnern und Dichtern belebt wurde. (...) Daher entstand auch nach Fertigstellung einer Nummer der Eindruck, die Nachbarschaft eines Viertels versammele sich zum Fest in der Morgenfrühe, wenn das Brot aus dem Ofen gekommen ist.«[2]

1941 publizierte Lezama seinen ersten Gedichtband *Enemigo Rumor* (Feindliche Stimmen), 1945 *Aventuras sigilosas* (Verschwiegene Abenteuer), 1949 *La fijeza* (Die Festigkeit) und 1960 *Dador* (Spender).

Seit 1950 erschienen essayistische Werke: 1950 *Arístides Fernández* (die Biographie des Malers), 1953 *Analecta del reloj* (Analekten der Uhr), 1957 *La expresión americana* (Der amerikanische Ausdruck), 1958 *Tratados en la Habana* (Abhandlungen in Havanna), 1970 *La cantidad hechizada* (Die verzauberte Quantität).

Das Jahr 1944 war von besonderer Bedeutung für Lezama, da er von diesem Augenblick an allein bei seiner Mutter lebte und die Arbeit an *Orígenes* und an dem Roman *Paradiso* begann. Der Einfluß seiner Mutter auf ihn und sein Werk war fundamental: »Alles, was ich tat, ist meiner Mutter gewidmet.« Etwa ein Jahr vor ihrem Tode (sie starb 1964) ahnte er ihn voraus und fiel in tiefe Apathie, bis er sich endlich aufraffen konnte, das Werk zu vollenden, das sie ihm aufgetragen hatte.

Lezama faßt die entscheidenden Erlebnisse seines Lebens folgendermaßen zusammen:

»Mein Leben verlief zwischen zwei Zwangsvorstellungen: ich war gerade acht Jahre alt, als mein Vater in Fort Barrancas, Pensacola, an Grippe erkrankte und im Alter von dreiunddreißig Jahren an der als Folge auftretenden Lungenentzündung starb. (...) Er stand im Zentrum meines Lebens und sein Tod vermittelte mir ein Gefühl von dem, was ich viel später als Klopfen der Abwesenheit bezeichnete. (...)

Die *Abwesenheit* meines Vaters machte mich seit meiner Kindheit für die *Anwesenheit* des Bildes überempfindlich.

Meine Kindheit im Haus meiner Großmutter auf dem Paseo del Prado, mit meiner Mutter und meinen beiden Schwestern. Der Beginn der grenzenlosen historischen Möglichkeit, das Cubanische in diesem Jahrhundert zu verwirklichen, ausgelöst durch den gewaltsamen Tod des Studenten Rafael Trejo am 30. 9. 1930.

Meine Freundschaft mit dem Dichter Juan Ramón Jiménez, als er 1936 Havanna besuchte.

Die zwölf Jahre, in denen wir an den vierzig Nummern der Zeitschrift *Orígenes* gearbeitet haben.

Der Tod meiner Mutter am 12. September 1964 ist eine neue Zwangsvorstellung für mich.

So verlief mein Leben zwischen diesen Bildern der unendlichen Abwesenheit, die in der unmittelbaren Anwesenheit der Metapher, ihrer freien und absoluten Gesellschaft verkörpert ist. (...) Der Tod gab mir ein neues Lebensverständnis, das Unsichtbare begann auf mich zu wirken.«[3]

Nach dem Triumph der cubanischen Revolution leitete Lezama die »Abteilung für Literatur und Publikationen« des Nationalrats für Kultur, wurde zum Vizepräsidenten der UNEAC (Cubanischer Verband für Schriftsteller und Künstler) und zum Berater des »Cubanischen Zentrums für literarische Studien« ernannt. Aber sein Leben veränderte sich wenig: weiterhin quoll sein Haus über von Büchern, Bildern und besonderen Gegenständen. Mario Vargas Llosa beschreibt einen Besuch bei Lezama: »Vielleicht weckten diese Dinge nicht so sehr aufgrund ihres eigenen Reichtums Erstaunen und Bewunderung, sondern aufgrund der luxuriösen, churrigueresken Art, mit der Lezama diese Gegenstände und Bücher vorzeigte und sie sofort mit seiner außergewöhnlichen, verblüffenden und bedrückenden Gelehrsamkeit versah, ihnen sein persönliches Siegel aufdrückte und alles umformte, was er im Reden oder Schreiben heraufbeschwor.«

Lezama ist ein sehr herzlicher Mann mit einer verschwenderischen Bildung, ein faszinierender Erzähler, solange ihm das Asthma nicht die Stimme abschneidet, ungemein dick, er trägt stets ein Lächeln auf den Lippen und man kann sich kaum vorstellen, daß dieser große Kenner der Weltliteratur und -geschichte, der mit der gleichen pikaresken Beschlagenheit über eine bretonische Nachspeise, die viktorianische Damenmode oder die Wiener Architektur redet, nur zweimal in seinem Leben Cuba verlassen hat, und stets nur kurz: einmal reiste er nach México (1949), einmal nach Jamaika (1950, cf. das Gedicht ›Para llegar a la Montego Bay‹).«[4]

Die Stellung Lezamas innerhalb des revolutionären Cuba ist umstritten: einige sehen in ihm einen Märtyrer, andere verweisen auf die kontinuierlichen Ehrungen seitens der offiziellen Stellen. Sicherlich stimmt, daß viele

Revolutionsbürokraten seinen Katholizismus, seine Homosexualität, sein hermetisch-esoterisches Kunstverständnis ablehnten. Lezama stand als Person und Künstler in krassem Gegensatz zur gängigen Auffassung über die Stellung des Schriftstellers in einer revolutionären Gesellschaft. Aber er bewahrte stets seine intellektuelle Ehrlichkeit, die jeden Kompromiß ausschloß. Dies zeigte sich deutlich nach der Padilla-Affaire 1971[5], in der Lezamas Meinung auch ohne öffentliche Stellungnahmen seinerseits allen bewußt war. Es wurde anschließend still um ihn, er zog sich ganz ins Private zurück: ein Außenseiter, möglicherweise ein Dissident, der jedoch keine öffentliche Kritik an der Regierung Fidel Castros übte. Dieser schien seinerseits dafür zu sorgen, daß man Lezama immer tolerierte. Ihm kam als »illustrem Patriarchen« eine Sonderstellung zu, die auch von den jungen cubanischen Autoren, die weit entfernt von Lezamas »poetischem Weltsystem« standen, akzeptiert wurde.

Lezama starb am 9. 8. 1976, im Alter von sechsundsechzig Jahren. Die Nachrufe spiegeln noch einmal das zwiespältige Bild Lezamas innerhalb und außerhalb Cubas wieder.

Postum erschienen noch zwei Werke Lezamas: der unvollendete Roman *Oppiano Licario* und der Gedichtband *Fragmentos a su Imán*.

## Anmerkungen

1 Die Daten und Angaben zur Biographie sind weitgehend dem Text von A. Álvarez Bravo, *Órbita de Lezama Lima*, entnommen, in *Recopilación de textos sobre J. L. L.*, Havanna, 1970, 42–67.

2 *Interrogando a Lezama Lima*, Ed. Anagrama, Barcelona, 1971, 16, 18.

3 3 Ibd. 8–10.

4 Mario Vargas Llosa, »Paradiso«, in *Nueva novela latinamericana I*, hg. von J. Lafforgue, Ed. Paidós, Buenos Aires, 1972, 131–141, 134.

5 Cf. »Documentos: El caso Padilla« in *Libre* I, Paris, 1971, 95–145, und M. Franzbach, *Rolle und Funktion des kubanischen Schriftstellers*, in *Iberoamericana* II, Frankfurt, 1977, 3–14.

*Werke*

# I Poesie

*Muerte de Narciso,* Úcar, García y Cía., Havanna, 1937.
*Enemigo Rumor,* Úcar, García y Cia., Havanna, 1941. 88 S.(Ed. Espuela de
   Plata).
*Aventuras Sigilosas,* Ed. Orígenes, Havanna, 1945. 31 S.
*Dador,* Havanna, 1960. 189 S.
*La Fijeza,* Ed. Orígenes, Havanna, 1949. 133 S.
*Poesías Completas,* Instituto del Libro, Havanna, 1970.
   Id., Ed. Barral, Barcelona, 1975.
   Auswahl der Gedichte: *Posible Imagen de J. Lezama Lima,* hg. von
   José Augustín Goytisolo, Barcelona, 1969.
*Fragmentos a su Imán.* Gedichte aus dem Nachlaß, Ed. Arte y Literatura,
   Havanna, 1977.
   Id., Ed. Era, México, 1978 (mit »Poem-Prolog von Octavio Paz«).

# II Essays

*Coloquio con Juan Ramón Jiménez,* Publicaciones de la Secretaría de Edu-
   cación, Dirección de Cultura, Havanna, 1938. 279 S.
*Arístides Fernández,* Ed. Orígenes, Havanna, 1950.
*Analecta del reloj,* Ed. Orígenes, Havanna 1953. 279 S.
*La expresión americana,* Instituto Nacional de Cultura, Ministerio de Edu-
   cación, Havanna, 1957. 119 S.
   Id., Ed. Univ., Santiago de Chile, 1969.
   Id., Ed. Alianza, Madrid, 1969.
*Tratados en la Habana,* Universidad Central de las Villas, Santa Clara,
   1958. 415 S.
   Id., Ed. de la Flor, Buenos Aires, 1969.
   Id., Ed. Orbe, Santiago de Chile, 1970.
*La cantidad hechizada,* Ed. Unión, Havanna, 1970.
   Id., Ed. Júcar, Madrid, 1974.
*Introducción a los vasos órficos,* Ed. Barral, Barcelona, 1971 (Essaysamm-
   lung, aus verschiedenen Werken zusammengestellt).
*Esferaimagen. Sierpe de don Luis de Góngora. Las imágenes posibles,* hg.
   von José Augustín Goytisolo, Ed. Tusquets, Barcelona, 1970.
*Algunos tratados en la Habana,* Ed. Anagrama, Barcelona, 1971.
»*Imágen de América Latina*«, in *América Latina en su Literatura,* hg. von
   C. Fernández Moreno), Ed. Siglo XXI, México, 1972; Unesco, Paris,
   1972, 462–468.

# III Prosa

*Paradiso.* Roman, Ed. Unión, Havanna, 1966.
  Id., Ed. Era. México, 1968.
  Id., Ed. de la Flor, Buenos Aires, 1968.
  Id., Ed. Paradiso, Lima, 1968.
  Id., Ed. Fundamentos, Madrid, 1974.
*Oppiano Licario.* Unvollendeter Roman, Havanna, 1977.
  Id., Ed. Era, México, 1977.
*Cangrejos, Golondrinas.* Erzählungen und Texte. Ed. Calicanto, Buenos Aires, 1977.

# IV Gesamtwerk

*Obras Completas,* Ed. Aguilar, México. 1975. 1151 S.

# V

*Antología de la poesía cubana,* hg. von José Lezama Lima, Consejo Nacional de Cultura , Havanna, 1965, 3 Bde.

## Lezama Lima in deutscher Sprache

*Paradiso,* übersetzt von Curt Meyer-Clason unter Mitwirkung von Anneliese Botond. Suhrkamp, Frankfurt, 1979; suhrkamp taschenbuch 1005, 1984.
Cf. *Drei Gedichte,* übersetzt von Dieter Masuhr, in *Die Horen* 109/110, Frühjahr/Sommer 1978, 91/92.
Cf. *Der lila Hof,* übersetzt von Karl August Horst und Gert Loschütz, in *Die Horen,* 109/110, 1978, 94–100.
  (Themenheft: *Dichter der Hoffnung und der Hoffnungslosigkeit. Zur literarischen und politischen Situation in Lateinamerika II.* Zusammengestellt von Peter Schultze-Kraft).
*Die amerikanische Ausdruckswelt,* übersetzt von Gerhard Poppenberg, edition suhrkamp 1457, Frankfurt, 1989.

## *Sekundärliteratur*

## I Bibliographie

– Angel Flores, *Bibliografía de Escritores Hispanoamericanos 1609–1974,* Gordian Press, New York, 1975, 246–248.
– Bibliographie der *Recopilación de textos sobre J. L. L.,* op. cit., 345–375.

## II  Sammelbände

– *Recopilación de textos de José Lezama Lima*, Casa de las Américas, Havanna, 1970 (Valoración Múltiple). 375 S.
– *Revista Iberoamericana*, Nr. 92–93. University of Pittsburgh, Pennsylvania, Julio-Diciembre 1975.
– *Aspekte von José Lezama Lima »Paradiso«*, hg. von M. Strausfeld, suhrkamp taschenbuch 482, Frankfurt, 1979.
– *Voces. Lezama Lima* (Nr. 2), hg. von R. H. Moreno-Durán, Ed. Montesinos, Barcelona, 1984.
– *J. Lezama Lima, El escritor y la crítica*, hg. von Eugenio Suarez Galvón, Ed. Taurus, Madrid, 1987.

## III  Untersuchungen

Alvarez Bravo, Armando, *Órbita de Lezama Lima*, Ed. Unión, La Habana, 1966, 9–47.
 Id., *Conversación con Lezama Lima*, in *Mundo Nuevo*, No. 24, Paris, Junio 1968, 33–39.
 Id., *Lezama Lima*, Arca Editorial S. R. L., 1968, 9–41.
Bernáldez, José María, *La expressión americana de Lezama Lima*, in *Cuadernos Hispanoamericanos*, No. 318, Madrid, Diciembre 1976, 653–670.
Bueno, Salvador, *La nueva (y actual) novela cubana*, in *Cuba, revolución en marcha*, suplemento 1967 de *Cuadernos de Ruedo Ibérico*, 401–407.
Cabrera Infante, Guillermo, *Encuentros y recuerdos von J. L. L.*, in *Vuelta*, México, Febrero 1977, No. 3, Bd. 1, 46–48.
Campos, Jorge, *»Paradiso« de José Lezama Lima*, in *Insula*, No. 260, Madrid, Julio-Agosto 1968, 11–28.
Cortázar, Julio, *Para llegar a Lezama Lima*, in *La vuelta a día en ochenta mundos*, Ed. Siglo XXI, México, 1967, 135–155.
 Id., *La vuelta al día en ochenta mundos*, Siglo XXI de España Editores, Madrid, 1972, 41–81.
Donoso Pareja, Miguel *»Paradiso«: tres adolescentes excepcionales*, in: *El Corno Emplumado*, No. 23, México, Julio 1967, 147–148.
Edwards, Jorge, *Lezama Lima laberinto barroco*, in *Ercilla*, No. 1802, Santiago de Chile, Diciembre 1969 – Enero 1970, 84–85.
Fernández Retamar, Roberto, *La poesía contemporánea en Cuba (1927–1953)*, Ed. Orígenes, Havanna 1954, 86–117.
Ferre, Rosario, *»Oppiano Licario«, o la resurrección por la imagen* in *Escritura*, Nr. 2, Caracas, Julio-Diciembre 1976, 319–326.
Franco, Jean, *Lezama Lima en el paraíso de la poesía*, in *Vórtice*, Nr. 1, Stanford University, California, 1974, 30–48.
García Marruz, Fina, *Por »Dador« de José Lezama Lima*, in *Cuba en la*

*Unesco*, Nr. 4, La Habana, Diciembre 1961, 258–277.

Id., *Recopilación de textos de J. L. L.*, Casa de las Américas, Havanna 1970, 107–126.

Goytisolo, José Agustín, (Prólogo a la selección poética de J. L. L.), in: *Posible imágen de José Lezama Lima*, Llibres de Sinera, Barcelona, 1969, 7–18.

Goytisolo, Juan, *La metáfora erótica: Góngora, Joaquín Belda y Lezama Lima*, in *Espiral, Nr. 1*, Madrid, 1976, 33–71.

Id., *Disidencias*, Seix-Barral, Barcelona, 1977, 257–285. Auch dt.: *Die erotische Metapher. Góngora, Jacquín Belda und Lezama Lima*, in *Dissidenten*, edition suhrkamp 1224, Frankfurt, 1984, 213–243.

Menton, Seymour, *Prose Fiction of the Cuban Revolution*, University of Texas Press, 1974.

Müller-Bergh, Klaus, *Lezama Lima y »Paradiso«*, in *Revista de Occidente*, Nr. 84, Madrid, Marzo 1970, 357–364.

Ortega, Julio, *Aproximaciones a »Paradiso«*, in *Imagen*, Nr. 40, Enero 1/15, 1969, 9–16.

Id., *Relato de la Utopía*, La Gaya Ciencia, Barcelona, 1973, 51–88.

Id., *Nuevas Notas*, in *Relato de la Utopía*, La Gaya Ciencia, Barcelona, 1973, 89–97.

Pelegrin, Benito, *Approches d'un continent vierge: José Lezama Lima*, I, in *Demarches Linguistiques et poétiques, Travaux XIX*, C. I. E. R. E. C., Université de Saint-Etienne, 1977, 278–302.

Id., *Approches d'un continent vierge: J. L. L.*, II, in *Demarches linguistiques et poétiques, Travaux XIX*, C. I. E. R. E. C., Saint-Etienne, 1978.

Id., *Approches d'un continent vierge: J. L. L.*, III, in *Demarches linguistiques et poétiques, Travaux XIX*, C. I. E. R. E. C., Saint-Etienne, 1979.

Pérez Firmat, Gustavo, *Descent into »Paradiso«: A Study of Heaven and Homosexuality*, in *Hispania*, Bd. 59, Nr. 2, 1976, 247–257.

Rodríguez Monegal, Emir, *Un punto de partida*, in *Mundo Nuevo*, Nr. 16, París, Octubre 1967, 90–95.

Id., *Correspondencia con M. Vargas Llosa sobre »Paradiso«*, in *Narradores de esta América* II, Ed. Alfa Argentina, Buenos Aires, 1974, 141–155.

Id., *»Paradiso« en su contexto*, in *Narradores de esta América* II, Ed. Alfa Argentina, Buenos Aires, 1974, 130–141.

Id., *Mundo Nuevo*, Nr. 24, París, Junio 1968, 40–44.

Rogmann, Horst, *L. L. »Paradiso«*, in *Iberoromania*, 3, 1971, 78–91.

Id., *Nachricht von L. L.*, in *Die Horen*, Nr. 101, 1976, 30–33.

Id., *José Lezama Lima*, in *Lateinamerikanische Literatur der Gegenwart*, hg. von W. Eitel, Kröner, Stuttgart, 1978, 251–264.

Sarduy, Severo, *Las estructuras de la narración*, in *Mundo Nuevo*, Nr. 2, París, Agosto 1966, 23–24.

Id., *Dispersión/falsas notas*, Homenaje a Lezama, in *Mundo Nuevo*, Nr. 24, París, Junio 1968, 5–17.

Id., »*Oppiano Licario*«, in *Vuelta*, Nr. 18, México, Mayo 1978, 32–35.

Id., *En la muerta del Maestro*, in *Vuelta*, Nr. 16, México, Marzo 1978, 14–18.

Souza, Raymond, *The sensorial world of Lezama Lima*, in *Major Cuban Novelists*, University of Missouri Press, U. S. A., 1976, 53–79.

Sucre, Guillermo, *Lezama Lima: El logos de la imaginación*, in *La máscara, La transparencia*, Monte Avila editores, Carácas, 1975, 181–206.

Urondo, Francisco, »*Paradiso*«, ›*Retumba como un metal*‹, o toda la memoria del mundo, in *Indice*, Nr. 251–252, Madrid, Agosto 1969, 50–53.

Vargas Llosa, Mario »*Paradiso*« de José Lezama Lima, in *Amaru*, Nr. 1, Lima, Enero 1967, 72–75.

Id., *Nueva novela latinoamericana* I, hg. von Jorge Lafforgue, Ed. Paidós, Buenos Aires, 1969, 131–141.

Id. *Recopilación de textos sobre J. L. L.*, Casa de las Américas, Havanna, 1970, 169–174.

Vitier, Cintio, *Introducción a la obra de J. L. L.*, in *José Lezama Lima, Obras completas*, Aguilar, México, 1975.

Id., *José Lezama Lima*, in *Diez poetas cubanos*, Ed. Orígenes, Havanna, 1948, 15–17.

Id., *Crecida de la ambición creadora. La poesía de J. L. L. y el intento de una teología insular*, in *Lo cubano en la poesia*, Ed. Departamento de Relaciones Culturales de la Universidad de Las Villas, Santa Clara, 1958, 369–397.

Yurkievich, Saúl, *José Lezama Lima: El eros relacionable o la imagen omnímoda y omnívora*, in *Eco*, Nr. 194, Bogotá, Diciembre 1977, 212–223.

Id., *La confabulación con la palabra*, Taurus, Madrid, 1978, 116–125.

Zambrano, María, *Hombre verdadero: José Lezama Lima*, in *El País*, Madrid, Noviembre 27, 1977, V.

Id., *La Cuba secreta*, in *Orígenes*, Nr. 20, La Habana, 1948, 3–9.

Id., *José Lezama Lima en la Habana*, in: *Indice*, Nr. 232, Madrid, Junio 1968, 29–31.

Id., *Cuba y la poesía de José Lezama Lima*, in: *Insula*, Nr. 260–261, Madrid, Julio–Agosto 1968.

PS. *Nachrufe in der BRD:*

Haubrich, Walter, *Der Weg vom Sichtbaren zum Unsichtbaren. Zum Tode von J. L. L.*, in *FAZ*, 21. 8. 76.

Loetscher, Hugo, *Er schrieb eine kubanische Suche nach der verlorenen Zeit. Zum Tode von J. L. L.*, in *Tages-Anzeiger*, Zürich, 18. 8. 76.

Niedermayer, Franz, *Ein großer, unbekannter Dichter auf ferner Insel. Zum Tode von J. L. L.*, in *Deutsche Tagespost*, Nr. 101, 25. 8. 76.

# Augusto Roa Bastos

1917 in Asunción, Paraguay, geboren. Er stammt aus bescheidenen Verhältnissen. Sein Vater arbeitete auf einer Zuckerplantage. In der Familie wurde sowohl die Eingeborenensprache Guaraní wie auch Spanisch gesprochen. Mit sechzehn wurde Roa Bastos als Soldat für den Chacokrieg zwischen Bolivien und Paraguay eingezogen. Später, nach Kriegsende 1935, begann er seine journalistische Tätigkeit und arbeitete als Rundfunkreporter. Er erhielt ein Stipendium des British Council und lebte einige Zeit in England. 1947, zu Beginn des paraguayischen Bürgerkriegs, emigrierte er nach Argentinien, um von dort aus gegen die Machtübernahme General Stroessners, eines Strohmannes nordamerikanischer Interessen, zu protestieren. Die Geheimpolizei Stroessners verübte einen Mordanschlag auf ihn. Roa Bastos lebte bis Mitte der 70er Jahre im Exil in Buenos Aires, danach übersiedelte er nach Frankreich und lehrte Guaraní und Hispanoamerikanische Literatur an der Universität von Toulouse. 1985 erhielt er die spanische Staatsbürgerschaft. Seit Beginn der 80er Jahre engagiert sich Roa Bastos intensiv für die Wiedereinsetzung der Demokratie in Paraguay und ist Mitglied der »Exilregierung«.

## *Werke*

### I Gedichte

| | |
|---|---|
| *El ruiseñor de la aurora* | 1936 |
| *Sonetos del destierro* | 1956 |
| *El naranjal ardiente* | 1960 |

### II Romane

| | |
|---|---|
| *Hijo de hombre* | 1959 |
| *Yo el supremo* | 1974 |

### III Erzählungen

| | |
|---|---|
| *El trueno entre las hojas* | 1953 |
| *El baldío* | 1966 |
| *Madera quemada* | 1967 |
| *Los pies sobre el agua* | 1967 |
| *Moriencia* | 1969 |

## IV  Roa Bastos in deutscher Sprache

*Die Nacht der treibenden Feuer (El trueno entre las hojas)*, Hanser, München, 1964, Lamuv, 1986.
*Menschensohn (Hijo de hombre)*, Bibliothek Suhrkamp 506, Frankfurt, 1976.
*Ich/der Allmächtige (Yo, el Supremo)*, DVA, Stuttgart, 1977.


## *Sekundärliteratur*

## I  Bibliographie

Angel Flores, *Bibliografía de escritores hispanoamericanos*, New York, 1975, 284–286.


## II  Sammelbände

H. F. Giacoman (Hg.), *Homenaje a A.R.B.*, Anaya – Las Américas, New York/Madrid, 1973. 294 S.
*Augusto Roa Bastos. Actas del Coloquio Franco-Alemán, Düsseldorf, 1.–3. 6. 1982*, Niemeyer, Tübingen, 1984.
*Augusto Roa Bastos. Semana de autor*, Ed. Cultura Hispánica, Madrid, 1986.


## III  Untersuchungen

Aínsa, Fernando, *Un realismo de la imaginación*, in *Mundo Nuevo*, Nr. 11, Paris, 1967, 78–80.
Forster, David W., *The Myth of Paraguay in the Fiction of A.R.B.*, Univ. of North Carolina, 1969 (Studies in Romance Languages and Literature 80).
Menton, Seymour, *Realismo mágico y dualidad en »Hijo de hombre«*, in *Revista Iberoamericana*, XXXIII, Nr. 63, Pittsburgh (Penn.), 55–70.
Rodríguez-Alcalá, Hugo, *»Hijo de hombre« de R.B. y la intrahistoria del Paraguay*, in *Cuadernos Americanos*, XXII, Nr. 127, México, 1963, 221–234.
Sommers, Joseph, *The Indian-oriented Novel in Latin America: New Spirit, New Forms, New Scope*, in *Journal of Inter-American Studies*, VI, Nr. 2, Florida, 1964, 256–265.
Rama, Angel, *Los dictadores latinoamericanos*, Fondo de Cultura Económica, México, 1976.

# José María Arguedas

1911 in dem Andendorf Andahuaylas, Provinz Apurimac, geboren, verliert er im Alter von drei Jahren die Mutter. Er lebt weitere drei Jahre bei seiner Großmutter, bis sein Vater wieder heiratet und die Kinder mit nach Puquio ins Haus der neuen Frau nimmt. Als Rechtsanwalt und Richter muß der Vater viel unterwegs sein, und die Stiefmutter ist überaus streng zu den Kindern und zwingt den kleinen José María, mit den Indios im Dienstbotentrakt zu schlafen. Bis 1926 begleitet der Junge seinen Vater auf vielen Reisen, besucht verschiedene Schulen und dann Internate, zunächst in Ica, dann in Huancayo. Schließlich folgt ein Schuljahr in Lima. Während der Schulzeit spricht Arguedas vorwiegend Ketschua. 1931 beginnt er das Studium der Geisteswissenschaften an der Universität von San Marcos in Lima. Nach dem Tod des Vaters 1932 muß er seinen Lebensunterhalt selbst finanzieren. 1937 beendet er das Studium und wird bei einem Protest von kommunistischen und apristischen Studenten inhaftiert. Er verbringt acht Monate im berüchtigten Strafgefängnis *El Sexto*.

Zwei Jahre später legt er die Doktorarbeit vor, heiratet und erhält eine Anstellung als Lehrer. 1950 schließt er auch das Studium der Anthropologie ab und unterrichtet von nun an Ketschua und Ethnologie.

Seit dieser Zeit verbindet er die literarischen mit den anthropologischen Arbeiten, übersetzt Ketschua-Texte und setzt sich unermüdlich für eine bessere Kenntnis der Indio-Welt ein.

Seine ersten Erzählungen *Agua* (Wasser) erscheinen schon 1935, aber erst die Veröffentlichung des Romans *Die tiefen Flüsse* macht ihn 1958 international bekannt. Es folgen weitere wichtige Romane, Erzählungen, Gedichte und ethnologische Werke. Trotz vieler Erfolge leidet Arguedas an immer stärkeren Depressionen. 1966 versucht er, seinem Leben ein Ende zu setzen. Ein Jahr später scheint sich sein Zustand stabilisiert zu haben: er heiratet Sybila Arredondo, reist nach México und Wien (zu Kongressen von Schriftstellern bzw. Anthropologen), übernimmt die Leitung der Sozialwissenschaften in *La Molina* und erhält einen weiteren Preis (1968). Dennoch nimmt das Gefühl innerer Zerrissenheit weiter zu. Im Dezember 1969 begeht er Selbstmord.

## Werke

### I Romane

| | |
|---|---|
| *Yawar Fiesta* | 1941 |
| *Los ríos profundos* | 1958 |
| *El sexto* | 1961 |

*Todas las sangres*      1964
*El zorro de arriba y el zorro de abajo* (postum)   1971


## II  Erzählungen

*Agua*      1935
*Diamantes y pedernales*      1954
*La agonía de ›Rasu-Niti‹*      1962
*Amor mundo y todos los cuentos*      1967


## III  Ethnologische Werke

*Canciones y cuentos del pueblo quechua*      1949
*Evolución de las comunidades indígenas*      1957
*Bibliografía del folklore peruano*      1960
*Panorama de la música tradicional del Perú* (mit G. Holzmann)      1965
*Poesía quechua*      1966
*Formación de una cultura nacional indoamericana* (postum)      1975
(Auswahl verschiedener Aufsätze, hg. von Angel Rama)


## IV  Arguedas in deutscher Sprache

*Die tiefen Flüsse (Los ríos profundos)*, Kiepenheuer, Köln/Berlin, 1965;
     suhrkamp taschenbuch 588, Frankfurt, 1980.
*Fiesta des Blutes (Yawar Fiesta)*, Neues Leben, Berlin, 1980.
*Trink mein Blut, trink meine Tränen (Todas las sangres)*, Kiepenheuer,
     Köln/Berlin, 1983.
*Diamanten und Kieselsteine (Diamantes y pedernales)* (in Vorbereitung,
     Suhrkamp, Frankfurt).


### *Sekundärliteratur*

## I  Bibliographie

Angel Flores, *Bibliografía de escritores hispanoamericanos*, New York,
1975, 73–75 und 180.

## II Sammelbände

*Recopilación de textos sobre José María Arguedas.* Serie Valoración multiple, hg. von Juan Larco, Havanna, 1976.
*Homenaje a José María Arguedas,* hg. von Helmy F. Giacoman, Ed. Anaya – Las Américas, New York/Madrid, 1976.

## III Untersuchungen

Dorfmann, Ariel, *Brücken und Väter in der Hölle – »Die tiefen Flüsse«,* in *Ödipus zwischen den Bäumen. Ansichten zur lateinamerikanischen Literatur,* Aufbau, Berlin, 1982.
Escobar, Alberto, *La guerra silenciosa de Todas las sangres,* in *Patio de letras,* Ed. Monte Avila, Caracas, 1971, 365–381.
Lazo, Raimundo, *La novela andina. Pasado y futuro,* Ed. Porrúa, México, 1971, 83–93.
Marín, Gladys, *La experiencia americana de J.M.A.,* Ed. García Gambeiro, Buenos Aires, 1973.
Ortega, Julio, *Dos notas sobre J.M.A.,* in *La contemplación y la fiesta,* Ed. Monte Avila, Caracas, 1969, 57–77.

# Juan Carlos Onetti

1. Juli 1909 in Montevideo geboren. Sein Vater ist Zoobeamter. Er besucht das Gymnasium in Montevideo, schließt es jedoch nicht ab, sondern nimmt verschiedene Tätigkeiten an (Hausmeister, Kellner, Verkäufer usw.).

1923 In diese Zeit fällt ein »Knut Hamsun-Anfall«: Er liest ihn unermüdlich und versucht ihn zu plagiieren.

1929 Er möchte in die UdSSR reisen, um den »Sozialismus im Aufbau« selber kennenzulernen. Es gelingt ihm nicht.

1930 Er heiratet María Amalia Onetti und reist zum erstenmal nach Buenos Aires. Dort übt er wiederum verschiedene Tätigkeiten aus.

1932 Er schreibt die erste Version von *El pozo* (*Der Schacht*), die verlorengeht.

1933 Seine erste Erzählung wird in Buenos Aires publiziert.

1934 Rückkehr nach Montevideo.
 Er heiratet María Julia Onetti.

1936 Er bemüht sich, als Freiwilliger am Spanischen Bürgerkrieg teilzunehmen; ohne Erfolg.

1939 Die Zeitschrift *Marcha* wird gegründet und Onetti übernimmt den Posten eines Redakteurs. Er ist für die Sparte Literatur verantwortlich und veröffentlicht wöchentlich einen Artikel.
 *El pozo* (*Der Schacht*) wird in einer Auflage von 500 Exemplaren publiziert. Eine Neuauflage erscheint erst 1965 (mit einem langen Nachwort von Angel Rama).
 Onetti arbeitet an Romanen und veröffentlicht Kurzgeschichten (teils unter Pseudonym).

1941 Er arbeitet als Redakteur bei der Nachrichtenagentur Reuter, zunächst in Montevideo, dann in Buenos Aires (bis 1955).
 Er publiziert den Roman *Tierra de nadie* (Niemandsland).

1944 Onetti interviewt General Perón.

1945 Er heiratet Elizabeth María Pekelharing.

1950 Er publiziert *La vida breve* (*Das kurze Leben*). Dort findet sich folgende Selbstcharakterisierung: »[...] der Mann, der mir die Hälfte des Büros vermietet hatte – er hieß Onetti, lächelte nicht, trug Brille, legte die Vermutung nahe, daß er nur zu imaginären Frauen oder engsten Freunden sympathisch war. – Der Mann mit dem gelangweilten Gesicht fragte nie etwas […] kein Anzeichen für einen Wunsch nach größerer Vertraulichkeit. Onetti grüßte mich einsilbig, jedoch mit einem unbestimmten Beiklang von Zuneigung, ein unpersönlicher Scherz. Er grüßte mich um zehn, bestellte um elf einen Kaffee, empfing Besuche und telefonierte, prüfte Schriftstücke, rauchte ruhig und unterhielt sich mit einer unveränderlich tiefen und trägen Stimme.«

1951 Zum erstenmal erscheinen einige Erzählungen in einem Buch.

1955 Rückkehr nach Montevideo. Er arbeitet zunächst in einer Werbeagentur, dann in der Tageszeitung *Acción.*
Er heiratet zum vierten Mal: Seine Frau ist Dorothea Muhr.

1957 Er tritt das Amt des Direktors der Bibliothek in Montevideo an.

1959 Er publiziert *Una tumba sin nombre* (Ein Grab ohne Namen); die Neuauflage erscheint 1967 unter dem endgültigen Titel *Para una tumba sin nombre (Grabmal einer Namenlosen).*

1961 *El astillero (Die Werft)* erscheint.

1962 Er erhält den Nationalpreis für Literatur.

1963 Die William Faulkner-Stiftung gibt eine Liste »bemerkenswerter« lateinamerikanischer Romane heraus, die noch nicht englisch publiziert worden sind. Darunter wird *Die Werft* aufgeführt: »The William Faulkner Foundation Certificate of Merit for a Notable Novel to Juan Carlos Onetti for the distinguished book *El astillero.* Ibero-American Novel Award.«
Er publiziert den Kurzroman *Tan triste como ella (So traurig wie sie).*

1964 *Juntacadáveres (Der Leichensammler)* erscheint.

1966 Er nimmt an dem Kongreß des PEN-Clubs in New York teil.

1967 *Die Werft* erscheint in Frankreich.

1968 *Die Werft* erscheint in den USA.

1969 Er reist nach Chile, um an dem Treffen lateinamerikanischer Autoren teilzunehmen.
Zwischen 1969 und 1971 erscheinen vier Sammelbände mit Untersuchungen zu Onettis Werk.

1970 Seine »Gesammelten Werke« erscheinen in Aguilar (México), mit einem Vorwort von E. Rodríguez-Monegal.
*La vida breve* wird in Italien publiziert.

1971 *La vida breve* erscheint in Frankreich.

1972 *Die Werft* erscheint in Italien.

1974 Er reist zum erstenmal nach Madrid und Barcelona.

1975  Er lebt als freier Schriftsteller in Madrid.

1979  erscheint sein Roman *Dejemos hablar el viento*, für den Onetti den spanischen Kritikerpreis erhält.

1980  Onetti erhält den Cervantes-Preis.

1985  erhält Onetti nach Wiederherstellung der Demokratie in seiner Heimat den Nationalpreis für Literatur, den ihm der Präsident Uruguays Sanguinetti in Madrid überreicht.

1986  erscheint ein schmaler Band mit Erzählungen, *Presencia*.

1987  erscheint der Kurzroman *Cuando entonces*.

Erst seit etwa 1980 wird Onettis Werk allgemein beachtet und erhält internationale Wertschätzung. Seine Stellung als einer der ganz großen Autoren Lateinamerikas ist inzwischen unbestritten, sein imaginärer Schauplatz *Santa María* bald ebenso berühmt wie *Comala* (Rulfo) oder *Macondo* (García Márquez). Onettis Romane und Erzählungen erobern sich langsam, aber unaufhaltsam ihren Weg in das Bewußtsein der Leser, in dem sie sich dann für immer einzugraben scheinen.

## Werke

### I

| | |
|---|---|
| *El pozo* | 1939 |
| *Tierra de nadie* | 1941 |
| *Para esta noche* . | 1943 |
| *La vida breve* | 1950 |
| *Un sueño realizado y otros cuentos* | 1951 |
| *Los adioses* | 1954 |
| *Para una tumba sin nombre* | 1959 |
| *El astillero* | 1961 |
| *Tan triste como ella* | 1963 |
| *Juntacadáveres* | 1964 |
| *Cuentos Completos* | 1967, 1968, 1974 |
| *Obra Completa* | 1970 |
| *La muerte y la niña* | 1973 |
| *Tiempo de abrazar* | 1974 |
| *Requiem para Faulkner y otros artículos* | |
| | 1975 |
| *Tan triste como ella y otros cuentos* | 1976 |
| *Dejemos hablar el viento* | 1979 |

Presencia y otros cuentos                    1986
Cuando entonces                              1987

## Onetti in deutscher Sprache

Das kurze Leben (La vida breve), Suhrkamp, Frankfurt, 1976; suhrkamp taschenbuch 661, 1981.
Die Werft (El astillero), Bibliothek Suhrkamp 457, Frankfurt, 1976.
Lassen wir den Wind sprechen (Dejemos hablar el viento), Suhrkamp, Frankfurt, 1986.
So traurig wie sie. Zwei Kurzromane und acht Erzählungen. (Tan triste como ella. Para una tumba sin nombre. Los adioses), Suhrkamp, Frankfurt, 1981; Bibliothek Suhrkamp 808, 1983 (nur die acht Erzählungen).
Der Leichensammler (Juntacadáveres), Bibliothek Suhrkamp 938, Frankfurt, 1988.
Grabmal einer Namenlosen (Para una tumba sin nombre. Los adioses), Bibliothek Suhrkamp 976, Frankfurt, 1988.
Der Schacht (El pozo), Bibliothek Suhrkamp 1007, Frankfurt, 1989.
Als damals (Cuando entonces), Suhrkamp, Frankfurt, 1989.

### Sekundärliteratur

#### I Bibliographie

Hugo J. Verani, Contribuición a la bibliografia de J.C.O., in Cuadernos Hispanoamericanos, Nr. 292–294, Madrid, 1974, 731–750 (Sondernummer über Onetti).
Angel Flores, Bibliografía de escritores hispanoamericanos, New York, 1975, 145–148; 184.

#### II Sammelbände

R. García Ramos (Hg.), Recopilación de textos sobre J. C. Onetti, Casa de las Américas, Havanna, 1969.
Lídice Gómez Mango (Hg.), En torno a Juan Carlos Onetti, Fundación de Cultura Universitaria, Montevideo, 1970.
J. Ruffinelli (Hg.), Onetti, Biblioteca de Marcha, Montevideo, 1973.
H. F. Giacoman (Hg.), Homenaje a J. C. Onetti, Anaya – Las Américas, New York/Madrid, 1974.
J. C. Onetti. El escritor y la crítica, Ed. a cargo de Hugo J. Verani, Taurus, Madrid, 1987.

*Cuadernos Hispanoamericanos,* Nr. 292–294, Madrid, 1974 (Sondernummer über Onetti).

## III  Untersuchungen

Aínsa, Fernando, *Las trampas de Onetti,* Ed. Alfa, Montevideo, 1970.

Benedetti, Mario, *J. C. Onetti y la aventura del hombre,* in id., *Literatura uruguaya del siglo XX,* Ed. Alfa, Montevideo, 1963, 76–95.

Carillo, Bert B., *The Alienated Hero in Four Contemporary Spanish American Novels,* Univ. of Arizona, 1970. (Diss.)

Chrzanowski, Joseph A., *Alienation in the Novels of J. C. Onetti,* Pennsylvania State Univ., 1971. (Diss.)

Deredita, John, *El lenguaje de la desintegración: notas sobre »El astillero« de Onetti,* in *Revista Iberoamericana,* Nr. 76–77, Pittsburgh (Penn.), 1971, 651–665.

Gallagher, David, *The Exact Shade of Gray [»El astillero«],* in *New York Times Book Review,* 16. 6. 1968.

Irby, James E., *La influencia de William Faulkner en cuatro narradores hispanoamericanos,* UNAM, México, 1961. (Diss.)

Jones, Yvonne Perier, *The Formal Expression of Meaning in J. C. Onetti's Narrative Art,* Cidoc, Cuernavaca, 1971.

Moreno Aliste, Ximena, *Origen y sentido de la farsa en la obra de J. C. Onetti,* Centre de Recherches Latino-Américaines de l'Université de Poitiers, 1973.

Rama, Angel, *Origen de un novelista y de una generación literaria,* in J. C. Onetti, *El pozo,* Arca, Montevideo, ²1965, 57–111.

# Julio Cortázar

»Ich bin im August 1914 in Brüssel geboren. Sternzeichen: Jungfrau; daher
Astheniker, intellektuelle Tendenzen, mein Planet ist der Merkur und meine Farbe grau (obwohl mir grün in Wirklichkeit besser gefällt). Meine Geburt war ein Produkt von Tourismus und Diplomatie; mein Vater wurde in
eine Handelsmission nahe der argentinischen Botschaft in Belgien versetzt,
und da er soeben erst geheiratet hatte, nahm er meine Mutter nach Brüssel
mit. Ich wurde genau in den Tagen der deutschen Besetzung Brüssels geboren, zu Beginn des ersten Weltkriegs. Ich war fast vier Jahre alt, als meine
Familie nach Argentinien zurückkehren konnte, sprach vor allem Französisch, und davon ist meine Art geblieben, das »r« auszusprechen, die ich
nicht mehr habe loswerden können. Ich wuchs in Banfield auf, einem Vorort von Buenos Aires, in einem Haus mit einem großen Garten voller Katzen, Hunde, Schildkröten und Papageien: dem Paradies. Aber in diesem
Paradies war ich schon Adam, in dem Sinne, daß ich keine glückliche Erinnerung an meine Kindheit bewahre: zuviel Zwänge, eine exzessive Sensibilität, häufig Trauer, Asthma, gebrochene Arme, erste verzweifelte Lieb-
schaften (*Gifte* ist sehr autobiographisch). Gymnasium in Buenos Aires;
Grundschullehrer 1932, Gymnasiallehrer für Literatur 1935. Erste Beschäftigungen, Lehrstellen in Dörfern und Landstädtchen. Nachdem ich
sieben Jahre lang in Gymnasien unterrichtet habe, komme ich 1944/45 nach
Mendoza. Nach dem Fehlschlag der antiperonistischen Bewegung, in die
ich verwickelt war, lege ich mein Amt nieder und kehre nach Buenos Aires
zurück. Ich hatte schon fast zehn Jahre lang geschrieben, jedoch nichts
oder fast nichts (ein Bändchen mit Sonetten, vielleicht eine Erzählung) veröffentlicht. Zwischen 1946 und 1951 lebe ich das Leben des »porteño«,
einsam und unabhängig; überzeugt, ein unverbesserlicher Junggeselle zu
bleiben, Freund nur weniger Menschen, ein schwärmerischer Acht-Stun-
den-Leser, faszinierter Kinogänger, kleiner Bourgeois, der blind ist gegenüber allem, was außerhalb der Sphäre des Ästhetischen geschieht. Staatlich
anerkannter Übersetzer. Eine ideale Tätigkeit für ein Leben wie das meine
damals, egoistisch, eigenbrötlerisch und unabhängig.« (Julio Cortázar, in
Graciela de Sola, *Julio Cortázar y el hombre nuevo*, Buenos Aires, 1968).
Von 1951 an lebte Cortázar in Paris, zunächst mit einem Stipendium der
französischen Regierung, anschließend als freiberuflicher Übersetzer der
UNESCO, dann als Schriftsteller. In den siebziger Jahren engagierte sich
Cortázar für die Befreiungsprozesse in Lateinamerika, insbesondere für
Cuba und später für Nicaragua. Er nahm verantwortlich an den drei Rus-
sell-Tribunalen (1973–1975) gegen Folter in Lateinamerika teil, war Mit-
herausgeber des *Schwarzbuch Chile* (publiziert 1976) und setzte sich unermüdlich für die Bekämpfung der Diktaturen des *Cono Sur* ein. In diesen
Jahren mußte er seine literarische Arbeit oft hintanstellen, was ihm überaus

schwerfiel. Nach Wiederherstellung der Demokratie in Argentinien reiste Cortázar Ende 1983 erstmalig wieder nach Buenos Aires und wurde von der Bevölkerung auf offener Straße gefeiert. Cortázar starb am 12. 2. 1984 in Paris.

## Werke

### I

| | |
|---|---|
| *Los Reyes* | 1949 |
| *Bestiario* (Erzählungen) | 1951 |
| *Final del juego* (Erzählungen; 1964 endgültige Auswahl) | 1956 |
| *Los premios* (Roman) | 1960 |
| *Las armas secretas* (Erzählungen) | 1958 |
| *Historias de cronopios y famas* | 1962 |
| *Rayuela* (Roman) | 1963 |
| *Todos los fuegos el fuego* (Erzählungen) | 1966 |
| *La vuelta al día en ochenta mundos* (Almanach-Buch) | 1967 |
| *62. Modelo para armar* (Roman) | 1968 |
| *Ultimo Round* (Almanach-Buch) | 1969 |
| *Pameos y meopas* (Gedichte) | 1971 |
| *Prosa del observatorio* | 1972 |
| *Libro para Manuel* (Roman) | 1973 |
| *Octaedro* (Erzählungen) | 1974 |
| *Silvalandia* (mit Julio Silva) | 1975 |
| *Alguien que anda por ahí* (Erzählungen) | 1977 |
| *Territorios* (Texte über Kunst und Künstler) | 1978 |
| *Un tal Lucas* | 1979 |
| *Todos queremos a Glenda* (Erzählungen) | 1981 |
| *Deshoras* (Erzählungen) | 1983 |
| *Los autonautas en la cosmopista* (mit Carol Dunlop) (Miscellanea) | 1983 |
| *Argentina: Años de alambradas culturales* (Artikel) | 1984 |
| *Nicaragua tan violentamente dulce* (Artikel) | 1984 |
| Zwei Manuskripte, postum veröffentlicht: *El examen* (Roman) | 1986 |
| *Divertimento* (Roman) | 1987 |

## II Cortázar in deutscher Sprache

*Album für Manuel (Libro para Manuel). Roman*, Suhrkamp, Frankfurt, 1976; suhrkamp taschenbuch 936, 1983.

*Bestiarium (Bestiario). Erzählungen*, suhrkamp taschenbuch 543, Frankfurt, 1979.

*Das Feuer aller Feuer (Todos los fuegos el fuego). Erzählungen,* suhrkamp taschenbuch 298, Frankfurt, 1976.

*Der Verfolger. Erzählungen* (Anthologie), Suhrkamp, Frankfurt, 1978.

*Die geheimen Waffen (Las armas secretas). Erzählungen,* suhrkamp taschenbuch 672, Frankfurt, 1981.

*Ende des Spiels (Final del juego). Erzählungen,* suhrkamp taschenbuch 373, Frankfurt, 1986.

*Geschichten der Cronopien und Famen. (Historias de cronopios y famas),* Bibliothek Suhrkamp 503, Frankfurt, 1977.

*Geschichten, die ich mir erzähle. Erzählungen* (Anthologie), Suhrkamp, Frankfurt, 1985.

*Letzte Runde (Ultimo Round). Miscellanea,* edition suhrkamp 1140, Frankfurt, 1984.

*Reise um den Tag in achtzig Welten (La vuelta al día en ochenta mundos). Miscellanea,* edition suhrkamp 1045, Frankfurt, 1980.

*Oktaeder (Octaedro). Erzählungen,* suhrkamp taschenbuch 1295, Frankfurt, 1986.

*Rayuela. Himmel-und-Hölle (Rayuela), Roman,* Suhrkamp, Frankfurt, 1981; suhrkamp taschenbuch 1462, 1987.

*Die Gewinner (Los premios). Roman,* Luchterhand, Neuwied, 1966 (revidierte Neuauflage Suhrkamp, Frankfurt 1988).

*Ein gewisser Lukas (Un tal Lucas),* Suhrkamp, Frankfurt, 1987.

*Nicaragua, so gewaltsam zärtlich (Nicaragua tan violentamente dulce). Artikel,* Peter Hammer, Wuppertal, 1984.

*Aloys Zötl. Bestiarium,* Franco María Ricci, München, 1984.

*Passatwinde (Alguien que anda por ahí). Erzählungen,* suhrkamp taschenbuch 1370, Frankfurt, 1988.

*Alle lieben Glenda (Todos queremos a Glenda). Erzählungen,* suhrkamp taschenbuch 1576, Frankfurt, 1989.

*Das Observatorium (Prosa del observatorio),* edition suhrkamp 1525, Frankfurt, 1989.


## *Sekundärliteratur*

### I Bibliographie

Angel Flores, *Bibliografía de escritores hispanoamericanos,* New York, 1975, 95–99, 181–182.

Malva E. Filer, *Bibliografía,* in id., *Los mundos de J. Cortázar,* Las Américas, New York, 1970, 161–172.

Martha Paley de Francescato, *Bibliografía de y sobre Julio Cortázar,* in *Revista Iberoamericana,* XXXIX, Nr. 84–85, Pittsburgh (Penn.), 1973, 697–726.

## II  Sammelbände

Ana María Simo (Hg.), *Cinco miradas sobre Cortázar,* Ed. Tiempo Contemporáneo, Buenos Aires, 1968.

Sara Vinocur de Tirri/Néstor Tirri (Hg.), *La vuelta a Cortázar en nueve ensayos,* Carlos Pérez Ed., Buenos Aires, 1968.

H. Giacoman (Hg.), *Homenaje de Julio Cortázar,* Las Américas, New York, 1972.

*Revista Iberoamericana,* XXXIX, Nr. 84–85, Pittsburgh (Penn.), 1973. (Sondernummer über J. Cortázar)

David Lagmanovich (Hg.), *Estudios sobre los cuentos de Julio Cortázar,* Ed. Hispanoamericanas, Barcelona, 1974.

*Cuadernos Hispanoamericanos,* Nr. 364–366, Sondernummer Cortázar, Madrid, Octubre-Diciembre, 1980.

*Julio Cortázar. El escritor y la crítica,* Ed. de Pedro Lastra, Taurus, Madrid, 1981.

*L'ARC,* Nr. 80: *Julio Cortázar,* Revue trimestrelle, Aix-en-Provence, 1981.

*La isla final,* Edición de Jaime Alazraki, Ivar Ivask y Joaquín Marco, Ultramar, Barcelona, 1983.

*Queremos tanto a Julio. Veinte autores para Cortázar,* Ed. Nueva Nicaragua, Managua, 1984.

*Para, de, con Julio Cortázar* (Monographische Nummer von *Casa de las Américas,* Nr. 145/146), Havanna, 1984.

## III  Monographien

Amicola, José, *Sobre Cortázar,* Ed. Escuela, Buenos Aires, 1969.

Aronne Amestoy, Lida, *Cortázar – La novela mandala,* Buenos Aires, 1972.

Child, Tonyes L., *Existentialism in the Works of J. Cortázar,* Texas Univ., 1972. (Diss.)

Curutchet, Juan Carlos, *J. Cortázar o la crítica de la razón pragmática,* Madrid, 1972.

Escamilla Molina, Roberto, *J. Cortázar. Visión de conjunto,* Novaro, México, 1970.

Filer, Malva E., *Los mundos de J. Cortázar,* Las Américas, New York, 1970.

García Canclini, Néstor, *Cortázar, una antropología poética,* Nova, Buenos Aires, 1968.

Holsten, Kenneth A., *The Metaphysical Search in the Novels of Julio Cortázar,* Univ. of California at San Diego, 1970. (Diss.)

Kerr, Lucile, *The Beast and the Double,* Yale Univ., 1972. (Diss.)

Larisgoitia, Hernani, *Estudio analítico-interpretativo de los cuentos de Julio Cortázar*, Univ. of Wisconsin, 1972. (Diss.)

MacAdam, Alfred S., *El individuo y el otro. Crítica de los cuentos de J. Cortázar*, La Librería, New York, 1971.

MacCoy, Katherine W., *Theory of the Novel in »Rayuela«*, Emory Univ., 1970. (Diss.)

Muzika, H. M., *»Rayuela«, a Metaphysical Revolution*, Univ. of Liverpool, 1969. (Diss.)

Nelson, Kathleen G., *J. Cortázar's »Rayuela« as an Existentialist Novel*, Catholic Univ., Washington D.C., 1972. (Diss.)

Paley de Francescato, Marta, *El bestiario de J. Cortázar, enriquecimiento de un género*, Univ. of Illinois, 1970.

Prego, Omar, *La fascinación de las palabras. Conversaciones con Julio Cortázar*, Ed. Muchnik, Barcelona, 1985.

Rein, Mercedes, *J. Cortázar: el escritor y sus máscaras*, Montevideo, 1969.

Roy, Joaquín, *Julio Cortázar ante su sociedad*, Península, Barcelona, 1974.

Sola, Graciela de, *J. Cortázar y el hombre nuevo*, Sudamericana, Buenos Aires, 1970.

Sosnowski, Saúl, *Julio Cortázar, una búsqueda mítica*, Noé, Buenos Aires, 1973.

## IV  Aufsätze

Alazraki, Jaime, *Homo sapiens vs. Homo ludens*, in *Revista Iberoamericana*, XXXIX, Nr. 84–85, 1973, 611–624.

Barrenechea, Ana María, *La estructura de »Rayuela«*, in *Litterae Hispanae et Lusitana*, Festschrift zum 50jährigen Bestehen des Ibero-Amerikanischen Forschungsinstituts der Universität Hamburg, München, 1968.

Fuentes, Carlos, *»Rayuela« la novela como caja de Pandora*, in id., *La nueva novela hispanoamericana*, México, 1969, 67–77.

Lezama Lima, José, *Cortázar y el comienzo de la otra novela*, in *Casa de las Américas*, Nr. 49, Havanna, 1968, 51–62.

Loveluck, Juan, *Aproximación a »Rayuela«*, in *Revista Iberoamericana*, XXXIV, Nr. 65, 1968, 83–93.

Ortega, Julio, *J. Cortázar »Rayuela«*, in id., *La contemplación y la fiesta*, Ed. Univ., Lima, 1968, 29–43.

Prieto, Adolfo, *Cortázar hoy*, in id., *Estudios de literatura argentina*, Galerna, Buenos Aires, 1969, 159–172.

Sarduy, Severo, *Del Ying al Yang*, in id., *Escrito sobre un cuerpo*, Sudamericana, Buenos Aires, 1969, 24–27.

# Guillermo Cabrera Infante

Geboren am 22. April 1929 in Gibara, einer kleinen Stadt in der Provinz Oriente in Cuba. Im Alter von neunundzwanzig Tagen geht er zum ersten Mal mit seiner Mutter ins Kino, wie er in einer »Chronologie nach Art Laurence Sternes« vermerkt. 1934 bringt er sich selbst das Lesen bei, indem er die Sprechblasen Tarzans entschlüsselt. 1935 kommt er in die Schule und begreift zu Hause, was »klandestine Versammlungen« sind. 1936 werden seine Eltern mehrere Monate lang inhaftiert, alle rot eingebundenen Bücher im Haus beschlagnahmt. »Zum ersten Mal mischen sich Politik und Poesie im Leben von CGI«. 1940 zieht sein Vater auf der Suche nach Arbeit nach Havanna, die Familie folgt ein Jahr später. Nach einer »armen, aber glücklichen Kindheit« beginnt nun eine ebenfalls »arme, aber unglückliche Jugend« für CGI. Aber das Leben in der Großstadt fasziniert ihn, 1944 beginnt er Englisch zu lernen. Zwei Jahre später wird er vom »Virus« der Literatur befallen, die nach und nach alle anderen Interessen verdrängt. 1947 erscheint seine erste Erzählung in der Zeitschrift *Bohemia*, im folgenden Jahr arbeitet er dort als Redaktionssekretär.

1951 gründet er mit Freunden die Cubanische Cinemathek. Nach dem zweiten Staatsstreich Batistas 1952 kommt er kurz ins Gefängnis und wird von der Journalistenschule verwiesen. Nach Freilassung heiratet er. Von nun an muß er unter Pseudonym publizieren (Caín) und er schreibt Filmrezensionen, die ihn schnell berühmt machten. 1955 reist er zum ersten Mal nach New York. Die politischen Spannungen nehmen zu, seine Artikel werden zensiert, er schreibt für klandestine Blätter. 1958 lernt er die Schauspielerin Miriam Gómez kennen, seine spätere Lebensgefährtin (seit 1961). Nach dem Sieg Fidel Castros übernimmt er verschiedene journalistische Aufgaben und leitet das neu gegründete Cubanische Filminstitut. Er gibt die Literaturbeilage *Lunes de Revolución* heraus und lädt europäische Schriftsteller von Sartre bis Sagan, von Le Roi Jones bis Wright C. Mills ein. 1960 läßt er sich scheiden. *Así en la paz como en la guerra*, sein erstes Buch, wird publiziert. 1962 geht er zunächst als Kulturattaché nach Brüssel und wird dann Legationsrat. 1964 erhält sein Roman *Ella cantaba boleros* – später *Drei traurige Tiger* genannt – den damals besten spanischen Literaturpreis *(Biblioteca Breve)*, während der Prix Formentor einem inzwischen vergessenen Werk zuerkannt wird. 1965 reist er zum Begräbnis seiner Mutter zurück nach Cuba und ist entsetzt über die dortigen Veränderungen. Er verläßt Havanna für immer und nimmt seine beiden Töchter aus erster Ehe mit. »Das ist das Ende. (Aber in Wirklichkeit war es der Anfang)... Der Rest ist Lärm«.

Cabrera Infante lebt seitdem in London, übernimmt Gastprofessuren an verschiedenen nordamerikanischen (und englischen) Universitäten und publiziert Artikel und andere journalistische Arbeiten. *Drei traurige Tiger* wurde ins Englische (mit seiner Hilfe), ins Italienische und Französische übersetzt; 1987 erschien (endlich!) auch die deutsche Ausgabe. Cabrera Infante hat sein letztes Buch, *Holy Smoke* (1985), eine Abhandlung über das Rauchen, direkt in Englisch geschrieben.

## Werke

### I

| | |
|---|---|
| *Así en la paz como en la guerra* (Erzählungen) | 1960 |
| *Un oficio del siglo XX* (Filmkritiken) | 1963 |
| *Tres tristes tigres* (Roman) | 1967 |
| *Vista del amanecer en el trópico* (Romanessay) | 1974 |
| *O* (Artikel/Essays) | 1975 |
| *Exorcismos de esti(l)o* (Miscellanea) | 1976 |
| *Arcadia todas las noches* (Fünf Essays) | 1978 |
| *La Habana para un infante difunte* (Roman) | 1979 |
| *Holy Smoke* (Traktat) | 1985 |

### II Cabrera Infante in deutscher Sprache

*Drei traurige Tiger*, Suhrkamp, Frankfurt, 1987.
*Rauchzeichen*, Insel, Frankfurt, 1987.

## Sekundärliteratur

### I Bibliographie

Angel Flores, *Bibliografía de escritores hispanoamericanos,* New York, 1975, 207–208.

### II Sammelbände

*G. Cabrera Infante,* hg. von Julián Ríos, Espiral/ Fundamentos, Madrid, 1974 (Beiträge von Julio Ortega, Julio Matas, Luis Gregorich, Emir Rodríguez-Monegal, David Gallagher).

### III Untersuchungen

Juan Goytisolo, *Cervantinische Lektüre von »Tres tristes Tigres«,* in *Dissidenten,* edition suhrkamp 1224, Frankfurt, 1984, 152–177.

## Ursprünge

| Jahr | Alter |
|---|---|
| 1929 | 0 |

22. April: Er wird in Gibara, einer kleinen Stadt an der Nordküste der kubanischen Provinz Oriente geboren. Zweites Kind und erster Sohn von Guillermo Cabrera, Journalist und Schriftsetzer, und Zoila Infante, einer kommunistischen Schönheit. (Seine Eltern werden tatsächlich Gründungsmitglieder der örtlichen Kommunistischen Partei und versehen den Neugeborenen so reichlich mit kommunistischen Antikörpern, daß er für sein ganzes Leben wirksam gegen die revolutionären Masern geimpft ist; eine reaktionäre Großtat, wenn man bedenkt, daß kein geringerer als Wladimir Iljitsch Uljanow am selben Tag geboren wurde.)

*29 Tage*

Er geht mit seiner Mutter zum erstenmal ins Kino und sieht *Die vier apokalyptischen Reiter* (»reprise«).

| 1932 | 3 Jahre |
|---|---|

Er sieht Avocados vom Himmel fallen, Bomben, die auf Befehl von General Machado (einer der zahlreichen Tyrannen, die diese »lange unglückliche Insel« in diesem Jahrhundert erdulden mußte) abgeworfen werden, um einen lokalen Aufstand zu unterdrücken, und Gibara wird so zur ersten Stadt Amerikas, die aus der Luft bombardiert wird. Sein Vater und ein Onkel mütterlicherseits kämpfen mit den Rebellen. Er findet Gefallen an den *Männchen* (Comics), kann sie aber noch nicht lesen: *Benitín y Eneas, Los sobrinos del capitán, La gatita de Tobita*, etc.

| 1933 | 4 Jahre |
|---|---|

Sein einziger Bruder wird geboren, im vierten Monat des Jahres und vier Tage vor dem vierten Geburtstag von GCI, was ihm zeigt, daß in den Zahlen mehr Magie als magere Mathematik steckt. Die gleichzeitige Entdeckung der Anatomie hat fast eine Katastrophe zur Folge. Enttäuscht darüber, daß er statt eines Schwesterchens ein Brüderchen bekommen hat, versucht er, den Unterschied mit Hilfe einer Schere zu beseitigen.

Er muß seine Erziehung unterbrechen, um in den Kindergarten zu gehen. Diese Erfahrung stößt ihn derart ab, daß er schwer krank wird und zwei Jahre lang keine Lehranstalt mehr besuchen kann.

| 1934 | 5 Jahre |
|---|---|

Er bringt sich selbst das Lesen bei, indem er sich in die Entzifferung der ansprechenden Blasen von *Dick Tracy* und *Tarzan* vertieft.

Er beginnt den Grundschulunterricht in Los Amigos, einer Quäkerschule. Das sonntägliche Singen empfindet er als angenehm, obwohl die Sänger keinen Rhythmus im Blut haben.

Eines Tages holt ihn statt seines Vaters seine Mutter von der Schule ab. Sie gehen nicht gleich nach Hause, sondern machen einen langen Spaziergang am Meer entlang. Eines anderen Tages findet er sein Haus am Mittag hermetisch verschlossen vor. Eines weiteren Tages entdeckt er im Haus seiner Eltern, die beide nicht rauchen, Spuren von Rauch und Asche und Kippen. Schließlich lernt er, was der Ausdruck *geheime Versammlung* bedeutet.

1936                                                   7 Jahre

Vorabend des 1. Mai. Er wacht auf und wird Zeuge einer politischen Schmierenkomödie. Sein dreijähriger Bruder und seine Mutter kommen ins Haus gelaufen, dicht gefolgt von zwei Landgendarmen mit gezücktem Revolver. Sie verhaften seine Mutter, und sein Vater, der gerade nicht da ist, stellt sich noch am selben Morgen selbst. Die Schmierenkomödie wird zur Tragikomödie. Man bringt seine Eltern ins Gefängnis nach Santiago de Cuba, fünfhundert Kilometer von Gibara, und sie entgehen unterwegs wie durch ein Wunder dem »Fluchtgesetz«, während die Gendarmen alle rot eingebundenen Bücher aus der Bibliothek seines Vaters beschlagnahmen: zum erstenmal in GCIs Leben verwechselt, verwischt die Staatsgewalt Politik und Poesie.

Während seine Eltern mehrere Monate im Gefängnis verbringen, verliebt er sich zum erstenmal – in eine berückend schöne Kusine. Sie öffnet ihm die Büchse der Pandora. Er entdeckt die Liebe und den Sex, aber ach!, auch Eifersucht, Verrat und Haß.

1937                                                   8 Jahre

Bei seiner Rückkehr aus dem Gefängnis ist sein Vater ohne Arbeit und muß sich als Buchhalter verdingen. Der Lohn ist so dürftig und die Familie lebt so kärglich, daß der Gedanke an Auswanderung aufkommt.

1938                                                   9 Jahre

Bei einer Waldexpedition auf der Suche nach Grünfutter für die Familienziege bringt er beinahe seinen Bruder um, als er ihm versehentlich mit der Machete auf den Kopf haut.

1939                                                  10 Jahre

Gemäß den »Direktiven der Partei« ändern seine Eltern die Meinung über ihre frühere Geißel, den Oberst Batista. Weitere politische Lehren: Seine Mutter beweint den Fall Madrids, aber als Hitler und Stalin sich über die Teilung Polens einigen, schreibt sein Vater Reden, in denen er Kuba (und vermeintlich die ganze Welt) auffordert, sich auf keinen Fall in den »Imperialistischen Krieg« verwickeln zu lassen. Später machen seine Eltern – und die Partei – Wahlpropaganda für den Präsidentschaftskandidaten Batista.

1940                                                           11 Jahre
Der tochterlosen Ehe wird ein zweites Mädchen beschert. (Die erste
Tochter, die ein Jahr vor GCI zur Welt gekommen war, hatte sich mit ihrer
Nabelschnur erdrosselt.)
Er ist jetzt ein leidenschaftlicher Jäger, obwohl seine Schießkünste misera-
bel sind. Eines Tages tötet er im Blutrausch, ungerührt vom Wehgeschrei
der um das Nest flatternden Vogelmutter, mehrere Vögelchen. Zwei Tage
später stirbt seine Schwester wegen eines infizierten Nabels an einer Blut-
vergiftung. Zum erstenmal assoziiert er Verbrechen, Schuld und Strafe mit
einem allwissenden und auf schreckliche Weise Vergeltung übenden Richter. Sein Vater geht nach Havanna, um Arbeit zu suchen.

1941                                                           12 Jahre
Nach einer Zeit bitterer Not emigriert die übrige Familie in die Hauptstadt. Er läßt eine arme, aber glückliche Kindheit zurück (eine große Familie in einem großen Haus, alle möglichen *pets*, das freie Feld), hat eine
ebenfalls arme, aber unglückliche Jugend vor sich. Gleichzeitig stürzt er
sich in sein größtes Abenteuer: das Leben in einer großen Stadt.

1942                                                           13 Jahre
Eine hochherzige, nur zwei Jahre ältere Nutte führt ihn in die geheime Kunst
der Masturbation ein.
Bei einem Ferienaufenthalt in seinem Heimatdorf entdeckt er die alten
Bücher seines Vaters – in Wirklichkeit eine ganze Bibliothek aus dem Erbe
seines Onkels, der als Ortsintellektueller unter dem Pseudonym »Sócra-
tes« schrieb. Unter diesen Büchern findet er seine erste erotische Lektüre:
eine unzensierte spanische Ausgabe des *Satiricons* von Petronius.

1943                                                           14 Jahre
Er besucht jetzt die Oberschule. In ihm koexistieren ein guter fauler Schüler und ein fanatischer, aber schlechter Baseballspieler.

1944–45                                                        15 Jahre
Während das Leben in seinem Geburtsort zur Erinnerung schrumpft (zuerst stirbt sein zurückgelassener Hund; dann sein Großvater; dann sein
legendärer Urgroßvater), wird Havanna zur Metropole, zur Welt, zu einem Kosmos für sich.
Erpicht darauf, die amerikanischen Zeitschriften zu lesen, die ihm eine
gütige Nachbarin schenkt, beginnt er, abends Englisch zu lernen.

1946                                                           17 Jahre
Ein ausgezeichneter Lehrer – ein Snob und ein schlechter Schauspieler,
der aber immer volle Hörsäle hat – infiziert ihn ungewollt mit einem literarischen Virus. Vorhersehbar: die Klassiker werden ihm durch die rührende
Geschichte von der Treue eines Hundes zu seinem herumirrenden Herren
ins Bewußtsein gerückt. Name des Hundes: Argos.

Er wird zum unersättlichen Leser, und während sein Interesse an der Literatur wächst, werden dem faulen Studenten andere Fächer immer gleichgültiger. Schließlich gewinnt die Literatur die Oberhand über alles andere – einschließlich Baseball.

1947                                                                   18 Jahre
Nachdem er *El señor Presidente* gelesen hat, raunt sich der Leser zu: »Anch'io sono scrittore«, auf kubanisch natürlich, und um es zu beweisen, schreibt er in der Nachfolge eine entsetzlich mittelmäßige Erzählung – die zu seinem Erstaunen von *Bohemia*, damals eine der führenden Zeitschriften Lateinamerikas, veröffentlicht wird. Unterdessen hat die Gastfreundschaft seiner Mutter ihre Wohnung – oder besser gesagt, ihr Zimmer – zum Versammlungsort der jungen Schriftsteller und Künstler aus dem Dunstkreis der kommunistischen Zeitung *Hoy* gemacht, bei der sein Vater seit ihrer Gründung im Jahre 1940 arbeitet. Die meisten dieser jungen Leute überwerfen sich bald mit der Partei, kommen aber weiterhin in die Zulueta 408, um Kaffee zu trinken und Gespräche in einer Wohnung zu führen, die von einem Bild des Blutenden Jesus und einem Photo des Blutigen Josef (Stalin) beherrscht wird.

Er besucht zum erstenmal ein Bordell. Entmutigende Begegnung mit einer (unecht) blonden Nutte. Er beginnt, eine Brille zu tragen.

1948                                                                   19 Jahre
Ein furchtbar entscheidendes Jahr. Der mit Asturias getriebene literarische Scherz wendet sich gegen seinen Urheber, und was als Zeitvertreib begann, wird zur Liebhaberei, dann zur Gewohnheit, schließlich zur Obsession. Ein nicht identifizierter – und vermutlich weithin bekannter – Bazillus hält ihn von den Hörsälen fern und sorgt dafür, daß er durch die meisten Prüfungen fällt. Der immerwährende Katarrh seines Bruders wird als Tuberkulose diagnostiziert. Da er einmal davon geträumt hatte, Medizin zu studieren, besucht er die Medizinische Fakultät und entsetzt sich beim Anblick der aufgereihten Leichen, die darauf warten, für den kurzen und formolisierten Nachruhm einer Anatomiestunde ausgewählt zu werden; er ist völlig niedergeschmettert von ihrer obszönen nackten Passivität und dem Geruch, diesem Geruch! Ende einer Karriere, die nie begann. Er verläßt die Schule und wird Sekretär des Chefredakteurs von *Bohemia*. Er schreibt, was er noch für eine perfekte Erzählung hält.

1949                                                                   20 Jahre
Er gründet ein Literaturmagazin, das statt *Nueva Generación* eigentlich eher *Das kurze Leben* hätte heißen müssen. Er arbeitet als Korrektor bei verschiedenen Zeitungen (darunter eine englischsprachige: der *Havana Herald*) und als literarischer (Ghost-)Redakteur für die Zeitschrift *Bohemia*. Sehr kurze (und erneut unglückselige) Begegnung mit einem schwarzen Strichmädchen.

Er schreibt sich an der Nationalen Schule für Journalismus ein. Arbeitet als Interviewer bei Meinungsumfragen, Übersetzer, Nachtwächter. Denkt kurzfristig daran, zur See zu fahren. Erste gelungene sexuelle Erfahrung mit einer reifen Frau. Zu seiner unendlich vergnüglichen Überraschung handelt es sich um das frühere (jetzt verheiratete) schönste Mädchen des Gymnasiums, und sie besteht darauf, beim Liebesakt *La Mer* von Debussy zu hören: eine geborgte Schallplatte auf einem ebenfalls geborgten Plattenspieler.

1951                                                           22 Jahre
Nach einem schweren Rückfall seines Bruders räumt die Familie das Zimmer in Havanna und bezieht eine Wohnung im Vedado-Viertel.

Er gründet mit einigen Freunden die literarische Gesellschaft *Nuestro Tiempo,* aus der er sich sehr bald zurückzieht, nachdem er entdeckt hat, daß eine Tarnorganisation der Kommunistischen Partei daraus geworden ist.

Er läßt sich nicht entmutigen und ruft mit einer Gruppe von Filmfanatikern die *Cinemateca de Cuba* ins Leben, eine Tochter der *Cinémathèque Française.*

Er lernt das einem Kloster entsprungene Mädchen kennen, das später seine Frau wird.

1952                                                           23 Jahre
Der schändliche zweite Staatsstreich Batistas macht seine Hoffnung zunichte, zum erstenmal in seinem Leben wählen zu dürfen. Diese Enttäuschung wird er nie verwinden. Er veröffentlicht in *Bohemia* eine Kurzgeschichte mit »English profanities«, was katastrophale Folgen hat. Er wird verhaftet, mit einer Geldstrafe belegt und gezwungen, für zwei Jahre der Journalistenschule fernzubleiben.

1953                                                           24 Jahre
Als Konsequenz aus seiner Inhaftierung – oder vielmehr als deren Fortsetzung – heiratet er. Da er seinen in Ungnade befindlichen Namen nicht mehr benutzen kann, schreibt er (zum 25. Geburtstag von Micky Maus!) einen Artikel unter einem Pseudonym, das manche Leute als leibhaftig verstehen. Durch die Verbindung der ersten Silbe seines ersten Nachnamens mit der ersten Silbe seines zweiten Nachnamens entsteht Caín.

1954                                                           25 Jahre
Sein früherer Chef wird Herausgeber von *Carteles,* der zweitgrößten Zeitschrift Kubas. Immer noch unter seinem Deck- und Mantelnamen – G. *Caín* – beginnt er, eine wöchentliche Filmkolumne zu schreiben, die über Cuba hinaus in der ganzen Karibik bekannt wird.

Sein erstes Kind kommt zur Welt: eine Tochter namens Ana.

1955                                                           26 Jahre
Er verläßt Kuba zum erstenmal zu einem einsamen Besuch in New York. Als Ergebnis sieht sich die *Cinemateca* durch Filme aus dem Museum für Moderne Kunst bereichert.

Zu seinem unendlichen Erstaunen fällt ihm der Ehebruch sehr viel leichter als der voreheliche Geschlechtsverkehr: die Schuld wird zur Sehnsucht.

1956                                                           27 Jahre
Bei dem Versuch, die *Cinemateca* als politische Plattform zu benutzen, führt er ihren Tod herbei. Die Regierung beschlagnahmt den Club und läßt ihn schließlich eingehen.

1957                                                           28 Jahre
Einige seiner Freunde werden von der Polizei Batistas eingekerkert oder umgebracht. Untergrundaktivitäten. Schreibt für die Untergrundpresse. Besucht erstmals Mexiko. Neuerliche Reise nach New York. Wird vom Büro für die Bekämpfung Kommunistischer Umtriebe kurz zu seinen politischen Anschauungen verhört.

1958                                                           29 Jahre
Er lernt Miriam Gómez kennen, eine junge Schauspielerin, die in *Orpheus Descending* von Tennessee Williams debütiert. Seine zweite Tochter wird geboren und erhält den Namen Carola. Er wird von Freund und Feind wiederholt wegen des politischen Inhalts seiner Kolumne ermahnt. Eine Delegation junger Sozialisten versucht, ihn zum Wortführer einer genehmigten Protestveranstaltung zu machen. Seine Kolumne wird streng zensiert. Er schreibt viele der Erzählungen und alle politischen Vignetten von *Así en la paz como en la guerra*. Bereitet das erste Treffen zwischen den Kommunisten und der Revolutionären Führung vor. Gibt an letztere geschmuggelte Waffen weiter. Bereitet gerade für sich und zwei amerikanische Journalisten eine Reise in die Sierra vor, als Batista am 31. Dezember abdankt.

1959                                                           30 Jahre
Jeweils für kurze Zeit ist er nacheinander Herausgeber der halboffiziellen Zeitung *Revolución*, Chef des Nationalrats für Kultur und Direktionsmitglied des neugeschaffenen Filminstituts. Später gründet er *Lunes,* die Literaturbeilage von *Revolución.* Bereist im *entourage* (oder eher *en toute rage*) Fidel Castros die USA, Kanada und Südamerika.

1960                                                           31 Jahre
*Lunes* leitet seine *politique des auteurs politiques* ein, indem es Schriftsteller jeglicher Couleur nach Cuba einlädt – von Sartre bis Sarraute und Sagan, von Le Roi Jones bis Wright Mills –, und hilft mit, das immer kommunistischer werdende Land als Eigenständige Revolution zu tarnen. Er besucht Europa (sowie die Sowjetunion, Ostdeutschland und die Tschechoslowa-

448

kei) mit einer Delegation jungfräulicher Journalisten. Läßt sich scheiden. Hört endgültig auf, Filmkritiken zu schreiben. Veröffentlicht *Así en la paz como en la guerra. Lunes* bekommt einen Fernsehableger.

1961                                                               32 Jahre
   Kriegsberichterstatter im Kriegchen in der Schweinebucht. Kuba konvertiert (offiziell) zum Sozialismus. Das Amt für Filmzensur (Filminstitut) verbietet und beschlagnahmt *P. M.*, einen von seinem Bruder gemachten Kurzfilm, der das Nachtleben im Havanna des Jahres 1960 feiert und vorher im Fernsehprogramm von *Lunes* zu sehen war. Die Herausgeber und Mitarbeiter von *Lunes*, der Zeitschrift, verfassen ein Protestschreiben, das von mehr als 200 Schriftstellern und Künstlern unterzeichnet wird. Die Regierung beschließt, den Ersten Kongreß der Schriftsteller und Künstler Cubas zu verschieben, und zieht eilends eine Reihe von »Gesprächen mit den Intellektuellen« auf, bei denen Castro den Vorsitz führt, Präsident Dorticos sekundiert und die Kommunisten alles im Griff haben. Nach vielem Hin und Her ist das Ergebnis der »Gespräche« (bei denen die Leute von *Lunes* offenbar die einzigen noch in Cuba verbliebenen Schriftsteller waren, die sich Sorgen um die Meinungsfreiheit machten) eine Verurteilung vor dem Urteilsspruch: die Beschlagnahme des Films wird offiziell verziehen und die Zeitschrift wird verboten. Aber auf dem Kongreß der Schriftsteller und Künstler, kaum einen Monat später, wird (wie zum Hohn) der arbeitslose GCI zum Vizepräsidenten der Vereinigung der Schriftsteller und Künstler gewählt.
   Er heiratet Miriam Gómez, jetzt eine erfolgreiche Schauspielerin bei Theater, Film und Fernsehen. Er beginnt, als Fortsetzung von *P. M.* mit anderen Mitteln, *Sie sang Boleros* zu schreiben. Zu gelegener Zeit soll aus dem Románchen *T.T.T.* werden.

1962                                                               33 Jahre
   Immer noch arbeitslos, wird GCI mehr und mehr als innerer Exilant gesehen. Er bereitet ein Buch mit seinen Filmkritiken vor und schreibt dafür einen Prolog, einen Epilog und ein Interludium, um aus *Un oficio del Siglo XX* ein Stück leicht subversiver Fiktion zu machen. Das Buch versucht zu beweisen, daß die *einzige* Form, in der ein Kritiker im Kommunismus überleben kann, die eines fiktionalen Wesens ist. Nach bolschewistischer Manier wird er aus der politischen Hauptstadt verbannt. Aber Havanna ist noch eine lateinische Version von Moskau, und statt ihn nach Sibirien zu verbannen, schickt man ihn als Kulturattaché nach Belgien.

1963                                                               34 Jahre
   *Así en la paz como en la guerra* wird in Frankreich, Italien und Polen veröffentlicht und für den *Prix International de Littérature* nominiert, der dann »ex aequo« an zwei Kafkaepigonen vergeben wird.

Obwohl er auf cubanisch geschrieben ist, wird sein Roman – der später den Titel T.T.T. bekommt – mit dem angesehensten Preis für einen Roman in spanischer Sprache ausgezeichnet. Mit einem *coup d'été*, der den Zufall nicht aus der Welt schaffen wird, ernennt man ihn zum cubanischen Geschäftsträger in Belgien und Luxemburg.

Sein Buch wird für den *Prix Formentor* vorgeschlagen, den an seiner Stelle ein unvergeßlicher Roman bekommt, *The Night Watch* – nein, *The Night Watchman* (oder war es vielleicht *The Night Watchmaker?*). Er kehrt am 3. Juni zur Beerdigung seiner Mutter nach Cuba zurück, stellt entsetzt fest, daß Havanna eine Geisterstadt ist, und will schleunigst nach Europa zurückkehren. Aber Graf Westwest hat andere Pläne für ihn und bittet den Landvermesser, zu einer Unterredung hierzubleiben, die aber vom Schloß ewig aufgeschoben wird. Dennoch glaubt GCI nicht, in Kafkaland zu sein. Er ist vielmehr, nachdem er einige seiner geistig vermoderten Freunde besucht hat, die ihn wiedererkennen und dann unter politischem Schwanzwedeln dahinscheiden, davon überzeugt, daß er nach Ithaka zurückgekehrt ist. Obwohl ihn anwidert, was die Freier aus seiner Insel gemacht haben, obwohl es ihn noch viel mehr bedrückt, vor Augen zu haben, wie eine verrückte Penelope jeden Tag ein anderes Tuch webt, das dann alle als Original beglaubigen müssen, tröstet er sich mit der Erinnerung an ein Epitaph, das Kavafis für seine Insel geschrieben hat: *Ithaka schenkte dir die schöne Reise./ Zu ihm allein bist du hinausgefahren./ Verlange andre Gaben nicht von ihm.// Findest du's arm, Ithaka trog dich nicht,/ So weise, wie du wurdest, so erfahren, / Erkanntest du nun wohl, was Inseln Ithaka bedeuten.*

Nachdem ihn die Leichenräuber gehörig abgekanzelt haben, verläßt er Havanna – oder eher Santa Mira – für immer. Er sieht sich den Hang hinablaufen, um allen, die ihm begegnen, von der Invasion der politischen Schoten zu erzählen, aber keiner glaubt ihm, und alle laufen unbekümmert davon, und das ist *Das Ende.*

(Aber in Wahrheit war es der Anfang. In Wirklichkeit nahm er das Flugzeug zurück nach Europa, zusammen mit seinen zwei Töchtern, ein paar Manuskripten und drei Fotos oder einem einzigen Foto von drei verschiedenen Motiven, größerer Weisheit und einer Handvoll Erinnerungen.) (Als er im Flugzeug saß, glaubte er, durch den Motorenlärm einen *jet de mots* zu hören – oder war es ein *jeu de mottos?*)

(Insolenz)

(Exil)

(Punning)

Der Rest ist Lärmen.

# Durchbrechen der Lärmmauer

Nach dem Lärm,
im Lärm,
in der Lärmarena.

## 1965

(Ende). Er holt in Brüssel Miriam Gómez ab und läßt sich mit ihr und seinen beiden Töchtern in Madrid nieder, in der Calle Batalla del Salado (für einen Cubaner klingt das nach Krieg gegen das Unheil), wo ihn, ohne allerdings das Sein aufzuheben, das harte Schicksal trifft, die Fahnen des prämierten und von der spanischen Zensur bereits abgelehnten Manuskripts lesen zu müssen. Die Herkunft dieser Ablehnung hindert ihn nicht daran einzusehen, daß das Buch ein Betrug ist, daß, als er es schrieb, sein politischer Opportunismus, eine Art pikaresker Blindheit, stärker war als sein literarisches Sehvermögen – und er gibt sich dem antirealistischen Revisionismus hin, um die wahren Helden des Lumpenproletariats dem marxistischen Manichäismus zu entreißen: er vervollständigt TTT und gibt dem Buch nicht nur seinen ursprünglichen Titel, sondern auch seine ursprüngliche Intention zurück. Jetzt ist es frei von jedem Engagement, außer dem rein künstlerischen. Anfang 1966 übergibt er seinem Verleger ein praktisch neues Manuskript.

Er empfängt durch den Mund seines alten Freundes Alberto Mora eine merkwürdige, fast österliche Botschaft: sowohl Fidel Castro als auch der damalige Präsident Dorticos würden die Abtrünnigkeit seines Bruders (der in den USA Asyl gefunden hat) großzügig übersehen und sich dafür verbürgen, daß ihm das Tor zur Rückkehr offenstehe, wann immer er es wolle. Er kommt zu dem Schluß, daß es sich um eine verbale Version des bellerophontischen Briefes handelt.

## 1966                                                            37 Jahre

Er zieht in Madrid aus der Nachbarschaft des Prado-Museums an das fröhliche Ufer des Manzanares, doch auch dieser Umzug kann ihn nicht von der Erkenntnis abhalten, daß man, wenn man in Madrid lebt, im Innenhof eines Klosters wohnt – und Nonnen sind in seinen sexuellen Phantasien nie vorgekommen. Die spanischen Behörden stellen ihr vorzügliches Gedächtnis unter Beweis und verweigern ihm die Aufenthaltsgenehmigung, denn sie erinnern sich an die *Lunes*-Ausgaben über die spanische Literatur in ihrem doppelten Exil, über die internationale antifrankistische Literatur, und an eine fast schon vergessene *Realidad:* die Pariser Zeitschrift. Diese Kulturpolizisten prägen ein neues Sprichwort: Dem kommenden Feinde soll man bleierne Brücken bauen. Auf Einladung eines Freundes, der unter cinematographischem Größenwahn leidet, reist er nach London und schreibt ein Drehbuch, das zwar nie verfilmt wird, ihm aber das erste Geld für einen Filmtext in englischer Sprache einbringt. Es ist Sommer, und in Swinging London kommt gerade das Fleisch in Schwung. Er ist so verzaubert von dieser Vision – die Luftspiegelung eines Harems inmitten der häuslichen Wüste – vom Anblick dieser entschleierten englischen Mädchen im Kontrast zu den fast verschleierten Frauen von Madrid, daß er beschließt, London als Habitat zu wählen. Er kehrt für kurze Zeit nach Madrid zurück und reist erneut nach London. Das Geld für ein weiteres Drehbuch, aus dem Jahre später ein derart schlechter Film wird, daß er darauf besteht, darin ungenannt zu bleiben, verschafft ihm die Möglichkeit, gegen Ende des Jahres seine Familie nachkommen zu lassen.

1967                                                                  38 Jahre

Er wohnt mit seiner Frau und seinen Töchtern in dem später so umstrittenen und berüchtigten Kellergeschoß in der Trebovir Road, und die extreme Armut lindern nur seine Beiträge für die Zeitschrift *Mundo Nuevo* und die Großzügigkeit zweier Freunde, einer davon ein früherer Mitarbeiter von *Lunes*, Calvert Casey, der ihm ins Exil nachgefolgt ist. Er schreibt ein weiteres Drehbuch, aus dem noch im selben Jahr ein mittelmäßiger Film wird, ein *unfunny funny film*, *Wonderwall*, den allein die Musik von George Harrison rettet. Aber das verdiente Geld erlaubt es ihm, nach South Kensington in die behagliche Gloucester Road umzuziehen. Er verdient noch mehr Geld beim Film und kann seine zwei Töchter in ein klösterliches Internat an die Küste schicken. In diesem Jahr geschieht etwas Außergewöhnliches. Ihm, der früher Katzen nie gemocht hat, überläßt die Freundin eines befreundeten Filmregisseurs einen wenige Monate alten Siamkater zur Betreuung: in sein Leben tritt Offenbach, der nicht nur zu einer mythologischen Katze, sondern zu einem seiner besten Freunde wird, zu einem Ziehkind – die innigste Beziehung, die dieser Tierliebhaber je zu einem Tier gehabt hat. Offenbach zieht auch, allerdings heimlich *(no cats allowed)*, mit in die Gloucester Road. Weniger bedeutendes Ereignis: Anfang dieses Jahres wurde *Tres Tristes Tigres* veröffentlicht.

(Aus dem Spanischen von Wilfried Böhringer)

© G. Cabrera Infante, mit freundlicher Genehmigung des Autors

# Carlos Fuentes

Am 11. 11. 1928 als Sohn eines Diplomaten in México-Stadt geboren. Er lebte als Kind in Montevideo, Río de Janeiro, besuchte in Washington die Schule, studierte Jura an der Universität von Chile, später in Genf und México. Er war Redakteur und gab gemeinsam mit E. Carballo die »Revista Mexicana de Literatura« (1955–1958) heraus. Später war er neben Octavio Paz Herausgeber der Reihe »Colección Literaria Obregón«. Er arbeitete im mexikanischen Außenministerium und bereiste alle Kontinente, mit langen Aufenthalten in Paris, London, Washington usw. Er nahm an vielen literarischen Kongressen teil, die er auch mitorganisierte. Engagierter Anhänger der Cubanischen Revolution (bis zum Padilla-Konflikt). Einer der Hauptbeteiligten des »Booms« der neuen lateinamerikanischen Literatur.

Fuentes war von 1975 bis 1977 Botschafter Méxicos in Paris. Er dimittierte aus persönlichen/politischen Gründen und übersiedelte in die USA. Seitdem hielt er Gastvorlesungen an vielen nordamerikanischen Universitäten und lehrt jetzt in Harvard Vergleichende Literaturwissenschaft. Desgleichen schreibt er regelmäßig Artikel zu politischen und literarischen Themen. Seit einigen Jahren verbringt Fuentes jedes Jahre mehrere Monate in México-Stadt und in den USA.

1977 erhielt er für seinen Roman *Terra Nuestra* in Caracas den Romulo-Gallegos-Literaturpreis; 1979 den Alfonso-Reyes-Preis für sein Gesamtwerk in Mexico, 1987 den Cervantes-Preis.

## *Werke*

### I

| | |
|---|---|
| *Los días enmascarados* (Erzählungen) | 1954 |
| *La región más transparente* (Roman) | 1958 |
| *Las buenas conciencias* (Roman) | 1959 |
| *Aura* (Novelle) | 1962 |
| *La muerte de Artemio Cruz* (Roman) | 1962 |
| *Cantar de ciegos* (Erzählungen) | 1964 |
| *Zona sagrada* (Roman) | 1967 |
| *Cambio de piel* (Roman) | 1967 |
| *Paris: La revolución de mayo* (Essay) | 1968 |
| *Cumpleaños* (Novelle) | 1969 |
| *La nueva novela hispanoamericana* (Essay) | 1970 |
| *Casa con dos puertas* (Essay) | 1970 |
| *Todos los gatos son pardos* (Theaterstück) | 1970 |
| *Tiempo mexicano* (Essay) | 1971 |
| *Los reinos originarios* (Theaterstück) | 1971 |

| | |
|---|---|
| *Obras completas* | 1971 |
| *Terra Nostra* (Roman) | 1975 |
| *Cervantes o la crítica de la lectura* (Essay) | 1976 |
| *La cabeza de la hidra* (Roman) | 1978 |
| *Una familia lejana* (Roman) | 1980 |
| *Agua quemada* (Erzählungen) | 1981 |
| *Gringo viejo* (Roman) | 1985 |
| *Cristóbal Nonato* (Roman) | 1987 |

## II Fuentes in deutscher Sprache

*Nichts als das Leben (La muerte de Artemio Cruz)*, Deutsche Verlagsanstalt, Stuttgart, 1964; suhrkamp taschenbuch 343, Frankfurt, 1976.
*Hautwechsel (Cambio de piel)*, Deutsche Verlagsanstalt, Stuttgart, 1969; dtv 1553 (vergriffen).
*Landschaft in klarem Licht (La región más transparente)*, Deutsche Verlagsanstalt, Stuttgart, 1974; dtv 1611, München, 1981.
*Geburtstag. Aura. Zwei Novellen. (Cumpleaños/Aura)*, Bibliothek Suhrkamp 505, Frankfurt, 1976.
*Chac Mool (Chac Mool)*, Erzählungen, Deutsche Verlagsanstalt, Stuttgart, 1976.
*Terra Nostra (Terra Nostra)*, Deutsche Verlagsanstalt, Stuttgart, 1977; dtv 10043, München, 1982.
*Die Heredias (Una familia lejana)*, Deutsche Verlagsanstalt, Stuttgart, 1981; Ullstein 20578, Berlin, 1985.
*Das Haupt der Hydra (La cabeza de la hidra)*, Deutsche Verlagsanstalt, Stuttgart, 1983; Knaur Tb.1295, München, 1985.
*Der alte Gringo (Gringo viejo)*, Deutsche Verlagsanstalt, Stuttgart, 1986.

## Sekundärliteratur

### I Bibliographie

Richard M. Reeve, *An Annotated Bibliography on Carlos Fuentes*, in *Hispania*, LIII, Appleton (Wisconsin), 1970, 595–652.
Angel Flores, *Bibliografía de escritores hispanoamericanos*, New York, 1975, 105–109, 182.

### II Untersuchungen

H. Giacoman (Hg.), *Homenaje a Carlos Fuentes*, Las Américas, New York, 1971.

Befumo Boschi, L./Cabrera, E., *Nostalgia del futuro en la obra de C. Fuentes*, Buenos Aires, 1973.

Carballo, Emmanuel, *Diecinueve protagonistas de la literatura mexicana del siglo XIX*, México, 1965, 427–448.

Curtis, Dagoberto, *La desilusión de la Revolución Mexicana de 1910 vista en la obra de C. Fuentes*, Univ. of Southern California, 1972. (Diss.)

Díaz-Lastra, Alberto, *La definición literaria, política y moral de Carlos Fuentes*, in *La Cultura de México, Siempre*, Nr. 718, 1967, 1–9.

Durán, Manuel, *Tríptico mexicano, Sep Setentas*, México, 1973, 51–133.

Goytisolo, Juan, *Terra Nostra*, in *Dissidenten*, edition suhrkamp 1224, Frankfurt, 1984, 177–213.

Guzmán, Daniel, *Carlos Fuentes*, Twayne, New York, 1972.

Langford, Walter M., *The Mexican Novel Comes of Age*, Univ. of Notre Dame Press, 1971, 127–150.

Pamies, Alberto N./Berry, C. D., *Carlos Fuentes y la dualidad integral mexicana*, Ed. Universal, Miami, 1969.

Reeve, Richard M., *The Narrative Technique of C. Fuentes 1954–1964*, Univ. of Illinois, 1967. (Diss.)

Rodríguez-Monegal, E., *El mundo mágico de C. Fuentes*, in *Número*, I, Nr. 2, Montevideo, 1963, 144–159.

Salinas, Judy, *Social Reform in Selected Works of C. Fuentes*, Univ. of Oklahoma, 1970. (Diss.)

Sommers, Joseph, *After the Storm*, Univ. of New Mexico Press, 1968, 95–164.

# Gabriel García Márquez

6. März 1928 in Aracataca (Columbien) geboren. Er wurde von seinen Großeltern erzogen und besuchte ab 1940 eine Jesuitenschule in Zipaquirá, in der Nähe von Bogotá. Anschließend begann er Jura zu studieren, wechselte jedoch bald zum Journalismus über und schrieb für die Tageszeitung *El Espectador* (Bogotá). Hier publizierte er 1947 seine erste Erzählung *La tercera resignación* (Die dritte Resignation). Nach den Unruhen des »Bogotazo« – durch die Ermordung des Führers der liberalen Partei Jorge Eliécer Gaitán provoziert – kehrte er an die caribische Küste zurück. Zunächst arbeitete er in Cartagena für die Zeitung *El Universal*, ab 1949 dann für *El Heraldo* in Barranquilla. Dort entstand eine Freundesgruppe, *La Cueva* (Die Höhle) genannt, zu der der Maler Alejandro Obregón, der Schriftsteller Alvaro Cepeda Samudio und die Journalisten und Kritiker Alfonso Fuenmayor sowie Germán Vargas gehörten. Der catalanische Buchhändler Ramón Vinyes galt als ihr »Lehrmeister«. In dieser Zeit beschäftigte sich García Márquez mit dem Projekt eines Romans, *La Casa* (Das Haus), das er dann jedoch aufgab. Gegen 1951 begann er mit der Arbeit an seinem ersten Roman *La hojarasca (Laubsturm)*, der dann 1955 publiziert wurde. 1954 kehrte er nach Bogotá zurück und war wieder für *El Espectador* tätig, der ihn 1955 als Korrespondent nach Rom schickte. Dort studierte García Márquez am Centro Sperimentale di Cinematografía. Wenig später zog er nach Paris. Nach dem Verbot der Zeitung durch General Rojas Pinilla lebte er in großen finanziellen Schwierigkeiten und schrieb seinen zweiten Roman *El coronel no tiene quién le escriba* (Der Oberst hat niemand, der ihm schreibt). 1957 kehrte er nach Columbien zurück und arbeitete als Journalist in Carácas. 1961 eröffnete er das Büro der cubanischen Nachrichtenagentur *Prensa Latina* in Bogotá, war einige Monate lang ihr Korrespondent in New York und zog dann nach México, wo er u. a. mehrere Filmdrehbücher schrieb. 1967 erschien sein Roman *Cien años de soledad (Hundert Jahre Einsamkeit)*, der auf das erste Romanprojekt *La Casa* zurückgriff. *Hundert Jahre Einsamkeit* brachte ihm Weltruhm. Von 1968 bis 1975 lebte García Márquez als freier Schriftsteller in Barcelona; seitdem in México. Er leitete gemeinsam mit Julio Cortázar und anderen die drei Sitzungen des Russell-Kommitees über die Folter in Lateinamerika (1973–75). In Bogotá gab er einige Jahre eine politische Zeitschrift heraus *(Alternativa)*, wirkte an der Gründung einer neuen Tageszeitung mit und engagiert sich für die Verwirklichung des Sozialismus in Lateinamerika. Seit einigen Jahren verbringt er jedes Jahr einige Monate in Cuba, wo er Direktor der neuen »Schule für Film und Fernsehen« ist. Die mit den beiden literarischen Auszeichnungen (Rómulo-Gallegos-Preis, 1972; Books Abroad, 1974) verbundenen Geldsummen stiftete er politischen Gruppen. 1982 erhielt er den Nobelpreis für Literatur.

## Autobiographische Notiz (1966)

Ich heiße Gabriel García Márquez, mein Herr. Es tut mir leid: Mir gefällt dieser Name auch nicht, denn er ist eine Folge von Gemeinplätzen, die ich niemals mit mir selber identifizieren konnte. Ich wurde in Aracataca, Columbien, vor fast vierzig Jahren geboren, und noch bereue ich es nicht. Mein Sternzeichen sind die Fische, und meine Frau ist Mercedes. Das sind die beiden wichtigsten Dinge, die mir im Leben widerfahren sind, denn dank ihnen ist es mir bisher gelungen, schreibend mein Leben zu fristen.

Ich bin Schriftsteller aus Schüchternheit. Mein wahrer Beruf ist Zauberkünstler, doch ich gerate so durcheinander, wenn ich einen Trick versuche, daß ich in die Einsamkeit der Literatur flüchten mußte. Beide Beschäftigungen jedenfalls führen zu dem einzigen, was mich von Kind auf interessiert hat: daß meine Freunde mir gewogener sind.

In meinem Fall ist es ein ungewöhnliches Verdienst, Schriftsteller zu sein, denn ich stelle mich beim Schreiben sehr schwerfällig an. Ich muß mich einer brutalen Disziplin unterwerfen, um in acht Arbeitsstunden eine halbe Seite fertig zu bekommen; ich schlage mich mit jedem einzelnen Wort, und fast immer trägt es den Sieg davon, aber ich bin so starrköpfig, daß ich in zwanzig Jahren vier Bücher veröffentlicht habe. Das fünfte, das ich gerade schreibe (*Hundert Jahre Einsamkeit*), kommt langsamer voran als die anderen, da mir zwischen den Gläubigern und einer Neuralgie wenig freie Stunden bleiben.

Ich spreche nie über Literatur, weil ich nicht weiß, was sie ist, und überdies bin ich überzeugt, daß die Welt ohne sie die gleiche wäre. Dagegen bin ich überzeugt, daß sie völlig anders wäre, wenn es keine Polizei gäbe. Darum glaube ich, daß es für die Menschheit nützlicher gewesen wäre, wenn ich nicht Schriftsteller, sondern Terrorist wäre.

(Übersetzt von Dieter E. Zimmer, *Die Zeit*, 10. 10. 1975)

## Werke

### I

| | |
|---|---|
| *La hojarasca* (Roman) | 1955 |
| *El coronel no tiene quién le escriba* (Roman) | 1961 |
| *Los funerales de la Mamá Grande* (Erzählungen) | 1962 |
| *La mala hora* (Roman) | 1962 |
| *Cien años de soledad* (Roman) | 1967 |
| *Isabel viendo llover en Macondo* (Erzählung) | 1969 |
| *Relato de un náufrago* (Bericht) | 1970 |
| *La increíble y triste historia de la cándida Eréndira y de su abuela desalmada* (Erzählungen) | 1972 |

Ojos de perro azul (Erzählungen 1948–52)                                    1973
Cuando era feliz e indocumentado (Reportagen der 50er Jahre)        1974
El otoño del patriarca (Roman)                                                       1975
Crónica de una muerte anunciada (Roman)                                       1981
Obra periodística, Bd. 1: Textos costeños.                                        1981
Obra periodística, Bd. 2 und 3: Entre cachacos I und II.                    1982
Obra periodística, Bd. 4: De Europa y América. (1955–1960).           1983
Viva Sandino! (Filmdrehbuch)                                                         1982
El amor en los tiempos del cólera (Roman)                                       1985
La aventura de Miguel Littín (Reportage)                                         1986
El verano feliz de la señora Forbes (Erzählung)                                1986

## II  García Márquez in deutscher Sprache

Die Liebe in den Zeiten der Cholera (El amor en los tiempos del cólera),
    Kiepenheuer/Witsch, Köln, 1987.
Chronik eines angekündigten Todes (Crónica de una muerte anunciada),
    Kiepenheuer/Witsch, Köln, 1981; KiWi 39, 1983; dtv 10564, München,
    1986.
Die böse Stunde (La mala hora), Kiepenheuer/Witsch, Köln, 1979; dtv
    1717, München, 1981.
Der Herbst des Patriarchen (El otoño del patriarca), Kiepenheuer/Witsch,
    Köln, 1978; dtv 1537, München, 1980.
Hundert Jahre Einsamkeit (Cien años de soledad), Kiepenheuer/Witsch,
    Köln, 1970; KiWi 3, 1982; dtv 10249, München, 1984.
Laubsturm (La hojarasca), Kiepenheuer/Witsch, Köln, 1975; dtv 1432,
    München, 1979; dtv Großdruck 2557, 1983.
Das Leichenbegängnis der Großen Mama und andere Erzählungen (Los
    funerales de la Mama Grande), Kiepenheuer/Witsch, Köln, 1974; dtv
    1237, München, 1976.
Der Oberst hat niemand, der ihm schreibt (El coronel no tiene quién le
    escriba), Kiepenheuer/Witsch, Köln, 1976; KiWi 23, 1983; dtv 1601,
    München, 1980.
Die unglaubliche und traurige Geschichte von der einfältigen Eréndira und
    ihrer herzlosen Großmutter (La increíble y triste historia de la cándida
    Eréndira y de su abuela deslamada), KiWi 102, Kiepenheuer/Witsch,
    Köln, 1986.
Un día después del sábado/Ein Tag nach dem Samstag, Reclam (zweispra-
    chig), UB 9859, Stuttgart, 1977.
Bericht eines Schiffbrüchigen (Relato de un naúfrago), KiWi 13, Kiepen-
    heuer/Witsch, Köln, 1982; dtv 10376, München, 1985.
Augen eines blauen Hundes. Frühe Erzählungen, KiWi 26, Kiepenheuer/
    Witsch, Köln, 1982 (zuvor veröffentlicht als Die Nacht der Rohrdom-

*meln*, ibd. 1980); dtv 10154, München, 1983.
*Die Geiselnahme. Filmdrehbuch*, P. Hammer, Wuppertal, 1982; dtv 10295, München, 1984.
*Der Geruch der Guayave. Gespräche mit Plino Apuleyo Mendoza*, KiWi 38, Kiepenheuer/Witsch, Köln, 1983.
*Die Giraffe aus Barranquilla. Journalistische Arbeiten 1948–1952*, KiWi 45, Kiepenheuer/Witsch, Köln, 1984.
*Der Beobachter aus Bogotá. Journalistische Arbeiten 1954–1955*, KiWi 71, Kiepenheuer/Witsch, Köln, 1985.
*Zwischen Karibik und Moskau. Journalistische Arbeiten 1955–1959*, KiWi 107, Kiepenheuer/Witsch, Köln, 1986.
*Das Abenteuer von Miguel Littin*, Kiepenheuer/Witsch, Köln, 1988.

## Sekundärliteratur

### I Bibliographie

M. Vargas Llosa, *G. G. M.: Historia de un deicidio*, Barcelona, 1971, 236–246.
Angel Flores, *Bibliografía de escritores hispanoamericanos*, New York, 1975, 112–115, 182/3.
Fau, Margaret Eustella, *Gabriel García Márquez. An annotaded bibliography*, *1947–1979*, Greenwood Press, Westport/Connecticut – London, 1980.

### II Sammelbände

H. F. Giacoman (Hg.), *Homenaje a G. García Márquez*, New York, 1972.
*Recoplicaión de textos sobre G. G. M.*, Havanna, 1969.
*Nueve asedios a G. M.*, Santiago de Chile, 1969.
*García Márquez. El escritor y la crítica*, Ed. der Peter Earle, Taurus, Madrid, 1981.
*Silex*, Nr. 11: *G. García Márquez*, Revue trimestrielle, Grenoble, 1979.
Koenigs, Tom (Hg.), *Mythos und Wirklichkeit. Materialien zum Werk von G. G. M.*, Kiepenheuer/Witsch, Köln, 1985.
Martínez, Pedro Simón (Hg.), *Sobre García Márquez*, Biblioteca de Marcha, Montevideo, 1971.

## III Monographien

Arnau, Carmen, *El mundo mítico de G. G. M.*, Barcelona, 1971, 1975.

Collazos, Oscar, *García Márquez: La soledad y lo gloria. Su vida y su obra*, Barcelona, 1983; dt.: *Gabriel García Márquez. Sein Leben und sein Werk*, Kiepenheuer/Witsch, Köln, 1987.

Fernández-Braso, Miguel, *G. G. M. Una conversación infinita*, Madrid, 1969.

Ferguson, John W., *G. G. M. A Study of »Cien años de soledad«*, Florida State Univ., 1972. (Diss.)

González, Olga, *El mundo de Macondo en la obra de G. M.*, Univ. of California at Riverside, 1970. (Diss.)

Gullón, Ricardo, *G. M. o el olvidado arte de contar*, Madrid, 1970.

Levine, Suzanne Jill, *El espejo hablado*, Ed. Monte Avila, Carácas, 1975.

Ludmer, Josefina, *»Cien años de soledad«, una interpretación*, Buenos Aires, 1972.

Maturo, Graciela, *Claves simbólicas de G. M.*, Buenos Aires, 1972.

Mejía, Duque, Jaime, *Mito y realidad en G. G. M.*, Bogotá/Medellín, 1970.

Mema, Lucila, *Historia, fantasía y mito en »Cien años de soledad«*, Georgetown Univ., Washington D. C., 1972. (Diss.)

Strausfeld, Mechtild, *Aspekte des neuen lateinamerikanischen Romans und ein Modell: »Hundert Jahre Einsamkeit« (G. G. M.)*, Frankfurt/Bern, 1976. (Diss.)

Vargas Llosa, Mario, *G. M. Historia de un deicidio*, Barcelona, 1971.

West, Dennis D., *The Narrative of G. G. M.*, Univ. of Illinois, 1972. (Diss.)

## IV Aufsätze

Boldori, Rosa F., *»Cien años de soledad« y la novela latinoamericana*, Univ. de Santa Fe (Argentinien), Nr. 79, 1969, 21–106.

Dorfman, Ariel, *La muerte como acto imaginativo en »Cien años de soledad«*, in id., *Imaginación y violencia en América*, Santiago de Chile, 1970, 183–190; Barcelona, 1973.

Gallagher, David, *G. García Márquez*, in id., *Modern Latin American Literature*, Oxford UP, 1973, 144–163.

Levine, Suzanne J., *Lo real maravilloso de Carpentier y G. M.*, in *ECO*, Nr. 120, Bogotá, 1970, 563–576.

Müller, Leopoldo, *De Viena a Macondo*, in *Psicoanálisis y literatura en »Cien años de soledad«*, Fundación de Cultura Universitaria, Montevideo, 1969, 1–58. (Cuad. de Literatura 14)

Rama, Angel, *G. M. La violencia americana*, in *Nueve asedios*, [s. o. II], 106–125.

Id., *Una galería de dictadores*, in *ECO*, Nr. 178, 1975, 408–444.

Rodríguez-Monegal, Emir, *Novedad y anacronismo de »Cien años de soledad«*, in *Revista Nacional de Cultura*, XXIX, Nr. 185, Carácas, 1968, 3–21.

Segre, Cesare, *Il tempo curvo di G. M.*, in id., *I segni y la crítica*, Torino, 1969, 251–295.

Volkenning, Ernesto, *G. G. M. o el trópico desembrujado*, in ECO, Nr. 40, Bogotá, 1963, 275–293.

Id., *Anotado al margen de »Cien años de soledad«*, in *ECO*, Nr. 87, 1967, 295–303.

Id., *El patriarca no tiene quién lo mate*, in *ECO*, Nr. 178, 1975, 337–388.

Rama, Angel, *Los dictadores latinoamericanos*, México, fce, 1976.

# Mario Vargas Llosa

Am 28. 3. 1936 in Arequipa (Südperu) geboren. Er verbrachte seine Kindheit zunächst in Cochabamba (Bolivien), später in Piura (Nordperu) und dann in Lima. Dort beendete er seine Schulzeit in der Kadettenanstalt »Leoncio Prado«. Diese beiden Jahre bleiben ihm unvergeßlich und werden in seinem ersten Roman literarisch verarbeitet. Vargas Llosa begann sein Philologiestudium an der Universität von San Marcos in Lima und setzte es in Madrid fort. Anschließend zog er nach Paris und unterrichtete an der Berlitz School. Desgleichen arbeitete er bei der Agence France Press und der Radiodiffusion Française. Seine erste schriftstellerische Arbeit waren die Erzählungen *Los Jefes*, die 1959 publiziert und mit dem Preis »Leopoldo Alas« ausgezeichnet wurden. Der Autor überarbeitete die Texte später, die endgültige Version erschien 1971. Die Veröffentlichung seines ersten Romans *La ciudad y los perros (Die Stadt und die Hunde;* 1962) bedeutete für den erst sechsundzwanzigjährigen Autor bereits den Durchbruch zum internationalen Ruhm. Desgleichen trug er ihm die Auszeichnung ein, die Exemplare seines Buches öffentlich in Lima verbrannt zu sehen. 1966 folgte der zweite Roman *La casa verde (Das grüne Haus),* für den Vargas Llosa zunächst den spanischen Kritikerpreis und dann den Rómulo-Gallegos-Preis (1967) erhielt. Die Rede anläßlich der Verleihung trug den Titel: *La literatura es fuego (Die Literatur ist Feuer).* Seit dieser Zeit hat Vargas Llosa viele weitere Bücher publiziert: Romane, Theaterstücke, literarische Untersuchungen, journalistische Arbeiten usw. Er zählt zu den bedeutendsten Autoren Lateinamerikas und steht unverändert im Mittelpunkt der Aufmerksamkeit der Medien und der Kritik. Sein Werk wird in fünfundzwanzig Sprachen übersetzt.

Vargas Llosa verließ Peru 1958 und lebte in mehreren europäischen Städten, u. a. mehrere Jahre in Paris, Madrid und Barcelona. In dieser Zeit verbrachte er auch häufig einige Monate in den USA und übernahm dort Gastprofessuren an verschiedenen Universitäten. 1975 kehrte er nach Lima zurück.

Von 1976 bis 1979 war Vargas Llosa Präsident des internationalen PEN-Clubs. Seit etwa 1980 verbringt er jedes Jahr einige Monate in London, um (relativ) ungestört seiner literarischen Arbeit nachgehen zu können. Er hält weiterhin einige Gastseminare in den USA oder Europa, war Jurymitglied von Filmfestivals oder Literaturpreisen, schreibt regelmäßig Artikel zu politischen und literarischen Themen und hat zahllose Preise und Auszeichnungen erhalten (Ritz-Hemingway Preis für *Der Krieg am Ende der Welt,* 1985; Príncipe de Asturias Preis, 1986).

# Werke

## I

| | |
|---|---|
| *Los jefes* (Erzählungen) | 1959 |
| (Definitive Fassung, zusammen mit *Los cachorros*, 1980) | |
| *La ciudad y los perros* (Roman) | 1963 |
| *La casa verde* (Roman) | 1966 |
| *Los cachorros* (Novelle) | 1967 |
| *Conversación en la catedral* (Roman) | 1969 |
| *García Márquez: Historia de un deicidio* (Essay) | 1971 |
| *Historia secreta de una novela (La casa verde)* (Essay) | 1972 |
| *Pantaleón y las visitadoras* (Roman) | 1973 |
| *La orgía perpetua: Flaubert y Madame Bovary* (Essay) | 1975 |
| *La tía Julia y el escribidor* (Roman) | 1977 |
| *La guerra del fin del mundo* (Roman) | 1981 |
| *La señorita de Tacna* (Theater) | 1981 |
| *Contra viento y marea* (Artikel von 1962–1982) | 1983 |
| (Erweiterte Neuausgabe in zwei Bänden, 1986) | |
| *Kathie y el hipopótamo* (Theater) | 1983 |
| *Historia de Mayta* (Roman) | 1984 |
| *La Chunga* (Theater) | 1986 |
| *Quién mató a Palomino Molero?* (Roman) | 1986 |
| *El hablador* (Roman) | 1987 |
| *Elogio de la madrastra* (Roman) | 1988 |

Vargas Llosa hat viele Artikel, Vor-/Nachworte, Untersuchungen usw. geschrieben, die noch nicht in einem Band zusammengefaßt worden sind, u. a. zu J. M. Arguedas, *Tirant lo Blanc* (von Joanot Martorell), Rubén Darío, Bataille, Camus und Sartre wie zu fünfundzwanzig Romanen, die der Autor im Auftrag des Círculo de Lectores, Barcelona, ausgewählt hat für eine Sonderreihe, Biblioteca de plata (1987 ff.) – u. a. *Der Steppenwolf, Lolita, Der Leopard, Die Kraft und die Herrlichkeit, Die Blendung* usw.

## II Vargas Llosa in deutscher Sprache

*Die Stadt und die Hunde (La ciudad y los perros)*, Rowohlt, Hamburg, 1966; suhrkamp taschenbuch 622, Frankfurt, 1980.

*Das grüne Haus (La casa verde)*, Rowohlt, Hamburg 1968; suhrkamp taschenbuch 342, Frankfurt, 1976.

*Die kleinen Hunde (Los cachorros)*, Bibliothek Suhrkamp 439, Frankfurt, 1975 (mit einem Nachwort von J. M. Oviedo).

*Gespräch in der Kathedrale (Conversación en la catedral)*, (zuvor: *Die andere Seite des Lebens*, Claassen, Düsseldorf, 1976), suhrkamp taschenbuch 1015, Frankfurt, 1984.

*Der Hauptmann und sein Frauenbataillon (Pantaleón y las visitadoras),* Claassen, Düsseldorf, 1975; suhrkamp taschenbuch 959, Frankfurt, 1986.

*Tante Julia und der Kunstschreiber (La tía Julia y el escribidor),* (zuvor: *Tante Julia und der Lohnschreiber,* Steinhausen, München, 1979), überarbeitete Übersetzung, Suhrkamp, Frankfurt, 1985.

*Die ewige Orgie. Flaubert und Madame Bovary,* Rowohlt (dnb 138), Hamburg, 1980.

*Der Krieg am Ende der Welt (La guerra al fín del mundo),* Suhrkamp, Frankfurt, 1982; suhrkamp taschenbuch 1343, Frankfurt 1987.

*Maytas Geschichte (La historia de Mayta),* Suhrkamp, Frankfurt, 1986.

*Wer hat Palomino Molero umgebracht? (Quién mató a Palomino Molero)* (Suhrkamp, Frankfurt, 1988).

*Gegen Wind und Wellen. Aufsätze und Artikel,* edition suhrkamp 1511, Frankfurt, 1988.

## Sekundärliteratur

### I Bibliographie

J. M. Oviedo, *Mario Vargas Llosa: La invención de una realidad,* Barcelona, 1970, (erw.) 1977 und aktualisierte, erweiterte Neuauflage 1982, 381–460.

Angel Flores, *Bibliografía de escritores hispanoamericanos,* New York, 1975, 176–180.

### II Sammelbände

Díez, Luis Alfonso (Hg.), *Asedios a M. Vargas Llosa,* Ed. Universitaria, Santiago, 1972.

Giacoman, H. (Hg.), *Homenaje a M. Vargas Llosa,* Las Américas, New York, 1971. (Enthält die Rede *La literatura es fuego,* 17–21.)

(Versch.), *Agresión a la realidad,* Inventarios Provisionales de Letras, Tenerife, 1972.

*Mario Vargas Llosa. El escritor y la crítica,* Ed. a cargo de José Miguel Oviedo, Taurus, Madrid, 1982.

Oviedo, José Miguel, *M. Vargas Llosa: La invención de una realidad,* Barcelona, 1970, erweiterte Neuauflage, Barcelona, 1982.

Rossman, Ch./Friedman, A.W. (Hg.), *Mario Vargas Llosa. A Selection of Critical Essays,* Austin, 1978.

*Mario Vargas Llosa. Semana de autor,* Ed. Cultura Hispánica, Madrid, 1985.

## III Untersuchungen

Boldori de Baldussi, Rosa, *Vargas Llosa – un narrador y sus demonios*, Fernando García Cambeiro, Buenos Aires, 1974.

Cano Gaviria, Ricardo, *El Buitre y el ave fénix. Conversación con M. Vargas Llosa*, Anagrama, Barcelona, 1972.

Diez, Luis A., *M. Vargas Llosa's Pursuit of the Total Novel. A Study of Style and Technique in Relation to Moral Intention*, CIDOC, Cuernavaca, 1970.

Dorfman, Ariel, *J. María Arguedas y M. Vargas Llosa: dos visiones de una sola América*, in id., *Imaginación y violencia en América*, Ed. Universitaria, Santiago, 1970, 193–223; Anagrama, Barcelona, 1973.

Fernández, Casto M., *Aproximación formal a la novelística de Vargas Llosa*, Madrid, 1977.

Frank, Roselyn M., *La visión narrativa de Vargas Llosa en »Los jefes«, »La ciudad y los perros« y »Los cachorros«*, Iowa Univ., 1972. (Diss.)

Lafforgue, Jorge, *M. Vargas Llosa, moralista*, in id., *Nueva novela latinoamericana I*, Paidós, Buenos Aires, 1969, 209–240.

Luchting, Wolfgang, *Constantes en la obra de M. Vargas Llosa*, in *Razón y Fábula*, Nr. 12, Bogotá, 1969, 36–45.

Martín, José Luis, *La narrativa de Vargas Llosa. Acercamiento estilístico*, Madrid, 1974.

Oviedo, José Miguel, *M. Vargas Llosa: La invención de una realidad*, Barcelona, 1970. Erw. Neuauflage 1982.

Rodríguez-Monegal, Emir, *Madurez de Vargas Llosa* [über *Das grüne Haus*], in *Mundo Nuevo*, Nr. 3, Paris, 1966, 62–72.

Setti, Ricardo A., *Conversas com Vargas Llosa,* São Paulo, 1986.

Inzwischen wurden zahlreiche Doktorarbeiten über das Werk von Vargas Llosa publiziert (fünfundzwanzig hat J. M. Oviedo in seiner Untersuchung aufgelistet), desgleichen gibt es mehrere Sondernummern literarischer Zeitschriften, die seinem Werk gewidmet sind (aufgelistet bei J. M. Oviedo).

# Manuel Puig

Manuel Puig wurde 1932 in einer argentinischen Kleinstadt (General Ville-gas) geboren. Er studierte Sprachen und Philosophie an der Universität von Buenos Aires, gab sein Studium jedoch kurz vor dem Abschluß auf. 1956 ging er nach Rom mit einem Stipendium und studierte am Centro Speri-mentale di Cinematografía. Aber die Schule schien ihm viel zu dogmatisch und neo-realistisch, als daß sie sich mit der Wirklichkeit, an der er interes-siert war, hätte auseinandersetzen können. Es folgten vier Jahre ausge-dehnter Reisen (per Anhalter) durch ganz Europa, die durch verschiedene »Jobs« (als Tellerwäscher, Fensterputzer, Sprachlehrer, Regieassistent) unter-brochen wurden.

Als er 1962 an einem Filmskript arbeitete, stellte er fest, daß nicht der Film, sondern die Literatur es ihm ermöglichen würde, seine Erfahrungen und seine Wirklichkeit adäquat mitzuteilen. So entschloß er sich, Rom ge-gen New York zu vertauschen, und arbeitete als Flugscheinverkäufer im Kennedy Airport. Nach drei Jahren, in denen er jeweils nach Ende der Bürozeit schrieb, war sein erster Roman beendet. Aber es dauerte weitere drei Jahre, bis er einen spanischen Verleger fand. 1968 erschien das Buch unter dem Titel *La traición de Rita Hayworth (Verraten von Rita Hay-worth*, Suhrkamp, 1976). Es wurde bereits im folgenden Jahr in der franzö-sischen Übersetzung von »Le Monde« zu einem der besten Bücher des Jahres gewählt. Weitere vierzehn Übersetzungen folgten.

1969 folgte der zweite Roman *Boquitas pintadas (Der schönste Tango der Welt*, Suhrkamp, 1975), der wie auch sein erstes Werk die heimatliche Kleinstadt zum Hintergrund hat. Dieser Roman wurde von Torre Nilsson verfilmt; der Film erhielt auf dem Festival von San Sebastián 1974 die Aus-zeichnung für das beste Filmskript. Es war das erste Drehbuch Puigs, seit-dem er sich der Literatur zugewandt hatte.

Seit dem internationalen Erfolg von *Boquitas pintadas* zählt Manuel Puig zu den renommiertesten zeitgenössischen Romanciers Lateinamerikas, dessen Werke stets mit Spannung erwartet werden und sogleich weltweite Verbreitung finden.

Manuel Puig lebte nochmals mehrere Jahre in New York und seit 1979 in Rio de Janeiro. Sein Werk erhielt verschiedene Preise, u. a. in Italien, Frankreich, Brasilien und in den USA. Die Verfilmung seines Romans *Der Kuß der Spinnenfrau* wurde 1986 mit einem Oscar in Hollywood ausge-zeichnet.

## Werke

### I

*La traición de Rita Hayworth*                                                1968
*Boquitas pintadas* (Roman)                                                   1969
*The Buenos-Aires Affair* (Roman)                                             1973
*El beso de la mujer araña* (Roman)                                           1976
*Pubis angelical* (Roman)                                                     1979
*Maldición eterna a quién lea estas páginas* (Roman)                          1980
*Sangre de amor correspondido* (Roman)                                        1982
*Bajo un manto de estrellas* (Theater) und
*El beso de la mujer araña* (Theaterfassung des Romans)                       1983
*La cara del villano* (Drehbuch) und *Recuerdo de Tijuana* (Drehbuch)  1985
*Cae la noche tropical* (Roman)                                               1988

### II  Manuel Puig in deutscher Sprache

*Verraten von Rita Hayworth* (*La traición de Rita Hayworth*), suhrkamp
    taschenbuch 344, Frankfurt, 1976.
*Der schönste Tango der Welt* (*Boquitas pintadas*), Suhrkamp, Frankfurt,
    1975; suhrkamp taschenbuch 474, 1978.
*Der Kuß der Spinnenfrau* (*El beso de la mujer araña*), Suhrkamp, Frank-
    furt, 1979; suhrkamp taschenbuch 869, 1983.
*Die Engel von Hollywood* (*Pubis angelical*), Suhrkamp, Frankfurt, 1981;
    suhrkamp taschenbuch 1165, 1985.
*Herzblut erwiderter Liebe* (*Sangre de amor correspondido*), Suhrkamp,
    Frankfurt, 1985.
*Der Kuß der Spinnenfrau. Theaterfassung*, Suhrkamp, Frankfurt, 1983.
*Unter einem Sternenzelt. Theaterstück*, Suhrkamp, Frankfurt, 1985.

### Sekundärliteratur

#### I  Bibliographie

Angel Flores, *Bibliografía de escritores hispanoamericanos*, New York,
    1975, 275–277.

#### II  Untersuchungen

MacAdam, Alfred, *La crónicas de M. P.*, in *Cuadernos Hispanoamericanos*,
    Nr. 274, Madrid, 1973, 84–107.

Piglia, Ricardo, *Clase media: cuerpo y destino. Una lectura de »La traición de Rita Hayworth«*, in J. Lafforgue (Hg.), *Nueva novela latinoamericana 2*, Buenos Aires, 1972, 350–362.

Rodríguez-Monegal, Emir, *»La traición de Rita Hayworth«. Una tarea de desmitificación*, in id., *Narradores de esta América 2*, Buenos Aires, 1974, 365–393.

Sosnowski, Saúl, *Entrevista a. M.P.*, in *Hispamérica*, I, Nr. 3, College Park, Maryland, 1973, 69ff.

# I Sekundärliteratur allgemein

Angel Flores, *Bibliografía de escritores hispanoamericanos 1609–1974*, Gordon Press, New York, 1975.

Dieter Reichardt, *Lateinamerikanische Autoren. Literaturlexikon und Bibliographie der deutschen Übersetzungen*, Erdmann, Tübingen, 1972. Veränderte, erweiterte und aktualisierte Neuauflage in Vorbereitung, Suhrkamp, Frankfurt, 1990.

Gustav Siebenmann/Donatella Casetti, *Bibliographie der aus dem Spanischen, Portugiesischen und Katalanischen ins Deutsche übersetzten Literatur. 1945–1983*, Niemeyer, Tübingen, 1985.

Regina Schmolling/Klaus Meyer-Minnemann, *Hundert Jahre Literatur in Lateinamerika. Spanisch-amerikanische und brasilianische Belletristik in deutschen Übersetzungen*, in *Buch und Bibliothek* 11/12, Nov./Dez. 1983, 860–880.

Jean Franco (Hg.), *The Penguin Companion to Literature. 3. USA/Latin America*, London, 1971.

P. Orgambide/R. Yahni (Hg.), *Enciclopedia de la literatura argentina*, Ed. Sudamericana, Buenos Aires, 1970.

A. Ocampo de Gómez/E. Prado Velázquez (Hg.), *Diccionario de escritores mexicanos*, UNAM, México, 1967.

Pedro Shimose (Hg.), *Diccionario de Autores Iberoamericanos*, Ministerio de Asuntos Exteriores, Madrid, 1982.

*Diccionario de la literatura cubana*, 2 Bde., hg. vom Instituto de Literatura y Lingüística de la Academie de Ciencias de Cuba, Havanna, 1980 und 1984.

Fernando Alegría, *Historia de la novela hispanoamericana*, México, 1966. Id., *Nueva historia de la novela hispanoamericana*, Ed. del Norte, Hanover/USA, 1986.

Giuseppe Bellini, *Historia de la literatura hispanoamericana*, Ed. Castalia, Madrid, 1985.

John S. Brushwood, *La novela hispanoamericana del Siglo XX*, Fondo de cultura económica, México, 1984.

Jean Franco, *An Introduction to Spanish American Literature*, London, 1969. Id., *The Modern Culture of Latin America*, London, 1970.

Pedro Henríquez Ureña, *Historia de la cultura en la América Hispánica*, fce, México, 1970.

Mariano Picón-Salas, *De la Conquista a la Independencia*, fce, México, 1969.

Darcy Ribeiro, *Unterentwicklung, Kultur und Zivilisation. Ungewöhnliche Versuche,* edition suhrkamp 1018, Frankfurt, 1980.

Tulio Halperín Donghi, *Historia contemporánea de América Latina*,

Alianza, Madrid, 1970 (aktualisierte dt. Übersetzung in Vorbereitung, Suhrkamp 1989).

*Fischer Weltgeschichte 22 und 23 (Süd- und Mittelamerika)*, Fischer Taschenbücher, Frankfurt, 1965.

*Historia de América Latina*, 5 Bde., hg. von Nicolás Sánchez-Albornoz, Alianza, Madrid, 1985 ff.

*Die Neue Welt. Chroniken Lateinamerikas von Kolumbus bis zu den Unabhängigkeitskriegen*, hg. von E. Rodríguez-Monegal, suhrkamp taschenbuch 811, Frankfurt, 1982.

*Der lange Kampf Lateinamerikas. Texte und Dokumente von José Martí bis Salvador Allende*, hg. von Angel Rama, suhrkamp taschenbuch 812, Frankfurt, 1982.

*Lateinamerika. Gedichte und Erzählungen 1930–1980*, hg. von José Miguel Oviedo, suhrkamp taschenbuch 810, Frankfurt, 1982.

*Horizonte 82. Zweites Festival der Weltkulturen: Dokumente zur Literatur, Malerei, Kultur und Politik Lateinamerikas*, hg. von Michi Strausfeld, *die horen*, Nr. 129, 1983.

*Mythen der Neuen Welt. Zur Entdeckungsgeschichte Lateinamerikas*, hg. von Karl-Heinz Kohl, Berliner Festspiele, Frölich & Kaufmann, Berlin 1982.

Yolanda Julia Broyles, *The German Response to Latin American Literature*, C. Winter, Heidelberg, 1981.

*France-Amérique Latine, Lateinamerika-Frankreich*. Zeitschrift *lendemains 27*, Pahl-Rugenstein, Köln, 1982.

*Lateinamerikaner über Europa*, hg. von Curt Meyer-Clason, edition suhrkamp 1428, Frankfurt, 1987.

## II Untersuchungen

*Actual narrativa latinoamericana*, hg. von Casa de las Américas, Havanna, 1970.

José María Arguedas, *Formación de una cultura nacional indoamericana*, hg. von Angel Rama, Ed. Siglo XXI, México, 1975.

Enrique Anderson Imbert, *Historia de la literatura hispanoamericana*, 2 Bde., México, 1961.

Barnet, Bendetti, Carpentier, Cortázar y otros, *Literatura y arte nuevo en Cuba*, Barcelona, 1971.

Mario Benedetti, *El ejercicio del criterio. 1950–1970*. Ed. Nueva Imagen, México, 1981.

Id., *Letras del continente mestizo*, Ed. Arca, Montevideo, 1975.

Alejo Carpentier, *Tientos y diferencias*, Ed. Arca, Montevideo, 1970; dt. *Stegreif und Kunstgriffe. Essays zur Literatur, Musik und Architektur in Lateinamerika*, edition suhrkamp 1033, Frankfurt, 1980.

Julio Calviño Iglesias, *La novela del dictador en Hispanoamérica*, Ed. Cultura Hispánica, Madrid, 1985.

Juan Gustavo Cobo-Borda, *Letras de esta América*, Univ. Nacional de Colombia, Bogotá, 1986.

Oscar Collazos, *Los Vanguardismos en la América Latina*, Ed. Península, Barcelona, 1977.

Ariel Dorfman, *Imaginación y violencia en América*, Ed. Universitaria, Santiago, 1970; dt. *Ödipus zwischen den Bäumen. Ansichten zur lateinamerikanischen Literatur*, Aufbau, Berlin/Weimar, 1982.

Ronald Daus, *Zorniges Lateinamerika*, Diederichs, Düsseldorf, 1973.

Wolfgang Eitel (Hg.), *Lateinamerikanische Literatur der Gegenwart*, in Einzeldarstellungen, Kröner, Stuttgart, 1978.

Alberto Escobar, *Patio de Letras*, Ed. Monte Avila, Carácas, 1971.

C. Fernández Moreno (Hg.), *América Latina en su literatura*, Siglo XXI, México, 1972.

Roberto Fernández Retamar, *Ensayo de otro mundo*, Ed. Universitaria, Santiago, 1969.

Angel Flores, Silva Cáceres Raúl, *La novela hispanoamericana actual*, Las Américas, New York, 1971.

Carlos Fuentes, *La nueva novela hispanoamericana*, Joaquín Mortíz, México, 1969.

Eduardo Galeano, *Die offenen Adern Lateinamerikas*, Hammer, Wuppertal, ²1972.

David Gallagher, *Modern Latin American Literature*, Oxford UP, 1973.

Juan Goytisolo, *Dissidenten*, edition suhrkamp 1224, Frankfurt, 1984.

Wolf Grabendorff, *Lateinamerika – Kontinent in der Krise*, Hamburg, 1973.

Rudolf Großmann, *Geschichte und Probleme der lateinamerikanischen Literatur*, München, 1969.

Rafael Gutiérrez Girardot, *Horas de estudio*, Instituto Colombiano de Cultura, Bogotá, 1976.

Id., *Modernismo*, Ed. Montesinos, Barcelona, 1983.

Noé Jitrik, *El fuego de la especie*, Buenos Aires, 1972.

Jorge Lafforgue (Hg.), *Nueva novela latinoamericana*, 2 Bde., Ed. Paidós, Buenos Aires, 1972.

Jacques Leenhardt (Hg.), *Idéologies, littérature et société en Amérique latine*, Bruxelles, 1975.

Id. (Hg.), *Littérature latino-américaine d'aujourd'hui*, Colloque de Cérisy, Coll. 10/18, Paris, 1980.

José Lezama Lima, *La expresión americana*, Ed. Alianza, Madrid 1969; dt. *Die amerikanische Ausdruckswelt*, edition suhrkamp 1457, Frankfurt, 1988.

Juan Loveluck, *La novela hispanoamericana*, Ed. Universitaria, Santiago de Chile, 1969.

Juan Manuel Marcos, *De García Márquez al Postboom*, Ed. Orígenes, Madrid, 1986.

Rafael Humberto Moreno-Durán, *De la barbarie a la imaginación*, Ed. Tusquets, Barcelona, 1976.

Marcel Niedergang, *Les vingt Amériques latines*, Paris, 1962.

Julio Ortega, *La contemplación y la fiesta*, Ed. Universitaria, Lima, 1968.

Id., *Relato de la Utopía*, Ed. Gaya Ciencia, Barcelona, 1973.

José Miguel Oviedo, *Escrito al margen*, Instituto Colombiano de Cultura, Bogotá, 1983.

Octavio Paz, *Los signos en rotación y otros ensayos*, Ed. Alianza, Madrid, 1971.

Id., *Essays*, 2 Bde., suhrkamp taschenbuch 1036, Frankfurt, 1984.

Id., *Zwiesprache, Essays zu Kunst und Literatur*, edition suhrkamp 1290, Frankfurt, 1984.

Id., *Der Bogen und die Leier. Poetologische Essays*, Suhrkamp, Frankfurt, 1983.

Id., *Dichtung zwischen Magie und Revolution*. (Von der Romantik zur Avantgarde), in Vorbereitung, Suhrkamp, 1989.

Enrique Pupo-Walker (Hg.), *El cuento hispanoamericana ante la crítica*, Ed. Castalia, Madrid, 1973.

Angel Rama, *La novela latinoamericana 1920–1980*, Instituto Colombiano de Cultura, Bogotá, 1982.

Id., *Transculturación narrativa en América Latina*, Siglo XXI, México, 1982.

Id., *Novísimo narradores hispanoamericanos en marcha. 1964–1980*, Marcha Editores, México, 1981.

Id., *La ciudad letrada*, Ed. del Norte, Hanover/USA, 1984.

Id., *Las máscaras democráticas del Modernismo*, Fundación Angel Rama, Montevideo, 1985.

Id., D. Viñas, J. Franco, J. Leenhardt, A. Cândido y otros, *Más allá del boom. Literatura y mercado*, Marcha Editores, México, 1981.

Emir Rodríguez-Monegal, *Narradores de esta América I*, Ed. Alfa, Montevideo, 1969.

Id., *Narradores de esta América II*, Ed. Alfa, Montevideo, 1974.

Id., *El boom de la novela latinoamericana*, Ed. Tiempo Nuevo, Carácas, 1968.

Jorge Ruffinelli, *Crítica en marcha*, Premiá Editores, México, 1979.

Elena Poniatowska, *Ay vida, no me mereces* (C. Fuentes, R. Castellanos, J. Rulfo, La literatura de la onda), Ed. J. Mortíz, México, 1985.

Françoise Pérus, *Historia y crítica literaria*, Ed. Casa de las Américas, Havanna, 1982.

Guillermo Sucre, *La máscara, la transparencia. Ensayos sobre poesía hispanoamericana*, Ed. Monte Avila, Caracas, 1975.

Arturo Uslar-Pietri, *Godos, insurgentes y visonarios,* Seix-Barral, Barcelona, 1986.

Id., *Veinticino ensayos,* Ed. Monte Avila, Caracas, 1969.

David Viñas, *De Sarmiento a Cortázar,* Buenos Aires, 1969.

Saul Yurkiévich, *La confabulación con la palabra,* Ed. Taurus, Madrid, 1978.

Id., *Fundadores de la nueva poesía latinoamericana,* Ed. Barral, Barcelona, 1973.

## III  Sammelbände: Reihen

*Homenaje a...:* Hg. von H. F. Giacoman, Las Américas/Anaya, New York. (Zu Cortázar, Fuentes, García Márquez, Rulfo, Roa Bastos, Onetti, Carpentier, Sábato; weitere Titel in Vorbereitung.)

*Asedios...:* Hg. von Ed. Universitaria de Chile, Santiago. (Zu García Márquez, Vargas Llosa, Carpentier.)

*Valoración múltiple...:* Hg. von Casa de las Américas, Havanna. (Zu García Márquez, Rulfo, Lezama Lima, Las tres novelas ejemplares, Los Vanguardismos.)

*Estudios Latinoamericanos:* Hg. von Graciela Maturo, Fernando García Cambeiro, Buenos Aires. (Ca. 15 Titel zu einzelnen Autoren, darunter Rulfo, Vargas Llosa, García Márquez, Donoso, Fuentes, Cortázar, Onetti, Roa Bastos.)

*El escritor y la crítica:* Hg. von R. Gullón, Taurus, Madrid. (Zu César Vallejo, Vicente Huidobro, El Modernismo, J. L. Borges, García Márquez, Vargas Llosa, Neruda und anderen; weitere Titel in Vorbereitung. Diese Reihe zeichnet sich durch sorgfältige Auswahl aus.)

## IV  Interviews

Luis Harss, *Los Nuestros,* Ed. Sudamericana, Buenos Aires, 1966.

Emir Rodríguez-Monegal, *El arte de narrar,* Ed. Monte Avila, Caracas, 1968.

Günter W. Lorenz, *Dialog mit Lateinamerika,* Niemeyer, Tübingen, 1970.

Rita Guibert, *Seven voices. Seven Latin American Writers Talk,* Vintage Books, New York, 1972.

Jean-Michel Fossey, *Galaxia latinoamericana. Siete años de entrevistas,* Inventarios provisionales, Las Palmas de Gran Canaria, 1973.

Reina Roffé, *Espejo de escritores. Entrevistas,* Ed. del Norte, Hanover/USA, 1985.

Danubio Torres Fierro, *Memoria plural. Entrevistas a escritores latinoamericanos,* Ed. Sudamericana, Buenos Aires, 1986.

George Steiner, *Tiger im Spiegel [Über Jorge Luis Borges]*, in id., *Exterritorial*, Suhrkamp, 1974, 43–60. Übersetzt von Michael Harro Siegel.
\* 1929 in Paris. Lehrt in Cambridge, England. Von der Harvard University und der University of Chicago wurde ihm der Bell-Preis für Amerikanische Literatur verliehen. Zahlreiche Publikationen, u. a. *Sprache und Schweigen*, 1969. *In Blaubarts Burg*, 1973.

David P. Gallagher, *Die Romane und Kurzgeschichten von Adolfo Bioy Casares*, in: *Bulletin of Hispanic Studies*, Nr. 3, 1975, 247–266. Übersetzt aus dem Englischen von Michi Strausfeld.
\* 1944 in Valparaíso, Chile. Redakteur des Times Literary Supplement 1965–68. Lektor für lateinamerikanische Literatur an der Universität von Oxford 1968–74. Beiträge in The New York Review of Books, New York Times, The Observer etc. *Modern Latin American Literature*, Oxford UP, 1973.

Klaus Müller-Bergh, *Alejo Carpentier – Autor und Werk in ihrer Epoche*, in *Revista Iberoamericana*, XXXIII, Nr. 63, 1967, und in (Versch.), *Historia y mita en la obra de Alejo Carpentier*, Buenos Aires, 1972, 9–42. Übersetzt von Michi Strausfeld, nach der an zweiter Stelle genannten Vorlage.
\* 1936 in Gütersloh. In Bilbao aufgewachsen. Promotion in Yale 1966. Studien in Río de Janeiro und Porto Alegre. Stipendiat der Fulbright Commission, des Concilium on International Studies of Yale, des American Council of Learned Societies. Lehrt zur Zeit lateinamerikanische Literatur an der Universität von Illinois, Chicago Circle. Zahlreiche Artikel in Zeitschriften. *Alejo Carpentier – Estudio biográfico-crítico*, Anaya, Madrid, 1972. Herausgeber von *Asedios a Carpentier: once ensayos críticos sobre el novelista cubano*, Ed. Universitaria, Santiago, 1972.

Carlos Blanco Aguinaga, *Realität und Erzählstil bei Juan Rulfo*, in J. Lafforgue (Hg.), *Nueva novela latinoamericana 1*, Buenos Aires, 1972, 85–113. In überarbeiteter Form für die Rulfo-Werkausgabe von Ed. Universitaria de Santiago de Chile vorgesehen. Diese Fassung liegt der Übersetzung zugrunde. Übersetzt von Kathinka Dittrich.
\* 1926 in Irún. Studium in Spanien, Frankreich, México und USA (Abschluß in Harvard). Langer Aufenthalt in México und Mitarbeit an der Zeitschrift *Nueva Revista de Filología Hispánica* (mit Raimundo Lida). Promotion mit einer Arbeit über Unamuno. Professur an mehreren Universitäten der USA, seit 1963 in La Jolle, California. *El Unamuno Contemplativo*, México, 1959, Barcelona, 1975. *La Juventud del 98*,

México, 1970. *Nueva narrativa latinoamericana*, Madrid, 1976. (Essays zu García Márquez, Carpentier u. a.)

Rubén Bareiro Saguier, *Augusto Roa Bastos und die zeitgenössische Erzählkunst Paraguays*, in *Actual narrativa latinoamericana*, Casa de las Américas, Havanna, 1970, 71–86. Vom Autor für den Materialienband neu bearbeitet. Übersetzt von Michi Strausfeld.
* 1930 in Villeta de Guarnipatán, Paraguay. Professor für lateinamerikanische Literatur, zunächst in Asunción, seit 1962 in Paris. Seit 1971 lehrt Bareiro Saguier an der Pariser Universität VIII auch Guaraní. Essayist, Dichter und Schriftsteller. Zahlreiche Veröffentlichungen, *Bibliografía de Ausente* (Poesie), 1964. *Paraguay, nation de métis* (Essay), 1963. *Ojo por diente* (Erzählungen), 1972.

Mario Vargas Llosa, *Drei Anmerkungen zu José María Arguedas*, in *Nueva novela latinoamericana 1*, hg. von Jorge Lafforgue, Ed. Paidós, Buenos Aires 1972, 30–55. Übersetzt von Volker von Auw.

Julio Cortázar, *Um zu Lezama Lima Zugang zu finden*, in *Viaje al día en ochenta mundos* (1969), dt. in *Reise um den Tag in achtzig Welten*, edition suhrkamp 1045, Frankfurt, 1980, übersetzt von Rudolf Wittkopf.

Emir Rodríguez-Monegal, *Onetti oder die Entdeckung der Stadt*, in id., *Narradores de esta América 2*, Alfa, Montevideo, 1974, 99–129. Übersetzt von Michi Strausfeld.
* 1921 in Montevideo. gilt als einer der wichtigsten Kritiker für die lateinamerikanische Literatur. Herausgeber der Zeitschrift *Mundo Nuevo* (1966–68). Lehrte an der Yale University. *El Viajero Inmóvil. Introducción a Pablo Neruda*, 1966. *Literatura uruguaya del medio siglo*, 1966. *El Desterrado: Vida y obra de Horacio Quiroga*, 1968. *El arte de narrar*, 1968. *Narradores de esta América*, 2 Bde., 1969, und 1974. *El otro Andrés Bello*, 1969. *Borges par lui-même*, 1970. *El Boom de la novela latinoamericana*, 1972. *Borges – una lectura poética*, 1976. Gestorben 1985 in New York.

Angela B. Dellepiane, *Julio Cortázar – der »revolutionäre« Erzähler*, in Joaquín Roy (Hg.), *La nueva narrativa hispanoamericana a examen*, Península, Barcelona, 1978. Nach dem Manuskript übersetzt von Kathinka Dittrich.
* 1926 in Córdoba, Argentinien. Studium in Buenos Aires. Zur Zeit lehrt sie lateinamerikanische Literatur am City College der Universität von New York (CUNY). *Sábato. El hombre y su obra*, 1968, 1970. Kritische Ausgabe von R. Güiraldes, *Don Segundo Sombra*. Zahlreiche Artikel in Zeitschriften zu Cortázar, Sábato, Onetti u. a.

Octavio Paz, *Die Maske und die Transparenz [Über Carlos Fuentes]*, in id., *Corriente Alterna*, México, [7]1973, 44–50. Übersetzt von Michi Strausfeld.

475

*1914, México. Dichter, Essayist, Diplomat, Universitätslehrer, Herausgeber von Literaturzeitschriften (u. a. *Plural, Vuelta*). Lebt in México-Stadt. Einer der herausragendsten Intellektuellen Lateinamerikas. Deutsch liegen publiziert vor: *Das Labyrinth und die Einsamkeit*, Bibliothek Suhrkamp 404, Frankfurt, 1974. *Der Bogen und die Leier. Poetologische Essays*, Frankfurt, 1983. *Der menschenfreundliche Menschenfresser*, edition suhrkamp 1064, Frankfurt, 1981. *Der sprachgelehrte Affe*, Bibliothek Suhrkamp 530, Frankfurt, 1982. *Essays I und II*, Frankfurt, 1979 und 1980. *Gedichte*, Bibliothek Suhrkamp 551, Frankfurt, 1977. *Suche nach einer Mitte. Die großen Gedichte*, edition suhrkamp 1008, Frankfurt, 1980. *Verbindungen – Trennungen. Ein Essay*, Frankfurt, 1984. *Zwiesprache. Essays zu Kunst und Literatur*, edition suhrkamp 1290, Frankfurt, 1984. *Dichtung zwischen Magie und Revolution. Von der Romantik zur Avantgarde*, Frankfurt, 1989. *Sor Juana Inés de la Cruz – die Fallen des Glaubens*, Frankfurt, 1989.

Michi Strausfeld, »*Hundert Jahre Einsamkeit*« von Gabriel García Márquez – *Ein Modell des neuen lateinamerikanischen Romans*. Dies ist eine stark verkürzte Version des ersten Hauptteils der Dissertation *Aspekte des neuen lateinamerikanischen Romans und ein Modell: »Hundert Jahre Einsamkeit« (Gabriel García Márquez)*, Peter Lang, Frankfurt/Bern, 1976.
* 1945 in Recklinghausen. Studium in Köln und Bonn. Zahlreiche Aufenthalte in Lateinamerika (1967 Peru, 1971/72 Columbien, México, Brasilien etc.). Seit 1968 (mit Unterbrechungen) in Barcelona, seit 1983 in Madrid. Seit 1974 im Suhrkamp Verlag im Bereich Ibero-amerikanische Literatur tätig. Herausgeberin von Materialienbänden (*Brasilianische Literatur*, stm 2024, Frankfurt, 1984; *Spanische Literatur* [in Vorb.]) und Anthologien (*Der Frauenheld. Geschichten der Liebe aus Lateinamerika*, suhrkamp taschenbuch 1296, Frankfurt, 1986. *Der rote Mond. Phantastische Erzählungen vom Rio de la Plata*, suhrkamp taschenbuch 1536, Frankfurt, 1988). Journalistische Arbeiten in verschiedenen Zeitungen und Zeitschriften.

José Miguel Oviedo, »*Das grüne Haus*« von Mario Vargas Llosa – *prunkvolles Universum der Phantasie*, in id., *M. Vargas Llosa – La invención de una realidad*, Barcelona, 1970, 121–167. Mit Erlaubnis des Verfassers leicht gekürzt. Übersetzt von Michi Strausfeld.
* 1934 in Lima. Professor für lateinamerikanische Literatur an verschiedenen Universitäten: San Marcos (Lima), Indiana University, University of California, University of Pennsylvania. Literaturkritiker und Anthologe. Viele Publikationen: *César Vallejo*, 1964. *Genio y figura de Ricardo Palma*, 1965. *Diez peruanos cuentan*, 1968. *Narradores peruanos*, 1968 und 1976. *Estos 13*, 1973. *Lateinamerika. Gedichte und Erzählungen 1930–1980*, suhrkamp taschenbuch 810, Frankfurt, 1982. *La vida

*maravillosa* (Erzählungen), Barcelona, 1988. *Soledad & Compañía* (Erzählungen), Ed. del Norte, Hanover (USA), 1988.

Luis Gregorich, »*Drei traurige Tiger*« *von Guillermo Cabrera Infante = ein offenes Werk*, in *Nueva novela latinoamericana 1*, hg. von Jorge Lafforgue, Ed. Paidós, Buenos Aires, 1972, 241–262. (Ebenfalls abgedruckt in *G. Cabrera Infante*, Ed. Fundamentos, Madrid, und mit zwei Korrekturen in *Literatura y homosexualidad*, Ed. Legasa, Buenos Aires.) Übersetzt von Volker von Auw.
* 1938 in Zagreb, Jugoslawien. Er kam im Alter von zehn Jahren nach Argentinien. Nach dem Studium der Philosophie und Literatur arbeitete er als Literaturkritiker, Verlagslektor und Redakteur von Literaturzeitschriften und Lexikaartikeln. Lebt in Buenos Aires.

Pere Gimferrer, *Annäherungen an Manuel Puig*. Für den Materialienband geschrieben; spanisch in *Plural*, 57, México, 1976, 21–26. Übersetzt von Michi Strausfeld.
* 1945 in Barcelona. Dichter und Essayist. Publiziert in Spanisch und Katalanisch. *Arde el mar*, 1966. *La muerte en Beverly Hills* (Ged.), 1968. *Poemas 1963–1969*, 1969. *Hora foscant* (Ged.), 1972. *Foc cec* (Ged.), 1973. *La poesía de J. V. Foix* (Essay), 1974. *Antoni Tàpies i l'esprit català*, 1974 (dt. 1976). Zahlreiche Artikel in Zeitschriften. Übersetzungen von Beckett, Sade, Roussel u. a.

Alejo Carpentier, *Über die wunderbare Wirklichkeit*, Vorwort zu *Das Reich von dieser Welt*, 1949, auch (erw.) in *Tientos y diferencias*, Montevideo, ²1970; dt. in *Stegreif und Kunstgriffe. Essays zur Literatur, Musik und Architektur*, edition suhrkamp 1033, Frankfurt, 1980, 132–138. Übersetzt von Anneliese Botond.

## Fotonachweis

S. 74: Jerry Bauer
S. 276: Andreas Pohlmann
S. 332: Jerry Bauer

Das Foto auf S. 184 stellte freundlicherweise der Kiepenheuer Verlag zur Verfügung.

# Lateinamerikanische Literatur
## im Suhrkamp Verlag

*»Imagination, Sensibilität, Liebenswürdigkeit, Sinnlichkeit, Melancholie, eine gewisse Religiosität und ein gewisser Stoizismus gegenüber dem Leben und dem Tode, ein tiefes Gefühl für das Jenseitige und ein nicht weniger ausgeprägter Sinn für das Hier und Jetzt ... Lateinamerika ist eine Kultur.«* Octavio Paz

Ciro Alegría: Die hungrigen Hunde. Roman. Deutsch von Wolfgang A. Luchting. Mit einem Nachwort von Walter Boehlich. st 447

Isabel Allende: Eva Luna. Roman. Aus dem Spanischen von Lieselotte Kolanoske. Gebunden und st 1897

– Das Geisterhaus. Roman. Aus dem Spanischen von Anneliese Botond. Gebunden und st 1676

– Die Geschichten der Eva Luna. Aus dem Spanischen von Lieselotte Kolanoske. Gebunden und st 2193

– Eine Rache und andere Geschichten. Aus dem Spanischen von Lieselotte Kolanoske. BS 1099

– Der unendliche Plan. Roman. Aus dem Spanischen von Lieselotte Kolanoske. Gebunden

– Von Liebe und Schatten. Roman. Aus dem Spanischen von Dagmar Ploetz. Gebunden und st 1735

Jorge Amado: Die Abenteuer des Kapitäns Vasco Moscoso. Roman. Aus dem brasilianischen Portugiesisch von Curt Meyer-Clason. BS 850

– Die drei Tode des Jochen Wasserbrüller. Erzählung. Aus dem brasilianischen Portugiesisch von Curt Meyer-Clason. BS 853

Mário de Andrade: Macunaíma, der Held ohne jeden Charakter. Roman. Aus dem brasilianischen Portugiesisch übersetzt und mit einem Nachwort versehen von Curt Meyer-Clason. st 1976

José María Arguedas: Die tiefen Flüsse. Roman. Aus dem Spanischen von Suzanne Heintz. st 588

Juan José Arreola: Confabularium. Aus dem Spanischen von Kajo Niggestich. Gebunden und st 1977

Miguel Angel Asturias: Legenden aus Guatemala. Mit einem Vorwort von Paul Valéry. Illustrationen nach alten indianischen Motiven. Aus dem Spanischen von Fritz Vogelsang. BS 358

Autorenlexikon Lateinamerika. Herausgegeben von Dieter Reichardt. Leinen

Der Cimarrón. Die Lebensgeschichte eines entflohenen Negersklaven aus Cuba, von ihm selbst erzählt. Nach Tonbandaufnahmen herausgegeben von Miguel Barnet. Aus dem Spanischen von Hildegard Baumgart. Mit einem Nachwort von Heinz Rudolf Sonntag und Alfredo Chacón. st 346

# Lateinamerikanische Literatur
# im Suhrkamp Verlag

Miguel Barnet: Ein Kubaner in New York. Roman. Aus dem Spanischen von Monika López. Gebunden und st 1978
– Das Lied der Rahel. Mit einem Nachwort von Miguel Barnet. Aus dem Spanischen von Wilhelm Plackmeyer. st 966
Adolfo Bioy Casares: Die fremde Dienerin. Phantastische Erzählungen. Aus dem Spanischen von Joachim A. Frank. PhB 113. st 962
– Liebesgeschichten. Aus dem Spanischen von René Strien. Gebunden und st 1701
– Morels Erfindung. Roman. Mit einem Nachwort von Jorge Luis Borges. Aus dem Spanischen von Karl August Horst. PhB 106. st 939
– Schlaf in der Sonne. Roman. Aus dem Spanischen von Joachim A. Frank. st 691
– Der Traum der Helden. Roman. Aus dem Spanischen von Joachim A. Frank. Gebunden
Carmen Boullosa: Sie sind Kühe, wir sind Schweine. Roma n. Aus dem Spanischen von Erna Pfeiffer. es 11866
Ignácio de Loyola Brandão: Kein Land wie dieses. Aufzeichnungen aus der Zukunft. Aus dem brasilianischen Portugiesisch von Ray-Güde Mertin. es 1236
– Null. Prähistorischer Roman. Aus dem brasilianischen Portugiesisch und mit einem Nachwort von Curt Meyer-Clason. Gebunden und st 777
João Cabral de Melo Neto: Erziehung durch den Stein. Gedichte. Portugiesisch und Deutsch. Übersetzt und mit einem Nachwort versehen von Curt Meyer-Clason. BS 713
Guillermo Cabrera Infante: Ansicht der Tropen im Morgengrauen. Roman. Aus dem Spanischen von Wilfried Böhringer. Gebunden
– Drei traurige Tiger. Roman. Aus dem Spanischen von Wilfried Böhringer. Leinen und st 1714
Ernesto Cardenal: Gedichte. Spanisch und deutsch. Übertragung von Stefan Baciu und Anneliese Schwarzer de Ruiz. BS 705
Alejo Carpentier: Barockkonzert. Novelle. Aus dem Spanischen von Anneliese Botond. BS 508
– Explosion in der Kathedrale. Roman. Aus dem Spanischen von Hermann Stiehl. st 370
– Die Harfe und der Schatten. Roman. Aus dem Spanischen von Anneliese Botond. Leinen und st 1024
– Die Hetzjagd. Roman. Aus dem Spanischen von Anneliese Botond. BS 1041
– Krieg der Zeit. Fünf Erzählungen und ein Roman. Aus dem Spanischen von Anneliese Botond. Gebunden

111/2/2.93

# Lateinamerikanische Literatur
## im Suhrkamp Verlag

Alejo Carpentier: Die Methode der Macht. Roman. Aus dem Spanischen von Elke Wehr. Gebunden und st 1979
- Das Reich von dieser Welt. Aus dem Spanischen von Doris Deinhard. BS 422
- Le Sacre du printemps. Roman. Aus dem Spanischen von Anneliese Botond. Gebunden
- Stegreif und Kunstgriff. Essays zur Literatur, Musik und Architektur in Lateinamerika. Aus dem Spanischen von Anneliese Botond. es 1033
- Die verlorenen Spuren. Roman. Aus dem Spanischen von Anneliese Botond. st 808

José Cândido de Carvalho: Der Oberst und der Werwolf. Roman. Aus dem brasilianischen Portugiesisch von Curt Meyer-Clason. Gebunden und st 1092

Rosario Castellanos: Die Neun Wächter. Roman. Aus dem Spanischen von Fritz Vogelgsang. Mit einem Nachwort von Elena Poniatowska. st 1980

Gregorio Condori Mamani: »Sie wollen nur, daß man ihnen dient ...« Autobiographie. Aus dem Spanischen von Karin Schmidt. es 1230

Julio Cortázar: Album für Manuel. Roman. Aus dem Spanischen von Heidrun Adler. Gebunden
  Alle lieben Glenda. Erzählungen. Aus dem Spanischen von Rudolf Wittkopf. st 1576
- Bestiarium. Erzählungen. Aus dem Spanischen von Rudolf Wittkopf. st 543
- Ende des Spiels. Erzählungen. Aus dem Spanischen von Wolfgang Promies. st 373
- Das Feuer aller Feuer. Erzählungen. Aus dem Spanischen von Fritz Rudolf Fries. st 298
- Die geheimen Waffen. Erzählungen. Aus dem Spanischen von Rudolf Wittkopf. st 672
- Geschichten der Cronopien und Famen. Aus dem Spanischen von Wolfgang Promies. st 1981
- Geschichten, die ich mir erzähle. Aus dem Spanischen von Rudolf Wittkopf. Gebunden
- Die Gewinner. Roman. Aus dem Spanischen von Christa Wegen. Leinen und st 1761
- Ein gewisser Lukas. Aus dem Spanischen von Rudolf Wittkopf. Leinen und st 1937
- Letzte Runde. Aus dem Spanischen von Rudolf Wittkopf. es 1140

111/3/2.93

# Lateinamerikanische Literatur
## im Suhrkamp Verlag

Julio Cortázar: Das Observatorium. Aus dem Spanischen von Rudolf Wittkopf. Mit Fotos von Julio Cortázar unter Mitarbeit von Antonio Gálvez. es 1527

– Oktaeder. Erzählungen. Aus dem Spanischen von Rudolf Wittkopf. st 1295

– Passatwinde. Erzählungen. Aus dem Spanischen von Rudolf Wittkopf. st 1370

– Rayuela. Himmel und Hölle. Roman. Aus dem Spanischen von Fritz Rudolf Fries. Leinen und st 1462

– Reise um den Tag in 80 Welten. Aus dem Spanischen von Rudolf Wittkopf. es 1045

– Unzeiten. Erzählungen. Aus dem Spanischen von Rudolf Wittkopf. Leinen und BS 1129

– Der Verfolger. Erzählungen. Aus dem Spanischen von Fritz Rudolf Fries, Wolfgang Promies und Rudolf Wittkopf. Gebunden

– Der Verfolger. Erzählung. Aus dem Spanischen von Rudolf Wittkopf. BS 999

Carlos Drummond de Andrade: Gedichte. Portugiesisch und deutsch. Auswahl, Übertragung und Nachwort von Curt Meyer-Clason. BS 765

Der Frauenheld. Geschichten der Liebe aus Lateinamerika. Herausgegeben und mit einem Nachwort versehen von Michi Strausfeld. st 1296

Carlos Fuentes: Nichts als das Leben. Roman. Deutsch von Christa Wegen. st 343

Fernando Gabeira: Die Guerilleros sind müde. Aus dem brasilianischen Portugiesisch übersetzt und herausgegeben von Henry Thorau und Marina Spinu. Nachwort von Hans Füchtner. st 737

Rómulo Gallegos: Canaima. Roman. Aus dem Spanischen übertragen von Doris Deinhard. st 1639

Jorge Ibargüengoitia: Augustblitze. Roman. Aus dem Spanischen von Peter Schwaar. BS 1104

– Die toten Frauen. Roman. Aus dem Spanischen von Peter Schwaar. BS 1059

Oswaldo França Junior: Jorge, der Brasilianer. Roman. Aus dem brasilianischen Portugiesisch von Inés Koebel. es 1571

Lateinamerika. Gedichte und Erzählungen 1930-1980. Herausgegeben mit einer Einleitung und Hinweisen zu den Verfassern von José Miguel Oviedo. st 810

Lateinamerikaner über Europa. Herausgegeben von Curt Meyer-Clason. es 1428

111/4/2.93

# Lateinamerikanische Literatur
## im Suhrkamp Verlag

José Lezama Lima: Die amerikanische Ausdruckswelt. Aus dem Spanischen von Gerhard Poppenberg. es 1457

Liebesgeschichten aus Lateinamerika. Herausgegeben und mit einem Nachwort versehen von Michi Strausfeld. Gebunden

Osman Lins: Avalovara. Roman. Mit einem Nachwort von Modesto Carone Netto. Aus dem brasilianischen Portugiesisch von Marianne Jolowicz. Leinen

– Die Königin der Kerker Griechenlands. Roman. Aus dem brasilianischen Portugiesisch von Marianne Jolowicz. Gebunden und st 1431

– Verlorenes und Gefundenes. Erzählungen. Aus dem brasilianischen Portugiesisch von Marianne Jolowicz. Gebunden

Clarice Lispector: Der Apfel im Dunkeln. Roman. Aus dem brasilianischen Portugiesisch von Curt Meyer-Clason. BS 826

– Die Nachahmung der Rose. Übertragung aus dem brasilianischen Portugiesisch und Nachwort von Curt Meyer-Clason. BS 781

– Nahe dem wilden Herzen. Roman. Aus dem brasilianischen Portugiesisch von Ray-Güde Mertin. Gebunden und BS 847

– Die Passion nach G. H. Roman. Aus dem brasilianischen Portugiesisch von Christiane Schrübbers und Sarita Brandt. st 1724

– Die Sternstunde. Aus dem brasilianischen Portugiesisch von Curt Meyer-Clason. BS 884

Joaquim Maria Machado de Assis: Dom Casmurro. Roman. Aus dem brasilianischen Portugiesisch von Harry Kaufmann. BS 699

Angeles Mastretta: Frauen mit großen Augen. Aus dem Spanischen von Monika López. Gebunden

– Mexikanischer Tango. Roman. Aus dem Spanischen von Monika López. Gebunden und st 1787

Pablo Neruda: Gedichte. Spanisch und deutsch. Übertragung und Nachwort von Erich Arendt. BS 99

– Liebesbriefe an Albertina Rosa. Zusammengestellt, eingeleitet und mit Anmerkungen versehen von Sergio Fernández Larrain. Aus dem Spanischen von Curt Meyer-Clason. st 829

– Die Raserei und die Qual. Gedichte. Spanisch und deutsch. Auswahl, Übertragung und Nachwort von Hans Magnus Enzensberger. BS 908

Silvina Ocampo: Die Furie und andere Geschichten. Aus dem Spanischen von René Strien. BS 1051

Juan Carlos Onetti: Grab einer Namenlosen. Roman. Aus dem Spanischen von Wilhelm Muster. BS 976

– Das kurze Leben. Roman. Aus dem Spanischen von Curt Meyer-Clason. Leinen und st 661

# Lateinamerikanische Literatur
## im Suhrkamp Verlag

Juan Carlos Onetti: Lassen wir den Wind sprechen. Roman. Aus dem
Spanischen von Anneliese Botond. Gebunden und st 1763
– Leichensammler. Roman. Aus dem Spanischen und mit einem Nach-
wort von Anneliese Botond. BS 938
– Magda. Roman. Aus dem Spanischen von Anneliese Botond. Leinen
– Der Schacht. Roman. Aus dem Spanischen von Jürgen Dormagen.
BS 1007
– So traurig wie sie. Zwei Kurzromane und acht Erzählungen. Aus dem
Spanischen und mit einem Nachwort von Wilhelm Muster. Gebunden
und st 1601
– Der Tod und das Mädchen. Roman. Aus dem Spanischen von Jürgen
Dormagen. BS 1119
– Die Werft. Roman. Aus dem Spanischen und mit einem Nachwort
von Curt Meyer-Clason. BS 457
Octavio Paz: Adler oder Sonne? Aus dem Spanischen von Rudolf Witt-
kopf. BS 1082
– Die andere Zeit der Dichtung. Von der Romantik zur Avantgarde. Aus
dem Spanischen von Rudolf Wittkopf. Leinen
– Der Bogen und die Leier. Poetologischer Essay. Aus dem Spanischen
von Rudolf Wittkopf. Leinen
– Essays 2. Aus dem Spanischen von Carl Heupel und Rudolf Wittkopf.
Leinen
– Essays I/II. 2 Bände. Aus dem Spanischen von Carl Heupel und
Rudolf Wittkopf. st 1036
– Gedichte. Spanisch und deutsch. Übertragung und Nachwort von
Fritz Vogelsang. BS 551 und st 1832
– In mir der Baum. Gedichte. Spanisch und deutsch. Übertragen von
Rudolf Wittkopf. Leinen
– Das Labyrinth der Einsamkeit. Essay. Übersetzung und Einführung
von Carl Heupel. BS 404
– Lektüre und Kontemplation. Aus dem Spanischen von Thomas
Brovot. Bütten-Broschur
– Der menschenfreundliche Menschenfresser. Geschichte und Politik
1971–1980. Aus dem Spanischen von Rudolf Wittkopf und Carl Heu-
pel. es 1064
– Nackte Erscheinung. Das Werk von Marcel Duchamp. Aus dem Spa-
nischen von Rudolf Wittkopf. st 1833
– Sor Juana Inés de la Cruz oder Die Fallstricke des Glaubens. Aus dem
Spanischen von Maria Bamberg. Mit zahlreichen Abbildungen.
Leinen

111/6/2.93

# Lateinamerikanische Literatur
# im Suhrkamp Verlag

Octavio Paz: Der sprachgelehrte Affe. Aus dem Spanischen von Anselm Maler und Maria Antonia Alonso-Maler. Die Gedichte wurden von Rudolf Wittkopf übertragen. Mit Photographien und Abbildungen. BS 530

– Suche nach einer Mitte. Die großen Gedichte. Spanisch und deutsch. Übersetzung Fritz Vogelsang. Nachwort Pere Gimferrer. es 1008

– Verbindungen – Trennungen. Ein Essay. Aus dem Spanischen von Elke Wehr und Rudolf Wittkopf. Leinen

– Zwiesprache. Essays zu Kunst und Literatur. Aus dem Spanischen von Elke Wehr und Rudolf Wittkopf. es 1290

Virgilio Piñera: Kleine Manöver. Roman. Mit einem Nachwort von G. Cabrera Infante. Aus dem Spanischen von Wilfried Böhringer. BS 1035

Elena Poniatowska: Lieber Diego. Aus dem Spanischen von Astrid Schmitt. st 1592

– Stark ist das Schweigen. Vier Reportagen aus Mexiko. Aus dem Spanischen von Anna Jonas und Gerhard Poppenberg. Mit Abbildungen. st 1438

Manuel Puig: Die Engel von Hollywood. Roman. Aus dem Spanischen von Anneliese Botond. Gebunden und st 1165

– Herzblut erwiderter Liebe. Roman. Aus dem brasilianischen Portugiesisch von Karin von Schweder-Schreiner. Gebunden und st 1469

– Der Kuß der Spinnenfrau. Roman. Aus dem Spanischen von Anneliese Botond. BS 1108 und st 869

– Der schönste Tango der Welt. Ein Fortsetzungsroman. Aus dem Spanischen von Adelheid Hanke-Schaefer. Leinen und st 474

– Verdammt wer diese Zeilen liest. Roman. Aus dem Spanischen von Lieselotte Kolanoske. Gebunden

– Verraten von Rita Hayworth. Roman. st 344

Horacio Quiroga: Geschichten von Liebe, Irrsinn und Tod. Aus dem Spanischen von Wilfried Böhringer, Hans-Otto Dill, Astrid Schmitt und Erna Stoldt. PhB 248. st 1711

José Revueltas: Die Schwester, die Feindin. Erzählungen. Aus dem Spanischen von Monika López. es 1155

Darcy Ribeiro: Maíra. Roman. Aus dem brasilianischen Portugiesisch von Heidrun Adler. st 809

– Wildes Utopia. Sehnsucht nach der verlorenen Unschuld. Eine Fabel. Aus dem brasilianischen Portugiesisch von Maralde Meyer-Minnemann. es 1354

João Ubaldo Ribeiro: Brasilien, Brasilien. Roman. Aus dem brasilianischen Portugiesisch von Curt Meyer-Clason und Jacob Deutsch. Leinen und st 1835

111/7/2.93

# Lateinamerikanische Literatur
## im Suhrkamp Verlag

João Ubaldo Ribeiro: Der Heilige, der nicht an Gott glaubte. Ganz einfache Geschichten. Aus dem brasilianischen Portugiesisch von Ray-Güde Mertin. Gebunden

– Sargento Getúlio. Roman. Aus dem brasilianischen Portugiesisch übersetzt und mit einem Nachwort versehen von Curt Meyer-Clason. es 1183

Manuel Rojas: Der Sohn des Diebes. Roman. Aus dem Spanischen von Anton Maria Rothbauer. st 2218

Rose aus Asche. Spanische und spanisch-amerikanische Gedichte 1900–1950. Herausgegeben und übertragen von Erwin Walter Palm. BS 734

Murilo Rubião: Der Feuerwerker Zacharias. Erzählungen. Aus dem brasilianischen Portugiesisch und mit einem Nachwort von Ray-Güde Mertin. Gebunden und st 2151

Alberto Ruy Sánchez: Octavio Paz. Leben und Werk. Eine Einführung. Aus dem Spanischen von Thomas Brovot. st 1894

Manuel Scorza: Trommelwirbel für Rancas. Eine Ballade, die davon erzählt, was geschah, zehn Jahre bevor Oberst Marruecos den zweiten Friedhof von Chinche gründete. Aus dem Spanischen von Wilhelm Plackmeyer. Gebunden

Osvaldo Soriano: Traurig, einsam und endgültig. Auf den Spuren von Laurel und Hardy in Hollywood. Roman. Aus dem Spanischen von Heidrun Adler. Gebunden und st 928

Márcio Souza: Der fliegende Brasilianer. Roman. Aus dem brasilianischen Portugiesisch von Karin von Schweder-Schreiner. st 2155

Antônio Torres: Diese Erde. Aus dem brasilianischen Portugiesisch übertragen und mit einem Nachwort versehen von Ray-Güde Mertin. es 1382

Dalton Trevisan: Ehekrieg. Erzählungen. Aus dem brasilianischen Portugiesisch von Georg Rudolf Lind. es 1041

César Vallejo: Gedichte. Spanisch und deutsch. Übertragung und Nachwort von Hans Magnus Enzensberger. BS 110

Mario Vargas Llosa: Gegen Wind und Wetter. Literatur und Politik. Aus dem Spanischen von Elke Wehr. es 1513

– Geheime Geschichte eines Romans. Aus dem Spanischen von Elke Wehr. Bütten-Broschur

– Der Geschichtenerzähler. Roman. Aus dem Spanischen von Elke Wehr. Gebunden und st 1982

– Gespräch in der Kathedrale. Roman. Aus dem Spanischen von Wolfgang A. Luchting. st 1015

## Lateinamerikanische Literatur
## im Suhrkamp Verlag

Mario Vargas Llosa: Das grüne Haus. Roman. Aus dem Spanischen von Wolfgang A. Luchting. Gebunden und st 342

- Der Hauptmann und sein Frauenbataillon. Roman. Aus dem Spanischen von Heidrun Adler. st 959
- Die jungen Hunde. Erzählung. Aus dem Spanischen von Alexander Luchting. Mit einem Nachwort von José Miguel Oviedo. st 1841
- Der Krieg am Ende der Welt. Roman. Aus dem Spanischen von Anneliese Botond. Gebunden und st 1343
- La Chunga. Ein Stück. Aus dem Spanischen von Dagmar Ploetz. es 1555
- Lob der Stiefmutter. Roman. Aus dem Spanischen von Elke Wehr. Mit Abbildungen. Leinen, BS 1086 und st 2200
- Maytas Geschichte. Roman. Aus dem Spanischen von Elke Wehr. Gebunden und st 1605
- Die Stadt und die Hunde. Roman. Aus dem Spanischen von Wolfgang A. Luchting. st 622
- Tante Julia und der Kunstschreiber. Roman. Aus den Spanischen von Heidrun Adler. st 1520
- Wer hat Palomino Molero umgebracht? Roman. Aus dem Spanischen von Elke Wehr. Gebunden und st 1786

# suhrkamp taschenbücher materialien

Herbert Achternbusch. Herausgegeben von Jörg Drews. Mit Fotografien. stm. st 2015

Apokalypse. Weltuntergangsvisionen in der Literatur des 20. Jahrhunderts. Herausgegeben von Gunter E. Grimm, Werner Faulstich und Peter Kuon. stm. st 2067

Baudelaires ›Blumen des Bösen‹. Herausgegeben von Hartmut Engelhardt und Dieter Mettler. stm. st 2070

Samuel Beckett. Herausgegeben von Hartmut Engelhardt. stm. st 2044

Thomas Bernhard. Werkgeschichte. Herausgegeben von Jens Dittmar. stm. st 2002

Arbeitsbuch Thomas Brasch. Herausgegeben von Margarete Häßel und Richard Weber. stm. st 2076

Brasilianische Literatur. Herausgegeben von Michi Strausfeld. stm. st 2024

Brechts ›Antigone‹. Herausgegeben von Werner Hecht. stm. st 2075

Brechts ›Aufhaltsamer Aufstieg des Arturo Ui‹. Herausgegeben von Raimund Gerz. stm. st 2029

Brechts ›Dreigroschenoper‹. Herausgegeben von Werner Hecht. stm. st 2056

Brechts ›Gewehre der Frau Carrar‹. Herausgegeben von Klaus Bohnen. stm. st 2017

Brechts ›Guter Mensch von Sezuan‹. Herausgegeben von Jan Knopf. stm. st 2021

Brechts ›Heilige Johanna der Schlachthöfe‹. Herausgegeben von Jan Knopf. stm. st 2049

Brechts ›Herr Puntila und sein Knecht Matti‹. Herausgegeben von Hans Peter Neureuter. stm. st 2064

Brechts ›Kaukasischer Kreidekreis‹. Herausgegeben von Werner Hecht. stm. st 2054

Brechts ›Leben des Galilei‹. Herausgegeben von Werner Hecht. stm. st 2001

Brechts ›Mann ist Mann‹. Herausgegeben von Carl Wege. stm. st 2023

Brechts ›Mutter Courage und ihre Kinder‹. Herausgegeben von Klaus-Detlef Müller. stm. st 2016

Brechts Romane. Herausgegeben von Wolfgang Jeske. stm. st 2042

Brechts ›Tage der Commune‹. Herausgegeben von Wolf Siegert. stm. st 2031

Brechts Theaterarbeit. Seine Inszenierung des ›Kaukasischen Kreidekreises‹ 1954. Herausgegeben von Werner Hecht. stm. st 2062

Brechts Theorie des Theaters. Herausgegeben von Werner Hecht. stm. st 2074

# suhrkamp taschenbücher materialien

Brechts ›Trommeln in der Nacht‹. Herausgegeben von Wolfgang Schwiedrzik. stm. st 2101

Hermann Broch. Herausgegeben von Paul Michael Lützeler. stm. st 2065

Brochs theoretisches Werk. Herausgegeben von Paul Michael Lützeler und Michael Kessler. stm. st 2090

Brochs ›Tod des Vergil‹. Herausgegeben von Paul Michael Lützeler. stm. st 2095

Brochs ›Verzauberung‹. Herausgegeben von Paul Michael Lützeler. stm. st 2039

Paul Celan. Herausgegeben von Werner Hamacher und Winfried Menninghaus. stm. st 2083

Die deutsche Kalendergeschichte. Ein Arbeitsbuch von Jan Knopf. stm. st 2030

Deutsche Lyrik nach 1945. Herausgegeben von Dieter Breuer. stm. st 2088

Diskurstheorien und Literaturwissenschaft. Herausgegeben von Jürgen Fohrmann und Harro Müller. stm. st 2091

Tankred Dorst. Herausgegeben von Günther Erken. st 2073

Dramatik der DDR. Herausgegeben von Ulrich Profitlich. stm. st 2072

Marguerite Duras. Herausgegeben von Ilma Rakusa. stm. st 2096

Hans Magnus Enzensberger. Herausgegeben von Reinhold Grimm. stm. st 2040

Max Frisch. Herausgegeben von Walter Schmitz. stm. st 2059

Frischs ›Andorra‹. Herausgegeben von Walter Schmitz und Ernst Wendt. stm. st 2053

Frischs ›Don Juan oder Die Liebe zur Geometrie‹. Herausgegeben von Walter Schmitz. stm. st 2046

Frischs ›Homo faber‹. Herausgegeben von Walter Schmitz. stm. st 2028

Geschichte als Schauspiel. Herausgegeben von Walter Hinck. stm. st 2006

Franz Grillparzer. Herausgegeben von Helmut Bachmaier. stm. st 2078

Peter Handke. Herausgegeben von Raimund Fellinger. stm. st 2004

Heinrich Heine. Ästhetisch-politische Profile. Herausgegeben von Gerhard Höhn. stm. st 2112

Wolfgang Hildesheimer. Werkgeschichte. Von Volker Jehle. stm. st 2109

Wolfgang Hildesheimer. Herausgegeben von Volker Jehle. stm. st 2103

Friedrich Hölderlin. Studien von Wolfgang Binder. Herausgegeben von Elisabeth Binder und Klaus Weimar. stm. st 2082

Ludwig Hohl. Herausgegeben von Johannes Beringer. stm. st 2007

251/2/4.92

## suhrkamp taschenbücher materialien

Ödön von Horváth. Herausgegeben von Traugott Krischke. stm. st 2005

Horváth- Chronik. Von Traugott Krischke. stm. st 2089

Horváths Stücke. Herausgegeben von Traugott Krischke. stm. st 2092

Horváths Prosa. Herausgegeben von Traugott Krischke. stm. st 2094

Horváths ›Geschichten aus dem Wiener Wald‹. Herausgegeben von Traugott Krischke. stm. st 2019

Horváths ›Jugend ohne Gott‹. Herausgegeben von Traugott Krischke. stm. st 2027

Horváths ›Lehrerin von Regensburg. Der Fall Elly Maldaque‹. Dargestellt und dokumentiert von Jürgen Schröder. stm. st 2014

Peter Huchel. Herausgegeben von Axel Vieregg. stm. st 2048

Johnsons ›Jahrestage‹. Herausgegeben von Michael Bengel. stm. st 2057

Uwe Johnson. Herausgegeben von Rainer Gerlach und Matthias Richter. stm. st 2061

Joyces ›Dubliner‹. Herausgegeben von Klaus Reichert, Fritz Senn und Dieter E. Zimmer. stm. st 2052

Der junge Kafka. Herausgegeben von Gerhard Kunz. stm. st 2035

Juden in der deutschen Literatur. Ein deutsch-israelisches Symposion. Herausgegeben von Stéphane Moses und Albrecht Schöne. stm. st 2063

Kaiser, Gerhard: Geschichte der deutschen Lyrik. Band 1: Von Goethe bis Heine. 3 Bände. stm. st 2087

– Geschichte der deutschen Lyrik. Band 2: Von Heine bis zur Gegenwart. Ein Grundriß in Interpretationen. 3 Bände. Mit einem Textbeiheft. stm. st 2107

Marie Luise Kaschnitz. Herausgegeben von Uwe Schweikert. stm. st 2047

Alexander Kluge. Herausgegeben von Thomas Böhm-Christl. stm. st 2033

Wolfgang Koeppen. Herausgegeben von Eckart Oehlenschläger. stm. st 2079

Franz Xaver Kroetz. Herausgegeben von Otto Riewoldt. stm. st 2034

Dieter Kühn. Herausgegeben von Werner Klüppelholz und Helmut Scheuer. stm. st 2113

Landschaft. Herausgegeben von Manfred Smuda. stm. st 2069

Lateinamerikanische Literatur. Herausgegeben von Michi Strausfeld. stm. st 2041

Einladung, Hermann Lenz zu lesen. Herausgegeben von Rainer Moritz. stm. st 2099

251/3/4.92

## suhrkamp taschenbücher materialien

Literarische Klassik. Herausgegeben von Hans-Joachim Simm. stm. st 2084

Literarische Utopie-Entwürfe. Herausgegeben von Hiltrud Gnüg. stm. st 2012

Literaturverfilmungen. Herausgegeben von Franz-Josef Albersmeier und Volker Roloff. stm. st 2093

Karl May. Herausgegeben von Helmut Schmiedt. stm. st 2025

Karl Mays ›Winnetou‹. Herausgegeben von Dieter Sudhoff und Hartmut Vollmer. stm. st 2102

Friederike Mayröcker. Herausgegeben von Siegfried J. Schmidt. stm. st 2043

E. Y. Meyer. Herausgegeben von Beatrice von Matt. stm. st 2022

Moderne chinesische Literatur. Herausgegeben von Wolfgang Kubin. stm. st 2045

Adolf Muschg. Herausgegeben von Manfred Dierks. stm. st 2086

Die Nibelungen. Ein deutscher Wahn, ein deutscher Alptraum. Studien und Dokumente zur Rezeption des Nibelungenstoffs im 19. und 20. Jahrhundert. Herausgegeben von Joachim Heinzle und Anneliese Waldschmidt. stm. st 2110

Paul Nizon. Herausgegeben von Martin Kilchmann. stm. st 2058

Die Parabel. Parabolische Formen in der deutschen Dichtung des 20. Jahrhunderts. Herausgegeben von Theo Elm und Hans H. Hiebel. stm. st 2060

Plenzdorfs ›Neue Leiden des jungen W.‹ Herausgegeben von Peter J. Brenner. stm. st 2013

Produktive Spiegelungen. Recht und Kriminalität in der Literatur. Von Klaus Lüderssen. stm. st 2080

Der Reisebericht. Die Entwicklung einer Gattung in der deutschen Literatur. Herausgegeben von Peter J. Brenner. stm. st 2097

Rilkes ›Aufzeichnungen des Malte Laurids Brigge‹. Herausgegeben von Hartmut Engelhardt. stm. st 2051

Rilkes ›Duineser Elegien‹. 3 Bände in Kassette. Herausgegeben von Ulrich Fülleborn und Manfred Engel. stm. st 2009-2011

Schillers ›Briefe über die ästhetische Erziehung‹. Herausgegeben von Jürgen Bolten. stm. st 2037

Spanische Literatur. Herausgegeben und mit einem Vorwort versehen von Michi Strausfeld. stm. st 2108

Die Strindberg-Fehde. Herausgegeben von Klaus von See. stm. st 2008

Karin Struck. Herausgegeben von Hans Adler und Hans Joachim Schrimpf. stm. st 2038

251/4/4.92

## suhrkamp taschenbücher materialien

Sturz der Götter? Vaterbilder in Literatur, Medien und Kultur des 20. Jahrhunderts. Herausgegeben von Werner Faulstich und Gunter E. Grimm. stm. st 2098

Superman. Eine Comic-Serie und ihr Ethos. Von Thomas Hausmanninger. stm. st 2100

Über das Klassische. Herausgegeben von Rudolf Bockholdt. stm. st 2077

Martin Walser. Herausgegeben von Klaus Siblewski. stm. st 2003

Robert Walser. Herausgegeben von Klaus-Michael Hinz und Thomas Horst. stm. st 2104

Weimars Ende. Herausgegeben von Thomas Koebner. stm. st 2018

Ernst Weiß. Herausgegeben von Peter Engel. stm. st 2020

Peter Weiss. Herausgegeben von Rainer Gerlach. stm. st 2036

Peter Weiss' ›Die Ästhetik des Widerstands‹. Herausgegeben von Alexander Stephan. stm. st 2032

Virginia Woolf. Herausgegeben von Alexandra Lavizzari. stm. st 2111

251/5/4.92